U0920930

TONGLU NIANJIAN

2016

（总第20卷）

桐庐县地方志编纂委员会 编

方志出版社
Publishing House of Local Records

图书在版编目（CIP）数据

桐庐年鉴.2016/桐庐县地方志编纂委员会编．--
北京：方志出版社，2016.11
ISBN 978-7-5144-2211-5

Ⅰ．①桐… Ⅱ．①桐… Ⅲ．①桐庐县—2016—年鉴
Ⅳ．①Z525.54

中国版本图书馆CIP数据核字（2016）第284819号

桐庐年鉴（2016）

编　　者：桐庐县地方志编纂委员会
责任编辑：章　瑾
出 版 人：冀祥德
出 版 者：方志出版社
地址　北京市朝阳区潘家园东里9号（国家方志馆4层）
邮编　100021
网址　http://www.fzph.ong
发　　行：方志出版社发行中心
电话（010）67110500
销　　售：各地新华书店
印　　刷：杭州富春电子印务有限公司
开　　本：889mm×1194mm　1/16
印　　张：37.5
字　　数：1026千字
版　　次：2016年11月第1版　2016年11月第1次印刷
印　　数：0001～1000册
ISBN 978-7-5144-2211-5　**定价：**128.00元

编辑说明

1.《桐庐年鉴》是中共桐庐县委、桐庐县人民政府主办的集资料、信息和知识于一体的年度资料性文献，旨在全面系统地记载桐庐县经济建设和社会发展的历史进程，为读者了解桐庐、建设桐庐提供丰富、翔实的信息资料。

2.《桐庐年鉴（2016）》是创刊以来出版的第20部年鉴。本年鉴全面反映2015年全县人民在中共桐庐县委、桐庐县人民政府领导下，以党的十八大和十八届三中、四中、五中全会精神为指导，以科学发展观为统领，紧紧围绕“稳中求进、改革创新”这一主线，扎实开展“重大项目突破年、风景桐庐提升年、作风建设加强年”三年活动，深化招商引资与招才引智相结合的“双招双引”一号工程，着力加快以“生态美、城乡美、产业美、人文美、生活美”为内涵的中国最美县建设，全面推进经济建设和社会各项事业发展的新成就；以及在发展中遇到的新情况、新矛盾。

3.《桐庐年鉴（2016）》采用分类编辑法。保持卷首、百科、卷尾三个基本组成部分和类目、分目、条目三个层次的框架结构。卷首设特载、大事记、总述、百科等24个类目：卷尾设文献、名录、专刊、阅读引申等。

4. 本年鉴所采用的稿件，均由桐庐县各部门、各乡镇（街道）提供。稿件由专人撰写，领导审核，文后署作者名。凡涉及全县性国民经济和社会发展的数据，均以桐庐县统计局提供的为准。各部门、乡镇（街道）提供数据，由于资料来源和统计口径的不同，请读者使用时注意。

5. 本年鉴中的特载、文献中的重要文件辑录按原文登录；县级主要机构及负责人名录，由县委组织部提供：专刊中的国家局部门、省级和省级部门、杭州市级的获奖名单由各部门单独提供：县级的获奖名单以县四套班子公布的文件为准。

6.《桐庐年鉴（2016）》随文照片由撰稿人提供。

7.《桐庐年鉴（2016）》编纂工作在中共桐庐县委、桐庐县人民政府的指导下，得到全县各部门、乡镇（街道）和有关单位的大力协助和支持，广大编纂人员为年鉴撰稿、编辑、校对付出了辛勤劳动，在此深表谢意。同时，恳请广大读者，对书中的疏漏和失误之处批评指正。

《桐庐年鉴》编辑部

2016年11月

2015 年 11 月 13 日，首届中国（杭州）国际快递业大会在桐庐召开　　胡军 摄

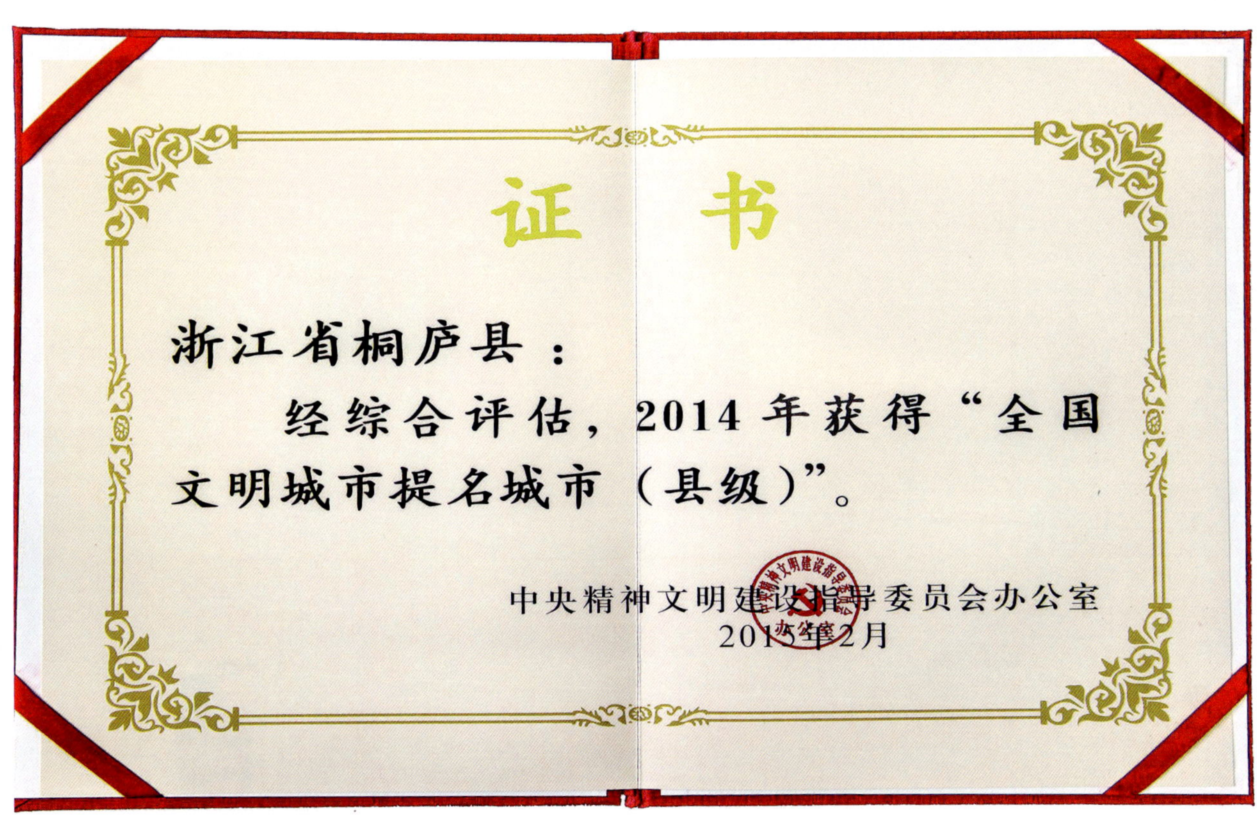

证　书

浙江省桐庐县：

经综合评估，2014 年获得“全国文明城市提名城市（县级）”。

中央精神文明建设指导委员会办公室
2015年2月

2015 年 2 月 28 日，桐庐县荣获“全国文明城市提名城市（县级）”称号　　单佳铭 摄

2015 年 12 月 4 日，浙江省政协主席乔传秀（前中）到桐庐视察美丽乡村建设工作　　滕晶晶　摄

2015 年 12 月 4 日，国家环保部党组副书记、副部长潘岳（前中）调研我县生态环境保护与建设工作　　邵惠燕　摄

2015 年 5 月 20 日，中共浙江省委常委、常务副省长袁家军（右四）视察桐庐迎春商务区　　胡军 摄

2015 年 9 月 29 日，中共浙江省委常委、杭州市委书记赵一德（右一）到桐庐调研　　胡军 摄

2015 年 11 月 18 日，中共杭州市委副书记、市长张鸿铭（左二）赴新合乡接待基层选民代表　　邵惠燕 摄

2015 年 4 月 1 日，浙江省农村基层党建工作推进会在桐庐召开，与会人员考察环溪村　　滕晶晶 摄

2015 年 1 月 15 日，桐庐县荣获浙江省首批“五水共治”工作优秀县（市、区）“大禹鼎”

2015 年 6 月 26 日，桐庐县在全国率先颁发首本“一照一码”营业执照　　单佳铭 摄

2015 年 1 月 20 日，阿里巴巴农村电商培训中心在桐庐县委党校揭牌　　胡军 摄

2015 年 7 月 8 日，第二届中国县域电子商务峰会在桐庐举行　　黄强 摄

2015 年 5 月 10 日，桐庐迎春商务区荣获“2015 年浙江十大金融创新集聚区”称号

2015 年，海康威视安防产业基地（桐庐）项目一期实现试投产 胡军 摄

2015 年 8 月 9 日，中国计量学院现代科技学院迁建桐庐项目正式签约　　徐军勇 摄

2015 年 9 月 30 日，桐庐县举行双十佳“担当有为好干部”表彰大会　　胡军 摄

2015 年 10 月 31 日，桐庐县本地风情大型文化演出《春江花月夜》上演　　胡军 摄

2015 年 10 月 24 日，浙江最好的酒店之一——富春江励骏酒店开业　　胡军 摄

美丽公路—— 20 省道　　胡军 摄

富春江（芦茨）慢生活体验区　　胡军 摄

目　录

特　载

大事记

总　述

农业经济

工业经济

交通运输

城市建设与管理

国土资源　环境保护

劳动　人事

邮政　通信

财政　税务

金融　保险

商贸　旅游

经济管理

党　政

民主党派　群众团体

法　　治

武　装

教育　科技

文化　体育

新 闻

卫生事业

社会事业

乡镇　街道

文　献

名　录

专　刊

阅读引申

索　引

特　　载

适应新常态 引领新发展
推进“五大发展理念”在桐庐生动实践

——在县委十三届十次全会暨县政府十五届九次全体（扩大）会议上的讲话

中共桐庐县委书记　毛溪浩

（2015 年 12 月 31 日）

同志们：

这次会议的主要任务是：认真学习贯彻党的十八届五中全会、中央经济工作会议以及省委、市委全会精神，审议通过《中共桐庐县委关于制定桐庐县国民经济和社会发展第十三个五年规划的建议》，回顾总结 2015 年主要工作，研究部署 2016 年重点任务。下面，我代表县委常委会向全会报告工作。

一、关于今年以来工作

县委十三届八次全会以来，我们深入学习习近平总书记系列重要讲话精神，坚决贯彻中央和省市重大决策部署，主动作为勇担当、实干苦干抓落实，转型升级取得实效，城乡统筹持续推进，生态环境不断优化，各项改革有序实施，社会事业协调发展，全县经济和社会各项事业发展成效明显、亮点纷呈。预计全年实现地区生产总值 350 亿元，同比增长 9.5% 左右；规模工业增加值 93 亿元，同比增长 6%；农业增加值 22.24 亿元，同比增长 2.1%；第三产业增加值 129.44 亿元，同比增长 15%；社会消费品零售总额 124.1 亿元，同比增长 11.5%；固定资产投资 241.08 亿元，同比增长 15%；地方财政收入 26.95 亿元，同比增长 8%；城镇居民人均可支配收入 39639 元，农村居民人均可支配收入 22587 元，分别同比增长 9.0% 和 9.5%。全县地区生产总值、第三产业增加值、规模工业增加值、规模工业销售产值、工业投资、外贸出口、城镇居民人均可支配收入、农村居民人均可支配收入等指标增速走在五县（区、市）前列。

1. 美丽经济提速提质。深化“绿水青山就是金山银山”实践，战略性新兴产业、现代服务业比重上升，美丽经济如花绽放。一是结构调整成效明显。新兴产业方面，智慧安防、快递物流、电子商务、休闲旅游、健康养生、金融服务、总部经济等蓬勃发展，海康威视项目一期基本建成，英飞特等项目快速推进，艾罗电源智能光伏等列入省首批“互联网+”应用项目，申通控股总部登记注册，快递物流税收贡献突出，首届中国（杭州）国际快递业发展大会成功举办并永久落户桐庐，第二届中国县域电子商务大会顺利召开，县域电商模式得到省政府主要领导批示肯定。传统产业方面，企业综合评价和分类服务、零地技改等政策不断完善，四换三名、科技活动、人才工作全覆盖启动推进，针织、制笔等传统产业加快转型，新认定国家级高新技术企业6家。农村经济方面，“乡乡四个有工程”扎实推进，新增民宿床位2930张，乡村旅游接待游客660万人次、经营收入3.92亿元，分别同比增长27.81%和45.4%。二是平台建设有效提升。富春江科技城八大园中园进展顺利，国家级开发区创建报请国务院审批，列入杭州国家自主创新示范区“一城十区”；富春山健康城颐居养生园、江南养生文化村加快推进，健康小镇列入省级首批特色小镇；迎春商务区企业入驻率达66%，电子商务、金融服务、中介组织等特色业态培育壮大；富春江（芦茨）慢生活体验区先试先行走在前列，绿庐驿、木舍人家等中高端民宿项目建成营业，青龙坞“创客村”等加快实施。同时，智慧安防小镇、妙笔小镇、慢生活小镇列入首批市级特色小镇。三是发展后劲不断增强。深入开展“三实”活动、“聚焦重点”四项竞赛，健全县领导“三联系”服务机制，海康威视项目“桐庐速度”“双百亿”行动得到市委主要领导批示肯定，励骏酒店对外营业，杭商院二期等重点项目有力推进，众创中心、双创服务中心、创客中心和创业孵化基地等“三中心一基地”积极建设；成功举办百亿重大项目集中签约和集中开工等活动，新引进奥克伍德国际酒店、中国计量学院现代科技学院、九三学社科学学术基地等产业项目、人才项目，为今后发展注入了新的活力。

2. 风景桐庐深化提升。全域大景区加快建设，生态文明、城市建设、美丽乡村全面打响品牌，中国浦东干部学院美丽中国现场教学点正式授牌。一是城乡建设纵深推进。富春江船闸改造、杭黄铁路（桐庐段）、千岛湖引水工程等加快建设，儿童公园、洋塘路改造、渔民村棚户区搬迁、县城景观亮灯提升等基本完成，城市规划展示馆、春江东路改造有序推进，城市形象有提升、功能更完善。加快中心镇、特色镇建设，分水镇等城镇面貌明显改善。美丽乡村建设全覆盖工程完成投入3.63亿元，村落景区和精品路线创建深化，开展历史建筑挂牌登记保护，试点“富春民居”建设，创成市级精品村10个、市级风情小镇2个，新龙、大路、深澳等村成为新亮点。结合四边三化、两路两侧整治等工作，全年完成“三改一拆”面积170.1万平方米，荣获全省美丽公路示范县和全省“无违建县”创建工作先进单位。二是“五水共治”深入实施。全面落实“河长制”，完善农村污水处理设施和垃圾分类处理长效机制，基本完成集镇污水管网建设和农业面源污染整治任务，县城污水处理一级A提标工程主体完成，I类水与II类水比重大幅提升，富春江（桐庐段）出境水质从三类水提升到二类水国家标准。防洪水、排涝水、保供水和抓节水协同推进，防洪工程、水库加固、山塘整治等完成投入1.6亿元，农村饮用水提升工程新增受益人数3.3万人。三是综合治理全面加强。结合落后产能淘汰，淘汰改造锅炉320台，建成国内首个乡镇空气质量自动监测系统，全年空气优良天数按照新标准统计增加37天，PM2.5浓度为每立方米45微克，较去年同期下降9微克。试点农业“两区”土壤污染防治，新增土壤污染监测点取样192个，实现测土配方施肥技术全覆盖。严格落实“五个不准”等生态保护制度，平原绿化全面推进，获评全省彩色健康森林建设示范县，入选首批国家级生态保护与建设示范区。

3. 综合改革常抓常新。结合省市改革试点，项目化推进“桐改538计划”，向改革要红利、要动力的氛围更加浓厚。一是政府职能转变有深化。完成“政府权力清单”“责任清单”， 正式发布第一批公共信用清单，县卫计局、县农林局整合运行；率先实现“一照一码”“五证合一”和首个工商注册登记移动终端平台，率先开展民宿办证，并推出便民手册“一本通”。二是城乡统筹发展有突破。“两权一房”抵质押贷款、“林地活用”、空心村“二次创业”等改革有序推进，发放农房“两证”6.26万户、占76.4%，新增农房抵押贷款2870万元、林权抵押贷款1亿元，空心村开发签约项目48个，石舍坡地村庄列为省“坡地村镇”试点项目；“农民之家”创业服务社积极组建，建成“智慧农村”100个，农村产权交易平台完成交易141笔3026万元，新培育省级农业龙头企业3家、省级示范社6家。三是生态建设机制有探索。扎实推进排污许可证改革试点，完成重点企业环境信用评价体系建设，创成“农村无保洁员村”17个，加快“智慧环保”建设，村级环保协会实现全覆盖。

4. 美好生活共建共享。坚持桐庐属于百姓、百姓归属桐庐，民生保障进一步加强和改善，相继获得中国最具幸福感县级城市、中国最美丽县等荣誉。一是筑牢底线、办好民生实事。农村居家养老服务、农村老人春节红包以及大病致贫困难群众帮扶基金、公交司机爱心基金、环卫工人关爱基金等惠民举措形成长效，“三个不让”底线逐步夯实。实施公积金贷款新政，推进老小区“四改联动”“智慧小区”试点，朝霞路、中杭路等特色街区建成运营，宜居环境不断改善。“桐庐百姓日”“政府开放日”等活动内涵丰富拓展，967000百姓热线功能提升，开通县城至机场班车，城乡公交一体化全面推进，百姓获得感进一步提升。二是回应关切、发展社会事业。创新就业创业服务，降低企业和个人失业保险费率，帮助城乡失业人员再就业2557人。深入实施“教育卫生双提升工程”，桐中等学校与杭二中等市区名校合作迈出坚实步伐，高考成绩明显进步；上海瑞金医院、市一医院桐庐分院合作深化，农村无线网络生理参数监测惠民项目扩面提质。文化馆、越剧传习中心、博物馆（二期）完成提升改造，县运会、全域旅游骑行挑战赛、全民休闲皮划艇大赛（桐庐站）等先后举办，大型演出《春江花月夜》试演出后广受关注和好评。三是实施试点、创新社会治理。省基层社会治理试点扎实推进，群防群治等做法全面推开，村规民约、社区公约修订工作顺利实施，县智慧治理信息中心和大调解中心启动建设，涉法涉诉信访机制改革深入推进。文明礼仪等四大文明行动持续开展，农村文化礼堂加快建设，列入杭州唯一的全国文明城市（县级）提名城市，并赴京参会受到习总书记的亲切接见。深化“法治桐庐”和“平安桐庐”建设，大力开展以房屋消防安全、流动人口管理、电力设施整治为重点的专项行动，安全生产三项指标实现零增长，群众的安全感、满意率名列全市前茅，社会大局和谐稳定。

5. 党建保障切实加强。以扎实开展“三严三实”专题教育为主线，强化问题导向，贯彻从严要求，党的建设协同推进。一是大抓基层组织建设。出台全面加强基层党建巩固基层政权的决定，建立乡镇（街道）党（工）委书记和村干部视频交流会制度，构建农村“小微权力”规范运行体系，全省农村基层党建工作推进会在我县召开，被列为全国农村基层党建工作座谈会随机考察点，并应邀赴全国组工干部学院作经验介绍。二是大抓干部队伍建设。聚焦忠诚干净担当，开展双十佳“担当有为好干部”评选、最佳（最差）服务型机关和最佳班子评选、“三诺三比”

电视问政等活动，实施“四比一争”干部考核、不敢担当情形问责等办法，引进清华大学、浙江大学等党政储备人才，出台关心关爱干部政策，狮子型团队和担当有为干部队伍建设进一步强化。三是大抓党风廉政建设。组织党章党规党纪专题集中培训，开展《准则》和《条例》学习，进一步把纪律和规矩挺在前面。切实抓好巡视反馈意见整改落实，试行乡镇（街道）和部门巡察工作，实现县直部门和单位的纪委派驻监督机构全覆盖，党委主体责任和纪委监督责任进一步落实。严格执行中央“八项规定”，着力开展农村基层侵害群众利益问题专项整治，深入开展节约型机关创建，全县三公经费支出同比下降30%，作风建设持续深化。

与此同时，人大、政协、武装、统战等工作取得新进展，工会、共青团、妇联、民宗、台侨、残联、科协、党校等工作获得新进步。在此，我代表县委，向为全县经济社会发展作出贡献的广大干部群众和各界人士表示衷心感谢并致以崇高敬意！

回顾过去拼搏奋进、亮点纷呈的一年，我们坚持理念先行，紧紧围绕“一个目标、五大桐庐”奋斗方向，深化“宁可速度慢一点，也要保护好山水”等“三个宁可”发展共识，保持战略定力，大胆探索实践，开辟了“绿水青山就是金山银山”的科学发展新路径。我们坚持创新发展，既打造科技城、健康城以及特色小镇等产业新平台，又推进海康威视、英飞特等重大项目；既深化统筹城乡等五大领域综合改革，又谋划承办首届国际快递业大会、县域电商峰会等工作载体，努力把改革的红利、创新的活力叠加起来，形成了新动能，打开了新通道。我们坚持追求一流，把坚决贯彻上级决策部署与桐庐自身实际紧密结合起来，拉高标杆、奋勇争先，在生态文明、美丽城乡、产业转型、文明创建、社会治理、基层党建等方面培育了特色、形成了经验，亮点品牌工作走在全省乃至全国的前列。我们坚持统筹推进，既重经济建设又重社会建设，既抓物质文明又抓精神文明，既做大蛋糕又切好蛋糕，协调推进稳增长、调结构、优环境、惠民生、强党建等各项工作，人民群众的认同感、满意度进一步增强。我们坚持苦干实干，在五水共治、三改一拆、“双百亿”活动推进等繁重任务面前，主动扛起责任，奋力攻坚克难，各级干部敢担当、善作为，为桐庐城乡更美、经济更强、社会更和谐提供了坚强的组织保障。上述“五个坚持”，既是我们过去实践积累的宝贵经验，更是今后推进发展的基本遵循。

二、关于当前发展形势

2016年是落实“四个全面”和“五大发展理念”的关键之年，是实施“十三五”规划的开局之年，也是本届县委县政府履职收官之年。做好明年工作，我们必须科学认识当前形势、客观分析未来走势，顺势而为、精准发力，力求实现闪亮开局、精彩起步。

1. 我们要科学把握新要求。要充分认识高水平全面建成小康社会新的目标要求，既要达到全人群、全领域、全区域的要求，又要推动经济保持中高速增长、产业迈向中高端水平，人民生活水平和质量普遍提高，国民素质和社会文明程度显著提高，生态环境质量总体改善，依靠改革开放推动制度建设。要充分认识新一轮战略机遇期的深刻内涵，国际金融危机以来，主要国家去杠杆、去债务，我国发展重要战略机遇期正在由原来加快发展速度的机遇转变为加快经济发展方式转变的机遇，正在由原来规模快速扩张的机遇转变为提高质量和效益的机遇，必须更多依靠内生动力实现发展。要充分认识创新、绿色、开放、协调、共享五大发展理念的丰富内涵，坚持以人为本实现可持续发展，更加注重解决发展动力、人与自然和谐、发展内外联动、发展不平衡和社会公平正义等问题。

2. 我们要紧紧抢抓新机遇。要深刻领会宏观调控手段变化带来的发展机遇，深入贯彻中央经济工作会议精神，根据新形势下积极的财政与金融政策、阶段性提高财政赤字率等特点，围绕宏观政策要稳、产业政策要准、微观政策要活、改革政策要实、社会政策要托底等五大政策，紧扣去产能、去库存、去杠杆、降成本、补短板等五大任务，着力加强供给侧结构性改革，提高供给体系质量和效率，提高投资有效性，加快培育新的发展动能，努力实现“十三五”时期经济社会发展的良好开局。要深刻领会杭州加速发展带来的重大机遇，在杭州GDP达万亿元的新起点，无论是即将举办的G20国际峰会和亚运会活动，还是杭州国家跨境电商综合试验区和国家自主创新示范区建设，都将为桐庐接受资源辐射、拓展交流合作创造历史性机遇。要深刻领会桐庐不断积累的基础性、内生性的发展优势，无论是最美县城、美丽乡村、生态文明、全域旅游等工作的特色创新，还是中国（杭州）国际快递业大会、县域电商发展大会等活动的举办，无论是四大主平台的加速发展、招引项目持续发力，还是杭黄铁路开工建设以及今后临金高速、通杭轻轨等交通基础设施逐步实施，都将让桐庐绿水青山的资源优势进一步彰显，为新一轮转型发展带来更大空间。

3. 我们要科学应对新挑战。要应对好宏观发展环境的挑战。受国际金融危机的后期影响，全球需求增长和贸易增长乏力，不确定不稳定因素逐步增多。我国经济长期向好的基本面虽然没有改变，但发展的不平衡、不协调、不可持续问题仍然突出。要应对好桐庐薄弱环节的挑战。我县经济社会发展不确定性、复杂性因素依然较多，弥补科技创新动力不足、三产比重不高、资源产出综合效益不够等短板，破解产业“低小散”、人才不足、老小区和城中村改造等难题，维护社会和谐稳定与食品安全、交通安全等热点，仍面临很大压力。房地产业投资持续下滑，可售房源总量居高不下，如何有效扩投资、去库存需引起进一步重视。要应对好质量效益提升的挑战。有效提高招商引资落地率、投资项目贡献率，切实发挥电子商务带动本地产品销售和本地税收效应，不断提升境外及中高端游客比重和人均旅游消费水平，加快提高外贸产品附加值，继续深化效益农业和盘活沉睡资本、低效资源等文章，所有这些工作要取得实质性突破，还需要我们拿出新办法、体现新作为。

三、关于规划建议说明

这次全会一个重要任务就是审议通过《县委十三五规划建议》，下面我把《建议》的有关情况向全会作一说明。

1. 关于建议稿的起草过程。“十三五”时期，是实现第一个百年奋斗目标、全面建成小康社会的决胜阶段，是推动美丽桐庐建设取得决定性进展的关键时期。描绘好未来五年发展蓝图，事关桐庐以什么样的姿态、什么样的发展质量、什么样的社会面貌奔小康，意义十分重大。县委对制定“十三五”规划建议高度重视，精心部署，周密安排。一是加强组织领导。建议稿起草工作在县委常委会领导下进行，由我主持，在第一时间成立了起草小组，由县委办和政研室等单位具体承担。9月份，我和方县长召开“十三五”规划基本思路汇报会，并对“十三五”发展的总体定位、主要目标、基本原则、重点举措等重大问题予以明确。二是深入调查研究。县委、县政府领导各自牵头重点课题，组织相关职能部门参与调研，形成了一批年度调研报告。同时，结合县领导联系重点产业和重大课题调研等活动，形成的联系产业等一批高质量的调研成果，为建议稿的起草打下了良好基础。三是广泛征求意见。起草组根据中央、省市精神，结合桐庐实际，认真开展建议稿起草工作，广泛听取各方意见。12月8日，建议稿下发各乡镇（街道）和县级机关部门书面征求意见。12月19日，县委、县政府邀请相关乡镇（街道）、部门和重大平台等单位负责人召开座谈会，面对面征求各方意见。此外，充分征求了县人大、县政协的意见。从反馈情况看，大家对建议稿给予充分肯定，同时提出了许多很好的意见和建议。

2. 关于建议稿的总体考虑。在建议稿起草过程中，主要有以下五个方面的考虑。一是坚持吃透中央、省市精神和立足桐庐实际相结合，做到融会贯通、把准方向。党的十八届五中全会描绘了未来五年我国发展的新蓝图，确立了创新、协调、绿色、开放、共享五大发展理念，这标志着我们党对发展规律的认识达到了一个新高度，为“十三五”乃至更长时期的发展指明方向。我们要深入贯彻中央精神和省市精神，结合桐庐实际，全面落实五大发展理念，努力在“绿色崛起、创新驱动”上更进一步、更快一步。二是坚持目标导向和问题导向相结合，做到目标明确、路径清晰。“一个目标、五大桐庐”既是桐庐发展的经验，也是今后持续奋斗的方向。我们要进一步正视发展形势和问题，明确经济社会发展各方面的分路径，着力破解发展难题，推动实现更高质量、更有效率、更加公平、更可持续的发展。三是坚持一以贯之和谋划新招相结合，力争做到任务具体、举措有力。近年来，我们坚持一张蓝图绘到底、一届接着一届干，深化“绿水青山就是金山银山”理念，护美绿水青山、建好美丽城乡，做大金山银山。十三五期间，我们要再接再厉、乘势而上，做精做深做好“美丽”文章，并积极把握和引领经济发展新常态，与时俱进谋划新的平台、新的载体、新的实招。四是坚持全面规划和突出重点相结合，力争做到补齐短板、整体提升。县委建议稿是指导全县“十三五”发展的纲领性文件，必须着眼全局、系统规划。同时，要突出重点领域和薄弱环节，着力在打造支撑未来发展的重要战略平台和产业体系、城乡一体化发展、绿色生态环境打造、提高群众获得感等方面实现突破。五是坚持战略部署和战术落实相结合，力争做到掌握主动、留有空间。正确处理好规划建议和规划纲要、年度工作的关系，一些具体的工作部署留给发展规划纲要去规定，留给年度工作安排去细化、去落实。

3. 关于建议稿的基本框架。在框架结构上，建议稿分三大板块、七个部分。导语和第一部分构成第一板块，属于总论，主要是总结发展成就，分析发展形势，明确“十三五”发展的指导思想、发展目标和基本要求。第二至第六部分构成第二板块，属于分论，主要是谋划推进五大发展理念在我县的实践，从坚持创新发展、促进转型升级，坚持协调发展、促进城乡统筹，坚持绿色发展、促进优势转化，坚持开放发展、促进开放融合，坚持共享发展、促进民生改善等五个部分进行阐述和部署。第七部分和结束语构成第三板块，主要讲加强和改善党的领导，为实现“十三五”规划提供坚强保证。

四、关于明年重点任务

明确2016年全县经济社会发展总体思路是：深入学习贯彻党的十八届五中全会精神，以“四个全面”战略布局为统领，紧扣“创新、协调、绿色、开放、共享”五大发展理念，以“创新驱动、绿色发展”为主线，坚持实干至上、行动至上，大力开展“重大项目突破年、风景桐庐提升年、基层基础加强年”三年活动，不断深化招商引资与招才引智相结合的“双招双引”一号工程，为十三五发展开好局起好步，为建设高水平全面小康社会和中国最美县奠定扎实基础。

建议2016年主要经济指标为：地区生产总值（GDP）可比价增长8.5%左右；服务业增加值增长11%左右；规模工业增加值增长6%；固定资产投资增长12%以上，其中工业投资增长15%；自营出口增长6%左右；公共财政收入增长8%左右；社会消费品零售总额增长12%；农村居民人均纯收入和城镇居民人均可支配收入分别增长9.5%和9%左右。重点要抓好 “五项工作、一大任务”。

“五项工作”，就是努力在“创新、协调、绿色、开放、共享”五大发展理念的桐庐实践上实现新突破

1. 坚持创新发展，加快打造美丽经济

一要大力推进平台创新。要狠抓重点平台，强谋划、强招引、强推介、强产出、强

特色，促进平台空间拓展、内涵提升和产业集聚。富春江科技城（桐庐省级经济开发区）要注重产城融合、功能完善，建好医疗器械产业园等园中园，进一步招引大项目、改造低产地、增加科技味，力争早日创成国家级经济技术开发区；富春山健康城要全面加快颐居养生园等重点项目建设，抓紧落地一批新的项目，不断完善配套设施，积极创建浙江省健康服务业示范区；迎春商务区要重项目招引、重分类服务、重特色发展，不断丰富海陆世贸电商园、金融产业园等园区业态，全力打造“县域楼宇经济样板区”；富春江（芦茨）乡村慢生活体验区要加快国家AAAA级旅游景区创建，完善配套设施，加快项目建设进度，全面提升慢生活体验区建设档次。要狠抓特色小镇，坚持企业主体、资源整合、项目组合、产业融合等原则，加强特色小镇定位规划、双招双引、基础建设等工作，扎实推进健康小镇、智慧安防、妙笔小镇、慢生活小镇等省市特色小镇建设，着力打造“产业、城镇和人才”集聚高地。要狠抓其他平台，多层次、多元化推进江南古村落风景区、重点乡镇园区、低山缓坡等平台建设，为创新发展提供有力支撑；充分发挥“三中心一基地”等平台作用，推动“大众创业、万众创新”再上新水平。

二要大力推进产业创新。要转型提升传统产业，坚持“工业强县”战略不动摇，积极顺应消费升级、“互联网+”、工业化与智能化融合等趋势，进一步突出以产品质量和产品创新为核心，深化“四换三名”等工作，推进工厂物联网、机联网、厂联网等智慧应用，改造升级制笔、针织等传统产业，做大做强医疗器械、汽车零部件、水力发电设备制造等优势产业，不断提升产业发展质效；抓紧出台相关政策，全力打通各类房源，加强房产宣传营销，力求房产去库存、扩投资有更大成效。要加快发展新兴产业，提速推进海康威视二期、国际箱包2.5产业园等重大项目，着力培育信息经济、休闲旅游、医药卫生、新材料新能源等战略性新兴产业；着重抓好“一中心四园区”（即现代物流中心、申通智慧轻经济综合体、中通之家、韵达速递综合体、天天快递总部园）、电商产业园、农村淘宝等项目建设，进一步壮大快递物流、电子商务等产业。要积极培育新的经济增长点，坚持“服务业优先”发展战略，深化服务业改革创新试点县建设，谋划发展教育培训、会展会务、文化创意、税源经济、体育健身等新产业，加快发展信息服务业、金融服务业等新业态，力争在美丽经济发展上取得新突破。

三要大力推进科技创新。结合人才工作、科技活动等全覆盖工程，深入推进科技创新“双十”培育、工业龙头和成长型企业双培育、小微企业成长三年行动等计划，加紧制定完善鼓励科技创新以及产业基金等政策，为企业发展营造良好的科创环境。突出企业创新主体，深化与名校名院合作战略，鼓励企业加快科技成果转化，引导企业在科研投入、产品开发、品牌建设、人才引进、“两化”融合、资本对接等方面下功夫，不断提高企业创新能力和核心竞争力。

2. 坚持绿色发展，加快建设美丽桐庐

一要以更大力度抓好生态治理。治水方面，要扎实推进全国首批河湖管护体制机制创新试点，巩固提升城乡垃圾分类、城乡污水处理、全域河流随时能游泳随处能游泳等三大工程，逐步提高县域范围I类水与II类水的比重；加快建设城区自来水厂千岛湖配水饮水工程，落实企业差别化水价和居民用水阶梯式水价制度，统筹推进五水共治。治气方面，要完善大气污染防治行动计划，提高工业企业废气排放标准，重点整治工业污染、渣土运输、工地扬尘等问题，严格落实黄标车限行和淘汰，加大空气质量监测站、天然气加气站等建设力度，深化无工业烟囱乡镇、无燃煤锅炉乡镇创建，不断提高优质空气天数。治土方面，要深化“两区”土壤污染治理，加快土壤污染监测预警体系建设，全面启动重点乡镇土壤污染治理工作，开展土地轮作和禁施化肥农药乡镇试点，力争治土工作走在全省前列。

二要以更高标准打造美丽城乡。更加注重精美规划，按照中央城市工作会议“建设和谐宜居、富有活力、各具特色的现代化城市”要求，修编提升县域总体规划，完善引领美丽城乡建设的规划体系，充分发挥各级规划人员作用，实现城镇村三级设计全覆盖，为最美城乡建设提供规划引领。更加注重精致建设，积极探索社会资本参与旧城改造模式，稳步推进开元街区、公管所区块改造以及公园山山体公园、洋塘路立面整治等老城有机更新项目；加强柴埠区块、城区村级留用地等重点区块项目招引与开发，动工建设杭黄铁路综合体会展中心等项目，推进城市规划馆、城南路（梅林路至金中路段）、春江东路、大奇山路（320国道至滨江路段）、乔林路、滨江公园二期等项目，启动23省道窄溪至麻蓬段（绕城北线）改造工程，谋划一批地下空间利用项目，积极引导城区企业“退二进三”，不断提升县城首位度。更加注重精细管理，结合“三改一拆”“两路两侧”等工作，推进垄背上东、里庄坞等城中村改造，着力解决违建超建等突出问题；积极推进智慧城市建设，加快公共场所视频监控和数字城管系统对接，逐步完善综合管理、执法、监督和社会公众参与“四位一体”的城市管理体系。更加注重全域景区，提升“清洁桐庐”“四边三化” 等工作，实施“美丽公路”全覆盖工程，加快国家乡村公园、富春江AAAAA级旅游景区以及精品村落景区创建，完善全域旅游标识标牌，同步抓好色彩农（林）业、生态河道、风景田园等工作，着力营造“处处是景、移步换景”的良好局面。

三要以更实举措弘扬生态文明。巩固“国家级生态保护与建设示范区”创建成果，全面落实“五个不准”等规定，切实加强自然资源保护。按照“县域无裸土”要求，深入开展平原绿化、植树造林等工作，努力实现村村皆有珍贵大树、路路皆是景观大道、乡乡皆有特色景区。切实发挥村级环保协会、环保志愿者等作用，结合生态日活动强化生态文明宣传教育，深化绿色家庭、低碳社区、绿色学校等创建，形成爱护生态环境的良好风气。

3. 坚持开放发展，加快积聚发展活力

一要以“双招双引”为载体，全面增强发展后劲。要强化招商引资，转化“双百亿”活动成果，紧盯优质公司、品牌企业，主攻创新型、税源型项目，瞄准既切合本地优势又引领经济新常态的重点产业，积极引进一批延伸产业链、壮大产业群的“补链项目”，努力打造经济发展开放高地。要创新招商方式，通过以商引商、小分队敲门招商，以及平台、地块和产业专题招商，努力争取更多优质项目落户。深化“桐商”回归工程，办好第三届桐商大会，加快“桐庐人经济”向“桐庐经济”转变。要强化招才引智，以创建市人才生态示范区为契机，突出平台提升、渠道拓展、政策完善等重点，结合“科技人才周”等载体，大力招引高端人才和紧缺人才，尤其是国家、省“千人计划”专家和带项目的高层次人才，为桐庐加快发展提供智力支撑。要强化氛围营造，深入落实县领导联系重大项目和招商项目服务机制，完善项目储备谋划机制、重大项目专项服务和协调机制，优化投资项目审批流程，推行重点项目全程代办等举措，真正做到一切围绕项目转、一切为了项目干。

二要以“深化改革”为突破，全面增强发展动力。深化实施“桐改538计划”，鼓励大胆先行先试，完善容错免责机制，进一步释放改革红利。经济转型升级上，要注重要素市场化配置，完善产业引导基金，推广政府与社会资本合作（PPP）模式，鼓励社会资本参与经济社会建设；深化省民间融资管理创新试点县建设，完善投融资、兼并重组、资源盘活等政策，进一步拓宽融资渠道、优化融资结构。城乡统筹发展上，要加快推进“空心村二次创业”“两权一房”抵质押等重点改革，不断激发农村沉睡资源新活力；利用土地经营权入股契机，活跃农村产权交易，实施“坡地村镇”项目，盘活更多低山缓坡闲置资源；巩固提升农民专业合作社、家庭农场等现有载体成效，积极培育“农民之家”创业服务社等新型经营组织；调整人口城镇落户政策，探索城乡要素流通途径。转变政府职能上，要深化“四张清单一张网”建设，开展降低实体经济企业成本行动，加大简政放权力度，打造公平规范便利的发展环境；深化地方财税体制改革，做好存量债务置换工作，有效化解地方政府债务风险；统筹推进机构改革、事业单位分类改革等工作，不断提升政府服务效能。生态文明建设上，要深化省排污许可证制度、环评审批制度等试点，健全用能权、用水权、排污权、碳排放权交易等机制，开展企业环境行为信用评价和分级管理，推进智慧环保系统建设，进一步做到源头严控、过程严管、恶果严惩。

三要以“融杭融圈”为重点，全面增强发展优势。对接杭州市“十三五”专项规划，力争体现更多桐庐元素。抢抓杭州“两会两区”机遇，积极做好对接文章，努力成为杭州大都市后花园和发展新蓝海。结合杭州“七大西进”行动，加快建设杭黄铁路（桐庐段）项目，积极推进临金高速、城市轻轨、绕城二期连接线等前期工作，确保项目在“十三五”期间建设实施；充分发挥富春江船闸工程开通效应，谋划建设“黄金水道”桐庐港与旅游码头；尽快开通杭州—桐庐公共交通客运和旅游专线，努力构建联接杭州都市圈的立体化大交通体系。主动融入都市圈基础设施共建共享机制，推动县市两级“市民卡”、“公交一卡通”、“游园一卡通”、通信网络一体化的互通共用，促进跨县域融合发展。

4. 坚持协调发展，加快城乡统筹步伐

一要致力于物质文明和精神文明相协调。围绕全国文明城市（县级）创建，把弘扬社会主义核心价值观融入到“人文桐庐”建设的全过程，促进形成更好社会风尚。持续深化文明交通、文明餐桌等文明行动，引导落实“市民行为十不规范”，结合每月“好人榜”挖掘宣传群众身边的凡人善举，让正能量、好风尚温暖每个角落。拓展“书香桐庐”内涵，推进农村文化礼堂建设，实施“文化惠民”工程，完善公共文化设施和服务网络，不断丰富群众文化生活。加大文创产业发展力度，加快江南国际养生文化村、中国丝绸博览中心等项目建设，提升大型歌舞“春江花月夜”影响力，努力打响桐庐文化产业品牌。

二要致力于建设农村和经营农村相协调。实施新一轮美丽乡村建设提升工程，加快富春民居建设，强化历史文化村落保护，着力打造一批具有浓郁地方特色的精品建筑和精品村落，不断提升乡村美丽指数。深化“四个有工程”，继续办好中国休闲乡村旅游季、华夏中医药养生旅游节，举办国际民宿经济论坛（暂名），进一步夯实美丽乡村建设产业支撑。强化“旅游+”理念，大力发展乡村旅游、文化体验等新业态，积极探索绿水青山向金山银山转化的路径。加快实现城乡基础设施互联互通，统筹推进城乡水电、通信一体化建设，让城乡居民享受更多的均等优质的公共服务。

三要致力于经济建设和社会建设相协调。大力实施“就业富民工程”，多渠道增加就业岗位，加强技能培训工作，不断提升劳动力素质和创业能力。建立完善全民参保登记动态管理机制，逐步提升养老和医疗待遇水平，加快社保扩面提标。有序推进杭商院二期、杭州技师学院二期、中国计量学院现代科技学院等项目，充分发挥阿里巴巴农村电商培训中心作用，积极筹建中国（杭州）美丽城乡教育学院（暂名）。加大名校合作办学力度，提升杭二中等名校结对实效，提高职业教育、学前教育水平，努力办好人民满意教育。深化公立医院和计划生育服务管理改革，巩固拓展与上海瑞金医院、市第一人民医院的深度合作，大力发展“智慧医疗”，优化推进分级诊疗制度，全面实施“两孩”新政，调整优生优育政策，不断提升卫生计生工作水平。

5. 坚持共享发展，加快幸福桐庐建设

一要突出以民为先，推进实事工程。坚持以人民为中心的发展思想，牢固树立“民生也是生产力”的理念，带着责任和感情，全力办好民生实事。围绕百姓所需、所急、所盼，突出普惠性和创新性，精心谋划中小学生(义务段)午餐免费等一批民生实事工程。优化 “三位一体”居家养老模式，积极培育社会化养老服务机构，适当提高春节慰问金标准，探索设立常态化扶贫救助载体，着力提升大病致贫困难群众帮扶公益金运行成效，进一步夯实“三个不让”底线。深入实施低收入农户增收工程，全力对口帮扶，实施精准扶贫，确保低收入群众共享全面小康成果。全面推进城乡危旧房、老旧小区改造，加快改善困难群众居住条件，不断提升群众幸福感和满意度。

二要突出深化创新，完善治理体系。按照省基层社会治理创新试点要求，加速推进“一个中心五大体系”建设。深化桐庐百姓日、政府开放日等活动，培育更多第三方专业人民调解组织，发挥好楼下书记、无保洁员村（社区）等载体作用，努力实现政府治理和社会调解、居民自治的良性互动。探索培育村民（居民）议事会等新型社会组织，深入实施民主恳谈会、民主听证会和民情沟通日等制度，健全完善基层民主协商机制。大力推进公民道德建设，持续开展“最美桐庐人”评选活动，切实发挥道德模范和传统美德的引领示范作用。

三要突出和谐稳定，打造平安桐庐。全面推进“法治桐庐”建设，更加注重强化法律权威和法治思维，使依法守法成为干部的工作习惯和群众的自觉行为。健全实施信访集中受理办理、信访包案、领导接访下访等制度，加快提升乡镇（街道）综治工作、市场监管、综合执法、为民服务等平台，进一步健全矛盾纠纷多元化解决机制。完善流动人口和特殊人群服务管理机制，切实加强生产、交通、消防、食品安全等公共安全监管，集中开展校园及周边等重点区域治安综合治理，严厉打击各类犯罪行为，为全县经济社会发展营造和谐稳定环境。

“一大任务”，就是服务保障G20峰会，坚决完成光荣使命

服务保障G20峰会，是当前全市各项工作的圆心，也是桐庐明年工作的重中之重。我们要把服务保障G20峰会作为体现执行力、落实力的战场，作为考验讲政治、有担当的考场，坚持以最高标准、最快速度、最实作风落实省市部署，为办成取得最佳成效的G20峰会贡献桐庐力量。

1. 整体提升城乡环境面貌。结合“迎接G20、当好东道主”主题活动，细化工作方案，加快实施进度，全面抓好城乡建设、基础设施、清洁桐庐、文明创建等工作，整体优化城乡环境，着力提高服务水平，既营造全民支持峰会、服务峰会的浓厚氛围，为喜迎各方嘉宾全力做好准备；又充分展示自然山水与厚重人文交相辉映、历史文化与现代城市相得益彰的桐庐特质，进一步提升美誉度、扩大影响力。

2. 坚决打赢安保维稳硬仗。以确保绝对安全为目标，突出反恐防暴重点，依法严打严管严治，切实抓好风险隐患排查，整合群防群治打好“人民战争”，构筑整体防控、立体防卫的安保防线，力争把一切安全隐患消除在萌芽状态、化解处置在属地范围，坚决杜绝大规模群体性事件和重大治安事件发生，牢牢筑起峰会安保的铜墙铁壁。

3. 用足用好峰会重大机遇。立足发挥生态环境、美丽城乡和山水资源等优势，积极争取在桐庐举办相关子活动，力争在国际峰会中体现桐庐元素。主动呼应峰会“构建创新、活力、联动、包容的世界经济”的主题，借梯登高、乘势而上，积极对接与会客商，共襄峰会盛举，共享峰会成果。研究“后峰

会时代”宣传推介方案，充分展示我县发展旅游会展业的良好条件、能力水平和巨大潜力，积极引进和培育知名会展机构、会展项目、赛事活动，促进休闲旅游业大转型、会议会展业大发展。

五、关于加强党建保障

“十三五”规划和明年工作能否付诸实践、结出硕果，关键在于各级干部是否担当落实，关键在于党建保障是否协同推进。夏宝龙书记在省委十三届八次全会结束讲话时指出，“大家要甩开膀子大干五年，推动发展再上新台阶”。

1. 狠抓落实，必须更加甩开膀子。面对复杂环境和艰巨任务，全县各级干部要以“抓落实一刻都不能停”的作风，保持定力、狠抓落实，奋力开拓桐庐发展新境界。一要消除顾虑。在班子换届之年，要彻底消除“不敢做、不去做”“收为主、等为上”的心态，少一些对自己进退去留的想法，多一些“不求当多大官、但求干多少事”的境界；不要有“浑浑噩噩混日子”的庸懒散，多一些“一事未办妥寝食难安，一事有闪失如芒在背”的责任感，争做在其位、谋其政、尽其责的榜样。二要心有定力。要始终紧扣“绿水青山就是金山银山”既定战略不动摇，既不“另起炉灶”、不“切换频道”，又不心态失衡、不分散精力，在组织交给我们的这个平台上任劳任怨、干出实绩，在离开岗位的时候，能够坦然地说一句“吾心光明”。三要快干苦干。坚持实干至上、行动至上，发扬“马上就办”的风格，讲究工作时效，提高办事效率，不玩虚的、不弄假的，争分夺秒干出桐庐发展的加速度。

2. 狠抓落实，必须更加担当有为。每个层级、每个岗位都有各自的使命担当，有多大的担当，才能干多大的事情，成就多大的业绩。一要迎难而上。千般难万般难，畏难只会难上加难。我们要有“共产党人要在困难面前逞英雄”的豪迈，做到困难面前不回避、不低头，挫折面前不气馁、不退缩，勇于啃掉“硬骨头”，敢于打趴“拦路虎”，以“不达目的不罢休”的心气闯出桐庐发展新天地。二要改革创新。我们不能用传统思维、惯性经验去破解发展新问题，而是要积极以改革的思路、法治的思维、创新的举措完成既定目标任务，从阻碍科学发展的地方改起，从群众不满意的地方改起，从落后先进地区的地方改起，敢想敢干、干就干好。三要善于落实。对五水共治、四换三名、双招双引等定下来、认准了的事情，要咬定青山不放松，保持真抓实干、一抓到底的韧劲，以系统工程管理的方法，抓具体、具体抓，抓重点、重点抓，确保抓一件成一件、积小胜为大胜。

3. 狠抓落实，必须更加提升能力。面对桐庐发展新实践，需要各级领导干部增强新本领、干出新作为、展示新状态。一要提升学习知识的能力。要时刻保持本领恐慌的危机感、时不我待的紧迫感和汲取知识的饥渴感，以更加开放主动的心态接受新知识、接纳新事物。要认真学习宏观经济、现代金融、互联网+等知识，加强基层调研和外地经验借鉴，学以致用、以用促学，切实提升科学决策、依法办事和驾驭复杂局面的工作水平。二要提升团结共事的能力。干部就是共同干事的部队，大家在一起共事是难得的缘分，彼此应该好好珍惜。各级各部门要严格政治规矩、强化合心合力，讲政治、讲大局、讲团结，把全县干部群众凝结成一个上下同欲、成就事业的好团队。三要提升处理复杂问题的能力。我们要谨记“99%的发展成果不及1%的恶性事件发生”的朴素道理，善于以统筹兼顾、总揽全局的视野去观察和处理问题，特别是对公共管理、安全生产、突发事件、信访维稳等工作，必须防范于未然、处置于一线。要牢固树立“精准”理念，找准结合点，瞄准突破点，精准把握改革发展举措，精准服务企业之策，提升工作层次和实效。要放下“官架子”，挑起“民担子”，从严落实密切联系群众工作机制，深化基层走亲和乡镇干部住夜值班，并善于与群众换位思考，更加全面地看待问题、更加得体地处理问题。

4. 狠抓落实，必须更加大抓基层。决策

思路的执行重点在基层，工作举措的落实关键也在基层，要牢固树立大抓基层基础的鲜明导向，切实把基层党组织和基层政权建设相关意见落到实处。一要落实党建责任。严格落实基层党建责任制，完善党建工作“双百分制”、乡镇街道书记交流会和村干部视频交流会等机制，加大对无职党员、不合格党员管理教育力度，确保“整乡推进、整县提升”全面落实。二要夯实基层组织。结合村级组织换届，配强村级党组织，选优村级发展“领头雁”，加强不团结、不作为、不担当“三不”村级班子整顿和村属二级支部建设，提升“第一书记”机制实效，不断强化基层党组织在社会治理、服务群众以及落实各项工作中的领导核心作用。三要锤炼干部队伍。推进好班长好班子好梯队建设，深化县管领导干部“四比一争”和重点工作专项考察干部制度，落实《推进领导干部能上能下若干规定》和不敢担当干部问责办法，切实加强干部队伍综合素质培训和年轻干部基层实践锻炼，让工作不落实的人“没面子”，履职不到位的人“没位子”。坚持实干论英雄，重用敢于担当的人、干出实绩的人，坚决不用心浮气躁的人、投机取巧的人，进一步营造风清气正的选人用人环境。落实关心关爱干部十条举措，激励保护埋头做事、敢作敢为的干部，识别打击心态阴暗、造谣中伤的小人，让能征善战、敢打硬战进一步成为桐庐干部的特质。

5. 狠抓落实，必须更加从严管理。全面从严治党是今后管党治党新常态，更是狠抓落实的重要作风保障。一要牢固树立“抓好党建是最大政绩”意识，严格落实党委主体责任和纪委监督责任，更加突出一把手主体责任和分管领导一岗双责，切实把党风廉政建设作为分内之事、应尽之责抓紧抓好。同时，县纪委各派驻机构要认真履行职责，充分发挥好执纪监督作用。二要牢固树立政治纪律和政治规矩意识，深入贯彻《中国共产党廉洁自律准则》和《中国共产党纪律处分条例》，真正把纪律和规矩挺在前面，把党章党规党纪铭刻于心、落实于行，并按照省委巡视组要求继续抓好相关问题整改。三要牢固树立“作风建设永远在路上”意识，既要以零容忍态度惩治腐败，严肃查处害群之马，又要采取约谈诫勉等手段，重点整治不落实、不担当、不作为，更要持之以恒落实中央八项规定精神，主动适应从严治党新要求，一寸不让、弛而不息地抓好党风廉政建设。

同志们，毛主席老人家有一句很豪迈的诗，“雄关漫道真如铁，而今迈步从头越”。站在十三五发展的开局年，让我们进一步提振干事创业的“精气神”，汇聚团结奋斗的“正能量”，唱响美丽桐庐的“好声音”，为加快建成高水平美丽中国桐庐样本、高水平全面小康社会奠定扎实基础！

桐庐县第十五届人民代表大会常务委员会工作报告

——在桐庐县第十五届人民代表大会第五次会议上

桐庐县人大常委会主任　游　宏

（2016 年 1 月 29 日）

各位代表：

我受县人大常委会的委托，向大会报告工作，请予审议，并请列席会议的人员提出意见。

2015 年主要工作

2015 年，是推进人大工作和建设的重要一年。中共中央转发了《中共全国人大常委会党组关于加强县乡人大工作和建设的若干意见》（中发〔2015〕18 号），在省委、市委人大工作会议以后，县委于 5 月召开全县人大工作会议，出台《关于进一步加强人大工作 充分发挥人大作用的意见》，为推进我县人大工作创新发展指明了方向，注入了新动力。一年来，县人大常委会在中共桐庐县委的领导和上级人大的指导下，认真学习贯彻党的十八大以来中央重要会议和习近平总书记系列重要讲话精神，紧紧围绕全县工作大局，自觉践行“三严三实”要求，认真履行法定职责，全年共召开常委会会议 8 次，听取和审议“一府两院”专项工作报告 4 项、其他报告 6 项，开展专项工作评议 2 次，专题询问 1 次，组织视察和执法检查 7 次，作出决议、决定 15 项，提出审议意见 11 项，进行专题调研 6 个，任免国家机关工作人员 61 人次，依法增、补选市代表 2 名、县代表 8 名，委托主任会议听取专项工作报告 5 个，圆满完成了县十五届人大四次会议确定的各项任务。

一、致力创新，求实奋进，推动人大工作与时俱进

常委会坚持以增强实效为目标导向，积极探索行权履职的新方法、新途径，着力焕发工作活力，推动人大工作向前发展。

探索重大事项决定制度。制定《县人大常委会讨论决定重大事项试行办法》，明确重大事项范围和运行程序。在县委的领导下，建立了人大常委会第一张讨论决定重大事项清单，围绕 2015 年全县改革发展大局，确定计划、财政、投资、生态等重点领域的 14 项重大事项提请常委会审议或作出决议决定，凝心聚力推动县委决策部署和全县重大工作的落实。

深化财政预算审查监督。紧扣新《预算法》要求，常委会在依法审议县本级计划、预算执

行等报告，审查批准财政决算、预算调整和地方政府债务限额的基础上，推进预算监督向乡镇延伸，制定加强乡镇人大财政监督工作指导意见，逐步完善县乡两级预算监督机制。深化部门决算审查工作，重点对县农办、县委党校、民政局、交运局等部门决算情况进行审查，进一步增强预算执行约束力，提高资金使用绩效。按照新修订的《政府投资重大建设项目监督试行办法》，对全县31个总投资2000万元以上重大项目必要性、可行性和概算调整情况进行审查，并首次对总投资5000万元以上的柴雅线新合段改建工程、乔林路（科技大道—春江路段）整治改造工程等政府投资重大建设项目进行逐个表决，促进政府投资更加合理有效。听取审计工作报告，指定审计部门开展生态专项资金绩效审计，推动完善政府投资项目跟踪审计制度，全年跟踪审计在建项目13个，及时督促审计查出问题的整改，确保公共财政资金使用安全、有效。

创新完善监督工作机制。召开常委会与“一府两院”联席会议，加强沟通协商，促进年度各项工作有序开展。创新监督方式，首次在政情报告会上开展“代表问政”，人大代表提出了加快产业转型升级、老旧小区提升改造、公交一体化管理、缓解入学难等11个热点难点问题，县政府分管领导和有关部门负责人当场解答，并作出承诺。改进监督意见跟踪督办举措，办前各工委主动与承办单位沟通，督促制定办理工作计划，引入办理结果票决等方式，形成事前、事中、事后全过程跟踪督查和反馈机制，确保监督意见落实到位。

强化提升基层人大工作。常委会积极把握中央和省、市、县委高度重视基层人大工作的机遇，认真贯彻县委《关于进一步加强和规范乡镇人大工作的意见》，加强工作指导，落实主任会议成员联系乡镇（街道）人大工作制度，组织开展规范人代会会议、财政预算监督、政府实事工程票决制等专题工作研讨，全力支持基层人大工作创新，推动我县乡镇人大工作继续走在省市前列。各乡镇人大认真履职，创新作为，首次开展政府实事工程票决工作，着力提升人代会规范化水平，扎实推进主席团监督工作，为促进地方经济社会发展、基层民主政治建设发挥了重要作用。江南、富春江、瑶琳、百江、新合等乡镇增开年中人代会，重点听取政府半年度工作报告与实事工程推进情况，并将需调整的实事工程项目提交大会审议表决，充分体现了人代会议大事、决大事的作用。2015年12月，江南镇人大在全省乡镇人大工作视频会上作了经验交流，进一步展现了我县乡镇人大工作的改革创新成效。

二、围绕中心，主动作为，全力服务改革发展大局

常委会紧紧围绕县委决策部署，主动服务“中国最美县”建设大局，突出重点，科学决定，依法监督，有力推动了全县经济社会平稳健康发展。

聚焦产业美，助推经济转型升级。全力支持智慧经济发展，督查办理《大力发展电子商务 推动信息经济发展》大会议案，专题视察农村电子商务发展情况，要求政府抢抓“互联网+”发展机遇，制定助推电商产业发展实施意见，落实专项资金，深化提升电商产业园建设，扎实推进“农村淘宝”全覆盖，积极引导企业开展跨境电商工作，切实推动经济转型发展。持续关注实体经济发展，听取和审议“重实体、兴实业、办实事”活动开展情况专项工作报告，及重大项目和重点工作监察情况的报告，实地视察海康威视、杭黄高铁等重点项目建设，调研民宿产业发展，强调要营造创新创业氛围，拓展发展空间，加快项目推进，提升招商实效，以更强的决心和更实的举措，推动实体经济健康发展。高度重视税源经济培育工作，对税源经济审议意见落实情况进行跟踪督查，持续推动政府夯实税源，增强发展后劲。着力推进创新驱动发展战略，听取和审议科技进步专项工作报告，要求政府加强科技工作研究，完善人才引进和管理措施，以R&D经费支出占GDP比重提升为核心，建立健全考核激励机制，激发企业主体创新活力，提升科技水平，引领产业转型升级。积极推动农业产业化发展，重点听取和审议现代设施农业发展专项工作报告，提出要强化适度规模经营，加快精品示范培育，加大政策保障力度，提升农业产业化水平等意见。县政府认真编制现代农业发展规划，扎实推进土地流转规模经营，着力建设农旅结合型现代农业精品园区，提高大棚温室、农机具等设施补助标准，努力提升农民组织化程度和特色产业设施化水平。

聚焦生态美，力促环境持续优化。听取和审议大气污染防治工作报告，指出要强化源头防控，严格环保准入门槛，加快产业结构调整，全力守护蓝天白云。连续两年督查《关于严格自然资源保护 促进生态文明建设的决定》执行情况，专题听取全县土地利用总体规划修编情况的报告，审议批准桐庐县环境功能区划，督促政府坚守生态保护红线，严格落实自然资源保护与管理制度，努力构建以效益、和谐、持续为目标的绿色发展新格局。专题视察千岛湖引水工程和农村安全饮用水工程建设、城镇污水截污纳管和处理厂运行管理等工作，推动落实治水长效机制，巩固治水成果。密切关注富春江、分水江的自然生态资源保护工作，在多次实地调研、吸纳专家意见的基础上，常委会第二十七次会议作出了《关于加强“两江”自然生态环境保护和景观环境建设控制工作的决定》，要求全社会进一步强化“两江”保护意识，县政府要建立专项管理机制，制定专项流域性规划，以最强的力度保护和修复“两江”自然生态环境，以最严格的制度控制“两江”岸线景观的规划、设计和施工，切实保障“富春山居图”极致的实景地得以永续。

聚焦城乡美，促进城乡统筹发展。专题听取“十三五”规划编制情况的报告，强调要紧扣中国最美县建设目标，坚持创新、协调、绿色、开放、共享发展理念，突出重点，体现特色，统筹城乡区域协调发展，确保发挥规划的引领作用。根据省市人大工作部署，扎实开展县城道路两侧“三化”整治专项监督活动。常委会组成3个监督小组，对县城道路两侧“三化”整治情况进行“网格化”巡查，共巡查道路87条、桥梁4座，总路长94公里，将发现的8大类617个问题形成点位清单，一一交办，严督实查，确保问题得到解决。开展“三改一拆”工作视察，提出完善政策保障、狠抓长效管理、注重拆后利用等建议，推动“无违建县”创建工作落到实处。关注美丽乡村建设，对全县村落景区建设进行监督检查，要求政府注重乡土文化挖掘与保护，防止百村一面的同质化建设，着力彰显村庄个性特色，重视农村业态培育，切实打造村美民富的新农村。

聚焦生活美，推动民生福祉改善。“百姓日”活动是深受群众欢迎的重要民生工作，常委会积极回应社会关切，在第二十三次会议上作出了将每年5月6日设立为桐庐百姓日的决定，促进全县各级各部门强化宗旨观念，深化“百姓日”活动，认真办好“百姓事”，进一步增强桐庐人民的归属感、自豪感和幸福感。把脉城市顽疾，专题询问城市管理工作，着力推动城市流动摊点、工地扬尘噪音、违规停车行车、门前责任不清等难题破解，提升县城品质。针对群众普遍关注的食品安全问题，常委会组成专项监督组，对食品生产加工小作坊、小餐饮、小摊贩和农贸市场等重点领域食品安全工作进行了实地检查，督促政府进一步完善监管机制，加大执法力度，提升监管能力，确保群众舌尖上的安全。为营造安全稳定的生产生活环境，常委会联合乡镇（街道）人大对安全生产监督管理工作进行专项评议，要求政府及安监局深化隐患排查治理，严格落实主体责任，加强监管队伍建设，强化安全教育培训，提升安全生产监管能力。

聚焦人文美，助力人文桐庐建设。开展城乡公共文化服务体系建设专题调研，建议政府加强公共文化服务人才队伍建设，深化公共文化惠民举措，加快构建覆盖城乡的现代公共文化服务体系。高度关注义务教育质量提升工作，以听取报告、调研督查等方式，对义务教育执法检查审议意见落实情况进行跟踪监督。县政府结合常委会审议意见，加大义务教育经费投入，设立教育科研和教育教学质量管理专项经费，提高山区教师补助标准，推进县内重点学校与市区优质资源深度合作，叶浅予中学与杭州公益中学成立教育集团，杭州江南实验学校在分水初中设立课改班，努力促进义务教育优质、均衡发展。

三、弘扬法治，维护公正，着力推进法治桐庐建设

常委会认真贯彻“全面依法治国”战略部署，以法治一线的责任担当，致力推动“一府两院”依法行政、公正司法。

着力推进依法治理。关注法制机构建设，促进政府理顺法制工作体制，完善机构设置，明确职能定位，配备专业人员，提升法制工作水平。开展《道路交通安全法》执法检查，深入城乡重点交通路段实地检查，就完善交通基础设施建设、落实常态化整治措施、提升市民文明行车素养、切实营造安全有序的交通环境等提出意见。加强政府规范性文件备案审查工作，对县政府报送的《桐庐县历史建筑保护管理办法》等9件规范性文件进行备案审查。积极推进基层社会治理创新，专题调研村规民约实施情况，组织县代表中的70余名村级负责人赴龙游考察学习“贺田模式”，促使我县村级自治更好地体现德治、法治精神，更好地维护村民利益，提升基层社会治理水平。

着力深化司法监督。与省市人大联动开展深化司法监督专项活动，深入公检法司机关开展调研，全面监督检查司（执）法工作人员履职情况。主任会议听取县法院、检察院半年度工作报告，提出意见和建议，力促司法机关依法履职、公正司法。在巩固2014年法官履职评议成果的基础上，探索检察官履职监督新方式，听取和审议县检察院关于检察官依法履职公正执法专项工作报告，并通过案卷审查、听取意见、履职测评等方式，着重对4名检察官履职情况进行监督检查，分别向检察院和检察官提出监督意见。县检察院对此高度重视，从提升检察业务、加强队伍建设、保障律师权益、强化司法为民等方面制定了22条整改措施，取得良好效果。被监督检察官主动接受监督，认真开展自查自纠，切实规范司法行为，有力提升了执法办案水平和司法公信力。

着力营造法治氛围。严格依法任免国家工作人员，认真落实干部任前法律知识考试、颁发任命书、任职表态发言等工作，增强被任命人员的法治意识和责任意识。落实人大任命干部向宪法宣誓制度，制定《桐庐县国家工作人员宪法宣誓办法》，并在第二十七次常委会会议上组织7位新任命的国家工作人员向宪法宣誓，激励和教育国家工作人员忠于宪法，维护宪法权威，依法行使职权。开展“宪法日”主题活动，向乡镇、社区和学校赠送《宪法》和法律读本900余本。认真做好信访工作，强化涉法涉诉信访案件督办，全年共受理群众来信来访44件，引导和支持人民群众理性表达诉求，依法维护权益。

四、拓展渠道，强化保障，有效发挥代表主体作用

常委会充分发挥代表密切联系群众的优势，不断加强和改进代表工作，积极支持和保障代表依法履职。

精心组织活动，引导代表一线作为。响应省市人大号召，组织开展“转型升级十大组合拳”落实情况主题监督活动，全县省、市、县、乡（镇）四级人大代表到农村、社区和企业广泛听取意见，查找薄弱环节和问题，并将收集到的96个问题提交有关部门研究处理，76个得到协调解决，有力推动了转型升级组合拳的落实。扎实开展“已治理河流”监督活动，全县成立90个代表监督小组，对83条河流河长制落实、河道整治、日常保洁等情况进行跟踪监督，为提升“五水共治”实效持续发力。围绕群众办事审批难，组织代表开展走访调研，共查出办事审批难事项26项，均交有关部门处理。为确保不把贫困现象带入“十三五”，常委会认真组织开展贫困人口脱贫视察核查工作，全县548名各级人大代表走村入户，上门核查人均年收入4600元边缘户和省标以下低收入农户数1262户2236人，督促有关部门落实救助措施，建立帮扶救助长效机制，提升低收入群众生活水平。

拓宽履职渠道，保障代表参政督政。组织140余名代表开展依法治国、财政预算监督等专题培训，定期为代表寄送常委会会刊、人大杂志等学习资料，为代表提高履职水平提供服务和保障。坚持代表自主选择参与常委会监督工作制度，全年邀请代表220人次参与常委会视察、评议、调研等活动。探索联系选民新途径，在桐君街道建立网上代表联络站，深入推进代表进联络站（室）接待选民活动，县级领导干部以代表身份走进联络站，接待群众、听取民意，帮助解决实际问题。全年进站（室）活动代表733人次，收集和反映问题776个，协调解决622个，代表联络站服务群众、汇集民智、凝聚共识的阵地作用得到有效发挥。完善代表履职激励和约束机制，制定《县人大代表辞职、罢免办法》和《县人大代表述职办法》，全面推行代表向选民述职活动，激发代表履职活力。

注重全程提质，提高建议办理实效。常委会坚持提前介入，认真把好代表建议意见质量关，做细做实建议办理目标评估、责任分解、跟踪督办等每一环节工作，推动建议办理全程提质。改进办理结果评价方式，变代表个人评价为代表小组集体评议，促进办理工作更加细致、到位。为提升督办实效，常委会听取代表建议意见办理工作报告，对《关于控制和化解村级债务的建议》等9件重点建议开展主任领衔督办，并联合县考评办就全县各承办部门建议办理工作进行协同督办，对集体评议确定的5件不满意件，两次召开督办会，责成有关单位重新办理。县政府及承办部门认真落实办理责任，集中力量破解办理难题，截至目前，县十五届人大四次会议收到的149件意见建议，解决率达62.8%。认真做好闭会期间代表意见建议的收集、交办、督办等工作，努力推动意见建议所涉问题的解决。

五、内强素质，外树形象，扎实推进人大自身建设

常委会以贯彻中发〔2015〕18号文件和省、市、县委人大工作会议精神为契机，以开展“三严三实”专题教育活动为抓手，切实加强自身建设，不断提升履职能力和水平。

强化思想作风建设。始终把思想政治建设摆在首位，认真学习贯彻党的十八届四中、五中全会以及省、市、县委人大工作会议精神，严守党的政治纪律和政治规矩，发挥常委会党组领导核心作用，牢固树立大局意识、责任意识和担当意识。扎实开展“三严三实”专题教育活动，通过专题党课、民主生活会、学习研讨等方式，教育引导机关党员干部自觉遵守廉洁自律准则和纪律处分条例，切实把严的标准和实的作风落实到人大工作实践中。主任会议成员积极参加“三联系一包案”工作，人大机关干部扎实开展“基层走亲”、结对帮扶等活动，努力为基层排忧解难。

注重履职能力提升。在县委的重视下，全面推进乡镇（街道）人大主席（主任）专职化，配强乡镇（街道）人大干部，更加有力地保障基层人大工作的开展。抓好制度建设，修订制定《县人大常委会政府投资重大建设项目监督试行办法》等7项工作制度，人大工作制度化、规范化水平进一步提升。加强组织机构建设，办公室增设信息科。重视调查研究工作，着重围绕医疗服务工作等10余项课题进行调研，提出意见建议，增强监督工作针对性。开展对外学习交流，学习借鉴外地人大工作先进经验，不断提高工作实践能力。组织退休干部参观全县重点工程、经济新业态等，更好地发挥退休干部余热。

深化信息宣传工作。首次与县委宣传部联合召开人大宣传工作会议，专题研究部署新形势下人大宣传工作。组织开展代表风采主题宣传活动，8万余名市民群众参与“人民满意人大代表”投票活动，评选产生10名“人民满意人大代表”，充分展示我县各级人大代表的履职风采，取得良好社会反响。认真办好《桐庐人大》杂志和桐庐人大网站，广泛宣传人代会、常委会会议、代表主题活动、工作评议等情况，扩大人民代表大会制度的影响力。

各位代表，过去一年，县人大常委会工作

有了新的进展，取得了新的成绩，这是县委正确领导、常委会组成人员和全体人大代表共同努力的结果，也是“一府两院”和基层人大密切配合、社会各界大力支持的结果。在此，我谨代表县人大常委会，向所有关心、支持人大工作的同志和社会各界人士表示衷心的感谢！

我们也清醒地看到，常委会工作与推进人民代表大会制度与时俱进的要求和人民群众的期盼还有一定距离，主要是：对一些重点难点问题的科学监督、有效监督的水平有待进一步提升；重大事项决定清单的实践运作需要进一步探索和加强；对新常态下提升代表素质还研究不够，个别代表违规违纪现象时有发生；常委会自身建设与依法行权履职的要求还不完全适应等。我们将虚心听取代表意见，按照争创一流的更高标准，不断加强和改进常委会工作，更好地担负起宪法和法律赋予的职责。

2016 年主要工作

2016 年是“十三五”规划实施的开局之年，是本届人大常委会任期的收官之年，也是贯彻中共中央关于加强县乡人大工作和建设文件的落实之年。今年常委会工作的指导思想是：深入学习贯彻党的十八大和十八届三中、四中、五中全会以及习近平总书记系列重要讲话精神，坚持以“五大发展理念”为引领，按照县委十三届十次全会的部署和县十五届人大五次会议确定的任务，围绕“创新驱动、绿色发展”工作主线，“重大项目突破年、风景桐庐提升年、基层基础加强年”三年活动，“双招双引”一号工程和服务保障 G20 峰会，依法履职、服务大局，强化法治、维护民生，充分发挥人大及其常委会职能作用，为实现“十三五”发展的良好开局、建设高水平全面小康社会和中国最美县提供有力保障。

根据上述指导思想，2016 年常委会的主要任务是：

一、加大监督力度，在服务发展大局上有更大作为

紧扣县委决策部署和社会关切，适应新常态，找准着力点，增强监督实效，为经济社会发展发挥好助推作用。加强经济工作监督。围绕提升发展质量和效益，跟踪督查“重实体、兴实业、办实事”活动开展情况审议意见的落实，组织视察重点项目建设，持续推动实体经济转型升级。开展“四张清单一张网”建设专题询问，进一步推动政府简政放权，激发经济社会发展活力。支持农村改革发展，组织视察农村土地流转工作，专题调研供销社改革发展情况，加快推动农产品规模化种养、标准化生产和品牌化经营，增强村级集体经济造血功能，促进村级债务化解和农民增收致富。深化计划财政监督。按照财政预算监督办法，加强财政、计划、审计等工作的审查监督，继续跟踪政府性债务管理情况，开展交通专项资金专题审查，推动提升财政资金使用绩效。强化政府重大投资项目的审查监督和过程监督，促进项目有效实施。加强生态建设监督。听取和审议加强“两江”自然生态环境保护和景观环境建设控制工作情况的专项工作报告，继续跟踪《关于严格自然资源保护 促进生态文明建设的决定》执行情况，开展农村生活污水处理提升工程和垃圾分类工作视察，推动长效管理机制的完善与落实，助力“美丽桐庐”建设。加强民生事业监督。密切关注民生热点难点问题，听取和审议食品安全监管、低收入农户增收和保障等专项工作报告，开展实事工程推进工作视察，持续跟踪物业管理、乡村卫生站（室）运行情况，关注全面“二孩”政策的落实，加强烟花爆竹管理工作监督，努力推动民生改善和社会事业发展。全力服务保障峰会。组织人大代表开展“找短板、迎峰会，代表在行动”主题活动，推动迎峰会相关工作的落实；继续加强对县城道路两侧“三化”整治工作的监督，开展大气污染防治“一法一条例”执法检查和住房与建设专项工作评议，视察特色小镇建设，推进城市环境和城乡面貌进一步提升。

二、推进依法治县，在促进公平正义上有更新进展

坚持以民主法治为主线，不断加强法律监督，着力在深化法治桐庐建设中发挥人大作用。

依法行使决定权和任免权。按照讨论决定重大事项试行办法，进一步深化完善重大事项清单机制，紧紧围绕全县发展大局和重大民生问题，依法作出决议决定，切实把县委的决策部署与人民群众意愿统一起来，把决定与执行统一起来，推动中心工作更好落实。依法做好人事任免工作，规范工作程序，落实宪法宣誓制度，加强任后监督，增强国家工作人员的法治意识和为民意识。推动法治桐庐建设。深化“宪法日”主题宣传活动，广泛开展宪法和法律法规宣传教育，加强“七五”普法工作，促进全社会形成自觉学法、守法、用法的良好氛围。加强对政府依法行政工作的监督，听取和审议县政府打击环境和食品药品犯罪专项工作报告，抓好规范性文件备案审查工作，督促加快法治政府建设。继续关注基层社会治理创新工作，推动提升社会治理水平。听取“两院”半年度工作报告，与市人大联动开展法院立案工作监督，完善对司法机关工作人员履职监督机制，督促落实司法工作责任制和错案责任追究制，切实推动司法机关依法规范履职，提升司法公信力。

三、注重活力激发，在发挥代表作用上有更好成效

始终把支持和保障代表依法履职放在重要位置，不断创新方式，优化服务，切实发挥代表主体作用。积极搭建履职平台，深化“转型升级十大组合拳”等主题监督活动，继续开展“代表问政”工作，在常委会监督活动中探索代表评议工作机制，拓展代表参与常委会监督工作的广度和深度，进一步引导代表为推动经济社会发展献计出力、作出表率。加强代表联络站规范化建设，推进乡镇、街道网上联络站全覆盖，不断深化代表进联络站（室）接待选民工作，进一步畅通民意反映和表达渠道。密切与代表的联系，建立健全“一府两院”及其负责人联系代表、接待代表、定期通报工作情况等制度，通过多种形式，广泛听取代表意见建议。落实代表向选民述职、代表履职登记等制度，深化代表风采主题宣传活动，激励和引导代表增强法治意识和履职意识，争做遵纪守法、务实担当的楷模。抓好代表建议督办工作，不断提高代表建议办理实效。

根据法律规定，2016年下半年，县乡两级人大代表将进行换届选举。常委会将在县委的领导下，加强组织、提前谋划、周密部署、严肃纪律，充分发扬民主，严格依法办事，确保换届选举工作顺利进行。

四、加强自身建设，在提升履职能力上有更实举措

以贯彻落实省委《关于加强县乡人大工作和建设的若干意见》为抓手，继续推动县乡两级人大工作创新发展。坚持会前学法、常委会党组理论中心组学习等制度，举办《选举法》《预算法》等法律知识培训，提高常委会及机关工作人员的法律意识和履职能力。践行“三严三实”，落实从严治党要求，建立健全作风建设长效机制，切实做到届末之年精力不散、标准不降、力度不减、作风不松，保持一线状态，争创一流业绩。加强常委会组织机构建设，进一步优化常委会组成人员结构。总结本届人大及其常委会工作，编写《桐庐人大志（2006—2015）》。在县委领导下，对县委《关于进一步加强人大工作　充分发挥人大作用的意见》和《关于进一步加强和规范乡镇人大工作的意见》贯彻落实情况进行督查，推动文件精神进一步落实。继续加强对基层人大工作的指导与联系，扎实推进乡镇政府实事工程代表票决制和财政预决算监督工作，完善街道人大履职机制，探索推进街道协商民主建设，努力使县乡人大工作和建设取得更大进步。

各位代表，时代赋予重任，人民寄予厚望。让我们在中共桐庐县委的坚强领导下，振奋精神，创新实干，为加快建成高水平全面小康社会和高水平美丽中国桐庐样本做出新的更大的贡献！

政府工作报告

——在桐庐县第十五届人民代表大会第五次会议上

桐庐县人民政府县长　方　毅

（2016 年 1 月 27 日）

各位代表：

现在，我代表县人民政府向大会作工作报告，请予审议，并请各位政协委员和其他列席人员提出意见。

一、“十二五”期间经济社会发展情况及 2015 年工作回顾

过去五年，是我县发展进程中极不平凡的五年。五年来，面对复杂多变的宏观经济形势、艰巨繁重的改革发展任务，我们在上级党委、政府和县委的坚强领导下，在县人大、县政协的监督支持下，认真贯彻落实党的十八大及习近平总书记系列重要讲话精神，围绕建设“中国最美山水型现代化中等城市”目标，全力打造“五大桐庐”，较好完成了“十二五”规划确立的各项目标，为“十三五”发展奠定了良好基础。

五年来，我们坚持发展为要，综合实力显著增强。2015 年，全县地区生产总值达 335.84 亿元（初步核算数，下同），年均增长 9.0%，人均生产总值达 82091 元。一般公共预算收入 26.97 亿元，比 2010 年翻一番。实现工业增加值 166.50 亿元，年均增长 8.4%，三次产业结构调整到 6.84:54.45:38.71，服务业比重年均提高 1.62 个百分点，旅游业实现“千万游客、百亿收入”目标。社会消费品零售总额 132.34 亿元，比 2010 年增长 109.3%。城镇和农村居民人均可支配收入分别达到 39348 元和 22504 元，年均增长 10.4％和 12.1％。固定资产投资五年累计达 886.57 亿元。全县城镇化率达 65.0%。先后荣获国际人居环境示范奖、全国文明县城、国家级生态县、国家园林县城、中国最美县、中国长寿之乡、中华宝钢环境奖等荣誉，跻身全国县域经济竞争力百强县，桐庐的美誉度、知名度得到极大提升。

五年来，我们坚持生态优先，美丽品牌日趋响亮。大力开展“五水共治”“三改一拆”“四边三化”“三江两岸”等专项行动，实施石材、铸造、电镀、畜禽养殖等行业整治，基本实现城镇污水处理、农村生活污水处理、农村生活垃圾分类处置全覆盖。境内 83 条主要河溪全部达Ⅲ类以上水质，连续九年实现富春江出境水质优于入境水，万元生产总值能耗累计下降 18.5% 以上，主要污染物减排全面完成省市下

达任务，荣获全省首批“清三河”达标县、五水共治“大禹鼎”“无违建县”创建先进集体等荣誉。实施县城“东进西延北改南拓”战略，推进开元街、柴埠等重点区块拆迁改造，完成浮桥埠、春江西路、凤川大道等重要节点整治提升，迎春商务区、富春江水利风景区等精品区块日益丰满，县城建成区面积达20平方公里，成为首个“浙江美丽县城”。实施“5525”统筹城乡精品工程和美丽乡村全覆盖工程，荣获全省首批美丽乡村创建先进县，成为中国浦东干部学院美丽中国现场教学点，全国改善农村人居环境工作会议在桐庐举行，“美丽中国、桐庐先行”得到广泛认可。

五年来，我们坚持改革创新，发展质效稳步提升。全面实施“桐改538计划”，国家生态文明建设试点示范区、省全域旅游专项改革、省民间融资管理创新等试点扎实推进，农村“两权一房”改革走在全省前列，空心村“二次创业”模式得到汪洋副总理的高度评价。全面谋划建设富春江科技城、迎春商务区、富春山健康城、富春江乡村慢生活体验区、江南古村落风景区等产业平台，成功引进百亿级智慧安防产业海康威视生产基地，形成先进装备制造、针纺织两大百亿产业集群，战略性新兴产业增加值占规上工业比重达37.5%。实施“桐商回归”战略，“三通一达”等区域性基地落户桐庐，快递物流税收贡献突出。电子商务蓬勃发展，支撑体系全面建立，与阿里巴巴集团开展全面战略合作，在“中国电子商务发展百强县”中排名持续上升，成为农村淘宝全国优秀示范县，创成浙江省电子商务示范县，县域电商桐庐模式得到省政府主要领导批示肯定。大力开展科技创新“双十”培育和规上企业科技活动全覆盖工程，新增市级以上高新技术企业103家，高新技术产业增加值占规上工业比重达21.5%。中国杭州（制笔）知识产权快速维权援助中心建成运行。龙生股份成功上市，天松医疗、祥龙钻探、水晶运动在新三板挂牌。“富春江”井冈霉素、“龙生”汽车配件、“雪水云绿”茶叶获中国驰名商标。成功创建全国科普示范县，荣获全国科技进步考核先进县称号。

五年来，我们坚持优质均衡，社会事业全面进步。浙江工商大学杭州商学院建成开学，中国计量学院现代科技学院落户桐庐。实施教育卫生质量双提升工程，等级幼儿园覆盖率达96.5%，浙江省义务教育标准化学校比例达95.0%，新增省级以上职业教育改革发展示范学校3所，成功创建全国义务教育发展基本均衡县。乡村卫生服务一体化管理工作走在全国前列，上海瑞金医院与我县的医联体、杭州市一医院整体托管分水人民医院等合作办医改革成效显现，省级重点专科实现零的突破。被评为全国农村中医药工作先进县。实现文体活动室、农家书屋、体育健身设施行政村全覆盖，荣获全省农村文化礼堂建设先进县称号。莪山畲族乡被评为全国民族团结进步模范集体。在第十四届残奥会上荣获金牌两枚，第十五届省运动会获金牌数居全省县（市、区）第一。举办两届“神州风韵”全国剪纸大赛，国家级非物质文化遗产实现零的突破，成功创建中国书法之乡、中国故事之乡。

五年来，我们坚持民生为本，幸福指数持续攀升。全面落实“三个不让”保障底线，民生保障和社会事业累计支出125亿元，占财政支出的比重年均81.0%以上。家庭人均年收入4600元以下贫困现象全面消除。城乡居民基本养老、医疗保险参保率分别达97.0%和99.9%。率先发放老年人春节慰问金，“三位一体”农村居家养老服务体系全面建立，荣获全国敬老模范县称号。创新设立大病致贫困难群众帮扶公益金，持续推进农村困难家庭危旧房改造，大幅下调城乡公交票价，境内国省道本地小客车免费通行，政府开放日、967000百姓热线等民生品牌深入人心，桐庐百姓日荣获全国全面小康十大民生决策奖。实现安全生产三项指标“十连降”、平安桐庐“十连创”。荣获“中国最具幸福感县级城市”称号，百姓的自豪感、归属感全面增强。

五年来，我们坚持依法行政，政府建设不断加强。以“审批最快捷、办事最方便”县为目标，加快政府职能转变，实施“四单一网”改革，行政审批事项精简61.0%，商事登记“五证合一”“一照一码”“十分钟办证”改革全国先行。建立政府常务会议学法、法律顾问及行政首长出庭应诉等制度，健全科学决策机制。完善行政程序和裁量规则，加强政府信息公开，行政执法能力显著加强。严格落实中央“八项规定”，开展节约型机关建设，“三公”经费年均压缩15.6%。扎实开展党的群众路线教育实践活动和“三严三实”专题教育，干部作风有新的提升，群众对政府的满意度不断提高。

各位代表，刚刚过去的2015年，是“十二五”的收官之年，全县上下主动适应经济新常态，真抓实干、创先争优，较好地完成了县十五届人大四次会议确定的各项工作任务。

（一）实体经济有新提升

实施重大项目“双百亿”工程，完成固定资产投资247.27亿元，同比增长17.9%；招商引资实到资金65.5亿元，同比增长8.5%；完成外贸出口14.05亿美元，同比增长11.6%；实现规上工业增加值97.78亿元，同比增长6.9%；完成工业投资91.68亿元，同比增长34.3%。规上工业新产品产值率达34.9%。海康威视一期建成投产，英飞特等项目加快建设，信息经济增加值同比增长20.1%。富春江科技城列入杭州国家自主创新示范区“一区十片”，国家级开发区创建报请国务院审批。迎春商务区楼宇入驻率达66.0%，成为省级现代服务业集聚示范区提升发展试点。健康小镇列入首批省级特色小镇，智慧安防小镇、分水妙笔小镇、富春江慢生活小镇列入首批市级特色小镇。首届中国（杭州）国际快递业大会成功举办，会址永久落户桐庐。富春江励骏酒店正式营业，新引进奥克伍德国际酒店项目。中杭路服饰街创成市级商业特色街，朝霞美食街开街营业。真人秀节目《我们15个》在桐开机热播，成功举办第四届中国休闲乡村旅游季活动，全社会旅游收入118.30亿元，接待游客1150.70万人次，同比分别增长15.9%和13.9%。实施省级生态循环农业整建制试点，建成现代生态循环农业示范主体12个，桐庐中部现代生态循环农业示范区入选全省创建样板区。阳山畈村创成全国“一村一品”示范村。建成市级智慧农业示范园区2个。新增市级以上农民专业合作社示范社和农业龙头企业各9家。

（二）创业创新有新活力

推行差别化水电气价格、土地供应和税费机制。实施“零土地”技改项目审批方式改革。工商注册登记移动终端平台建成运行。重点国有企业实行实体化运作。空心村“二次创业”落地项目43个，全县新增民宿床位2930张，经营收入达1.70亿元。发放农房“两证”6.78万户，完成山塘水库确权发证工作。设立政府产业引导基金、电商企业助贷基金和中小企业转贷基金。海陆世贸电商产业园持续提升，跨境电商新上线企业103家，农村淘宝2.0模式在桐首发，全县电商销售额达25.50亿元，同比增长104.0%。阿里巴巴农村电商全国培训中心建成开班，发起成立中国县域“互联网+”行动联盟，成功举办第二届中国县域电子商务峰会。新认定市级以上高新技术企业34家、研发中心10家。启动小微企业三年成长计划，“双创”服务中心和“春江渡口”众创空间建成运营。

（三）人居环境有新改善

杭黄铁路、千岛湖配水工程桐庐段全面开工。柴埠大桥、富春江船闸、县规划展示馆等项目加快推进，洋塘路改造、渔民村棚户区搬迁等工程基本完成，包山儿童公园建成开园。分水镇入选国家级宜居小镇示范镇。创成美丽乡村精品村10个、风情小镇2个。启动“富春民居”建设，麻蓬村、芦茨村列入市级示范村。挂牌保护历史建筑1200幢。新建城镇污水管网120.62公里，完善农村生活污水治理长效机制，被评为全国农村污水治理示范县。高污染燃料锅炉、黄标车全面淘汰，乡村空气质量自动监测系统上线运行，全年空气优良天数按新标准统计为322天，PM2.5浓度为44微克每立方米，比上年下降10微克。农业“两区”土壤污染防治工作列入省级试点。入选首批国家级生态保护与建设示范区。完成“三改一拆”181.50万平方米，拆后土地利用率达到95.0%。“两路两侧”“四边三化”整治扎实开展，荣获全省美丽公路创建示范县。建成色彩农林业4500亩，全省珍贵彩色健康森林建设现场会在桐庐召开。

（四）民生事业有新发展

全面开展全国县级文明城市创建。十大为民办实事工程圆满完成。桐庐中学等4所学校与杭州第二中学等市区名校合作办学。高考成绩明显进步。杭州技师学院杨金龙获得世界技能大赛汽车喷漆项目世界冠军。医联体和整体托管改革不断深化，新增市级以上重点专科、重点项目10项。单独设立院前医疗急救指挥中心，启动医养护一体化改革试点，县中医院新院区建成启用。创成省慢性病防控示范县。推出大型地域文化主题演出《春江花月夜》。成功举办县第五届运动会等赛事，全国首届青运会获金牌数位居七县（市、区）前列。城北老年体育活动中心投入使用，新建居家养老服务照料中心20家，免费为残疾人、60周岁以上老年人购买意外伤害保险。成立慈善冠名基金5个，建立低保边缘户救助机制。开通桐庐至萧山机场公交线路，县城公共自行车项目启用运行。开展以房屋消防安全、流动人口管理、电力设施整治为重点的专项行动，群众安全感、满意率名列全市前茅。

（五）法治建设有新气象

认真贯彻县委决策部署，自觉接受人大、政协监督，认真办理人大代表议案和建议、政协委员提案。政府常务会议学法20次，法律顾问制度实现全覆盖，县政府负责人出庭应诉率达100%。执行决策事项公众参与、公众意见采纳反馈制度，建立重大决策新闻发布机制，加强重大决策跟踪督查和考核。推进政府机构改革，构筑行政执法与司法衔接平台，启动综合行政执法改革。法律服务、法律援助和司法救助扩面延伸，128个村（社区）设立派驻律师。推进省级基层社会治理机制创新试点工作，启动县智慧治理信息中心建设，开展特殊疑难信访事项终结试点，实行信访件办理质量综合评价。群防群治工作全面推开，推进基层自治“一乡一试点”工作，凤联村商会荣获“创新中国特别奖”。落实社区减负制度，出台村级权力清单，完成村规民约、社区公约修订工作。

与此同时，统计、民族、宗教、外事、侨务、台务等工作持续加强，关心下一代、人口计生、人民武装、民兵预备役、人民防空、地方志、气象、档案等工作取得新成效。

各位代表，回顾“十二五”历程，总结2015年工作，我们深感成就鼓舞人心，进步来之不易。这是县委正确领导的结果，是县人大、县政协监督支持的结果，是全县干部群众团结拼搏、奋发有为的结果。在此，我代表县人民政府向全县广大干部群众，向驻桐部队和武警官兵致以最崇高的敬意！向所有关心、支持桐庐发展的各界人士表示最衷心的感谢！

在肯定成绩的同时，我们也清醒地认识到，全县经济社会发展中还存在着一些困难和问题：经济总量还不够大，结构性、素质性矛盾依然存在，发展质效还需进一步提升；自主创新能力还不够强，土地、资金、人才等要素制约更加突出，改革创新力度还需进一步加大；社会事业发展与群众期盼还有差距，补齐民生领域短板任务还比较重，基本公共服务供给还需进一步加强；少数干部的法治意识、担当意识还不够强，思想理念与新常态的形势不相适应，素质能力还需进一步提高，等等。对于这些问题，我们将高度重视，采取有效措施认真加以解决。

二、“十三五”时期经济社会发展的指导思想、奋斗目标和总体要求

未来五年，是我县加快绿色崛起、转型发展的关键时期，是高水平全面建成小康社会的决胜阶段。展望“十三五”，世界经济在深度调整中曲折复苏，新一轮科技革命和产业变革蓄势待发；我国经济发展方式加快转变，新的增长动力正在孕育形成；浙江已经迈进高收入经济体的门槛，杭州正处“两会两区”重要战略机遇期；我县生态文明、美丽城乡、交通区位改善等优势进一步显现，新兴产业培育壮大、传统产业转型升级的基础进一步夯实，乘势而上、加速发展的前景看好。同时，国际金融危机深层次影响长期存在，不稳定不确定因素较多，要素制约愈发趋紧，区域竞争更加激烈，群众需求日益增长，我们也面临诸多矛盾叠加、风险隐患增多的严峻挑战。我们必须进一步增强紧迫感、责任感和使命感，保持战略定力，坚持稳中求进，更加奋发有为，不断开拓“潇洒桐庐”发展新境界。

基于以上形势判断，今后五年政府工作的指导思想是：高举中国特色社会主义伟大旗帜，以马克思列宁主义、毛泽东思想、邓小平理论、“三个代表”重要思想、科学发展观为指导，深入贯彻落实习近平总书记系列重要讲话精神，以“四个全面”战略布局为统领，肩负“干在实处永无止境，走在前列要谋新篇”的新使命，沿着“一个目标、五大桐庐”奋斗方向，坚持创新、协调、绿色、开放、共享的发展理念，积极探索“绿水青山转化为金山银山”的路径通道，加快形成引领经济发展新常态的体制机制和发展方式，统筹推进经济、政治、文化、社会、生态文明和政府自身建设，确保高水平建成全面小康社会、美丽中国桐庐样本，朝着“中国最美山水型现代化县级城市”目标大步迈进。

“十三五”时期，我县经济社会发展的主要目标是：力争提前实现地区生产总值、人均生产总值、城镇居民收入、农村居民收入比2010年翻一番，全县经济综合实力和持续发展能力显著增强。到2020年，全县地区生产总值年均增长8%，力争突破500亿元；人均地区生产总值达11.8万元；服务业增加值占地区生产总值的比重达到45%；一般公共预算收入年均增长7.5%；五大产业增加值年均增长12%；社会消费品零售总额年均增长10%；全社会固定资产投资年均增长10%；城镇化率达到68.5%；R&D经费支出占GDP比重达到2.7%；规上高新技术产业增加值占工业增加值比重达到30%；互联网普及率达到90%；全县人才总量达到10万人；节能减排主要指标完成省市下达任务；PM2.5浓度低于35微克每立方米；境内主要河流Ⅰ、Ⅱ类水质断面比例达到80%以上；城乡居民人均可支配收入年均分别增长8%、8.5%；城镇调查失业率控制在5%以内；城镇常住人口保障性住房覆盖率达到20%；城乡居民基本养老保险参保率达到98%以上。

实现上述目标，我们必须深入践行五大发展理念，牢牢抓住以下五个方面的总体要求：

（一）要牢牢抓住“美丽桐庐”这一目标

美丽已成为桐庐最鲜明的发展特质。我们要把美丽作为县域核心竞争力，坚持以景区的理念规划全县，以景点的要求建设镇村，既要把“绿水青山”护得更美，更要把“金山银山”做得更大，切实以美丽要求推动产业转型、城乡转型和社会转型，促进经济与社会、城镇与农村、物质和精神等各方面协调发展，全力打造生态更美、城乡更美、产业更美、人文更美、生活更美的“美丽桐庐”。

（二）要牢牢抓住“转型升级”这一主线

转型升级仍然是桐庐最重要的发展任务。我们要以提高发展质量和效益为中心，坚定不移打好浙商回归、“五水共治”“三改一拆”“四换三名”、市场主体升级、小微企业成长等转型升级组合拳，构建“两路两江四区多镇”经济发展布局，改造提升传统优势产业，培育发展信息经济、高新技术产业和战略性新兴产业，发展壮大现代服务业，打造生态高效农业，推动桐庐经济向“中高速增长、中高端水平”昂首迈进。

（三）要牢牢抓住“改革创新”这一动力

改革创新是加快桐庐新旧发展动力转换最有效的方法。我们要坚持问题导向、效果导向，围绕市场在资源配置中的决定性作用和更好发挥政府作用，以经济体制改革、供给侧结构性改革、农村综合改革、政府自身改革等为重点，加快释放经济社会发展潜力。要把创新摆在发展的核心位置，积极拥抱新一轮科技革命和产业变革，完善创业创新平台，加强创新主体和各类人才培育，着力激发经济社会发展活力，加快形成“大众创业、万众创新”的生动局面。

（四）要牢牢抓住“项目带动”这一支撑

重大项目是桐庐经济社会发展最有力的支撑。我们要坚持依托项目调结构、增后劲、惠民生。深入实施双招双引“一号工程”，吸引更多优质项目和优秀人才在桐创新创业。更加注重把握项目投资方向、结构和效益，科学实施产业转型、基础设施、城乡统筹、生态环保、公共服务等一批事关全局和长远的重点工程，切实以大项目催生大产业、带动大建设、改善大环境、促进大发展。

（五）要牢牢抓住“民生幸福”这一根本

民生幸福是政府工作的根本出发点和最终落脚点。我们要始终坚持发展为了人民、发展依靠人民、发展成果由人民共享，不断加强制度创新和载体设计，深入推进民生实事工程建设，大力发展各项社会事业，积极打造社会治理机制创新示范区，深化建设“平安桐庐”“法治桐庐”，努力提升人民群众的幸福指数和社会文明和谐程度。

三、2016年目标任务和主要工作

2016年是“十三五”开局之年，也是本届政府任期的决胜之年。我们将紧扣“创新、协调、绿色、开放、共享”五大发展理念，以“创新驱动、绿色发展”为主线，大力开展“重大项目突破年、风景桐庐提升年、基层基础加强年”三年活动，不断深化“双招双引”一号工程，全力服务保障G20峰会，为“十三五”发展开好局起好步，为建设高水平全面小康社会和中国最美县奠定扎实基础。

根据县委十三届十次全会精神，2016年全县经济社会发展主要预期目标为：地区生产总值（GDP）可比价增长8.5%左右，服务业增加值增长11%左右；工业增加值增长6%；固定资产投资增长13%，其中工业投资增长15%；外贸出口增长6%左右；一般公共预算收入增长8%左右；社会消费品零售总额增长12%；农村居民人均纯收入和城镇居民人均可支配收入分别增长9.5%和9%左右。

全面完成以上目标，实现“十三五”良好开局，我们将着重抓好以下六个方面的工作。

（一）紧扣创新驱动，提升经济发展质效

加快产业创新。顺应消费升级、“互联网+”、两化融合等趋势，大力发展美丽经济。加快发展先进制造业，支持智慧安防、生物医药、医疗器械、磁性材料、汽车零部件、水力发电设备等优势产业发展，推进国际箱包智慧产业园等项目建设，鼓励针织服装、制笔、箱包等传统产业向时尚、文创等领域融合发展。深化“四换三名”工程，推动骨干企业应用物联网。深化省级服务业改革创新试点工作，积极培育教育培训、会展会务、文化创意、税源经济、体育健身等新产业，加快发展信息服务、金融服务等新业态。推进“一中心四园区”建设，进一步壮大快递物流业。实施电子商务“精耕计划”，开展省级流通业综合改革试点。深化农村电子商务发展，建成农产品电商产业园，优化“特色中国·桐庐馆”，提升农村淘宝运行绩效，促进“农产品进城、工业品下乡”双向繁荣。推进全域旅游改革，启动国家全域旅游示范区、富春江AAAAA级旅游景区创建，探索推进国家乡村公园建设，办好中国休闲乡村旅游季、华夏中医药养生旅游节，实施富春山居图水上实景游等项目，加快智慧旅游体系建设。

深化平台创新。加快富春江科技城国家级开发区创建，依托海康威视、英飞特等项目，全力打造智慧安防小镇。开展迎春商务区省级现代服务业集聚示范区提升发展试点工作，力争创成中国最具活力县域楼宇经济样板区。推进颐居养生园、江南国际养生中心、丝绸博览中心等重点项目，加快省级健康小镇建设，创建浙江省健康服务业示范基地。积极培育分水妙笔小镇、富春江慢生活小镇、横村时尚针织小镇等特色小镇。完善提升江南古村落风景区建设。深化“三中心一基地”创新创业平台建设，探索新型众创、众包、众筹、众服空间。

推动科技创新。实施新一轮科技创新“双十”培育计划，扎实开展规上企业人才工作、科技活动全覆盖活动。支持企业加大R&D经费投入，增强自主创新能力，新增市级以上高新技术企业20家、研发中心5家。加强知识产权保护，拓展中国（杭州）制笔知识产权快速维权援助中心服务功能，新增专利授权量1900件，创建省市名牌5个、著名商标7个。

强化制度创新。深化“桐改538计划”，突出供给侧结构性改革。实施要素配置市场化改革，落实用能、用地、水电气、排污权差别化政策，倒逼低效产业、“僵尸企业”退出，化解产能过剩。开展降低实体经济企业成本行动，主动对接落实降低制度性交易成本、税费负担、社会保险费、财务成本等政策，为企业松绑减负。加快土地综合整治开发，推进“批而未供、供而未用、城镇低效”土地专项整治，加强省级民间融资管理创新试点县建设，完善PPP项目合作机制，提升产业引导基金运行绩效，鼓励企业对接资本市场。加强国有资产管理和利用，做大做强县属国有企业，提高投融资和债务风险防控能力。

（二）紧扣协调融合，推进城乡一体发展

不断完善发展布局。修编县域总体规划，完善县域空间功能布局，推进多规融合，构建“一主一副三城多组团”的城镇空间结构。完成县城空间发展战略规划、中心镇重点区域建筑风貌控制规划编制，实施城乡设计全覆盖工程。开展5条风情带和富春江、分水江沿线村庄规划修编，加强村庄规划与上位规划的衔接，引导人口集聚和节约用地。

持续提升城镇品质。实施杭黄铁路综合体一期征迁，加快核心区块建设。启动23省道窄溪至麻蓬段改造工程，推进柴埠大桥、疏港公路建设，推动柴埠、梅蓉等重点区块开发。实施县城滨江公园二期工程，推进城南路、大奇山路、乔林路、春江东路等道路改造提升，县规划展示馆、滨江商务楼等项目投入使用。积极引进社会资本参与旧城改造，推进开元街区、公管所区块改造、洋塘路立面整治等项目。加强小城市、中心镇和特色乡镇建设，支持新合、莪山、合村等乡镇发展。深化“三改一拆”行动，有序实施垄背上东、里庄坞等城中村和城乡危旧房、老旧小区改造。强化依法治违长效机制，巩固“无违建县”创建成果。深入开展“两路两侧”“四边三化”工作，实施“美丽公路”全覆盖工程。加快供水、电力、网络等一体化建设，不断完善城乡基础设施。

深入打造美丽乡村。实施美丽乡村品质提升工程，改造提升培育村99个，建成县级精品村10个。保护历史文化村落，深化“富春民居”建设，建成示范点2个。加强村落景区建设，规范提升民宿经营，举办国际民宿经济论坛（暂名）。深化农村“两权一房”、空心村“二次创业”改革，建成一批“城里人第二居所”示范点。完善农村宅基地有偿退出机制，开展全国土地经营权入股发展农业产业化经营试点，推进“农民之家”创业服务社建设，促进农民创业增收。积极盘活农村闲置房屋、存量建设用地、山林缓坡等资源，努力壮大村级集体经济。

有效加强城乡管理。鼓励房屋征收货币化安置，引导改善商品房供应结构，开展更有针对性的房产营销，积极推进房地产去库存，推动房地产业健康平稳发展。理顺物业管理体制，推行物业服务企业信用评价考核，探索企业管理、社区管理、业主自治等物管模式，推广物管协调工作站等载体，提升物业管理和服务水平。探索推进户籍制度改革，调整人口城镇落户政策，促进常住人口有序实现市民化。实施不动产统一登记改革。开展县城和集镇市容市貌提升行动，推进智慧城市建设，逐步完善综合管理、执法、监督和社会公众参与“四位一体”的城市管理体系。

（三）紧扣绿色发展，扩大美丽先行优势

加强生态保护。深入推进国家级生态文明建设示范区工作。严格保护山林水田、砂石矿山等自然资源，强化渔业资源管理，加强地质灾害防治。划定永久基本农田保护红线、生态保护红线和城市开发边界线，建立完善耕地保护补偿机制，全面推行农村土地民主管理制度，严肃查处违法用地行为。推进彩色健康森林示范县建设，建成彩色健康森林5000亩。完善智慧环保体系，加强环境执法与监管。深化村级环保协会、民间河长等基层基础建设，广泛开展生态文明宣传教育。

推进生态治理。深化“五水共治”，健全农业面源污染综合治理长效机制，推进集镇污水管网和农村污水处理设施整治提升工程，优化污水处理厂（站）、农村生活污水处理第三方运维，逐步提高县域范围Ⅰ、Ⅱ类水的比重。提升农村生活垃圾减量化和资源化利用工作实效，开展城镇生活垃圾分类处置工作。继续抓好防洪排涝、强库固堤等工程建设，推进千岛湖配水工程及城区自来水厂配套工程，建设分水南堡省级湿地公园。开展挥发性有机废气污染治理，深化高污染燃料锅炉淘汰改造，全面完成无燃煤区建设。加强建筑工地、道路扬尘控制和渣土运输管理。推进农业“两区”土壤污染防治，构建土壤污染监测预警体系，开展土地轮作和少施化肥农药乡镇试点工作。

发展生态经济。鼓励企业开展节能技改、清洁生产及电平衡测试。推进太阳能光伏发电、白云源抽水蓄能电站等项目建设，优化提升大地循环经济产业园。大力发展生态高效农业，新建粮食生产功能区5000亩，新发展农林高效示范基地4000亩，创建“智慧农林”示范园区和现代农业精品园区各2个。推进现代生态循环农业整建制推进县建设，拓展种养结合、农林集合的循环农业生态产业链。

（四）紧扣开放融入，增强持续发展后劲

全力保障峰会。严格按照“最高标准、最快速度、最实作风、最佳效果”的工作要求，举全县之力服务保障G20峰会。大力实施环境整治项目，全面抓好城乡建设、生态提升、设施完善、清洁桐庐、文明创建等工作，以最好形象展现桐庐风貌。巩固“平安桐庐”建设，提升治安防控体系，深化安全生产标准化工作，完善应急处置机制，强化矛盾风险隐患排查，努力化解和管控不稳定因素，确保社会平安稳定。积极承接峰会辐射带动效应，加强桐庐城市品牌营销推介，争取在桐举办相关子活动，努力招引优质项目、高端人才。加大旅游产品创新力度，引育知名会展机构、会展项目和赛事活动，促进旅游会展业发展。

深化“双招双引”。加强信息经济、先进装备制造、旅游休闲、健康、时尚等新兴产业项目招引，办好第三届桐商大会，切实转化“双百亿”活动成果。对接杭州跨境综合试验区，扩大企业跨境电商应用面，加大龙头企业和产业链企业招引。实施“创业桐庐·人才引领”计划，大力引进海外高层次创新创业人才，力争国家、省“千人计划”和市“521”计划人选再有增量。开展新一轮县“511”人才培养，实施高技能人才提升计划，新增县级以上技能大师工作室2家以上。

改善区位条件。对接“一带一路”“长江经济带”国家战略，抢抓杭州“两会两区”“七大西进”等行动发展机遇，主动融入杭州都市圈。推进杭黄铁路建设，全力推动临金高速桐庐段开工建设，努力争取城市轻轨、绕城西复线等项目向桐庐延伸，优化提升杭州至桐庐城际公交客运。完成富春江船闸扩建改造工程，筹建桐庐港，布局建设旅游和货运码头，全面打通“黄金水道”。编制通用航空规划，谋划通用机场建设。

扩大交流协作。深入推进区县协作，主动承接产业、资金、人才溢出。推动县市两级市民卡和公交、游园、通信网络等互通共用。加快九三学社中央学术基地建设，完成浙大青源智谷建设，筹建中国（杭州）美丽城乡教育学院（暂名）。积极参与中国县域“互联网+”行动联盟。加强与常熟市等友好城市的交流。

（五）紧扣共建共享，增进百姓民生福祉

提升文明素质。以全国县级文明城市创建为抓手，深入推进人文桐庐建设。大力弘扬社会主义核心价值观，继续开展“最美桐庐人”道德模范等评选活动，引导落实“市民行为十不规范”，深入开展各类文明行动，积极培育崇德向善的社会风尚。深化共建共管制度和载体设计，营造“自己的家园自己建、自己的家园自己管”的浓厚氛围。加快构建现代公共文化服务体系，推进书香桐庐、农村文化礼堂建设，实施王伯敏故居陈列改造工程，开展“百村千场”文体惠民活动，拓展县域特色文化品牌。

完善公共服务。加快杭州商学院二期、杭州技师学院二期、中国计量学院现代科技学院建设，实施新一轮中小学、幼儿园布局调整，启动经济开发区学校、城西小学、方埠初中等

项目建设。深化与杭州名校的合作办学，推进现代职业教育体系建设，争创省级教育基本现代化县。深化医联体、整体托管合作办医，推进分级诊疗、智慧医疗等改革。加快中医药品牌建设。强化公共卫生管理，确保通过国家卫生县城复评。全面落实二孩政策，深化计生优质服务。健全罕见病医疗保障机制。实施机关事业单位养老保险制度改革。探索养老服务社会化运行机制，推行“家院一体”农村微型养老院。实施精准扶贫，建立动态调整、责任到村与结对帮扶等机制，切实做好困难群众和低收入农户增收工作。

创新社会治理。深化省社会治理创新试点县工作，完成县社会治理智慧中心建设。继续开展桐庐百姓日、政府开放日等活动，推广楼下书记、无保洁员村（社区）等品牌载体。深化基层自治，推行民主议事工作机制。简化社会组织登记审批程序，建立社会组织扶持机制，建成社区社会组织服务工作站2个，探索社区“社工+义工”联动服务模式。完善县内信访综合评价机制，推动诉访分离、信访积案化解，建立县大调解中心。启动“七五”普法工作，推进信用桐庐建设。

办好民生实事。民生是为政之本。今年，我们将继续办好10个方面的民生实事工程。

1．生态治理工程。实施分水江库区漂浮物打捞站项目，完成县城垃圾填埋场生态化改造、龙潭溪（滨江路至春江路段）生态提升和洋洲区块雨污分流工程。整治挥发性有机气体排放企业10家。新增县城建成区绿地面积10万平方米。

2．就业创业工程。帮扶失业人员实现再就业1200人，其中就业困难人员700名。实施电商、民宿、农业技能培训等项目，全年举办技能培训、创业培训班80期，举办各类人力资源交流30场以上。建成“农民之家”创业服务社15个。

3．教育惠民工程。实施义务教育学生免费爱心营养午餐工程。完成洋洲小学新建综合楼工程建设。石阜小学迁建（一期）、分水镇东溪幼儿园项目主体工程建成。

4．健康惠民工程。实施慢性病配药服务项目。建立上海瑞金医院等名院知名专家健康大讲堂和健康热线。完成适龄妇女“两癌”筛查22000人、免费孕前优生健康检查6000人。农村远程智慧医疗实现183个行政村全覆盖。推进医养护一体化改革，家庭病床达100张以上。

5．扶残助困工程。实行持证残疾人境内免费乘坐公交车，将全县持证残疾人纳入残疾人大病保险保障范畴，完成贫困残疾家庭无障碍改造140户，完善县城盲道、坡道等无障碍设施建设。适当提高老年人春节慰问金标准。新建居家养老服务照料中心40家。实施低保边缘户救助机制，为低保边缘户提供医疗、教育、住房等救助帮扶。

6．食品安全工程。实施食品安全综合检测中心建设。推进江南农贸市场提升改造工程，改造建设城镇农贸市场2家，积极创建省级“放心农贸市场”。食品抽检达到5.5批次／千人目标，总检测量达到2255批次以上。

7．智慧便民工程。实施“智慧农资”项目，建成农资网上商城，建立庄稼医院10家。启用热线云呼叫整合平台，建成智慧治理百姓体验馆。开通长途班车网上购票服务功能。建设县城区交通路况实时显示系统。新建免费无线WiFi点位80个，其中农村点位40个。

8．出行畅通工程。实施公共自行车服务二期项目，向开发区、洋洲等区域布设站点。新增公交车10辆，优化公交线路2条。建设县城区地下车库4个。新增县城停车位1000个以上。新建农村联网公路25公里，完成农村公路等级提升70公里、路面大中修30公里、安保工程10公里、危桥改造5座。

9．住房改善工程。完成2个以上老旧小区“四改联动”工程。创建物管“智慧小区”2个。实施直管公房改造加固项目。完成农村住房困难家庭解困111户。完善社区消防设施配套，推广微型消防站。改造提升农村五保供养服务中心消防安全设施。

10．供水供气工程。实施农村安全饮用水提升工程36个，新增覆盖人口3.3万人。新建、改造供水管网10公里。新增管道天然气用户4000户，其中城北用户1000户。

（六）紧扣依法行政，深化法治政府建设

进一步转变政府职能。建立政府部门职责管理制度，推进事业单位分类改革。完善“四单一网”建设，巩固“零土地”技改项目审批方式改革、工商注册登记便利化改革等成果，实施污染源“一证式”管理等改革，健全事中事后监管机制。规范和推进政府购买服务，提高公共服务供给水平和效率。

进一步推进科学决策。全面落实重大决策法定程序。加强重大事项前瞻性研判，探索第三方风险评估机制。建立决策后评估和纠错制度，严格执行重大行政决策终身责任追究及责任倒查。健全突发事件、公共危机事件和社会热点问题信息发布机制。

进一步规范文明执法。加强县乡两级政府法治能力建设。构建统筹城乡的行政执法体系，全面推进综合行政执法改革。完善行政执法程序，推进行政执法过程全记录。加大关系群众切身利益的重点领域行政执法力度。畅通行政执法投诉举报，实施行政争议分类处置，强化执法过错责任追究。

进一步优化作风建设。全面落实党风廉政建设责任制，严格执行《廉洁自律准则》和《纪律处分条例》，以“三严三实”要求谋事、创业和做人。狠抓工作落实，加强督促督查，完善激励和问责机制。主动接受人大、政协、司法和社会舆论监督，进一步提高人大代表议案和建议、政协委员提案的办理质量。加大电子政务建设和政务公开力度，加强行政监察、审计监督和政府内部层级监督，坚决整治和查处侵害群众利益的不正之风和腐败问题。厉行勤俭节约，“三公”经费继续压缩10%，进一步提高财政资金管理绩效。

各位代表，潮起海天阔，扬帆正当时。展望催人奋进的新蓝图，需要我们不负重托、勇于担当；启航跨越发展的新征程，需要我们心无旁骛、砥砺奋进。让我们在上级党委、政府和县委的坚强领导下，团结带领全县人民，以干事创业的热情、奋勇争先的激情、担当有为的豪情，为加快建成高水平全面小康社会、高水平美丽中国桐庐样本而努力奋斗！

《政府工作报告》导读

一、《政府工作报告》词解

“5525”统筹城乡精品工程：指在县域范围内打造诗画山水带、古风民俗带、产业风情带、运动休闲带、生态养生带等5条秀美乡村风情带，开展中国乡村美食节暨桐庐土菜节、中国乡村文化节—江南时节、“潇洒桐庐·烂漫山花”节、潇洒桐庐户外休闲运动节、富春江亲水避暑节等5大乡村节庆活动，培育25个风情特色村（点）。

两权一房：指农村土地承包经营权、山林承包权和农村住房。

空心村“二次创业”：指将农村闲置房屋由村集体统一流转、对外招引，有选择的出租给城市人和创业者，成为其第二居所或创业（创作）基地，带动发展民宿客栈、乡村旅游等富民产业。

“四单一网”：指政府权力清单、责任清单、企业投资项目负面清单、财政专项资金管理清单和政务服务网。

商事登记“五证合一”“一照一码”“十分钟办证”：指将企业依次申请的工商营业执照、组织机构代码证、统计登记证、税务登记证、社会保险登记证合为一证，使用一个统一的社会信用代码，最快可在十分钟内完成企业设立登记。

重大项目“双百亿”工程：指百亿元招商引资项目集中签约和百亿元重大项目集中开工活动。

“零土地”技改：指企业选择在原厂采用新技术、新工艺、新设备对现有设施、工艺等进行改造提升，不涉及新增建设用地实现产品升级的投资活动。

农村淘宝2.0模式：指阿里巴巴集团推进“农村淘宝”项目的新版本，通过引进“村淘合伙人”，使“农村淘宝”村点从选址为中心向选人为中心转变，吸引青年回乡创业，实现“村淘”服务员专职发展、抱团发展，拓展村淘服务覆盖面。

中国县域“互联网+”行动联盟：指由全国50个县域政府、研究机构、电商服务商发起的以“开放共享、融合创新、引领跨越、携手并进”为宗旨的“互联网+”发展公益服务平台。该联盟致力于促进各县域间资源合作，推进县域互联网生态共建，创新县域互联网+发展的模式与途径。桐庐是该联盟首任轮值主席县。

“双创”服务中心：指位于海陆世贸中心的“大众创业、万众创新”服务中心，设有注册服务、科技服务、农民创业服务、人力资源服务和综合服务等5个窗口，为各行各业创业者提供财务、金融、创投、培训、法律、知识产权等“一站式”服务。

“春江渡口”众创空间：指位于海陆世贸中心，为小微创客提供低成本、便利化、全要素、开放式服务的新型创业服务平台。

富春民居（P7）：指在村庄集聚、农房更新建设中，延续和发展桐庐地方村落的建筑形制、桐庐优秀乡村建筑文化及具有桐庐地方特色的民居建筑。

医养护一体化改革：指利用信息技术，整合部门资源，以医疗护理康复进家庭为基础，拓展日托及机构养老健康服务内涵，根据居民不同需求，因地制宜地提供可及、连续、有效的医疗、养老、护理一体化的健康服务新模式改革。

县智慧治理信息中心：指整合各类社会治理信息化资源，为全县社会治理、城市管理、市民服务、电子政务等提供网络数据信息管理和服务的平台。

“两会两区”：“两会”指2016年G20杭州峰会和2022年杭州亚运会，“两区”指中国（杭州）跨境电子商务综合试验区和杭州国家自主创新示范区。

五大产业：指我县“十三五”期间重点培育的信息经济、先进装备制造、旅游休闲、健康、时尚等五大产业。

“两路两江四区多镇”：“两路”指320国道、临金高速；“两江”指富春江、分水江；“四区”指富春江科技城、迎春商务区、富春山健康城、慢生活体验区；“多镇”指若干个特色小镇。

“一中心四园区”：指现代物流中心、申通快递产业园、中通之家、韵达速递综合体、天天快递总部园。

“精耕计划”：指2016年我县制定的电子商务发展阶段性工作计划。该计划以“精耕细作、精准发力、精益求精”为主旨，包括建立电商项目库、建设电商创业创新基地和众创空间、招引龙头企业、引育领军型人才、发展新业态、举办创业赛事等工作。

“三中心一基地”：指“双创”服务中心、众创中心（“春江渡口”众创空间）、“青龙坞”创客中心、小微初创型企业孵化基地等四个创业创新平台。

“一主一副三城多组团”：“一主”指县城为主体的发展核心，“一副”指分水镇县域副中心，“三城”指富春江镇、横村镇、江南镇三大中心镇，“多组团”即县内其他乡镇。

“农民之家”创业服务社：指整合利用、经营开发村域资源，为农民创新创业提供就业帮扶、技能培训、产销对接、项目代理、融资服务、法律咨询等服务的农村新型服务组织。

“511”人才：指五年内分三个层次重点选拔培养1150名中青年专业技术人才，其中第一层次学术技术带头人50名，第二层次后备学术技术带头人100名，第三层次优秀专业技术骨干1000名。

“家院一体”农村微型养老院：指把农村微型养老机构与农村居家养老服务照料中心结合起来，通过组织融合、信息融合、功能融合、情感融合构建起来的全新服务平台，能就近让老人们在不离开村、不远离子女的情况下，享受专业化、多样化的养老服务。

智慧农资：指主要由庄稼医院、网上农资商城等平台构成，具有在线服务、在线交易、线下配送、质量溯源四大功能，实现线上线下有机融合，为农民提供更加优质、高效、便捷的服务。

庄稼医院：指依托农资配送中心及农资连锁网点与设施，向农民提供农业技术普及、农业信息服务、新品种引进和推广等农业社会化服务的机构。

二、2015年度县政府为民办实事工程完成情况

（一）供水治污工程

1. 实施农村安全饮水提升工程61个，新增受益人口5万人。

完成情况：已完成提升工程64个，受益人口5.4万人。

2. 完成县城老旧小区供水管网改造5公里。

完成情况：已完成县城老旧小区供水管网改造5公里。

3. 旧县、江南污水管网接入县城管网系统。

完成情况：旧县街道已完成集镇污水管网和污水泵站建设，并接入县城管网系统试运行；江南镇已完成集镇污水管网和污水泵站建设，并接入县城污水处理厂。

4. 完成浮桥埠改造区块、洋塘路和横村方埠、富春江俞赵等重点区块截污纳管工程。

完成情况：已完成浮桥埠改造区块、洋塘路和横村方埠、富春江俞赵等重点区块截污纳管工程共计120.62公里。

5. 实施县城、横村镇、富春江镇污水处理厂一级A提标改造。

完成情况：县城、横村镇、富春江镇污水处理厂一级A提标改造已完成并投入使用。

（二）大气治理工程

1. 淘汰改造燃煤锅炉296台，全面淘汰10吨及以下燃煤锅炉。

完成情况：已淘汰改造高污染燃料锅炉312台，基本淘汰10吨及以下燃煤锅炉。

2. 完成挥发性有机气体排放企业治理10家。

完成情况：已完成10家重点企业挥发性有机废气治理工作。

3. 完成公交车、出租车油改气改造25辆。

完成情况：已完成25辆出租车“油改气”设备改造安装工作。

4. 全面完成黄标车淘汰工作。

完成情况：已淘汰黄标车1582辆，任务全面完成。

5. 新增县城建成区绿地面积10万平方米。

完成情况：新增县城建成区绿地面积10.8万平方米。

（三）食品安全工程

1. 新建“阳光厨房”30家，建立餐饮服务远程在线电子监管平台。

完成情况：新建“阳光厨房”63家，总数达113家。餐饮服务远程在线电子监管平台已正式运行。

2. 推进食品安全综合检测中心建设。

完成情况：因功能提升对原方案进行调整，目前已明确建设主体和项目选址，整体方案设计进入招投标程序。

3. 加强食品检测和公示，完成食品安全抽样检测5批次/千人目标，总检测量达到2000批次以上。

完成情况：已完成食品安全抽样检测5批次/千人目标任务，食品定量检测共2218批次，农产品定量抽检835批次，快速定性检测5422批次。

（四）就业促进工程

1. 全年新增城镇就业岗位3500个，帮扶失业人员实现再就业1700人，其中就业困难人员1200名。

完成情况：全年新增城镇就业岗位5448个，帮扶失业人员实现再就业2557人，其中就业困难人员1823人。

2. 举办技能培训、创业培训班80期，人力资源交流会不少于30场。

完成情况：已举办技能培训班95期，创业培训班11期，培训5600余人次；举办各类人力资源交流会45场。

（五）医疗服务工程

1. 县中医院改扩建工程投入使用。

完成情况：完成县中医院改扩建工程并投入使用。

2. 推进无线网络生理参数监测惠民项目建设，新增远程会诊点30个。

完成情况：新增远程会诊点31个，累计上传患者血压监测数据54万条、心电监测数据6.5万条，开展远程心电会诊1185例，对3.4万名老年人进行房颤筛查和心电监测。

3. 完成已婚育龄妇女“两癌”筛查14000人、免费孕前优生健康检查6000人。

完成情况：完成已婚育龄妇女“两癌”筛查15513人，免费孕前优生健康检查6012人。

4. 60周岁以上参加城乡居民基本医疗保险农民体检率达80%以上。

完成情况：已完成60周岁以上参合农民健康体检50053人，体检率为82%。

（六）校园改善工程

1. 启动龙潭幼儿园建设，推进实验幼儿园、桐君小学工程建设。

完成情况：完成龙潭幼儿园、实验幼儿园、桐君小学主体工程。

2. 加强校园安全管理，实现中小学校警务室、卫生保健室、心理辅导站全覆盖。

完成情况：各校均已建成警务室、保健室和心理辅导室。

（七）文体惠民工程

1. 城北老年体育活动中心投入使用。

完成情况：城北老年体育活动中心工程已投入使用。

2. 完成包山儿童公园、公园山公园建设。

完成情况：包山儿童公园已开园营业；公园山公园主体建成。

3. 建成农村文化礼堂20个。

完成情况：已建成农村文化礼堂25个。

4. 新增体育运动场地30处以上。

完成情况：新增篮球场、乒乓球场（室）等体育运动场地41处。

5. 开展“欢乐大舞台·幸福桐庐人”群众文化活动，免费送电影下乡2400场、送文化下乡200场。

完成情况：已完成第三季“欢乐大舞台·幸福桐庐人”群众文化活动，免费送电影下乡2400场，送文化下乡200场。

（八）住房改造工程

1. 完成农村困难群众危旧房改造220户。

完成情况：已完成农村困难家庭危旧房改造220户。

2. 实施2个老旧小区提升改造。

完成情况:已完成老旧小区提升改造2个。

3. 加强物业服务企业信用评价考核，创建物管“智慧小区”2个。

完成情况：已实施物业服务履约保证金制度和物管企业信用评价制度，每季度开展物业企业考核。基本完成智慧物业服务网站建设，完成壹号公馆“智慧小区”创建硬件改造，“三水花园”小区物业智能化改造正在实施。

4. 新增管道天然气用户3500户，其中城北用户500户。

完成情况：新增天然气用户4862户，其中城北用户1146户。

（九）交通便捷工程

1. 实施城乡公交一体化改造，城乡公交票价全面下调，70周岁以上老年人免费乘车。

完成情况：完成城乡公交更新276辆，所有车辆实现GPS联网联控。城乡公交票价大幅下调，起步里程由原来的3.5公里调整为12公里，起步里程内全面实施1元票价，群众乘坐城乡公交车最高票价不超过5元，桐庐籍盲人、残疾军警及70岁以上老年人均可持有效证件免费乘车。

2. 新投、更新公交车10辆，出租车25辆。

完成情况：新增、更新公交车29辆，更新出租车25辆。

3. 改造浮桥埠汽车站、洋塘汽车站。新建分水客运中心。

完成情况：浮桥埠汽车站一期、洋塘汽车站已完成改造并投入使用。分水客运中心涉及土地利用规划调整，目前已完成征地、项目规划等前期工作。

4. 新增县城停车位1000个以上（含社会配套）。

完成情况：已新增县城停车位3610个。

5. 县城公共自行车项目建成使用。

完成情况：完成公共自行车服务项目一期建设并运行，共建站点61个，投入自行车1274辆。

（十）信息便民工程

1. 加快电商服务网络建设，新建电子商务投递终端40个。

完成情况：已在县城40多个小区、20多幢商务楼、10多个公共区域建成快递智能投递柜91台。

2. 扩大免费无线网覆盖面。

完成情况：检测、优化原有350个点位，新增二期点位100个，基本实现主城区、重点乡镇、重点景区全覆盖。

3. 完成农村应急广播体系建设。

完成情况：已完成183个行政村的农村应急广播体系建设。

中国人民政治协商会议
桐庐县第八届委员会常务委员会工作报告

——在政协桐庐县第八届委员会第五次会议上

桐庐县政协主席　王金才

（2016年1月25日）

各位委员：

我代表政协桐庐县第八届委员会常务委员会，向大会报告工作，请予审议，并请列席会议的人员提出意见。

一、2015年工作回顾

一年来，常委会在中共桐庐县委的正确领导和省市政协的精心指导下，深入学习贯彻习近平总书记系列重要讲话精神，坚决落实中共桐庐县委各项决策部署，以开展“三严三实”专题教育为动力，以“致力发展、关注民生、促进和谐”为主线，以“一线”的精神状态和价值追求，围绕中心大局，聚焦改革发展，关注民生改善，认真履行政治协商、民主监督、参政议政职能，顺利完成了县政协八届四次会议确定的各项目标任务，为我县深入开展“重大项目突破年、风景桐庐提升年、社会治理创新年”三年活动、深化“双招双引”一号工程做出了积极贡献。

（一）强化理论指导，着力增进思想共识

坚持把加强学习作为坚定道路自信、增进政治共识、激发创新精神、提高履职本领的重要途径，切实把智慧和力量凝聚到改革发展稳定大局中来。

坚持强化理论全面学。深入学习贯彻中共十八届四中、五中全会和习近平总书记系列重要讲话精神，进一步增强理论自信、道路自信、制度自信。认真学习《中共中央关于加强社会主义协商民主建设的意见》《中国共产党统一战线工作条例（试行）》《关于加强人民政协协商民主建设的实施意见》等文件精神，准确理解和把握政协履职的根本遵循和着力方向。深刻认识“干在实处永无止境、走在前列要谋新篇”的新使命，动员政协各级组织和广大政协委员积极为“四个全面”战略布局在桐庐的生动实践献计出力。

坚持联系实际深入学。通过举办全县政情通报会、政协工作务虚研讨会以及组织委员参加全县性重要会议等形式，深刻领会县委、县政府重大决策部署，切实提高围绕中心、服务大局的自觉性和坚定性。围绕政协年度工作，举行“协商民主与人民政协”“信息经济”等专题讲座，切实提高议政建言的针对性。选派委员和机关干部参加全国政协培训班，组织开展新任委员学习培训，不断夯实委员理论基础，拓宽委员履职视野。

（二）构建协商体系，着力推进协商民主

坚持发挥人民政协协商民主重要渠道的作用，搭建社会各界有序政治参与的载体和平台，推进协商民主广泛、多层、制度化发展。

体制机制不断完善。始终保持与县委县政府重点工作的密切联系，主动对接全年履职计划。年初，县委、县政府、县政协共同商议制定县政协年度政治协商、民主监督计划，使政协工作与党政中心贴得更紧更实，更加合心合力合拍。一年来，先后就省社会治理创新试点县建设、十三五规划纲要编制、探索创新基层协商民主等工作开展常委会会议、主席会议专题协商。《桐庐县社会治理创新的实践样本思考与建议》得到县主要领导肯定。不断深化县政府与县政协联席会议机制，精心选择协商课题，互相交流年度工作，进一步增强了联席会议的针对性和实效性。坚持县政协专委会（组）与县直有关部门的对口协商机制，就物业管理、城区市政道路管养、医保基金管理、食品安全等问题，与相关部门积极开展对口协商，提交《关于我县物业管理工作的几点建议》《关于城区市政道路管养工作情况的视察报告》《关于视察食品安全工作情况的报告》等，为相关工作的改进提升，提出了许多意见建议。

基层协商深入推进。充分发挥政协工委优势，柔性介入，广泛协商，化解矛盾，凝聚共识，努力打通政协工作服务界别和基层群众的“最后一公里”。充分发挥“物管协调工作站”“楼下书记”“爱心驿站”“晓铭调解工作室”“同心家园”等基层自治组织作用，不断深化政情民意联络点、委员联系群众信箱、“民生热线”、委员顾问团等平台建设，深入实施委员进村担任村务顾问、委员个性化履职承诺、委员网格化服务等工作机制，凝心聚力，协调关系，化解矛盾，助力社会和谐稳定。在各政协工委的倡导和推动下，钟山乡“村级重大事项民主决策制度”、分水镇“农家议事会”、桐君街道“‘桐君360’社区群防群治”等基层自治模式取得明显成效。

（三）深化民主监督，着力推进成果转化

坚持把创新监督形式、完善监督机制、提升监督实效作为工作重点，扎实开展各项监督工作，切实做到规定动作有亮点、自选动作有创新。

精心组织专项监督。根据省市政协统一部署，深入开展“五水共治”长效机制建设专项集体民主监督，组建监督小组，举行“农村生活垃圾分类处理”民主议政会，积极开展委员倡议签名、“绿色践行每一天”等活动，并注重发挥乡镇（街道）政协工委的基层基础作用，及时发现问题，督促整改落实。一年来，共提出意见建议112条，90%以上得到采纳和落实。扎实开展公路干线两侧“三化”整治专项集体民主监督，由县政协副主席带队就县城区外的国道、省道、县道、乡道及村道进行暗访督查，共发现青山白化、乱堆乱放、乱搭乱建、绿化缺失、残留广告牌等问题1208个，以现场交办、暗访视频、专题视察等形式，督促整改完成。

持续推进评议监督。围绕县委县政府工作中心，坚持问题导向，以公积金使用管理与服务质量、行政审批改革、农贸市场管理等工作为监督重点，向县住房公积金管理分中心、行政服务中心、市场监督管理局派驻民主监督小组，以听、看、访、谈、查、评等形式，全面掌握工作现状，广泛征集意见建议，及时提交民主监督建议书，起到了改进单位工作作风、推动重点工作落实“双赢”效果。精心组织实施民主评议县城市管理局工作，通过座谈交流、查看台账、实地走访、问卷调查等形式，广泛听取社会各界对城市管理局工作的评价和建议，形成专项调研报告和综合评议报告，积极助推我县城市管理工作。

深入开展视察监督。始终把促进社会公平正义、增进人民福祉作为履行职能的出发点和落脚点，围绕初中段教育质量提升、大气污染治理、农村饮用水安全、“风景桐庐”建设、“中国畲族第一乡”创建等问题，开展主席会议专题视察，提出对策建议，为县委县政府决策实施提供参考。其中，《关于我县“农村饮用水安全情况”的视察报告》《关于“风景桐庐”建设情况的视察报告》得到县主要领导肯定，视察意见大部分被有关部门吸纳落实。

（四）拓展议政渠道，着力提升建言质量

坚持把推进科学发展、促进民生改善作为政协履职的第一要务，全力参与，深入调研，不断提高参政建言质量。

做深做精专题调研。围绕党政所需、群众所盼，深入调查研究，广泛汇集民智。围绕我县信息经济发展、“人文桐庐”建设、“四张清单一张网”改革措施落实情况、深化合作办医等工作开展专题调研，共提交各类建议案和调研报告7篇。其中，《关于深化瑞金桐庐合作办医，提高医疗服务质量的建议》《关于我县“四张清单一张网”改革措施落实情况的调研报告》得到县主要领导批示。开展会展经济、房地产业、茶产业发展情况调研，形成相关意见建议，及时提交县委县政府研究决策。

切实抓好提案工作。坚持把提高提案办理质量放在首要位置，进一步创新办理方式，完善办理机制，促进办理落实。继续实行重点提案“双领双办”工作机制，扎实开展2014年度B类提案跟踪督办，组织实施政协常委会民主评议提案办理工作，探索开展提案办理“第三方”评价机制，切实把提案办理工作真正落到实处。县政协八届四次会议以来，共收到以提案形式反映的意见建议285件，立案242件。至2015年底，242件提案均已办复，满意和基本满意率为100%。高度重视反映社情民意工作，全年共收到社情民意反映件114件，为县委县政府掌握民情、了解民意提供了重要渠道。

注重发挥委组（会）作用。县政协各专委会（组）紧扣我县公共法律服务体系建设、老年食堂运行、企业数字化管理等工作，组织委员开展视察调研，形成《关于我县公共法律服务体系建设情况的调研报告》《关于近年来我县老年食堂运行情况的调查报告》等调研成果。县政协之友联谊会、企业家联谊会聚焦我县旅游业发展、企业高污染燃料锅炉改造、千岛湖配水工程建设、职业教育质量提升等工作积极建言。《关于发挥我县职业教育优势，服务地方经济发展的调研报告》得到县主要领导的肯定。

“一线”参与中心工作。县政协多位领导和机关干部分别牵头或参与县重大平台、重点工程建设，积极投身经济建设和社会发展第一线，认真履行职责，主动担当作为。鼓励委员立足本职建功立业，主动投身杭黄铁路建设、“三改一拆”“四边三化”等县委县政府重点工作，积极做好宣传解释、化解矛盾、凝聚人心的工作，为全县经济社会发展献计出力。切实发挥县政协各委组（会）的专业优势、区域优势，积极开展科技下乡、免费义诊、帮扶救助等活动，尽心尽力办实事、解民忧。

（五）发扬团结民主，着力汇聚各方力量

坚持以增强联谊为纽带，以团结合作为基础，调动一切积极因素，凝聚社会各界力量，为协调各方关系、维护社会和谐发挥积极作用。

深入推进各方团结。加强与各民主党派、工商联、人民团体等各界人士的沟通交流，邀请他们参加协商议政、视察监督以及各类联谊活动，发挥他们的人才、智力优势，共同为桐庐的改革发展稳定和政协事业献计出力。开展政协委员、在外桐商大走访活动，积极推动桐商回归。切实加强与上级政协的对接协调，积极参与莪山畲族乡创建“中国畲族第一乡”。

强化文史工作特色。以发掘再现历史文化、对外宣传桐庐为切入点，整合社会资源，调动社会力量，共同做好政协文史工作。完成《桐庐县政协志（2004—2014）》和《画中桐庐》的编撰出版，开展《唐韵桐庐》《桐庐船民口述史》等史料征集活动，切实发挥文史资料“存史、资政、团结、育人”的社会作用。成功举办“唐诗西路·潇洒桐庐”金秋吟诗会，继续挖掘和提升范仲淹文化，为“潇洒桐庐”注入新的内涵。协助省市政协做好徐霞客游线申遗前期调研工作。密切与省市政协和兄弟政协的联系沟通，进一步拓展与常熟政协的联络联谊，增进文化交流，提升政协活力。

（六）加强自身建设，着力提高履职效能

坚持把加强自身建设作为提高履职效能的根本保证，着眼于人民政协事业的创新发展，不断提高履职科学化水平，努力适应新常态，积极展现新作为。

扎实开展“三严三实”专题教育。根据县委统一部署，县政协党组高度重视“三严三实”专题教育，积极开展批评与自我批评，着力在筑牢思想根基、提高党性修养、解决“不严不实”问题上下功夫，以“严”的精神和“实”的要求做好政协工作。认真组织《中国共产党廉洁自律准则》《中国共产党纪律处分条例》等党纪党规的学习，切实提高全体机关干部的守纪守规意识。

不断提升机关服务保障水平。加强政协机关精细化管理，进一步完善政协机关办文、办会、办事规则。制定出台《政协桐庐县委员会党组工作规则》《政协桐庐县委员会办公室公务员考核实施细则》等文件，切实增强政协机关的服务能力和统筹协调能力。加强委组工作指导，细化委组考核办法，以专题调研、重点视察、民主评议、对口联系为重点，以提案和社情民意等工作为载体，扎实推进政协各项工作。积极开展委员走访联系和约谈活动，强化委员履职管理，建立委员履职档案，完善“双岗双责”履职承诺制度，努力提升委员履职能力。

各位委员，对县政协一年来的工作，中共桐庐县委给予了强有力领导，县政府给予了大力支持。中共桐庐县委常委会议2次专题听取政协工作汇报。县政协八届四次会议期间，县委书记毛溪浩参加县政协工业经济组讨论并作重要讲话；县委副书记、县长方毅听取委员大会发言并讲话。一年来，县委书记毛溪浩多次听取政协党组工作汇报，县委县政府领导出席政协各类会议和视察调研活动20余人次，做出重要批示8件次。这是对县政协工作的高度重视和有力鞭策，是对县政协委员的充分信任和极大鼓舞。

各位委员、各位同志，过去一年县政协工作所取得的成绩，是中共桐庐县委坚强领导和上级政协精心指导的结果，是县人大、县政府和县直各部门、乡镇街道以及社会各界积极支持的结果，是县政协各参加单位和全体委员共同努力的结果。在此，我谨代表县政协常委会表示最衷心的感谢！

各位委员，回顾总结县八届政协四年来的履职实践，我们特别感受至深的是：习近平总书记关于人民政协的新思想新观点新要求，深刻回答了政协“是什么、干什么、怎么干”等重大问题，为政协事业发展指明了前进方向，提供了根本遵循，这是我们做好政协工作的科学指南；中共桐庐县委把政协工作纳入全局，统一谋划、部署和推进，思想上高度重视、领导上坚强有力、履职上全力支持、发挥作用上充分信任，为政协工作定向明责、加油鼓劲、励志给力，这是我们做好政协工作的根本保障；县政府对政协履职非常支持，县直各部门、乡镇街道对政协履职倾力相助，广大政协委员履职有担当、建言有质量、工作有作为、言行有规矩，这是我们做好政协工作的重要支撑和活力源泉；县政协在中共桐庐县委的领导下，紧扣中心，服务大局，履职为民，注重聚智建言与监督参与相统一、“动口”为民建言与“动手”帮民办实事相统一、接续传承与探索创新相统一、激发履职热情与提升素质能力相统一、全力完成中共桐庐县委交办任务与积极主动履职尽责相统一，坚定做到党政决策部署到哪里，政协履职就跟进到哪里，正能量就汇聚到哪里，这是我们做好政协工作的基本准则。以上方面，我们将一以贯之，矢志坚守。

在回顾成绩的同时，我们也清醒地认识到，我们的工作与新常态下面临的新任务、与党委政府的新要求、与广大委员和群众的新期待相比，还存在不足。如调查研究、建言献策的质量水平还需进一步提高；基层协商民主工作、协商议政实效性有待进一步增强；联系界别、反映社情民意工作有待进一步深入；委员作用发挥和教育管理有待进一步加强；机关服务保障的规范化和精细化还有待进一步提升等。我们将在今后的工作实践中认真研究，切实加以改进。

二、2016 年工作任务

2016 年是“十三五”开局之年，是 G20 杭州峰会举办之年，也是本届政协收官之年。县政协工作的总体思路：深入学习贯彻中共十八届三中、四中、五中全会和习近平总书记系列重要讲话精神，按照中共桐庐县委十三届十次全会的部署，牢牢把握团结和民主两大主题，牢固树立创新、协调、绿色、开放、共享的发展理念，以“四个全面”战略布局为统领，以助力 G20 峰会为机遇，以“创新驱动、绿色发展”为主线，紧紧围绕“重大项目突破年、风景桐庐提升年、基层基础加强年”三年活动以及“双招双引”一号工程，充分发挥政协协商民主重要渠道和专门协商机构作用，进一步提升履职能力和水平，努力做到协商更有效、监督更有力、建言更精准、团结更广泛、作风更务实，为十三五发展开好局起好步，为建设高水平全面小康社会和中国最美县作出新的贡献，圆满完成本届政协的各项目标任务。根据以上要求，重点要做好以下五方面工作：

（一）牢牢把握理论学习这一主线，保持定力，增进共识，努力打造“学习型”政协

要深入学习贯彻中共十八届三中、四中、五中全会和习近平总书记系列重要讲话精神，深刻领会“四个全面”的战略布局要求，主动将“五大发展理念”融入政协工作全局，筑牢共同奋斗的思想理论基础，进一步明确政协工作的方向。深入学习贯彻中央关于加强政协协商民主建设文件精神，准确认识新时期人民政协的性质定位，精准把握协商民主的新要求，不断提升政协履职能力。深入学习贯彻中共桐庐县委十三届十次全会精神，把政协各参加单位及各界人士的思想和行动统一到县委决策部署上来，不断增强履职使命感和责任感，为全县经济社会发展广聚智慧和力量。充分利用常委会会议、党组会议、主席会议等，通过专家授课、研讨交流、视察调研等多种形式，进一步培养、激发全体委员和机关干部的学习兴趣，让终身学习成为一种习惯，让追求知识成为一种常态。

（二）牢牢把握科学发展这一中心，奋发有为，履职尽责，努力打造“实干型”政协

要坚持围绕中心、服务大局，大兴调查研究之风、实干进取之风，把政治协商放在事关发展的全局上，把民主监督放在群众关心关注的问题上，把参政议政放在优化发展环境上，多谋发展之举，多建睿智之言，多献务实之策。

致力发展，齐上一线，提升工作主动性。要进一步增强做好政协工作的责任感和使命感，做到政协领导在“一线”垂范，机关干部在“一线”锻炼，民情民意在“一线”掌握，素质能力在“一线”提升，以“一线”的意识、“一线”的状态、“一线”的作为助发展、优民生、促和谐，在实干中发扬政协的优势，展现政协的作为。广大政协委员和政协工作者要紧跟时代发展步伐，不断深化对“创业创新”的认识，充分利用自身资源，争做“创业创新”的领路人，争做改革发展的开拓者，争做助推桐商回归、招商引资的主力军，以更加开拓进取的精神、奋发有为的姿态投身我县经济社会建设。

把握大局，突出重点，提高协商精准性。要紧扣县委县政府的工作中心，把助推“十三五”开好局、起好步作为履职重点，群策群力，深入调研，据实建言。重点就县委全会重大决策开展政治协商，围绕“一府两院”工作报告、“五大桐庐”建设开展全体会议协商。围绕“探索深化基层协商民主”“大众创业、万众创新”环境建设，开展常委会议专题协商。围绕传承弘扬本地优势特色文化、优生优育工作、富春江 5A 级景区建设开展主席会议重点协商。深入开展对口协商，进一步完善党政部门与政协各委（组）对口联系制度，使对口协商工作更加有亮点、有成效。

创新载体，强化落实，彰显监督实效性。要不断完善民主监督机制，积极探索民主监督的新形式、新内容，进一步提升民主监督实效。围绕服务保障 G20 峰会，进一步深化“五水共

治”长效机制建设、“两路两侧”“四边三化”整治等专项集体民主监督，通过实地调研、明察暗访、座谈交流等多种形式，及时发现问题，督促整改落实，全力助推城乡环境面貌改善。坚持问题导向，强化成果运用，精心组织开展民主评议、派驻民主监督小组工作，建立健全问题发现、跟踪落实、绩效评价机制，使发现的问题早解决、早见效。

围绕中心，完善制度，增强议政针对性。根据中央、省市有关文件精神，提请县委出台我县加强和改进人民政协参政议政的意见，进一步明确参政议政重点，完善参政议政形式，确保参到点子上、议到关键处。围绕信息经济发展、房地产去库存、医疗器械行业规范提升、“五气共治”、千岛湖配水工程、城市文化公园建设、农村生活污水处理、农村生产生活垃圾分类收集和资源化利用工作等，开展主席会议专题视察，提出意见建议，积极参政议政。

（三）牢牢把握解放思想这一动力，与时俱进，积极探索，努力打造“创新型”政协

要坚持以改革的思路、开放的思维、创新的理念，不断探索发展政协工作的新思路、新方法、新机制，激发政协最大潜能，永葆政协生机与活力。

更加注重制度建设，促进履职科学化。要按照中共中央关于加强政党协商、政协协商民主建设等文件精神，主动争取党委、人大、政府的重视与支持，在实践中不断丰富完善协商的形式与内容，凡关系全县工作大局、改革发展、群众根本利益的重大决策事项，县政协将积极主动、认真负责地进行协商。健全完善“全体会议总体协商、常委会议专题协商、主席会议重点协商、委（组）对口协商”的协商议政格局，把成功经验用制度形式予以固化，并在实践中不断充实与发展。建立健全对协商结果的跟踪、反馈和评价机制，进一步提高协商的质量和水平。

更加注重质量提升，促进履职精细化。要进一步拓宽政协协商渠道，鼓励委员充分利用大会发言、政情交流、民主议政、政协提案、社情民意等形式，积极参政议政、履职尽责。要按照“少而精、专而深”的要求，不断完善“多方征集出题、党政领导点题、主席会议议题、县委常委会定题”的选题机制，明确政协年度“两计划一要点”，着力提高协商实效。深化调查研究，精心谋划，周密组织，做精做深调研课题，使政协工作更接“地气”、更有“底气”。深化基层协商民主，不断探索创新协商的机制、形式，积极推进基层协商民主示范点建设，进一步夯实基础、提高实效。

更加注重工作创新，促进履职长效化。围绕打造智慧政协，积极推进政协智库建设，切实提高政协协商议政的效率与水平。扎实开展提案办理“知情明政周”“回头看”以及民主评议提案办理等活动，促进提、督、办三方互动，不断提高提案办理质量。创新社情民意征集方式，完善汇总分析、质量把关和跟踪落实机制，切实发挥好社情民意的作用。围绕打响“唐诗西路”品牌，进一步深化文史工作，加大宣传力度，编辑《唐韵桐庐》诗词集，积极助力范仲淹纪念馆建设，促进本土优秀传统文化的继承、创新和发展。

（四）牢牢把握凝心聚力这一要求，精诚团结，发扬民主，努力打造“和谐型”政协

要坚持把促进各界人士的大团结、大联合作为自身的一项重要职责来抓，大力营造融洽和谐、生动活泼的政协工作环境。围绕省、市、县委的统一部署，积极开展“当好东道主，办好 G20，委员作贡献”系列履职活动，凝心聚力，积极有为，团结和带领全体政协委员参与环境改造提升、社会矛盾化解、市民素质提升宣传、志愿者服务、城市文明督导等活动，主动为 G20 峰会的圆满顺利召开献计出力。加强与县内各党派、团体、无党派人士的团结合作，积极发动委员参与政协组织的会议协商、视察调研、提案督办等各类活动。加强与本地籍港澳台同胞和海外侨胞的团结联谊工作，积极做好“两新”组织代表、民族宗教界人士、各界群众的团结引导工作。加强与上级政协的对接协调，积极参与莪山畲族乡打造“中国畲族第一乡”。加强对政协之友联谊会、政协书画院、政协企业家联谊会的指导，搞好活动，活跃氛围，进一步增强吸引力、凝聚力。

（五）牢牢把握自身建设这一根本，内强素质，外树形象，努力打造“活力型”政协

要以巩固提升“三严三实”专题教育成果为契机，进一步加强自身建设，不断完善制度体系，积极改进工作作风，努力提升政协的政治把握、调查研究、联系群众、合作共事“四个”能力，为政协履职奠定更加坚实的基础。

更加突出政协界别特色。界别是人民政协履行职能、发挥作用的优势所在。要更加重视政协界别作用，积极开展界别座谈、调研、视察等形式多样、内容丰富的界别活动，提升政协组织的凝聚力、向心力和战斗力。充分发挥政协的界别优势，更加突出政协会议、活动的界别特色，在政协提案、大会发言、社情民意等工作中体现界别特点。完善界别工作制度，加强委员与界别群众的联系，充分发挥界别团结各界、联系群众的桥梁纽带作用。

注重发挥委员主体作用。政协委员是政协履职的主体。要切实加强委员知情明政平台建设，充分利用政情通报会、政情交流会等方式，让委员知晓上情、体察下情，熟悉内情、了解外情。深入抓好委员履职平台建设，充分利用会议协商、视察调研、政协提案、社情民意等，鼓励委员认真履职、积极建言、大胆献策。切实加强委员服务管理，进一步抓好学习培训，增强纪律观念，严格履职考核，努力使委员队伍成为守纪律、讲规矩、敢担当的表率。积极开展政协领导定期约谈委员、走访委员活动，切实做到政治上爱护、工作上鼓励、生活上关心。

切实加强政协机关建设。政协机关建设是“五位一体”政协建设的重要组成部分。要进一步加强理论学习，科学把握发展形势，切实提高理论水平，不断提升机关服务能力。进一步加强机关队伍建设，深入开展“三严三实”专题教育，强化考核激励，落实目标责任，努力建设一支政治坚定、作风过硬、能力突出的机关干部队伍。进一步做好办文办会工作，从大处着眼、小处入手，不断提高组织会务、视察、调研、考察等活动的质量，确保政协机关各项工作有条不紊、高效运转。进一步加强乡镇（街道）政协工委建设，积极探索做好基层政协工作的新思路、新方法、新机制，更好地服务地方发展。

全面提升政协履职成效。要全面梳理县八届政协履职成果，总结履职经验，并不断继承和发扬，以更加务实的工作、更加优良的作风推动政协事业再上一个新台阶。深入开展县八届政协履职成果“回头看”活动，编辑完成《桐庐县八届政协纪事》，充分运用各种渠道，大力宣传履职成效，全面展示委员风采，着力增进社会共识，凝聚发展正能量，唱出政协好声音。认真研究和探索界别设置调整、委员推选制度改革等工作，不断夯实换届工作基础。

各位委员：回首过去，我们激情满怀；展望未来，我们信心百倍。让我们坚持在中共桐庐县委的坚强领导下，在县人大、县政府的大力支持下，以更加昂扬的精神状态，更加突出的履职业绩，同心同德，群策群力，不断开创我县政协事业发展新局面，为建设高水平全面小康社会和中国最美县作出更多更大的贡献！

【责任编辑　郑巧丽】

大 事 记

·大事记·

1月

1日起 桐庐县实施城乡公交一体化改造，全县城乡公交实现同城同待遇，票价全面下调，凡乘坐县城至各乡镇街道的农用中巴车，公里数在12公里以内的，票价一律为1元，最高票价为5元，即1元起步，5元封顶，平均优惠幅度达50%以上。

7日 县委召开常委会，听取安全生产工作汇报，审议县委、县政府全体（扩大）会议工作报告、《关于全面深化法治桐庐建设的若干意见》等事项。

9日上午 县委十三届八次全会暨县政府十五届七次全体（扩大）会议召开，会议学习贯彻中共十八大和十八届三中、四中全会及省市委全会精神，审议通过《关于全面深化法治桐庐建设的若干意见》，回顾总结2014年主要工作，研究部署2015年重点任务。

12日 中青旅置业代表团一行到桐庐考察。

14日 浙江省农村工作会议在杭州召开，桐庐县作为杭州市代表在会上作交流发言。

15日 全省“五水共治”工作会议召开，桐庐县被授予全省首批“五水共治”工作优秀县（市、区）“大禹鼎”。

16日 桐庐县与浙江工商大学举行战略合作签约仪式，浙江工商大学党委副书记、校长张仁寿，副校长陈寿灿，县领导毛溪浩、方毅、骆安全、毛根洪、周建英等出席仪式。

18—19日 香港青年联合会副主席范骏华、香港京炜集团有限公司总经理赵式浩一行到桐庐考察。

19日下午 桐庐县第二期村干部视频交流会召开。

20日 阿里巴巴农村电商培训中心在桐庐县委党校揭牌。

21日 桐庐县被列为全省基层社会治理机制创新改革试点县。

同日 杭州市副市长张耕一行到桐庐调研工业经济发展情况。

23日上午 桐庐县农村工作会议召开，县领导毛溪浩、方毅、骆安全、钟玉华、吴金富、雷国兴等出席。

同日下午 全县深化人文桐庐建设暨创建全国文明城市动员大会召开。

25日 全国政协常委、省政协副主席、民革省委会主委吴晶一行到桐庐实地视察美丽乡村建设。

28—29日 中国书协副主席、中国书法名城（之乡）联谊会名誉会长聂文成一行到桐庐考核验收“中国书法之乡”创建工作。

同月 千岛湖配水工程（桐庐段）提前实现全线交地任务。

2月

2日 全县党建工作会议、人口计生国土资源环境保护工作会议、党管武装工作会议召开，县领导毛溪浩、方毅、骆安全、毛根洪等分别出席。

同日 清华大学博士生实践服务团到桐庐，进行为期5天的基层治理模式等内容的考察。

10日 杭州市委常委、市纪委书记施彩华和市政协副主席朱祖德一行，到桐庐走访慰问困难群众和信访干部。

11日上午 桐庐县召开浙江省社会治理创

新试点县动员大会暨县委政法信访工作会议。

同日下午 “风景桐庐”建设暨全县“五水共治”“无违建县”创建工作总结大会召开，县四套班子领导出席。

同日 中共浙江省委常委、省军区政委王新海少将，到桐君街道浮桥埠村桐庐藉将军宋生源家，为家属送上“将军之家”牌匾，并送上慰问品。

12日 桐庐县重大项目突破年暨全县经济工作会议召开，县四套班子领导出席。

同日 2015年桐庐县社会各界人士及外来投资者新春茶话会举行，县四套班子领导，法检两长、人武部长等出席茶话会。

25日上午 浙江省副省长梁黎明到桐庐调研“上下同欲抓落实、齐心助推开门红”活动。

同日下午 中共桐庐县纪委十三届五次全会暨全县作风建设大会召开，县四套班子领导出席。

27日 杭州市人大常委会主任王金财赴百江镇调研“联乡结村”工作。

28日 全国精神文明建设工作表彰大会在北京举行，会上，桐庐县获“全国文明城市提名城市”称号，合村乡瑶溪村获得“全国文明村”称号。县委书记毛溪浩作为杭州（县市区）唯一代表，赴京参加大会并接受中央电视台《新闻联播》栏目采访，畅谈聆听习总书记重要讲话感受。

3 月

4日 在杭州区、县（市）特色创新目标绩效评估会上，桐庐县农村生活垃圾分类收集和资源化利用项目从13个区、县（市）中脱颖而出，拔得头筹。

5日上午 桐庐县举行2015年第一次政府开放日活动，县四套班子领导出席活动。

同日 桐庐县学雷锋暨创建全国文明城市志愿服务大会召开。

6日 桐庐县召开“美丽公路”建设推进会。

10日 浙江省人大常委会副主任毛光烈，到桐庐调研海康威视项目和莪山畲族乡经济社会发展情况。

11日 《中国青年报》头版刊文，介绍桐庐县开展“空心村闲置房流转”，增强集体经济、增加农民收入的典型做法。

16日 舟山群岛新区党工委副书记、舟山市委副书记、市长周江勇率考察团到桐庐考察乡村旅游、特色民宿发展等情况。

17日 富春江科技城建设领导小组暨桐庐经济开发区晋升国家级经济技术开发区会议召开。

同日 中国计量学院党委副书记、校长林建忠一行到桐庐考察办学环境。

18日 杭州市政协主席叶明率帮扶集团到桐庐开展支持莪山创建“中国畲族第一乡”帮扶活动。

22日 桐庐县召开乡镇（街道）党委（党工委）履行党风廉政建设主体责任情况专题汇报会。

23日上午 第四届中国休闲乡村旅游季暨第七届杭州·桐庐山花节开幕式在横村镇阳山畈村举行，浙江省政协副主席陈艳华宣布开幕。

24日 国家知识产权局党组书记、局长申长雨一行到桐庐考察。

28日 全县电子商务发展工作会议召开。

30日上午 富春山健康城领导小组暨健康小镇建设工作会议召开。

同日下午 中国快递协会、桐庐县政府、“三通一达”快递企业联席会议在上海召开，中国快递协会常务副会长、秘书长李惠德，县领导毛溪浩、方毅、毛根洪、潘立铭等出席。

31日上午 全省建设平安浙江工作会议召开，县委副书记、县长方毅在省主会场参加会议并领取“平安桐庐”十连冠奖牌。

同月 桐庐县首本新版个体户营业执照、首本食品生产许可证核发。

同月 桐庐县首个省级院士专家工作站建立。

同月 中共桐庐县委党校成为浙江省社会主义学院现场教学基地。

4 月

1日 全省农村基层党建工作推进会在桐庐县召开，与会代表考察环溪村、荻浦村等农村基层党建示范点，中共浙江省委常委、组织部长胡和平，市委常委、组织部长张仲灿，县领导毛溪浩、李忠誉等出席。

2日 网易公司董事局主席兼CEO丁磊一行到桐庐考察投资环境。

8日上午 全县改革工作领导小组会议召开。

10日 全县深化“五水共治”全面推进“治气治土”工作会议召开。

14日上午 桐庐县政府与中电海康集团有限公司举行战略合作协议签订仪式。

同日下午 全县乡镇（街道）党（工）委书记一季度工作交流暨基层党建工作推进会召开。

15日 全县一季度经济形势分析会暨“三实活动”与“双招双引”工作推进会召开。

同日 浙江省副省长梁黎明到桐庐调研农村电子商务工作。

同日 浙江省副省长郑继伟到桐庐调研慢生活体验区建设情况。

17日 桐庐县2015年首批重大项目集中开工活动，在横村镇嘉凯城项目现场举行。

17—18日 上海交通大学医学院附属瑞金医院院长瞿介明一行到桐庐考察，并举行上海瑞金—桐庐医疗联合体第三次理事会。

20日 中央农村工作领导小组副组长袁纯清，到桐庐考察美丽城乡建设情况，浙江省农办副主任严杰，中共杭州市委副秘书长、市农办主任张如勇，县领导毛溪浩、骆安全、吴金富等陪同。

20—21日 浦东干部学院“美丽桐庐”现场教学点授牌仪式暨深化金融改革专题研讨班教学活动在桐庐举行。

21—22日 由全国人大环资委牵头，21家媒体组成的中华环保世纪行采访团，到桐庐县考察新环保法、水污染防治法等法律法规贯彻实施情况。

23日 第四届“桐庐百姓日”活动组委会第一次全体会议召开。

24日 杭州富士达特种材料有限公司院士工作站举行揭牌仪式，中国科学院院士周远，中国科学院理化所低温研究中心主任李来风，县领导毛溪浩、颜鹂等出席仪式。

同日 桐庐县民生工作座谈会召开。

29日 中国社会科学院财经战略研究院发布《中国县域经济发展报告（2015）》，报告对根据GDP、地方公共预算收入和规模以上工业企业数目三项指标遴选的全国400强样本县（市）的经济发展状况进行年度回顾，并利用科学评价体系进行排名，桐庐跻身县域经济竞争力百强县，位列第89位，为杭州县市唯一入围的县（市）。

30日 桐庐县委人大工作会议召开。

同日 桐庐县召开浙江省基层社会治理机制创新试点县工作领导小组会议。

5 月

4日 桐庐县举行纪念“五四运动”96周年暨首届“最美桐庐人·桐庐县十佳电商创业青年”表彰大会。

同日 桐庐县农村基层党建工作推进会召开。

5日 中国计量学院党委书记胡建成一行到桐庐考察校地合作。

6日 桐庐县举办第四届百姓日系列活动，县四套班子领导参加活动。

同日下午 第四届“桐庐百姓日”农村淘宝周活动暨阿里巴巴农村淘宝项目“桐庐模式”2.0版全国首发启动仪式在桐君街道麻蓬村举行。

8—9日 中国浦东干部学院“推进城市生态文明建设”专题研讨班到桐庐现场教学，浙江省环保厅厅长徐震作主题报告，桐庐县委书记毛溪浩介绍“美丽中国、桐庐先行”的相关情况和特色做法。

10日 在浙江金融创新高峰论坛上，迎春商务区荣获“2015年浙江十大金融创新集聚区”称号。

11日 杭州市举行第二届中国县域电子商务大会主办地评审会，桐庐正式成为第二届中国县域电子商务大会主办地。

14—15日 新华社浙江分社朱国贤社长到桐庐调研。

15日 浙江省副省长黄旭明到桐庐调研检查防汛和美丽乡村建设等有关工作。

同日 桐庐县企业联合会第二届暨县企业家协会第四届会员代表大会召开。

17日 桐庐县智慧经济工作座谈会召开。

19日 中共浙江省委第六巡视组进驻桐庐县开展巡视工作，召开巡视桐庐工作动员会，县四套班子领导、法检两长、县人武部部长出席。

19—20日 浙江省委常委、常务副省长袁家军一行到桐庐调研。

21日 桐庐县“三严三实”专题党课暨专题教育部署会举行，县委书记毛溪浩作专题党课。

24日 桐庐县被浙江省诗词与楹联学会授予“唐诗西路”和“浙江省诗词创作基地”。

25日上午 阳光保险集团董事长张维功一行到桐庐考察投资环境。

26日 桐庐县加强农村基层党建工作交流会召开。

26—27日 中国快递协会常务副会长李惠德一行到桐庐，商谈“首届国际快递产业发展大会”相关事宜。

29日 全县“三农”领域改革工作座谈会召开。

同月 桐庐县入选首批国家级生态保护与建设示范区。

同月 桐庐县成为全省首批“坡地村镇”建设用地试点县。

6 月

1日下午 县领导联系项目、企业、产业工作情况交流会召开。

3日 浙江省副省长熊建平到桐庐县调研富春江沿江整治工作。

同日 浙江省第一批特色小镇创建名单公布，桐庐县健康小镇榜上有名。

同日 全县首本民宿营业执照——城南街道金东村“老八野生鱼馆”民宿执照获得批准。

5—6日 全国农村基层党建工作座谈会在杭州召开，中共中央政治局常委、中央书记处书记刘云山出席会议并讲话。桐庐县环溪村、荻浦村和深澳村被列为现场考察点。

6日 2015“环最美桐庐”全域旅游骑行大赛举行。

15日 桐庐县召开“同心同行，共建和谐”工作会议。

17日 桐庐县外贸、外资、社会零售业工作推进会召开。

18日 桐庐县召开基层社会治理创新试点方案专家论证会。教育部长江学者，特聘教授、浙江大学公共管理学院常务副院长郁建兴，清华大学社会科学学院学委会主席、教授景跃进，省社科院社会学所所长杨建华等专家出席论证会。

24日 中国城市竞争力研究会刊发《2015中国城市分类优势排行榜榜单》，在宜游、宜居、宜商、宜业等25个分类排行榜榜单中，桐庐县获2015中国最具幸福感县级城市排行榜第一名，2015中国最美丽县排行榜第二名。

26日 全县治水治气工作推进视频会召开。

同日 桐庐县率先推出“一照一码”“五证合一”和“10分钟快速办证”同步办理，并颁出首本“一照一码”营业执照。

27—28日 县领导毛溪浩、吴金富等赴贵州省黔东南苗族侗族自治州榕江县考察结对帮扶工作。

30日 桐庐县召开专题会议，部署“治水”双攻坚、双提升专项行动。

同月 首个“一乡一所”——桐庐县国土局钟山国土资源所成立。

同月 新组建的桐庐县农业和林业局、桐庐县卫生和计划生育局挂牌成立。

7 月

1 日 全县重点任务、重点项目与民生实事工程推进会召开。

同日 杭州市政协主席叶明，副主席何关新、叶鉴铭一行到桐庐调研职业教育工作。

2 日 浙江省工商联党组书记李剑飞一行到桐庐调研非公有制经济领域统战和工商联工作。

8 日 桐庐县举行第三届电子商务发展大会暨第二届桐庐电商节活动。

同日 首届全国“农村电商青年创业”论坛在桐庐县召开。

8—9 日 第二届中国县域电子商务峰会“小县域 大生态”主论坛在桐庐县召开，会上桐庐县发布农村淘宝全覆盖成果，阿里巴巴为桐庐颁发农村淘宝“先行试点县”和“优秀示范县”奖牌。

9—10 日 浙江省人大常委会副主任姒健敏一行到桐庐调研公立医院综合改革情况。

11 日 中共杭州市委常委、宣传部长翁卫军一行到桐庐检查指导防汛防台工作。

13 日 桐庐县召开“五水共治”工作督查会。

14 日 浙江省人大常委会党组副书记、副主任程渭山一行到桐庐，开展《农村集体资产管理条例（草案）》立法调研。

14—15 日 浙江省政协副主席、省委统战部部长孙文友到桐庐调研。

15 日下午 乡镇（街道）党（工）委书记二季度工作交流暨基层党建工作座谈会召开。

17 日上午 2015 年全县半年度经济形势分析会暨“双招双引”一号工程领导小组会议召开。

同日下午 中共桐庐县委十三届九次全会暨县政府十五届八次全体（扩大）会议召开，会议全面贯彻落实习近平总书记在浙江考察时的重要讲话及省委十三届七次全会、市委十一届九次全会精神，回顾上半年工作，研究部署下半年工作任务，审议通过《中共桐庐县委关于全面加强基层党建巩固基层政权的决定》。

20 日 浙江省政协副主席、民革省委会主委、省侨联主席吴晶到桐庐调研信访工作。

22 日上午 桐庐县举行公共自行车启用仪式，为杭州四县（市）首个正式启用的公共自行车，首批设置公共自行车站点 60 个，投放公共自行车 1274 辆，县委副书记、县长方毅出席启用仪式。

24 日 县领导联系产业工作座谈会召开。

26 日 全国工商联副主席安七一一行到桐庐调研。

28 日上午 桐庐县召开规划委员会会议，会议研究县城滨江路、乔林路、城南路改造提升规范设计方案、主城区亮灯工程提升设计方案和千岛湖配水工程可研报告。

同日下午 全县综合改革工作领导小组会议召开。

29 日 全县村（社区）党组织书记培训班开班动员暨第四期村（社区）干部视频交流会召开。

30 日 全县“两路（即城区道路和城乡公路）两侧”“四边三化”专项整治工作推进会召开。

同月 在北京举行的首届全国生态文明建设高峰论坛暨城市与景区成果发布会上，桐庐荣获“全国十佳生态文明城市”称号。

8 月

1 日起 桐庐县为 60 周岁以上的本地老年人购买“老年人团体意外伤害统筹保险”。政府补贴实施期限从 2015 年 8 月 1 日起至 2018 年 7 月 31 日止，8.8 万余名老年人免费参保。

3 日 浙江省治水办副主任施彩华，杭州市治水办第一副主任、市政协副主席何关新带队到桐庐督查指导“五水共治”及“河长制”工作。

4 日 全县医疗器械行业规范提升工作会议召开。

5 日 桐庐县创建全国文明城市半年度工作推进会暨杭州市文明指数测评迎检工作布置会召开。

7 日 申通快递集团董事长陈德军一行到

桐庐洽谈投资合作，就筹备成立申通控股有限公司等事宜进行商议。

8日早上4时30分左右 富春江桐庐航段文坞口水域浙余杭货01077与浙富阳渔02123发生碰撞事故，县领导毛溪浩、游宏、潘立铭先后赶赴现场指挥事故处置工作。

9日 桐庐县人民政府与中国计量学院正式签约，合作共建中国计量学院现代科技学院。

10日 全县群团工作座谈会召开，县领导毛溪浩、骆安全等出席。

13日 桐庐—通榆县域电商结对帮扶战略合作协议签约仪式暨新闻发布会举行，桐庐县和吉林省通榆县正式成为“结对帮扶”战略合作伙伴。

同日上午 奥克伍德国际商务酒店集团与力高控股有限公司正式签约，项目落户桐庐国际箱包产业园。

13—14日 中共杭州市委常委、秘书长许勤华到桐庐调研联乡结村、信访工作、社区工作。

17日 中国代表团在巴西圣保罗第43届世界技能大赛上取得4金6银，实现金牌零的突破，杭州技师学院选手杨金龙摘得汽车喷漆项目金牌。

24日 中共浙江省委第六巡视组向桐庐县反馈巡视情况，第六巡视组组长杜林德、巡视工作领导小组办公室副主任洪国良、杭州市委常委、秘书长许勤华，县四套班子领导、法检两长、县人武部部长出席。

27日 全县“两路两侧”“四边三化”整治工作推进会召开。

27—28日 杭州市人大常委会主任、党组书记王金财到桐庐调研杭黄铁路工程建设情况。

28日 桐庐县举行百亿招商引资项目集中签约活动，包括中金投资（集团）有限公司健康养生园项目、申通快递有限公司申通控股公司、浙江瑞桐医疗健康综合服务有限公司瑞金养生综合体项目等在内的40余个项目，协议引资共计约115亿元。

31日 农工民主党杭州市桐庐县基层委员会成立。

同日 由县委宣传部、县委党史研究室、县文广新局联合举办的“抗日战争在桐庐——纪念中国人民抗日战争暨世界反法西斯战争图片展在县博物馆展出，展览至9月20日结束。

9 月

1日上午 桐庐县重大项目与招商项目推进会召开。

同日下午 2015年中国国际快递物流采购博览会筹备会在上海召开。

7日 浙江省政协副主席王建满到桐庐调研“发展农村电子商务”专题重点提案。

同日 中共浙江省委常委、纪委书记任泽民到桐庐调研。

8日 桐庐县召开庆祝第三十一个教师节暨全县育人工作会议。

10日 桐庐县举行2015年度新兵首运仪式。

11日 全县县管党员干部党章党规党纪专题集中培训开班，县委书记毛溪浩作重要讲话，县领导李忠誉，黄利文分别作专题讲课。

同日 杭州市政协主席叶明、副主席何关新、秘书长王叶林率“联乡结村”第四帮扶集团到桐庐考察。

13日 浙江工商大学杭州商学院举行2015级新生开学典礼。

14日 桐庐县重大项目集中开工活动推进会召开。

16日 中共杭州市委常委、宣传部长翁卫军到桐庐调研文创西进和基层宣传思想文化工作。

17日 2015浙江·桐庐“君山引凤”科技人才周开幕式暨全国KAB“创业桐庐·智汇画城”成果发布会举行。

17—18日 全国政协常委、人口资源环境委员会副主任、武警部队原司令员吴双战到桐庐考察农村环境污染治理情况。

22—23日 广西壮族自治区党委副书记危朝安，党委常委、副主席蓝天立到桐庐考察美丽乡村、城市建设情况，中共浙江省委副书记王辉忠，副省长黄旭明，中共杭州市委常委、秘书长许勤华等陪同。

23—24 日 浙江省政协副主席王建满在桐庐召开农村公路改造提升工作座谈会。

同日 杭州市人大常委会主任王金财到桐庐调研经济开发区土地利用情况。

24—26 日 桐庐—香港两地青年企业家、社团领袖交流团在桐举行交流活动。

29 日 中共浙江省委常委、杭州市委书记赵一德到桐庐调研，市委常委、秘书长许勤华，县四套班子领导、法检两长出席工作汇报会。

同日 全县“十三五”规划基本思路汇报会召开。

30 日 桐庐县举行革命烈士公祭仪式，县四套班子领导、法检两长、人武部部长等在凤凰山革命烈士纪念碑前参加纪念活动。

同日晚 桐庐县举行双十佳“担当有为好干部”表彰大会。经前期组织推荐、人选审核、大众投票等程序，结合干部主要事迹、日常表现和投票情况，此次活动共评选出乡镇（街道）、机关部门各 10 名“担当有为好干部”以及各 10 名提名奖获得者。

同日晚 大型桐庐地域文化主题演出《春江花月夜》在桐庐剧院首演。

10 月

9 日 中共杭州市委常委、常务副市长马晓晖到桐庐调研。

10 日 2015 年中国全民休闲皮划艇大赛桐庐站比赛在县城桐君山水域举行。

13 日 浙江副省长熊建平到桐庐调研生态环保、技能人才培养等工作。

15 日晚 桐庐县第五届运动会开幕式举行，杭州市体育局党委书记、局长金承龙，县四套班子领导、法检两长出席仪式。

16 日 人社部副部长汤涛一行到桐庐调研杭州技师学院高技能人才队伍建设工作。

同日 桐庐县召开三季度经济形势分析会。

16 日至 18 日 国际互联网金融投资者峰会在桐庐县召开，美国投资家、金融学家、知名投资者吉姆•罗杰斯，中国与全球化智库(CCG)主席、国家外经贸部原副部长龙永图，知名企业家、慈善家陈光标，万通地产董事长冯仑等出席活动。

19 日 全国政协副主席齐续春一行到桐庐视察“美丽桐庐”建设情况。

22 日 全县美丽城乡建设现场会在分水镇召开。

同日上午 通用电气公司（GE）医疗集团桐庐工厂新生产线举行投产揭幕仪式。

23 日 全县企业家座谈会召开，县领导毛溪浩、潘立铭、华健、俞建华等出席会议。

24 日 澳门特别行政区行政长官崔世安到桐庐考察，并参加富春江励骏酒店开幕典礼。

27 日 乡镇（街道）党（工）委书记三季度工作交流会召开。

28 日 第二届中国笔业博览会在中国（分水）笔业国际博览中心开幕。

29 日 县级领导“三联系一包案”（即联系企业、项目、产业和信访包案化解）工作交流会召开，县四套班子领导，法检两长、人武部长出席会议。

31—11 月 1 日 全国党校系统基层党建创新理论研讨会暨中央党校党建部教学科研桐庐点揭牌仪式在桐庐县举行。全国政协委员、中央党校党建教研部主任王长江，以及中央党校党建部、全国部分省（自治区、直辖市）党校 90 余人参加会议。

同月 桐庐县成为全国首批 7 个土地经营权入股发展农业产业化经营试点之一，成为全省唯一入选县（市、区）。

同月 杭州市首个“五证合一”一般纳税人企业，在桐庐县登记成功。

11 月

3 日 全县领导干部会议召开，县四套班子领导，法检两长，人武部长出席会议。

同日 杭州市人大常委会党组书记、主任王金财到桐庐督查城镇污水处理厂建设运行情况，调研“联乡结村”工作。

4 日　首届中国（杭州）国际快递业大会筹备工作会召开。

同日　中共杭州市委常委、秘书长许勤华到桐庐调研信访维稳工作。

5 日　中共桐庐县委举行机关干部理论学习会，邀请当代著名散文家、文化学者、艺术理论家、文化史学家、电视名人、节目特邀主持人余秋雨作“余秋雨谈文化”专题讲座，县四套班子领导出席讲座。

9 日　桐庐县2015年第五期村干部视频交流会召开。

同日下午　桐庐县千岛湖配水配套引水工程开工。

10 日　桐庐县举行2015年百亿重大项目集中开工暨国际箱包智慧产业园项目奠基仪式，浙江省副省长孙景淼宣布开工，杭州市委副书记、市长张鸿铭出席讲话。

同日　浙江副省长孙景淼一行到桐庐检查中国（杭州）国际快递业大会筹备工作，杭州市委副书记、市长张鸿铭，省政府副秘书长谢济建，中国快递协会常务副会长兼秘书长李惠德，县领导毛溪浩、方毅、毛根洪等陪同。

同日　中央党校副校长徐伟新到桐庐县视察“美丽桐庐”建设情况。

同日　桐庐县乡村空气质量监测发布仪式暨全县环境质量分析工作会议召开。

11 日　全县高污染燃料锅炉和黄标车淘汰工作推进会召开。

13 日　以“便民惠民・通达天下”为主题的首届中国(杭州)国际快递业大会在桐庐召开，国务委员王勇，国务院副秘书长肖亚庆，省委副书记、省长李强，国家邮政局局长马军胜，副省长孙景淼，省委常委、杭州市委书记赵一德，中国快递协会会长高宏峰，省政府副秘书长谢济建，中国快递协会常务副会长、秘书长李惠德，杭州市副市长张耕，县四套班子领导出席会议。会议决定，国际快递业大会永久性会址落户桐庐。

同日　桐庐邮政管理局举行成立大会暨揭牌仪式，国家邮政局副局长刘君，县领导方毅、毛根洪出席仪式。

15 日上午　“聚上汇”项目落户桐庐签约仪式在迎春商务区举行。

18 日　杭州市委副书记、市长张鸿铭赴新合乡接待基层选民代表。

19 日　浙江省委常委、组织部长廖国勋到桐庐县调研。

22 日　“喜迎G20•杭州毅行大会(桐庐站)”活动举行。

24 日　杭州市人大常委会党组书记、主任王金财一行到桐庐调研人大工作。

29 日　桐庐县首座天然气加气站投入运行。

同月　全国第一个乡村镇空气监测发布系统——桐庐乡村空气质量监测发布系统启用。

12 月

1 日　G20杭州峰会筹备工作动员大会召开。

同日　浙江省珍贵彩色健康森林建设现场会在桐庐召开，300余名全省林业系统代表参加大会，并考察桐庐县彩色健康森林建设情况。

同日　桐庐至萧山国际机场班车开通。

3—5 日　九三学社中央委员会第六次科学座谈会在桐庐县举行，全国政协副主席、九三学社中央主席、中国科学院院士韩启德，全国政协常委、全国政协副秘书长、九三学社中央常务副主席邵鸿，九三学社中央副主席赖明等20余位领导、专家出席座谈会。

4 日　环保部党组副书记、副部长潘岳到桐庐调研生态环境保护与建设相关工作。

同日　浙江省政协主席乔传秀到桐庐调研美丽乡村建设工作。

同日　拱墅区、高新区（滨江）—桐庐县区县（市）协作工作第六次联席会议在桐庐召开，中共浙江省委常委、杭州市委书记赵一德，市领导许勤华、张仲灿、陈擎苍等出席会议。

5 日上午　全国政协副主席、九三学社中央主席韩启德考察桐庐县经济社会发展情况。

8 日　浙江省委政法委副书记刘树枝到桐

庐调研基层社会治理机制创新试点工作。

9日 全县基层群防群治工作推进会暨桐君街道楼道长论坛召开。

12日 全县经济社会发展务虚研讨会召开，县四套班子领导、法检两长、人武部部长出席会议。

14日 全国首个移动终端企业登记平台——工商注册登记移动终端平台在桐庐县启用。

15日 桐庐县2016年民生实事工程项目座谈会召开。

21—22日 杭州市人大常委会副主任项勤到桐庐复查各级人大代表开展贫困人口脱贫视察核查活动。

24日 由新华社主办的“美丽中国 寻找最美城镇”评选活动揭晓，桐庐县摘得此次评选活动的最高奖——“美丽中国·最美城镇”奖。

25日 桐庐县举行双创服务中心暨“春江渡口”众创空间启用仪式。

26日 2015年度乡镇（街道）和县级机关党（工）委书记抓基层党建工作述职评议会召开。

29—30日 “中国县域互联网+行动联盟（中国县域“互联网+”扶贫协作联盟）”成立大会暨2015中国县域电商生态共建高峰论坛在桐庐县举行。

31日 桐庐县委十三届十次全会暨县政府十五届九次全体（扩大）会议召开，县四套班子领导、法检两长、人武部部长出席会议。

同月 桐庐县首个“农民之家”在钟山乡启用。

同月 杭州水晶运动机械有限公司在全国中小企业股份转让系统挂牌，成为桐庐县第三家“新三板”挂牌企业。

【责任编辑 吴爱林】

总　　述

·地理气候·

【地理位置】 桐庐县位于浙江省西北部，钱塘江中游，介于北纬 29º 35′ ～ 30º 05′ 和东经 119º 10′ ～ 119º 58′ 之间；东接诸暨，南连浦江、建德，西邻淳安，东北界富阳，西北依临安。全境东西长约 77 公里，南北宽约 55 公里。总面积 1825 平方公里。

以县城城南街道、桐君街道为中心，东 20 公里（径距，下同）至牛峰岭界富阳，南 19 公里至羊峤顶界建德，西 39 公里至太阳山界淳安，北 13 公里至陈家山界富阳；东南 27 公里至火烧湾顶界浦江，西南 12 公里至大岩山界建德，东北 16 公里至横山埠界富阳，西北 41 公里至高塘界临安。

【地貌】 桐庐县以丘陵山区为主，平原稀少，属浙西中低山丘陵区。四周群山耸峙，中部为狭小河谷平原，山地与平原间则丘陵错落。富春江由南而北纵贯县境东部，分水江自西北向东南汇入富春江。龙门山主峰牛背脊之观音尖，海拔 1246.5 米，为境内最高峰。在全县土地面积中，山地丘陵占 86.3%，平原、水域占 13.7%。

【气象特征】 桐庐气候属亚热带季风气候，四季分明，日照充足，降水充沛。一年四季光、温、水基本同步增减，配合良好，气候资源丰富。年平均气温 16.5℃；极端最高气温 41.7℃，极端最高气温 ≥ 35℃的高温天气年平均 29 天；极端最低气温 -9.5℃，极端最低气温 ≤ 0℃的冰冻天气年平均 31 天。年平均雨日 161 天。年平均降水量为 1525 毫米，年际间差异较大，1—6 月逐月递增，7 月—8 月起逐月递减，3—9 月雨量均在 130 毫米以上，最多的 6 月为梅雨期，降水集中，月平均雨量 248 毫米。年平均相对

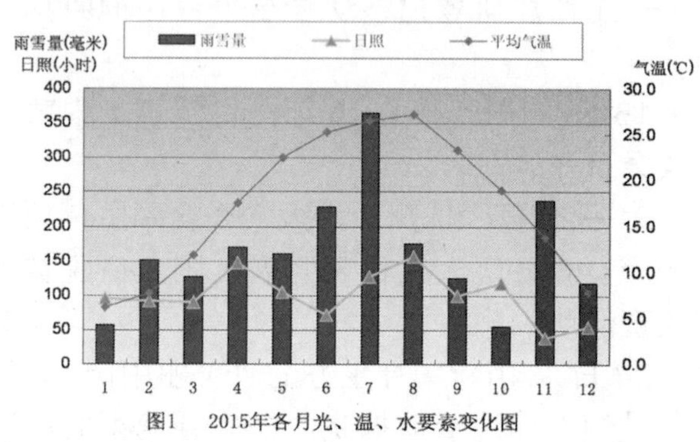

图1　2015年各月光、温、水要素变化图

湿度 79%，年际间变化较小，在 76% ～ 81% 之间。无霜期 258 天。桐庐每年都会出现灾害性天气，影响比较严重的有涝、旱、风、雷、雹、雪、冰冻等。

2015 年桐庐县气候特点是：气温偏高，为历史第四位；降水量偏多，为历史第二位；日照偏少创历史纪录。全年未出现重大灾害性天气，气候条件属一般年景。主要气候特点：一是冬春季气温偏高起伏大。冬季气温高，未出现明显降雪。春季气温起伏大，4 月出现倒春寒天气。二是入梅早出梅迟，梅雨期长，梅雨量偏多，出现洪涝灾害。三是夏季气候异常，高温天气少，为历史第二位，出现历史罕见多雨寡照凉夏天气。四是深秋至冬季气温偏高，雨量多日照少创历史纪录。

·建制沿革·

【概况】 桐庐县始建于三国吴黄武四年（225），治所在今桐庐县西 12.5 公里，曾于隋开皇九年（589）废桐庐入钱塘县，至仁寿二年（602）复置，移治所今桐庐县西 4 公里旧县乡。唐武德四年（621）析桐庐西北 7 乡置分水县，治所在今桐庐县西北分水镇，同时于桐庐置严州。3 年后废严州及分水县。如意元年（692）复置分

水，更县名为“武盛”。神龙元年（705）复名分水县。开元二十六年（738）移桐庐县于今县治。宝应元年（762）析分水西部地置昭德县，治所在今桐庐县西北；大历六年（771）废昭德，还属分水。天祐三年（906）划分水东北5乡入临安。1949年4月至5月，桐庐、分水两县解放，1958年11月废新登、分水两县入桐庐。1960年8月又废富阳入桐庐，并隶属于杭州市。1961年12月复置富阳县，并将原新登县辖地及原分水县贤德公社划归富阳。今桐庐县政区，基本上为原桐庐、分水两县辖地。

·行政区划·

【概况】 2015年底，桐庐县下辖4个街道、6个镇、4个乡；183个行政村；1个居委会；18个社区。（见表1）

2015年桐庐县乡镇（街道）情况

表1

乡镇（街道）	地域面积（平方公里）	行政村数（个）	居委会（个）	社区（个）
城南街道	97.11	19	—	4
桐君街道	63.73	6	1	7
富春江镇	198.93	15	—	2
凤川街道	151.93	8	—	—
江南镇	78.2	20	—	1
新合乡	74.21	5	—	—
横村镇	117.64	24	—	2
旧县街道	33.5	5	—	—
莪山畲族乡	28.73	7	—	—
钟山乡	107.79	11	—	—
分水镇	299.37	26	—	2
瑶琳镇	216.62	16	—	—
百江镇	235.03	15	—	—
合村乡	122.24	6	—	—
合 计	1825.03	183	1	18

·经济发展·[注1]

【经济总量】 经核算，2015年，桐庐县实现生产总值（GDP）335.84亿元，按可比价格计算（下同），比2014年增长9.5%。其中第一产业增加值22.98亿元[注2]，同比增长1.8%；第二产业增加值182.87亿元，同比增长7.1%，其中工业增加值166.50亿元，同比增长6.8%；第三产业增加值129.99亿元，同比增长15.0%。三次产业结构由2014年的7.12:56.23:36.66调整为6.84:54.45:38.71。按户籍人口计算的人均GDP为82091元（折合13149美元），同比增长9.0%，比2014年增加899元。

【财政收支】 2015年，桐庐县完成财政总收入43.03亿元，比2014年增长10.1%，其中地方财政一般预算收入26.97亿元，同比增长8.1%。完成税收收入23.98亿元，同比增长8.8%。其中：国内增值税（25%）3.15亿元，增长17.9%；改征增值税3.06亿元，增长24.8%；营业税6.11亿元，增长6.8%，企业所得税2.65亿元，下降15.7%；个人所得税1.76亿元，增长88.3%。全年财政支出40.31亿元，比2014年增长16.0%。其中：教育支出9.59亿元，增长16.5%；科学技术支出1.52亿元，增长16.2%；社会保障和就业支出4.87亿元，增长25.8%；医疗卫生与计划生育支出4.10亿元，增长13.0%；节能环保支出1.21亿元，增长18.1%；城乡社区事务支出2.03亿元，增长1.9%。

【农业经济】 2015年，桐庐县实现农林牧渔业总产值34亿元，比2014年增长5.2%，实现粮食总产量5.45万吨、禽蛋0.51万吨、肉类1.43万吨、水产品0.86万吨、水果8.78万吨。新增粮食功能区536公顷，提升标准农田2133公顷，改造中低产田559公顷，发展设施农业233公顷，新认证无公害农产品企业12家，新建无公害建设基地767公顷。建成省级农林精品园4个，阳山畈村获国家级“一村一品”认定。培育农村新型组织，全县登记“农民之家”创业服务社43家，新培育农民专业合作社联合社6家，组建土地股份合作社4家，土地折价入股合作社111公顷。成立桐庐勤优农产品专业合作社联合社资金互助会，累计发放互助金23笔213.18万元。新注册家庭农场56家。全年新培育省级农业龙头企业3家、市级农业龙头企业6家、县级农业龙头企业13家。新增市级以上规范化农民专业合作社8家，其中省级示范社4家。

【工业产销】 2015年，桐庐县实现工业总产值834.60亿元（快报预计数，下同），比2014增长4.1%；实现销售产值823.67亿元，同比增长3.9%。至年末，全县规模工业企业377家，比2014年净增16 家，实现工业总产值 491.59亿元，同比增长4.1%。其中，轻工业产值206.39亿元，增长6.3%；重工业产值285.20亿元，增长2.6%；实现销售产值484.60亿元，同比增长3.8%；亿元产值企业107家，比2014年净增3家，实现产值362.01亿元，占规模以上工业企业产值比重73.6%，比2014年提高0.5个百分点。

【工业效益】 2015年，桐庐县规模以上工业实现主营业务收入456.82亿元，同比[注3]增长0.1%，实现利税总额46.47亿元，同比下降0.5%，实现利润总额27.40亿元，同比增长0.2%，全年规模以上工业产品产销率98.6%，同比下降0.2个百分点。

【建筑业】 2015年，桐庐县有承包和专业承包资格建筑企业51家，完成施工产值57.65亿元，比2014年增长14.8%；房屋建筑施工面积527.28万平方米，同比增长3.5%；房屋竣工面积181.87万平方米，同比增长2.0%。按建筑业总产值计算全员劳动生产率22.65万元/人，增长3.5%。

【固定资产投资】 2015年，桐庐县完成固定资产投资247.27亿元，比2014年增长17.9%。按三次产业分，第一产业投资9.31亿元；第二产业投资91.75亿元，增长34.4%，其中工业投资91.68亿元，增长34.3%；第三产业投资146.21亿元，增长9.9%。全年固定资产施工项目557个，计划投资560.19亿元，比2014年增长5.0%；新开工项目456个，计划总投资194.15亿元，同比增长5.3%。

【房地产业】 2015年，桐庐县完成房地产开发投资33.28亿元，比2014年下降 28.7%。房屋施工面积379.32万平方米，比2014年下降9.5%；竣工面积64.54万平方米，比2014年增长26.6%。全年商品房销售面积43.88万平方米[注4]，比2014年下降20.9%，其中住房销售39.93万平方米，下降17.7%。实现商品房销售额29.70亿元，比2014年下降15.4%，其中住宅销售额27.38亿元，下降10.3%。

【国内贸易】 2015年，桐庐县新增限额以上商贸单位55家，实现社会消费品零售总额132.34亿元，比2014年增长12.8%。分行业看，批发业13.14亿元，增长18.5%；零售业100.18亿元，增长12.4%；住宿业0.88亿元，增长14.4%；餐饮业18.14亿元，增长10.8%。

【电子商务】 2015年，桐庐县完成海淘买手街、网货展示展销中心、电商公共服务中心、电商食堂等重点项目建设。深化阿里巴巴“农村淘宝”项目，成为全国首个实现“农村淘宝”全覆盖县域。成功创建“浙江省电子商务示范县”，连续两年被评为“中国电子商务发展百佳县”，横村镇横村村被评为“淘宝村”，横村镇城东村被评为“浙江省电子商务示范村”。成功举办第二届中国县域电商大会。全县实现电商销售26亿元。

【信息经济】 2015年，桐庐县深化以“三区”为核心的产业发展主平台建设，以海康威视为核心的安防产业建设，以杭商院、中国计量大学为核心的人才培育基地建设，加快推进弘博电子、英飞特光电等一大批信息经济项目，实现产业基础、智慧应用等方面突破。新生业态信息经济（智慧经济）成为全县经济增长新动力。是年，实现增加值19.11亿元，同比增长20.1%（可比价，下同），占全县生产总值比重5.7%，比2014年提高0.95个百分点，增幅高出全县GDP增幅10.6个百分点。

【对外经济】 2015年，桐庐县完成外贸（海关）进出口总额14.73亿美元，比2014年增长10.5%。其中进口总额0.68亿美元，同比下降8.9%；出口总额14.05亿美元，同比增长11.6%。出口总额中，按贸易方式分，一般贸易出口13.21亿美元，比2014年增长20.4%；加工贸易出口0.83亿美元，同比下降7.5%；其他贸易出口0.005亿美元，同比下降99.4%。出口国别和地区中，对欧盟出口3.19亿美元，增长3.7%；对日本出口0.41亿美元，下降1.4%；对美国出口3.56亿美元，增长0.3%。

【交通运输】 2015年，桐庐县完成交通建设投资7.96亿元。其中23省道浮桥埠至麻蓬段提升改造工程、富春江桐庐段水环境整治工程建设全面完工。柴埠大桥完成桥梁下部结构建设；富春江船闸完成船闸主体土建工程。全年完成公路路面大中修110公里、建设农村联网公路60公里、提升改造农村公路85公里、农村公路安保工程26.45公里、危桥改造5座。完成“美丽公路”创建89.8公里，提升改造杭新景高速深澳、富春江出口。年末，县境内公路通车里程1796公里。至年末，全县拥有公交线路27条，营运公交车115辆，出租车176辆；完成城区旅客运输2520万人次（含免费乘客）；实现城区公交4G免费无线网络全覆盖。全年更新公交车18辆、城乡公交276辆、出租车25辆；新开通19路、36路公交车和富春江慢生活体验区旅游专线；全面实现城乡公交GPS联网联控；到期出租车完成油改气设备安装。完成牛山坞、浮桥埠、洋塘公交首末站提升改造及出租车服务中心建设；完成1312个城乡公交停靠站（亭）、牌建设。出台实施《桐庐县城乡公交一体化改造运价调整方案》《桐庐县城乡公交一体化改造老年人免费乘车方案》，降低票价的同时，对桐庐籍70周岁以上老人、盲人、伤残军警予以免费乘坐城乡公交；开通桐庐至萧山机场大巴。

【邮电通讯】 2015年，桐庐县完成邮政业务收入0.51亿元，比2014年下降7.3%，完成邮政储蓄收入0.21亿元，比2014年下降4.5%，全年发送特快专递115万件，同比增长0.37%；完成电讯业务收入4.36亿元，比2014年增长9.6%。年末，全县电话用户69.26万户，比2014年下降5.2%。其中移动电话用户66.52万户，增长3.9%，拥有量162.52部/百人。

【旅游产业】 2015年，桐庐县接待国内外游客1150.7万人次，比2014年增长13.91%。景点接待游客566.6万人次，增长14.6%；全社会旅游总收入118.3 亿元，比2014年增长15.87%，其中景点门票收入1.46亿元，增长17.47%；全县乡村休闲旅游接待游客654.9万人次，同比增长26.82%，实现乡村旅游收入3.73亿元，同比增长38.41%。

是年，在建重大休闲旅游项目和旅游基础设施项目113个，完成投资32.58亿元。万向养生养老旅游综合体、上沃溪旅游综合体项目、奥克伍德国际酒店等大批健康休闲养生类项目签约落地桐庐，总投资额近75亿元。富春江励骏酒店正式对外营业；丝绸博览中心博物馆文化中心样板房建成；江南国际养生中心国医馆、沿湖景观、度假村、地下室等基本完工；环溪银杏广场、天子地果园等项目完成建设。建成翙岗、双坞、新龙、陇西、彰坞、梅蓉、富春山 7 个 AA 村落景区；富春江慢生活体验区、江南古村落被授予浙西 2015 休闲旅游目的地称号；成功推出莪山秘境、绿芦驿、云夕戴家山、富春漫舍、外婆家“俺的生活”青龙坞等一批精品民宿。

【金融】 2015 年末，桐庐县金融机构本外币各项存款余额 368.22 亿元，比年初增加 34.10 亿元，增长 10.2%。单位存款余额 164.69 亿元，比年初增加 20.29 亿元，个人存款余额 198.94 亿元，比年初增加 20.51 亿元，其中城乡居民本外币储蓄存款余额 177.04 亿元，比年初增加 1.7 亿元，增长 1.0%。人均储蓄余额 4.41 万元，比年初增加 0.04 万元，增长 0.9%。年末全县金融机构本外币各项贷款余额 301.59 亿元，比年初增加 17.41 亿元，增长 6.1%。其中短期贷款余额 147.97 亿元，比年初减少 0.03 亿元，中长期贷款余额 150.96 亿元，比年初增加 17.63 亿元，增长 13.2%。其中个人贷款比年初增加 19.95 亿元。

2015 年末金融机构本外币存贷款余额及其新增额

表 2

指 标	年末余额（亿元）	比年初新增额（亿元）
金融机构（本外币）存款余额	368.22	34.10
其中：本币存款余额	363.26	29.77
城乡居民本外币储蓄余额	177.04	1.70
金融机构（本外币）贷款余额	301.59	17.41
其中：本币贷款余额	301.25	6.08
其中：住户贷款	139.1	19.95

【市场价格】 2015 年，桐庐县居民消费价格总指数（CPI）为 101.5，涨幅与 2014 年持平。构成居民消费价格指数的 8 大类商品及服务价格呈“五涨二跌一平”格局，其中食品、烟酒、娱乐教育文化用品及服务类价格上涨明显，成为 CPI 上涨主因（详见表 3）。

居民消费价格指数（2014 年 =100）

表 3

指 标	2015 年	2014 年
居民消费价格	101.5	101.5
1. 食品类	105.1	102.6
2. 烟酒类	102.2	99.1
3. 衣着类	100.0	100.1
4. 家庭设备用品及维修服务类	100.6	100.7
5. 医疗保健和个人用品类	101.1	101.4
6. 交通和通信类	96.1	99.8

续表 3

指 标	2015 年	2014 年
7. 娱乐教育文化用品及服务类	102.2	102.5
8. 居住类	99.5	101.4

【平台建设】 2015 年，桐庐县富春江科技城（经济开发区）全面启动智慧安防小镇和时尚箱包小镇建设，顺利对接国家级开发区创建申报工作。全年完成固定资产投资 63.14 亿元，实现税收 7.19 亿元，同比分别增长 61.8% 和 24.0%。招引亿元以上项目 10 个，其中 10 亿元以上项目 2 个。推进“智慧•风情•生态城”建设，入围“2015 浙江‘智慧园区’示范开发区”榜。韵达电商产业园正式开园，“淘仓”“农村淘宝”项目入驻运营。创建市级以上名牌（商标）4 件。

2015 年，富春江（芦茨）乡村慢生活体验区管委会实施全国美丽乡村旅游精品线工程，打造慢生活体验区核心景观道路主轴、“健康之旅、娱乐之旅、怀古之旅、思乡之旅”“诗画芦茨、古韵茆坪、隐逸石舍”等特色项目。全年接待游客 105.27 万人次，经营总收入 9605 万元。成功签约近 10 亿元投资项目，其中中高档民宿 13 家。芦茨村荣获“2015 浙江十大旅游风情小镇”称号；茆坪被评为“中国传统村落、国家级美丽宜居示范村”“浙江省历史文化村落重点村”“浙江省非物质文化遗产民俗文化村”；石舍村被评为“中国传统村落、杭州市历史文化村落重点村”。

2015 年，富春山健康城完成固定资产投资 6.48 亿元；完成招商引资 3.4 亿元；完成市外内资 3.3 亿元；完成浙商创业创新任务 0.9 亿元。成功申报健康小镇，成为全省首个健康产业特色小镇，被列入全省第一批 37 个特色小镇名单之一。

2015 年，迎春商务区全年新注册企业 146 家，累计入驻企业 862 家，入驻率 66.03%。成为 2016 杭州地区唯一一个省级现代服务业集聚示范区提升发展试点单位，获“浙江省十大金融创新集聚区”称号。海陆世贸电商产业园入驻电商企业 81 家；省内县域首个众创空间—“春江渡口”和桐庐县首个“双创”服务中心投入运营；“海淘买手街”14 家海淘微商正常营业；“网货展示展销中心”成功运营并举办“东北特产展 • 通榆周”电商扶贫等活动。金融产业园引进企业 35 家，已入驻 15 家。首届中国（杭州）国际快递业大会在桐庐成功举办，承办第二届中国县域电子商务大会与中国县域“互联网 +”行动联盟成立大会。

· 社会事业 ·

【劳动就业】 2015 年，桐庐县实现新增城镇就业人员 5448 人，城镇登记失业人员实现再就业 2557 人，发放就业援助证 1398 本，安置就业困难人员 1823 人，组织 4706 名失业人员、农村转移劳动力和外来劳动力开展技能培训。职业技能鉴定发证 7159 人，其中职业指导人数 9069 人次，介绍成功 6348 人次。年末，实有登记失业人员 1637 人，城镇登记失业率 2.64%，比 2014 年下降 0.36 个百分点。

【教育】 2015 年，桐庐县小学入学率 100%，初中巩固率 100%，高中入学率 99.68%。全县有全日制小学 26 所，在校学生 23253 人，全年小学新招生 3801 人，毕业 3468 人。有普通中学 17 所，在校学生 15194 人，全年新招生 4977 人，毕业 5512 人。有中等职业技术学校 2 所，在校学生 2865 人；全年新招生 1150 人，毕业 979 人。是年，输送大中专（含技校）生 3045 人。全县有幼儿园 49 所，在园幼儿 12771 人。2015 年，全县 14 个乡镇（街道），建有 14 所乡镇（街道）成人学校和社区学校，乡镇（街道）成人学校、社区学校覆盖率 100%，省标准化成人学校达标率 100%。2015 年，成人学校和社区学校培训学员 64015 人次。

实施免费义务教育。2011—2015年累计免除杂费、课本费、作业本费11686万元，助学奖学61147人次，资助和奖励金额3277.37万元；注重教育均衡优质发展，加强德育工作建设，加大农村学校资金和师资扶持力度，继续实施名师名校长和名师区域流动工程；2015年末，全县拥有杭州市现代化标志性教育强镇3个，浙江省教育强镇（街道）13个。

【科技】 2015年，桐庐县新增国家重点支持高新技术企业6家、市级高新技术企业28家、市级创新型试点企业1家、市级雏鹰企业2家；新增市级以上科技项目35项，其中国家级8项、省级9项。新增国家火炬计划项目2个。全县211家规模企业开展高新技术企业和科技型企业申报。是年，专利申请量2003件，专利授权量1886件，产学研合作协议14项，网上技术交易额3637万元。是年，完成全国科普示范县创建。新增杭州康基医疗器械有限公司省级院士专家工作站1家，杭州富士达特种材料有限公司市级院士专家工作站1家；新增市级以上科普（学术）项目6项，其中国家级1项；新建“杭州市水产学会科技服务站（横村镇香山水产）”和“杭州市自动化学会协同创新服务基地（富春江镇）”各1家。

【文化】 2015年，桐庐县投入5600多万元建设城北老年体育活动中心，并于10月投入使用。投入700多万元对县越剧传习中心、文化馆、博物馆等文化设施升级改造。全年开展各类大中型文化活动300余场；开展送文化下乡200场，送电影下乡2420场，举办展览展示活动52场。成功举办新年晚会、元宵系列文化活动、山花节、百姓日系列文化活动；承办浙江省“耕山捣海”文艺精品汇演等省市级文化赛事。举办第三届“欢乐大舞台·幸福桐庐人”大型群众文化活动88场，1万余人次登台表演，10万余名观众参与活动。是年，全县文艺作品获国家级奖项17个、省级奖项58个、市级奖项42个、县级奖项193个。各类图书馆年末藏书50万册。

【体育】 2015年，桐庐籍运动员参加全国、省、市比赛，共获金牌100枚、银牌45枚、铜牌73枚。其中在全国青运会上取得3金3银1铜成绩。全县举办县级群众性体育健身和竞赛活动42项次，2万余人次参加；举办县第五届运动会，承办首届全国青运会女足U16组等大型体育赛事；全县新建25个健身点、20个篮球场和20个乒乓球室。

【广电】 2015年，桐庐电视台平均每周播出120小时，其中自办节目36小时。桐庐人民广播电台每天播音24小时，其中自办节目15小时。全年播出广播新闻2492条，电视新闻3862条。年末有线电视终端17.4万余个，电视综合覆盖率100%，广播综合覆盖率100%。

【卫生】 2015年，桐庐县各类医疗卫生机构315家，其中公立医疗卫生机构209家，私营各类医疗机构106家。2015年新增、变更5家门诊部（诊所）。各类医疗病床1653张；卫生技术人员3197人，其中执业医师1025人、助理执业医师206人、注册护士1189人。全县无偿献血3770人次，献血量1229升，占临床用血量104.2%。传染病总发病率710.76人/10万人。

·人口、人民生活和社会保障·

【人口】 2015年末，桐庐县户籍总人口40.93万人，比2014年末增加0.10万人，增长2.45‰，人口自然增长率2.26‰。在总人口中，农业人口19.05万人，非农业人口21.88万人；男性20.43万人，占总人口49.91%，女性20.50万人，占总人口50.09%，人口性别比（女性=100)99.66。是年，全县出生3432人（计生部门统计口径，下同），同比减少82人，下降1.6%。人口出生率8.39‰，计划生育率96.39%，同比下降0.14个百分点。

【人民生活】 2015年，桐庐县城镇常住居民人均可支配收入39348元，比2014年增长8.2%。其中人均工资性收入24774元，增长10.2%；人均生活消费性支出22126元，增长5.5%。全县农村常住居民人均可支配收入22504元，比2014年增长9.1%。其中人均工资性收入12663元，增长10.5%；人均生活消费性支出13979元，增长15.1%。是年，全县城镇居民人均住房建筑面积39.57平方米，农村居民人均居住面积73.52平方米。

【社会保障】 2015年末，桐庐县参加养老保险的机关企事业单位5070个，参保161071人，比2014年增长7.3%，支付养老金136411万元，比2014年增长18.3%。参加基本医疗保险388245人，支付医疗保险金66955万元，增长15.4%。被征地农民基本生活保障参保9992人，支付生活保障金665万元，比2014年下降28.3%。参加农村养老保险76673人，支付养老金56万元，比2014年下降9.6%。工伤保险参保123777人，支付工伤金1983万元，比2014年下降7.6%。生育保险参保77258人，支付生育金1649万元，比2014年增长4.4%。失业保险参保60468人，支付失业金952万元，比2014年增长25.93%。

·城市建设·

【市政建设】 2015年，桐庐县先后完成洋塘路、天目路、江州路等道路工程，完成主城区亮灯工程、文创园市政等配套工程。启动县城城南路（金中路—梅林路西）提升改造工程、乔林路（科技大桥—春江路段）整治改造等工程建设。全年新建道路7.81公里9.15万平方米。年末，人均道路面积15.62平方米，城市化水平64.1%，比2014年提高0.6个百分点。

【城市绿化】 2015年，桐庐县城绿地面积770万平方米，建成区绿地率41.0%，绿化覆盖率43.1%，人均公园绿地12.2平方米。

【公用事业】 2015年，桐庐县城全年供水量2138万吨。

注：

①本分目中数据由桐庐县统计局提供，为初步统计数，最终结果以《桐庐统计年鉴》为准。

②本分目中增加值为现价，增加值增长速度按可比价格计算。

③同口径比是指纳入当年规模统计的企业本期数与这些企业2014年同期数之比。

④本分目中房地产销售面积包含县城置换房面积。

【责任编辑　骆国庆】

农业经济

·综 述·

【概况】2015年，桐庐县农业农村工作围绕“全域景区化、农村智慧化、农业现代化”总体目标，以市场需求和生态平衡为导向，以改革创新和科技创新为动力，加快转变农业发展方式、农村建设方式、农民转移转化方式和基层治理方式，全力开创“三农”改革发展新局面。全县实现农业增加值22.43亿元，比2014年增长2%；农民人均可支配收入22504元，比2014年增长9.1%。

【区县协作】 2015年，全年拱墅、滨江两区产业转移投资10.87亿元，总投资30亿元海康威视安防产业园项目一期完工，部分正在试投产；总投资10亿元英飞特LED驱动器项目完成主体工程建设；杭州中果食品公司生产基地项目主体完工，进行生产设备安装调试。到位协作资金8000万元，完成区县协作资金投入五大类65个协作项目。与拱墅、滨江两区开展协作交流活动20余次；邀请拱墅、滨江两区知名农产品企业参加第六届桐庐县优质农产品迎新春展销会；拱墅、滨江二区教育部门组织28所学校与桐庐相关学校进行协作，杭二中、长河中学与桐庐中学、分水中学结对加盟；第四届“桐庐百姓日”期间邀请100余名拱墅、滨江两区市民代表参观体验桐庐民宿和乡村休闲旅游业；拱墅、滨江两区无偿捐赠、支持各类帮扶资金465万元。

【“美丽乡村”中心村建设】 2015年，桐庐县32个中心村计划实施项目190个（其中19个为续建项目），总投入16243万元。已投入资金16510万元，完成建设项目190个（9个调整项目），做好5个市重点中心村（新合村、里董村、凤联村、歌舞村、罗山村）建设。实施人口集聚、基础设施、公共服务、产业发展以及生活污水治理提升改造等项目，完成人口集聚项目22个，集聚农户396户1496人；完成农村土地综合整治项目16个，土地整理复垦面积79公顷，新增建设用地面积5.54公顷，道路硬化65公里，绿化16100平方米，路灯安装732盏，河道沿线及防洪堤整治11534米，生活污水处理池提升改造89座，池容1660立方米，纳管1049户3222人；完成建设8个垃圾投放处，450户家庭生活垃圾分类；完成1处200平方米的垃圾处理站，2处垃圾站提升改造工作。新增文化娱乐中心2个，续建便民中心大楼1个，续建居家养老中心1个，新（修建）文化礼堂5个、篮球场2个、停车场2个、休闲场所和公厕各1个。打造色彩林业带4.66公顷，花海20公顷种植培育及游步道二期建设300余米，发展农家民宿27户，茶叶基地改造13.3公顷，山核桃基地设施建设36.66公顷，完成苗木、药材种植2000平方米，杨梅补植14公顷，种植猕猴桃、蓝莓2.66公顷。新增产业发展项目12个，投入资金1353万元。

【“美丽乡村”精品村建设】 2015年，桐庐县级精品村10个、精品线路重点村1个，完成年度建设项目48个，投入资金3850万元。共完成拆除危（违）旧房等不协调建筑0.86万平方米，粉刷美化外墙4.4万平方米，合并整理“三线”800多米，新增路灯安装数145盏，新增村内主干道硬化里程11.2公里，垃圾集中收集率100%，生活污水处理覆盖率达到95%，新增种植绿化苗木20.8万株，新增村庄绿化面积2.3万平方米。

【“美丽乡村”培育村建设】 2015年，桐庐县计划99个村实施项目182个，总投资

8314.1万元，已完成建设项目182个，投入资金8415万元。

【风情小镇创建】 2015年，桐庐县分水镇新龙村风情小镇和桐庐杭州畲乡风情小镇创建完成，实施项目14个，投入资金2155万元。修建综合用房和辅助房360平方米，埋设配套管网3公里，完成新种植和改造色彩农业（林业）54公顷，完成龙潭线、寺龙线、方臧线等3条线路绿化、美化工程，建成15公里沿江绿道1条；完成河道景观和色彩绿化16.2公里，建成2000平方米市民休闲广场1个，对万强农庄、八曲净舍、百合园、秘境酒店、亦舍酒店、先锋书店等9处进行景观小品、基础设施、外立面等提升改造。

【历史文化村落保护利用】 2015年，桐庐县完成深澳村、推进翙岗村、新启动茆坪村和石舍村等历史文化村落保护利用重点村建设。实施项目18个，投入资金2836万元。其中，古建筑修复项目完成顶瓦修补2200平方米、墙体加固1900平方米、立面改造1400平方米、构件修复50个；与历史风貌有冲突的建（构）物整修改造项目，完成立面改造10000平方米、结构降层房屋2幢、整体拆除建筑4600平方米、异地外迁农户4户；搬迁安置区建设项目新搬迁安置农户43户，新建道路2.7公里、给排水管网6.9公里、公共服务场所700平方米；修复或改造村内古道0.9公里。

【杭派·富春民居建设】 2015年，桐君街道麻蓬村、富春江镇芦茨村被列为市级杭派民居示范村。全年启动建设项目7个，其中完工项目3个，投入资金1694万元，拆除建筑面积5033平方米，沥青道路239米，完成公共绿化景观1000平方米，建成50平方米公共厕所1座。按照“富春民居”建设实施意见，完成18个行政村的年度建设任务，新建房屋40幢，改建房屋36幢。

【空心村“二次创业”改革】 2015年，桐庐县完成闲置房资源再调查，全县有农村闲置房屋1944处，新增201处，村集体已储备可出租闲置房源30处。加强项目招引，开展空心村二次创业“百日双攻坚活动”，先后赴浙江大学、中国美院等大专院校、杭州城区社区等作专场推介会6次，制作和发放宣传资料2000余份，吸引莫干山西坡山乡老总、香港理工大学杭州校友会等115批次客商前来实地考察、洽谈。2015年，达成签约项目49个，其中完工项目13个、在建项目30个，正在前期规划设计项目6个。全县零散农房出租给城里人居住102户，长期外来居住城里人213人。

【智慧农村建设】 2015年，桐庐县完成百个智慧农村建设基础管理系统和地理数据管理系统录入，把各村社会基础信息要素进行网络化管理。组织百个行政村147名村管理员开展“智慧农村”县、乡、村三级“一站式”网上服务系统实际操作培训。建立智慧农村公众微信平台和“三网合一”云平台电子门户网站，结合手机、电脑、触摸屏等多种移动终端，探索开展信息查询、环境监控、医疗卫生、劳动保障等各项应用服务功能，打造乡村生活智慧平台。

【联乡结村】 2015年，桐庐县农业农村工作实施市级帮扶项目33个，到位资金1067万元；实施县级帮扶项目100个，到位资金652万元。制定落实低收入农户倍增计划实施细则，发放低收入农户丰收爱心卡6736张，小额贷款965000元。15个重点村产业发展项目实施完成，落实补助资金300万元。低收入农户人均纯收入9419元，同比增长17.9%。下山集聚项目完成13个、1322人。

【土地承包管理】 2015年，桐庐县新增流转土地533公顷，土地流转累计面积达6364.93公顷，占农户总承包面积47.98%。全年县级财政下拨农村土地承包经营权流转和规模经营专项补助资金103万元。

【农村集体“三资”管理工作】 2015年，桐庐县183个行政村全面实行村级财务电脑记帐并联网，实现县、乡镇（街道）、村三级联网。村集体“三资”内容在村务公开栏、华数电视及阳光村务网实行全方位、无障碍公开。村级财务日常监管实行“网格化”监管方式。在浙江省内首推“村账民管”制度，富春江镇上四村、横村镇香山村、莪山乡龙峰村等21个村被列入首批“村账民管”示范村，实现了村级财务支出事前、事中、事后全过程监督，村级财务民主化管理向前迈出坚实的一大步。

【“两权一房”抵押贷款工作】 2015年，桐庐县农房完成制证67700户，占全县81857户农房82.8%，农房抵押贷款298户3036万元；发放土地流转经营权证52本；林权抵押贷款14笔3342万元。

2015年度农村土地承包经营权流转整村整组流转项目奖补资金安排表

表4　　单位：万元

乡镇(街道)	单位名称	补助金额	备注
钟山乡	魏丰村	3	—
	夏塘村	3	—
	钟山村	3	—
分水镇	富源村	3	—
	怡华村	3	—
	新龙村	3	—
	砖山村	3	—
合村乡	岭源村	3	—
横村镇	孙家村	4	—
百江镇	双坞村	3	—
	郭村村	3	—
	罗山村	3	—
凤川街道	三鑫村	3	—
	大源村	3	—
江南镇	石阜村（石伍）	3	—
	珠山村（王家）	3	—
	石泉村	3	—
瑶琳镇	舒家村	3	—
	元川村	3	—
	姚村村	3	—
旧县街道	旧县村	3	—
	母岭村	3	—
合计		67	—

【农村综合产权交易平台】 2015年，桐庐县出台《关于进一步加强镇村公共资源交易管理的规定》，共完成农村产权交易156笔（其中农村闲置房交易127处），交易金额3171.25万元。

【农村集体经济合作社股份合作制改革】 2015年，桐庐县深化完善农村集体经济合作社股份合作制改革，全县183个行政村全面完成股份制改革工作。

【农民负担监督管理】 2015年，桐庐县完善农民负担监管长效机制，落实涉农收费文件审核制、涉农价格和收费公示制、村级组织公费订阅报刊限额制、涉农负担案（事）件责任追究制，执行向村级组织收费审核制、村级组织向农民收费申报制等规定，加强农民负担源头监管。全年未发现一起加重农民负担事件。

【村级集体经济发展】 2015年，桐庐县实施以发展村级物业经济为主的扶持薄弱村发展集体经济振兴计划。全年申报实施11个市级物业项目和21个县级物业项目，每个项目补助5万元~32万元，下拨补助资金433万元。

2015年度市级村集体经济发展项目补助资金汇总表

表5　单位：万元

序号	申报单位	项目名称	投资总额	补助资金
1	合村乡岭源村	岭源村民宿经济旅游项目	245	10
2	分水镇里湖村	里湖村标准厂房建设	230	25
3	横村镇柳岩村	柳岩村发展物业经济综合楼	84	25
4	江南镇青源村	青源智谷建设工程	200	25
5	新合乡新四村	新合乡新四村综合楼工程	70	25
6	瑶琳镇后浦村	后浦村大礼堂辅助用房改造出租项目	60	15
7	莪山畲族乡新丰民族村	新丰民族村旅游集散中心工程	370	25
8	新合乡新四村	新合乡新四村光伏发电站建设工程	72	25
9	钟山乡魏丰村	魏丰村蓝莓培育幼苗培育项目	145	10
10	百江镇双坞村	双坞村旅游采摘发展项目	70	10
11	分水镇外范村	外范村青笋干加工厂	180	25
合计			1726	220

2015年度村级集体经济发展项目补助资金明细表

表6　单位：万元

序号	申报单位	项目名称	投资总额	补助资金		
				合计	县	乡镇
1	合村乡后溪村	后溪村后柏大礼堂	17.8	10	10	—
2	桐君街道濮家庄村	濮家庄村绿化苗木场	50	5	5	—
3	百江镇苎坑村	苎坑村物业建设项目	28	9	9	—

续表 6

序号	申报单位	项目名称	投资总额	补助资金		
				合计	县	乡镇
4	新合乡新民村	山地樱桃园基地建设	30	5	5	—
5	富春江镇象山桥村	老年活动中心大楼	94	20	16	4
6	新合乡引坑村	大礼堂修缮出租	20	5	5	—
7	百江镇钱家村	花塔油茶基地	40	5	5	—
8	城南街道春江村	江头老年协会活动室	50	15	15	—
9	横村镇后岭村	来料加工房建设	65	20	16	4
10	横村镇上塘村	大坑水库修复工程	545	10	10	—
11	横村镇双溪村	大礼堂修复工程	38	8	8	—
12	凤川街道西庄村	上新厅修缮出租	50	6	6	—
13	瑶琳镇毕浦村	果桑园区建设工程	55	8	8	—
14	横村镇柳岩村	发展物业经济综合楼	84	20	16	4
15	旧县街道母岭村	母岭村文化礼堂出租	170	5	5	—
16	钟山乡夏塘村	闲置茶厂改造工程	91	5	5	—
17	新合乡新四村	综合楼工程	70	20	16	4
18	分水镇大路村	刘家老年活动室改造	45	5	5	—
19	莪山畲族乡新丰民族村	旅游集散中心工程	370	20	16	4
20	江南镇青源村	青源智谷建设工程	200	20	16	4
21	百江镇百江村	老年公寓综合楼	680	20	16	4
合计			2792.8	241	213	28

【完善农业政策保险】 2015年，桐庐县开展政策性农业保险工作，发挥农业保险在农民增收、农业增效中的作用。种植业投保3065公顷，其中水稻2272.9公顷；养殖业投保70532头，其中能繁母猪4131头、生猪26301头；林业投保80460公顷，其中经济林67608.8公顷，实现“应保尽保”；16个品种保费总额344万元，理赔金额356万元，完成年度保险任务。

【推进农村改革创新】 2015年，桐庐县新增百富农产品、君富农产品、五联农产品、生仙里农产品、钟利农产品、畲乡农产品专业合作社联合社6家，全县累计成立12家联合社。桐庐勤优农产品专业合作社联合社资金互助会8月正式营业，当年发放互助金23笔213.18万元，解决社员融资担保难、融资手续复杂等问题。纳入农业部关于土地经营权入股发展农业产业化经营试点县，组建舒家村、阆苑村、金家村、新丰民族村4家土地股份种植专业合作社，土地折价入股面积1110.6公顷。培育新型农村综合服务组织——“农民之家”创业服务社（原名“村级综合服务社”）45家；合村乡后溪村、横村镇阳山畈村2个示范点建成启用。

【现代农业两区建设】 2015年，桐庐县建成6个省级、3个市级、10个县级粮食功能区，面积916.6公顷。建设森林村庄1个，创成省级特色农（林）业精品园3个。14个县级"一乡一业"园区核心区面积760公顷，辐射面积2227公顷，总投资7302.67万元。新认定省级无公害农产品基地(产地)17个793.31公顷、省级森林食品基地3个120公顷，省级无公害农产品基地（产地）383个，面积25377.98公顷；省级森林食品基地37个，辐射面积32135.17公顷，其中核心区基地8706.9公顷。全年，新增设施农业面积187.333公顷（喷滴灌），钢架大棚、喷（滴）灌节水灌溉总面积分别为114.716公顷、2144.156公顷。

桐庐县2015年被认定的浙江省无公害农产品产地

表7

建设单位	产地地址	产品	认证规模
杭州琴溪清境农业开发有限公司	桐庐县瑶琳镇琴溪村龙门寺	葡萄	4.67公顷
桐庐绿庐农业开发有限公司	桐庐县合村乡岭源村	南瓜、菠菜、叶用莴苣	15公顷
桐庐县横村镇高扬家庭农场	桐庐县横村镇华凤村	红心柚	10公顷
桐庐县城南街道亚珍家庭农场	桐庐县城南街道金东村	樱桃、枇杷、桃	23.01公顷
桐庐牛公山农业发展有限公司	桐庐县旧县街道合岭村	树莓	20公顷
杭州龙美生态农业开发有限公司	桐庐县分水镇新龙村	鲜鸡蛋、活鸡	3.2万羽
桐庐畲洪禽业有限公司	桐庐县莪山畲族乡龙峰民族村	鲜鸡蛋	5万羽
桐庐钟山蜜梨专业合作社	桐庐县钟山乡大市村	梨	580公顷
桐庐丰华家庭农场有限公司	桐庐县横村镇白云村	蓝莓	33.3公顷
桐庐天子地农业开发有限公司	桐庐县百江镇罗山村	葡萄、猕猴桃、蓝莓	20公顷
桐庐绿合生态农业开发有限公司	桐庐县合村乡岭源村	猪肉	0.15万头
桐庐海锐农业开发有限公司	桐庐县分水镇小源村	凤尾菇	30万袋
桐庐县横村镇金鑫家庭农场	桐庐县横村镇阳山畈村	桃	5.8公顷
杭州增先农业开发有限公司	桐庐县富春江镇金家村	无花果	13.4公顷
桐庐县分水镇绿荫家庭农场	桐庐县分水镇大路村	板栗	45.3公顷
桐庐县富春江继红家庭农场	桐庐县富春江镇芝厦村	鳖	6.5公顷
桐庐明大园艺有限公司	桐庐县横村镇孙家村	鲤	16.33公顷

表 8

桐庐县 2015 年被认定的浙江省森林食品基地

序号	建设单位	基地所在地	产品	规模（公顷）	备注
1	临安市丽媛家庭农场	百江镇郭村村	山核桃	33.3	新认
2	桐庐惠农竹业专业合作社	百江镇百江村	菜竹笋	53.3	新认
3	桐庐县莪山畲族乡蕾花香农庄	莪山畲族乡新丰民族村	高节竹笋	33.3	新认
4	桐庐松树尖青笋干专业合作社	合村乡大溪自然村	青笋干	197.8	复认
5	桐庐增鑫竹业合作社	旧县街道鸿儒村	毛竹笋	216	复认
6	桐庐魏丰茶油专业合作社	钟山乡魏丰村	油茶	216	复认

【农业新型经营主体培育】 2015年，桐庐县桐君堂药业有限公司、杭州小来大农业开发集团有限公司、杭州碧于天保健品有限公司被认定为第八批浙江省级骨干农业龙头企业；杭州桐君堂生物科技有限公司、杭州安厨电子商务有限公司、杭州金瑞农业科技开发有限公司、杭州春燕丝绸有限公司、桐庐康兴茶叶有限公司、杭州中果食品有限公司被杭州市命名为“第十七批市级农业龙头企业”；桐庐恒信农业开发有限公司、杭州桐君堂生物科技有限公司、杭州安厨电子商务有限公司、杭州中果食品有限公司、桐庐畲洪禽业有限公司、桐庐方埠水产养殖有限公司、杭州高峰蓝莓种植有限公司、桐庐昊琳水产养殖有限公司、桐庐雏仙茶业有限公司、桐庐翡留香农业开发有限公司、桐庐绿庐农业开发有限公司、浙江仙惠生物科技有限公司、浙江园丰园林绿化工程有限公司被桐庐县命名为“第十八批县级农业龙头企业”。是年，桐庐有县级以上农业龙头企业116家，其中省级6家、市级56家。农业龙头企业资产总额28.31亿元，其中固定资产10.33亿元，固定职工4720人，建立或连接县内外农产品基地1.55万公顷，联结农户5.31万户，其中订单农户1.36万户，收购农产品原料15.43万吨、价值14.57亿元，全年实现总产值31.68亿元，其中亿元以上企业10家。组织5家农产品加工企业申报市县二级农产品加工企业技改项目5个，核定投资2650万元。2015年，桐庐县新发展农民专业合作社23家（见表3），合作社总量500家，社员2.55万户，联结基地2.67万公顷，实现总产值10亿元。培育县级规范化农民专业合作社三星级4家；桐庐保安蚕桑专业合作社、桐庐山地蔬菜专业合作社、桐庐梅坡山蚕茧专业合作社、桐庐蜂之语蜂业专业合作社、桐庐盛源石笋专业合作社被认定为市级规范化农民专业合作社；开展合作社清理工作，注销产业萎缩、运行困难的“空壳社”21家，引导14家合作社转换为家庭农场和公司经营；加强日常监督管理，完成80家县级规范化合作社动态监测工作，26家合作社取消规范社资格；县级以上规范化农民专业合作社119家，其中市级以上39家。做好融资服务和税收减免工作，联合农业银行推出规范化合作社社员惠农贷款政策，解决227户惠农贷款5963万元；办理合作社增值税减免211家，发放农民办税方便卡103张。

2015年桐庐县新组建农民专业合作社

表9

合作社名称	注册时间	合作社名称	注册时间
桐庐乡野百合专业合作社	2015-01-14	桐庐鸡笼山竹林专业合作社	2015-07-07
桐庐天方中药材专业合作社	2015-02-05	桐庐文源寺边畈粮油专业合作社	2015-07-23
桐庐春园苗木专业合作社	2015-02-09	桐庐保华竹笋专业合作社	2015-07-24
桐庐大张箬叶专业合作社	2015-03-02	桐庐移民金家山水产专业合作社	2015-07-27
桐庐富鑫竹笋专业合作社	2015-03-09	桐庐梅洲农机专业合作社	2015-08-10
桐庐怡山竹笋专业合作社	2015-03-09	桐庐建洪竹木专业合作社	2015-09-16
桐庐坚宜苗木专业合作社	2015-03-13	桐庐合联粮油专业合作社	2015-10-13
桐庐临目蕃薯专业合作社	2015-03-20	桐庐益农植保专业合作社	2015-10-23
桐庐立地苗木专业合作社	2015-04-01	桐庐益康中草药专业合作社	2015-11-18
桐庐丰收农机专业合作社	2015-04-30	桐庐红坑山土蜂专业合作社	2015-11-24
桐庐云上苗木专业合作社	2015-05-28	桐庐大溪鳖业专业合作社	2015-12-02
桐庐丰河粮油专业合作社	2015-07-07	—	—

2015年桐庐县县级规范化农民专业合作社

表10

级别	合作社名称
三星级（★★★）	桐庐山地蔬菜专业合作社
	桐庐梅坡山蚕茧专业合作社
	桐庐蜂之语蜂业专业合作社
	桐庐盛源石笋专业合作社

【农村市场流通体系建设】 2015年，桐庐县健全农产品连锁经营网络，农产品加工企业、农民专业合作社开设专卖店（分公司）476个（其中县外293个）、营销专柜89个（其中县外71个）、9家企业60个产品进入23家大小超市，连锁（专卖）销售总额3.6亿元，其中县外2亿元。专卖店分布在上海、江苏、云南等省市以及省内杭州、宁波、温州等地区。全年，桐庐县22家外向型农业企业出口总额8.34亿元，产品有蜂产品、肠衣、速冻果蔬、水煮笋、棉纱、木制家具、木制包装箱、蜜饯、活鳗等近30个品种，销往日本、东南亚、欧美等国家和地区。组织杭州仙境食品有限公司赴日参加“日本东京国际食品及饮料展（东京）国际农产品食品展”。完成全县闲置农业资源的调查梳理，编印《桐庐农业招商手册（2015年版）》；并将农业招商、农村闲置房招引两本手册存放县内宾馆酒店客房供来客查阅；开展招商活动，新增招引农业项目16个，到位资金48034万元。续建农业项目23个，到位资金10.56亿元。抓好农业重点项目投资执行监测平台管理，完成农林综合园区、粮食功能区等农业产业、农旅观光基础设施和设备建设投资超2.8亿元。

【质量品牌提升工程】 2015年，桐庐县推行标准化生产，起草1个市级农业标准，加快“三品一标”认证进程。新增浙江名牌产品2个；浙江省著名商标1个、杭州市著名商标1个。桐庐县农产品有中国驰名商标4只、浙江名牌11只、浙江名牌农产品2个、省著名商标15只、杭州名牌24只、市著名商标25只、区域品牌1只、农产品地理标志2个。

2015年桐庐县通过的农业标准认证情况表

表11

企业名称	标准名称	标准编号	标准性质
桐庐米奇农业开发有限公司 桐庐县农业技术推广中心	红阳猕猴桃设施栽培技术规程	DB3301/T1050—2015	市级

2015年桐庐县被认定的名牌产品

表12

序号	认定类别	生产企业名称	产品名称
1	浙江名牌产品	桐庐寺山家禽专业合作社	寺山牌土鸡
2	浙江名牌产品	杭州碧于天保健品有限公司	碧于天牌蜂产品

2015年桐庐县被认定的著名商标

表13

序号	认定类别	商标名称	生产企业名称	核准使用商品类别
1	浙江省著名商标	田间地头	杭州桐庐欧凯蔬菜专业合作社	新鲜蔬菜
2	杭州市著名商标	天尊贡芽	桐庐茶产业协会	茶叶

【金融信息服务进农家】 2015年，桐庐县培育省级信用乡镇（街道）、村（社区）2个、市级信用乡镇2个、市级信用村7个、市级信用合作社4个、县级信用乡镇1个（分水镇）、县级信用村外范村等7个。2家涉农贷款担保机构贷款担保总额2.94亿元，其中农信担保公司为217家企业和大户担保贷款2.71亿元，办理转贷1.7亿元。

【农家乐（民宿）】 2015年，桐庐县组织农家乐（民宿）经营户及其他相关单位申报省市农家乐创建项目，被认定省级农家乐休闲旅游特色乡镇1个，省级农家乐休闲旅游特色村2个、省级农家乐休闲旅游特色点3个、四星级农家乐经营点1户；创建杭州市农村现代民宿示范点9个，杭州市农村现代民宿示范村2个。

【农展会】 2015年，桐庐县做好农业会展工作，组织县内农业龙头企业、农民专业合作社和种养殖大户赴青岛、上海、嘉兴、杭州等地参加第九届国际茶博会、浙江（上海）名特优新农产品展销会、第四届长三角农超对接会、2015浙江省农业博览会、2016杭州市·都市圈名特优新农产品展示展销会等10次；2016年1月29至2月2日举办桐庐县第七届名特优农产品迎新春展销会，有来自县内外94家农业企业、专业合作社和种养殖大户参展，取得良好的经济和社会效益。

2015 年省市农家乐创建项目

表 14

项目名称	创建单位	文件号
浙江省农家乐休闲旅游特色乡镇	桐庐县江南镇	浙农办〔2015〕63 号
浙江省农家乐休闲旅游特色村	百江镇百江村	
	江南镇荻浦村	
浙江省农家乐休闲旅游特色点	桐庐县潜龙山庄	
	桐庐县双溪生态农庄	
	桐庐县归园田居山庄	
浙江省四星级农家乐经营点	桐庐县峰文化主题园	浙农办〔2015〕62 号
杭州市农村现代民宿示范点	不舍·俺的青龙坞	市农办〔2015〕77 号 杭财农〔2015〕266 号
	严陵坞慢村	
	荆善堂民宿（满堂客栈）	
	慕杏居	
	秘境山乡生活	
	云夕戴家山	
	白云郑城民宿民俗文化村	
	儒墨相依	
	梅洲府	
杭州市农村现代民宿示范村	江南镇荻浦村	
	旧县街道合岭村	

【农家乐（民宿）污染治理】 2015 年，桐庐县完成农家乐（民宿）污染治理项目 10 个，建设污水处理池总容积 1050 立方米、人工湿地 9 处 363 平方米，污水处理达到国家二级排放标准。

【农民素质培训工程】 2015 年，桐庐县开展农民素质培训工程、农村实用人才培训 147 期 10703 人次，其中农业专业技能 48 期 3806 人次，文明素质 55 期 4066 人次，实用人才 35 期 2331 人，农村富余劳动力转移就业 9 期 500 人。新增农村实用人才 1069 人，农村实用人才入库总量达到 12702 人。

【农村工作指导员】 2015 年，桐庐县县级机关相关部门选派县农村工作指导员 20 名，分别到 14 个乡镇（街道）开展驻村工作；各乡镇（街道）按照县农村指导员办公室要求选派农村指导员，实现农村指导员驻村全覆盖。杭州市选派到桐庐农村指导员 5 名，分别到新合乡、莪山畲族乡、百江镇、合村乡、瑶琳镇开展驻村工作。

桐庐县2015年度农家乐（民宿）污水治理建设项目

表15

实施单位	负责人	项目实施地点	项目概述
青云农庄	王桢标	城南街道金东村	池容120立方米，人工湿地50平方米，管网580米，采用常规电力污水处理工艺。
紫玲园	林　丽	城南街道金中村	池容60立方米，管网200米，处理后纳入城市污水管道。
江南镇鱼塘湾农庄	章张洪	江南镇窄溪村古城	池容360立方米，管网1000米，湿地50平方米，采用常规电力微动力污水处理工艺。
桐庐秘境酒店管理有限公司	项　恺	莪山乡新丰民族村戴家山	池容45立方米，湿地18平方米，管网2000米，无动力厌氧加人工湿地处理工艺。
杭州亦舍酒店管理有限公司	雷晓华	莪山乡新丰民族村戴家山	池容60立方米，人工湿地50平方米，污水管网300米,无动力厌氧处理工艺。
桐庐县分水镇藏家饭店	胡德颖	分水镇新龙村	池容50立方米，人工湿地50平方米，污水管网120米,无动力厌氧处理工艺。
合村高凉亭村民委员会	顾永龙	合村乡高凉亭村	池容45立方米，人工湿地20平方米，污水管网600米,无动力厌氧处理工艺。
桐庐溪舍旅游开发有限公司	马　骏	合村乡大溪自然村	池容30立方米，人工湿地40平方米，污水管网300米,无动力厌氧处理工艺。
桐庐丹霞生态农业开发有限公司	程永琪	合村乡岭源村	池容50立方米，人工湿地35平方米，污水管网600米,无动力厌氧处理工艺。
桐庐青香谷实业公司	江勇武	合村乡三源村青坑坞	池容230立方米，人工湿地50平方米，污水管网2000米无动力厌氧处理工艺。

桐庐县第九批农村工作指导员名单

表16

类别	姓名	派出单位	派驻村
市派指导员	许友强	市政协办公厅	莪山畲族乡莪山民族村
	何　彦	市委组织部	合村乡高凉亭村
	顾建江	拱墅区政府	新合乡新民村

续表16

类别	姓名	派出单位	派驻村
市派指导员	宋云蔚	市农办	百江镇苎坑村
	张延恒	市农科院	瑶琳镇永安村
县派指导员	侯志高	县农办	城南街道湾里村
	邓士军	县城管局	城南街道下洋洲村
	何其钢	县财政局	城南街道春江村
	潘月明	县委政法委	桐君街道濮家庄村
	翁继峰	经济开发区	凤川街道大源村
	王　潇	县委党校	凤川街道三鑫村
	刘金水	县国土局	江南镇彰坞村
	方满松	县民政局	江南镇珠山村
	王　强	县检察院	富春江镇严陵村
	王金法	县交运局	新合乡新四村
	毛伟勇	县市场监管局	旧县街道旧县村
	卢飞燕	县行政服务中心	横村镇香山村
	姚　惺	县公安局	莪山畲族乡沈冠村
	王　振	县财政局	钟山乡钟山村
	李秋莲	县纪委	瑶琳镇皇甫村
	田虎云	县档案局	瑶琳镇后浦村
	袁　波	县国税局	瑶琳镇高翔村
	夏银海	县总工会	分水镇太平村
	沈俊涛	县机关事务局	百江镇金塘坞村
	毛　赢	县委组织部	合村乡瑶溪村

（杨剑俊）

·农林业·

【概况】 2015年，根据《桐庐县人民政府职能转变和机构改革实施意见》（县委〔2015〕19号），组建县农业和林业局，县农业局的职责、县林业局的职责和县商务局的家畜屠宰监督管理等相关职责，整合划入县农业和林业局，不再保留县农业局、林业局，2015年6月9日，县农业和林业局（以下简称农林局）正式挂牌成立，主管全县农业、林业和水产工作，原农业局承担的陆域渔政领域全部行政处罚及相关行政监督检查、行政强制权划入县综合执法局。县农林局设8个内设机构（办公室、组织人事科、计划财务科、法律法规科、产业生态科、质量安全监管科、科技教育科和行政许可科）、1个直属机构〔桐庐县森林公安局（挂桐庐县公安局森林警察大队牌子）〕，下辖11个事业单位〔桐庐县畜牧兽医管理局（挂桐庐县动物卫生监督所牌子）、桐庐县农业行政执法大队与桐庐县农业疫情防控站合署、桐庐县农机管理总站、桐庐县人民政府森林消防指挥部办公室、桐庐县农业和林业技术推广中心与桐庐县种子种苗管理站、桐庐县农产品质量监测站合署（挂桐庐县果树研究所、桐庐县农村能源办公室牌子）、桐庐县绿化委员办公室、桐庐县牲畜屠宰监督管理所、桐庐县森林和野生动物保护管理总站（挂桐庐县林权管理中心牌子）、桐庐县森林病虫检疫站与桐庐县森林植物检疫站合署、桐庐县木材检查总站、桐庐县林场（挂桐庐县生态公益林保护站牌子）〕。截至2015年底，核定编制202名（其中机关行政编制19名，总编制不包括县渔政站编制12名），实有人数192人，精减编制22个。

是年，县农林局围绕“农林增效、农民增收、农村美丽”目标，以农、林两局机构合并为契机，抓好两区一基地建设、生态农林建设、美丽智慧经济、产业健康安全、农林法制建设和农林改革创新六大工作任务，安全度过第28个森林防火期。荣获2015年度浙江省农业系统先进集体、2015年度海洋与渔业工作目标考核优秀单位、2015年度杭州市重大农业植物疫情防控工作优秀单位、2011—2014年度浙江省森林消防工作先进单位、2015年度“天堂山水”门户网站信息宣传工作十佳单位、2015年度杭州市林业工作目标责任制综合考评一等奖、2015年度杭州市林业有害生物防治目标管理一等奖、2015年全省“1818”平原绿化行动先进集体、2015雷霆3号专项行动先进集体、浙江省“森林医生”服务先进集体等荣誉。

桐庐县2014—2015年粮油作物生产情况

表17

类别	小类	2015年	2014年
1. 春粮	面积（公顷）	1962	2019
	总产量（万吨）	0.60	0.61
2. 水稻	单季稻面积（公顷）	5288	5760
	其中：1. 杂交水稻面积（公顷）	4205	4584
	2. 常规粳糯稻面积（公顷）	1083	1176
	单季稻总产量（万吨）	4.18	4.53
	水稻每公顷产量（公斤）	7905	7862
3. 夏秋旱粮	夏秋旱粮总播种面积（公顷）	6768	7084
	其中：1. 玉米面积（公顷）	1895	1984
	2. 大豆面积（公顷）	2100	2171
	3. 甘薯面积（公顷）	2124	2232
	4. 其他谷物面积（公顷）	177	202
	夏秋旱粮总产量（万吨）	3.43	3.56
	其中：1. 玉米总产量（万吨）	0.97	0.99
	2. 大豆总产量（万吨）	0.81	0.79

续表 17

类 别	小 类	2015 年	2014 年
3. 夏秋旱粮	3. 甘薯总产量（万吨）	1.44	1.55
	4. 其他谷物总产量（万吨）	0.08	0.09
4. 油菜	油菜种植面积（公顷）	5902	5984
	其中：双低油菜面积（公顷）	5724	5804
	油菜总产量（万吨）	1.26	1.23
	其中：双低油菜每公顷产量（公斤）	2130	2055

说明：春粮面积包含马铃薯

【粮油作物】 2015 年，桐庐县粮食作物播种面积 14222 公顷，总产量 83331 吨，每公顷产量 5865 公斤，与 2014 年相比，总面积减少 737 公顷、总产量减少 0.43 万吨、每公顷产量增加 5 公斤。是年，推广生产机械化技术（机收、机插）7530 公顷、单季稻“五改”（将生育期相对较短品种改为生育期相对较长品种；将迟播迟栽改为适时早播早栽，缩短移栽秧龄；将适当密植改为单本稀植；将以化肥为主重前期施用改为增施有机肥重视穗肥的施用；将水层深灌改为浅湿灌溉）技术 5000 公顷、水稻强化栽培技术 3350 公顷。

【蔬菜】 2015 年，桐庐县蔬菜播种复种面积 6687 公顷，比 2014 年增加 7 公顷，其中常年性蔬菜播种面积 4931 公顷，比 2014 年增加 71 公顷，山地蔬菜播种面积 1756 公顷，比 2014 年减少 64 公顷；总产量 22.77 万吨，比 2014 年增加 0.88 万吨，总产值 3.91 亿元，比 2014 年增加 0.52 亿元。全年蔬菜设施栽培应用面积 382 公顷，其中：大棚 351 公顷、中小棚 31 公顷；应用遮阳网 314 公顷、防虫网 6 公顷、杀虫灯 380 盏；滴灌等节水技术应用 417 公顷。

是年，新发展市级“菜篮子”基地 1 个，提升市级“菜篮子”1 个，建设面积 13 公顷；实施省、市现代农业项目 2 个，新增穴盘育苗基地 2 个，建有连栋大棚 2 公顷。是年，引进春丝 1 号、翠栗 1 号、勿忘农番茄 11 号、蓝园之星、冠王二号蔬菜新品种 5 个，推广高效栽培技术和种植模式 72 公顷。

【蚕桑】 2015 年，桐庐县桑园面积 1766.7 公顷，比 2014 年减少 179.9 公顷，饲养蚕种 27290 张，总产茧 1221 吨，分别比 2014 年减少 18.3% 和 15.7 %；蚕茧总产值 3240.5 万元，平均每张产值 1187 元，产茧 44.7 公斤，分别比 2014 年减少 36.9%、增加 1.5% 和减少 15.8%。是年，继续实施桐庐县蚕桑产业政策，开展 7 个小蚕共育点建设。开展订单蚕户 1300 余户，收购方格蔟茧 460 吨，每 50 公斤鲜茧价格 1570 元，比草笼茧高 250 元。是年，实施杭州市“山区纯农建设”项目，新申报实施百江镇蚕茧收烘服务中心建设。

【茶叶】 2015 年，桐庐县茶叶面积 4206 公顷，茶叶产量为 2950 吨，比 2014 年增加 13.6%，总产值 28700 万元，比 2014 年增加 25.05%；其中名优茶产量 454 吨，比 2014 年增加 5.58%，产值 22570 万元，比 2014 年增加 26%；名茶雪水云绿产量 260 吨，比 2014 年增加 18.19%，产值 18900 万元，比 2014 年增加 20.06%。

是年，新发展无性系良种茶园 65 公顷，改造中低产茶园 200 公顷，新建县级标准化茶厂 3 家、省级标准化示范茶厂 1 家。是年，组织实施中央财政资金项目（桐庐茶产业提升）1 个、浙江省精品茶园建设项目 2 个、市级纯农增收项目三个；引进、示范、推广茶叶良种 4 个：中农 108、白叶一号、黄金芽、龙井 43。4 月，举办桐庐第三届“全民饮茶日”活动，5 月组织参加上海国际茶业博览会，“桐庐雪水云绿”“天尊贡芽”双获“中国名茶”评比金奖；6月，组织参加在郑州召开浙江绿茶节，“桐庐雪水云绿”“天尊贡芽”双获金奖；“桐庐雪水云绿茶”喜获中国驰名商标称号。

【水果】 2015年，桐庐县水果生产面积4018.73公顷（不含西甜瓜）、产量4.14万吨、产值2.51亿元，分别比2014年减少10.02%、减少17.67%、减少0.48%，其中梨面积1428.33公顷、产量2.10万吨、产值0.97亿元，分别比2014年减少9.98%、减少19.34％、增加2.57%；桃面积830.6公顷、产量0.9万吨，产值0.69亿元，分别比2014年减少5.92%、减少15.37%、增加0.4%。西甜瓜生产面积1259.5公顷、产量4.5万吨、产值1.32亿元，分别比2014年增加3.49%、略减、增加41.99%。全年引进推广水果新品种32个，新发展水果面积197.47公顷，主要为桃、猕猴桃、樱桃、枇杷、蓝莓；水果生产设施应用面积884.8公顷，其中大棚面积93.47公顷，架材（包括避雨）面积227.8公顷，节水灌溉面积563.53公顷。

是年，实施水果项目28个，其中桐庐县水果产业成功列入“中央财政支持农民合作社创新试点项目”建设；完成实施杭州市农业丰收项目2个，其中“樱桃安全标准化生产技术示范推广”项目获“丰收项目叁等奖”；组织参加各级水果评比和展销会4次，获奖7项，其中“桐江”牌翠玉梨获“2015年早熟梨产业升级论坛暨第一届中华杯南方早熟梨评比”金奖，“阳山畈”蜜桃、“桐江”牌钟山蜜梨分别获“浙江省精品展销会”金奖和优质奖，“玉菇”（甜瓜）获 “2015浙江精品西甜瓜评选活动”优质奖，“阳山畈”蜜桃获“杭州市蜜桃评比会”金奖和优质奖；阳山畈村被评为“全国一村一品示范村”；举办水果采摘节和节庆活动6次；编写技术丛书2册，完成梨、桃、杨梅、樱桃4个标准化生产模式图修改和发放工作；与大专院校开展技术协作6项，创新开展“梨废枝加工有机肥”“梨免拆袋可固物分选”等技术研究与应用。

【果用瓜、中药材】 2015年，桐庐县果用瓜种植1453公顷，比2014年增加33公顷，产量4.87万吨，比2013年减少0.12万吨。2015年草本中药材种植面积580公顷，比2014年增加39公顷。主要品种有栝楼、薄荷、石斛、白术、灵芝、元胡、柴胡、前胡等。是年，中药材产值9014.5万元，比2014年增加2319.3万元。

【水产】 2015年，桐庐县淡水养殖面积1420公顷，产量8591吨，比2014年增加1.58%，其中淡水养殖产量8283吨、淡水捕捞产量308吨，分别比2013年增加2.32%和减少14.92%；淡水渔业产值21635万元，比2013年增加11.50%，其中：养殖水产品21760万元、水产苗种生产270万元、捕捞986万元。全年推广落实底部增氧技术，混养、轮养、种养结合生态养殖模式和技术，推广面积1022公顷。全年组织实施示范项目10个，带动推广面积200余公顷，扶持科技示范户20户。开展渔技110电话、下乡辅导和技术咨询服务2500人次。

【蜂业】 2015年，桐庐县拥有蜂群数6.7万群，生产蜂蜜7871吨、王浆300吨、蜂蜡199吨、花粉258吨、蜂胶4吨，蜂产品产量8632吨，全年养蜂生产值8375万元，与2014年基本持平。全年蜂产品经营企业经营蜂蜜600吨、蜂王浆105吨、蜂花粉50吨、蜂蜡10吨、蜂胶3吨，经营销售额4100万元，比2014年略增；全县主要蜂产品加工企业加工销售蜂蜜7966吨、蜂王浆1090吨、蜂花粉263吨、蜂蜡675吨、蜂胶67吨，加工后销售产值5.7亿元，比2014年同期减少3.23%。全年产业链产值达6.94亿元。是年，桐庐县争取到3个蜂场标准化改造提升项目和2个发展中蜂养殖项目，争取省级资金90万元。

【畜牧生产】 2015年，桐庐县制定《畜禽养殖业长效管理办法》和《桐庐县农业和林业局畜禽污染治理长效管理干部联场工作方案》。保留规模畜禽养殖场108家，关停拆除畜禽养殖场户35个；年底存栏生猪10.01万头，同比减少3%，出栏生猪19.52万头，同比减少2.89%；存栏家禽85.68万羽，同比减少7.22%，出栏家禽123万羽，同比减少7.90%；存栏羊1.9

万只，同比减少17.75%；存栏牛2700头，同比减少11.48%。肉类总产量16952吨，同比减少3.71%；禽蛋产量4418吨，同比基本持平。完成2015年杭州市“菜篮子”（肉禽蛋奶）应急供应基地建设任务，9家建设单位全年产出栏肉猪2万头、肉禽7.8万羽、禽蛋410吨。桐庐畲洪禽业有限公司成功创建国家级畜禽标准化蛋鸡场。

【良种推广】 2015年，桐庐县引进、试验、示范、推广粮油新品种44个。开展新品种试验，筛选确定杂交水稻主导品种5个：中浙优1号、中浙优8号、甬优12、甬优15号、甬优538号；常规晚粳稻主导品种为浙粳88；油菜主导品种为浙油50、浙油50、中双11和浙大619。全年推广省定水稻主导品种4666.7公顷，其中常规早稻中早39推广100公顷、杂交籼稻中浙优1号180公顷、中浙优8号 1566.7公顷、甬优9号340公顷、甬优12号300公顷、甬优15号1300公顷、春优84号66.6公顷、甬优538号90公顷、Y两优689号100公顷；常规优质晚粳糯稻：浙粳88推广376.7公顷、秀水134推广40公顷，嘉58推广50公顷，绍糯9714推广 40公顷。推广双低油菜6200公顷，普及率98.3%。全县主要农作物良种覆盖率97.5%。

【土肥与耕地保护】 2015年，桐庐县继续实施农业部测土配方施肥补贴资金项目，推广测土配方施肥30800公顷，推广应用配方肥12200公顷、7800吨；实施完成垦造耕地后续管护市级示范项目15个91公顷；开展2012—2013年度35个垦造耕地土地整理项目质量评定，面积114公顷；实施桐庐县2011—2014年标准农田质量提升土壤培肥项目建设面积2100公顷，完成桐庐县2010年标准农田质量提升项目670公顷，实现农田质量从二等田提升到一等田项目建设目标；实施8个土地整理标准农田补建项目，建设总面积217公顷；开展农田土壤生态环境质量监测工作，实施4个省定耕地长期地力监测点和市定8个农业生态环境、4个蔬菜、4个茶叶监测点建设；推广商品有机肥16500吨，使用面积4467公顷；实施桐庐土壤污染治理工程，编制完成《桐庐县农业“两区”土壤污染防治三年行动计划》，在146个农产品基地土壤重金属污染普查基础上，新增在农业“两区”内192个土壤污染取样调查和监测分析，启动实施以重金属污染为重点的农业“两区”污染土壤修复治理试点工作，建立试验示范区6.67公顷。

【生态能源】 2015年，桐庐县农户新安装使用太阳能热水器3100台，新增集热面积6200平方米，农村清洁能源利用率78.2%；推广农作物秸秆的肥料化、饲料化、能源化、基料化利用，全县农作物秸秆综合利用率达95.53%。完成新增沼肥综合利用6.5万吨，富春江镇完成创建杭州市农村清洁可再生能源利用工程综合示范乡镇项目；实施省农村能源示范项目1个；在规模养殖场新建沼气池4处，总池容1200立方米。

【植物保护】 2015年，桐庐县粮油作物（水稻、小麦、油菜）病虫草鼠发生面积103133公顷次。其中，病害发生15600公顷次，虫害发生68100公顷次，草害发生12433公顷次，农田鼠害发生7000公顷次。全年开展防治140566公顷次。其中，水稻防治107233公顷次、小麦防治3333公顷次、油菜防治30000公顷次，防治病害31633公顷次，防治虫害80167公顷次，防除草害18233公顷次，农田灭鼠10533公顷次。挽回粮油损失约15000吨，其中水稻损失约13000吨。

是年，全县开展实施水稻病虫综合防治集成技术5333公顷，农药减量控害增效技术实施7333公顷，开展水稻病虫统防统治实施3000公顷，蜜桃200公顷和梨树100公顷。示范推广竹筒毒饵站灭鼠新技术100公顷，推广应用溴敌隆等农田统一灭鼠技术10533公顷，农户统一灭鼠70500户，推广应用新型水稻种子处理剂5500公顷。

【生态循环农业】 2015年，桐庐县继续加快推进现代生态循环农业整建制推进县建设，中部样板示范区规划建设方案已完成。样板示范区内沼液配送中心建设项目完成建设并投入运营；完成钟山蜜梨基地梨枝条加工有机肥项目设备建设，并投入试运行；有机肥加工企业已经完成基本建设。畜禽养殖业长效管理机制、废弃农药包装物回收长效管理机制已经制定完成并付诸实施，秸秆综合利用、废弃农膜回收处理机制已完成，在实施调整中。开展废弃农药包装物回收工作。

【粮食功能区建设】 2015年，桐庐县建设粮食生产功能区535.7公顷，建设市级3个162.2公顷，分别位于江南镇珠山畈、瑶琳镇新田畈及瑶琳镇何宋畈；县级粮食功能区10个340.9公顷。在江南镇石阜村、江南镇锦江村、合村乡岭源村、富春江镇里董村、江南镇莲塘村、前村自然村、瑶琳镇元川村、分水镇大路村等村实施中央水稻产业提升项目，改善田间基础设施、建立育秧、烘干中心并完善社会化服务体系。

【现代农林园区建设】 2015年，桐庐县做好浙江省下达“两区”建设工作，建设桐庐县中部省级现代农业综合区林业园区1个，瑶琳茶叶、方埠珍珠、旧县毛竹、分水毛竹特色农林精品园4个，全部通过省级验收。

【万元亩值示范工程】 2015年，桐庐县建设万元亩值示范基地22个，完成项目示范建设试点工作。14个示范工程项目区示范实施面积302.87公顷，完善项目区基础设施建设，运用新品种、新技术、新设施设备、新模式等“四新”技术，各示范点亩产值收益超万元。

【“色彩农林”建设】 2015年，桐庐县编制完成色彩农业、色彩林业总体规划，确定三年行动计划；出台《桐庐县发展色彩林业资金扶持实施办法》，县财政每年落实600万元用于发展色彩林业建设。建设色彩农林业示范面积351公顷，“色彩农林”示范点建设基本完成。全年重点做好分水镇、江南镇、富春江镇“风景田园”示范乡镇建设点和瑶琳大洲畈、百江清水湾等“色彩农业”示范点建设工作，其中分水新龙村百合花、瑶琳千亩金花和江南荻浦花海示范点接待大批游客。是年，推进彩色健康森林建设，结合分水镇大路村、富春江镇芦茨村等13个“色彩林业”示范点建设工作，完成建设面积246.67公顷。桐庐县被列为浙江省首批5个彩色健康森林建设示范县之一，浙江省彩色健康森林建设现场会在桐庐召开。

横村镇阳山畈桃园

【“菜篮子”工程】 2015年，桐庐县组织实施3个杭州市“菜篮子”（蔬菜）类项目（桐庐新合高山蔬菜基地、杭州桐庐大山高山黄花菜基地、桐庐禄源食用菌产业基地）。是年，新建“菜篮子”基地8公顷，提升“菜篮子”基地5公顷，发展食用菌50万袋（平方尺）。

【中低产田改造】 2015年，桐庐县完成莪山畲族乡沈冠村螺丝畈，百江镇联盟村杨村畈，横村镇横村村、杜于村，分水镇朝阳村长垅畈、保安村义林畈，凤川街道大源村甘竹畈，瑶琳镇毕浦村油车畈、东琳村东洲畈，江南镇横山埠村十亩滩，新合乡新四村湖林旧庄畈11个2014年度杭州市中低产田改造项目，面积385.87公顷。杭州市中低产田改造项目首次列入财政资金竞争性分配试点，桐庐县竞得市财政扶持资金395万元；完成首批3家农业企业作为杭州市中低产田改造项目建设；完成富春江镇里董村里董畈等县级中低产田改造项目4个138.67公顷；新申报立项杭州市农田提升市级示范项目9个398.13公顷，市财政安排扶持资金450万元，为历史最高。

【渔业增殖放流】 2015年，桐庐县开展富春江、分水江渔业资源增殖放流，由县农技推广中心组织实施放流三角鲂、鳙鱼等鱼种895.1万尾；由县渔政管理站组织实施增殖放流鱼种334.9余万尾。1月29日至2月3日，在分水江放流冬片鱼种118.7万尾，其中鳙鱼30.2万尾、鲢鱼17.7万尾、三角鲂66.4万尾、草鱼3.6万尾、青鱼0.8万尾；6月26日，在分水江放流夏花鱼种216.2万尾，其中花鱼骨101.5万尾、黄尾密鲴114.7万尾。

【救灾种子储备】 2015年，桐庐县实际储备农作物救灾种子8万公斤（其中玉米种子2.5万公斤、水稻种子5万公斤、蔬菜等其他种子0.5万公斤）。因未发生大的自然灾害，全年储备种子未动用，所有储备种子通过县招投标中心拍卖转为商品粮。

【农产品质量安全监管】 2015年，桐庐县开展蔬菜、水果、粮油、茶叶、畜产品、水产品六大类农产品监督抽检835批次，检测合格率99.8%，开展基地农产品快速定性检测5542批次，检测合格率99.5%。新申报无公害农产品产地认定和产品认证企业12家，其中种植业 8个、畜牧业2个、水产品2个，通过认定无公害基地面积667.67公顷，通过认证无公害农产品15个、绿色食品1个。开展农产品质量安全“百日会战”专项行动，出动执法人员876人次，检查农产品生产企业、农资经营网点293家次。组织开展农产品质量安全宣传教育和业务知识培训14期680余人次，发放农产品安全知识、放心农资、农业标准化技术、模式图等宣传资料3300余份。2015年4月，被省农业厅命名为“浙江省农产品质量安全放心示范县”。

【农村信息化与农民信箱】 2015年，桐庐县通过农民信箱发布买卖信息672条，发布“每日一助”信息161条，农民信箱网上农博会常年设立摊位数252家。通过手机短信发送台风、暴雨、降温等灾害性天气预警短信12次共15万条。做好农村电子商务发展的引导和政策宣传，培育农村电子商务青年创业点3个。做好省现代农业地理信息系统建设，继续完成全县“两区一田”（现代农业园区、粮食生产功能区、标准农田）上图入库工作；完成浙江省政务地理信息系统报送。

【农林科技进村入户】 2015年，桐庐县开展农业专业技能培训，培训农民1200人次。3月，组织“为农服务月”科技进村入户宣传活动，科技下乡650余次，咨询2110人次，发放资料520余份；开展实用技术培训11期，培训830人次；组织现场指导会6次，受益755人次，发放科普和生产技术资料1420余份；召开座谈会10次，156人次参与；开展水产品质量安全“百日会战”集中检查，出动执法人员32人次，检查养殖户8家；开展农产品质量安全执法检查，出动25人次，检查农资经营店27家，种植基地7家，畜禽养殖基地5家，抽检样本34个；开展“百千万亿”为农服务活动，走访联系服务点50人次；制作和播放《农民之友》节目7期。实施中央财政科技项目，即高品质竹笋高效栽培技术示范项目1个，建立示范林33.33公顷，其中，雷竹覆盖“水果笋”栽培16.67公顷，高节竹覆土“白笋”栽培16.67公顷。桐庐莪山畲族乡建立高节竹覆土延出示范基地2.57公顷，举办技术培训班2期，培训林农122人。在莪山畲族乡、旧县街道建立林下多花黄精示范基地19.99公顷，推广66.67公顷，举办技术培训3期，培训林农200余人。与林科院亚林所合作开发《一种提高高节竹笋品质的培育方法》，获得国家知识产权局颁发的《发明专利证书》，这是桐庐林业获得的第一个国家发明专利。承担省林业科技推广项目《山核桃矮化早实丰产栽培技术集成与示范推广》，获得第十五届科技兴林奖三等奖。省林业科技推广项目《高节竹多季笋用林高效培育技术推广》，被登记为浙江省科学技术成果。

【农技推广体系建设】 2015年，桐庐县被浙江省农业厅列为农技推广体系改革与建设项目县，补助资金60万元。围绕水稻、生猪、茶叶、水果等六大产业，开展农技人员知识更新培训60人，培育科技示范户602人，建设科技试验示范基地7个。在茶桑、果蔬、粮油、水产、畜牧、新兴产业、农机7个领域中，建立7个创新技术团队， 共有54名初、中、高级职称农技人员。钟山乡创建市级“三位一体”农业公共服务中心示范乡镇；江南镇创建农业社会化服务示范乡镇。

【农业科技项目建设】 2015年，桐庐县实施杨梅提质增效关键技术示范与推广、“万亩白茶”提质增效集成技术的示范与推广、标准农田化肥减量增效技术示范与推广3个杭州市农业丰收项目。分水镇开展杭州市创新农作制度示范乡镇创建。在分水镇新龙村、小源村、保安村义林完成3个创新农作制度项目，分别是畜禽—沼液—种植业生态循环模式、大球盖菇—水稻种植模式、白茶套种旱粮高效种植模式。

【设施农业建设】 2015年，桐庐县完成桐庐大奇山火龙果设施配套、桐庐洋溢农庄精品果园设施配套等5个杭州市设施农业配套项目，钱勇、刘海平、蔡增先3个杭州市标准钢架大棚直补项目。建立单栋钢架大棚53660平方米，连栋钢架大棚35682平方米。9月，通过全市设施农业推广项目财政资金竞争性分配评审会，争取到财政补助资金270万元。

【农业技术推广基金】 2015年，省、市、县三级农业技术推广基金会资助资金137万元。其中浙江省农业技术推广基金会7万元、杭州市农业技术推广基金会40万元、桐庐县执行部90万元。完成浙江省农业技术推广基金会项目1个，杭州市农业技术推广基金会项目6个，桐庐县执行部项目19个。其中稳粮增效、稻田套养、轮作模式5个，废弃资源利用生态种养模式4个，林禽结合、园地套种4个，新品种、新技术、新设施示范推广13个，项目涉及粮油、茶叶、水果、水产、蔬菜、畜牧、食用菌、干果、竹笋等产业，总实施规模210.8公顷、食用菌50万袋，养禽2.5万羽、山羊1200头；示范推广新品种11个、新技术18项，创造经济效益1146万元。其中桐庐大路粮油专业合作社实施的“稻鳖共生模式示范推广”项目，获杭州市农业技术推广基金会2015年度优秀项目成果奖。

【农业机械】 2015年，桐庐县农机总动力18.26万千瓦。拥有农用运输型拖拉机1843台、农田作业拖拉机 877台、联合收割机63台、插秧机80台、粮食烘干机52台、动力植保机械736台、排灌机械14286台、农副产品加工机械1701台。完成机耕作业面积13344公顷，主要农作物机械化收获面积7393公顷、机械化插秧面积1674公顷、机械化植保面积6303公顷、机械化灌溉面积8676公顷，完成农机运输作业29576万吨/公里，农业生产中农田耕作、排灌、植保、收获等环节基本实现机械化。全年农机经营收入21514万元，比2014年增加168万元。

【农机管理】 2015年，桐庐县239户农民和农业生产经营购买符合购机补助的农业机械368台（套），其中耕整地机械136台、种植施肥机械5台、田间管理机械88台、收获机械7台、粮食烘干机14台、农产品初加工机械28台、养殖及其他机具86台，购机总金额438.36万元，财政补助231.95万元。全年开展单旋翼无人植保飞机、旋耕起垄机、蔬菜立体栽培架等新式农业机械引进和试验工作；完成拖拉机驾驶培训3期71人，农田拖拉机操作手培训9期411人。新组建农机专业合作社1家、机械化水稻育秧中心1家、粮食烘干中心1家、稻米加工中心1家、粮油生产全程机械化示范基地1个、茶叶生产机械化示范基地1个。

【农机监理】 2015年，桐庐县创建2个杭州市“平安农机”示范合作社（桐庐正荣农机专业合作社、桐庐雅坊粮油专业合作社）。是年，开展“桐庐县星级农机维修点”评选活动，分水镇开水农机修理部被评为桐庐一星级农机修理点。开展上道路拖拉机年度检验工作，以及对烘干机、农田拖拉机、联合收割机、插秧机四类可能危及人身财产安全的农业机械免费实地检验工作。开展拖拉机报废、报废补偿、报废更新工作。农机警务室全年出动参检人员192人次，检查车辆1458台，排除一般隐患32起。开展外籍拖拉机整治专项行动、“春运”农机安全生产隐患排查治理、“绿剑”春季、秋季集中执法行动、“安全生产月”农机安全整治、农机事故隐患排查整治专项行动，实现农机事故起数、死亡人数、直接经济损失三项指标“零增长”。

【动物防疫检疫】 2015年，桐庐县免疫注射牲畜口蹄疫疫苗33.5071万头（其中猪30.0246万头、牛0.2604万头、羊3.2221万头）、禽流感疫苗193.0720万羽、狂犬病疫苗8.3125万只；使用禽流感疫苗119万毫升、猪口蹄疫疫苗92.25万毫升、牛羊口蹄疫疫苗5万毫升、高致病性猪蓝耳病活疫苗36.8万毫升。监测猪血样867份，免疫抗体合格率分别为口蹄疫60.44%、猪瘟86.51%；监测禽血样1299份，免疫抗体合格率分别为鸡禽流感92.03%、鸭禽流感86.67%、鸡新城疫91.67%；牛羊O型口蹄疫样本合格27份，免疫抗体合格率38.03%；亚洲I型口蹄疫样本合格为60份，免疫抗体合格率84.51%；猪蓝耳病样本合格771份，免疫抗体合格率88.93%。

开展生猪屠宰检疫12.3676万头、生猪产地检疫10.7789万头、家禽产地检疫8.4365万羽，未发生区域性重大动物疫情。开展养殖环节“瘦肉精”拉网式排除专项行动，排除生猪养殖场70家，抽样检测动物产品15批次、饲料15批次，违禁药物残留快速检测9850批次；全县未发生重大畜产品安全责任事件。建有病死畜禽无害化处理设施（化尸窖）97座、9813立方米，养殖环节无害化处理病死猪7134头、禽1741羽、羊122只，富春江大坝库区打捞并无害化处理漂浮死猪72头、牛1头。

【定点屠宰管理】 2015年，桐庐县总定点屠宰量为12.33万余头，生猪产品价格区间为：毛猪收购价为12元/公斤～19.5元/公斤，白肉批发价为17.2元/公斤～27.6元/公斤。全年进行屠宰日常和专项执法检查283次，参加执法人员1282人次，检查经营户（屠宰场）16658家，依法没收并销毁未经检疫检验的非法生猪产品353.6公斤，教育警告25人，其中3名主要涉案人员被列入2015年杭州市、桐庐县“食品安全黑名单”。兑现2014年度病害猪及其产品无害化处理财政补助政策，发放补助款47.71万元，预拨2015年度补助资金38.17万元。全年检出并无害化处理病害生猪及其产品538.93头。企业开展违禁药物自检3870批次，检验生猪头数10902头，未发现有违禁药物残留样本。组织企业开展改造提升项目申报工作，发放规范化建设补助资金134万元。强制分水生猪屠宰场停业整顿，做好分水场停业期间市场肉品供应。

【植物检疫】 2015年，桐庐县重大农业植物疫情防控指挥部办公室（桐庐县植物检疫站）设立17个疫情监测点，普查加拿大一枝黄花1333.33公顷，发生9.47公顷，防控率100%。普查梨树疫病1909.43公顷，普查率100%。普查黄瓜绿斑驳花叶病毒病214公顷，未发现黄瓜绿斑驳花叶病毒病。普查水稻细菌性条斑病942.73公顷，未发现水稻细菌性条斑病。调查甘薯茎腐病1059.95公顷，发生面积为22.67公顷，防除率100%。调查相关场所，未发现扶桑绵粉蚧危害、红火蚁疫情、葡萄根瘤蚜疫情、甘薯小象甲疫情。县植物检疫站开具从外地调运植物检疫要求书27份次，调运种子26.98吨；调出种子2批次，调运种子0.5吨。联合县森林植物检疫站对县内种子经营单位、花卉苗木繁育场和苗木市场开展了检疫执法检查行动，出动检疫执法人员33人次，检查经营单位17家，检查种子49.43吨、各类苗木花卉2.6万余株（盆）。开展植物检疫宣传月活动，设立植物检疫知识宣传咨询点14个，接受现场咨询500人次，开展植物检疫知识专题培训3次，张贴悬挂宣传标语140条，通过媒体宣传13次，发送手机短信14000条，发放植物检疫宣传折页

1800份，出动宣传车4次、巡回宣传4次。6月，桐庐县评为浙江省2014年度重大植物疫情防控工作综合评定考核优秀单位。12月，桐庐县重大农业植物疫情防控指挥部办公室荣获2015年度杭州市重大农业植物疫情防控工作优秀单位。

【农业行政执法】 2015年，桐庐县发布农业执法信息36篇，电视新闻或专题4篇；举办培训班5次，培训人员312人；参加为农服务活动8次，发放宣传资料7250份，接受群众现场咨询2070人次，优惠供应优质农资90吨，展示宣传图板45块。开展“绿剑”系列农资打假集中执法行动4次，出动执法检查人员233人次，检查农资监管对象347家次。农业投入品质量送检123批次，抽检农药产品标签18批次，农产品质量送检273批次。立案查处9起，涉案假劣农资产品3.05吨，案值1.92万元。处理调解因农资质量引起的农业生产事故7起，其中种子2起、农药4起、其他1起，挽回直接经济损失10万元。县农业行政执法大队荣获2014年浙江省农业行政执法绩效考核优胜单位。

【农资企业信用体系建设】 2015年，桐庐县建立企业信用“红黑榜”机制，开展农资企业信用等级评定。推行以“三位一体”为主要内容的评价体系，聘请农资协管员和义务监督员，定期对农资经营店按照评定标准进行评价，会同相关职能部门开展对农资企业日常监管的评价工作。完善等级评价分类监管制度，根据农资企业（店）经营实效、守法意识、信用履约、农民投诉、公众评价等情况，以守信、基本守信、警示和失信四个等级来划分，实行分类监督管理。申报2015年度农产品生产信用评级工作，完成申报农产品生产单位7家。

【农资监管与服务信息化建设】 2015年，桐庐县新建农资监管与服务信息化单位1家，抽调专人负责监管平台日常巡查，引导信息化建设点做好购进主要农资商品的数据录入工作，充实基础数据库。选择6家符合相关条件农资店开展提升改造与规范化建设工作，以安装电子显示屏为主，硬件、软件均上一个新台阶，店容店貌有较大改观，服务水平提高。

【农药废弃包装物回收处置】 2015年，桐庐县制定农药废弃包装物回收处置实施方案、工作职责和验收办法，召集相关人员签订协议、承诺书。在各村显要处及各农资店张贴公告1500张，在桐庐电视台每周2次播放公益广告和华数公司连续滚动播放公告。统一发放回收标签、回收台账、交接单，以及回收桶、回收袋、压缩机、压缩打包膜等用品用具，妥善保管回收物。全年回收农药废弃包装物682万只，转运到专业处置单位处置的农药废弃包装物96吨。

【渔政管理】 2015年，桐庐县组织渔政执法检查305次，参检人员1225人次，检查渔船732艘次，没收电瓶、网具等14套，罚款5550元。6月起，对全县捕捞渔船进行船检，登船检验率100%。加强渔业安全生产监管，全年没有发生安全生产事故。举办安全生产知识培训，受训渔民256多人；与持证渔船签订安全生产承诺书108份；巡查61次，参加检查人员305人次，消除安全隐患14次；组成工作组到重点渔村开展安全检查5次。经对108艘捕捞渔船审核，将2014年度捕捞渔船油价补助款58.21万元以银行转账方式发放到捕捞渔民手中。全年未发生初级水产品质量安全事故。

【林业三大产业发展】 2015年，桐庐县完成产业造林712.87公顷，其中竹林164.93公顷、香榧57.33公顷、山核桃91.20公顷、油茶37.27公顷、珍贵彩叶树种33.33公顷、其他328.80公顷。是年，发展毛竹高效示范基地建设124.67公顷，完成幼林抚育面积532.20公顷，其中山核桃168.27公顷、香榧370.60公顷、油茶140.47公顷。

【平原绿化和森林抚育工程】 2015年，桐庐县调整县绿化委员会成员单位，由14个增加到33个。完成平原绿化316.37公顷，其中新建196.03公顷，改造提升120.33公顷，完成省、市计划166.67公顷的190%，完成县计划的105%。其中：新增城镇绿化55.53公顷，村庄绿化174.40公顷，公路绿化26.27公顷，江河湖堤绿化 10.13 公顷，农田林网绿化 21.20 公顷，经济林片林绿化 21.33 公顷，建立认建认养基地 15 个，示范片林 14 个。同时，重点实施分水江沿岸及富春江慢生活体验区绿化景观带工程建设面积 58.4 万平方米。组织技术力量对 2015 年符合中央和省级森林抚育补贴试点要求的项目进行验收，合格面积 999.99 公顷，其中割灌除草 19.99 公顷，定株补植 45.33 公顷，疏伐 934.67 公顷。

【森林养生休闲】 2015 年，桐庐县被列入浙江省首批森林休闲养生建设试点县。委托省林科院制定森林休闲养生试点建设规划，组织申报森林古道修复及森林人家项目，其中富春江镇马岭古道、莪山畲族乡山哈古道及瑶琳镇红豆杉古道列入杭州市最美古道评选，莪山畲族乡新丰民族村列入省级首批森林人家创建。

【公益林管理】 2015 年 8 月，桐庐县完成 71277.93 公顷公益林的公示公告，发放公益林损失性补偿资金、公共管护经费和护林经费；调解钟山乡歌舞村与建德市乾潭镇罗村村公益林插花山矛盾纠纷；利用护林员巡查系统，采用及时通报等模式，加强对护林员监管；利用桐庐县公益林阳光网，做好公益林宣传工作；完成省级公益林扩面 20604.79 公顷。完成省级公益林矢量数据库完善工作，省级公益林共矢量完善小班为 1007 个，实际图形减少 1402.53 公顷，补残差为 21.99 公顷，最大正差小班为 12.39%，最大负差小班为 12.7%，全县总负差为 0.0659%，符合省厅关于矢量完善工作精度要求。

【森林消防】 2015 年，桐庐县发生森林火情 32 起，未发生森林火灾，实现“无人员伤亡、不发生重特大森林火灾和森林火灾受害率控制在 1‰以内”三大目标。12 月 24 日，举办桐庐县森林消防扑火演练，17 支森林消防队伍参加。在城南街道金溪村、桐君街道梅蓉村等新组建 10 支村级森林消防队伍，实现 5 年建设 50 支村级森林消防队伍的目标；为 2 支专业（应急）森林消防队伍及 3 支乡镇级森林消防队伍各配备了 5 台高压接力水泵等森林消防机具，为其余乡镇级森林消防队伍各配置 1 台高压接力水泵和 1 台柱塞水泵。在利用电视、电影、广播、报纸等宣传森林消防工作，开展森林消防主题征文活动、印有森林消防标语纸杯和笔、在全县农用中巴车上张贴宣传标语及自行设计太阳能森林防火自动语音警示器等方式立体化做好宣传工作。全年专项资金 20 余万元，购买 700 套消防服装，免费下发给 2011 年、2012 年组建的村级森林消防队伍及 GPS 护林员。完成 2014 年“一高五小”山地抗旱和森林消防基础设施建设验收工作，完成墓区清理 45.60 公顷，根据清理面积大小及清理有效性发放补助 20.52 万元。

【林业有害生物防治】 2015 年，桐庐县林业有害生物发生 84.33 公顷，成灾率为 0.59‰，无公害防治率 100%，测报准确率 98.7%，种苗产地检疫率 99.3%，“四率指标”均符合上级相关要求。开展松材线虫病除治：注射免疫剂 30000 瓶，清理枯死松树及枝桠 8496.21 吨，清理 1626.67 公顷；完成松林林分改造 221.39 公顷，受害林森林抚育 995.06 公顷，安装松褐天牛新型诱捕器 300 套；在瑶琳元川、潘联喷洒 1.5% 噻虫啉微胶囊粉剂防治松褐天牛 466.67 公顷。新设桐庐县分水大路森林植物临检点，开展“绿剑”检疫执法专项行动 25 次，出动执法人员 60 人次，检查涉木企业 120 家、松木使用企业 15 家，与涉松企业签订松材线虫病防控承诺书，发放《松材线虫病防治条例》150 份。查处非法涉松案件 6 起，罚款 5000 元，没收、烧毁疫木 14.2 立方米。举办现场培训会 4 次，开展病虫害技术服务 86 次，救助病危古树名木 38 棵，发放病虫害宣传资料 1000 余份。

【林业行政执法】 2015 年，桐庐县组织“雷霆 1 号”“雷霆 2 号”“雷霆 3 号”等系列专项行动，查处乱砍滥伐林木、乱占滥用林地、乱捕滥猎野生动物、违章运输等案件。森林公安局接处警 111 起，立案 46 起（其中刑事案件 9 起、林政案件 37 起），结案查处 39 起（其中刑事案件 9 起、林政案件 30 起），追究 9 人刑事责任，收缴罚款 41 万余元。办理林业行政许可 5048 份。检查车辆 4890 辆，检查木材 61562 立方米，巡查投入 800 多人次，行程 17000 余公里，查处违章运输木材案件 3 起，无一起行政投诉。

【野生动物保护】 2015 年 4 月，桐庐县开展以“关注候鸟保护 守护绿色家园”为主题的野生动植物保护宣传月暨“爱鸟周”活动，发放宣传资料 3000 余份。救助国家二级保护动物凤头鹰 2 只、斑头鸺鹠 1 只，浙江省一般保护动物黄麂 1 只。对县城农贸市场、宾馆、饭店及野生动物养殖场进行多次执法检查，没收一批非法经营的野生动物，其中青蛙 30 公斤、一般保护蛇类 5 公斤、一般保护鸟类 10 只。5 月，在富春江、合村两地布设 10 台红外相机，于 7 月初进行信息采集，拍摄到国家Ⅰ级保护动物白颈长尾雉，国家二级保护动物白鹇和省一般保护动物黄麂。开展甲型 H7N9 禽流感疫病监测防控工作，发放疫源疫病防控知识宣传挂图、防控宣传单 2500 余份，妥善处理单位和市民举报鸟类意外死亡事件。开展浙江省陆生野生动物经营利用核准证、浙江省野生动物驯养繁殖许可证、浙江省野生动物猎捕证年度验审工作。

【森林资源管理】 2015 年，桐庐县办理征占用林地审核审批 27 起， 67.1443 公顷，收缴森林植被恢复费 395.834 万元。3—5 月在全县范围内开展 2015 年度第一次林地征占用监督检查工作；6 月结合省厅拍摄的卫片对桐庐县非法侵占林地进行清理排查，会同省林勘院对其进行现场实地查验，排查出非法侵占林地项目 5 个，涉及违法占用林地 1.41 公顷；8—10 月，结合国家林业局华东院对桐庐县林地和林木采伐管理抽查，组织自查工作，发现 4 起林地违法情况、9 起采伐违法情况，移交县森林公安局查处。

全年采伐 2.7 万立方米，比 2014 年缩减 35.7%。开展寻找“浙江最美古树”活动，印制古树名木观光行宣传册 2000 份，2 株古树荣获“浙江最美古树”，9 株古树（群）荣获“杭州最美古树”。实施濒危极小种群——江西全唇苣苔保护点就地保护，开展类似生境调查工作，为野外回归做准备。完成 2015 年森林增长指标年度考核自评，实现森林覆盖率、林木绿化率“双增”目标。

【湿地保护管理】 2015 年，桐庐县出台《桐庐县湿地保护规划（2015—2020）》，制定《桐庐南堡省级湿地公园总体规划（2015—2020 年）》；肖岭水库、芦茨溪列入第二批县级湿地保护名录。

【集体林权制度配套改革】 2015 年 5 月，桐庐县 2014 年已办理林地审批手续 4 个“征转用”改革试点项目列入“坡地村镇”试点项目，6 月完成全县 20 个坡地村镇项目的涉及林地占用预审工作。富春江镇石舍村富春山居隐逸石舍坡地村庄项目列入“坡地村镇”试点，项目用地 0.8035 公顷。在完善、巩固潇源村凤潇毛竹股份制专业合作社基础上，培育、组建高联村双坑毛竹股份制专业合作社。出台《桐庐县“绿化造林与森林有序经营利用”管理机制创新试点工作实施方案》，在瑶琳镇开展试点工作，即改原“采造挂钩”（先采后造）为“造采挂钩”（先造后采）。申报试点项目 15 个，涉及 10 个行政村 14 个自然村，实施造林 88.20 公顷。完成林权抵押贷款 16 笔，抵押林地 978.67 公顷，抵押贷款 3742 万元，贷款余额 9913 万元。完成林权证变更登记申请 3 次，颁发林权证 3 本，颁发林地经营权流转证 3 本，依法撤销、收回林权证 2 本。

【全民义务植树和绿化造林】 2015 年，桐庐县结合“五水共治、三江两岸、四边三化、色彩林业”等工作，开展全民义务植树活动，开展“市长绿化点”“县级义务植树点”“青年林”“网友林”“亲子林”“协作林”等各种义务植树活动 30 余次，全县乡镇建立义务植树基地 31 个，活动参与人数 16.3 万人次，完成义务植树 48 万株，义务植树尽责率达到 91%，建立全民义务植树基地 30.67 公顷，绿化造林达 533.33 公顷。

【执法办案功能区改造】 2015 年，桐庐县加强森林公安队伍正规化建设，根据省市对森林公安机构设置相关要求，与省市县各部门对接，解决改造资金等问题。执法办案功能区于2015年初开始改造，至9月底全部完工，面积800余平方米，10月搬迁。

【森林旅游】 2015年，桐庐县以两大国家森林公园为依托，把森林旅游作为重点产业发展方向，通过森林抚育、珍贵树种补植和国家储备林划定等生态建设，发展生态产业。大奇山国家森林公园接待游客30万人次，实现营业收入1300万元。

（林　玲）

·水利水电·

【概况】 2015年，县水利水电局贯彻落实“节水优先、空间均衡、系统治理、两手发力”的治水方针和“五水共治”重大决策部署，抓好防汛防台工作，推进水利工程建设，强化水利服务管理。全年完成水利工程总投入2.34亿元，完成4座水库除险加固、20座山塘综合整治、25座面上山塘除险加固；完成小流域（山溪）治理，新建加固堤防7.7公里；完成20.26平方公里水土流失治理；完成18个项目机埠改造维修；完成全国中小河流治理工程3.5公里堤防建设；完成总投资2800万元的富春南渠海康威视区块提升改造工程；完成投资663万元的富春南渠城区段续建工程；完成市级重要堤防加固，新建改建堤防20.76公里；完成90公里42个项目农村河道整治；完成5.01万人的农村饮用水提升改造工程；完成旱涝保收高标准农田建设，新建改造渠道100公里，新增改善灌溉面积1606.6公顷。

【农村安全饮用水】 2015年，县水利水电局修编《农村安全饮用水供水长效管理考核细则》，开展农村供水长效管理考核工作。完成江南镇环溪村、凤鸣村、彰坞村；百江镇联盟村、松村村、小京村、百江村、翰坂村；莪山畲族乡龙峰民族村、塘联村、莪山民族村；合村乡高凉亭村、岭源村、合村村；横村镇元村村、湾下村、凤联村、香山村、柳茂村、龙伏村、双溪村；桐君街道梅蓉村、阆苑村；新合乡新合村、新四村、新民村、引坑村；瑶琳镇毕浦村、琴溪村、舒家村、文源村、何宋村、元川村、后浦村；富春江镇芦茨村、大庄村、俞赵村、上四村；钟山乡中一村、高峰村；分水镇新龙村、小源村、儒桥村、保安村、砖山村、三溪村、外范村、富源村、里湖村、后岩村、桥东村；凤川街道潇源村、大源村、外源村；城南街道金中村、石珠移民点；旧县街道合岭村等14个乡镇（街道）57个行政村53346人口的农村饮水安全提升改造工程，总投入2680万元。

【水库除险加固】 2015年，县水利水电局水库除险加固建设完成百江镇奇源（跨年度2015—2016年）、六坑、横村镇上堰、凤川街道下坞源等4座水库，总投入1821万元。

【万方以上山塘整治】 2015年，县水利水电局投入2232.8万元对21座1万～10万立方米山塘进行整治。完成百江镇小石溪，分水镇保安塘坞、小源塘坞、五仓坞、七道山、小塘坞（下）、明坞、垅里，瑶琳镇洪处龙、大汶头、上黄泥孔、洞家坑，横村镇七亩畈、麻里土、裤裆丘，城南街道牧牛墩、桃花弄，旧县街道大岭头、望水岭，江南镇井塘等20座万方以上山塘综合整治工作，完成莪山畲族乡钓台山山塘年度计划投资任务。

是年，县水利水电局投入500万元，完成凤川街道大源村西毛东下坞山塘，凤川街道凤新谷井潭，新合乡新四村外松山山塘，莪山畲族乡莪山民族村金家山山塘，钟山乡仕厦村沈家山塘、中一村青丰大塘，分水镇新龙村大张山塘、富源村罗杰坞山塘和张家坞山塘防渗处理；朝阳村珠洞坞山塘，旧县街道母岭村尖塘口山塘，桐君街道阆苑村东湾水库防洪安全；横村镇元村村大畈山塘、华凤村深塘湾山塘、九岭村大弄里山塘，合村乡合村村里虎形山塘，城南街道金牛村清河塘山塘、金中村八亩头山塘、金东村溪旁水库坝下管道闸阀改造；江南镇锦江村姚家坞塘、凤鸣村板桥大塘，瑶琳镇琴溪村卸里山塘，富春江镇孝门村坯塘山塘，富春江镇关里水库安全认定；百江镇百江村邵家坞山塘整治。

【中小河流治理】 2015年，县水利水电局完成全国中小河流治理前溪出口段治理工程3.5公里堤防建设，投资2699万元。完成瑶琳镇毕浦村、大山村、文源村、百岁潘村、何宋村防洪堤，新合乡壶源江新合村何家堤防、新合村雅芳段堤防，莪山畲族乡莪溪新丰段堤防、龙伏溪塘联段堤防，合村乡小茆坞溪堤防，横村镇大坑溪富乐堤防，桐君街道阆苑村双溪荣店段堤防，富春江镇蟹坑口堤防，分水镇外范溪孝子堂至潘家畈段堤防、马源溪石家至张家段堤防、前溪九龙山段堤防、分水江龙潭段护岸，钟山乡夏塘村夏塘溪堤防，百江镇塔岭溪段防洪堤、罗溪钱家沿溪段防洪堤、罗溪乐明段防洪堤等10个乡镇（街道）21处市级中小河流治理项目20.7公里，投资3291.6万元。

合村生态河道

【小流域综合治理】 2015年，县水利水电局完成瑶琳镇桃源防洪堤、沙潭溪出口段堤防、凤川街道大源溪外源村堤防，旧县街道鸿儒村石桥头至娘岭坞水库脚段堤防，钟山乡夏塘村夏塘溪堤防，新合乡壶源江新合村雅芳段堤防，城南街道剪溪范家边段堤防，莪山畲族乡莪溪新丰段堤防、龙伏溪龙峰段堤防，合村乡后柏溪溪滩田段堤防、瑶溪合村段观音庙堰坝修复，横村镇大坑溪富乐堤防，桐君街道君山下坞溪农居点段堤防，富春江镇蟹坑口老二田堤防（左岸）、石舍西坑口堤防（右岸），百江镇朱门溪出口段、罗溪百江段防洪堤、双坞溪联盟村段河道整治、小京坞溪拦砂坝，分水镇竹源溪泊家至猴子湾段堤防，江南镇讨饭沃水堆里段堤防等14个乡镇（街道）21处小流域综合治理共7.7公里，投资1458万元。

【农村河道综合治理工程】 2015年，县水利水电局完成42个农村灌排河道综合整治项目，项目涉及百江镇桐山溪、小朱门溪、罗溪、双坞溪、小松源溪，富春江镇大庄溪、芦茨溪，凤川街道桐树湾溪，城南街道天井坞溪，江南镇赵龙山溪、彰坞溪、莲塘溪、赵家塘，瑶琳镇毕浦溪、漕源溪、棉花湾溪、冷子池塘，桐君街道双溪、石浪坞溪、麻蓬溪右支，分水镇大源溪、柏山溪、前溪、中道坞溪、小源溪，旧县街道旧县溪，新合乡松山溪、引坑源溪，合村乡水坞溪、瑶溪、大溪、前柏坞溪、白水溪，莪山畲族乡塘下溪、塘毛坞池塘，钟山乡芹溪、歌舞溪、阳田溪、沙姆塘、长塘，横村镇馒头山塘、滕家塘，共计90公里，总投入2250万元。通过对河道采取清淤、护岸加固、水生植物等措施，增强水体流动性，提高水环境承载能力，构建水清、流畅、岸绿、景美的水生态环境，打造了富春江镇芦茨溪关里水库至石舍村口、桐君街道双溪阆苑至村口、钟山乡歌舞溪罗家至双溪口胜利水库、新合乡松山溪源头至旧庄溪汇入口等一批生态河道。

【旱涝保收高标准农田建设】 2015年，县水利水电局实施2014年度中央财政小型农田水利重点县建设项目，完成旧县街道、横村镇和富春江镇灌区改造4处，受益面积1606.667公顷，新建、改造渠道长度93.137公里（灌溉渠道71.475公里，排水沟21.662公里），新增（恢复）灌溉面积352.667公顷，改善灌溉面积997.267公顷。工程总投资3468万元。

【富春南渠主城区段提升改造工程】 2015年，县水利水电局江南灌区工程管理处完成富春南渠主城区段提升改造工程投资500万元，累计完成全部投资1300万元；项目涉及工程清淤、防汛物资仓库及乔林排涝站改建、景观I

标段、景观II标段四个部分。完成富春南渠主城区提升改造长度9820米，其中渠道清淤、渠道两岸整治8780米，渠道改建124米，沉砂池改建3处，底板衬砌改建2428米，下渠踏步4处、警示牌33块；防汛物资仓库及乔林排涝站改建部分、景观绿化面积1公顷。

【富春南渠海康卫视区块提升改造工程】 2015年，县水利水电局江南灌区工程管理处完成投资2800万元的富春南渠海康威视区块提升改造；完成土石方开挖、回填14万立方米、钢筋制作1900吨、砼1.4万立方米；完成投资95万元的富春南渠海康威视区块改线工程肖岭四级电站环境提升改造工程；完成富春南渠海康威视以下段和肖岭水库中干渠提升改造工程初步设计工作及项目施工招投标工作。

【防汛防台工作】 2015年，桐庐县1—9月份降水量为1601.6毫米，梅雨期36天，梅雨量481.5毫米。桐庐站1—9月份最高水位为9.77米（85高程）；最低水位2.84米（85高程）；富春江水库最大下泄流量为9800立方米/秒—分水江水库最大下泄流量为2100立方米/秒，最高水位45.14米。6月7日入梅后遭受第9号台风“灿鸿”及7月17、18日强降雨过程，全县14个乡镇（街道）不同程度受灾，造成直接经济损失6976.82万元、受灾人口3138人。其中农业直接损失1260.1万元，农作物受灾面积579.267公顷；损坏堤防138处12.06千米，冲毁灌溉设施（堰坝）73座，水利设施直接经济损失2889.1万元。

县防汛防旱指挥部办公室在汛期储备物质编织袋10万只，土工布4600平方米，砂石料1.5万立方米，救生衣1600件，挖掘机5台，便携式工作灯、强光探照灯、电缆等防汛抢险物资；完善由气象、水利、国土、交通、工程局、供电、建设、卫生等部门组成的应急抢险救援专家库，投入使用建筑面积700余平方米县防汛物资储备仓库；对全县14个乡镇（街道）1650平方公里防治区内82个自然村进行社会经济调查、涉水工程补充、历史山洪灾害调查，对56个沿河村落进行详查；补充完善监测系统、预警系统、县级山洪灾害监测平台、群策群防体系等。汛期发出预警通知单126份、内部明电13份、分水江调度令46份，启动防汛1次Ⅲ级应急响应。山洪灾害信息6.5万条次，发布台风、暴雨预警信息10万余条。全县大中型水库拦蓄洪水8060万立方米，其中分水江水库入库洪峰流量2570立方米/秒，拦蓄洪量4600万立方米，削峰率20.6%；肖岭水库最大入库流量247立方米/秒，最大下泄流量229.6立方米/秒，拦蓄洪量3460万立方米。实现全县安全度汛，无人员伤亡。

【水政执法】 2015年，县水利水电局水政监察大队加强对“两江”及小流域砂石资源管理，全年出动巡查520余次，出动人员1400余人次，立案查处25起水事违法案件，罚没款74.7万元，维护了全县水事秩序，保护河道砂石资源。办理群众投诉和来信来访，受理县领导批示信访件6起，“12345”县长公开电话72起，“110”社会联动接警34起，电话举报110起。

【水土流失治理与管理】 2015年，县水利水电局落实水土保持“三同时”制度，狠抓“审批关”“检查关”“验收关”三关，审批水土保持方案27件，审批项目监督检查20余次；完成对龙伏溪、清渚江小流域水土流失综合治理，新增水土流失治理面积2026公顷、封育治理面积1625公顷。

桐君街道阆苑双溪生态河道

【水资源管理】 2015年，县水利水电局“实行最严格的水资源管理制度，以水定产、以水定城，建设节水型社会”，编制完成《桐庐最严格水资源管理制度工作实施方案》《桐庐县水资源保护规划》，实行全县水资源管理考核制；推进取用水管理，规范取水许可；严格按照法律法规规定审批，特别对计量安装、水资源论证、涉及第三方利益告知、公告、公示等方面予以完善；对超许可取水、满两年未取水、未按计量取水、取用地下水等行为予以规范。重新审批杭州华元基础材料有限公司等2家取水户；规范水资源监测统计管理，落实水量控制红线；做好对全县水功能区和地下水水质监测、用水总量统计，企业取水实时监控等工作。打击非法取水，开展全县制砂企业非法取水整治专项行动，全面调查全县砂场，对非法取水发出责令停止违法行为通知书22份，责令限期整改通知书11份，立案查处一起，处罚2.5万元；实行按季征收为主的水资源费征收制度，全年征收水资源费665.4万元。

【河湖管护体制机制创新试点县建设】 2015年1月，桐庐县入围全国第一批河湖管护体制机制创新试点县，实行“管护主体、管护形式、管护服务、管护手段”四位一体的河湖管护体制，开展“农村河道堤防管理养护示范点”“山水林田湖一体化”建设工作。重点实施了莪山畲族乡龙伏溪小流域水土流失综合治理，把治水与治山、治林、治田有机结合起来，探索“山水林田湖生命共同体”试验区建设；对分水江沿线已建设的标准堤防养护工作进行改革，实行属地管理，沿线乡镇建立堤防管理站，作为堤防管理主体。全县实行以奖代补的河湖管护工作，县对乡镇进行季度考核、年度总评，根据结果好差实行以奖代补，实现了河湖管护的规范化、专业化和法制化，达到全县水域不萎缩、功能不衰减、生态不退化的生态建设目标。

【水利工程质量监督与安全生产管理】 2015年，县水利水电局强化对水利工程质量监督，加大对水库除险加固、河道堤防建设等工程实体隐蔽工程、重要部位的监督检查。全年受理新建项目质量监督申请12个（共18个标段），开展质量检查活动59次，发出工程质量抽查意见书或检查记录5份。审核工程施工质量检测与评定资料36套，参加有关水利工程验收14次（22个单位工程），核定单位工程施工质量等级17个。

是年，县水利水利局加强安全生产制度建设，制定并落实《关于开展水利行业重点场所消防安全专项治理工作的通知》《桐庐县水利工程建设落实施工方案专项行动工作方案》《桐庐县水利水电局2015年“安全生产月”活动方案》《桐庐县水利水电局开展水利工程领域事故隐患排查整治专项行动方案》等安全生产专项方案。开展水利建设工程安全监督检查，对富春南渠海康威视区块改线工程、百江六坑水库除险加固工程，清渚江、龙伏溪小流域水土保持综合整治等11个新建水利工程项目，以及白塔岭水库除险加固工程、富春南渠主城区提升改造工程等5个续建水利工程项目开展安全生产监督检查累计20次，检查人员70余人次，发现安全隐患18处，形成相关检查记录15份。

【农村小水电管理】 2015年，桐庐县有小水电站67座，总装机80775千瓦，全年发电量2.5亿千瓦时。县机电管理站加强对农村水电站的安全管理，落实安全生产大检查、实施农村水电站安全生产标准化创建。落实县内农村水电安全生产双主体责任人和防汛安全责任人，抓实安全生产标准化创建工作。完成毕浦电站、五里亭电站、肖岭二级电站3座试点标化创建试点电站的评审工作，其中五里亭和毕浦电站达到农村水电站安全生产标准化二级的标准；肖岭二级达到农村水电站安全生产标准化三级的标准，对坞口一级电站报废重建，改造后总装机400千瓦。

是年，完成小型机电排灌工程项目建设，解决灌溉和排涝等问题，小型机电排灌工程总投资377万元，涉及18个项目。对百江村方家畈机埠、金家村岩脚下排涝站、上四村义井畈排涝站、合村村支援机埠、三源村茆源机埠、尖山脚机埠、金家弄机埠、孙家小山头机埠、五联江口机埠、石阜东方澳水闸、会山江口灌溉机埠、张家溪口排涝闸、金茂姚家机埠、母岭村三角畈排水泵站、梅蓉前江机埠及涵管改造工程、濮家庄村学校机埠、濮家庄轮船码头机埠等20座机埠的机电设备、引水系统和泵房老化及破损的设备设施进行更新改造（新建）。

【水行政审批】 2015年，县水利水电局水利窗口受理行政许可90件。其中，受理水土保持许可审批26件，取水许可60件，涉河涉堤许可审批4件，办结率100%；办理企业及项目经理备案767件次；参与中心、发改、城建等部门组织的并联审批89次，出具审查意见89份。在县级平台的招投标中，监管30个项目49个标的（合计中标价17600.33万元）招标；参与标后监管23项次；处理投诉1次；参与约谈施工企业5项次。推进浙江政务服务网桐庐审批平台建设，对取水许可的延续和变更、开发建设项目水土保持方案报告表审批、入河排污口设置同意审核、水工程建设规划同意书审查、河道管理范围内采砂活动许可等6项许可纳入四星级管理；规范中介（技术）机构服务模式，按照“审批最快捷、办事最方便”要求，完成对在桐开展业务的中介（技术）机构在桐庐县中介机构服务网上进行注册登记、完善机构信息各审核工作。

【党风廉政建设】 2015年，县水利水电局党委切实履行党风廉政建设责任制，与党员干部签订责任书等。加强党员干部队伍建设、内部管理以及对水利重点工程领域的监管，杜绝工程领域职务犯罪。全年开展正风肃纪活动30次，明察暗访活动4次，专项检查活动2次，问责工作人员2名，发送廉政信息45条，受益人数3300人次，廉政橱窗出刊19期，办结信访件3件，效能投诉件9等，切实推进全局党风廉政建设和反腐败斗争的深入开展。

（林晓箐）

·分水江水利枢纽工程管理局·

【电站防洪安全】 2015年，分水江水利枢纽工程管理局落实防汛抗旱责任制，完成水库运行控制运用计划和毕浦电站防御洪水预案、分水江水利枢纽工程安全应急预案编制。组织分水江水库防汛安全大检查，明确防汛责任，完善防汛指挥系统及防汛抢险队伍建设。加强分水江大坝防洪设备及观测设备日常巡查及维修养护，对防洪设备及观测设备日常巡查36次；采用定期巡查和重点巡查相结合的方法，对库区大坝和防洪堤巡查60余次。加强与县防办、分水江电站、毕浦电站的协调，做好防汛调度工作，接收县防指调令48条，调度洪水9次。全年对库区5个排涝站水位进行实时监控，掌握安全运行工况，确保保护区内农田防洪安全。

【国有资产保值增值】 2015年，分水江水利枢纽工程管理局完成分水江电站、毕浦电站生产发电任务，分水江电站完成发电量10182万千瓦时（年初目标任务5250万千瓦时），完成任务187%，销售收入5143万元（年初目标任务2750万元）；毕浦电站完成发电量5454万千瓦时（年初目标任务2750万千瓦时），完成任务208%，销售收入2808万元（年初目标任务1350万元）。

【水域环境治理和国土山林资源管理】 2015年，分水江水利枢纽工程管理局打捞漂浮物近2000吨，降低漂浮物对饮用水水质影响。推进分水江库区漂浮物机械化打捞站项目建设，于10月份投资259.8万元采购漂浮物机械化打

分水江水利枢纽工程垃圾打捞船

捞船只，12月中旬下水工作，可日处理垃圾百余吨，提升库区水面漂浮物打捞力度。加强渔政巡查，对库区电鱼行为进行专项打击，缴获大电瓶6个。严格管理水资源，采取“以鱼养水”等生物综合防治措施，全年放养鱼苗50万尾。加强库区现有国有山林1762.33公顷和国有土地10.35公顷管理，全年内未发生一起森林火灾和重大案件。

【“五水共治”项目】 2015年，分水江水利枢纽工程管理局提高生态库区建设水平，推进“五水共治”三年行动计划，投资498万元完成分水江水利枢纽库区防护工程富家段和后岩段提升改造工程。

【涉农补偿发放】 2015年，分水江水利枢纽工程管理局多次与临安市移民安置工作指挥部协商，商定2015年桑蚕补偿款242.8万元；库区桐庐境内抬高复耕土地46.73公顷，确定补偿金额68.8万元，完成受淹桑园补偿费用311.6万元。

【水雨情信息化建设】 2015年，分水江水利枢纽工程管理局严格落实大坝、防洪堤巡查制度及水雨情报告，按水库巡查规范要求完成年度大坝巡查和防洪堤巡查工作任务，全年向省市防办、临安市和县防办报告水雨情，共计181条，无错报迟报现象发生。洪水预报采用人工预报和自动化预报相结合，做到洪水期间每3小时1次滚动预报，共25次。

（陈 茵）

·气 象·

【概况】 2015年桐庐县气候特点是：气温偏高，为历史第四位；降水量偏多，为历史第二位；日照偏少创历史纪录。全年未出现重大灾害性天气，气候条件属一般年景。具体为：冬春季气温偏高起伏大。冬季气温高，未出现明显降雪。春季气温起伏大，4月出现倒春寒天气。入梅早出梅迟，梅雨期长，梅雨量偏多，出现洪涝灾害。夏季气候异常，高温天气少，为历史第二位，出现历史罕见多雨寡照凉夏天气。深秋至冬季气温偏高，雨量多日照少，创历史纪录。

【日照】 2015年，桐庐县总日照1200.2小时，较历年和上年分别偏少29%和17%，创历史最少纪录。除2月、4月接近历年或较历年同期偏多外，其余各月均偏少。特别是5—12月日照持续偏少，其中6月、11月为历史同期最少，7月偏少为历史同期第二位，9月偏少为历史同期第五位，5月和12月偏少为历史同期第六位。

【气温】 2015年，桐庐县年平均气温17.4℃，较历年和去年分别偏高0.6℃和0.1℃。气温偏高为1959年有气象记录以来的第四位。全年除7月和9月接近历年或偏低外，其余各月均偏高或接近历年。全年正积温6329.1℃，较历年偏多166.0℃，但较上年偏少115.1℃；全年除2月接近历年、7—8月和12月较历年偏少外，其余各月均偏多。＞10℃的有效积温为3051.1℃，较历年偏多80.4℃，但较上年偏少55.0℃。其中7月特少，为历史同期第二位。2015年极端最低气温-4.2℃，出现在2月10日，较历年和上年的极端最低气温偏高5.3℃和0.7℃。全年极端最低气温≤0℃的冰冻天气17天，较历年和上年分别偏少11天和12天。2015年极端最高气温为38.8℃，出现在8月4日，较历年极端最高气温偏低3.1℃，较上年的极端最高气温偏高1.0℃。全年极端最高气温≥35℃的高温天气15天，较历年和去年分别偏少18天和7天，高温日数之少仅次于1999年（14天）。≥37℃的炎热天气8天，较上年偏多4天。

【雨量】 2015年，桐庐县总降水量为1970.9毫米，较历年和去年分别偏多31%和25%，雨量之多为历史第二位。全年除1月、3月、6月和10月较历年偏少，其余各月均较历年偏多。其中7月和11月偏多，分别为历史同期第二位和第三位。全年出现5个暴雨日，较历年偏多2天，但较上年偏少1天。暴雨分别出现在4月6日、6月8日、7月5日、8月9日以及11月17日。年最大日雨量为66.6毫米，出现在6月8日。年雨雪日175天，较历年和去年分别偏多19天和25天。全年除2月、3月、4月、9月和10

月较历年同期偏少或正常外，其余均偏多。其中年雪日10天，较历年偏少1天，但较上年偏多3天；积雪天数仅1天，较历年和去年分别偏少5天和6天。全年最大积雪深度桐庐城区为1厘米，部分山区为5厘米，出现在12月6日。

【主要界限日期及天气现象】 入春：3月12日起连续5天日平均气温≥10℃，进入春季，较历年偏早12天，但较上年偏迟1天。

入夏：5月18日起连续5天日平均气温≥22℃，达到气候上的入夏标准，进入夏季，较历年和去年分别偏早8天和2天。

入秋：9月13日起连续5天日平均气温<22℃，进入气候意义上的秋季，较历年和上年分别偏早11天和17天。

入冬：11月25日起连续5天日平均气温<10℃，进入气候意义上的冬季，较历年和上年分别偏早4天和8天。

霜：2015年终霜日出现在2月21日，较历年和上年分别偏早14天和11天；初霜日出现在12月4日，较历年和上年分别偏迟8天和15天；全年无霜期285天，较历年和上年分别偏多22天和26天。

回暖日：日平均气温稳定通过10℃的回暖初日出现在3月12日，较历年提早12天，接近上年。终日出现在11月24日，较历年和上年分别偏迟3天和7天。

秋季低温：23℃的秋季低温初日出现在9月13日，和历年持平但较上年偏早5天；20℃的秋季低温出现在10月9日，较历年和上年分别偏迟10天和3天。

雷暴：2015年雷暴日25天，较历年和上年分别偏少13天和16天。

雾霾：2015年出现大雾68天，较历年和上年分别偏多27和10天，大雾日之多创历史纪录。全年出现霾日57天，较历年偏多45天，霾日偏多为历史第三位，但较上年少66天。

风：年平均风速1.9米/秒，历年平均为1.6米/秒；年最多风向为西北偏西（WNW），频率为22。瞬时风速≥17米/秒的大风日数为2天，分别出现在5月15日（17.5米/秒）和7月29日（19.8米/秒）。

·主要天气事件及其影响·

2015年，桐庐县出现梅汛期暴雨洪涝、夏季强对流、台风、秋季连阴雨等灾害性天气，但未出现重大灾害性天气，总体灾害影响属偏轻年份。

【梅汛期暴雨及其影响】 桐庐县2015年6月7日入梅，比常年平均（7月13日）偏早；7月12日出梅，比常年平均（7月6日）偏晚；梅雨期35天，比常年偏长（常年平均22天）；全县平均梅雨量486毫米，桐庐城区433.6毫米，较常年（288.4毫米）。梅汛期呈现以下几个特点：梅雨期长，梅雨量明显偏多，但分布不均匀。2015年梅雨期35天，比常年偏长13天。桐庐城区梅雨量比常年平均偏多50%。梅雨期间在6月8日和7月5日出现两次区域性暴雨天气过程。梅中有台。2015年梅雨后期受到第9号强台风“灿鸿”影响，南部乡镇多地出现暴雨，局地大暴雨天气。台风影响结束后快速出梅。气温异常，日照特少创纪录。7月出现历史罕见的低温。受冷空气和低层偏东气流的影响，7月上旬中期我县出现历史罕见的阴雨低温寡照天气，7月6日、7日平均气温分别为18.5℃和18.9℃，均破了桐庐有气象记录以来7月的最低纪录。梅雨期间总日照56.1小时，较常年偏少67%，创历史同期最少纪录。

梅汛期暴雨：6月8日桐庐县出现区域性暴雨。据县自动气象站网监测，6月7日下午桐庐县出现降雨并逐渐增大，7日桐庐站雨量27.5毫米，后半夜起随着强降雨带开始影响，自西向东雨势增大，8日夜里起雨势减弱，9—10日以阵雨天气为主。这次过程全县累计面雨量149毫米，最大的合村乡岭源230.6毫米，西北部有6个自动站雨量在200毫米以上。其中8日全县平均面雨量88毫米，桐庐城区66.6毫米，降水大的有合村乡岭源146.9毫米、分水镇印渚144.8毫米，超过100毫米的自动站有13个（全县43个自动站）。各地出现不同程度的灾情。

据桐庐县防汛防旱指挥部统计，此次暴雨过程全县11个乡镇（街道）848人受灾，转移139人，直接经济损失711.8万元。其中农林牧渔业直接经济损失127.8万元。农作物受灾面积428公顷，其中粮食作物105.67公顷；农作物成灾面积104公顷，其中粮食作物35公顷；粮食作物绝收面积0.533公顷；因灾减产粮食0.0054万吨；经济作物损失102.8万元。工业交通运输业直接经济损失6.0万元。水利设施直接经济损失578.0万元，损坏堤防52处2.3千米，损坏护岸39处，损坏灌溉设施23处，损坏机电泵站1座。

7月5日受到高空槽东移影响，全县出现系统性强降雨过程。据县自动气象站网监测，累计面雨量53.8毫米，桐庐城区50.3毫米，降水较大的新合80.1毫米。由于降水总体较为均匀，加上前期梅雨量偏少，未出现灾情。

【台风】 台风“灿鸿”：2015年第9号台风“灿鸿”于6月30日20时在西北太平洋洋面上生成，7月9日23时发展成为超强台风，11日16时40分在舟山朱家尖登陆，登陆时近中心最大风力14级，登陆后向北偏东方向移动，强度逐渐减弱。对桐庐县的影响主要在7月10日白天到11日。

受台风外围环流影响，7月10日08时到11日20时桐庐面雨量56毫米，桐庐城区49.1毫米。全县雨量分布特别不均匀，南多北少，雨量大的有凤川外源206.3毫米、富春江镇芦茨181.2毫米、凤川甘竹176.6毫米，有6个自动气象站雨量超过100毫米。由于降水分布不均，强度大，南部乡镇受灾较严重。全县最大阵风风力达9级。

据县防汛防旱指挥部统计，受台风影响全县14个乡镇（街道）均不同程度受灾，南部乡镇受灾较严重。全县受灾人口1250人，转移2190人，倒塌房屋26间，直接经济损失3613.24万元。其中农林牧渔业直接经济损失371.2万元：农作物受灾面积500.867公顷，其中粮食作物492.2公顷；农作物成灾面积10.667公顷万亩，其中粮食作物10.667公顷；

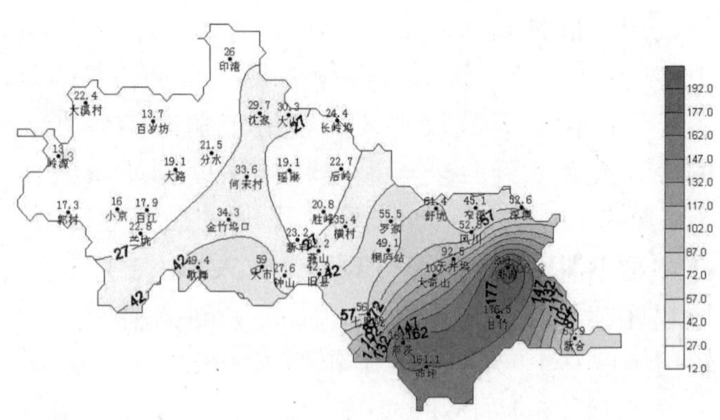

台风“灿鸿”影响（7月10日8时至11日20时）雨量分布图

农作物绝收面积8.2公顷，其中粮食作物8.2公顷；因灾减产粮食0.0012万吨；经济作物损失162.5万元。工业、交通运输业直接经济损失1054.24万元：停产工矿企业28个，公路中断2条次，供电中断22条次。水利设施直接经济损失1997.6万元：损坏堤防71处8.06千米，损坏灌溉设施16处。

台风“苏迪罗”：2015年第13号台风“苏迪罗”（英文名：Soudelor；名字来源：密克罗尼西亚；名字意义：传说中的酋长）于7月30日20时在西北太平洋洋面上生成，生成后一直向西偏北方向移动，强度最强时为超强台风等级（维持66小时），8月8日4时40分第一次登陆台湾花莲，登陆时强度为强台风等级（15级，48米／秒），8日夜里22时10分再次在福建莆田秀屿区沿海登陆，登陆时近中心最大风力13级（38米／秒），中心气压970百帕。登陆后强度减弱，穿过福建、江西、安徽等地。7日下午起受台风外围的偏东气流影响，桐庐县出现阵雨局部雷雨天气。据县自动气象站网监测，到11日20时，全县平均面雨量123毫米，桐庐城区107.8毫米。全县雨量分布总体较均匀，雨量最大的是金竹坞口175.6毫米。其中9日各地出现暴雨，桐庐城区61.7毫米，全县平均面雨量57毫米。由于降雨较为均匀，各地未出现灾情。

【强对流天气】 “7月17日、18日”短时强降水受副热带高压减弱和弱冷空气的共同影响，17日和18日傍晚到上半夜桐庐县出现系

桐庐县凤川街道受淹道路

统性雷阵雨天气，全县大部分乡镇出现短时暴雨，特别是瑶琳、百江、分水等北部乡镇出现不同程度的灾情。据县防汛防旱指挥部初步统计，17日受强降雨影响，瑶琳、分水、百江、横村等乡镇及交运系统受灾严重，直接经济损失560.5万元。其中交运系统损失344.7万元。

18日受强降雨影响，瑶琳、富春江、横村、钟山等乡镇直接经济损失达2803.08万元，其中瑶琳镇1097.78万元、富春江镇960.5万元。

雷雨大风：受冷暖气流交汇影响，5月15日下午桐庐县局地出现强对流天气，桐庐站出现17.5米/秒瞬时大风。由于大风持续时间短，无灾情。

【高温】 桐庐县2015年7月12日出梅后受副热带高压控制，出现阶段性的高温天气，高温天气主要出现在7月26—29日和8月1—6日。全年日最高气温≥35℃的高温天气15天，较历年和去年分别偏少18天和7天，为历史第二少。≥37℃的炎热天气8天，较上年偏多4天。全县未出现旱情。

【深秋初冬多雨寡照天气】 由于大气环流异常，西南暖湿气流强盛，北方冷空气补充影响，受冷暖气流持续交汇影响，2015年11月4日至12月14日桐庐县出现持续性多雨寡照天气，其中11月17日出现大雨到暴雨，全县平均面雨量44毫米，桐庐本站52.0毫米，是历史同期第4次出现暴雨的年份（1981年、1997年和2009年），12月5日各地出现降温降雪天气过程，部分山区积雪在5厘米以上。据资料统计分析，该期间累计雨量316.1毫米，雨日28天，日照43.9小时，雨量雨日之多、日照之少均创历史纪录。持续的阴雨寡照天气，对各行业均造成了不利影响。

事件影响评估：创历史的持续阴雨寡照天气对桐庐县的秋收冬种产生不良影响，晚稻收割推迟，局部地区水稻出现倒伏、稻穗发芽等现象；由于晚稻收割推迟，相应影响了油菜等冬种作物播种。阴雨寡照不利春花作物生长，植株根系发育不良，株体纤弱，长势差，已播油菜苗情偏差。据县农业局调查，10%的已播油菜已毁。

2015年11月4日至12月14日桐庐县降水量、日照时数

表18

项目	雨量（毫米）	雨日（天）	日照（小时）
2015年	316.1	28	43.9
历年平均	93.7	13	165.1
历史排名	历史最多	历史最多	历史最少
历史第二位	279.8（1997年）	26（2000年 ）	89.3（2006年）

持续阴雨寡照，不利蔬菜及大棚作物生长，大棚内湿度大，湿渍害严重，蔬菜出现黄叶、腐烂，病害发生较重，开花授粉受影响，挂果率减少，畸形果增多，造成本地蔬菜市场供应少、价格高等。

影响室外在建工程的工期，对旅游业也有不利影响。

阴雨寡照天气造成秋收作物作物光合作用不足，营养成分积累少，影响品质提升，收获期推迟，同时因持续阴雨影响，收获进度缓慢，收获的秋收作物也因水分含量高，造成储存困难。

降雨多虽然增加了蓄水，但也造成部分地区山塘水库水位偏高；长时间降雨导致土壤水分饱和，滑坡型地质灾害长时间处于较高风险状态。

·气象工作·

【气象预报预警服务】 2015年，县气象局向政府及有关部门发出气象专题服务材料113期，其中气象呈阅件3期、重要天气专报16期。台风影响期间，发布台风报告单42期。每天发布常规地质灾害预报短信，全年累计21万条，森林防火短信37万条。通过电视、气象网站发布发布预警信号56次（霾黄色1次、大雾橙色8次黄色9次、暴雨黄色8次蓝色5次、雷电黄色18次、大风黄色2次、台风黄色1次、高温橙色4次），预警服务短信153条42.8万人次。向县委、县政府领导及部门相关领导和防汛、地质灾害、森林防火巡查相关人员、协理员信息员等每周一发布一周天气预报及每天发布近两天的预报，累计88万条。7月10日12时在9号台风“灿鸿”影响期间，发布台风预警全网短信一次，共40.3万余人（其中移动272772人、电信102921人、联通27508人）。每天通过桐庐气象微博微信，发布常规天气预报及不定时的气象灾害预报预警信息。

【气象为农业服务】 2015年，县气象局撰写农业气象服务材料91篇，其中月度气候条件评价12期、年度气候条件评价1期、一周农事天气预报及秋收冬种专报等61期、粮食茶叶特色农业气象服务材料14期，3期灾情评估报告。桐庐电视台“农民之友”栏目气象稿及华数数字兴农预警平台一周农事气象分别发布52篇，协助撰写《今日桐庐》每周一篇民生气象通讯。通过农民信箱，为全县79个涉农企业、449个专业合作社、811个农业专业大户、720个农机大户和42家农家乐进行农业气象情报、气象灾害预警的全覆盖服务，通过每周一次及灾害性天气来临前的气象服务短信，对出现的低温寒潮、大雪、春季连阴雨及晚霜冻、倒春寒、梅汛期暴雨、凉夏多雨及台风暴雨和秋季连阴雨天气等进行全方位服务，提供产前、产中、产后重大农业气象灾害、生长关键期转折性天气的预报预警服务，分析不利天气对生产造成的影响，提出合理相关的农事建议，为农业气象防灾减灾提供气象保障服务。做好农业气象服务站网建设，完成江南镇黄家村螃蟹站、富春江镇七里泷药材站、富春江蒋家埠站和分水大路站4个农业设施站点建设工作，并实现观测数据在线实时显示。

【空气质量AQI预报及生态气象服务】 2015年，县气象局联合环保局继续对外发布新环境空气质量标准下空气质量（AQI）预报，内容包括空气质量等级和首要污染物。利用空气质量数值预报模式的预报信息、结合实况监测及污染物扩散气象条件，综合订正后通过桐庐电视台、《今日桐庐》、桐庐政府网、桐庐天气网和“96121”声讯电话对外发布。12月1日起，增加各乡镇的空气质量实况监测和预报。每天8时通过气象短信平台，给县领导和相关部门领导发布前一天空气质量实况、当天及未来一天空气质量AQI预报。每月发布桐庐县生态气候公报，年初发布2014年空气质量气象分析报告。

【电台天气实时连线直播】 2015年，县气象局与县广播电台联合，天气连线直播栏目——《田园气象站》继续每周一次，电台主持人以问答形式，连线直播未来一周天气预报及对农业影响和相关农事建议。天气连线直播栏目——

《春江气象站》，在每周一至周五，电台主持人实时连线气象值班预报员，以问答形式，播报最新气象信息，包括天气实况、天气预报、空气质量、结合天气日常生活注意事项等，不定期结合天气特点和相关活动将气象防灾减灾科普知识融入到栏目内。

【电视天气预报节目】 2015年，桐庐县《天气预报》电视节目以气象主播的形式播报。节目在原来播报各乡镇（街道）天气、森林火险和地质灾害等级预报、天气趋势预报、部分风景区负氧离子等级播报、空气质量（AQI）实况及预报的基础上，12月1日起增加各乡镇的空气质量实况和预报。

【基层气象防灾减灾体系建设】 2015年，桐庐县新建3个新农村建设村级气象防灾减灾标准化建设村，莪山畲族乡作为全国气象防灾减灾标准化建设乡镇已通过杭州市初审。新增5家气象灾害防御重点单位。100%的行政村完成预警网格体系建设，全县46所学校、5所县级医院和码头车站等重要公共场所建立气象灾害预警信息接收和传播机制。

【气象现代化建设】 2015年，桐庐县升级百江、瑶琳、新合、钟山等7个区域气象监测站点，窄溪、歌舞、钟山、瑶琳4个雨雪冰冻观测站点建设按计划有序推进。全年，启用全新气象数字电视全网发布平台和农村应急广播气象预警信息发布实施插播系统。简化输入、传输和审核等操作，实现实时发布和分区预警，实现根据雷达回波影响范围进行预警对象地图圈选功能，提高气象预警发布的时效性、针对性和准确性。

【生态旅游气象服务】 2015年，桐庐县新建3个负氧离子监测站。至2015年底，全县有大奇山、白云源、天子地、瑶琳国家森林公园、天龙九瀑、莪山秘境、大溪漂流、江南8个负氧离子监测站，形成更科学、更贴近产业布局的生态气象监测站网，为服务生态桐庐建设提供科技支撑。通过采集、分析负氧离子监测站网各站点的数据，每天在桐庐气象节目中播报监测实况。

【“五水共治”气象服务】 2015年，桐庐县开展城市气象灾害普查，和浙江省气候中心合作，11月底完成暴雨强度公式修订。强化人工增雨作业体系和能力建设，为“保供水”提供气象保障。

【气象依法行政】 2015年，县气象局对行政许可、非许可和便民服务权力事项再次进行梳理及上报行政许可4项、便民服务事项1项，审批事项的承诺时限压缩至18个工作日，行政许可权力清单在浙江省政务服务网上进行公布；推进工业企业“零土地”技术改造项目审批方式改革工作。与县行政审批制度改革领导小组办公室、经信局、住建局、国土局进行多次讨论开展协调会，为两个项目以零地技改项目进行申报；清理审批事项，取消升放无人驾驶自由气球、系留气球单位资质年检事项，取消雷电灾害风险评估、防雷产品测试报告申报材料，同时更新相关申请书、一次性告知清单、流程图；加强中介机构管理，邀请办理防雷装置施工图设计审核的每位用户对设计院进行个性评价，结合施工图设计的质量，完成对中介机构的个性考评工作。

【气象科普宣传及培训】 2015年，县气象局通过桐庐政府网、桐庐县气象网、气象微博、气象电子显示屏、桐庐发布等途径发布气象科普知识。对气象协理员、信息员气象科普知识培训5场。开展百场电影下乡镇、千名市民进台站气象科普活动。在“3·23”世界气象日、“5·12”防灾减灾日、“6·23”防雷宣传日、“科普活动周”“安全生产宣传月”等活动中，通过各种方式向社会宣传气象防灾减灾知识。组织教育系统中小学校长专项培训1次，指导学校防雷安全隐患整改工作要点与防雷应急处置方法。组织旅游行业安全负责人气象灾害防御培训2次，全面提升相关行业应急处置能力。

【人工增雨作业】 2015年，县气象局根据需要适时开展人工增雨作业。1月6日、2月20日、4月2日分别在百江镇苎坑村和瑶琳镇蒋家自然村进行人工增雨作业，效果明显，有效缓解旱情，降低森林火险等级。

【新气象观测站建设】 2015年，县气象局总投资1208万元的新气象观测站建设项目，完成山林围栏安装、上山道路和业务楼土建工程。

【防雷减灾社会管理】 2015年3月30日，县气象局与旅委联合发布《关于开展我县旅游行业防雷安全专项检查的通知》，对检查中发现的问题责令责任单位立即整改，并签订具体落实整改措施承诺书。与县教育局制定检测与工程勘察同步开展、设计与施工分期实施的整改方案，完成全县60所中小学校舍防直击雷装置的一期整改，并达到安全要求。与县安监局、旅委合作，对印象富春江、天目溪漂流、虎啸峡、凤凰谷、百岁峡、雅鲁激流、浪石金滩7个旅游漂流行业气象灾害防御工作隐患进行排查，明确企业隐患排查主体责任和气象预警信息接收传播渠道。指导暴雨、山洪、地质灾害、雷电等气象灾害防御制度、方案的建立，全程跟踪、监督景区防雷工程性措施的落实，组织防灾技术培训1次、整改工程图纸审核与现场指导13次、专项检查与协调会议2次，完成大型漂流景区气象灾害应急预案等管理制度制定。4月19日发布《关于开展2015年防雷安全专项检查的通知》，成立执法检查专项小组，先后抽查4家加油站、4家储气站、13家危化品生产经营单位。8月17日，根据浙江省气象局发出《关于进一步加强安全生产工作的紧急通知》，对全县防雷重点单位和危险化学品单位进行全面排查，对排查出的“桐庐秀峰加油站”等存在防雷安全隐患的8家单位进行强力督促，并整改完成。10月25日，向县政府办上报《关于调整气象灾害防御重点单位和防雷重点单位的报告》，将防雷重点单位由85家增加到102家，扩大防雷安全管理覆盖面。是年，成立专项服务小组，对由腾讯视频、东方卫视、湖南卫视三家媒体联合开展的“我们15个”电视直播节目给予全面服务，组织专项工作会议2次，分期验收3次，职工专项培训1次。2015年共审核工程设计图纸87项，出具整改意见书84份；竣工验收329幢建筑物；定期检测162家单位；走访“桐庐县滨江建设柴埠区块”等8家重点工程，经第三方服务对象回访，社会满意率为100%。

注： 文中“历年或历年平均”为1981—2010年的30年平均资料，“历史纪录”为1959年有气象资料以来。

（章莹菁）

【责任编辑　郑巧丽】

工 业 经 济

·综 述·

【概况】 2015年，桐庐县经济和信息化工作围绕县委、县政府决策部署，以打造“美丽经济”为总目标，积极认识新常态、适应新常态、引领新常态，以“上规模、稳增长、调结构、优服务”为主线，以“三实”活动为抓手，以“四换三名”为载体，全面实施五大计划，深入推进“工业强县、低碳桐庐”建设，全县工业经济稳步发展。全年实现工业总产值834.6亿元，同比增长4.1%；实现规上工业销售产值484.6亿元，同比增长3.8%；规模工业增加值97.78亿元，同比增长6.9%；限上工业投资91.68亿元，同比增长34.3%。是年，桐庐县荣获全省经济和信息化工作优秀县（市、区）以及杭州市工业和信息化目标责任考核一等奖，县经信局“零土地”技改审批方式改革获全县改革创新项目二等奖，并荣获全县经济责任制考核一等奖。

【“十二五”时期工业经济圆满收官】 2015年，桐庐县实现工业销售产值834.6亿元，比2010年增长51.7%；规上工业销售产值484.6亿元，比2010年增长52.82%；规模工业增加值97.78亿元，比2010年增长31.96%；人均工业增加值21.93万元/人，比2010年增长19.1%；限上工业投资91.68亿元，比2010年增长103%；规模工业企业400家，比2010年增长29.5%；亿元企业108家，比2010年增长50%；新产品产值率34.86%，比2010年增加14.8个百分点；工业外贸出口146.39亿元，比2010年增长27.9%。“十二五”期间，分别荣获2012年度浙江省工业企业长效服务工作一等奖、杭州市先进单位；2013年度杭州市工业和信息化目标责任考核二等奖、节能降耗工作先进单位、首次进入全国电子商务百佳县；2014年度再次荣获全国电子商务百佳县（41位）、全省经济和信息化优秀县、杭州市工业和信息化目标责任考核一等奖，浙江省工业投资和“机器换人”技术改造考核二等奖。成功创建省级出口针织产品质量安全示范区、杭州市电子商务产业园。“十二五”期间，淘汰落后产能三年行动计划圆满完成，节能降耗五年任务四年完成。

【工业经济运行】 2015年，桐庐县工业经济呈现前低后高平稳增长的态势，工业结构进一步优化，信息经济贡献度进一步增强，主要经济指标继续名列全市前列。全年新产品产值率34.86%，同比增加2.2个百分点；新增规模企业44家，完成年度目标的146.7%；信息经济限上主营业务收入（剔重）72.34亿元，同比增长30.2%，信息经济增加值（剔重）19.11亿元，同比增长20.1%。其中规模工业销售产值、规模工业增加值、限上工业投资等主要指标增速继续保持全市前列。全年列入县重点26个工业投资项目，计划总投资21.5亿元，全年完成投资37.59亿元，完成计划投资的175%。海康威视、龙生股份等重大工业投资项目推进顺利，分别完成投资12亿元、1.3亿元。全年列入省重点技改项目9个，完成投资额2.4亿元；列入市重点技改项目18个，完成投资额12.6亿元。

【“333”工程】 2015年，桐庐县深入实施产业发展“333”工程，全力推进工业经济转型升级。做大做强医疗器械、汽车零部件和磁性材料三大优势产业。医疗器械产业，依托“中国医用内镜产业基地”和“省级医疗器械高新技术产业基地”，进一步发挥《关于“精准对接 精准服务”加快桐庐县医疗器械产业发展的若干意见》政策效应，促进医疗器械企业回归和做大做强。汽车零部件产业，龙生股份汽车零部件东区生产基地基建工程全部完工，开发区的汽车零部件产业园也开始筹备。磁性材料产业，美磁科技2015年8月份进入规模企业行列，磁性材料规上企业达到3家；2014年象限科技收购卓尔印花，科德磁业收购星海电子，正在建设新厂房以扩大生产。积极培育智慧安防、电子商务和生物医药三个新兴产业。智慧安防产业，海康威视一期已完成投资12亿元并投产，智慧安防小镇已获市级特色小镇，填补了桐庐县信息安全、物联网两大信息经济行业空白，两家配套企业里德电子、太平洋印务也相继落户；电子商务产业，传统产业电商应用继续深入，产业带入驻企业663家，2015年交易额达1.5亿元，买家数近7万人次，另外县内企业入驻通帮科技153家，亿企通30家，新建的江南镇世侨实业“疯向彪”平台入驻近20家。生物医药产业，浙江桐君堂中药饮片有限公司收购桐庐富昌健身器材厂，总投资2亿元的杭州金色生命饮片有限公司全部竣工。改造提升水电装备制造、针织服装、制笔三个传统产业。水电装备制造产业，在国内市场萎缩情况下，诸多企业纷纷向国外要市场，并利用先进生产加工能力向其他产业（产品）转型，浙富水电向核电、特种电机等方面拓展，天元机电实现向风电转型，鼎昊新能源向水电、汽轮机、工程机械三大领域并进。针纺织产业，以省级出口针织产品质量安全示范区建设为契机，按照“中国时尚名镇”的要求，引导产业时尚化、品牌化发展，着力提高产品附加值和竞争力；制笔产业，推进杭州中小企业公共服务桐庐平台建设，提升“中国笔业博览会”档次，以创意创新为重点的分水妙笔小镇获市级特色小镇认定。

【三年行动计划】 2015年，桐庐县以“三区”建设为统领，进一步深化杭州市“一号工程”，大力实施“信息经济三年行动计划”，基本形成“以富春江科技城为核心的杭州智慧E谷拓展区、以迎春商务区为核心的电子商务集聚区和以富春山健康城和富春江（芦茨）慢生活体验区为核心的智慧健康养生产业集聚区”三大信息经济发展主平台。以海康威视为核心的安防产业，以浙江工商大学杭州商学院为核心的人才培育基地，以及英飞特光电、金贝能源、通帮科技等一批信息经济项目快速推进，智慧产业化和产业智慧化实现重大突破。2015年实现信息经济增加值（剔重）19.11亿元，同比增长20.1%，排名全市第4位，限上主营业务收入（剔重）72.34亿元，同比增长30.2%。建立健全信息经济项目库，2015年落实智慧产业化、产业智慧化、智慧平台、智慧民生、基础设施、智慧人才工程等重点项目68个，确保项目支撑力度。泛亚卫浴和汇家卫浴入选市第一批工厂物联网项目，雅森家具入选市第二批工厂物联网项目。推进免费无线网络扩面提升，主城区免费无线Wi-Fi 350个热点建设全面完成，第二批县域重点旅游景点、重点乡镇等112个热点完成建设，县城主城区92辆公交车已实现免费无线网络全覆盖。数字桐庐地理空间框架建设项目通过验收，桐庐县地理信息公共服务平台和天地图·桐庐正式上线运行。

【“四换三名”工程】 2015年，桐庐县出台《“四换三名”规上企业全覆盖活动实施方案》，全面打好创新驱动、转型升级“组合拳”。

机器换人。围绕智能制造，以技术改造为突破口，全面推进机器换人。2015年累计完成机器换人企业167家，完成技改投资48.52亿元。同时，加快“智能工厂”“数字化车间”培育，推动云计算、物联网、智能工业机器人、增材制造等技术在生产过程中的应用，举办杭州市医疗器械行业工厂物联网、机器人推广应用对接会。

电商换市。顺应“互联网+”趋势，深化阿里巴巴“农村淘宝”项目，全面系统推进全县电子商务发展，成功创建国家级电子商务示范城市拓展区、浙江省电子商务示范县，连续两年被评为中国电子商务发展百佳县，横村村被评为“淘宝村”，城东村被评为“浙江省电子商务示范村”，第二届中国县域电商大会在桐庐县成功举行。建成村级服务站点183个，实现电商销售20.47亿元。推进电商平台建设，建成安厨商城、通帮闹市街等8个本地电商支撑平台，县内应用企业（商家）达4600余家；建成分水、横村、江南、城南等6个乡镇孵化园，入驻电商企业165家。2015年底，全县有183家企业入驻两大平台（闹市街、亿企通），其中通帮“闹市街”入驻153家，亿企通入驻30家。深入实施“满天星”计划，促进传统企业品牌建设，提升企业影响力，已有天厨蜜源、和蜂园、简派箱包、华伦服饰等4家企业加入该计划。

腾笼换鸟。注重“腾换”并举，调整产业结构。印发2015年淘汰落后产能计划，全年完成“腾笼换鸟”企业52家，完成市级以上淘汰任务26项，共腾出用能7000余吨标煤，其中关停制革企业1家，淘汰造纸生产线1条。通过追加投资、政府收储、法院拍卖、转让等方式，全年完成工业用地履约清理86.6公顷。

空间换地。大力推进城镇低效用地再开发，推进现有用地的资产升值和效益提升。全年累计完成空间换地企业83家，扩建厂房17700平方米，实现“旧厂区改造”14.3万平方米，全面完成旧厂区改造和标准厂房建设。

“三名”工程。按照合同化管理要求，深入实施县工业龙头企业和成长型企业“双培育”工程，7家龙头企业和45家成长型企业列入培育计划。突出扶优扶强，杭州桦桐家私集团有限公司等19家企业被评为2015年度县突出贡献企业；杭州煜凯服饰有限公司被评为2015年度县亩产贡献十强企业；杭州舒泰卫生用品有限公司等8家企业被认定为2015年度县品牌建设先进企业。加快小微企业成长为规模企业工作，40家企业获2015年度县小微企业规划升级奖。浙江龙生汽车部件股份有限公司俞龙生、浙江春风米兰鸥服饰有限公司叶樟虎、杭州富士达特种材料股份有限公司应建明被杭州市企业家协会评为2015年度优秀中小企业家。桐庐优视医疗器械有限公司被评为2015年度杭州市最具创新活动小微企业。

【“三实”活动】 2015年，桐庐县继续深化“三实”活动，召开全县经济运行分析会暨“三实”领导小组成员会议，分析形势、查摆问题、研究对策。开展“政企一家亲、助推开门红”专项走访活动，下发《关于在全县企业中开展“拓市场、提素质、解难题”活动的实施意见》，制订全年市场拓展、企业培训、长效服务的三个工作计划，全年组织企业开展21场培训活动、70余场市场展销活动，30余项服务企业工作。全年累计下发“三实”简报62期、“三实”通报23期，全社会发展实体、关注实业的氛围日益浓厚。

【三大改革】 2015年，桐庐县印发《关于做好工业企业“零土地”技术改造项目审批方式改革实施工作的通知》（桐政办〔2015〕91号），实行审批目录清单管理，对清单以外的“零土地”技术改造项目，项目业主（企业）按照政府设定的准入条件、建设标准和相关要求，作出具有法律效力的书面承诺，实行承诺验收制。2015年全县完成“零土地”技改立项备案33个，项目总投资4.9亿元，其中，含有带基建投资项目4个（游龙针织、水晶运动、恒圣金属、深澳机械），总投资9330万元，新增建筑面积2.1万平方米。游龙针织成为首家通过“零地技改”获得产权证的企业。制定《桐庐县高污染燃料锅炉淘汰改造工作实施方案》，淘汰改造锅炉共339台，其中改电锅炉12台，改天然气锅炉11台，改油锅炉7台，改生物质颗粒锅炉201台，拆除后不再使用供热设备95台，其他方式13台，全面完成高污染燃料锅炉淘汰改造工作。坚持“亩产论英雄”理念，深化工业企业综合评价与分类服务工作，对全县规上工业企业及其他用地5亩以上工业企业共804家开展综合评价，其中，重点保障类234家，优化保障类374家，一般保障类174家，限制发展类22家。根据四大类别进一步强化评价应用、部门协调与政策发展导向，分别制定水电气、税收、排污权交易等差别化管理政策并予以推进，促进工业经济优质、集约、节约发展。

【低碳桐庐建设】 2015年，桐庐县印发《2015年“低碳桐庐”建设工作计划》，以产业绿色低碳化为重点，秉承“绿色、低碳、高效”发展宗旨，扎实有效推进“低碳桐庐”建设，全年共完成53个大项，115个小项建设任务。细化分解能源双控目标，实行能耗下降率、总量控制“双评价”“行政问责”及“一票否决制”，圆满完成年度及十二五节能目标；对189家企事业单位和公共服务单位实行用能预算化管理；实施县级以上节能与工业循环经济项目21个，其中节水技改项目12个，总投入4000余万元，年节能量1.2万余吨标煤，节水100万吨；完成35家企业清洁生产审核，累计实施无/低费方案368个，中高费方案97个，方案共计投入13885万元，年实现经济效益5236万元，年节能量28566吨标煤；完成14家企业电平衡测试，实施电机改造、照明改造、余热利用等措施，共计投入1296万元，实现年节电量1200万千瓦时；完成7家重点用水单位水平衡测试，并成功创建浙江省节水型企业。开展“节能有道节俭有德”为主题的2015年桐庐县节能宣传周活动，共发放节能宣传资料20000余册，LED灯10000余只，环保袋6000余只。

【新型墙材发展】 2015年，桐庐县8家企业12个新墙材产品被认定为省“绿色建材产品”，3条生产线获省新墙材生产示范线。永东建材被授予首批全国建筑废弃物资源化利用示范基地，汉德邦建材获全国新型墙体材料节能减排示范企业，其研发的新墙材在省内奥体中心、市民中心、人才公寓、G20峰会，以及省外诸多项目推广应用，并出口欧洲、北美等地。新增钟山乡钟山村吴宅等8个项目1249户农户新墙材应用试点，面积24.3万平方米。同时积极推广使用预拌砂浆助推禁止现场搅拌砂浆工作，举办“干混砂浆工程应用培训班”，参训人员150余人次；组织专用车辆驾驶员两次赴富阳和余杭培训，完成市级示范项目3个、县级2个。发放散装水泥96.6万吨，同比减少7.7万吨；散装率达到100%，超目标任务9个百分点。发放商品混凝土116.05万立方，完成目标的122.2%；发放预拌砂浆27.72万吨，完成目标的138.6%。

【行业协会建设】 2015年，桐庐县经信局开展会员企业“外学内比”活动，企业联合会于4月中旬组织50家重点企业负责人赴杭州萧山、滨江，宁波鄞州、慈溪等四地，考察学习了12家企业在两化融合、智能制造、四换三名等方面的优秀做法和先进经验；5月中旬组织30家企业家协会副会长单位学习考察县内霍普曼电梯、中艺花边、康基医疗等企业，学习企业文化、品牌建设、机器换人等方面的经验。5月15日，召开第四届企业家协会、第二届企业联合会会员代表大会，选举产生新一届会长、副会长和理事，完成协会换届工作。8月份，新成立桐庐分水五金机械协会。企业联合会举办爱心助学活动，36家企业与学子结对，现场捐赠15.1万元，年底协会还与县书画协会联合举办书画义卖活动，为社会筹集善款。是年，桐庐县企业联合会、桐庐县制笔行业协会、桐庐县建材工业协会、桐庐县服装纺织工业协会、桐庐县电子商务协会被评为县先进行业协会。

【“三严三实”教育活动】 2015年，桐庐县经信局认真贯彻县委关于“三严三实”专题教育工作部署，制定《开展“三严三实”专题教育的实施方案》。2015年6月底召开半年度工作总结会暨“三严三实”专题教育党课，总结部署各项重点工作，全面推进局“三严三实”专题教育活动。局班子分别到联系支部上党课，加强局系统党建工作，深化干部队伍建设，制定《县经信局党委工作条例（试行）》，围绕党建强化基建，着力打造一支信念坚定、服务为民、勤政务实、敢于担当、清正廉洁、德才兼备的干部队伍。

【机构人事变化】 2015年，桐庐县经信局根据桐编〔2015〕7号文件精神，从2015年6月2日起，将电子商务管理相关职责划入县商务局，县经信局下属事业单位桐庐县电子商务服务中心整建制划转到县商务局管理。根据“零土地”技改审批方式改革工作需要，在县行政审批服务中心重新恢复县经信局服务窗口，派驻人员开展专项服务工作；根据局党委《关于开展中层干部选聘任用工作的通知》，通过自荐报名、资格审查、民主推荐、民主测评、组织考察，完成新一轮10个岗位中层干部的选聘工作。是年，县经信局与县财政局联合向县政府请示要求对县中小企业担保公司进行清算整合。后经县政府常务会议讨论，同意清算。是年6月，开展清算工作，担保公司停止开展新的担保业务。

2015年度桐庐县重点工业企业（50家）

表19

位次	所在乡镇（街道）	企业名称	位次	所在乡镇（街道）	企业名称
1	桐君街道	桐庐南方水泥有限公司	26	开发区	通用电气生物科技（杭州）有限公司
2	凤川街道	杭州桦桐家私集团有限公司	27	富春江镇	杭州金慧达集团有限公司
3	桐君街道	桐庐红狮水泥有限公司	28	开发区	桐庐中汽商用汽车零部件有限公司
4	富春江镇	浙富控股集团股份有限公司	29	开发区	浙江艾罗电源有限公司
5	开发区	桐庐富春江织造集团有限公司	30	开发区	浙江凯胜畜产品加工有限公司
6	富春江镇	东芝水电设备（杭州）有限公司	31	江南镇	杭州升惠机械有限公司
7	开发区	力高控股有限公司	32	城南街道	杭州舒泰卫生用品有限公司
8	开发区	浙江环益资源利用有限公司	33	桐君街道	杭州春江阀门有限公司
9	富春江镇	浙江龙生汽车部件股份有限公司	34	开发区	密尔沃基（桐庐）阀门有限公司
10	横村镇	浙江奥鑫控股集团有限公司	35	开发区	杭州欣源电梯部件有限公司
11	开发区	浙江施强制药有限公司	36	开发区	杭州老桐君制药有限公司
12	开发区	杭州泛亚卫浴股份有限公司	37	开发区	今麦郎饮品（杭州）有限公司
13	开发区	浙江瑞能通信科技股份有限公司	38	开发区	杭州新华纸业有限公司
14	开发区	中艺花边集团有限公司	39	开发区	杭州富士达特种材料有限公司
15	开发区	浙江金贝能源科技有限公司	40	江南镇	杭州运东建材有限公司
16	开发区	杭州三朵花印务有限公司	41	开发区	杭州伊贝实业有限公司
17	横村镇	杭州绫绣针织有限公司	42	横村镇	杭州水晶运动机械股份有限公司
18	横村镇	杭州游龙针织有限公司	43	江南镇	浙江中泰深冷设备有限公司
19	桐君街道	桐庐奔腾建材制品有限公司	44	开发区	杭州立升塑胶制品有限公司
20	横村镇	杭州煜凯服饰有限公司	45	江南镇	桐庐华博混凝土有限公司
21	瑶琳镇	杭州霍普曼电梯有限公司	46	开发区	福朗特机电科技有限公司
22	横村镇	桐庐宏基源混凝土有限公司	47	江南镇	杭州介通电缆保护管有限公司
23	开发区	杭州康基医疗器械有限公司	48	城南街道	杭州蜂之语蜂业股份有限公司
24	开发区	浙江汉德邦建材有限公司	49	富春江镇	浙江子陵水泥制品有限公司
25	开发区	杭州千芝雅卫生用品有限公司	50	桐君街道	浙江省桐庐汇丰生物科技有限公司

【主要工业行业概况】 针纺服装业。2015年，全县有针纺服装企业2331家，从业人员3.11万人，主要集中在横村镇、城南街道、开发区。主要产品有针织服装、梭织服装、绢丝衫、帽子、围巾、纱巾、手套等。2015年全行业实现销售产值207.7亿元，外贸出口交货值79.09亿元，利税总额15.2亿元。主要企业有桐庐富春江织造集团有限公司、杭州游龙针织有限公司等。

第二届中国电子商务峰会在桐庐召开

制笔业。2015年，全县有制笔企业1134家，从业人员1.34万余人，主要集中在分水镇，主要生产圆珠笔、中性笔、水笔等，年产量91亿余支，其中分水镇76亿余支。2015年实现销售产值82.2亿元，外贸出口交货值6.6亿元，利税总额5.61亿元。主要企业有：杭州赛欧笔业有限公司、桐庐千红笔业有限责任公司、杭州新富文具制造有限公司、桐庐光华文化用品有限公司。

机械制造及五金业。2015年，全县有机械制造及五金企业960家，从业人员2.08万余人，主要集中在富春江镇、开发区、瑶琳镇。主要产品有中小型水轮机、水轮机部件、汽车配件、健身器械、阀门、电线电缆、电梯部件、拉丝机、五金工具等。2015年实现销售产值163.6亿元，外贸出口交货值15.1亿元，利税总额7.85亿元。主要企业有东芝水电设备（杭州）有限公司、浙江龙生汽车部件股份有限公司、杭州欣源电梯部件有限公司等。

建材业。2015年，全县有建材企业536家，从业人员1万余人，主要集中在桐君街道、开发区、钟山乡。主要产品有水泥熟料、水泥电杆、管桩、耐火材料、新型墙体材料、建筑五金、大理石板材、花岗石板材等。2015年实现销售产值54.6亿元，出口交货值3.3亿元，利税总额7.3亿元。主要企业有桐庐南方水泥有限公司、浙江瑞晶特种玻璃有限公司、杭州运东建材有限公司、桐庐宏基源混凝土有限公司等。钟山乡是石材产品主要生产基地。

皮革制品业。2015年，全县有皮革制品企业366家，从业人员0.9万余人，主要集中在凤川街道、开发区、旧县街道。主要产品有箱包、皮革服装、皮革家私。2015年实现销售产值54.6亿元，实现外贸出口交货值22.7亿元，利税总额3.79亿元。主要企业有杭州桦桐家俬集团有限公司、杭州立山皮件有限公司等。

化工业。2015年，全县有化工企业69家，从业人员3434人，主要集中在开发区、桐君街道、横村镇。主要产品有草甘膦、井冈霉素、化学试剂、合成洗涤剂、食品添加剂等。2015年实现销售产值26.1亿元，外贸出口交货值12.9亿元。主要企业有浙江金帆达生化股份有限公司、杭州天龙油墨有限公司、桐庐汇丰生物科技有限公司、杭州妙洁日化科技有限公司等。

医疗器械及食品保健品业。2015年，全县有医疗器械及食品保健品企业519家，从业人员8468人，主要集中在开发区、城南街道。主要产品有蜂胶囊、冻干粉、中成药、医疗器械、饮料等。2015年实现销售产值43.8亿元，外贸出口交货值10.1亿元，利税总额3.88亿元。主要企业有浙江天松医疗器械股份有限公司、杭州吾尚生物科技有限公司、杭州富新食品有限公司、杭州蜂之语蜂业股份有限公司等。

金属压延加工业。2015年，全县实现销售产值119亿元，主要利用铜、镍、钴等金属进行加工、电镀、金属压延等，企业主要集中在江南镇、开发区。主要企业有浙江环益资源利用有限公司、浙江金鸿源金属集团有限公司、杭州润品金属制品有限公司等。

·重点企业选介·

【浙江瑞能通信科技股份有限公司】 浙江瑞能通信科技股份有限公司为国内领先的移动通信基站建设系统解决方案提供商，以新型通信基站设备及相关部件为核心产品，为移动通信运营商的基站建设提供从研发、设计、生产到运营服务的个性化系统解决方案。主要产品包括一体化快装基站、可移动通信基站、景观塔、智能多源节能管理系统等。地址位于桐庐经济技术开发区设有产品生产基地。依托自身优势和区域优势，长期致力于市场开发、高新技术运用、品质与服务的不断升级，从而获得了长足的发展。连续获得“最具成长潜力企业”“成长之星”和“重点工业企业”等荣誉称号，产品广泛用于北京、天津、重庆、浙江等地区通信运营商基站建设。

【杭州三星玉米产业科技有限公司】 桐庐三星玉米产业科技有限公司年产10万吨精炼、灌装玉米油生产项目位于桐庐经济开发区凤川区块大源溪路106号，总投资1.35亿元，建筑面积4万余平方米，包括精炼车间、灌装车间、储油罐、成品仓库、生产辅助设施、办公楼等。公司股东为长寿花食品股份有限公司（1006.HK），为香港主板上市公司，公司始建于1997年，注册资本12700万美元，是国内唯一的玉米油产业研发基地，是国内最早且规模最大的专业生产和出口玉米油的国家行业龙头企业，目前公司旗下的“长寿花”系列玉米油产品已成为中国玉米油第一品牌。桐庐三星玉米产业科技有限公司为三星集团在长三角地区的新建企业，也是桐庐经济开发区的重点项目。

【桐庐宏基源混凝土有限公司】 桐庐宏基源混凝土有限公司秉承“优质产品、优质服务”的经营宗旨和“以人为本、诚信守法、品质领先、发展创新”的经营理念，致力于创建“宏基源”品牌。拥有精良的生产设备，先进的生产工艺，雄厚的技术力量和完善的科技检测手段。通过ISO 9002国际质量标准体系认证，建立体制完善的质量控制和质量保证体系。公司地处横村镇上浦工业园区，现有员工100余人，其中专业技术人员20余人。宏基源商品砼广泛应用于桐庐的道路、桥梁及高层建设中，年产35万立方商品砼。

【浙江艾罗电源有限公司】 浙江艾罗电源有限公司是集研发、生产、服务及销售并网逆变器、储能逆变器为一体的高科技企业，是国内并网逆变器重要生产厂家。公司坐落于桐庐经济开发区，致力为客户提供一个更加先进、可靠、安全、经济的光伏产品和能源系统方案，满足世界日益增长的能源需求。产品主要遍布欧盟、澳大利亚及东南亚等地，并且在英国、荷兰、澳洲设有仓库及售后服务中心。公司自主品牌“SolaXPower”在可再生能源领域已经经营了3年，每年都参加至少5次以上的国际大型光伏产品展览会。继欧洲推出世界上第一台储能机之后，浙江艾罗电源有限公司独立自主研发并推出亚洲第一台储能机X-Hybrid。公司目前的主要产品有单相机1.5～5千瓦、三相机10～17千瓦和储能机3～5千瓦。自主品牌“SolaXPower”的光伏逆变器产品远销47个国家。

（周慧娟）

·供电·

【概况】 2015年，国网桐庐县供电公司售电量14.27亿千瓦时，同比增长3.84%；线损率4.44%，农网用户供电可靠率99.911%，综合电压合格率99.711%，连续15年实现电费回收“双结零”，安全生产日4532天。同业对标历史性连续两年进入浙江省公司第二集团标杆，荣获浙江省电力公司“对标工作先进单位”和杭州市供电公司“精神文明建设先进单位”“优秀‘四好’领导班子”等荣誉称号。

【安全生产】 2015年，国网桐庐县供电公司开展“县供电企业安全性评价”“安全生产劳动竞赛”“安全隐患排查月”等活动，被浙江省电力公司评为“安全生产劳动竞赛优胜企业”。开展“一月一主题”专项稽查，全年开展三级稽查3793次。提升应急管理，改造应急指挥中心，修订22个应急预案和11个应急操作卡。完成抗击台风、寒潮等抢险任务，得到中央电视台、浙江卫视等媒体关注报道。

是年，国网桐庐县供电公司开展地县一体D5000调控系统建设，完成接入调试工作。编制变电站应急负荷处置“一站一策”，提高快速反应能力。完成技改大修工程61项，开展主网状态检修189次，完成19座变电站操作接地端防误整治。开展装置性违章治理劳动竞赛活动，清理废旧电杆1514根，解决“三线搭挂”166处，完成所有10千伏及以下配网设备调度规范化命名。加大带电作业实施力度，取得二类等电位和一类地电位作业资质。试点应用双向调压变压器等新设备。统筹推进PMS2.0系统应用，完成主配网图形数据整改；主动承接国网公司农村用电安全管理创新示范项目，实现农村“户保”全覆盖；完成农村农用线路改造移交扫尾工作。

【电网建设】 2015年，国网桐庐县供电公司编制《桐庐电网“十三五”发展规划》《桐庐电力设施专项布局规划》《10千伏配电网五年目标网架规划》。完成浙北—福州特高压线路等重点工程属地化政策处理。优化完善各级网架，完成220千伏龙隐变二期扩建工程，220千伏后浦变具备投产条件，110千伏枫塘变全面开工建设，110千伏天英变完成设计审查，110千伏下杭变完成项目核准。加快配电网建设，新建及改造10千伏线路29条长度207公里，新建10千伏开关站9座，增容布点变压器265台，安装智能总保1506台，覆盖率100%。加大绝缘化改造力度，配电网绝缘化覆盖率达到76%。启动新增城农网改造升级工程，加强政府沟通衔接，组织落实施工、设计、监理等队伍力量，完成第一批工程投资计划2284万元。打造美丽乡村“精品线路”和“精品台区”，得到浙江省电力公司肯定。

【营销服务】 2015年，国网桐庐县供电公司开展计量规范管理整改提升活动，建立计量装置周期巡检机制，完成智能电表推广54168户，实现全覆盖。对接政府和企业，实现电能替代2420万千瓦时，完成杭州市供电公司下达指标128%。强化电费风险防范，组织开展电费回收冲刺演练活动，电费结零速度全省领先。加强标准化星级供电所创建，深化供电所管理再提升，江南供电所被评为“五星级供电所”和“中国最美供电所”。

是年，国网桐庐县供电公司加强95598工单三级管控，落实工单责任“再认定”和“双追责”，工单满意率99.886%。拓展“互联网+服务”渠道，深化智能平台应用，绑定微信用户2.38万户，手机APP注册4636户。靠前服务海康威视、杭黄铁路、千岛湖配水工程及百亿招商引资重点项目，累计迁改35千伏及以上线路8条，安装临时基建用电变压器65台、容量2.9万千伏安。

【企业管理】 2015年，国网桐庐县供电公司完成工程预决算审计125项；合同审查308个。深化物资集约管理，申报招标计划437条，开展超市化采购686项，物资计划执行率、履约率均达100%。加强二级仓库日常运行监控，建立定期检查通报机制。出同业对标引领作用，推行“业绩+管理”工作模式。拓展运营监测范围，开展四项专题监测，发挥预警监督职能。延伸专业化管理，建立“机关—基层”协调联动工作机制，开展对接联动36次。强化典型经验、科技项目、QC管理总结提炼，申请发明专利21项，6项QC成果分获省市级奖项，物资专业、财务专业分别入选和入围省公司典型经验库。深化星级班组建设，乔林运维班被评为“全国质量信得过班组”，配电运维班被评为“五星级班组”。推行后勤“一站式”服务，3个二级食堂通过健康食堂验收，完成50辆黄标车淘汰治理。

【党工团工作】 2015年，国网桐庐县供电公司开展党的群众路线教育实践活动“回头看”及“三严三实”专题教育，公司领导带头讲授专题党课，开展4期专题研讨。加强党支部项目化管理，推进14个项目立项攻关。实行党支部书记履职报告制度，优化党建评优评先体系。

深化党代表巡视机制，提升专业带领和辐射带动作用。推进正风肃纪，开展监督检查11次，落实问题整改19项。加强岗位廉政风险防控，查找廉政风险点636个，制定防控措施。发挥审计、财务、纪检协同监督职能，启动新增城农网改造升级工程专项协同监督。注重后备干部培养和梯队建设，提拔干部12人、岗位交流15人。围绕“文化艺术年”主题，组织开展系列文体活动。完善员工帮扶关爱体系，慰问一线班组47次，帮扶困难职工32名。强化品牌维护，组织开展三期“走进国网、感知国网”活动，全年在省公司及以上媒体发稿719篇，相关工作得到中央电视台、人民日报、工人日报等媒体报道。开展“一月一星一团队”主题宣传，大力弘扬正能量。加强正面引导，提升劳模工作室和青年工作室辐射带动效应。依托“一室一信一报”三大平台建设，巩固团青阵地，运维第一团支部荣获国网公司“五四红旗团支部”称号。

（徐伟兰）

2015年桐庐县用电结构对比表

表20　　　单位：万千瓦时

名称	2014年	2015年	同比增长（%）	升降
全社会用电总计	179497.99	182949.11	1.92	↑
A. 全行业用电合计	150388.04	152031.24	1.09	↑
产业	2014年	2015年	2014年占比	2015年占比
第一产业	1352.25	1463.28	0.75%	0.8%
第二产业	123422.19	122192.75	68.76%	66.79%
第三产业	25613.60	28375.21	14.27%	15.51%
B. 城乡居民生活用电合计	29109.95	30917.87	16.22%	16.90%
城镇居民	14623.59	15638.77	6.94	↑
乡村居民	14486.36	15279.10	5.47	↑
全行业用电分类	150388.04	152031.24	1.09	↑
一. 农、林、牧、渔业	1352.25	1463.28	8.21	↑
二. 工业	120106.03	117687.83	−2.01	↓
轻工业	40603.84	40938.57	0.82	↑
重工业	79502.19	76749.26	−3.46	↓
三. 建筑业	3316.16	4504.92	35.85	↑
四. 交通运输、仓储和邮政业	736.72	704.91	−4.32	↓
五. 信息传输、计算机服务和软件业	1828.72	2055.78	12.42	↑
六. 商业、住宿和餐饮业	9299.90	10443.87	12.30	↑
七. 金融、房地产、商务及居民服务业	5510.28	6119.28	11.05	↑
八. 公共事业及管理组织	8237.98	9051.37	9.87	↑

【责任编辑　郑巧丽】

交通运输

·综 述·

【概况】 2015年，桐庐县交通运输部门完成交通建设投资9.7亿元，完成23省道桐庐浮桥埠至麻蓬段提升改建工程，顺利推进富春江船闸扩建改造工程、23省道梅蓉至杭新景高速凤川互通公路（柴埠大桥）工程，实施道路安保工程（钢质护栏）建设26.45公里，完成国省道公路大中修（含预防性养护）60.651公里，农村公路路面大中修49.04公里。至年末，全县公路里程1796.111公里，公路密度每百平方公里100.91公里。公路总里程按行政等级分：国家高速公路29.343公里、国道公路31.024公里、省道公路124.846公里、县道公路368.179公里、乡道公路380.733公里、村道公路859.486公里、专用公路2.5公里；公路总里程按技术等级分：高速公路29.343公里、一级公路102.454公里、二级公路94.447公里、三级公路105.108公里、四级公路1381.064公里、等级外公路83.695公里。是年，完成桐庐县出租车服务中心主、附楼及4处港湾式停靠站建设，完成牛山坞、浮桥埠和洋塘公交首末站提升改造工程。

是年，办理县“两会”代表、委员议案、提案12件，见面率、满意率、办结率100%。受理群众来信来访10件，县（市）长公开电话828件，纪委效能投诉94件，县长信箱、网上信访、建言献策251件，信访工作办结率100%、反馈率100%。

是年，桐庐万里公交公司职工赵永红被授予“全国劳动模范”称号。

·交通建设·

【重点工程建设】 富春江船闸扩建改造工程：项目将现有富春江船闸作为上游引航渠道，在下游新接一座500吨级船闸（兼顾1000吨级船舶过闸），设计年货运通过能力3200万吨。同步建设上下游引航道与导航设施、坝下航道及配套船闸管理区，以及上下游船舶锚泊服务区和远方调度站等。项目概算总投资约10.6亿元，2012年12月正式开工建设，至2015年末，项目完成投资8.9067亿元，占概算总投资89.11%。

23省道桐庐浮桥埠至麻蓬段提升改造工程：2013年12月开工，全长1.88公里，设计时速60公里/小时，路基宽34.5米。工程总投资8855万元，其中建安费5919万元。至年末，工程路面部分全部完成，绿化部分正在提升改造。

23省道梅蓉至杭新景高速凤川互通公路（柴埠大桥）工程：项目主线起点位于23省道

公路养护管理

桐君街道梅蓉村，经舒坑、罗家，跨越富春江至终点凤川街道与320国道相交，主线长3.7公里，其中特大桥1座长1370米。同步建设连接线长1.2公里，项目全长4.9公里。项目按原交通部颁《公路工程技术标准》（JTG B01—2003）中的一级公路标准设计，兼顾城市道路功能，设计速度80公里/小时，其中主线起点K0+984至K2+785段采用四车道标准，路基宽36米；K2+785至终点段采用六车道标准，路基宽41.5米。桥涵设计汽车荷载等级采用公路—Ⅰ级，其余技术指标符合相应技术标准、规范要求。至2015年末，完成桩基292根、承台56个、引桥13跨、主跨12节，路基南线完成，北接线正在实施山体爆破，已完成总投资4亿元。

徐家埠大桥危桥改造工程：项目采用老桥拆除重建新建桥梁，桥宽25米，全长260米，工程于2013年10月8日开工，2015年4月完工，总投资2700余万元。

桐庐县Y782皇瑶线潘家桥重建工程：2014年12月开工建设，项目桥梁上部采用13×30连续T梁，全桥分四联，下部桥墩采用双柱式墩，桥台采用桩基接盖梁形式，桥面采用复合式铺装。桥宽8.5米，全长398米，工程预计2016年2月完工。

【公路建设】 2015年，桐庐县联网公路建设计划项目35个，总里程55.2公里。项目于5月开工建设，年底全部完成，完成投资3200余万元；桐庐县农村公路提升改造计划项目27个，总里程85公里，项目于4月开工建设，年底全部完成，完成投资1.658亿元；完成省道危桥改造5座、县道危桥改造4座、乡村道危桥改造1座，完成投资2000万元。实施05省道全线43公里双幅路面大中修工程并完成左幅施工任务，项目批复总概算8734.9321万元，预计2016年上半年完成右幅施工任务。

【“四边三化”与“两路两侧”】 2015年，桐庐县公路部门将“两路两侧”“四边三化”和“无违建县”创建等工作有机结合，出台整治工作方案，建立“路长、段长”长效管理机制。全年投入整治资金1.05亿元、人力1.1万人次。完成826处问题点位整治与113处污染源整治，其中拆除乱搭乱建200处，清理废品垃圾203处，拆除广告牌残留336处，青山白化40处，拆除宗教场所1处，绿化缺失15处，其他31处。

【“美丽公路”创建】 2015年初，县委、县政府制定《桐庐县“美丽公路”创建工作方案》，以提升主要道路、重要景区和镇（村）入口景观品位、消除沿线可视范围内有碍观瞻构筑物（堆场）、完善道路基础设施为主要内容，开展“美丽公路”创建。至6月底，投资4500万元，全面完成“亮点鲜明、各具特色”的“美丽公路”创建。包括20省道范家边至关里段（20.55公里）、23省道浮桥埠至麻蓬段（3.8公里）、县道分老线分水至岭源段（20.7公里）、县道百富线百江至松村段（8.9公里）、县道柴雅线柴埠至凤川段（2.1公里）及旧庄至高明段（1.4公里）、县道桐常线奚家至深澳段（6公里）、县道桐郑线西武山至四联段（1.9公里）、县道徐七线横村至钟山段（11.9公里）、县道钟洛线钟山至城下段（3.75公里）、乡道城马线城下至大市段（3.25公里）、乡道皇瑶线红石湾至潘联段（1.96公里），大奇山路（2.6公里）、16省道至浪石金滩（1公里）、杭新景高速深澳互通出口、杭新景高速富春江互通出口。是年，桐庐县被省公路管理局确定为“全省美丽公路示范县”。

县领导督查美丽公路建设

【国道大中修工程验收】 2015年10月，县交通运输部门完成320国道桐庐段路面大中修工程质量鉴定和竣工验收，工程质量等级为优良。

【场站建设】 2015年，县交通运输部门对全县城乡公交线路停靠站点进行全面排摸，建设停靠站1312个，其中港湾式停靠站126个（含城市公交站18个），简易站110个，农村招呼站1076个，基本实现城乡公交车辆按站点停靠目标。是年，完成牛山坞、浮桥埠和洋塘公交首末站提升改造工作。

·交通管理·

【公路路政管理】 2015年度，县交通运输部门以“全国首个路政宣传月”和“宣传贯彻《杭州市公路条例》”活动为载体，开展各类宣传活动。活动采取路面宣传（横幅、LED显示屏、路政巡查车），媒体宣传（网络、微信、微博、报纸）等方式，同时，县路政部门积极开展以“走进企业、走进乡镇、走进学校”为内容的“三走进”活动，走进分水镇等13个乡镇（街道）、合盛砂场等10余家企业和县迎春小学、桐江职业技术学校等。活动期间出动路政人员190余人次，宣传车50余次，组织专题考试1次，接受现场咨询60人次，悬挂宣传横幅11条，张贴标语及宣传画230余张，发放各类宣传资料800余份，发送宣传短信122条。

抗台清理23省道倒伏行道树

是年，以货运企业和车辆源头监管为重点，结合全省治理车辆超限超载百日专项整治行动，联合公安部门和富阳路政，分别下发《桐庐县治理车辆超限超载百日专项整治行动方案》和《富阳区、桐庐县车辆超限集中整治实施方案》，开展跨部门、跨地区联合治超，保持治超高压态势，查处超限运输车302辆，罚款76.34万元，收取赔（补）偿金20658元。

【公路养护管理】 2015年，县交通运输部门清理塌方16353立方米，疏通边沟、排水沟173385千米，绿化管护1223千米，清运垃圾685立方米，清洗隧道185座，清洗钢制护栏3453千米，稀浆封层15658平方米，沥青路面灌、贴缝18465米，沥青路面修补23668平方米，路面坑洞修补6467平方米，绿化补植乔木3296株、灌木1528平方米。

2015年桐庐县公路养护管理项目

表21　　　　单位：万元

序号	公路养护管理项目	总预算
1	国省道公路大中修（含预防性养护）60.651公里	8009
2	农村公路实施大中修49.04公里	4700
3	安保工程（钢质护栏）26.45公里	428.4
4	农村公路水毁修复	500
5	“美丽公路”创建89.8公里及两个高速互通	4500
6	柴雅线仁村二桥、坑口桥，元高线麻码墩桥维修改造工程	132

【交通安全管理】 2015年，县交通运输部门对5条国道省道、7条县道、4条乡道、2条村道实施大中修（含预防性养护）工程，计109.691公里，其中国道省道60.651公里，农村公路49.04公里。完成农村公路安全保障专项工程（边坡处治）26.45公里，完成县道桥梁维修改造3座，完成省级挂牌道路事故多发点段（305省道连接线渡济隧道出口）治理。同时按照交通标志标线规范化管理要求，实现国省道干线公路标志标线设置率100%，县道、乡道、村道标志标线设置率分别为99%、92.82%、62.35%。配合各乡镇（街道）做好县预防道路交通事故工作领导小组确定的35处农村公路安全隐患路段整改工作。以季度专项检查形式，对全县涉路工程施工秩序检查情况进行通报，督促涉路工程业主整改。是年，以“打非治违”“安全生产月”等活动为载体，对高边坡、高挡墙、易塌方、临水临崖、净空高度低于设计标准等重点路段、桥梁隧道结构安全、隧道消防设施、公路安全设施、标志标线缺损情况、道班站房及出租房使用情况、涉路工程施工标志及施工秩序管理情况等进行专项排查，完成国省道与农村公路安全隐患点位网络图。是年，投资160余万元，完成俞前线非现场执法点设备调试工作；完成12328服务中心LED大屏等硬件建设，并将桥梁、隧道、易塌方、易雪阻等重要路段，超限停车场、车载视频接入服务中心，实现全程实时联网监控。

【收费管理】 2015年，320国道桐庐收费所全年过境费收入1461.336万元（其中县财政补贴450万元），同比增加496.07万元；过境车流量同比增长5.5%。是年，桐庐05、16省道全年过境费收入5730.3万元（其中县财政补贴2450万元），同比增加64.8万元，增长1.14%；是年，航政、港政两项规费征收完成172.54万元，其中，收取港政规费87.24万元，征收航政规费85.30万元，规费上缴率100%。

【交通运输管理】 2015年，县交通运输部门加快城乡一体化工作进程，提高客运行业综合服务能力。全县新增公交车11辆，更新公交车18辆，对公交车5路、23路、大润发专线、旅游观光线路进行优化延伸；开通富春江慢生活体验区旅游专线；优化桐庐—杭州城际公交线路，增加六和塔等站点。完成百岁坊—双坑、高翔—琴溪、深澳—青源线路延伸；引导客运企业更新农村客运车276辆。是年，推出一系列举措，实现全县公共交通同城同待遇目标：城乡公交“1元起步，5元封顶”的客运票价；桐庐籍70周岁以上老人、盲人及伤残军警免费乘坐城乡公交；实行城乡公交刷卡系统，使市民体验更便捷支付方式；城区公交4G免费无线网络全覆盖等。

是年，查处道路运输各类违章案件809起，其中实施行政处罚案件427起，教育整改382起，罚款44.3万元；查处案件中，无证经营13起，出租车违章案件60起，其他违章案件736起。同时，组织开展6期出租车驾驶员服务资格证复训培训、2期出租汽车驾驶员服务资格证培训，全年注销出租车服务资格证54本。

【车辆维修管理】 2015年，县交通运输部门开展“阳光维修进学校、进社区、进企业”优惠便民活动4次，发放车辆维修保养宣传手册180余份，现场免费检测车辆150余辆次，排除故障45辆次，免费清洗空调52辆次。是年，与杭州赐翔环保科技有限公司桐庐收贮中心签订回收协议维修企业40家，回收废电池5吨计190只，完成废油回收86桶。

【航政港政管理】 2015年，桐庐港区有持证货运码头6座，在建货运码头1座，使用港口岸线1761米，码头泊位26个。是年，港口企业完成货物吞吐量515万吨，同比增长42.5%。检查码头26座次，发现并督促整改21次。

是年，巡查航道36次529公里，巡查航标154座次，出动检查人员90人次，夜间巡查航标4次，航标发光率99%。全年海事巡查405次，航道巡查236次，港政巡查169次，运政巡查2697次。船舶日常性检查3800次，定期签证检查168次。发现违法违章案件371起，平均一起973元，简易程序269起，一般程序102起，罚款人民币361000元。

·水陆运输·

【公路运输】 2015年，公路运输完成客运量1011万人次，客运周转量46248万人公里。其中，春运期间全县投入客运车辆343辆，座位数9217个，发送8.8万个班次，安全运送旅客13.6万人次，客运周转量3306.7356万人公里。至年底，全县拥有营运货车2517辆、吨位10977吨。全年完成货物运输量824万吨，实现货运周转量62502万吨公里。

【水上运输】 2015年，辖区有货运船舶53艘，17194载重吨，客运20艘1112客位。水上运输完成货运量468.2万吨，同比增长48.29%。出口货运量221.08万吨，同比增长34.26%。进口货运量247.12万吨，同比增长63.67%，其中煤炭运输占进口货运量32.3%。桐庐辖区内水上客运主要以旅游运输为主，全年客运量24.27万人，旅客周转量138.51万人公里，分别同比下降2.9%和10.85%。

·交通战备·

【概况】 2015年，桐庐县交通战备办公室开展交通运输行业公路、水路运输经济动员潜力调查，组建和完善交通战备保障队伍。是年，根据浙江省“车辆保障点支前保证人员收拢计划”要求，收拢支前保障人员、征用维修设备器材，配合开展人员设备点验1次计两组，12人/组，每组配便携式汽车维修工工具箱8套、便携式汽车维修电工工具箱2套、便携式汽车维修钣焊工工具箱1套等。

（包利娇）

【责任编辑　骆国庆】

城市建设与管理

·城乡建设·

最美县城

【规划编制管理】 2015年，桐庐县完成《桐庐县历史文化和公共艺术专项规划》《桐庐县治理城市交通拥堵五年规划》《桐庐县城绿色建筑发展规划》《桐庐县城雨水（排水）防涝专项规划》等专项规划报批工作；开展《桐庐县十三五发展城镇化思路研究》规划编制；继续完善《桐庐县城空间发展战略规划》《桐庐县城排水（雨水、污水）专项规划》《桐庐县江南镇建筑风貌控制规划》《桐庐县分水镇建筑风貌控制规划》等规划编制。完成4个中心镇总规修编及近期建设用地控规调整，完成32个村庄规划修编和5个示范村规划编制。完成14个项目规划选址红线，用地面积9.36万平方米，其中道路选址红线6个，用地面积3万平方米；其他项目规划选址红线8个，用地面积6.36万平方米。完成58个项目的规划红线（规划设计条件通知书），用地面积38.7万平方米，其中商业、居住、办公类18个，用地面积11.9万平方米；公共管理与公共服务类（教育、体育、医疗卫生、文化活动设施等）17个，用地面积15.4万平方米；工业类18个，用地面积6.6万平方米；道路、交通设施及其他类5个，用地面积4.8万平方米。

【城乡测绘】 2015年，桐庐县完成测绘项目备案304个，为相关部门、企事业单位提供基础测绘成果1100MB。完成凤川区块1∶500基础测绘7平方公里，与分水镇开展联合测绘，完成分水镇规划区范围1∶500基础测绘12平方公里，分水镇规划区第一次有了较为完整的大比例尺地形图。全面完成数字桐庐地理空间框架建设项目，10月13日，通过省测绘与地理信息局验收，“天地图·桐庐”正式上线运行。开展桐庐县全国第一次地理国情普查项目，12月完成普查项目县情内容验收，“一区两率”（县建成区、城市建成区绿地率和绿化覆盖率）普查成果陆续通过省测绘质量监督检验站质检。县内1家丁级测绘资质单位升级为丙级，为桐庐县历史上首家丙级测绘资质单位。

【美丽县城标准化建设试点项目】 2015年1月，桐庐县确定美丽县城建设标准体系基本框架，5月制定并发布《美丽县城建设服务标准化管理办法》，8月底对服务标准化试点开展情况进行自我评价，编写工作总结和自我评价报告，12月该项目通过验收。

【美丽乡村建设】 2015年，桐庐县在美丽乡村建设过程中，注重保护传统村落文脉，针对一些具有乡土特色、文物价值、历史遗存的村落和民居，做到“强化甄别、应保尽保”。截至2015年底，全县共有深澳村、荻浦村、徐畈村、环溪村、翙岗村、石舍村、茆坪村、瑶溪村、新丰村戴家山自然村共9个村庄列入中国传统村落名录。其中翙岗村、深澳村、荻浦村、石舍村完成中央保护资金申报。是年，三鑫村、大源村、引坑村、松山村、中门民族村、里湖村、儒桥村、合村村、石阜村、彰坞村10个村庄正在上报第四批中国传统村落名录。2012—2015年，桐庐县建设完成17个省级美丽宜居示范村，其中国家级美丽宜居示范村5个（环溪村、茆坪村、石舍村、新丰村、新龙村），国家级美丽宜居示范镇1个（分水镇）。

【村镇基础设施建设】 2015年，桐庐县分水镇完成中金污水配套管网、桥东商贸大街延伸管网、柏山大道污水管网、东溪污水总管、九龙桥段污水管网、分水城西区块截污纳管工程、天目路、分江路延伸、东溪幼儿园旁道路、城西工业园区旁道路污水管网工程、东溪工业园区周边污水管网改建工程等道路污水管网工程，建设市政污水管网工程13公里；推进市民休闲中心二期、分水自来水厂供水扩容工程建设、分水污水处理厂二期工程、分水老幼儿园停车场及老长运公司停车场工程的建设；实施城市景观工程，完成新淳西路电线上改下工程。

横村镇完成西环路、龙腾路污水管网建设，徐七线（横村段）美丽公路建设，文体中心室外工程建设，镇区LED路灯改造，16省道北环路主入城口改造，分水江防洪堤横村段建设，横村农贸市场建设，新增停车位130个。

桐君街道完成23省道桐庐浮桥埠至麻蓬段环境提升工程，工程西起西连接线，东至公路段，改造范围全长2580米，工程内容包括23省道沿线两侧建筑立面改造、新建围墙、景观工程、照明工程、强弱电和排水管管线预埋等，投资3000万元；完成浮桥埠区块污水管网工程，对浮桥埠村及桥北区的污水管网进行重新铺设，对破损的徐富路重新浇筑，完成管网铺设20公里，新建污水处理池11座，污水提升泵2座，完成投资1500万元；启动麻蓬村吴家坞“杭派民居”建设项目。

江南镇完成赵家浦水渠改建、窄溪路东延、振兴路东延、高山路东延、唐家坞桥梁工程，污水管网项目5C合同包、园区绿化亮化工程、金浦路市场路雨污管网整治工程正在施工中。同时，牵头协调杭州高压燃气管道铺设工程。

富春江镇完成市民休闲广场建设，项目用地0.9公顷，安放原富春江电厂第一台水轮机雕塑和特色石柱，投资500万元。启动俞赵区块截污纳管工程，工程总长度8公里，配套建设提升泵站两座，投资1680万元。完成杭千高速富春江入口提升改造和道路拓宽工程，投资300万元。完成扬帆路680米雨污管网铺设和路面改造工程，投资450万元。

城南街道实施乔林安置建设工程，总用地面积1.64万平方米，总建筑面积3.45万平方米。实施桑园村林家农房改造项目，用地面积1.32万平方米，总建筑面积3.46万平方米，项目投资估算9906.1万元。完成湾里中心村建设工作，项目涉及拆除面积0.8万平方米、村内道理拓宽提升2000米、路灯亮化60盏、牧牛墩山塘水库除险加固、建村停车场1800平方米、公厕1座等七个项目，总投资510万元，实际投入金额275万元，形象进度约54%。实施大庄里区块拆迁改造工程，该项目于2014年启动拆迁，共拆除167户600人，拆除总面积6.7万平方米，拆迁费用2.2亿元。安置房地块总用地面积4.01万平方米，总建筑面积12.15万平方米。完成杭黄铁路线型拆迁工作，总面积6万平方米，拆迁总户数201户，已完成200户。

瑶琳镇新建、修建集镇污水管网17.5公里，皇甫和平桥完工通车，潘联大桥全线贯通，瑶琳大桥完成招投标。镇中心东街完成道路基础建设，完成东琳和百岁村地质灾害点治理。“三改一拆”完成总量6.04万平方米，处置存量违法建筑253处，建筑面积5.28万平方米。

凤川街道完成城东工业园区污水管网提升改造4.8公里，投资300万元。实施下坞源水库除险加固工程，完成水库坝坡整治、防渗处理，溢洪道、放水系统改造，投资490万元。完成环镇北路、环镇东路人行道改造、道路白改黑工程，投资500万元。

旧县街道完成工业区浇筑道路沥青面1.26万平方米，投资100万元；完成工业区铺设花岗石人行道板0.27万平方米，投资45万元；完成工业区安放侧石1800米，投资15万元；新建污水提升泵2台，投资300万元；完成铺设工业区综合管网960米，投资65万元；完成合岭、鸿儒造田造地项目2个，总面积13公顷，投资800万元；完成旧县冷水湾地质灾害点治理一处，投资49万元。

百江镇完成分水江支流（百江—分水段）山洪沟防洪治理工程，总投资1170万元；完成百富线（松村—钱家段）5.3公里道路拓宽工程，总投资620万元；完成百江老城区农民公寓房建设，总投资650万元；完成广信路至卫生院区块提升改造工程，投资360万元；完成集镇老街区污水管网提升改造工程，投资185万元；完成农村公路（联盟冷水段1公里，邵紫线1公里，双坞娥岭脚至水库2.2公里，奇源高家、陆家2.3公里，乐明至钟塘坞1.5公里，翰坂到冯家2公里，百后线至松村1公里）9条，总长11.8公里；完成危桥改造6座。

莪山畲族乡投资2300万元，实施徐七线、潘戴线沿线绿化美化提升改造和环境整治工程；完成集镇饮用水提升改造工程；实施山哈风情街（三期）建设工程，投资650万元，完成沿街围墙和铺装工程以及广告牌安装；实施乡域主干线亮灯工程，投资500万元；实施莪溪十里游步道观光工程，投资350万元；实施戴家山村落景区建设工程，投资480万元；实施新丰民族村铁砧石少数民族特色村寨二期建设工程，投资350万元。

钟山乡完成钟山村下邵段白改黑工程，总投资120万元；完成子胥村文化礼堂修建工程，总投资100万元；完成钟山乡自来水厂提升改造，总投资80万元；推进虎啸峡漂流、冰峰蓝莓采摘旅游开发项目服务工程。

合村乡完成“三线入地”工程，总投资1000万元；实施集镇广场区块道路建设6000平方米，总投资300万元；完成广场区块绿化提升改造，总投资100万元；完成各乡村公路养护总计60公里；完成琅玕至支援旅游循环线建设2.5公里，新建桥梁3座，总投资1200万元；完成美丽公路建设，对分老乡沿线和重要节点实施绿化美化提升，总投资1600万元；完成琅玕线及分老线路灯工程共计260只，总投资200万元；启动集镇区块立面改造工程、广场区块花海及公厕工程。

新合乡投资1000万元，开展雪水至旧庄段道路改建工程，改造道路8公里。投资150万元，实施柴雅线新合旧庄至仁村段2900米美丽公路建设工程，种植乔木726株、灌木9585平方米；完成新建信用社项目，建筑面积980平方米；完成新四村综合楼建设，建筑面积640平方米；投资60万元，完成4座红色标志建设；投资400万元，完成旧庄2000平方米村道硬化、灯光球场围墙、渠道建设、湖田道路安全隐患点整治、老年协会重建等工程；投资500万元，完成新合村雅坊墙体白化50000平方米，雅坊桥头防洪堤及景观建设。完成何家饮用水工程，实施何家湖源江段防洪堤及景观建设；投资500万元，进行水塘、新居点基础设施改造，新建高枧桥1座。完成桥头污水池、踏步、候车亭项目。

【城市基础设施建设】 2015年，桐庐县住建局、城投公司推进政府投资项目25个（其中新

县城亮灯工程

建12个，续建13个），年内完成投资8.62亿元。完成县城污水处理一级A提标工程、包山儿童公园、县城“清水治污”工程、洋塘路改造工程、分水供水一期工程，推进青山区块市政配套工程、城南路提升改造、乔林路立面改造、滨江路（梅林溪—滩头）道路改善等工程。

【市政设施养护】 2015年，桐庐县城迎春南路、春江路、滨江路、瑶琳路、富春路等主次干道道路修复面积2000平方米，人行道修复面积2500平方米，县城道路完好率98%。更换县城主次干道窨井盖150套，清理窨井3252座，清理排水管网100公里。对县城区域内窨井统一安装防坠网3600个。对县城迎春街以东康乐、洋塘区块进行截污纳管工程改造，共改造错接漏接点50个。做好县城桥梁、泵房等市政设施日常维护。县城有公共照明光源11042盏，对3897杆路灯杆安装节电器，城市亮灯率保持在98%以上。

【园林绿化养护】 2015年，桐庐建成区绿地面积770万平方米，建成区绿地率41.02%，绿化覆盖率43.1%，人均公园绿地面积12.2平方米（以建城区面积18.77平方公里、建城区人口16.08万人计算），完成春江西路景观工程、浮桥埠桥北路景观工程等。结合“两路两侧”“四边三化”专项整治工作，实施城区道路整治，对县城春江路、瑶琳路、云栖路、中杭路等道路进行补绿、修绿，其中包括公园、绿化养护点位共计171个。

【城市供水供气】 2015年，桐庐县水务公司完成供水2138万吨，售水产值2770万元，出厂水抽检合格率99.95%。污水厂完成1690万吨污水处理，平均日处理污水4.6万吨，污水处理率85.4%。完成“一户一表”改造516户，新装表6000余户。水务公司受理投诉和求助52起，办结率100%，满意率98%以上，无用户重大投诉。是年，新增天然气管道38公里（中压管道19.5公里、低压管道18.5公里）；推进天然气高压管网建设工程（桐庐段）建设，完成高压管对县城区供气；新增管道天然气用户5193户（其中江北1477户）；接收生活垃圾10.9万吨，焚烧处理生活垃圾10.5万吨；管网建设继续向周边乡镇延伸，完成城区碧桂园、滨江1号公馆、御溪名都、江城墅园、云都凤凰城、普鲁旺斯三期等小区天然气管网改造；制订三年行动计划，督促老旧小区天然气改造提速，明确江北老旧小区天然气改造以每年1500户的速度递增。

【建筑业管理】 2015年，桐庐县建筑业总产值57.65亿元，同比增长14.8%。税收4.1亿元，同比增长41%。创“西湖杯”7项、“桐江杯”17项。办理施工许可证101项，累计建筑面积88万平方米，造价5.91亿元；办理竣工验收备案109项，累计建筑面积153.37万平方米，造价26.91亿元；办理非国有投资项目75项，造价18.77亿元；完成政府投资项目招投标交易255项，中标价20.68亿元。截至年底，全县共有建筑企业112家，其中一级7家、二级31家、三级74家。组织全县三类人员继续教育475人次，现场专业人员网络继续教育436人次，二级建造师建筑工程专业继续教育86人次。开展浙江政务网上申报工作，共申报“三类人员”安全生产考核232人，变更488人，延续692人；组织“七大员”培训326人次。开展“干混砂浆工程应用”培训，全县房建企业、监理单位共计180人参加；开展岗前培训，全年培训建设工地民工3000余人。全年新受理监督工程125个，建筑面积183.90万平方米（其中市政工程19个，合同造价3.03亿元）。全年创杭州市“结构优质奖”7个，杭州市“双标化”工地14个。组织召开安全生产季度例会4次，施工现场质量安全生产观摩会3次，累计参加人员960人次；受理起重机械设备、吊篮使用登记备案722台。开展日常巡查及参加验收1109次，组织开展各类专项（大）检查17次，签发书面整改通知书642份、局部暂停施工通知书19份、停工通知书10份，约谈企业（项目部）30家次，下发检查通报12份，通报批评施工、监理企业59家次，告诫施工、监理企业13家次。

【房地产业管理】 2015年，桐庐县共有房地产开发企业62家，项目60个，完成投资33.28亿元，同比下降28.7%。施工面积379.32万平方米，同比下降9.5%；新开工面积47.06万平方米；竣工面积64.54万平方米，同比增长26.6%。商品房销售面积43.88万平方米，同比下降20.9%，其中住宅销售面积39.93万平方米，同比下降17.7%，住宅销售套数3102套，同比下降27.3%。办理商品房预售证49份，商品房预售面积67.95万平方米（其中住宅3969套，面积49.89万平方米）。出台《桐庐县住宅房屋征收房票安置实施办法（试行）》。71家企业完成资质升级、新批、延长等申报工作，批准的企业中有二级2家、三级1家、四级2家，5家新申报，其余为暂定资质延期。11月15—17日，举办桐庐县第十三届房地产展示交易会暨第二届网上（透明售房网）房交会，共有参展单位12家，参展楼盘13个，共计成交住宅143套，成交面积16393.26万平方米，成交金额1.10亿元，达成意向套数288套，意向金额2.35亿元，总观展人数突破万人。

【物业管理】 2015年，桐庐县有物业服务企业41家，其中一级物业资质企业6家、二级8家、三级17家、暂定（三级）10家。罗兰公寓、电力大楼分别被杭州市评为优秀示范小区和优秀示范大厦。创建“滨江一号公馆”“三水花园”智慧小区试点两个。归集物业维修资金26308.25万元，保修金4954.67万元；确认物业管理办公用房面积4277平方米，经营用房面积2195平方米。

【四改联动】 2015年，桐庐县三水花园小区作为桐庐县首个“智慧小区”改造，新增停车位173个，完成道路拓宽及窨井改造、绿化改造、二次供水改造、非机动车停车棚改造等；春江花园小区改造停车位32个，改造室外污水管150米；老旧住宅楼道整治方面完成50个老旧楼道整治修缮，完成雨污水管网3651.95米。完成洋塘、鑫鑫等社区周边里弄小巷改造，改造面积1.3万平方米，总投资468万元。

【保障性住房建设管理】 2015年，桐庐新增廉租住房保障家庭34户，新增公共租赁住房41户，新增公共租赁住房房源61套。是年，桐庐县计划实施农村住房改造2500户，实际完成3006户，累计投入改造资金11500万元；完成农村困难家庭危房改造220户。县城春江景苑农民集聚房二期D区块11幢房屋8月正式交房，包括第三批农民集聚安置房190套，经济适用房111套，桐君街道定向安置房64套，城南街道定向安置房190套；D区块调整项目总投资1.28亿元，10月开工，三标段完成桩基础施工70%，四标段完成幼儿园二层主体施工及两幢小高层基础工程。

【城建“12319”热线】 2015年，桐庐县住建局承办杭州市长公开电话交办件524起、县长公开电话交办件970起，县信访局交办的来信、来访59起，县机关效能监察投诉件172起，“12319”直接受理承办各类咨询、投诉216起（民工上访102批次），共计1941起，各类信访和投诉件按时反馈率为99%，满意和基本满意率97%。办理数字城管各类案件1698件，“110”社会联动交办件101件，办结率100%。

（向华莹）

·城市管理·

【行政执法】 2015年，桐庐县城市管理局立案查处违法违章行为5632起，罚款1174174元，其中，办理一般程序案件619件，办结607件，简易程序案件办结439件，发放违法停车告知单4574份，处理1760辆次。全年无行政复议，行政诉讼案件一审全部胜诉。开展学法活动、法制员月度培训、《中华人民共和国行政诉讼法》培训等法制培训20余期。

【环卫治理】 2015年，桐庐县城市管理局完成环卫基地建设和搬迁工作，增配城市道路清洁机扫车，县城道路机械化清扫率提高到54%；将瑶琳嘉苑公厕、云都凤凰城公厕纳入环卫统一管理；投入资金42万元，完成1500只垃圾桶的采购工作。是年，按照“五水共治”相关要求，设立云栖路、天目路、梅林溪三个河道取水点，完成河道取水用于环卫洒水40%的目标任务；提高道路洒水频次，精品路段洒水频次从原来的4次/天提高至8次/天，主要路段洒水频次从原来的4次/天提高至6次/天，其余路段确保每天洒水4次以上。全年清运城区生活垃圾5.8万吨，农村生活垃圾6.9万吨，垃圾清运率达100%，无害化处理率100%。

【渣土管理】 2015年，桐庐县城市管理局在海康威视项目部召开城区施工工地出入口管理工作现场会，创立渣土运输行业协会，完成城区3家渣土公司组建工作。1—6月，参加密闭化年检车辆74辆，其中70辆通过年检，合格率95%；7—12月，参检101辆，通过98辆，合格率97.03%。全年查处违规渣土运输20起，罚款19500元。

【“无违建县”创建】 2015年，桐庐县城市管理局对城区主要道路两侧、历年已作出行政处罚但未执行到位的违法建筑、影响消防安全违法建筑及空中违建进行专项整治。完善城区网格化控违网络，畅通群众举报渠道。加大对重点区域、重点地段、重点对象的巡查力度，落实中队对违法建设处置职责，加大对主要道路两侧及新交付小区违建的巡查力度，及时发现和处置违建行为。配合桐君街道、城南街道、县民宗局等单位，开展拆违整治行动20余次。全年查处违建138起，其中制止小区违法搭建65起，立案16起，拆除57起，拆除面积2575平方米。

【精细管理】 2015年，桐庐县城市管理局实行精细管理“123+X”计划，通过“步行＋车巡＋整治”的执法管理方式，重点开展桐君路、瑶琳路专项整治，加强海陆世贸电子商务园区、邮电路等区块整治。强化分队绩效考核，将绩效考核从中队延伸到分队。制定《桐庐县道路保洁网格化管理分布情况》，实行专项督察与环卫巡查相结合，加大对保洁工作考核力度，确保城区保洁水平保持较高水准。

【数字城管】 2015年，桐庐县城市管理局数字城管立案76174件，解决76174件，问题解决率100%，及时解决率99.90%。受理“12345”县长公开电话895件，“96310”城管便民服务热线1928件，“110”联动案件22件，全部予以查处并及时反馈。开展各类专项普查40余次，发现问题2500余件，普查成果移交各网络成员单位。完成2015—2016年度市场化采集招标工作，采集员由12名增至14名，采集范围扩展至18平方公里，信息采集向“里弄小巷、城中村、城郊村”延伸，采集区域扩展至春江西路、经济开发区及青山工业园区。在重点区域和节点区域新装监控探头20个，加强对重点区域和节点的管控。修改完善《桐庐县2015年数字化城市信息处置考核评价办法》《桐庐县数字化城市信息处置部件和事件立案、结案规范（2015版）》，规范信息采集、处置、结案等流程及要求。规范中心镇数字城管运行，推动江南镇实现市场化采集。新增四家网络成员单位（迎春商务区管委会、开发区管委会、城南街道、桐君街道），工作完成情况纳入县委、县政府年度综合考评。

【市容整治】 2015年，桐庐县城市管理局集中开展江南综合市场整治、城区夏季夜间市容秩序整治、城市管理问题“三清”集中整治、浮桥埠市容秩序整治等专项整治。6月1—7日开展“铁拳行动”流动摊专项整治，出动执法队员400余人次，发放告知书300余份，暂扣流动摊49个。在城北综合市场入口处、长途汽车站等地设置手机贴膜景观服务亭8处、小吃水果便民贩卖亭8处，对县城夜市实行定点管理。

【户外广告管理】 2015年，桐庐县城市管理局落实户外广告设置审批制度，不定期开展户外广告亮灯检查和“断字缺亮”专项集中整治。投入80万元，完成春江路、学圣路等道路户外广告项目改造。严格审批及监管，实行户外广告设置“零报告”制度，通过日常巡查和专项检查相结合，及时掌握城区主要路段户外广告设置状态，及时掌握城区主要路段户外广告设置状态。

【门前新三包】 2015年，桐庐县城市管理局在县城桐君路、瑶琳路开展“门前新三包”（包环境整洁、包文明劝导、包应急参与）活动，通过提高市民自我管理及共同参与意识，整合城市管理资源，优化城市管理执法环境。此次活动共签订商户483户。

【犬类家禽管理】 2015年，桐庐县城市管理局开展犬类家禽整治24次，教育劝导237人，暂扣犬只203只，处理违法饲养鸡、鸭99只；3月起对中心广场、滨江公园、江滨公园、桐君广场、天目溪公园开展每周两次以上巡查，向遛狗居民发放宣传资料；每半月对公园遛狗行为进行一次整治；加大路面巡查力度，对流浪犬只进行抓捕。10月下旬起，安排6名执法队员，对江滨公园、滨江公园、中心广场等城区几个重要场所进行定点执勤，开展犬类宣传整治。

【餐饮油烟治理】 2015年，桐庐县城市管理局对县城区域内餐饮业进行摸底排查，对各餐饮店油烟排放情况进行检查，对大中型餐饮业以外的餐饮店发放《责令立即（限期）改正违法行为通知书》158份，并于4月上旬完成"一店一档"的建立工作。9月底，召开城区餐饮业主环境污染防治和城市管理法律法规培训会，培训餐饮企业30余家。截至12月31日，城区小型餐饮（饭）店安装油烟净化器165家，完成率100%。

【为民服务】 2015年7月22日，桐庐县公共自行车系统正式投入试运行，投资1660万元在县城主城区设置61个公共自行车站点、1592套锁止器，投放1274辆公共自行车，12月3日项目通过验收。是年，改造县城人力三轮车190辆，其中为民、富旺两家公司人力三轮车改造119辆，个体人力三轮车改造71辆。开展"拒绝车窗抛物，争做文明市民"活动，发放车载垃圾桶20000余个。

（张堂堂）

·拆迁改造·

【概况】 2015年，桐庐县拆迁工作领导小组办公室牵头协调督查"无违建县"创建、"三改一拆"工作。完成拆改面积181.5万平方米，其中旧宅改造30.47万平方米、旧厂区改造29.54万平方米、城中村改造63.29万平方米、拆违58.2万平方米。参加杭黄铁路区块桐庐段、柴埠区块、富春江干堤加固二期、开元街等县政府重点工程项目拆迁工作；大奇山路和环城南路区块安置房建设基本完工；有序推进杭黄铁路区块桐庐段安置房、柴埠区块安置房、开元街区块一期安置房建设。

【"三改一拆"】 2015年，桐庐县新实施三改项目38个，完成36个，2014年结转的5个项目全部完成。全年完成"三改"面积123.3万平方米。其中，旧住宅改造面积30.477万平方米，完成市下达任务6万平方米的507%；完成旧厂区改造面积29.54万平方米，完成市下达任务5万平方米的591%；完成城中村改造面积63.29万平方米，完成市下达任务11万平方米的575%。是年2月，桐庐县被杭州市委、市政府授予2014年度市"三改一拆"优胜单位。

【"无违建县"创建】 2015年，桐庐县共拆除各类违法建筑2782处、61.26万平方米，分类处置违法建筑17.72万平方米，拆违面积完成市下达任务的315%。是年，对县重点区域、重点类型违建进行彻底排摸，共排查出各类违建75.3万平方米，并全部得到依法依规处置。制定《桐庐县防控和处置违法建筑责任追究暂行办法》《关于开展全县农业生产、农家乐经营设施清理整治工作通知》《桐庐县农村附房和庭院管理办法》《关于严格依法处置缓拆违法建筑的通知》等规章制度；建立完善"即查即拆"机制，以"四重点""八先拆"为原则，强势推进违建拆除，开展"对标找差""自查自纠""交叉考评"等活动，从各重点村抓起，覆盖到所有村。按照"宜耕则耕、宜建则建、宜绿则绿"要求，加强拆后土地的分类和规划利用，共腾出土地147公顷，其中60公顷用于复耕，39公顷用于公建设施建设，27公顷安排1200余户农户建房用地。重点开展农村附房围墙专项整治活动，共拆除附房870处，面积5.8万平方米，拆除围墙360处，长度17503米。是年5月桐庐县被浙江省政府授予"无违建县（市、区）"创建工作先进集体。

【杭黄铁路桐庐段征迁】 杭黄铁路区块桐庐段线型拆迁建筑面积约20.48万平方米，2015

年签约613户，签约率99.51%（未签约城南街道1户、凤川街道1幢古建筑2户），签约民房拆除率99.83%（未拆除民房江南镇1幢）。6月初启动企业拆迁工作，企业拆迁总数19家，签约12家，未签约7家，其中2家已进场施工。桐庐段“三地”（线型用地、临时用地、安置用地）征用率98.33%，其中，线型征地98.86公顷，已交地96.87公顷，线型交地率97.98%；临时用地23.75公顷（不含临时便道），交地率100%；安置点征地已满足建设需要。桐庐段安置点“13+1”个，总建筑面积15.30万平方米，其中镇街迁建安置点13个，安置304户，县城公寓安置房完成地下室部分50%，完成基础工程的迁建安置点9个，其中交付农户建房5个。

【柴埠区块征迁改造】 柴埠区块征地拆迁工作从2011年5月启动，2013年2月正式进入动迁阶段，全村农户635户2000余人，房屋拆迁面积23万平方米，国有土地15宗，至2015年集体土地拆迁剩余1户，国有土地拆迁全部完成。是年，柴埠区块征迁指挥部处理各类拆迁遗留问题20余起，接待来信来访拆迁户100余人次。对最后一户商谈未果的集体土地拆迁户启动司法强拆工作，现已完成前期材料送达工作，相关材料移送县国土局。安置房1号区块进入小区内绿化工作，房屋质量、气象、规划均通过验收，预计2016年4月验收交房；2号区块安置房主体已结顶，正在进行内外墙的粉刷工作，预计2017年10月验收交房。

【富春江干堤加固二期工程】 2015年，富春江干堤加固二期工程完成 Ⅰ 标段柴埠干堤加固0.8千米，黄潦溪、大源溪、舒湾溪、马浦溪、麻栗浦排涝站、马家溪排涝站、石堆湾排涝站施工。第二阶段2.37公里滩头至柴埠干堤，完成进度的90%。

【开元街区一期改造】 2015年，桐庐县城开元街区改造一期安置房工程完成投资近2亿元，预计2016年下半年完成整个安置房工程建设。其中，“桐君苑”项目：一季度完成地下室整体结构和主体结构总工程量的50%，二季度完成至主体结构总工程量的80%，三季度完成主体结构，并完成主体结构分部验收，四季度完成幕墙装饰、水电安装等工程量的50%。“富春居”项目：一季度完成主体结构总工程量35%，二季度完成主体结构总工程量的70%，三季度完成主体结构总工程量98%，四季度完成整体主体结构并部分验收，完成装饰工程量的80%。

【国有土地房屋征收】 2015年，根据住建部、省市的工作要求，建立全国统一的阳光征收信息系统，完成VPN网络接入。5月，依法向杭州市中级人民法院提起申请强制执行1例。桐君街道办事处拟对县城老城区公管所区块进行改造，调查摸底该区块90%以上同意征收，正式启动征收程序。

（李　可）

【责任编辑　邵晓洁】

国土资源　环境保护

·国土资源管理·

【概况】　2015年，桐庐县国土资源局对县域范围永久基本农田进行划定，落实永久基本农田保护面积20410公顷，永久基本农田示范区7133.3公顷。投入资金9042万元，实施“旱改水”和垦造水田工程，垦造水田项目33个，新增水田119.3公顷；实施垦造耕地项目45个，新增耕地180公顷。建成高标准农田建设项目10个800公顷、高标准基本农田示范片项目3个，形成耕地质量等级指标220.1公顷。是年，向上争取各类新增建设用地计划指标85.6公顷，其中，争取奖励指标50.76公顷。办理建设项目用地预审50宗47公顷。出让建设用地63宗86.6公顷，土地出让金入库15.5亿元。全年查处违法用地173宗，建议乡镇（街道）给予相关责任人党纪处分建议书51份；开展对2014年卫片执法检查，全县违法占用耕地比例下降至4.3%。在全县14个乡镇（街道）设立“一乡一所”；完成不动产统一登记改革。开发桐庐县农村个人建房管理信息系统，录入6.4万户农户户籍信息和7.9万宗宅基地基本信息。

【土地规划管理】　2015年，县国土资源局在2014年划定永久性基本农田、城市开发边界、生态保护红线以及优化城乡用地结构布局基础上，重点做好县级及中心城区土地利用总体规划调整完善报批工作。是年底，《桐庐县土地利用总体规划（2006—2020年）2014调整完善版》报省发改、环保、水利、林业等部门审查。同时，会同土地规划编制单位，完善分水镇等10个乡级土地利用总体规划调整方案，并上报杭州市人民政府审批。根据省国土资源厅关于永久基本农田划定方案作为审批规划调整完善成果前置条件的要求，是年，完成全县永久基本农田划定方案编制，并按省国土资源厅要求修改并报备。

是年，桐庐富春山居·隐逸石舍坡地村庄项目经省级9个部门联席会议审查，被确认为浙江省2015年度首批33个“坡地村镇”建设用地试点项目之一。根据省国土厅要求，完成《桐庐县“坡地村镇”建设用地试点专项规划》，编制项目实施方案，并报省级9个部门备案。是年，做好重大建设项目用地报批，完成杭州市第二水源千岛湖配水工程（桐庐段）项目规划落实方案和建设用地审批、杭黄铁路（桐庐段）项目建设用地组件报批。

省国土资源厅厅长陈铁雄调研石舍坡地村镇项目

【耕地保护】　2015年，县政府出台《关于切实做好水田占补平衡工作的通知》（桐政办〔2015〕71号）。《通知》明确，凡符合土地利用总体规划、土地整治规划，坡度25度以下，宜垦造水田的疏林地、废弃园地等低丘缓坡及有效的河滩地等地块均可列入垦造项目。同时明确，垦造水田项目按照新增水田面积补助52.5万元/公顷，资金由乡镇统筹。为提高新增水田和耕地质量，根据县农业部门耕地质量等级评定结果，能实施机械化操作，耕地质量等级达一级的，按新增水田面积奖励30万元/公顷，奖给项目实施的乡镇（街道）、村；耕地质量等级达二级的，奖励15万元/公顷。是年，实施农村土地综合整治项目38个，其中，2012年批准项目13个，规划复垦新增耕地44.4公顷，实际完成复垦36.2公顷；2013年批准项目25个，规划复垦92.8公顷，实际完成土地复垦39公顷。

【建设用地管理】 2015年，县国土资源局供应建设用地63宗86.6公顷，土地成交款7.65亿元。其中，出让经营性用地24宗33.1公顷，成交价5.55亿元；出让工业用地30宗32公顷，出让价1.36亿元；划拨供地9宗21.5公顷，划拨费0.74亿元。补缴土地出让金1239万元；办理城镇用地“退二进三”项目19宗7.7公顷，收缴土地出让金3735万元。是年，入库土地出让金15.5亿元。开展“批而未供、供而未用、城镇低效”土地消化利用专项行动。通过对土地供应图斑偏移纠正、已盘活项目和土地供应项目遗漏上图、补办土地划拨手续等，消化批而未供土地419.2公顷。是年，杭州市局下达桐庐县消化批而未供土地90.7公顷，实际完成326.6公顷。推进城镇低效用地再开发，完成城镇低效用地再开发88宗134.9公顷，完成市政府对桐庐县考核任务135%。完成和协调杭黄铁路（桐庐段）、杭州市第二水源千岛湖配水工程（桐庐段）等重点建设项目征地107.7公顷。办理建设项目用地预审50宗47公顷，批而未供基础设施补办划拨手续缴纳划拨费5.7亿元。是年，办理银行贷款8.46亿元，收购储备土地5宗8.87公顷。

【地籍管理】 2015年，县国土资源局在完成两期城镇数字地籍调查和一期村庄数字地籍调查基础上，完成数字地籍调查二期、三期46.01平方千米调查范围内地形测量外业采集、资料录入和权属核（调）查和数据库建设，涉及宗地13.19万宗。同时，对桐庐县城、开发区和分水镇23.73平方千米范围内地籍进行更新调查，地形部分通过省测绘质量监督检验站验收，并完成权属调查。升级改造桐庐县地籍管理信息系统，实现土地登记业务流程化、图属管理一体化；梳理、补录2011—2013年1288宗土地登记数据。

是年6月，在富春江镇金家村进行农村个人建房管理信息系统试点，录入6.4万户农户户籍信息和7.88万宗宅基地基本信息。是年，县国土资源局下发《关于加快处理农村宅基地历史遗留问题推进确权登记发证工作的通知》（桐土资〔2015〕81号）和《关于宅基地确权登记发证工作中遗留问题处置的补充意见(一)》（桐土资〔2015〕109号），全年办理农村宅基地使用权证6419本。

是年，县国土资源局收到杭州市国土局卫星遥感监测图斑1204个，监测土地616.1公顷，上报遥感监测图斑913个，监测369.8公顷，完成291个监测图斑和246.2公顷监测面积踏勘。完成经营性用地复核验收项目39个，涉及土地90.2公顷，建筑面积99.3公顷。

【矿政管理】 2015年，县国土资源局会同环保、安监等部门对全县持证矿山开展矿山建设工程环保、安全“三同时”验收，落实矿山开发、安全、环保制度；开展对县域范围砂石企业整治，编制砂石资源利用专项规划；做好杭州市千岛湖配水工程建设因隧道开挖产生的矿产资源采矿权设置方案和协议出让报批、采矿权评估，并在省矿业权交易中心完成交易；完成对桐庐红狮水泥有限公司高山石灰石矿深部开采、富春江镇大竹笼普通建筑石料矿、杭黄铁路凤川竹桐坞工程性配套矿、钟山破塘湾废弃矿山综合治理等项目设矿；开展“两路两侧”国土资源违法违规问题和土地管理领域突出问题专项整治，完成桐庐瑶富建材有限公司裸露山体、桐庐恒鼎石料有限公司废弃矿山、分水镇入城口东溪磨湾山山体边坡等治理复绿。

【地质灾害防治】 2015年，县矿产资源管理办公室开展对农村山区地质灾害调查，形成防灾基础调查成果；制定《桐庐县2015年地质灾害防治方案》，明确主要任务、重点时段和重点区域。调整完善县、乡（镇、街道）、村、点四级群测群防网络，落实巡查责任行政村122个，群测群防人员300余人。汛期实行24小时值班制，及时开展汛前排查、汛中巡查、汛后核查工作。是年，对全县186处地质灾害隐患点进行梳理，并制订治理与搬迁计划；全年投入1500万元，治理横村镇白云村十亩里边坡、分水镇三合村崩塌等26个地质灾害隐患点，搬迁农户34户101人。

【国土资源执法监察】 2014年12月，县国土资源执法监察大队收到杭州市国土局遥感监测图斑913个，监测面积369.8公顷，其中耕地238.9公顷。经核实，全县最终上报新增建设用地571宗208.4公顷，其中耕地164.1公顷，新增建设用地中合法391宗，疑似违法189宗19.7公顷，违法占用耕地7.9%。2015年初，县国土资源执法监察大队对涉及农房可补办手续的9宗6.81公顷土地，按合法图斑上报；对157个确定的违法图斑，全部立案查处并下达处罚决定书；拆除复垦2014年11宗违法建筑用地，恢复耕地6.15公顷；对12宗5.78公顷公墓用地直接移交主管部门和乡镇处理。加大对盗采砂石资源打击力度，证据保存涉嫌非法采挖机械14台、运输车辆9辆、铲车2辆，立案查处非法盗采案7起，移送公安立案1起。

是年，对全县历年立案查处863宗土地违法案件进行全面梳理。制定《桐庐县已立案尚未查处到位违法建筑及非法占用耕地和基本农田违法建筑专项整治行动实施方案》《关于对依法没收建筑物及设施的租赁处置意见》，通过拆除、补办手续、调整规划、收取租金等方式，基本完成863宗存量违建处置。完成闲置土地调查54宗。对涉及国土资源管理41个行政规范性文件进行梳理，废止4个。涉及行政复议案件6宗、行政诉讼案件5宗，及时递交行政诉讼答辩状和行政复议答复书。

桐君国土资源所揭牌

【改革创新】 2015年5月，县政府办出台《关于进一步强化乡镇主体责任加强国土资源管理基层基础建设的实施意见》（桐政办〔2015〕29号），在全县14个乡镇（街道）设立“一个乡镇（街道）一个国土资源所”，明确乡镇（街道）主体责任和乡镇（街道）国土资源所主要职责。11月，经县机构编制委员会批准，组建桐庐县不动产登记服务中心，为县国土局下属公益类事业单位。同时，将县土地登记发证办公室整建制划入县不动产登记服务中心，将县住建局房屋登记职责、县农林局林地登记职责、县农办农村土地承包经营权登记职责以及3个部门不动产登记信息系统建设和日常维护、不动产测绘及成果备案、不动产档案管理、档案查询职责统一划入县不动产登记服务中心。

（方楚雯）

·环境保护·

【概况】 2015年，桐庐县环境质量持续向好。全县83条河流全部达到Ⅲ类以上水质，其中Ⅰ类—Ⅱ类水质河道数量维持在70%以上。富春江出境水质连续9年优于入境水质，窄溪断面出境水质达到Ⅱ类标准，功能区水质达标率100%，饮用水水源地水质达标率100%；县境内全年空气优良天数322天，比2014年增加39天，优良率88.2%，PM2.5平均浓度44微克/立方米，比2014年下降10微克/立方米，下降18.5%；区域环境噪声、功能区噪声和交通噪声均达到相关标准。是年，桐庐县成功入选国家发改委等部门联合评定的首批国家级生态保护与建设示范区，荣获全省唯一的“全国十佳生态文明城市”和“首批绿色发展优秀县”称号。

【深化“五水共治”】 2015年，全县完成“五水共治”（治污水、防洪水、排涝水、保供水、抓节水）项目159个（398个子项目），投资

保护母亲河倡议活动

14.3亿元。探索创新“民间河长”和河道“承包管理”制度，在原有“一河一长”基础上增加92位“民间河长”，实行河长巡查日志登记和“杭州河道水质”APP使用管理制度，以日签到、周督查、月通报、季考核方式督促河长履职，APP签到使用率95%以上。出台实施“五水共治”“河长制”年度考核细则，强化监管保障。全年开展专项监督检查180余次，下发工作专报与通报23期、“五水共治”与“河长制”整改抄告单94期、工作简报24期。全年有4名相关负责人因治水不力被县纪委问责，81名乡镇、村级干部被乡镇纪委问责或约谈。

【推进生态文明建设】 2015年，县环保局健全完善农村生活垃圾源头分类长效激励考核机制，开展“源头分类示范村”评选。下发《桐庐县无保洁员村（镇乡）创建考核标准（试行）》，成功创建17个无保洁员村。探索有机肥市场化运作模式，完成英力、欧鹏2家公司合并及改造提升，完成“世外桃源”品牌申报。农户源头生活垃圾分类正确率、收集率80%以上，垃圾焚烧量下降30%（包含增量约16%），生产垃圾有机肥原料3600吨。围绕基本实现集镇截污纳管全覆盖目标，全年新建管网120.62公里。建立第三方专业资质公司运行、村民联片承包、村干部缴纳保证金等多元化农村生活污水处理运维格局，运维率达到100%。全面运行农村环境工程智能化展示平台，实时监控全县142只污水处理设施、3个垃圾资源化利用站和6个集镇污水处理站日常运行管理。全年完成生态文明建设任务52项、“三江两岸”整治工作任务46项、“四边三化”整治工作任务78项。

【重污染行业整治】 2015年，县环保局实施重污染行业整治“回头看”专项督查，并根据全面取缔、关停非法印花单位和保留企业排污达到环保标准要求，全面完成关停和整治提升工作。同时对全县表面处理（酸洗、鳞化）行业开展整治，完成16家整治和2家关停工作。

【大气污染防治】 2015年，县环保局制定出台《2015年桐庐县大气污染防治实施计划》，持续开展燃煤烟气、车辆尾气、工业废气、工地灰气、油烟排气等“五气共治”工作，全年完成2家水泥厂、1家热电厂和1家垃圾焚烧厂废气提标改造任务，完成10家工业企业挥发性有机污染物治理和1581辆黄标车淘汰工作，完成燃煤锅炉淘汰改造任务，严格开展渣土运输污染专项整治，加大道路清洗保洁力度，强化油烟排气监管，禁止秸秆焚烧。

【土壤环境治理】 2015年，县环保局实行污水处理厂和其他污泥产生单位执行危险废物申报登记、危险废物管理周知卡、转移计划审批及转移联单制度，对电镀、化工等企业实行危险废物规范收集和委托处理，防止污染土壤环境和地下水。全年69家单位转移623批次7497吨危险废物。

【环保专项行动】 2015年，以实施新《中华人民共和国环保法》为契机，县环保局开展以“大排查、大整治、大宣传”为内容的环保专项行动，全年组织环境执法“零点行动”32次，日常环境执法督察4000余人次，依法处理各类环境信访投诉400余件，立案查处环境违法案件112起，罚款350万元，移送公安行政拘留案件3起，其中行政拘留3人、刑事拘留1人。

【饮用水源保护】 2015年，县环保局强化饮用水水源地环境监察巡查制度，拆除一级饮用水源保护区非法设施，完成县城一级饮用水水源保护区物理隔离措施建设，完成水功能区、

治理后的芦茨溪

水环境功能区划分方案修编并上报省环保厅。加强富春江库区漂浮物打捞处置，全年打捞死猪72头，垃圾6065吨。

【"智慧环保"体系建设】 2015年，县环保局围绕"全省一流、县市第一"目标，建成农村环境工程智能化展示平台、监控中心改造提升、重点排污单位视频升级改造和乡镇PM2.5空气监测网络建设等工程，在全国率先实现乡镇（街道）PM2.5监测全覆盖目标，做到环保基础设施"全方位"智能管理，企业排污状况"全天侯"智能监控，县域环境质量"全流域"智能掌握，污染违法偷排"全民众"智能参与。

【排污许可证制度改革】 2015年，县环保局出台《桐庐县排污许可证制度改革试点工作实施方案》《桐庐县环评审批制度改革试点工作实施方案》。实行污染源"一证式"管理，通过排污许可证核发，整合环评审批、环保验收、总量管理、排污申报、排污许可、监管执法等制度。全年审批环保项目555个，否决不符合国家产业政策、高能耗、高污染项目63个。同时，修订完善《桐庐县主要污染物排放总量有偿调剂使用管理办法（试行）》，制定出台《桐庐县主要污染物排放权交易管理办法》，完成47家重点工业企业排污权初始分配和35家企业排污权初始交易工作，收缴初始交易费3488.98万元，持续推进刷卡排污和重点企业环境信用评价体系建设。

【生态文化宣教活动】 2015年，县环保局利用"百姓日"、"6·5"世界环境日等，开展空气质量实时检测、民间河长聘任、环境违法案件通报、"五水共治·保护母亲河"等系列活动，参加人数2万余人次，发放宣传资料1万余份；与县委宣传部、团县委、教育局等联合开展"五水共治"青少年网络知识竞赛；开通新浪和腾讯官方微博、微信，全年发布微博421条、微信98条。开展"多绿"创建活动，创建市级绿色学校3所、县级绿色学校3所、市级绿色医院2所。

【环保队伍建设】 2015年，县环保局下发《近期重点整改项目工作方案》，全面落实7个整改项目18项整改举措。开展"三严三实"专题教育，全面落实党风廉政建设责任制。把行政审批权、执法权、环保专项资金使用等领域作为预防腐败重点，完善《桐庐县环境保护专项资金管理办法》等制度，推行"日记"式办公管理，严格公务接待和公车使用管理，"三公"经费比2014年下降20.3%。开展"我为实体经济发展助力"和"基层走亲"等活动，走访农户（企业）322家，收集社情民意112条，帮助解决实际问题40个。

（宋娟）

【责任编辑 骆国庆】

劳动 人事

【概况】 2015年，桐庐县新增城镇就业岗位5448个；帮扶失业人员实现再就业2557人，其中就业困难人员1823人，城镇登记失业率2.43%。职业技能鉴定8468人，培养高技能人才1866人，举办创业培训班11期，445人取得合格证书，失业人员培训2466人，进城农民工培训2240人，参与举办10个职业（工种）职业技能竞赛。企业职工基本养老、医疗、工伤、生育、失业保险分别净增参保10714人、8364人、13807人、8238人、2134人；城乡居民医疗保险参保率99.93%。引进国外智力项目31项，柔性引进国外专家41名；事业单位引进紧缺专业高层次人才135人，企业引进本科及以上人才800余人，引进硕士以上高层次紧缺人才95人。是年，县人力资源和社会保障局获县综合考评优秀单位、县最佳服务型机关等荣誉。

·劳动保障·

【公共就业服务】 2015年，桐庐县举办各类人力资源交流会48场，进场招聘用人单位1586家，提供就业岗位24400余个，达成就业意向3866人；“杭州就业网”全年发展会员单位2008家，采集发布用工信息23395条。

【公共就业品牌建设】 2015年，县人力资源和社会保障局对接县总工会、民政局、妇联、残联等部门，先后开展“春风行动”“就业援助月”“333就业服务月”等专项活动，为各类就业困难群体提供服务，促进其稳定就业。

【重点企业招工专项服务】 2015年，县人力资源和社会保障局成立招工服务工作领导小组，开展海康威视、聚上汇等企业就业招聘专项活动，帮助招工报名3000余人。

【“智汇电商”就业帮扶】 2015年，县人力资源和社会保障局出台《关于推动农村电子商务创业就业的实施意见（试行）》，依托桐庐电子商务产业园，开展浙江省首批农村电商孵化园创建工作，先后两次在全省就业创业工作会议上作典型发言。

【促进就业帮扶】 2015年，县人力资源和社会保障局强化就业政策的贯彻落实，全年用于促进就业资金2614.35万元，其中失业保险基金1565.48万元，促进就业专项资金1048.87万元。

【企业用工和失业动态监测】 2015年，桐庐县调整典型样本企业，督促企业及时上报数据报表，继续开展每月100家企业用工和失业动态监测，提高人力资源流动研判准确性。

【职业技能创业培训】 2015年，桐庐县参加职业技能鉴定8468人，取得职业资格证书和专项职业能力证书6908人（其中初级工1961人、中级工2489人、高级工1730人、专项职业能力728人）；培养高技能人才1866人。是年，举办创业培训11期，445人取得合格证书。

【技能人才队伍建设】 2015年，县委办出台《关于深化改革加快推进技能人才队伍建设的若干意见》（县委办〔2015〕53号），以及相关配套文件（即“1+4”技能人才培养计划），计划在未来3年，培养300名技师、3000名高级工、10000名具有初级以上技能水平的人才队伍；发挥高技能人才传艺带徒作用，选拔县级首席技师10名以上，建立县级技能大师工作室6家，力争建立市级以上技能大师工作室3家。

【技能大师工作室和首席技师】 2015年，县人力资源和社会保障局强化技能人才平台建设，汇丰生物科技有限公司朱涛获评杭州市首席技师；开展桐庐县技能大师工作室和首席技师评选认定工作，评选认定杭州技师学院杨金龙汽车喷漆、桐江职业技术学校皇甫国荣汽车修理为技能大师工作室，评选认定杭州阿富休闲足道连锁管理有限公司保健按摩师高继国、桐庐盛运环保电力有限公司维修电工王军为首席技师。

【社会保险】 1. 各项社会保险参保情况（见表 22）

2. 各项基金收支情况（见表 23）

3. 失业保险：2015 年，桐庐县失业登记 5542 人，其中城镇新登记失业人数 2380 人，农民合同制职工 3162 人，发放失业保险金 9874 人次。

2015 年桐庐县各项社会保险参保情况

表 22　　单位：人

险　种	参保人数	退休人数	净增人数
企业养老	137623	42897	10714
机关事业养老	15447	5124	-438
城乡居民养老	96792	53565	-4690
被征地保障	11145	1153	-4830
农村养老保险	76673	75	-1690
城镇职工医保	129762	24699	24900
城乡居民医疗	258483	—	-1601
工伤保险	123777	—	13807
生育保险	77258	—	8238
失业保险	60468	—	2134

2015 年桐庐县各项社会保险基金收支情况

表 23　　单位：万元

险　种	基金收入	基金支出	当年结余	累计结余	支付能力
企业养老	105929	108720	-2791	109102	12.04
机关事业养老	23096	27691	-4595	-15734	—
城乡居民养老	12885	12231	654	11457	—
被征地保障	12999	665	12334	58163	—
农村养老保险	48	56	-8	1876	—
城镇职工医保	60303	45304	14999	30273	—
城乡居民医疗	26144	21651	4493	10504	—
工伤保险	2478	1983	495	495	—
生育保险	2626	1648	978	2832	—
失业保险	5337	3705	1632	18776	—

【**全民参保登记**】 2015年，县人力资源和社会保障局以宣传、培训、指导、督查“四个到位”，确保全民参保登记调查工作完成，入户调查完成率100%。6月，全国部分省市全民参保登记工作现场会在桐庐县召开。

【**特殊人群社会保障**】 2015年，桐庐县办理“221”类人员（《关于解决未参保集体企业退休人员及其他相关人员基本养老保障等遗留问题的实施意见（浙人社发〔2011〕221号）》）参保693人，累计办理17318人；办理“222”类人员（《关于调整城乡居民社会养老保险部分参保人员待遇政策的通知（浙人社发〔2011〕222号）》）待遇调整45人，累计办理2664人；办理“223”类人员（《关于进一步解决部分精减退职人员生活困难补助问题的通知（浙人社发〔2011〕223号）》）审批47人，累计办理1336人。办理“511”类人员（《关于进一步贯彻落实城乡居民社会养老保险部分参保人员待遇政策的通知（杭人社发〔2012〕511号）》）待遇调整71人，累计办理412人。

【**老农保折算补缴**】 2015年，桐庐县继续执行按农村社会养老保险首次参保缴费时间折算基本养老保险缴费年限的老农保折算补缴政策，解决原农村社会养老保险参保人员养老保障问题。至年末，按政策办理折算补缴1329人，其中1295人办理退休手续。

【**被征地农转非人员养老保障转换**】 2015年，桐庐县继续执行征地农转非人员养老保障转换职工基本养老保险折算补缴政策，允许参加被征地农转非人员基本养老保障人员按自愿原则转换为职工基本养老保险。至年末，3379名符合转换条件被征地人员办理转换手续。

人保政策直通车宣传活动

【**社会保险缴费基数调整**】 根据2014年浙江省在岗职工月平均工资公布数据，桐庐县社会保险缴费基数作相应调整。从2015年7月1日起，个体劳动者养老保险最低年缴费基数调整为3225元，对应养老保险缴费金额580.50元/月，职工基本医疗保险缴费金额306.33元/月。单位职工缴费工资根据2014年全省在岗职工月平均工资60%～300%由单位自行申报确定。

【**降低失业保险缴费费率**】 2015年，县人力资源和社会保障局根据浙人社发〔2015〕3号文件，自2015年1月1日起，调整全县5000余家企事业单位失业保险缴费费率：保险费率统一由3%调整为2%，其中单位缴纳部分由2%调整为1.5%，个人缴纳部分由1%调整为0.5%，涉参保人员7.8万余人，减轻参保对象负担547.43万元。

【**机关事业养老保险改革**】 2015年，县人力资源和社会保障局稳步推进机关事业单位工作人员养老保险制度改革。清理原机关事业单位养老保险历年数据，催缴历年欠缴费用，确保老系统数据真实可靠。举办全县机关事业单位养老保险数据采集培训班，布置机关事业单位数据采集工作。

【**企退人员待遇调整**】 2015年，县人力资源和社会保障局按照省人社厅、财政厅《关于2015年调整企业退休人员基本养老金的通知》，采取普遍调整和适当倾斜相结合办法，调整2014年12月31日前按规定办理退休（退职）人员基本养老金，并在2015年3月发放到位。涉及企业退休（退职）人员3.77万人，人均月增养老金241.8元。桐庐县连续11年调整企业退休（退职）人员基本养老金。

【医保基金监管】 2015年，县人力资源和社会保障局对41家医疗机构2014年度医保费用进行总额预算管理，比2014年增加10家，总体减少医保基金支出270.59万元；继续以医保经办服务外包方式，利用太平洋保险公司为第三方力量进行监管。

【医保智能审核】 2015年，县人力资源和社会保障局医保智能审核工作有序推进。全年过滤数据359万条，扣款108.9万元。医保智能审核对震慑医护人员医保违规，规范定点医院、定点零售药店医疗服务行为，减少医保基金不合理支付起到积极的作用。

【医保医师协议管理】 2015年4月，县人力资源和社会保障局下发实施“医保医师协议管理”通知。5月底，建立定点医疗机构信息库、医保医师信息库，并与医保医师委托授权定点医疗机构签署医保医师服务协议。是年，全县有协议定点医院61家，协议医师981人。

【特殊药品大病保险】 2015年1月1日起，县人力资源和社会保障局建立“格列卫”等15种药品大病保险，纳入医疗保险支付范围，减轻参保人员大病医疗费用负担。全年接单受理58人，发放75人次205万元。

【医保药品限价管理】 2015年6月起，县人力资源和社会保障局取消原政府制定药品价格，出台医保药品支付价格限价管理规定，在上级部门出台医保支付价格政策前，对上调医保药品价格和新进医保药品，定点医疗机构和定点零售药店必须到医保大厅登记备案。

【企退人员社会化管理】 2015年4月—10月，桐庐县开展企业退休人员和城乡居民健康体检工作。全县企业退休人员2.7万人，城乡居民3.2万余人接受健康检查。是年，核查异地居住领取待遇人员生存状况1539人。

【建立社会化劳动人事争议联合调处机制】 2015年，桐庐县成立县劳动人事争议调解指导委员会，县政府主要领导任主任。下设县劳动人事争议联合调解中心，整合行政调解、人民调解、仲裁调解、司法调解和工会维权帮扶等资源，将分散在各部门的劳动人事争议调解职能予以集中，实现多位一体、联合办公、关口前置。

【下沉式为企“体检”】 2015年，县人力资源和社会保障局面向企业推出下沉式为企业“体检”活动，通过培训讲座、现场走访、职工座谈、专家会诊等方式，帮助企业查找用工管理、用工制度等方面漏洞，建立完善规章制度，规范企业用工管理。2015年，将“体检”企业扩至78家，全年完成“体检”企业82家。

【劳动关系和谐指数测评】 2015年8月，杭州市随机抽取桐庐县15家企业参加杭州地区劳动关系和谐指数测评，获89.64分，排在杭州14个测评单位第4名，比2014年提升8位。

【最低工资标准调整】 2015年，县人力资源和社会保障局下发《关于调整我县最低工资标准和失业保险金计发标准的通知》（桐人社发〔2015〕187号）。自2015年11月1日起，桐庐县月最低工资标准由1350元调整至1530元，非全日制工作最低小时工资标准由10.9元调整为13.8元。

【劳动监察执法】 2015年，县劳动和社会保障监察大队检查用人单位958家，涉及职工2.3万余人，开展专项检查6次，发出劳动监察限期整改指令书48份，受理一般投诉举报案件323件，涉及职工2416人，处理群体性事件22件，涉及1800余人金额2900余万元。4起拒不支付劳动报酬案件移送司法机关处理。

【劳动人事仲裁】 2015年，县人力资源和社会保障局收到案件323件，其中受理283件，结案281件，结案率99%，调解结案200件，调解结案率71%，裁决结案81件，不予受理42件；涉及1113人，其中集体争议27件，申请标的4161.7万元，结案标的2073万元。

【“12333”咨询服务中心】 2015年，桐庐县“12333”社保信息微信查询系统正式上线，减轻“12333”电话查询压力。是年，“12333”来电总量61976个，比2014年增7.92%。其中：自动服务量33062个，比2014年增7.77%；人工服务量22776个，比2014年增9.56%；转接量19个，处理留言213个，平均接听率90.09%。

·人才人事·

桐庐县2015年省内外高校毕业生春季人才招聘暨创业平台展示会

【人才引进】 2015年，县人力资源和社会保障局做优做实春季大型人才招聘，积极开展人才网络招聘，开发微信公众平台，借力市九所学校联盟招聘、名校优生工程、“君山引凤”及科技人才周活动，为全县事业单位引进高层次、紧缺专业人才135名（其中硕士研究生35人，博士研究生5人）：教育系统引进高层次、紧缺专业人才70名；卫生系统引进紧缺专业人才43名；“名校优生”引进党政储备人才8名、紧缺专业人才3名；其他单位紧缺专业人才11人。为企业单位引进本科及以上人才800余人，硕士以上高层次紧缺人才55人。是年，落实委培生入编审核工作，经考核、体检等程序，完成教育系统首批20名、卫生系统28名已取得毕业证书委培生入编手续；教育系统新招考7名委培生。

【智力项目引进】 2015年，县人力资源和社会保障局组织开展引智项目31项，柔性引进外国专家41名，其中获杭州市立项21项，列入市重点项目计划1项。

【大学生创业服务】 2015年，县人力资源和社会保障局与中国青年报KAB全国推广中心合作开展“创业桐庐·智汇画城”2015大学生创业项目推选活动暨第三届桐庐县创业大赛。通过全国范围KAB渠道，向1000余所高校进行征集，筛选出154项大学生创业精品项目进入评审，涵盖跨境电商、社交群落、国际贸易、文化创业等领域，并邀请从中评选出的50强项目到桐考察创业环境，最终与13个项目签订落户协议。是年，有15个项目免费入驻大学生创业园，32个项目获41.7万元创业资助。

【县校人才合作】 2015年，县人力资源和社会保障局加强名校及省市平台对接，推进“名校优生”招引计划。全年组织北京大学、浙江大学、西安交大等省内外名校招聘活动18场，引进硕士及以上人才95名。

【桐籍高校毕业生就业】 2015年，县人力资源和社会保障局举办 “高校毕业生就业服务月”活动，印发宣传资料3000份，提供职业指导582人，发布就业岗位信息1088条，实名登记未就业高校毕业生88人。以举办毕业生专场招聘会、市场优先推荐就业、创业实训与创业项目推荐、推荐公益性岗位上岗、落实就业创业政策等，实现137人就业、2人创业。是年，全面取消毕业生档案托管和人事代理费，网络招聘免费发布。

【人才分类认定】 2015年，县人力资源和社会保障局首次组织开展杭州市高层次人才分类认定工作，桐庐县认定国家级领军人才（B类）2人，省级领军人才（C类）3人，市级领军人才（D类）13人，高级人才（E类）117人。

【博士后科研工作站】 2015年，浙江天松医疗器械股份有限公司、杭州祥龙钻探设备科技股份有限公司、杭州泛亚卫浴股份有限公司、浙江桐庐汇丰生化有限公司等4家企业成功创建省级博士后科研工作站，引进博士后科研工作者4人。

【编制电商类紧缺专业人才目录】 2015年，县人力资源和社会保障局会同县电商协会，以问卷调查、召开座谈会等形式对桐庐县电商类企业紧缺人才进行需求收集，并组织专家审议，首次编制《桐庐县电商类紧缺专业人才目录（试行)》，反映全县电商企业在电子商务、市场营销、广告设计、工商管理、计算机等相关专业人才紧缺程度，以及各类岗位职责和对人才任职能力要求。

【专业技术人员工作】 2015 年，县人力资源和社会保障局首次对卫生、教育系统事业单位专业技术岗位试行总量控制。组织实施《县智慧农业探索与实践》等 5 个杭州市专业技术人才知识更新工程专项资助项目；利用专业技术新干线平台，组织开展第二届专技人员科普知识网络竞赛、全县事业单位专业技术人员《中国共产党廉洁自律准则》和《中国共产党纪律处分条例》测试。是年，全县新增高级专业技术资格人员 168 人、中级专业技术资格人员 124 人、初级专业技术资格人员 571 人。

【“511”人才培养工程】 2015 年，县人力资源和社会保障局与浙江财经大学工商管理学院签订校地合作协议，联合培养县“511”人才。学员根据个人研修需求，以“菜单式”选课形式，凭“培训券”参加培训。是年，组织开展“511”人才综合考评工作，经自我鉴定、单位评价、专家评审及县人才办审定，考评优秀 12 人、合格 87 人。参加考评的“511”培养人选在培养期间，荣获市级以上各类科技奖 100 项，国家、省部、市级科研、基金项目 105 项，授权或受理专利 177 项，发表论文 199 篇。

【人事招考录用】 2015 年，桐庐县党政机关和参照公务员法管理事业单位招考录用公务员 111 名，其中选调生村干部 3 名、政府口 88 名、党群口 20 名；招录警察学员 12 名。面向社会公开招聘事业人员 174 名，其中综合性招聘 50 名，教育系统招聘 77 名，卫生系统招聘 47 名。

【公务员考核实施办法(试行)】 2015 年 3 月，县人力资源和社会保障局出台《桐庐县公务员考核实施办法(试行)》，5 月起在全县各乡镇(街道)、部门除县管干部以外的公务员和参照公务员法管理的工作人员中实施。《办法》按照“一级考一级”原则，以公务员职位职责和所承担工作为依据，全面考核公务员德、能、勤、绩、廉，重点考核工作实绩，做到平时考核与年度考核、领导考核与群众评议、定性考核与定量考核、全面考核与重点考核、规范程序与考核实效相结合，从而实现“无死角”“全方位”动态管理。主要通过公务员“日志式”精细化管理，利用“杭州市公务员日常管理系统”进行网上操作，采用“对账工作法”，分“列计划、亮结果、算成绩”三步程序进行。最终，领导考评分、民主测评分和奖惩分按各单位自定比例折算计入年度考核总成绩。

【公务员培训】 2015 年，桐庐县 2490 名公务员完成“干部学习新干线”规定学习科目和学时学分，通过率 100%。组织全县公务员参加杭州市第五届领导干部与公务员科普知识网络竞赛，参考率 100%，通过率 96.60%；在全县公务员中开展网上学法用法考试、党章党规党纪知识测试、党史党建知识网络测试、学习贯彻《中国共产党廉洁自律准则》《中国共产党纪律处分条例》知识测试等活动。举办新录用公务员初任培训班，培训新录用公务员 126 名。

【军队转业军官安置】 2015 年，桐庐县接收军队转业军官 7 名，其中正团职 1 名、副团职 2 名、正营职 1 名、副营职 2 名、正连职 1 名。正营职及以下 4 名军转干部实行“双考”（考试 + 考核）安置，4 人转业安置在行政机关 3 名、参公事业单位 1 名。

【非领导职务任命】 2015 年，桐庐县任命主任科员 30 名，副主任科员 31 名。其中，享受主任科员待遇 25 人、副主任科员待遇 19 人。

【职务职级并行】 2015 年，根据中办发〔2015〕4 号《关于县以下机关建立公务员职务与职级并行制度的意见》、浙委办发〔2015〕44 号《关于县以下机关建立公务员职务与职级并行制度的实施意见》、杭人社发〔2015〕261 号《杭州市县以下机关建立公务员职务与职级并行制度的实施意见》等文件，全县开展职务与职级并行制度相关工作，依据任职年限和级别晋升职级制度，发挥职级在工资待遇方面作用，实行职级与待遇挂钩，实现职务与职级并行。

【机关事业养老保险制度改革】 2015 年，桐庐县成立由县长为组长的机关事业单位养老保险制度改革领导小组。县人力资源和社会保障局成立以局长为组长，分管局长为副组长改革工作小组，全力抓好具体工作。9月，举办工资改革相关政策及业务工作专题培训班3期，同时全面布置机关事业单位养老保险基础信息采集工作。10月底，全县机关事业单位初步完成退休人员基础信息采集工作。

【工资福利】 2015年，186名机关事业单位工作人员职务晋升后办理工资变动；380名工作人员办理工资供给转移；158名同志办理退休；28名机关事业单位在职和退休人员遗属办理困难补助；276名机关工作人员办理转正定级工资审批；203名新录用的机关事业人员确定计算连续工龄时间和工资；67名符合护龄满30年退休人员按100%比例计发退休费条件人员审批工作；完成2011—2013年新录用人员数据录入工作。完成全县76家县级机关和乡镇（街道）2014年应休未休年休假报酬发放审批；完成全县61家机关和参公事业单位2014年度一次性奖金发放审批；完成61家机关单位1800余人工作人员和36家事业单位250余名工作人员每月工资统发。完成省市要求的各类测算工作，主要包括职务与职级并行摸底测算、调标测算、乡镇工作补贴测算、事业绩效工资测算等。完成全县公务员、事业单位人员工资调标工作，其中机关在职调标2848人，平均增资约1183元，事业在职调标7047人，平均增资约1325元；机关离退休调标1494人，平均增资约521元，事业离退休调标3412人，平均增资约910元。完成全县机关事业单位2014年度工资年报、津补贴水平调查和工资收入水平调查等各类工资报表统计；落实政策，主要涉及教育系统农村特岗教师津贴、公检法系统干警加班补贴。

（喻丽君）

【责任编辑 骆国庆】

邮政 通信

·邮 政·

【概况】 2015年4月，桐庐县邮政局更名为中国邮政集团公司浙江省桐庐县分公司（简称桐庐县分公司）。设职能部室2个、邮政支局6个、邮政所11个。设置信筒箱240个、邮政妥投点35588个、邮政储蓄联网网点21处。年末有职工225名，其中，大专以上学历134名，占职工总数59.6%；专业技术职称14名，占职工总数6.2%。是年，完成邮政业务总收入4916.9万元，同比下降11.29%。

【全县邮路】 2015年，桐庐县分公司邮运邮路4条，总长235公里（单程）。投递邮路64条，其中汽车投递邮路7条、摩托车投递邮路43条、电动自行车投递邮路12条、电动三轮车投递邮路2条，总长度6625公里（单程）。城市投递邮路21条，平均日行程86公里。

【代理金融业务】 2015年，桐庐县分公司完成金融业务收入2577.4万元，同比增长18.2%，占全局总业务收入52.42%。其中储蓄完成1763.39万元，汇兑完成9.11万元，保险完成531.89万元，中间业务完成193万元。按照“三个一把手工程”（全力发展金融业务、合力发展寄递业务、大力发展农村电商）总体发展思路，组织开展保险开门红、五六联动、三季度保险竞赛、跨年度余额发展、激情盛夏、户户添金策反有礼、三十周年庆主题活动、双旦迎春余额竞赛等促销活动；推进代发工资项目，以小微企业为突破口，拓展代发工资、卡业务、网银业务；开展节日主题营销，“邮爱·夕阳红”，POS收单业务；实施“绿卡村”，为村民提供金融服务。至年末，储蓄余额14.21亿元，比2014年净增1.66亿元。

【快递包裹业务】 2015年，桐庐县分公司快递包裹业务以市场为导向、客户为核心、效益为底线，加快对主要产品、重点区域、重点客户的抢占。以轻小件、特色专线为着力点，与电商企业合作，创新服务模式，提升综合寄递服务能力。是年，收寄快递包裹83.24万件，完成收入824万元；收寄国际小包14.08万件，完成收入448万元。

【函件业务】 2015年，桐庐县分公司完成函件收入225.28万元，依托函件在信息传递、交流上的优势及浙商数据新平台、新产品，发展直邮业务、数据库商函业务、账单业务、封片卡业务。《中邮专送广告》定期出版，每月1期，发行量10000份；开发社保账单、房地产公司、电力消费提醒卡等项目营销，拉动业务发展。继续推出DIY明信片业务，与县台办开展“台湾单车天使相约桐庐”活动。

【报刊征订】 2015年，桐庐县分公司完成报刊业务收入267万元。与教育局签订邮发教育报刊，做好校园报刊增量增收；用广告换发行，突出商务报刊媒体化运作，做好印广发报刊的征订工作。是年，收订流转额1041万元，征订报刊种类167种。

【基础管理】 2015年，桐庐县分公司以制度落实为主线，促进企业制度化、规范化运作。出台基层单位损益核算系统应用考核办法、各经营单位利润考核办法，推进由费用管控模式向利润目标管理模式转型。实施重点工作考核制度，深化损益核算、合同管理、工时管理等信息系统应用，提升财务收支、人力资源等管理工作标准化程度。执行“三重一大”（重大决策、重要人事任免、重大项目安排和大额度资金运作）规定，落实两岗履职，强化基础管理，以管理促效益。制定实施安全生产和治安目标管理责任制考核办法，开展代理金融“雷霆行动”专项检查、邮件安全检查、消防安全检查、行车安全检查、安防设施建设。实行视察安保通报制度，每月下发两次安全检查情况通报。

【设施建设】 2015年，桐庐县分公司在网点建设、局容局貌、技防设施改造等方面加大投入，新开东琳村自助银行，新增ATM 机1台、CRS机1台，更新2台，全局自助设备21台；新购PC机5台、打印机18台；更新视频会议系统1套；新增生产用车4辆。

【村邮乐购】 2015年，桐庐县分公司发挥农村市场传统优势，整合农村小商超、村邮站资源，通过“邮掌柜”系统安装，确立以小商超为主的农村电子商务渠道建设，村邮乐购站建成运营。“村邮乐购”集信息流、物流、资金流“三位一体”的农村综合服务平台，村民可以让“掌柜”在网上代购农产品、家电、服装、日用品，实现“工业品下乡”；村里的土特农产品也可以在网上代卖。同时兼有各类缴费，代购彩票、飞机票等各项服务，实现“购物不出村、销售不出村、生活不出村、金融不出村、创业不出村”服务。是年，建设“村邮乐购”站点230个，其中标准化站点90个，实现全县183个行政村全覆盖。

（王秋萍）

·中国电信股份有限公司桐庐分公司·

【概况】 2015年，中国电信股份有限公司桐庐分公司（简称桐庐分公司）有员工279人，下设销售部、政企客户部、网络运营部、综合办公室，设分水、瑶琳、横村、城关、城南、开发区、窄溪、富春江8个支局，辖14家自建自营营业厅、12家自建外包营业厅、1家天翼校园直营店，5家自建他营天翼卖场，17家他建他营天翼卖场。是年，新增移动用户3.63万户，其中：C类价值套餐用户2.02万户；宽带用户1.35万户，净增3509户；iTV用户 9694户，净增4732户，其中高清iTV用户占比28%，同比增长22%。完成全业务收入1.43亿元，同比增长2.36%。

【网格与微网格建设】 2015年，桐庐分公司在2013年实施网格承包的基础上，实施微网格承包。各支局与40个社区经理签订微网格承包协议。至12月底，桐庐分公司有网格12个：城关支局东门片、城关支局迎宾片、城南支局青山片、城南支局商务片、开发区支局洋洲片、分水支局东溪至合村片、分水支局玉华至百江片、横村支局方埠片、横村支局横村片、窄溪支局窄溪片、瑶琳支局瑶琳片、富春江支局富春江片，网格划分微网格34个。

【营业网点与渠道拓展】 2015年，桐庐分公司强化社会渠道建设，在二级渠道实名制网点建设上，重新梳理二级渠道，摒弃原销售能力较差网点，结合互联网应用，在农村淘宝服务站上加载一批业务网点，量质并举地推进多渠道业务拓展。加载村级淘网点92家，其中活跃网点76个，活跃率84%。在一级网点、天翼卖场（专营店）及核心商圈新建一级网点4家、商圈网点10家。是年，公司有自建自营营业厅14家、自建外包营业厅12家、天翼校园直营店1家、自建他营天翼卖场5家、他建他营天翼卖场17家，一级有效门店66家，二级渠道实名制网点67家。

【公司市场化改革】 2015年，桐庐分公司在各支局经营承包的基础上，对各支局聚类、驻地网、中（小）门店、校园、开发区（园区）等市场实施二次承包，实现关键区域深度覆盖；鼓励基层员工自发寻找市场、渠道空白点或薄弱点，通过承包、引入代理商、增加代理商人员等方式，扩大销售渠道，提升销售能力。在营业和专业领域承包工作中，各中心营业厅采用竞标承包方式，强化服务管理和现场指导；手机卖场则通过成立团队方式进行专业承包，并与支局联动，开展服务指导和协同支撑。在经营量收承包工作中，通过将装维纳入网格，以宽带业务保有与发展为核心，全面实行量、收经营承包。在职能部门市场化工作中，采用承包、绩效挂钩、降本增效、混合所有制模式，推进部门市场化，打破“大锅饭”，强化业绩导向和弱化岗级分配。

【宽带与 iTV 业务发展】 2015 年，桐庐分公司围绕高速宽带、融合套餐、iTV 业务开展各类营销活动。以“精三扫”为业务发展载体，结合光小区达标活动，坚持六个到位，即小区（村委）沟通到位、宣传造势到位、精确配餐到位、营销激励到位、培训辅导到位、现场组织到位、跟踪管控到位。全年新增宽带用户 1.35 万户，净增 2816 户，完成年度预算 64.74%，光宽带占比提升 27%，百兆宽带占比提升 21%；宽带收入 4232 万元，同比增长 8.85%；在 iTV 业务发展中，结合 iTV 便民村建设、融合套餐销售和跨界合作等方式，持续开展各类营销活动。新增 iTV 用户 9701 户，净增 4627 户，完成 iTV 收入 691 万元，同比增长 5.73%。

【移动业务与流量经营】 2015 年，桐庐分公司多措并举，加大市场营销力度，在移动业务上，通过双节营销、百店联促、炒店暖店、“精三扫”等系列营销活动，增加公众客户营销触点，新增移动用户 3.63 万户，其中 C 类价值套餐用户 2.02 万户。在流量经营上，先后推出订购定向流量包送翼支付红包、天翼流量 800 业务、定向流量和后向流量等业务，开展政企流量团购、暑期流量促销及 4G 集约流量包销售劳动竞赛，有效提升流量收入，完成流量收入 1789 万元，同比增长 2.0%。

【通信基础建设】 2015 年，桐庐分公司加大资金投入，加强通信基础设施建设。完成 56 个 TLE 基站建设；重点实施并完成宽带接入层网络建设与优化；对现有城域网进行优化与扩容，新增 38 套 OLT 和 16 个汇聚交换机，对 1183 条子光路进行就近收敛割接及双路由建设，通过项目建设，PON 光功率得到提升、网络可靠性得到同步保障；加大光改平移，完成 203 个网格光覆盖，光网宽带覆盖力 8.09 万线，光宽带覆盖率达 98.97%，完成光改项目立项资金 2895 万元，为年度预算的 105%。完成 FTTH 光改用户 2.49 万户，FTTH 用户占比提升 29%。

【承接芦茨村公安身份证报备系统工程】 芦茨村是浙江省农家乐特色示范村、乡村慢生活体验区和杭州市乡村旅游示范点，有农家乐 100 多家。2015 年，桐庐县公安局将芦茨村农家乐列入身份证报备工作试点村，需安装 100 余条与公安身份证报备系统连接的公安网。桐庐分公司以良好的客情、优质的产品、周到的服务赢得客户信赖，与富春江派出所达成协议，公安网络传输使用电信宽带。同时为确保实名制受理，富春江支局、富春江镇派出所、芦茨村委均指定专人负责登记该批公安网安装工作。4 月 19 日，“桐庐绿芦驿餐饮有限公司”作为第一户公安网连接用户完成安装。6 月底，完成所有安装工作。

【承接《我们 15 个》网络工程】 2015 年。由腾讯视频与荷兰 Talpa 联合制作的《我们 15 个》第一季“平项之上”在富春江镇百草园拍摄。富春江支局承接节目制作方所需的网络工程，完成 3 条 200 兆光纤及 40 间客房的宽带、iTV 安装工作。6 月 23 日，《我们 15 个》节目开播，视频顺畅传输至东方卫视，实现 24 小时全方位直播。

【综合服务水平提升】 2015 年，桐庐分公司开展“总经理接待日”活动，倾听客户对电信服务的意见和建议，与投诉客户进行面对面沟通，解答用户的咨询和投诉；开展“客服走进营业”服务体验及支撑活动，通过协助营业厅做好忙时分流工作、搜集服务工作存在的不足，形成“前台为客户，后台为前台”服务文化。开展本地网 2015 年“最美服务团队和个人”评选活动，通过用文字、图片等形式在 EIP 和易信、微信平台秀成绩、晒事迹，展示桐庐电信优质服务形象。开展装维管理网格化、装维服务标准化、装维支撑信息化工作，全面系统提升装维服务技能与水平，结合技能大赛、月度临检、电话回访等多种方式，规范装维队伍服务标准化行为。

（江　于）

·移动通信·

【概况】 2015 年，中国移动通信集团浙江有限公司桐庐分公司（以下简称桐庐移动公司）下设综合部、网络部、市场部、政企客户部 4

个职能部门，在城区、分水、横村设置3个区域营销部，拥有自有及合作营业厅16家，社会渠道130多家，员工109人，实现运营收入2.5亿元，上缴各类税收1000万元，同比增长11.1%。

【市场经营】 2015年，桐庐移动公司继续推进“4G一号工程”，4G资费客户18.2万户。移动数据流量同比增长近162%。推出手机营业厅、集团彩云等产品。以“互联网＋”思路提供服务，全面改善客户感知。对自有营业厅、社会渠道等窗口服务开展客户触点满意度考核，满意率99%。

公司响应国家“提速降费”要求，出台12项具体举措，宽带资费下降40%，6M以下老用户宽带免费升级到20M。坚持以“移动+互联”的方式，面向个人客户提供移动互联网和家庭宽带业务服务。推出“智慧宽带电视”服务，提供高清级电台节目和电视剧，通过“宽带电视”进行学习、预约挂号、智慧医疗和视频通话，为老百姓提供“乐享品质”的生活便民服务，持续增加移动用户服务内容。全业务及信息化发展更上新台阶，向行业客户推进“智慧城市”建设，推出系列化信息产品。

【网络建设】 2015年，桐庐移动公司坚持以业务服务为中心，持续提升网络支撑能力，围绕4G网络覆盖“广、深、厚、优”建设理念，投资4000万元，建设4G基站500个，实现全县各行政村村委会所在地4G覆盖率100%，高速、国道等交通干线4G连续覆盖率100%。传输工程方面，完成传输光缆建设项目63个，长约3890公里；完成新建道路管道建设162公里。强化集中运维，提升资源储备能力，配合政府上改下项目工程，深化“维护管理、资源管理、故障抢修、投诉处理”四集中网络管理改革。

（李菁菁）

·联通通信·

【概况】 2015年，中国联合网络通信有限公司桐庐县分公司（以下简称桐庐联通公司）有员工49人，下设公众营销中心、集团宽固营销中心2个职能部门，拥有营业厅5家（迎春南路营业厅、迎春街65号营业厅、横村锦华路营业厅、分水九龙路营业厅、凤川翙岗大街营业厅），合作营业厅1家（乐语合作营业厅），核心代理网点26家。是年，公司围绕客户感知，实施聚焦战略，加快4G网络建设，提升网络质量、拓展服务渠道、丰富服务产品，践行“互联网+”行动，推进各项服务提升，实现主营业务收入4350万元，其中移动业务收入3620万元，固网业务收入730万元。

【精品网络建设】 2015年，桐庐联通公司以增强网络建设能力和持续提升网络支撑能力为突破口，开展无线网、宽带固网、传输数据网建设及优化工作，提升网络安全。截至12月底，县域内存量移动网基站总物理站点数388个，总投资700万元。落实工信部“宽带中国2015专项行动”，推进宽带网络光改、宽带提速工程，完成杨梅山小区等18处老小区光改施工。

【拓展网络服务渠道】 2015年，桐庐联通公司加快推进以4G为重点的网络建设服务渠道。结合区域特点组织开展品牌宣传、产品营销活动，前移销售服务窗口，提高业务受理便捷性。在渠道端重点主推存费送费业务，把存量用户单纯的充值转化为合约用户，提高新、老用户捆绑率。开展外呼工作，让存量用户能感受到联通关怀，对用户存在的疑问进行实时解答，结合用户的消费行为进行升套或包增值业务。是年，新增渠道4家，准星渠道3家，对原中沃店改建5家。

（高丽慧）

·数字电视·

【概况】 2015年，桐庐华数数字电视有限公司下设总经办、财务部、技术部、工程部、集客营销中心、大众营销中心、运维部、客服中心、信息中心9个部门，富春江、江南、横村、瑶琳、分水5个乡镇中心站及乡镇所在地基层服务站点，有员工224名。全年客服热线96371受理电话146327起，同比下降6.2%，平均接通率87.4%，回访总量（含宽带）13345户，新装回访 11113 户，维修回访 3541 户。短信平台发布信息 262 次，共 237312 条次。处理各类投诉 107 起，同比下降 22.46%。及时办结率、满意率均达 100%。

【安全播出】 2015 年，桐庐华数数字电视有限公司开展全员安全培训班、安全月活动，向员工发放《企业员工安全生产知识读本》，人人签订安全生产责任书，持证上岗；每月实施安全生产检查，加强技术值班和防范、网络运维和巡查。为各级两会、台风“灿鸿”、抗战胜利 70 周年“大阅兵”以及春节前的寒潮极端天气做好广播电视安全播出保障工作。配合县政府中心工作，保障视频会商系统应用，播放“五水共治”等宣传视频，与县卫计局合作定时播放卫生健康教育科普知识，发布气象预警等公益信息。

【项目建设】 2015 年，桐庐华数数字电视有限公司继续推进项目建设，拓展市场阵地。结合“新网络 + 应用”“新媒体 + 内容”“大数据 + 开发”战略目标，开发基于华数网络基础上的各种“互联网 +”应用，与县级各相关部门共同推进“智慧桐庐”民生项目建设，与各乡镇街道签订智慧项目建设战略合作协议。是年，完成 “智慧农村”项目平台主体开发和上线试运行，100 个行政村基础数据录入、6 个试点村的自助服务终端正在推广应用；智慧党建、民宿在线上线应用；完成 i-tonglu 无线 Wi-Fi 项目扩建工程，注册用户 14 万户；完成环保智能化项目一期建设工程，实施 142 个农村生活污水点位、5 个乡镇污水处理站、芦茨村 A 类站点建设；完成阳光厨房项目平台研发并上线运行；完成各类监控 270 个点位的建设；继续深化和创新“数字兴农”平台应用，改版升级农网信息化平台，增加基层自治栏目，更好地为农村居民提供便民服务；完成应急广播体系建设，主要包括 1 个县级平台主备播出设备、12 个乡镇广播站和 183 个行政村应急广播设备的安装和调试开通，完成音柱扩面安装 79 台。

【网络建设】 2015 年，桐庐华数数字电视有限公司完成全县停模工作和农村双向网改造工程，启动城区网络升级改造工程等。新接入 B 网业务点位 600 余条，其中包括党政网、因特网专线、宾馆 AP 机专线、交警卡口 VPN 等。更新骨干机房核心交换机设备，完成分水双核心机房建设，对横村镇、富春江镇等主要乡镇 B 网业务形成环网保障。完善光缆网络割接流程，新立光缆交接箱 66 只，新放光缆干线 440 公里，新开通 AB 网光点 2300 个。新建全县主要机房设备的网管平台。配合县、乡（镇）重点工程建设，完成浮桥埠段、洋塘路、大奇山路、横村镇徐家埠、合村乡政府前、江南镇窄石路、杭黄铁路延线、康乐区四改联动等线路改道和上改下工程。

（杜　婉）

【责任编辑 叶雪珍】

财政 税务

·财 政·

【概况】 2015年，桐庐县实现生产总值335.84亿元，按可比价格计算，同比增长9.5%。按户籍人口计算，人均生产总值82154元，同比增长9.3%。全县财政总收入43.03亿元，同比增长10.1%，其中一般公共预算收入26.97亿元，同比增长8.1%。全县一般公共预算支出40.31亿元，同比增长16.0%。全年财政收支平衡。

【促进经济转型升级】 2015年，桐庐县落实工业专项资金5000万元、现代服务业专项资金5000万元、电子商务发展专项资金1500万元。设立3亿元政府产业引导基金，与杭州金投合作设立4亿元区域合作基金，参与浙富资本设立桐庐创投基金，引导投资智慧经济、医疗器械等领域，支持经济发展方式转变。完善电子商务产业发展扶持政策，实现电商销售25.5亿元，增长104.0%。实施小微企业三年成长计划，落实高新技术、小微企业等税费优惠措施，清理规范行政事业性收费，减轻企业负担3.02亿元。安排科技专项资金5777万元，设立科技创新券，实行科技项目竞争性分配；支持特色小镇、众创空间“春江渡口”和“双创”服务中心建设，鼓励创新创业。改善企业融资环境，推进中小企业转贷基金、电商企业助贷基金，分别转贷资金8.57亿元、2450万元。制定技能人才和教育卫生人才政策，落实人才专项资金1000万元，引进紧缺专业高层次人才190人，培养高技能人才1866人。

【支持“三农”发展】 2015年，桐庐县农林水事务支出22.63亿元，同比增长13.4%。加快城乡统筹发展，推进美丽乡村建设，落实城乡统筹资金3.14亿元，阳山畈村创成全国“一村一品”示范村。安排3500万元现代农业专项资金，支持“两区”建设，开展农业生产全程社会化服务试点，新建粮食生产功能区540公顷。深化财政支农体制机制改革，完成农村产权制度改革，促进土地节约集约利用示范试点县项目建设，发放农房“两证”6.26万户。实施农业综合开发项目9个，其中，土地治理项目2个，治理面积1120公顷，总投资3098万元；产业化经营项目7个，总投资1122万元，其中涉及财政资金697万元。

【保障改善民生】 2015年，桐庐县民生保障和社会事业支出33.78亿元，新增财力用于民生支出比例为81.2%。安排教育支出9.59亿元，同比增长16.5%。设立农村特岗教师津贴，调整中等职业教育学生资助政策，提高义务教育营养餐标准和普通高中国家助学金标准，调整离退休劳动模范荣誉津贴标准。文化体育和传媒事业支出8982万元，同比增长16.1%。安排270万元推进《春江花月夜》大型演出，投入500万元新建25家农村文化礼堂；安排5600万元保障城北老年体育中心投入使用。安排医疗卫生事业支出4.10亿元，同比增长13.0%。深化医联体改革，完善院前医疗急救智慧中心，成功创建省慢性病防控示范区。完善城乡居民基本养老保险制度，建立低保边缘户救助机制。推进生态文明建设，完成“五水共治”项目159个，投资14.3亿元。安排500万元完成黄标车淘汰。免费为残疾人、60岁以上老年人购买意外伤害保险，老年人春节慰问金标准提高至700元。安排3000万元推进美丽公路建设，落实4000万元实施城乡公交一体化改造。开通桐庐至萧山机场巴士，运行县城公共自行车项目。安排5752万元深化“平安桐庐”建设，启动智慧治理信息中心建设。

【财政管理改革】 2015年，桐庐县健全政府预算体系，加大政府性基金预算、国有资本经营预算与一般公共预算统筹力度。提高预算透明度，各部门、乡镇实现预算信息公开。加强乡镇（街道）预算精细化管理，完成开发区、商务区、乡镇（街道）财政体制调整。推进乡镇财政规范化建设，乡镇公共财政服务平台涉农补助性资金项目增至31个，发放金额9204万元。规范全县行政事业单位银行账户管理，清理222家行政事业单位账户，梳理银行账户1193个，撤销账户42个。试编权责发生制政府综合财务报告，全县行政事业单位实现国库集中支付。推进政府购买服务扩面，建立联席会议制度，全年成交金额6811万元，同比增长43.9%。建立国投、城投、交投、旅投四大国有企业实体化运作机制，出台县级国有集团型企业考核和薪酬管理暂行办法，完善国企管理机制。出台以亩产税收为导向的土地使用税政策，实施差别化税费机制，引导企业节约用地。

【财政监督管理】 2015年，桐庐县加强政府性投资项目投资评审，审减投资额9104万元，核减率达9.7%。对24个200万元以上项目开展重点绩效评价，强化财政资金绩效运行跟踪与监督。清理整合财政专项资金。制定完善交通、商务、生态文明等专项资金管理办法，建立财政专项资金管理清单。开展存量债务清理甄别和分类管理，严格举债程序和资金用途，争取政府存量债务置换债券15.89亿元。制定县级行政事业单位公款存放、县本级财政资金存放、科技项目资金分配和涉农资金分配等竞争性管理办法，探索财政资金保值增值和公平分配机制。实施金财系统身份认证，保障资金支付安全。从严控制行政经费和一般性项目支出，建立财政支出动态监控机制，全县“三公”经费支出下降26.7%。

县领导上门为纳税大户授牌

·地方税务·

【地税收入】 2015年，县地税部门组织收入33.78亿元，同比增长12.4%。其中税收收入20.17亿元，同比增长12.0%，非税收入13.61亿元，同比增长13.1%。主要特点：税收收入整体有所增长，但月度增减幅度波动较大。1—2月，增幅平稳，3月出现负增长，5月增长率最大，高达91.7%。6—8月增长率连续降为负值。9月由于税款入库增幅拉高，10月再次出现负增长，11月同比增长率40.1%，12月又出现负增长。个人所得税和土地使用税大幅增长，分别同比增长88.3%和30.1%，企业所得税下降幅度较大，同比下降14.3%。社保收入稳定增长，社保收入11.69亿元，同比增长14.6%。

【征收管理】 2015年，县地税部门深化大企业风险管理，跟踪管理快递物流、房地产、建筑业等486户重点税源企业。落实税收征管保障机制。强化个体税收征管，调整双定户5593户次，入库个人所得税4.39亿元。推进落实“个转企”百日专项行动，办理“个转企”税务登记变更284户。纳税评估221户，入库地方税费877.95万元。开展营业税、印花税专项辅导清理，补缴营业税1067万元。推进社保费零申报清理。深化国地税合作，推进个体税收网格化管理，新增网格点33个。强化发票日常管理，推广网络发票应用。强化非税收入征缴，14 个乡镇（街道）全部纳入非税收缴管理系统。组织开展房地产税和城镇土地使用税减免，为 95 户安置残疾职工、高新技术、污水垃圾处理企业办理减免税额 746 万元。开展水利基金优惠办理，落实优惠 258 万元。

税收宣传活动

【依法治税】 2015 年，县地税部门强化依法行政、依法理财治税理念，开展税收执法督查回头看，落实税收法定原则，坚决不收“过头税”。开展行政诉讼法培训和宣传，坚持公正执法，推行法律顾问制度。加强与法院欠缴税费执行协作，全年申请法院强制（协助）执行案件 30 件，执行入库 33 万元。落实重大税务案件审理办法，审理重大税务案件 2 件，补税 100 余万元。

【纳税服务】 2015 年，县地税部门组织党员开展基层走亲、为民服务活动，走访群众（企业）1500 余人次。落实《纳税服务规范》《税收征管规范》等，优化办税环境。推进办税服务厅规范化建设，拓展 24 小时自助办税服务厅业务功能。成立纳税人权益保护协会桐庐分会，建立纳税人实体学堂，推进网上纳税人学堂桐庐分校建设。运用“互联网+”思维，推行网上办税，成功试点电子退税。深化审批制度改革，推进“五证合一、一照一码”，同城通办事项由 9 类增加到 41 类，免填单由 44 项增加到 68 项。开展便民办税春风行动，举办各类免费会计辅导班 50 场，组织多场税费政策辅导会，惠及企业财务人员 2000 余名。实行多元化纳税申报方式，简并和优化服务流程，开辟流失发票缴销快速通道。推进“银税互动”“税易贷”项目，协助银行为小微企业发放贷款 1110 万元。

【税务稽查】 2015 年，县地税部门对 196 户纳税人实施检查，责成自查 136 户，查补各项收入 742 万元（其中税款 411 万元）。查处大案要案 3 件，查补金额 260 万元。受理举报案件 1 件，现已结案；曝光案件 1 件；公告案件 56 件，无复议和诉讼案件。建立健全税务违法举报管理制度，严厉打击发票违法犯罪活动，查处非法发票份数 516 份，涉及金额 6101 万元。推广稽查查账软件应用工作，对 19 户企业进行电子查账检查。

【队伍建设】 2015 年，县地税部门开展“三严三实”专题教育活动，促进干部作风建设常态化。履行党风廉政建设主体责任，落实“一岗双责”。学习贯彻《中国共产党廉洁自律准则》和《中国共产党纪律处分条例》，严明政治纪律和政治规矩。修订完善《2015 年度考核办法》《违反作风效能建设处理办法》，结合明察暗访、视频监控等方式不定期开展监督检查。坚持开展周四夜学、中层干部论坛，组织学习培训 51 场，培训干部 3500 余人次。举行青年座谈会、辩论赛等活动，组织参加征文、舞蹈、摄影、书法等比赛，提高干部综合素质。县地税局获 2015 年度全省纳税人满意度调查第一。县财税局成功创建省级文明单位，连续 10 年获县级部门综合考评优秀，连续四年获最佳服务型机关。在“千企评百岗”活动中，稽查局、税政科被评为优化发展环境先进科室（窗口）。

2015 年度桐庐县地税局各项收入入库情况统计

表 24　　单位：元

序号	项目	合计	本年新欠入库	2001 年 5 月 1 日以后陈欠入库	2001 年 5 月 1 日以前陈欠入库	中央	地方			
							小计	省级	市级	县级
1	总　计	3377948948	21868986.63	4624499.94	5711.37	413612507.5	2964336440	65627667.7	638796.11	2898069977
2	一、税收收入合计	2016690906	12937321.75	3726767.35	4151.37	413612507.5	1603078399	22463185.27	0	1580615214
3	1. 增值税收入	—	—	—	—	—	—	—	—	—
4	(1) 国内增值税	—	—	—	—	—	—	—	—	—
5	一般增值税	—	—	—	—	—	—	—	—	—
6	改征增值税	—	—	—	—	—	—	—	—	—
7	其中：中国铁路总公司改征增值税待分配收入	—	—	—	—	—	—	—	—	—
8	福利企业增值税退税	—	—	—	—	—	—	—	—	—
9	软件增值税退税	—	—	—	—	—	—	—	—	—
10	森工综合利用增值税 退税	—	—	—	—	—	—	—	—	—

续表 24

序号	项目	合计	本年新欠入库	2001年5月1日以后陈欠入库	2001年5月1日以前陈欠入库	中央	地方			
							小计	省级	市级	县级
11	水电增值税退税	—	—	—	—	—	—	—	—	—
12	资源综合利用增值税退税	—	—	—	—	—	—	—	—	—
13	成品油增值税退税	—	—	—	—	—	—	—	—	—
14	免抵调增增值税	—	—	—	—	—	—	—	—	—
15	免抵调增改征增值税	—	—	—	—	—	—	—	—	—
16	(2) 进口货物增值税	—	—	—	—	—	—	—	—	—
17	2. 消费税收入	—	—	—	—	—	—	—	—	—
18	国内消费税	—	—	—	—	—	—	—	—	—
19	其中：成品油消费税	—	—	—	—	—	—	—	—	—
20	进口消费品消费税	—	—	—	—	—	—	—	—	—
21	其中：进口成品油消费税	—	—	—	—	—	—	—	—	—

续表 24

序号	项目	合计	本年新欠入库	2001年5月1日以后陈欠入库	2001年5月1日以前陈欠入库	中央	地方			
							小计	省级	市级	县级
22	3. 营业税	603726736.9	4240767.15	685029.71	—	—	603726736.9	22463185.27	—	581263551.6
23	金融保险业营业税	30976045.25	—	—	—	—	30976045.25	18585627.15	—	12390418.1
24	其他营业税	572750691.6	4240767.15	685029.71	—	—	572750691.6	3877558.12	—	568873133.5
25	4. 企业所得税	249278232.9	1262303.08	4306.03	4151.37	150336867.1	98941365.86	—	—	98941365.86
26	其中：中央固定收入	—	—	—	—	—	—	—	—	—
27	(1) 一般企业所得税	245428596.4	1262303.08	4306.03	4151.37	147257157.8	98171438.55	—	—	98171438.55
28	内资企业	245161359.1	1262303.08	4306.03	4151.37	147096815.5	98064543.65	—	—	98064543.65
29	外资企业	267237.25	—	—	—	160342.35	106894.9	—	—	106894.9
30	(2) 分支机构预缴所得税	—	—	—	—	—	—	—	—	—
31	内资企业	—	—	—	—	—	—	—	—	—
32	外资企业	—	—	—	—	—	—	—	—	—
33	(3) 总机构预缴所得税	3079709.23	—	—	—	2309781.92	769927.31	—	—	769927.31
34	内资企业	3079709.23	—	—	—	2309781.92	769927.31	—	—	769927.31

续表 24

序号	项目	合计	本年新欠入库	2001 年 5 月 1 日以后陈欠入库	2001 年 5 月 1 日以前陈欠入库	中央	地方			
							小计	省级	市级	县级
35	外资企业	—	—	—	—	—	—	—	—	—
36	(4) 分支机构汇算清缴所得税	—	—	—	—	—	—	—	—	—
37	内资企业	—	—	—	—	—	—	—	—	—
38	外资企业	—	—	—	—	—	—	—	—	—
39	(5) 总机构汇算清缴所得税	—	—	—	—	—	—	—	—	—
40	内资企业	—	—	—	—	—	—	—	—	—
41	外资企业	—	—	—	—	—	—	—	—	—
42	(6) 企业所得税待分配收入	769927.32	—	—	—	769927.32	—	—	—	—
43	内资企业	769927.32	—	—	—	769927.32	—	—	—	—
44	外资企业	—	—	—	—	—	—	—	—	—
45	5 个人所得税	438792734	280152.24	20920.69	—	263275640.4	175517093.6	—	—	175517093.6
46	利息所得税	—	—	—	—	—	—	—	—	—
47	其他个人所得税	438792734	280152.24	20920.69	—	263275640.4	175517093.6	—	—	175517093.6
48	6. 资源税	13890978.48	23616	—	—	—	13890978.48	—	—	13890978.48

续表 24

序号	项目	合计	本年新欠入库	2001 年 5 月 1 日以后陈欠入库	2001 年 5 月 1 日以前陈欠入库	中央	地方			
							小计	省级	市级	县级
49	7. 固定资产投资方向调节	—	—	—	—	—	—	—	—	—
50	8. 城市维护建设税	108541278.1	380349.2	39309.1	—	—	108541278.1	—	—	108541278.1
51	9. 房产税	99237478.52	1904765.64	1067726.41	—	—	99237478.52	—	—	99237478.52
52	10. 印花税	30146665.66	137844.54	3207.67	—	—	30146665.66	—	—	30146665.66
53	证券交易印花税	—	—	—	—	—	—	—	—	—
54	其他印花税	30146665.66	137844.54	3207.67	—	—	30146665.66	—	—	30146665.66
55	11. 城镇土地使用税	121855371.1	3866864.5	1782405.02	—	—	121855371.1	—	—	121855371.1
56	12. 土地增值税	136407101.5	840659.4	123862.72	—	—	136407101.5	—	—	136407101.5
57	13. 车船税	21116386.4	—	—	—	—	21116386.4	—	—	21116386.4
58	14. 车辆购置税	—	—	—	—	—	—	—	—	—
59	15. 烟叶税	—	—	—	—	—	—	—	—	—
60	16. 耕地占用税	31870702.4	—	—	—	—	31870702.4	—	—	31870702.4

续表 24

序号	项目	合计	本年新欠入库	2001 年 5 月 1 日以后陈欠入库	2001 年 5 月 1 日以前陈欠入库	中央	地方			
							小计	省级	市级	县级
61	17. 契税	161827240.4	—	—	—	—	161827240.4	—	—	161827240.4
62	18. 其他税收	—	—	—	—	—	—	—	—	—
63	二、成品油消费税退税	—	—	—	—	—	—	—	—	—
64	三、出口退税合计	—	—	—	—	—	—	—	—	—
65	1. 出口货物退增值税	—	—	—	—	—	—	—	—	—
66	2. 改征增值税出口退税	—	—	—	—	—	—	—	—	—
67	3. 免抵调减增值税	—	—	—	—	—	—	—	—	—
68	4. 免抵调减改征增值税	—	—	—	—	—	—	—	—	—
69	5. 出口消费品退消费税	—	—	—	—	—	—	—	—	—

续表 24

序号	项目	合计	本年新欠入库	2001 年 5 月 1 日以后陈欠入库	2001 年 5 月 1 日以前陈欠入库	中央	地方			
							小计	省级	市级	县级
70	四、非税收入合计	1361258042	8931664.88	897732.59	1560	—	1361258042	43164482.43	638796.11	1317454763
71	1. 教育费附加收入	68492081.39	297972.51	18238.41	—	—	68492081.39	6849208.14	—	61642873.25
72	2. 地方教育附加	45712614.25	195748.89	12158.92	—	—	45712614.25	4571261.43	—	41141352.82
73	3. 文化事业建设费收入	460985.21	7095.6	—	—	—	460985.21	460985.21	—	—
74	4. 海上石油矿区使用费收	—	—	—	—	—	—	—	—	—
75	5. 税务部门罚没收入	1842323	200	—	—	—	1842323	—	—	1842323
76	6. 残疾人就业保障基金	12775922.12	48823.18	14660.75	—	—	12775922.12	638796.11	638796.11	11498329.9
77	7. 社会保险基金收入	1169268680	8144279.21	839655.16	1560	—	1169268680	21238516.09	—	1148030164
78	基本养老保险基金收入	602898471	5302819.91	550341.03	1560	—	602898471	18415246.15	—	584483224.9

续表 24

序号	项目	合计	本年新欠入库	2001 年 5 月 1 日以后陈欠入库	2001 年 5 月 1 日以前陈欠入库	中央	地方			
							小计	省级	市级	县级
79	失业保险基金收入	47054499.02	204339.94	31487.8	—	—	47054499.02	2823269.94	—	44231229.08
80	基本医疗保险基金收入	443317530.9	2266490.96	222363.7	—	—	443317530.9	—	—	443317530.9
81	工伤保险基金收入	23831288.1	127189.4	14639.15	—	—	23831288.1	—	—	23831288.1
82	生育保险基金收入	25562525.34	211665.33	17805.48	—	—	25562525.34	—	—	25562525.34
83	其他社会保险基金收入	26604366.11	31773.67	3018	—	—	26604366.11	—	—	26604366.11
84	8. 废弃电器电子产品处理基金收入	—	—	—	—	—	—	—	—	—
85	9. 其他非税收入	62705435.09	237545.49	13019.35	—	—	62705435.09	9405715.45	—	53299719.64

2015年度桐庐县一般公共预算收支决算总表（一）

表25　　单位：万元

预算科目	调整预算数	决算数	预算科目	调整预算数	决算数
一、税收收入	238077	239819	一、一般公共服务支出	29824	28491
增值税	57455	62094	二、外交支出	—	—
其中：改征增值税	26550	30607	三、国防支出	425	425
营业税	62962	61138	四、公共安全支出	22811	20898
企业所得税	32460	26545	五、教育支出	102267	95858
企业所得税退税	—	—	六、科学技术支出	15430	15166
个人所得税	10000	17552	七、文化体育与传媒支出	9582	8982
资源税	1400	1389	八、社会保障和就业支出	71064	48661
城市维护建设税	11000	10854	九、医疗卫生与计划生育支出	41997	41028
房产税	10000	9924	十、节能环保支出	19690	12083
印花税	3100	3015	十一、城乡社区支出	21204	20257
城镇土地使用税	9500	12185	十二、农林水支出	78047	63180
土地增值税	12000	13641	十三、交通运输支出	22313	19707
车船税	2000	2112	十四、资源勘探信息等支出	3550	2879
耕地占用税	10000	3187	十五、商业服务业等支出	4443	3189
契税	16200	16183	十六、金融支出	172	172
烟叶税	—	—	十七、援助其他地区支出	783	783
其他税收收入	—	—	十八、国土海洋气象等支出	7272	6226
二、非税收入	31423	29849	十九、住房保障支出	13672	12322
专项收入	24020	22984	二十、粮油物资储备支出	1974	1974
行政事业性收费收入	1550	1964	二十一、预备费	—	—
罚没收入	5603	4514	二十二、其他支出	8297	23
国有资本经营收入	—	—	二十三、债务付息支出	1447	1447
国有资源有偿使用收入	—	387	二十四、债务发行费用支出	75	75
其他收入	250	—	—	—	—
本年收入合计	269500	269668	本年支出合计	476339	403826

2015 年度桐庐县一般公共预算收支决算总表（二）

表 26 单位：万元

预算科目	决算数	预算科目	决算数
本年收入合计	269668	本年支出合计	403826
上级补助收入	182136	上解上级支出	61416
返还性收入	18400	一般性转移支付	60169
增值税和消费税税收返还收入	13223	体制上解支出	55911
所得税基数返还收入	4203	出口退税专项上解支出	4258
成品油价格和税费改革税收返还收入	974	成品油价格和税费改革专项上解支出	—
其他税收返还收入	—	专项转移支付	1247
一般性转移支付收入	87637	专项上解支出	1247
体制补助收入	2020	计划单列市上解省支出	—
均衡性转移支付收入	3999	—	—
革命老区及民族和边境地区转移支付收入	372	—	—
县级基本财力保障机制奖补资金收入	9146	—	—
结算补助收入	33652	—	—
化解债务补助收入	—	—	—
资源枯竭型城市转移支付补助收入	—	—	—
企业事业单位划转补助收入	182	—	—
成品油价格和税费改革转移支付补助收入	3315	—	—
基层公检法司转移支付收入	5	—	—
义务教育等转移支付收入	4446	—	—
基本养老保险和低保等转移支付收入	5998	—	—
新型农村合作医疗等转移支付收入	5284	—	—
农村综合改革转移支付收入	706	—	—
产粮（油）大县奖励资金收入	—	—	—

续表 26

预算科目	决算数	预算科目	决算数
重点生态功能区转移支付收入	6140	—	—
固定数额补助收入	6302	—	—
其他一般性转移支付收入	6070	—	—
专项转移支付收入	76099	—	—
省补助计划单列市收入	—	—	—
接受其他地区援助收入	—	援助其他地区支出	—
债务（转贷）收入	67850	债务还本支出	56850
—	—	增设预算周转金	—
—	—	拨付国债转贷资金数	—
国债转贷收入	—	国债转贷资金结余	—
国债转贷资金上年结余	—	—	—
国债转贷转补助	—	—	—
2014 年结余	40960	—	—
调入预算稳定调节基金	54000	安排预算稳定调节基金	42678
调入资金	22669	调出资金	—
1. 政府性基金调入	22649	年终结余	72513
2. 国有资本经营调入		其中：本级	—
3. 其他调入	20	减：结转下年的支出	72513
—	—	其中：本级	—
—	—	净结余	—
—	—	其中：本级	—
备注：市补助县（一般性转移支付）	—	备注：县上解市	—
市补助县（专项转移支付）	12970	—	—
收入总计	637283	支出总计	637283

2015年度桐庐县政府性基金收支决算总表

表27　　单位：万元

预算科目	调整预算数	决算数	预算科目	调整预算数	决算数
政府性基金收入	158902	106969	文化体育与传媒支出	—	—
—	—	—	社会保障和就业支出	5811	5809
—	—	—	节能环保支出	—	—
—	—	—	城乡社区支出	104214	84190
—	—	—	农林水支出	257	256
—	—	—	交通运输支出	—	—
—	—	—	资源勘探信息等支出	435	134
—	—	—	商业服务业等支出	10	—
—	—	—	其他支出	12006	5816
—	—	—	债务付息支出	—	—
—	—	—	债务发行费用支出	110	110
本年收入合计	158902	106969	本年支出合计	122843	96315
上级补助收入	—	12816	上解上级支出	—	1
省补助计划单列市收入	—	—	计划单列市上解省支出	—	—
债务（转贷）收入	—	102107	债务还本支出	—	102107
上年结余	—	25708	调出资金	—	22649
调入资金	—	—	年终结余	—	26528
1. 一般公共预算调入	—	—	其中：本级	—	—
2. 调入专项收入	—	—	—	—	—
3. 其他调入	—	—	—	—	—
备注：市补助县	—	1248	备注：县上解市	—	—
收入总计	—	247600	支出总计	—	247600

2015 年度桐庐县社会保险基金收支情况表

表 28

单位：万元

项目	本年收入		上年结余	上级补助收入	下级上解收入	项目	本年支出		补助下级支出	上解上级支出	按规定核减基金结余	年终结余
	预算数	决算数					预算数	决算数				
一、企业职工基本养老保险基金收入	81750	99873	111893	6056	—	一、企业职工基本养老保险基金支出	100879	106879	—	1841	—	109102
二、机关事业单位基本养老保险基金收入	—	—	—	—	—	二、机关事业单位基本养老保险基金支出	—	—	—	—	—	—
三、城乡居民基本养老保险基金收入	12292	12885	10803		—	三、城乡居民基本养老保险基金支出	12233	12231	—	—	—	11457
四、城镇职工基本医疗保险基金收入	43380	53316	6666	4042	—	四、城镇职工基本医疗保险基金支出	43310	43899	—	291	—	19834
五、居民基本医疗保险基金收入	24125	26144	6011		—	五、居民基本医疗保险基金支出	21195	21651	—	—	—	10504
六、工伤保险基金收入	2165	2478	3239		—	六、工伤保险基金支出	2230	1925	—	58	—	3734
七、失业保险基金收入	6327	5336	17144		—	七、失业保险基金支出	3354	3422	—	282	—	18776
八、生育保险基金收入	2260	2627	1854		—	八、生育保险基金支出	1616	1649	—	—	—	2832
收入合计	172299	202659	157610	10098	—	支出合计	184817	191656	—	2472	—	176239

2015 年度桐庐县国有资本经营收支决算总表

表 29　　单位：万元

预算科目	调整预算数	决算数	预算科目	调整预算数	决算数
利润收入	94	537	教育支出	—	—
股利、股息收入	—	—	科学技术支出	—	—
产权转让收入	—	1505	文化体育与传媒支出	—	—
清算收入	—	—	节能环保支出	—	—
其他国有资本经营预算收入	590	—	城乡社区支出	—	—
—	—	—	农林水支出	—	—
—	—	—	交通运输支出	—	—
—	—	—	资源勘探信息等支出	—	—
—	—	—	商业服务业等支出	—	—
—	—	—	金融支出	—	—
—	—	—	其他支出	—	537
本年收入合计	684	2042	本年支出合计	644	537
上级补助收入	—	—	—	—	—
省补助计划单列市入	—	—	—	—	—
—	—	—	调出资金	—	—
上年结余	—	—	年终结余	—	1505
—	—	—	其中：本级	—	—
收入总计	—	2042	支出总计	—	2042

2015 年度桐庐县乡镇财政基本情况表

表 30

项　目	决算数	项　目	决算数
一、本年乡镇数（个）	14	1. 一般公共预算财政拨款开支人数(人)	937
其中：实行“乡财县管”的乡镇数	—	2. 一般公共预算财政补助开支人数(人)	429
二、乡镇财政机构数（个）	14	其中：教师	—
其中：财税所数	—	五、赤字乡镇个数	—
三、已建立乡镇国库的乡镇数	—	六、乡镇年末总人口（万人）	41
四、乡镇财政供养人数（人）	1366	城镇人口（万人）	13

续表 30

项　目	决算数	项　目	决算数
乡村人口（万人）	28	收入总计	—
七、乡镇一般公共预算收支平衡情况	—	政府性基金收入	—
收入总计（万元）	88703	上级补助收入	—
一般公共预算收入（万元）	55345	上年结余	—
上级补助收入（万元）	29752	债务（转贷）收入	—
接受其他地区援助收入	—	调入资金	—
上年结余（万元）	3606	支出总计	—
债务（转贷）收入	—	政府性基金支出	—
调入预算稳定调节基金	—	上解上级支出	—
调入资金	—	债务还本支出	—
支出总计（万元）	88703	调出资金	—
一般公共预算支出（万元）	40774	年终结余	—
上解上级支出（万元）	44882	九、乡镇国有资本经营收支平衡情况	—
援助其他地区支出	—	收入总计	—
债务还本支出	—	国有资本经营收入	—
增设预算周转金	—	上级补助收入	—
安排预算稳定调节基金（万元）	2678	上年结余	—
调出资金	—	支出总计	—
年终结余（万元）	369	国有资本经营支出	—
其中：净结余	—	调出资金	—
八、乡镇政府性基金收支平衡情况	—	年终结余	—

（李　玲）

·国家税务·

【国税收入】 2015年，县国税局组织工商税收21.14亿元，同比增收4051万元，增长9.59%；组织财政总收入194372万元，同比增收16551万元，增长9.31%。工商税收中，增值税收入（含调库和营改增）163939万元，同比增收27186万元，增长19.88%；调库收入27100万元，同比增收16788万元，增长162.80%；营改增增值税收入30606万元，同比增收6081万元，增收24.79%；所得税37763万元，同比减收8648万元，减少18.63%；车购税9615万元，同比增长0.25%；消费税54万元，同比减少42.53%。

【出口退税】 2015年，县国税局落实一系列出口退税工作改革措施，全面落实国家税务总局《出口退（免）税管理工作规范（1.0）版》、3月1日起施行的《出口退（免）税企业分类管理办法》、8月1日起全面推行的出口退税无纸化管理。2015年为318户出口企业审核退税70234万元，审核调库数24121万元，实际办理退税70970万元，调库数27100万元，退税额同比上升15.41%。

【落实优惠政策】 2015年，县国税局办理小微企业所得税优惠企业1547户次，减免所得税1106.7万元，受益面100%。享受固定资产进项抵扣政策企业1011户，申报抵扣进项税额12560.27万元；为39户福利企业办理福利企业退税2283.56万元；落实20256户小微企业增值税优惠，免税销售额109943万元，免征增值税3298万元；落实1.6升及以下排量乘用车减按5%税率征收车购税政策，减征车辆324辆，减免车购税155.08万元。

【税收征管】 2015年，县国税局深入开展“强化税源管理年”活动，加强企业零负申报管理，有申报入库税款的月平均户次占比5%，连续3个月申报应税销售额在3万元以下季平均户数同比下降8.93%。对900余户平均应税销售额300万以下的零负申报的企业以抽样方式开展专项核查，累计查补税款及滞纳金95.8万元。围绕特定行业及重点企业，积极开展零负申报及税负率管理，一般纳税人零负申报率同比下降6.16%，税负率达到3.38%，实现税收效应收入1220万元。强化第三方涉税信息综合利用，建立以电力信息为主要监控指标的制笔行业税收风险管理模型，实现“以电控税”。2015年制笔行业入库税收3553万元，同比增收257万元，增长7.8%。利用国土部门信息，加强钟山石材行业税收征管，组织税收982.16万元。利用外汇管理局信息，征收非居民企业所得税6.31万元。通过对镍铁生产企业与回收公司合并计算、剔除留抵因素，折算出合理综合税负率，进项转出金额246万元，入库税收及滞纳金74.12万元，调整亏损1004.5万元。利用《中小企业风险预警管理分析系统》，系统分析与人工分析有机结合，加强约谈举证和风险提醒，辅导企业自查。2015年完成评估企业114户，有问题户数110户，评估税款660万元。其中，开展40户服装企业纳税评估，评估补税160万元，加收滞纳金14万元，调整应纳税所得额134万元；开展商业批发企业纳税评估21户，评估补税31万元，加收滞纳金7万元，调整应纳税所得额99万元。设定出口企业预警阈值，对12户企业进行预警评估，有效防范出口骗税。完成4082户一般纳税人和1087户小规模纳税人增值税发票系统升级版推行工作。

【税务稽查】 2015年，县国税局加强税收违法案件稽查，安排出口退（免）企业、黄金交易企业、资本交易企业指令性检查项目，房地产行业、盈利性教育培训机构专项检查指导性项目；专项整治医疗器械行业、农副产品收购发票使用企业，深入开展省市局布置的重点税源企业检查风险应对工作。开展“打击型”稽查，查处违法涉票企业25户，查处非法发票255份，查补税款176.56万元，加收滞纳金13.84万元，罚款44.55万元。受理各报案14件，其中立案查处10件，重复件1件，转管理部门处理1件，查补税款、滞纳金、罚款共计65.91万元。全年完成稽查任务20户，查有问题的19户，安排辅导检查、自查户数135户次，全年稽查、辅导检查、自查调减企业亏损额201.95万元，总入库税款、滞纳金、罚款1344.92万元。

【纳税服务】 2015年，县国税局开展纳服绩效管理，建立纳税人满意度管理长效机制，成立纳税人满意度管理领导小组，以抽查方式检测纳税人基础信息准确率，强化纳税人基础信息管理，变更维护有效信息户次6832户。坚持依法行政，全面贯彻落实各项优惠政策，提升纳税服务质量，在省国税局纳税人满意度调查中，以92.13分的成绩名列全市第二、全省第五。推广“桐庐国税”和“杭州国税”微信公众平台，主动宣传税收优惠政策，向全县小微企业邮寄优惠政策宣传手册2万件。推广网上办税、实名办税、手机预约办税服务，全方位宣传免填单系统企业端，全年使用免填单系统6681户次。

【网格化办税】 2015年，县国税局建立“银税互动”机制，在全县4个街道、10个乡镇、19个行政村设立基本具备“纳税服务、沟通协调、户籍管理、综合治税”四大工作职能的33个网格点，建成全县社会化办税网络。提供发票代开、个体定额信息采集维护、个体税款征收、催报催缴、漏征漏管户清理等多项综合办税服务。2015年，全县网格点完成个体工商户信息采集核实任务25433户，完成注销、非正常户核查任务4599户，上报清理漏征漏管户221户，为纳税人代开发票72002份，征收税款1021.75万元。

【党建工作】 2015年，县国税局开展“三严三实”专题教育，举办了以“讲纪律 守规矩”为主题的党员培训活动1期，党组成员以“征求意见”和“自查自纠”方式查找“不严不实”问题，沉到基层听取对县局党组意见和建议20条。建立领导干部定点联系大企业制度，局领导带头成立分析团队，对23户定点联系企业案头分析核实风险点19个，补缴税款720.54万元，调整应纳税所得额减少弥补亏损628.26万元。开展“五日主题”党建活动，围绕“党员学习教育日、党员群众联系日、基层民主议事日、为民服务奉献日、党内民主评议日”等“五日主题”，建立“桐庐国税党建”微信平台，每月组织党员开展一次“周四党员先锋日”活动。结合税企村结对共建活动，选派年轻干部1名参加县委组织部倡导的“机关党员任农村第一书记”活动。2015年，组织党员活动28场，走访慰问高龄老人24户，慰问困难户9户，慰问离退休干部22人次。开展“党建推进月”活动，以“一支部一品牌”为载体，推进争创“十佳党支部、十佳党支部书记、十佳党员”活动深入开展，形成争创“三十佳”活动氛围。

【书石文化】 2015年，县国税局根据杭州市国税局创建“一居一品牌”的部署，制定推出《桐庐县国税局2015—2017年税务文化建设实施方案》，计划用三年时间，完成桐庐国税文化品牌的创建工作。2015年完成文化品牌基础工作，创建“书石文化”展示教育中心，将“书石文化”作为桐庐国税品牌，提炼“坚定、实在、厚重、坦荡”文化品味。

（夏训富）

【责任编辑　郑巧丽】

金融　保险

·中国人民银行桐庐县支行·

【概况】 2015年末，桐庐县辖区内有银行机构网点114个，其中县级银行机构17家（不含人民银行）；有各类保险机构34家，证券营业部3家，担保机构4家和小额贷款公司3家。辖内县级银行机构本、外币存款余额368.22亿元，比年初新增34.10亿元，同比增长10.21%；贷款余额301.59亿元，比年初新增17.41亿元，同比增长6.13%。

【金融支持实体经济】 2015年3月，人行桐庐县支行制定印发《中国人民银行桐庐县支行关于开展“美丽经济金融助推年、普惠金融服务深化年”活动的通知》，积极助推地方经济转型升级。切实强化政策指引，保持信贷总量合理适度增长。2015年，桐庐县银行机构对实体经济新增贷款17.31亿元，同比多增1.26亿元。积极推动利率市场化建设，切实降低融资成本。桐庐农村合作银行和恒丰村镇银行两家地方法人机构存款上浮幅度总体控制在基准利率上浮30%以内。全年两家机构发放各类贷款的加权平均利率分别同比下降0.21个和0.28个百分点。2015年，辖内银行对小微企业和农户发放各类贷款的加权平均利率同比分别下降0.15和0.18个百分点。支持重点产业发展。2015年，桐庐县银行机构对辖内水电、制笔和针织三大块状经济体企业转型升级信贷投放同比增速高于全部贷款增速10.23个百分点，对现代物流和医疗器械产业信贷投放同比增速分别高于全部贷款增速15.58个和12.02个百分点。对桐庐县医疗器械行业融资情况抽样调查显示，表示“融资需求基本得到满足”的企业占比79%，高于上年同期近14个百分点。同时引导辖内银行机构严格控制对高耗能、高污染、落后产能和过剩产能领域的新增信贷投放。

【金融创新】 2015年，人行桐庐县支行创新金融服务，线上线下开启银企对接，努力畅通中小企业融资渠道。线下方面，2015年5月、8月和11月，召集辖内银行机构和小额贷款公司分别深入江南镇、横村镇、分水镇三个块状经济特色明显的重点乡镇，召开乡镇层面政银企融资对接会，零距离与近110家企业负责人进行沟通与交流，对有融资需求的企业按照“一企一策”支持帮扶措施，量身定制适合其自身的融资方案，得到当地政府和企业的好评。线上方面，积极推广使用支行搭建的融资信息服务平台，向6467家企业发出服务短信12934条，企业通过平台已发布融资需求6920万元，完成融资2050万元。创新信贷模式和金融产品，助力电商企业发展。引导辖内部分银行机构推出“电商贷”“电商助力贷”等产品，企业从用贷需求提出至贷款发放最短半天即可完成。推动设立“电商助贷基金”，有效解决电商企业轻资产、担保难的问题。引导桐庐农村合作银行成为全省农村合作金融机构中首家具备大额存单发行资格和首批24家通过总行合格审慎评估的机构。2015年，大额存单发行余额1.46亿元，占备案额度的73%；同业存单备案5亿元，累计发行4.5亿元。

【金融稳定】 2015年，人行桐庐县支行认真开展各类评估和监测工作，及时反映经济金融运行变化。认真开展合格审慎评估，认真做好桐庐农村合作银行合格审慎评估工作。积极开展涉农信贷政策导向效果评估。采用现场与非现场评估相结合方式，对辖内14家银行机构涉农信贷政策执行情况进行评估，并提出进一步改善涉农信贷服务的意见建议。切实做好对桐庐农村合作银行票据兑付后续监测考核工作和村镇银行财务健康状况的监测考核工作，对监测审查中存在问题及时向上级行汇报，并督促其整改落实。继续做好辖内出险企业的情况了解、处置追踪工作，及时上报相关报表、报告。认真做好小额贷款公司、企业财务数据、物价、民间融资、担保公司等监测报表、报告上报工作，加强数据分析，提升监测分析能力。扎实推动存款保险工作开展。全面落实《中国人民银行关于存款保险制度实施有关事项的通知》要求，对桐庐农村合作银行、恒丰村镇银行投保手续进行整理核实，完成保费缴纳工作。积极为存保风险评级制度提出反馈意见，分两次共提出修改意见 11 条。认真做好存款保险制度宣传工作，加强辖区存款保险监测工作，确保该项工作平稳有序地开展。

【反洗钱工作】　2015 年，人行桐庐县支行加强反洗钱工作，打击洗钱犯罪。根据上级行出台的业务洗钱风险评估工作指引，督促和指导辖内银行业金融机构对本行反洗钱内部控制开展自评，部署落实对辖内 4 家银行业金融机构洗钱风险评估工作，通报、反馈评估结果。对辖内 8 家银行业金融机构开展反洗钱综合评价，督促规范反洗钱工作。6 月 5 日，邀请杭州中支反洗钱处业务骨干为全辖银行机构开展反洗钱业务专题培训，参加培训人员 125 人次。

【管理与综合】　2015 年，人行桐庐县支行加强监督检查，督促银行机构合规经营。认真组织开展综合执法检查。对交通银行杭州桐庐支行开展综合执法检查，检查共发现 11 个问题，对人民币账户管理、假币收缴两个方面问题作出 4 万元的经济处罚，并督促及时落实整改。加强综合评价工作。认真组织对（桐庐农村合作银行和恒丰村镇银行）两家法人金融机构和辖内（工商银行、农业银行、中国银行、建设银行、交通银行和邮储银行）6 家商业银行开展现场评价，对评价工作中发现的问题，提出整改建议，并将综合评价情况反馈其上级管辖机构，得到高度重视。组织开展专项检查。对辖内银行金融机构组织开展账户管理、国库代理、人民币收付和假币收缴 3 项业务检查，涉及银行 9 家次，对发现的问题督促被检查对象及时落实整改。做好重大事项报告工作，对辖内重大金融事项及时报杭州中心支行，全年共上报重大事项 6 期。

【金融消费权益保护】　2015 年，人行桐庐县支行切实开展金融消费权益保护工作，维护金融消费者合法权益。制定下发《中国人民银行桐庐县支行金融消费权益保护工作评估实施细则》，组织金融机构扎实开展金融消费权益保护工作。开展金融消费权益保护知识宣传。结合“3·15”消费者权益保护日、志愿服务、金融知识进农村等方式大力开展金融消费权益保护知识宣传，联合县总工会、电视台等单位共同举办桐庐县首届银行职工金融消费权益保护知识电视大赛，参赛人数达 48 人次。

桐庐县首届银行职工金融消费权益保护知识电视大赛

【社会信用体系建设】　2015 年，人行桐庐县支行积极推进社会信用体系建设，不断完善金融外部环境。认真开展征信宣传活动。以第八个“信用记录关爱日”宣传活动为契机，积极组织辖内 16 家金融机构认真开展征信专题宣传活动。支行积极与华数公司联系，在华数电视首页播放征信中心宣传片。组织各金融机构网点利用电子屏、网站等播放征信宣传片、征信宣传手册等内容，营造良好的氛围。充分发挥征信服务经济发展积极作用。一方面认真引导做好信用贷款推广工作，将信用贷款发放当作缓解融资困境有效措施，指导桐庐辖内银行创新信贷理念，突破传统信贷技术，信贷审批时重视企业发展前景分析，强化现金流和未来收益测算，弱化第二还款来源，推动信用贷款持续增长。至12月末，桐庐县银行机构信用贷款余额 50.31亿元，较年初增加5.25亿元，同比增长11.65%。同时，引导银行机构主动承担社会责任，推广运用幸福养老贷等信用贷款品种，得到上级行肯定，并在《中国征信》杂志予以介绍。另一方面积极推动中征应账款融资服务平台应用工作，引导辖内银行机构积极开办应账款融资业务，缓解融资难、融资贵问题。至年底，民生银行正与中征应账款融资服务平台联系推送3亿元应账款融资业务。继续做好各项系统服务工作。借助制定《桐庐县小微企业三年成长计划（2015—2017）实施意见》（以下简称《实施意见》）的时机，积极与政府部门沟通联系，将中小企业机构信用档案征集工作纳入《实施意见》，明确对新注册成立企业同步建立小微企业信用档案并统一配发中征码，进一步完善企业信用信息基础，促进小微企业健康发展。继续加强与辖内银行的沟通，认真做好机构信用代码证发放、征信查询等服务工作。

【外汇管理与服务】 2015年，人行桐庐县支行加速外汇管理转型，强化外汇服务与管理，全面落实资本项目外汇管理改革措施。积极做好辖内资本项目政策改革宣传推广工作。多次参加省分局组织的培训，不断加深对相关政策的理解，并加强对辖内银行、企业的政策宣传培训，确保新政传导到位。支持企业“走出去”。人行桐庐县支行积极支持企业“走出去”，完成辖内首笔境外放款业务，为浙富控股有限公司办理境外放贷业务，登记金额1亿美元，借款期限为5年，利率为5.7%。稳步落实年度存量权益登记工作、完成资本项目专项核查等重点工作。9月，辖内中国银行桐庐支行完成省内首笔外保内贷履约外债登记及履约款结汇相关业务，切实提升辖内资本项目履职效能和水平，确保桐庐涉外经济平稳健康发展。

进一步促进贸易投资便利化。落实货物贸易和服务贸易改革措施，按照“转变方式、提升服务”的工作重点，在经常项目管理中实行“一站式”服务，对新进名录企业从货物贸易外汇政策管理要求、企业货物贸易监测系统操作进行“一对一”辅导，提升出口企业操作规范性。加强对服务贸易外汇收支数据的监测、分析，重点关注辖内顺差规模靠前、融资活动与实体经营偏离较大的企业。督促外汇指定银行积极贯彻落实各项改革措施，继续做好企业货物贸易项下、服务贸易项下外汇资金收支的便利化服务，使企业办理合规合法的外汇收支业务能充分享受到便利化政策带来的方便和效益。

进一步加强外汇监督管理和监测分析工作。严格规范公正、强化执法的程序意识，依法依规开展检查、处罚工作。认真开展个人项下通过分拆方式流出资金的筛查工作和地下钱庄线索核查，2015年，对一起个人逃汇行为进行检查并对当事人处以18000元罚款。继续强化跨境资金流动监测与分析系统运用，开展对服务贸易、个人外汇等跨境资金的监测与分析，做好《银行结售汇管理办法实施细则》的贯彻落实，加强对跨境资金流动监测分析工作。开展国际收支申报现场核查工作，及时发现银行办理业务中的问题，督促银行及申报主体认真领会政策精神，熟悉业务操作，确保申报信息报送的及时性、准确性、完整性，保证系统数据质量。

【服务型国库建设】 2015年，人行桐庐县支行进一步夯实经理国库工作，提升国库服务水平。组织国库部门退出同城票据交换，减少国库资金清算渠道，从源头上降低国库资金风险发生概率；所有国库资金通过大额支付系统收付，进一步提高财政资金使用效率。积极争取杭州辖内首家电子退税业务试点，将业务办理时间由两个工作日缩短到半小时，大幅提高工作效率。协同财政部门开展行政事业单位银行账户清理工作，发现开户依据不足账户 74 个，督促撤销不合规账户 52 个。

【支付结算】2015 年，人行桐庐县支行继续拓宽农村支付结算渠道，改善农村支付结算环境。加强农村基础设施建设，改善用卡环境。督促引导银行机构在农家乐相对集中的乡镇加大 ATM 机布放力度，方便社会公众用卡结算，截至年底，辖内 ATM 机新增 78 台。同时进一步深化农村助农取款服务点布点工作，因地制宜，实现与农村淘宝的融合对接或相互补充。积极支持网上支付应用。结合“电商换市”“电子商务进万村”，稳步推进横村镇城东村、海陆世贸中心 2 个网上应用示范区创建，并督促引导各银行机构加大网上支付、手机支付等电子支付业务应用推广。年末，全辖网上支付业务用户达到 44.94 万户，交易金额 2801.2 亿元，分别同比增长 28.4% 和 51.1%。

【货币管理】 2015 年，人行桐庐县支行加强人民币流通管理，维护货币流通环境。继续发挥小面额货币调剂中心作用，全年调剂小面额货币 373.2 万元，有效缓解辖内小面额货币供应紧张。针对反假货币培训工作改革新变化，杭州辖内首家完成银行从业人员反假理论现场培训、上机考试。全辖参加考试 600 余人，合格率为 100%。围绕人民币升级新版本，进一步夯实货币反假工作。切实抓好发行前的机具升级验证，深入推进银行业金融机构冠字号分类贴标工作，并布置专人做好发行后质量跟踪监测工作。根据纪念币发行方式新转变，召集商业银行召开座谈会，现场检查纪念币发行首日状况，确保辖内纪念币发行市场化运作。

【调查研究】 2015 年，人行桐庐县支行加强调研与宣传，畅通货币信贷政策传导渠道。加强政策宣传。充分利用全县金融工作会议、季度货币信贷例会、金融形势分析会、《今日桐庐》《桐庐金融》等多种渠道，加强稳健货币政策的解读与宣传，积极引导各银行机构向上级行争取资金支持和政策倾斜。加强调查研究。2015 年，围绕“五水共治”金融支持、电子商务金融支持、金融创新组织调查、转贷基金发展情况、不良贷款控制情况等多个专题开展调查研究，共形成各类调研文章 72 篇、调研信息 172 篇，分别被上级银行刊物录用 38 篇和 115 篇，其中《利率市场化背景下不同类型银行存款定价行为研究》获得“2015 年杭州中心支行青年课题二等奖”。

（钟宝樑）

·浙江银监局桐庐办事处·

【概况】 2015 年，浙江银监局桐庐办事处（以下简称桐庐银监办）紧紧围绕以“控风险、强服务、促转型”的“一三三”重点工作新框架，着力维护辖内银行业平衡健康发展。截至年末，桐庐银行业各项存款余额 365 亿元，同比增长 12.9%；各项贷款余额 302.4 亿元，同比增长 5.8%，存贷款增幅位居杭州地区各县（市）前列。是年，虽出现不良贷款余额和不良率“双升”现象，年末不良贷款余额 4.8 亿元，不良贷款率 1.58%，但信贷质量仍好于全省不良率 2.31% 的平均水平。

【完善金融体系】 2015 年末，桐庐共有各类银行业金融机构及营业网点 114 家，比 2014 年增加 2 家。其中县级银行业金融机构 17 家，比 2014 年增加 1 家（2015 年 8 月，经浙江银监局批准新设立浙江泰隆银行杭州桐庐支行）；二级支行、分理处和储蓄所等各类营业网点 97 家，比 2014 年增加 1 家（2015 年 4 月，经浙江银监局批准新设桐庐农村合作银行开源支行城中分理处）；银行有 ATM 机 303 台，比 2014 年增加 19 台。同时积极引导辖内银行业机构加快完善服务体系建设，浙江台州银行、宁波银行杭州桐庐支行 2 家县级机构已在年内批准筹建，恒丰村镇银行横村支行已得到机构规划；继续督促辖内农村合作银行深化普惠金融服务，督促农行和邮储银行强化小企业与“三农”金融服务功能，督促恒丰村镇银行加快业务功能建设，突显“支农、支小、支散”的市场定位。

【强化风险监测】 2015 年，桐庐银监办每月对辖内银行机构区域特色报表进行进审核，并做好月、季、年度的风险监测和分析，发现风险苗头性问题，及时深入机构走访调研、指导和风险提示，确保不发生区域性风险。是年，为加强法人机构监管工作，深化对辖内桐庐农村合作银行、恒丰村镇银行2家法人机构“一对一”监管和服务。认真开展和落实法人机构年度监管评级、科技评级、“三方会谈”和审慎会谈等，及时督导年度监管意见落实。加强走访调查，重点督导桐庐农村合作银行向农商行改制和深化普惠金融服务。至年底，农村合作银行各项存款占全县银行业金融机构各项存款近36%，市场份额进一步提高。恒丰村镇银行业务系统升级优化后，银行服务功能进一步完善，法人治理结构进一步改善，内部控制得到进一步强化，年度存贷款增幅分别达33%、23%，年末各项存贷款余额均突破10亿元大关。

【依法合规经营】 2015年，桐庐银监办派员参加由省局法规处牵头对淳安、临安、余杭三地银行机构监管政策落地情况的现场检查工作，并具体负责完成对中信银行杭州桐庐支行监管政策落地情况现场检查，及时发出现场检查监管意见。同时派员参加省局股份制处开展对杭州平安、广发、浦发、恒丰银行“两违”项目的现场检查；派员配合省局农金现场检查处对桐庐农村合作银行常规检查，按省局政邮处要求开展对桐庐邮储银行EAST核查。通过现场检查，促进辖内银行业依法合规经营。

【加大监管引领】 2015年，桐庐银监办主动加大监管引领作用，积极推进辖内银行业金融机构控风险、强服务、促转型。着力推进银行风险化解。根据当前银行信用风险扩大的压力，加强风险调研，督促风险防范和化解围。是年，在政府主导下，桐庐银监办参与并协调3家企业的2亿多元信贷风险，及时化解处置风险贷款8500万元；指导银行业协会代表处开展联合授信管理试点工作，并通过组织召开6次会员会，对信贷风险进行提示、指导；加强日常机构走访调研，督促银行积极利用政策清收化解风险贷款。是年，辖内银行业机构共清收不良贷款1.1亿元、核销不良贷款1.3亿元、其他化解不良贷款1.4亿元。积极引导银行业金融机构提升服务质效。在完善金融服务体系建设和推进普惠金融的同时，一方面督促银行机构加大金融服务创新，通过创新服务手段、金融产品提升服务实体经济能力。如上海银行通过科技知识产权担保为科技型企业增加信贷投入等。另一方面切实处置消费者投诉，树立良好的服务形象。是年，累计接到群众来电、来信或来人投诉33人次，查处1起由省局转办的信访投诉事项，及时移交并监督限期办理，确保投诉者满意。积极引导转型发展。持续推进“建设好金融促进经济转型升级的‘一行一策’长效机制”工作，按“长效机制”要求进一步完善银行机构“一把手”工程和落实支持经济转型发展的具体措施。通过持续开展辖内银行业金融机构促进经济转型升级的专项活动，使辖内银行业金融服务创新能力进一步提升，有力助推地方经济转型发展，全面激发了银行、企业、城乡居民共同创业创新活力。

（陈　余）

·中国工商银行股份有限公司桐庐支行·

【概况】 2015年末，中国工商银行股份有限公司桐庐支行（以下简称桐庐工行）全部存款余额44.82亿元，较年初增加2.19亿元，增长5.1%。其中对公存款余额17.55亿元，比年初增加1.14亿元，增长6.9%。储蓄存款余额19.19亿元，同业存款余额8.08亿元，比年初增加1.64亿元；各项贷款余额34.78亿元，比年初增加0.12亿元，其中公司贷款19.4亿元，各项存贷款余额在县域四大国有银行中占比位于第一；年末不良贷款余额4027万元，不良率为1.15%。

【信贷业务】 2015年，桐庐工行持续加强重点项目营销，通过国资担保及信托合作成功发放政府贷款5000万元；营销富春江励骏酒店项目贷款5亿元；储备桐庐城乡供水一体化等政府类银团贷款项目；积极营销县域内行业前景好的中小企业，新发放中小企业贷款11.68亿元；全年新建小企业客户12户，新拓贷款

桐庐工行开展普及金融知识进万家活动

6530万元；年末小企业贷款余额6.64亿元，比年初净增加2127万元；在积极争取优质按揭项目的基础上，加大与优质二手房中介合作，优选客户投放二手房贷款。在确保风险可控前提下，全力拓展个人贷款市场，全年共发放个人贷款4.17亿元；年末，个人贷款余额15.38亿元，比年初增加0.3亿元。

【客户拓展】 2015年，桐庐工行持续推进“大个金”战略，加强公私联动，全产品营销，抓住私人银行和证券市场两大热点，创新服务模式，开拓各项业务。年末，私人银行总数达26户，配置资产达8亿元，实现中间业务收入1256万元，完成营业部任务指标的109%；全年签约三方存管客户2429户，超额完成900户目标任务。新增个人有效客户11107户，其中新增中高端客户181户，新增财富客户46户；全年新拓结算有效户253户，新开户日均存款1647万元，实现结算中间业务收入268万元；以代发工资、校园一卡通、手机银行、工银E支付等产品为抓手，职场批量营销包括浙江工商大学杭州商学院、杭州技师学院、杭黄铁路公司在内的优质客户群体，全年净增发卡量17291张，手机银行8164户，工银E支付18716户。

【风险管控】 2015年，桐庐工行加强潜在风险贷款、关注类贷款压降和化解工作，主动退出公司信贷客户9户，退出金额4447万元，累计压降潜在风险贷款4197万元；运用清收、诉讼、核销等方式，加大不良贷款处置力度。全年累计清理不良户13户，处置不良贷款3980万元，其中通过诉讼途径执行收回3029万元；强化内控合规教育，进一步提升合规管理理念，抓好防案分析会、员工行为动态等工作的同时，充分利用网格化案防管理体系，加大各类风险的排查力度，有效避免案件发生；强化安全保卫，落实“三防一保”工作，组织员工开展各类保卫主题教育活动，提高一线人员的应急防范能力。

（华　凯）

·中国农业银行股份有限公司桐庐支行·

【概况】 2015年末，中国农业银行股份有限公司桐庐县支行（以下简称农业银行桐庐支行）本外币各项存款余额36.34亿元，比2014年末增加3.32亿元。本外币各项贷款余额22.23亿元，比2014年末下降3.15亿元。不良贷款余额3518万元，不良率1.58%。实现中间业务收入2541万元。实现拨备前利润8687万元，拨备后利润6212万元，实现经济增加值1689万元，人均经济增加值10.88万元。是年，农业银行桐庐支行积极承担社会责任，继续开展送温暖献爱心、警民共建、帮困结对、关爱老人等活动，共计捐款4.88万元。

【市场拓展】 2015年，农业银行桐庐支行加强客户基础建设，重点项目（对公客户）营销实行名单制管理，落实营销责任制和限时营销制，全力推进八大区、五县市及十大园区的重点工程。是年，法院诉讼费和执行案款系统及专项账户、桐庐县金融控股公司基本结算户落户农业银行桐庐支行。新营销市（县）重点项目圆通、申通、铁投、外婆家等4家在桐重点投资项目和开发区32家入园企业落户农业银行桐庐支行。至年末，个人贵宾客户比年初净增704户，法人贷款客户比年初净增24户，个人贷款客户比年初净增107户，小微企业贷款客户比年初净增13户。

【业务创新】 2015年，农业银行桐庐支行对接农村新型金融需求，创新业务发展，支持新型城镇与美丽乡村建设。是年，成功发放首笔小微企业工商物业贷业务，发放贷款金额700万元；发放首笔个人拍卖贷87.5万元；在农户贷款上进行多项创新尝试，发放首笔40万元的农房抵押形式家庭农场贷款，解决农民借款担保难题。根据农村专业大户、家庭农场客户特点，给予相应的信贷配套支持。是年，对20户专业大户、家庭农场客户进行“三农”信贷服务，共发放贷款780万元。在“三农”贷款业态上有新的突破，在江南镇荻浦业务走访中，针对荻浦的实际，发放养老业态“三农”贷款业务200万元，用于农村敬老院的经营。

【服务三农】 2015年7月，农业银行桐庐支行继续选派4名业务骨干，到江南镇、富春江镇、横村镇和分水镇四个重点乡镇挂职，在乡镇当好“金融参谋”、做服务“三农”普惠金融的推广员。截至12月底，农业银行桐庐支行4名挂职干部对接推动项目31个，投资额33亿元，其中“五水共治”类项目6个，投资额19亿元，“美丽乡村建设”类项目11个，投资额14亿元；协调落实贷款31户，授信额度16.24亿元，已落实发放贷款4亿元，其中企业贷款3.9亿元；开展走访调研，走访49个村农户414户，走访企业59家；化解金融风险事件1项，涉及金额2000万元；参与招商引资，引进企业3家，到位资金6500万元；组织开展金融宣传11次，受益群众300余人次。是年，农业银行桐庐支行支持美丽乡村建设，发放美丽乡村贷款3笔，共计5500万元；支持农户、农村专业合作社发展，至年底，农户小额贷款户数463户，比2014年末增加29户，农户小额贷款金额6876万元，比2014年末增加959万元。农村个人生产经营贷款户数123户，比2014年末增加37户；贷款额8533万元，比2014年末增加4028万元。推进金融自治村建设，是年，新创建金融自治村4个。是年底，惠农卡发卡量44578张、惠农通170台，有效惠农通服务点162个。

（王钟明）

·中国银行股份有限公司桐庐支行·

【概况】 2015年，中国银行股份有限公司桐庐支行（简称中国银行桐庐支行）紧紧围绕“重发展、讲效益、控不良、严治行”十二字工作思路，以“抓存款、促效益”为核心任务，坚持发展和管理“两手抓、两手硬”，扎实推进各项工作。至年底，实现拨备前利润8063万元，实现营业收入12488万元，净利润6342万元，本外币存款余额22.53亿元，各项贷款余额27.86亿元，不良率0.57%。是年，中国银行桐庐支行在中国银行浙江省分行组织的安全保卫绩效考核中被评定为A+。

【全力清收捍卫资产质量】 2015年，中国银行桐庐支行将清收工作作为重点工作来抓，一把手亲自带队，落实专人负责，上下齐心，多措并举，通过打包处置、调级、定期核查抵质押物等方式，强力推进新恒基不良清收。是年，清收新恒基不良贷款3200万元。至年底，不良贷款余额1577万元，不良贷款率0.57%，较年初下降0.68个百分点。

【利润为上多元创收】 2015年，中国银行桐庐支行紧跟省行战略部署，坚持以效益为中心，围绕利润指挥棒，积极拓展优质大客户、大项目，在政府项目较少的情况下，果断布局，争揽上市公司股权质押项目。成功叙做一公司股权质押2.5亿元。同时，组织上报授信项目5亿元，为支行2016年中间业务发展打下基础。

【做大个金资产业务】 2015年，中国银行桐庐支行大力发展个金业务，着力拓展住房按揭贷款。在了解同业价格基础上确定合理定价，拓宽一手房按揭项目来源，主动对接二手房项目，积极推进与县公积金中心的合作，加强与桐庐大楼盘的合作。客户经理勤跑房产销售中心，加强二手房中介的维护，提高服务质量和效率，提升竞争力和市场份额。是年，中国银行桐庐支行个贷投放量5.3亿元，较2014年新增2.9亿元，同比增长33%。

【深化网点转型】 2015年，中国银行桐庐支行根据省行转型规划要求，在对网点功能进行合理定位的基础上，按照实现网点“以交易核算型为主向以营销服务型为主转变”的发展要求，强化网点内部功能分区，合理配置服务设施与电子机具，统一网点形象标识，为客户创造温馨舒适的服务环境。在人员“零增长”的背景下，整合柜台资源，释放更多的人走出去营销，并通过科学授权、资源倾斜、客户下沉、培训辅导等措施进一步优化客户经理、大堂经理、业务经理、柜员等专业队伍配置，渠道建设精选址重效益，积极推动网点“赛马”，不断增强网点造血功能，促进网点效能提升。

【从严治行】 2015年，中国银行桐庐支行坚持从严从实管理要求，围绕架起“高压线”、建立“防护网”、把控“风险点”、严惩“害群马”、拉紧“警鸣钟”的案防思路，坚守“零发案”底线。通过开展经常性的反腐倡廉教育、参观警示教育基地、员工行为排查、细化内控管理制度等活动，加强三道防线管理，进一步强化问责流程，以点名通报和责成相关责任人书面检讨反思的形式对问题严肃处理，始终保持内控案防高压态势。全行上下倡导“狼性”文化和“亮剑”精神，开展《狼图腾》读书活动，观看《狼图腾》电影、《亮剑》电视剧，鼓励员工奋勇拼搏，攻坚克难，弘扬“爱工作、爱客户、爱同事、爱生活、爱父母”的五爱精神，创建简单清新的工作环境。

（陈小琴）

·中国建设银行股份有限公司桐庐支行·

【概况】 2015年，中国建设银行股份有限公司桐庐支行（以下简称建设银行桐庐支行）坚持立足桐庐地方经济特色和自身现状，不断加快转型发展，以促业务、守合规、积极化解不良为工作重点开展各项业务。截至2015年末，实现一般性存款26.49亿元，比年初下降3.95亿元；贷款余额28.73亿元，比年初下降7.89亿元；中间业务收入1787万元，较2014年下降133万元；实现账面利润6923万元，较2014年下降4530万元。

【业务发展】 2015年，建设银行桐庐支行组建大客户服务团队和做实中小企业经营中心，客户结构进一步改善。中小企业作为建设银行桐庐支行发展的重点，重点关注信贷投放量和信贷客户指标，构建小企业业务激励考核机制，在考核体系中适当增加小企业客户指标，并提高其权重。提高优质小企业的识别和挖掘、产品创新、综合营销、风险控制、产品定价等能力，逐步建立优质中小企业目标客户储备库，延伸服务大中客户的深度和广度，确保与客户沟通信息畅通。是年，新增基本结算账户468户，同比增长15%。在“网点区域+特色营销”模式中深入挖掘行业佼佼者，依托税易贷等大数据产品，对公业务重点投向中小微企业。结合建信租赁、建信人寿、产业基金等，支行班子带领大客户团队主动营销，洽谈达成2015年浙江省首批26个省级特色小镇之一的桐庐县健康小镇项目合作、桐庐教育系统项目合作、桐庐农村合作银行员工福利计划资金管理项目等合作意向。

【渠道拓展】 2015年，建设银行桐庐支行为更好地服务桐庐县招投标业务，提供全方位、多渠道的资金和信息管理，有效地配合政府规范招投标过程中投标保证金的缴存、退还等资金管理和调度，营造公开、公平、公正的市场环境，支行与县招投标服务中心进行积极对接，提供招投标银保通产品服务。在省营资金结算部、电子银行部的全力配合下，平台于7月初正式上线，成为县级支行首家招投标资金通过“招投标银保通”合作项目。至年底，系统运

建设银行桐庐支行反假币宣传活动

行稳定，并实现招投标保证金相关投标企业的退款资金支行体内循环。

【网点建设】 2015年，建设银行桐庐支行继续推进网点建设工作。是年，投资153万元对新区支行进行全面装修；根据经营发展需求，经报上级行及相关监管部门同意，对建设银行桐庐支行横村分理处停业，并新设中国建设银行桐庐江北支行，位于桐君街道迎春街150号（交通大厦迎春街一楼）。11月底，建设银行桐庐支行投资165万元，完成对江北支行的整体装修，根据中国建设银行总行于2015年6月实行《中国建设银行营业网点视觉形象建设指引（2015年版）》新的VI标准要求设计和装修。江北支行内设行长室、客户经理室、理财中心、现金服务区、非现金服务区、电子银行服务区、24小时自助银行服务区，属建设银行桐庐支行所辖的一家可经营全面公司、个人综合业务的综合性二级支行。至年底，尚在营业筹备中。

（戚　冰）

·中国农业发展银行桐庐县支行·

【概况】 2015年，中国农业发展银行桐庐县支行（以下简称县农发行）各项贷款余额39343万元，各项存款12866万元，比2014年均有较大幅度的增长；财务总收入2152万元，其中利息收入2034万元，贷款利息综合收回率100%，中间业务收入46万元，与2014年持平；财务总支出1774万元，实现账面盈利380万元。

【粮棉油政策性业务】 2015年，县农发行认真落实上级行制定的各项政策，监促企业合理把握购销节奏，及时足额发放政策性贷款，通过强化资金使用监督和库存检查等手段，确保粮食安全。全年，粮油贷款余额6543万元，其中累计发放政策性粮油贷款4549万元，支持企业从外地调入粮食10046.68吨，收购当地种粮大户订单粮食3722.99吨，成品粮轮换4次，全年共计收回政策性粮油贷款2235万元，确保县级储备粮油轮换工作顺利进行。

【业务拓展】 2015年，随着新的《中华人民共和国》预算法开始施行，县农发行业务由平台业务向公司业务转移，根据上级行工作思路及业务指引，支行成立由“一把手”直接负责的营销团队，向有关部门宣传信贷政策，力争取得支持，同时对政府各部门、相关公司进行密集的走访和洽谈，了解需求、确定合作项目，已明确合作意向的项目有：柴埠大桥公路项目、桐庐县滩头村安置房工程项目、桐庐县大庄里城中村改造安置工程项目、开发区土地整理项目等。

【防控信贷风险】 2015年，县农发行加强信贷基础管理，严格规章制度和操作流程的执行，确保信贷投放合规合法。认真做好贷款企业信用等级评定和授信工作，从源头把好风险关；加强贷款的监测预警工作，全面及时地监测、分析和报告贷款质量状况，实现风险管理关口前移；认真开展信贷客户风险排查活动，全年共组织4次全面或专项风险排查。至年底，以一般公司保证担保的贷款一笔，额度920万元，国资背景专业担保公司担保一笔，额度300万元，其余全部采用抵（质）押担保。按月组织风险排查，在抓好现场检查和横向联系的基础上，摸清家底，实行分类管理。

（葛　瑾）

·交通银行股份有限公司杭州桐庐支行·

【概况】 2015年末，交通银行股份有限公司杭州桐庐支行（简称“交通银行杭州桐庐支行”）全口径存款余额17.80亿元，比2014年末增加1.44亿元，增长8.80%。其中，全口径对公存款余额11.84亿元，增加0.22亿元；个人存款余额5.96亿元，增加1.22亿元；贷款余额16.46亿元，比2014年末减少0.29亿元；全口径余额存贷比92.47%。全年清收不良贷款2113万元，实现中间业务收入670万元。实现经营利润4241万元、经济利润2698万元。

【531系统工程上线运行】 2015年6月26日，交通银行杭州桐庐支行启动“531工程”境内行投产上线，成为交通银行浙江省分行交通银行境内第六批上线的支行之一。明确以支行行长总负责，分管行长分工负责，各条线负

责人具体落实，全行员工确保工作质量的“531工程”上线组织责任框架，坚决做好“531工程”上线准备工作。各部门加班加点，认真对待上级行每一次工作布置、学习、培训、跟账。每日召开晨会，开展经验交流，对上日未完成事项逐项进行落实，并确定当日必须完成的业务处理内容和操作注意事项，并及时召开工程上线协调会，负责解决各类问题、督促工作进度，检查工作质量。同时切实做好上线过程中车辆安排等后勤保障工作，使“531工程”成功上线。

“531”工程成功上线强化客户信息整合与大数据技术应用，实现客户信息多渠道采集、统一存储、实时更新和多元化应用，有效解决了客户信息在不同系统分散存储，更新不及时、不同步等问题，构建了系统化、精细化、科学化的客户信息数据分析和建模应用平台，为业务发展奠定更为扎实的管理基础。

【服务延伸】 2015年，交通银行杭州桐庐支行积极响应上级行个金业务“三进”活动，建立支行个金外拓团队，积极与社区、企业联系，展开有质量的“社区行”“企业行”，努力将金融服务延伸至各小区、企业，更好为桐庐广大民众服务。全年共组织开展20多次“企业行”“社区行”“网点特惠购”活动，为桐庐广大市民办理手机银行、薪金A、借记卡、信用卡、e贷通授信、家账户、公共事业费代缴、理财产品购买、退休工资代发等业务，积极搭建服务大众的平台，共计为市民办理手机银行292户，薪金A理财57户，天添利A理财660万元，申请信用卡93张，办理e贷通授信36户、e贷通提现3户，开立借记卡58张等。

积极推进“人工网点+电子银行+客户经理”的“三位一体”经营模式。多方寻找合适地点，新建桐庐县中医院、杭千自助服务区、工商大学等自助网点，同时对原有的世纪花城、七里泷、横村等地自助点进行升级改造，实现服务网点延伸。

【业务创新】 2015年，交通银行杭州桐庐支行将开拓创新作为经营发展的突破口。创新开拓业务范围，围绕省分行特色业务，瞄准“绿

交行桐庐县支行开展进社区宣传活动

色客户”，选择“绿色产品”，通过绿色通道大力开展业务。强调综合财富管理方案已成为现阶段客户、业务营销中越来越重要的手段，为客户提供内容更丰富、更细致、更切合客户需求的服务方案。一方面对已开展的创新业务在同类型客户中展开复制，建立目标名单；另一方面继续实行和加大业务创新奖励，鼓励全员积极开展业务创新。医保款国内保理业务得到持续发展，2015年末，余额19000万元，比上年新增14200万元；积极钻研新业务流程，成功开展司法拍卖按揭贷款业务，全年成功发放3笔，金额222万元，在48小时内完成业务办理及发放，受到法院和客户高度好评；积极与县环保局对接排污权抵押贷款；成为桐庐县“电商助力贷”两家合作行之一；经过与桐庐社保中心等相关单位多次联系、沟通和协商，2015年，交通银行成为继工商银行、邮储银行、农村合作银行后，第4家获得桐庐县退休人员工资代发资格的银行。

【风险防控】 完善支行贷审小组制度，出台新的管理办法，严格按照交通银行浙江省分行“授信四问”“贷款三查”“两份名单”“一张网络”管理要求，全面落实风险防控。制定2015年授信申报及贷后管理考核方案，进一步明确流程、责任和奖罚措施；建立管户客户经理和综合员双人管理授信客户信息制度，及时进行授信申报、贷后监控、贷款到期等管理和提醒机制；大力清收不良贷款，2015年，成功

收回不良贷款2113万元；层层签订案件防控工作责任书及消防、安全责任书等，将案防责任落到实处，强化履职尽责；严禁员工在资本市场上大额逐利，严禁员工以乐观升值预期向客户推荐股票等风险投资产品，严禁员工间相互融资、组团（盘）投资等行为，切实加强案防工作、规范员工行为，保障业务安全稳健发展。

【运营安全】 2015年，交通银行杭州桐庐支行严格遵守营运操作规程，全年安全运营无事故。核心系统及IBP系统机构关门落实到岗，柜员权限设置严格按照参数中心权限管理要求执行，全年营运各系统运营管理情况良好；合理安排上岗人员，设置弹性窗口，实行综合柜员制，每个柜口均能受理对公对私业务，实行人员分流，每日日终柜员传票相互检查，杜绝差错；开展业务知识和操作技能培训，全面提高综合素质，组织应知应会考试，并将考试成绩纳入支行营运人员百基分考核，提高营运人员学习业务知识和技能练习的自觉性；组织营运人员进行包括基层营业机构员工行为排查、对照总行监控录像检查问题自查自纠、账户管理风险排查、票据业务风险排查、“查屡犯、治顽疾”专项治理工作核查、借记卡开立及异常资金交易排查、存款滚动排查等一系列排查、自查及整改工作。灌输风险防控理念，对发现的问题逐项落实、及时整改。

（徐　斌）

·桐庐农村合作银行·

【概况】 至2015年末，桐庐农村合作银行（以下简称“桐庐农合行”）各项存款余额129.82亿元，比年初增加15.96亿元，同比增长14.0%。各项贷款余额87.4亿元，当年新增7.5亿元，同比增长9.37%，其中：涉农贷款余额83.1亿元，当年新增7.35亿元，同比增长9.71%；信用贷款余额15.33亿元，当年新增4.46亿元，同比增长41.0%。五级不良贷款率1.68%。当年入库各项税收13928万元，同比增加1890万元，增长14.8%。年末，桐庐农合行下辖网点机构53家，分别为营业部1家、支行16家、分理处23家、储蓄所11家、离行式自助银行2家。是年5月，开源支行城中分理处正式设立对外营业。是年，桐庐农合行被荣获2015年度综合考评良好单位、2015年度“普惠金融标兵单位”、浙江省农信系统优胜单位。江南支行被评为浙江农信系统文明规范服务示范单位，总行营业部复评成为浙江农信系统文明规范服务示范单位，富春江支行被评为杭州农信系统服务品牌示范单位，深澳支行、百江支行被评为杭州农信系统文明规范服务示范单位。

【筹建浙江桐庐农村商业银行股份有限公司】 2015年10月10日，经第三届董（监）事会第四次会议、第三届股东代表大会第二次会议审议表决，确定筹建浙江桐庐农村商业银行股份有限公司；11月19日，第三届股东代表大会第三次会议，制定浙江桐庐农村商业银行股份有限公司筹建方案；12月23日，浙江桐庐农村商业银行股份有限公司筹建方案获浙江银监局筹建批复（浙银监复〔2015〕661号）。是年，浙江桐庐农村商业银行股份有限公司筹建的具体内容为：开展清产核资；开展募股工作，并对股东资格审核；完善法人治理结构，制定股东会、董监事会、高级管理层相关管理及履职制度；起草计划内部管理制度等。

【创新业务】 2015年，桐庐农合行结合地方金融实际，创新推出农房小额抵押简易贷款和电商“助力贷”系列产品。至年末，累计发放农房小额抵押简易贷款297户，贷款金额3006万元；电商系列贷款180户，累计5823万元。推进大额存单试点发行，截至年末，共发行10期，募集资金1.68亿元；在全省农信系统率先上线丰收小额贷、丰收消费贷产品，实现丰收小额贷款卡、市民卡和借记卡“三卡”功能合一；成功开通外汇储备通存通兑和境外结汇等产品，拓宽外汇结算渠道。

【创新服务】 电商“助力贷”是用于支持辖内针织小商品、制笔、箱包、皮件等传统产品和农产品加工、特色农业、乡村旅游发展电子商务以及专业从事电子商务的商贸企业、中介服务机构、个体电商成长的贷款产品。其系列产品包括面向农村淘宝、电商个体经营户、电商核心企业电商产业园龙头企业的电商“村淘贷”、电商“小额贷”、电商“产业链贷”、电商“互助贷”。该产品以传统信贷融资业务为基础，以电商线上交易额度为依据，结合网上交易平台信用状况等因素进行授信，并配套提供全方位的金融服务。截至12月末，桐庐农合行发放电商“助力贷”系列贷款5285.49万元，支持190位青年在电商平台上创业。

桐庐合作银行金融夜市开业

【丰收购“桐庐馆”电商平台】 2015年6月18日，丰收购“桐庐馆”入驻浙江农信电商平台。丰收购是由浙江省农信联社为全省各地农信机构和农村（社区）电子商务公司打造的，融信息流、资金流和物流为一体的电子商务金融服务平台，可为客户提供信息发布、在线交易、支付结算、分期付款、融资贷款等全方位的专业服务。该平台目前在PC端和移动端已同步上线试运营，网站首页提供下载“丰收购”APP，支持注册用户购物基本流程，能够实现丰收卡卡密支付、在线客服、站内信和买家退款等服务。至年底，丰收购“桐庐馆”吸纳了逗妮开心、新拓电子、水晶运动、疯狂奶牛、洪武山等商家入驻。

【金融夜市】 2015年，桐庐农合行根据市场需求，在县域率先开办金融夜市，经过前期准备，4月8日，营业部“金融夜市”正式对外营业，营业时间延长至晚上8点。夜间营业可办理个人存取款业务、结算业务、银行卡业务、电子银行业务、理财业务、中间业务、贷款归还、贷款卡放款、挂失业务、零残币兑换及各类咨询业务。5月6日，开源支行城中分理处也开办“金融夜市”业务，主要包括各类咨询、丰收购线下平台等。

【企业文化和公益事业】 2015年，桐庐农合行编写制作行歌《牵手》MV，并组织全行开展行歌演唱。6月6日晚，在县政府会议中心举办“牵手·普惠之夜”行歌演唱会。7月22日，桐庐农合行出资550万元，支持县城自行车租赁项目启用。为方便市民租车还车，农合行与县城市管理局合作共建丰收IC卡租车系统，市民通过丰收IC卡即可借还公共自行车。是年，桐庐农合行还出资赞助“百场电影送下乡”“欢乐大舞台·幸福桐庐人”及首届“彩虹跑”爱心活动、幼儿骑行大赛等社会公益活动。

【农村淘宝“三跟进”】 2015年，桐庐农合行深入开展农村淘宝“三跟进”活动。人员跟进，即与当地村委、村淘代办员签订三方合作协议，聘请村淘代办员作为金融服务代办员和宣传员，并由客户经理开展驻点服务；机具跟进，即在村淘站点布放助农POS机或便农自助终端，设置村淘设备安装快速审批通道，实现代办员现场指导，村民自助办理的服务模式；服务跟进，即通过召开普惠金融推进会、组建普惠金融宣传队、客户经理每周进驻村淘站点，做好分层服务。至年底，桐庐农合行对接农村淘宝服务站76个。

（叶 添）

·中国邮政储蓄银行桐庐县支行·

【概况】 至2015年末，中国邮政储蓄银行股份有限公司桐庐县支行（以下简称邮储银行桐庐县支行）本外币存款余额20.34亿元（含邮政代理），比2014年末净增1.49亿元，增长7.9%；其中储蓄存款余额18.12亿元，比2014年末净增1.88亿元。各项贷款余额10.44亿元，增加2.55亿元，同比增长32.3%；贷款不良率0.49%。

2015年，累计完成业务收入4730万元，同比增长26.8%。其中：个人业务收入636万元，同比增长9.66%；公司业务收入1234万元，增长99.35%；信贷业务收入2860万元，同比增长19.92%；实现营业利润1940万元，同比增长43.05%。

【业务发展】 2015年，邮储银行桐庐县支行坚持以利润为中心的经营发展模式，推动各项业务发展。零售贷款发放，比2014年净增2.35亿元，同比增长33.1%；小企业贷款比2014年净增1630万元，同比增长13.84%。利用市民卡平台进行50多次业务外拓，手机银行比2014年新增激活4046户，增长348.56%；网银比2014年新增激活5430户，增长356.69%；大理财业务2352万元，增长29.02%。实现票据贴现3.74亿元，增长开立承兑766.91万元，增长74.3%；销售公司理财产品3360万元。

【内部管理】 2015年，邮储银行桐庐县支行向管理要效益，狠抓管理，建立起支撑服务到位、风控保障有力的内部管理机制。以会计达标申报为主线，对会计管理、会计核算、资金管理等各项工作认真梳理，逐步实现会计工作规范化、科学化，作为杭州地区首批会计达标验收支行，顺利通过会计达标考评。提高不良资产处置效率，有效降低贷款不良率，累计清收各类不良贷款410.23万元。严把贷款准入关，加强贷后管理，提升客户质量；对一些产能落后、风险较大的小企业客户实行退出机制，收回小企业贷款6笔3986万元。

【创新业务产品】 2015年，邮储银行桐庐县支行股票质押项目营销攻坚小组与各大证券公司联系，收集、跟踪业务信息。5月，支行首笔与证券资产管理公司合作的股票质押回购业务成功落地，总资金量5.2亿元，实现业务总收入1103万元。9月，成功营销总行第一期二级资本债，金额5000万元，是落地杭州地区首笔二级资本债业务。9月，首笔票据池融资业务成功落地，办理票据池质押330万元。

（卢　玲）

·浙江桐庐恒丰村镇银行股份有限公司·

【概况】 2015年末，浙江桐庐恒丰村镇银行股份有限公司（以下简称桐庐恒丰村镇银行）存贷余额双双突破“十亿元”。其中存款余额10.22亿元，比年初增加2.52亿元，增幅32.7%；各项贷款余额10.63亿元，比年初增加1.97亿元，增幅22.7%。全年实现营业收入5552万元，实现利润总额4276万元，净利润3208万元。4月，进行机构改革，对原有机构部门设置进行调整，撤销原市场拓展一部和市场拓展二部，新增市场部、运营管理部，重组营业部，并进行部门负责人竞聘上岗和客户经理双向选择。是年，桐庐恒丰村镇银行累计缴纳企业所得税1015万元，被桐庐县政府评为2015年度“纳税大户”；该行党支部被中共桐庐县委评为“先进基层党组织”。

【支农支小】 2015年，桐庐恒丰村镇银行切合“支农支小”及“扩户扩面”工作思路，认清形势，树立信心，推进各项业务持续、稳健、和谐发展。各项贷款余额10.63亿元，其中涉农贷款总额8.89亿元，占比83.63%，贷款户数1519户，户均贷款69.99万元，有效的满足“三农”和小微信贷需求，累计向全县2000余名农户、小微发放贷款近36亿元，有力支持桐庐快递、制笔、针织、医疗器械等块状经济和民宿、农家乐、合作社及新农村建设等，被桐庐县政府评为2015年度“服务业行业优秀企业”。

【业务拓展】 2015年1月，新系统成功上线，改变没有网银和小额支付系统的局面。开通小额结算、本票入账、一本通短信提醒业务，进一步优化流程，有效改善客户服务能力。全年，开通企业网银48户，业务量达467笔，金额10032万元。开通小额结算294户，业务量达4400笔，金额256635万元。

【内控管理】 2015年，桐庐恒丰村镇银行全面开展金融机构“加强内部管控、遏制违规经营和违法犯罪”专项检查工作和运营条线“清雷防险”专项行动。结合业务特点，有针对性地开展自查整改工作，对制度、流程、重点业务、人员等进行自查自纠。实现运营条线风险管理的实质改进和提升，有效防范柜面业务操作风险等工作。做好第4轮银行业金融机构安全评估工作，本级和分水支行在安全评估中得到99.4和99.3分。是年，桐庐恒丰村镇银行开展“上挂下派”工作，提升员工业务技能、服务水平和合规文化。先后分两批10人次到分行信贷审查部、企金业务部等参加学习培训。

【员工风采】 2015年，桐庐恒丰村镇银行积极组织员工参加行内外各类活动。11月，在分行以“家”为主题趣味运动会中，本行员工取得第2名；在杭州分行举办的PPT比赛中，本行制作的PPT作品获得第3名；本行员工王超瑾参加浙江银行业协会新农金专委会首届业务技术比赛，获单指单张点钞第2名；周晓野分别在杭州市和浙江省第四届故事比赛获金奖；桐庐县首届银行职工金融消费权益保护知识电视大赛，恒丰村镇银行夺得第4名；胡咏丽在桐庐县首届金融系统“本行我摄”比赛获得女子8公里行走第1名；孙汝静油画、沈芳剪纸、闻燕峰摄影在桐庐县金融系统“庆三八”才艺比赛中荣获2金1银。2015年，成立恒丰气排球俱乐部，在桐庐县第三届“气协杯”气排球比赛中获得男子第5、女子第6名；在县首届金融系统气排球联赛中获第5名。

【爱心活动】 2015年5月，桐庐恒丰村镇银行在杭州分行“二次腾飞”大型户外拓展训练营中获得第二名，将2万元奖金全部捐献给患病员工杨欢。是年，该行经营班子、党团支部、工会多次看望长期病假员工，并结对3位贫困学生，定期慰问90岁以上老人，奉献爱心。

（胡珊珊）

·杭州银行桐庐支行·

【概况】 2015年，杭州银行桐庐支行认真落实“改革转型、提质增效”的总体要求，重抓基础管理和联动营销，重抓执行效力，做大客户群、做强小微业务、做深零售产品，各项业务持续增长。是年，存款余额15.6亿元，比2014年增加2.53亿元，同比增长19.3%；贷款余额15.3亿元，比2014年增加2.1亿元，同比增长13.3%；实现利润6187万元，比2014年增加389万元，同比增长6.7%。

【公司业务】 2015年，杭州银行桐庐支行顺势而为抓业务重点，开展走访客户计划，通过勤走客户，加大感情投资，增进联系，争取企业信任，寻求新的合作机会。主动参与政府项目，先后取得3个政府项目，授信达5.7亿元。积极拓宽思路，为客户量身定制产品，突破传统利差观念，通过提高中间业务收入，增强公司业务盈利能力。先后在经营性物业贷款、电子银票、票据池、进口代付等业务上实现支行业务“零”的突破，盈利渠道不断拓展。

【小微业务】 2015年，杭州银行桐庐支行巩固调整抓小微提高，围绕“百日红”抓增产增效，组织团队PK活动，抢时间抓进度，加快小微核心业务拓展和结构调整。分水支行在全行比拼中取得人均产能连续三个季度排名进入前10强的好成绩。年末，支行核心业务新增12942万元，完成预算的259%，其中新增核心抵押7770万元，完成预算222%。抓农户贷拓展小微客户，以金溪村为农户贷项目切入点，制定支行农户贷管理办法。落实调结构优化存量业务，年末新增抵押贷款客户数109户，全年退出客户154户，金额达10040万元。

【零售业务】 2015年，杭州银行桐庐支行全行动员抓零售基础，围绕“幸福扬羊”推动全员营销。用宣传助力营销，向社区、特定群体、目标客户开展不同形式的宣传。用联动保障营销，借助“携手行动”开展，对公司、小微管户经理和零售经理进行职责和分工明确，并全程落实零售经理与管户经理交叉营销责任到位。用幸福贷拓营销，加快推进按揭业务功能，下半年开通公积金公转商贷款业务，拓宽按揭业务的客户群。推进幸福易贷客户细分，先后推出民警贷、教师贷取得成效。新增民警贷31户，金额555万元；教师贷44户，金额895万元。协同开展一手房营销，办理一手房按揭业务123笔，金额5146万元。积极鼓励拓展二手房业务，先后与3家中介机构建立合作，办理二手房业务55笔，金额2359万元。

【内控管理】 2015年，杭州银行桐庐支行重点抓风险苗头和尽职管理，建立清收专案机制，按条线设立风险化解专案组，快速处理条线内突发风险的处置和风险贷款清收转化。加强信贷基础管理，改进贷款上会流程，实行存量续贷业务集中汇审。加大审核贷审决议执行，完善贷后检查。健全内部管理流程，强调联动机制，合并公司、小微和零售营销例会。调整内部岗位，设立风险管理团队，增加平行风险经理。完善内控管理，设立支行内控管理小组，规范内控管理议事规则。

（陈　丽）

·华夏银行股份有限公司杭州桐庐支行·

【概况】 2015年，华夏银行股份有限公司杭州桐庐支行各项存款余额8.41亿元，比2014年增加1.81亿元，同比增长27.4%；其中对公存款6.083亿元，比2014年增加1.313亿元，同比增长27.5%。各项贷款余额3.88亿元，比2014年增加0.31亿元，同比增长8.8%。销售理财产品金额17.76亿元，比2014年增加3.4亿元，同比增长23.7%；至年底，理财产品余额1.78亿元。全年营业收入2839万元，实现中间业务收入527万元。

【公司信贷业务】 2015年，华夏银行杭州桐庐支行公司部，紧紧围绕分行贴近政府找项目的工作措施，大力营销政府平台项目，在分行的支持下，完成3个政府项目授信审批，授信金额4.32亿元，对支行的经营利润和对公存款产生重要的拉动作用。截至年底，公司贷款余额为26660万元，日均公司贷款余额为28954万元，比2014年有较大幅度增加。

【小企业信贷业务】 2015年，华夏银行杭州桐庐支行为扶持中小企业成长，创新金融服务，全面推广使用小企业年审制贷款和融信通金融服务平台等新型融资产品。为了更好的服务于小微企业，是年，华夏银行桐庐支行推出“村民贷”产品，该产品针对横村镇户籍的个体工商户经营者和小微企业业主的信用贷款，一经推出受到客户的好评。至年底，共发放小企业贷款58户，金额14416万元。

【个人信贷业务】 2015年下半年，华夏银行杭州桐庐支行借助分行新推出个贷产品“菁英贷”和“基金宝”之机，积极开展个贷营销劳动竞赛，全体营销人员共同努力，开展个贷营销活动，业务取得阶段性好成绩。全年共新增个贷客户210户，新增个人贷款5087万元。

【个人业务】 2015年，华夏银行杭州桐庐支行坚持以客户为中心，为客户提供电子汇兑、华夏卡异地存取款、转账、消费、咨询等众多个性化、一体化的金融服务。至年底，该行拥有个人业务产品近百种，华夏理财、华夏IC卡、华夏至尊白金卡、华夏自助卡、华夏外汇卡、个人外汇买卖、黄金买卖、自助贷款等一系列特色产品，深受广大客户喜爱。截至年底，华夏银行杭州桐庐支行销售个人理财17.76亿元，主要产品包括稳赢、增盈、创赢和金赢五大系列理财产品，产品理财年化收益在3.0%～4.5%之间。

（王锡钢）

·中信银行杭州桐庐支行·

【概况】 2015年，中信银行杭州桐庐支行积极践行“最佳综合融资服务银行”战略，认真贯彻落实分行和县委、县政府决策部署，不断加大对桐庐经济的支持力度。至年末，存贷款业务呈双增发展势态，各项存款余额13.13亿元，比年初增加3.88亿元，同比增长41.9%。各项贷款余额13.18亿元，比年初增加5.95亿元，同比增长82.3%。不良贷款余额400万元，不良贷款率为0.3%。全年实现营业净收入4926万元，比2014年增加2426万元，同比增长97%。

【业务发展】 2015年，中信银行杭州桐庐支行在资产业务发展上采取“抓两头，带中间”。一头抓政府类项目，积极申报投放优质政府类贷款。陆续向桐庐县美丽桐君开发有限公司、桐庐卫星城建设开发有限公司、桐庐旅投公司、桐庐双龙供水等投放政府类贷款4.4亿元。另一头积极营销优质实体经济客户，重点放在风险可控的上市公司子公司、先进制造业等企业上，累计向盛运环保、环益资源、欣源电梯等企业投放资金1.5亿元。是年，支行以推进零售业务二次转型为契机，以房抵贷、个人消费贷为抓手，加大市场商户营销力度，努力开拓个人经营房抵贷业务，全年办理房抵贷业务110笔，金额1.2亿元。稳步推进代发工资和银联POS商户网络贷款，全年投放个人零售贷款1.6亿元，同比增长125%。在负债业务上，夯实存款基础。在抓对公存款的同时，狠抓零售存款业务，发动全行干部员工积极营销存款，将存款业务落实到每天的常态拓展和管理当中。突出绩效考核制度，激发全行干部员工争揽存款的积极性，确保各项存款稳定增长。同时，运用代发工资、老板通POS、有车族、房抵贷、第三方存管等产品工具，提高客户存款回存率。全年，零售存款业务比2014年增加3200万元，同比增长15.8%。

【业务创新】 中信银行杭州桐庐支行坚持四个“坚定不移”抓转型，发挥自身特色，提升服务质量，创新服务产品。大力开展业务营销宣传，通过本地电视台、报纸、公交站厅等渠道宣传中信银行杭州桐庐支行支持实体经济发展。以表外业务为突破点，叙做存单质押信托受益权业务，全年新增业务量4.43亿元，办理商票直融业务0.2亿元。以“中信红·感恩季”第三届幸福年华卡广场舞活动为载体，拓展零售获客渠道。是年，累计开立幸福年华卡984张，95%以上客户完成信E通关注，为零售业务拓展打下较好的客户群基础。

【风险管控】 2015年，中信银行杭州桐庐支行坚持以“存量客户分类管理，新客户严把准入关”为风险管理主线，强化客户的风险管控。加强担保圈企业、政府融资平台和房地产领域等重点领域风险管理，严守风险底线。落实表外业务风险，金融同业、票据业务、理财等新兴业务风险，以及影子银行、民间融资和非法集资等外部风险等防控措施，切实提高风险管控有效性。是年，支行共否决客户13户，金额

县委书记毛溪浩到中信银行桐庐支行调研

970万元，撤卷9笔，金额2045万元，退出客户3户，金额610万元。

【内部管理】 2015年，中信银行杭州桐庐支行加强财经纪律，严格执行中央“八项规定”精神，节约合规使用“三公”经费，是年，“三公”经费比上年减少12万元。同时认真抓好安全保卫基础工作，在安全工作考核上实行一票否决制。是年，在县安全评估验收中获得全县金融系统第一名。注重发挥工妇团作用，通过开展丰富多彩的公益、文体、业务竞赛活动，提高员工队伍的凝聚力和向心力。加强员工队伍建设，重点抓好各层面业务培训和员工综合素质培训。以分行统一改造网点标识为契机，抓狠网点硬件环境、服务品质，加快支行转型发展，提升服务能力和形象。

（陆文强）

·浦东发展银行股份有限公司桐庐支行·

【概况】 2015年末，上海浦东发展银行股份有限公司杭州桐庐支行（以下简称浦发银行桐庐支行）一般性存款余额8.58亿元，比年初增加2.48亿元。其中公司存款余额6.76亿元，比年初增加2.03亿元；个人存款余额1.82亿元，比年初增加0.45亿元；资产业务继续保持较快发展，风险基本可控。全部贷款余额10.06亿元，比年初增加2.37亿元，首次突破10亿元大关。其中，个人贷款余额4.25亿元，占比达42%；对公开户数492户，2015年净新开户

42户；公司目标客户数266户，计划完成率108%。借记卡发卡量达到6274张，2015年新开卡1787张。实现中间业务收入492万元，同比增长92.9%。信用卡新增发卡1073张；新增信用卡活跃客户712户。手机银行签约3605户，当年新增1536户。实现营业净收入3631万元，同比增长27.7%；实现账面利润2905万元。是年，浦发银行桐庐支行荣获浦发银行杭州分行“2015零售业务优胜机构第8名”、桐庐县“巾帼文明岗”、2015年杭州分行趣味运动会团体第7名。

【业务经营】 2015年，浦发银行桐庐支行公私并举，全力拓展新客户，推进业务转型发展。继续做大公司客户群体，初步打响浦发公司业务品牌。确定政府类项目、招商引资项目、电商平台等重点行业领域，5月份在分行领导下完成县国投公司10亿元股权投资项目。对存量客户实行“一户一策”，针对性提升目标客户，办理首笔1.5亿元总行自营资金直投业务。国内证业务稳步发展，全年开立国内证5.5亿元。公司理财产品质押项下表外业务有新突破，已办理2350万元。不断拓宽个人业务渠道，深耕细作，开展每月个人产品竞赛活动，推进网点转型，有序推进个人业务深化发展。加快个人经营性贷款投放，积极开展网贷新产品，落实个人贷款客户“一户一策”，不断扩大支行个人客户群体。积极拓展POS商户和信用卡，构建信用卡用卡环境。开展支行创赢活动，个金部、营业部认真投入，柜面营销能力明显提高。至年底，个人客户突破6000户，其中个人优质以上客户数达到1112户，较年初新增311户；白金以上客户428户，较年初新增141户。实现零售业务总收入2200万元，零售业务净收入1030万元，实现中间业务收入210万元。

【内制建设】 2015年，浦发银行桐庐支行加强精细化管理工作，提高工作执行力。坚持每周一工作例会和每月重点工作计划督办机制，使支行各项重点工作有序推进、按时落实。抓好支行业务合规管理，做好风险管理和案件防控，提高风险防范能力。积极开展审计检查整改、公司业务现场检查、信用运营检查、高级资本管理等各类检查的整改工作，对多笔业务差错进行处理。强化员工日常行为管理，与全行员工签订相关目标责任书，认真开展各季风险排查和员工行为排查工作，将案件防范工作落到实处。制订“开门红”考核办法和全年考核办法大纲，通过考核办法的调整，调动员工工作积极性。坚持“以人为本”，加强队伍建设，突出抓好管理岗位人员、客户经理和优秀柜员的培训，提高员工整体素质。

【企业文化】 2015年，浦发银行桐庐支行积极开展员工体检、县金融系统气排球比赛、分行首届趣味运动会等一系列活动，丰富员工业余文化生活，促进员工身心和谐发展，增强队伍凝聚力。认真组织“浦发银行志愿者日”结对子、“3·15”消费者权益日宣传、“送温暖献爱心”捐款、“金融知识万里行”等活动，强化服务理念，履行社会责任。

（王国华）

·上海银行股份有限公司杭州桐庐支行·

【概况】 2015年，上海银行股份有限公司杭州桐庐支行（以下简称上海银行桐庐支行）围绕总行新三年发展规划及分行实施转型发展“提升年”的要求，深化改革，创新发展，努力提升综合金融服务水平。年末，各项人民币存款余额6.26亿元，比年初增加0.94亿元，增长17.7%；其中对公存款余额5.48亿元，比年初增加1.16亿元，增长26.9%，储蓄存款余额0.78亿元，比年初下降0.22亿元，下降22.0%。各项贷款余额6.76亿元，比年初减少0.79亿元，下降10.5%；其中公司贷款4.65亿，比年初减少1.83亿元，个人贷款0.77亿元，比年初增加0.31亿。中间业务收入361万元，较上年增长67.9%；全年实现考核利润1055万元，比上年增加39万元；拨备前利润1475万元，比上年增加489万元，增长49.6%。2015年，上海银行桐庐支行荣获上海银行杭州分行第一届“钱潮杯”综合金融服务案例设计竞赛三等奖、零售业务百日收官专题营销活动团队二等奖，桐庐支行营业部荣获2015年度桐庐县“巾帼文明岗”荣誉称号。

【业务发展】 2015年，上海银行桐庐支行认真贯彻总分行会议精神，各项业务平稳发展。公司业务方面，上海银行桐庐支行着力培育核心客户群，积极做好以地方国资为主的大客户营销，跟进当地政府百亿招商项目。小企业业务继续推进与科技平台的合作，及时营销当地政府最新调整的“双十”科技成长型企业。在调结构的同时，保持小企业特色业务稳步发展。上半年叙做存单受益权转让业务9000余万元，创收170万元，为全年中间业务收入的增长打下基础。零售业务方面，发挥全员营销和公私联动，加快支行零售业务人员整合、调整，提升获客能力和专业服务能力，服务好中高端客户；以消费金融为重点，积极拓展金桔贷、额度房贷和汽车信用卡分期等业务，拓展住房贷款合作项目。

【网点转型】 2015年，上海银行桐庐支行进一步调整优化客户和业务结构，借助县科技合作平台，积极支持企业转型升级，发展科技金融，全年新增5户，金额1840万元，保持小企业特色业务健康发展。零售基础客户方面，结合分行竞赛活动，大力拓展储蓄存款和信用卡，中间业务收入提升较多，整体业务在年末取得较大进步。

【风险管控】 2015年度，上海银行桐庐支行加强内控防案工作，保持平稳运行。做好信用风险防控，强化信贷基础管理，开展授信调查、审核、发放、贷后检查全流程培训，提升风险管理能力。加强精细化管理，积极开展风险隐患排查工作，防范操作风险，杜绝民间借贷、私售理财产品等违规行为发生，提高员工防案自觉性，确保全年安全无事故。

（方　莹）

·中国民生银行杭州桐庐支行·

【概况】 2015年，中国民生银行杭州桐庐支行积极应对经济新常态、利率市场化和互联网金融的全面挑战，深根细作，以全面变革商业模式和管理体制为支点，全力打造一个以客户为中心的“新民生”。至年末，各项存款余额10.38亿元，比年初新增5.04亿元，同比增长94.4%；贷款余额6.47亿元，比年初新增2.46亿元，增长61.3%。是年，民生桐庐支行在浙江省银行业金融机构安全评估中得分99.5分，并荣获“2015年度全市经济文化保卫工作先进集体”；被桐庐县妇联授予“巾帼文明岗”，被杭州分行评为2015年度优秀集体；在桐庐县首届职业技能电视大赛暨银行职工金融消费权益保护知识竞赛中荣获冠军；在中国民生银行总行质量服务监测中，桐庐支行被评为AAA级网点。

【业务发展】 2015年，民生银行桐庐支行以客户需求为导向，持续优化创新产品，加强产品推广运用，提高全员对产品的应知应会能力，有针对性地排列计划进度，落实具体服务举措。全年各项存款突破10亿元，各项贷款余额6.47亿元，比年初增加2.49亿元，其中公司贷款余额5.51亿元，个人贷款余额0.96亿元，个人贷款户均余额38万元。是年，共开立个人账户1982个，理财等金融资产累计销售近7亿元，免费开通手机银行1000余个，如意宝、跨行通等金融创新产品运用良好。大力支持政府项目建设，直接支持与引进第三方合作机构合作为政府项目融资合计30余亿元。

【内部管理】 2015年，民生银行桐庐支行结合宏观形势变化，持续加强全面风险管理，确保经营稳健运行。积极开展教育活动，整顿工作作风，强化廉政教育，狠抓合规经营，营造业务发展良好氛围。加大员工异常行为监督，完善道德风险防控体系。通过主动排查道德风险点、开展警示教育和案例培训、举办“一把手讲法治”主题演讲、落实异常行为监督和重要事项报告制度等措施，切实让风险防范意识和内控理念根植到每一位员工的日常经营管理以及行为当中。强化日常监控，深化风险排查工作。结合风险管理要求，先后开展多项风险排查，全面覆盖授信客户，为早期风险发现、预警和化解起到有效作用。

【企业文化与社会责任】 2015年，民生银行桐庐支行强化员工培训体系建设，关注能力

民生银行桐庐支行开展普惠金融活动

提升，提高专业化服务水平，促进业务发展。践行责任文化，持续走进社区、企业、工厂，开展金融知识普及、反假币宣传、防范和打击非法集资宣传活动等；扎实推进金融消费者权益保护，成立消费者权益保护领导小组，全面推进宣传工作，引导消费者树立正确的消费理念与风险责任意识。关心关爱员工，大力开展丰富多彩、卓有成效的系列活动。是年，支行组织员工持续开展踏青、登山、运动会、气排球比赛、员工家访、慰问困难员工等活动。

（奚琳咪）

·杭州市桐庐县富汇小额贷款股份有限公司·

【概况】 至2015年底，杭州市桐庐县富汇小额贷款股份有限公司（以下简称富汇小额贷款公司）有营业网点2家，在岗员工30人。是年，为桐庐当地的小微企业、农户和个体工商户（含城镇居民）累计发放贷款322户485笔，金额46872.7万元。至年底，贷款余额共568户595笔，金额68480.7万元，比年初减少10190.5万元；全年实现营业收入5390万元，上缴税收入库1606万元，年末净资产64544.8万元。是年，富汇小额贷款公司被浙江省金融办评为A+级（特别优秀）小额贷款公司；被桐庐县人民政府授予“服务业行业优秀企业”称号。

【贷款投向】 2015年，富汇小额贷款公司根据桐庐地方产业特点，贷款发放重点投向实体经济，在加大对符合国家产业政策行业企业支持力度的同时，严控对国家限制性行业领域的贷款发放。是年底，富汇小额贷款公司贷款行业投向（依照《国民经济行业分类标准（GB/T 4754—2002）》小类划分）余额前5位的分别是：其他寄递服务6478万元，育种和育苗5185万元，其他园艺作物种植3420万元，旅游饭店3100.5万元，房屋工程建筑2117万元。

【规范经营】 2015年，富汇小额贷款公司坚持“小额、分散”的放贷原则，共发放100万元（含）以下贷款221户438笔，其中发放50万元（含）以下贷款234笔；年末贷款余额中，100万元（含）以下小额贷款及种养殖业贷款余额48574.7万元，占总贷款余额的70.9%；单户最高余额为2000万元，控制在公司资本净额5%以内；单户最低余额为0.3万元。是年，贷款年化加权平均利率为16.84%，加权平均利率比2014年下降0.86个百分点，其中单笔贷款最高年利率为19.8%，最低为5.4%。

【分水镇服务网点】 2015年，富汇小额贷款公司分水镇服务网点累计发放贷款96笔，发放金额3321万元。其中，发放100万元（含）以下贷款93笔，金额2421万元；发放100万元以上贷款3笔，金额900万元。年末网点贷款余额3911.8万元，一定程度上解决了当地“三农”、小微企业融资难问题。是年，分水镇服务网点完成信息化系统升级，接入浙江省小额贷款公司信息系统平台，直接向省信息公司报送数据。

【营业场所搬迁】 为方便广大客户办理贷款，满足富汇小额贷款公司因业务增长而对营业场所作进一步扩大的需求，公司于2015年6月将营业场所搬迁至交通便利、风景秀丽的富春江畔（大楼名称：富汇名座），详细地址为：杭

富汇小额贷款公司新办公楼

州市桐庐县城南街道滨江路388号，营业场所面积达649.67平方米，内设总经理室、副总经理室、信贷部、风险部、综合部、大厅、会议室等办公区域，装修总投资588万元。

（李信波）

·中国人民财产保险股份有限公司桐庐支公司·

【概况】 2015年，中国人民财产保险股份有限公司桐庐支公司（以下简称人保财险桐庐支公司）以“转观念、强队伍、重服务、保增长”为工作重点，坚持强化价值导向，深化业务协作，依法合规经营，大力拓展保险市场。全年实现保费收入8271万元，比2014年增加939万元，同比增长12.8%；已决赔款支出4711万元，比2014年增加588万元，同比增长14.3%；是年，未决赔案1015件。

【车险业务】 2015年，人保财险桐庐支公司全力做好车辆保险业务。在杭州地区车辆限牌的情况下，全体员工齐心协力，车险业务仍得到持续增长，全年完成车险保费6461万元，比2014年增加1062万元。在新车方面，每周走访桐庐各4S店及二级经销网点，了解市场行情，及时处理合作中出现的问题。是年，新增合作的二级经销商保费超50万元的有6家。寻找新的业务增长点，注重中国人民人寿保险股份有限公司、桐庐县邮政局和桐庐农村合作银行的代理业务。2015年，三家单位代理业务增加保费400万元。重视北京总部呼出工作，确定专人管理，整理历年来脱保的潜在客户和离司员工的业务数据，定期与北京呼出中心沟通，该项业务每月保费增长40万元以上。开展业务竞赛和业务突击活动，是年，车险推出开门红和增量两项劳动竞赛，采取政策扶持、奖励措施，调动员工积极性，提高人均产能。至年末，车险赔款支出3802万元，比2014年增加484万元，同比增长14.6%。

【非车险业务】 2015年，人保财险桐庐支公司非车险业务总保费1810万元，比2014年减少123万元，同比下降6.4%。其中，财产险499万元，比2014年减少5万元；货运险25万元，比2014年减少16万元；责任信用险330万元，比2014年减少5万元；意外险699万元，比2014年增加277万元。是年，“三通一达”团体意外保险业务得到巩固，全年总保费380万元，团体意外保险业务总规模699万元，成为非车险业务中最大的险种。继续承保校园责任险、校车责任险、环境污染责任险、万里长运公司乘运人责任险等保险。新增汇丰生物责任险、垂云通天河旅游公司责任险、学校食堂食品安全责任险。新增圆通快递雇主责任险，总保费52万元。与桐庐县法院和各家律师事务所沟通，新办诉讼保全责任险。新增煜凯服饰、南源纺织的企业财产险业务。2015年，支付非车险赔款909万元，比2014年增加104万元，同比增长12.9%。

【农业保险】 2015年，人保财险桐庐支公司农业保险保费收入252万元，比2014年减少374万元，同比下降59.7%。其中，承保小麦21.49公顷，比上年减少202.44公顷，收取保险费7254元；由于受“五水共治”的影响，生猪保险比2014年有较大幅度的下滑，全年承保能繁母猪50头，比2014年减少5470头，收取保险费3000元，比2014年减少32.82万元；承保生猪3104头，比2014年减少14450头，收取保险费8.38万元，比2014年减少26.23万元；承保大棚蔬菜10.67公顷，收取保险费1.38万元；承保油菜552.32公顷，收取保险费12.43万元；承保林木综合险2185.88公顷，收取保险费9.18万元。继续推广政策性农村住房保险，全县投保农户92473户，收取保费92.47万元；其中“五保户”和低保农户3331户，收取保费33310元，全部由财政补助，其中县财政补助23317元、省财政补助9993元。至年末，农业保险赔款支出249万元，同比增长8.1%。其中，种植险赔款支出187万元，比2014年增加101.49万元，同比增长118.6%；养殖险赔款支出59万元，比2014年减少62.97万元，同比下降51.6%；林木险赔款支出3万元，比2014年减少19.9万元，同比下降86.9%。

【农村保险网络建设】 2015年，人保财险桐庐支公司积极谋划农村服务网络的布点和扩面工作，在全县14个乡镇（街道）内设立三农保险服务站，并作为唯一一家保险公司参与农民之家网络平台和服务站的筹备工作。是年12月，首家农民之家创业服务社在合村乡后溪村成立，人保财险桐庐支公司首家村级三农保险服务点正式挂牌，主要从事保源信息的调查和收集工作。至年底，共有农民之家创业服务社一家，村级三农保险服务点一个，初步建立起农村村级保险网络。

【理赔管理】 2015年，人保财险桐庐支公司优化理赔流程，提高理赔效率。提高小额案件的一站式处理能力，提升客户“速度、态度、准确度、满意度”四度体验，感受公司“多、快、好、省”服务。对完成现场查勘并符合万元以下条件的案件，完成查勘、定损、理算、核赔、支付一条龙服务；简化理赔单证，对5000元以下的小额案件，免除修理发票理赔，并为客户提供速递理赔、远程电子收单、上门收单和全城网点收单等多种形式的收单服务。推行人伤法律专属服务，提前介入人身伤害案件，向伤者发放《温馨告知书》，通畅伤者索赔流程，切实解决客户后顾之忧，破解客户人伤理赔难题。提供陪同鉴定服务，联合律师事务所，针对重大人伤住院案件、VIP客户案件、公众重点关注案件及其他特殊案件，向客户提供“律师一线全程代办＋医生后台服务支持”的组合服务。加强投诉管理，加强后台与前端处理衔接，有效提升投诉件办理及时率，加强投诉管控和督导检查，加大责任人处罚力度。是年，有效投诉责任追究处罚合格率100%。

【客户服务】 2015年，人保财险桐庐支公司继续开展“全员服务365活动”，不断提升员工的服务意识和服务能力。5—7月，开展客户节活动，利用公司LED显示屏24小时滚动播出客户节宣传语，在公司营业场所、代理网点，通过悬挂宣传横幅、张贴宣传海报、发放宣传折页、摆放易拉宝的方式进行宣传推广。在桐庐各大型车展现场开展保险宣传和服务咨询活动。在桐庐县世纪花城小区举办咨询活动，提供车险承保理赔咨询、理赔案件现场收单、家财险宣传推广出单服务，联合宝马4S店现场对宝马车进行免费检测。登门拜访桐庐县万里长运有限公司等大客户，联合开展保险知识及机务行车安全知识培训。11月12—14日，中国国际快递物流采购博览会在桐庐举办，人保财险桐庐支公司作为124家参展企业中唯一一家保险公司参加会展，宣传雇主责任险、团体意外险、货运险、车辆险、企财险等与快递业相关的险种，共发放各类宣传资料1000余份，解答业务咨询100多人次。

（郑敏智）

·中国人寿保险股份有限公司桐庐支公司·

【概况】 2015年，中国人寿保险股份有限公司桐庐县支公司（以下简称桐庐县支公司）以全面完成全年预算为中心，调整业务结构，强化业务拓展，全年实现新单保费收入7800.38万元，同比增长11.73%，较好地完成年度预算目标。是年，桐庐县支公司被中国人寿保险股份有限公司浙江省分公司授予“县级优秀拓展项目”“短险同比增幅TOP10”“计生系列保险一等奖”等荣誉。

【个险渠道】 2015年，桐庐县支公司在开门红竞赛中，个险渠道紧盯预算，借助“增员先锋营”“人力发展创业季”等项目，加大投入，强化培训支撑，新增人力131人，总人力达374人。全员联动，全力以赴开好头，是杭州市第3家达成“铁血2015开门红”目标单位，实现规模期交保费1489.15万元。

是年，个险渠道达成首年期交保费2781.6万元，占全市总量的4%，达成率100.13%，同比增长32.77%。其中10年期保费1305.15万元，占全市总量的4%，达成率83.02%。短期险保费481.42万元，达成率55.21%。

【团险渠道】 2015年，桐庐县支公司切实发挥团险基本法对队伍建设的激励作用，是年，增加团险销售人员6人，销售人员达17人。公司注重业务结构调整，建立了以政府引导、市场运作为原则，以具体项目为载体的政保合作机制，涌现了一批关系民生的政保合作项目，先后开展老年人团体意外伤害统筹保险、残疾人意外伤害保险、农村小额保险、公安民警人身意外伤害保险、计生系列保险、教职工综合保险及医护人员保险等项目。业务规模总量首次超过建德、淳安和富阳，增幅位列全省人寿保险系统第6位。是年，团险渠道达成短期险总保费1685.34万元，占全市总量的6.3%，达成率134.83%，同比增长65.75%，增幅超过全市平均水平，排名列杭州市第二位。借贷险117.32万元，达成率117.32%；农村小额保险436万元，达成率218%；企业年金规模1007.4万元，完成率为201%。

【银保渠道】 2015年，桐庐县支公司全面建设客户经理和理财经理队伍。是年，桐庐县支公司有客户经理6人，理财经理36人；完成首年总保费2788.77万元，完成率63.66%，同比增长28.65%。

【管理与服务】 2015年，桐庐县支公司在财务管理上，深化全面预算管理，强化渠道预算职能，通过预算编制，引导渠道业务发展，实现渠道收支平衡。在客户服务上，全面实施客户信息真实性、完整性整改专项工作，整改客户信息5406件，为公司进一步开展客户管理、利用客户资源拓展销售打下扎实基础。赔付率上，截至12月底为37.06%，同比下降4.35%。风险管理上，通过“两个加强，两个遏制”（加强内部管控、加强外部监管，遏制违规经营、遏制违法犯罪）专项检查，完善风险预警和管控机制，对理赔时效、权限管理、印章管理、资金管理、单证管理、柜面规范等重要风险点进行排查，有效排除风险隐患，增强全员风险防控意识，完善防范机制和管理措施。稳妥有效处理投诉纠纷，全年平稳满期给付保单1135件，满期给付金额达3702.74万元。

桐庐人寿保险公司授予莪山乡农村小额保险试点乡匾额

（虞群华）

·中国太平洋财产保险股份有限公司桐庐支公司·

【概况】 2015年，中国太平洋财产保险股份有限公司桐庐支公司（以下简称太平洋财险桐庐支公司）围绕“稳增长、重价值、促转型、提服务、强管理、兴实干、呈和谐”这一主线，狠抓各项业务发展，全年实现保费收入3649万元，同比下降23.1％，其中车险2869万元，同比下降17.4%，非车险780万元，同比下降19.3%，简单赔付率86.8%。

【车险业务】 2015年，太平洋财险桐庐支公司调整车险业务格局，稳固当地车险市场业务发展。加强车险盈利能力建设和分类管理，把握本地汽车市场稳定增长的机遇，巩固优质业务，调整高风险业务。深化代理渠道业务，深化与车商的深度合作，落实代理渠中的本地新车业务，确保增量业务的完成。依托太保品牌优势，强化电网销业务，实现平台销售的承保流程。是年，电网销车险业务1308万元，占比车险46%，比2014年上升11个百分点。

【理赔管控】 2015年，太平洋财险桐庐支公司高度重视车险的结案率，努力缩短理赔周期，积极打造服务品牌，提升客户满意度。每月组织由公司总经理主持，理赔科全员参加的“关于加快未决赔案全面清理的计划安排”，逐月分析车险和非车险未决赔案的清理情况和结案率指标，实行“常态化”管理。根据制定的未决清理计划，合理安排人员清理数据，加快处理未决赔案。到年底，车险未决赔案784件，结案率88.7%，未决赔案数量下降305件，结案率提升4.8个百分点。

（周　戬）

【责任编辑　吴爱林】

商贸 旅游

·商贸综述·

【概况】 2015年，桐庐县商贸工作按照杭州市委、市政府打造“购物天堂、美食之都”要求以及县委、县政府以“五美”为内涵的“中国最美县”奋斗方向，紧紧围绕“创新驱动、转型发展”战略部署，坚持扩消费、谋创新、惠民生、抓项目、优环境，深化流通领域体制改革，紧抓当前服务业优先发展的大好机遇，大力引进培育商贸品牌企业，加快商业中心、汽车城和特色街项目建设，全面构建城乡现代流通体系，促进城乡居民消费，推进全县经济社会发展。全年实现社会消费品零售总额132.3亿元，同比增长12.8%，在杭州七县（市、区）中增幅排第二位。其中批发业实现零售额13.1亿元，同比增长18.5%；零售业实现零售额100.2亿元，同比增长12.4%；住宿业零售额0.9亿元，同比增长14.4%，餐饮业零售额18.1亿元，同比增长10.8%。2015年10月，桐庐县被确定为第二批省级流通业综合改革试点县。

2015年桐庐县重点商贸企业（超市）基本情况一览

表31

序号	名称	地址	从业人员（人）	营业面积（平方米）	经营类别
1	桐庐大润发商业有限公司	城南街道迎春南路359号	550	30000	综合型超市
2	桐庐景文百货有限公司	城南街道迎春南路555号	465	17000	综合型百货
3	杭州联华华商集团桐庐富春路店	桐君街道富春路455号	227	15000	综合型超市
4	杭州联华华商集团桐庐世纪联华超市有限公司国贸店	桐君街道春江路719号	54	2500	综合型超市
5	杭州联华华商集团桐庐世纪联华超市有限公司分水店	分水镇东门新区	106	4000	综合型超市
6	杭州联华华商集团桐庐世纪联华超市有限公司横村店	横村镇陈家畈	15	750	综合型超市
7	桐庐海陆世贸中心开发有限公司	城南街道迎春南路229号	255	12000	装饰材料
8	桐庐富鑫装饰城有限公司	城南街道乔林路837号	485	26000	建材 装饰材料
9	桐庐商贸城有限公司	城南街道乔林路808号	120	40000	装饰材料 电器 家具
10	桐庐易居家居用品有限公司	城南街道光典大厦	122	15000	装饰材料 电器

续表 31

序号	名　称	地　址	从业人员（人）	营业面积（平方米）	经营类别
11	桐庐久友贸易有限公司	城南街道桦桐大厦10楼	81	2600	农村连锁经营
12	桐庐世纪车城有限公司	城南街道白云源路1555号	103	17000	新车 二手车交易
13	桐庐海昌汽车有限公司	凤川大道兴宁西路168号	58	4535	新车 二手车交易
14	桐庐元通汽车有限公司	凤川大道兴宁西路188号	32	3500	新车交易
15	桐庐金茂汽车销售服务有限公司	凤川大道兴宁西路158号	43	6000	新车交易
16	桐庐怡生堂大药房连锁有限公司	城南街道城南路418号	120	3079	药品零售
17	桐庐医药药材有限公司	城南街道立山国际22楼	400	3000	药品零售
18	桐庐好邻居大药房连锁有限公司	凤川街道松林头	80	1350	药品零售

2015年桐庐县商贸企业（市场）经营情况一览

表 32　　单位：万元

类别	2014年累计	2015年累计	同比增长（%）
消费品零售总额	1113328.5	1323401.6	12.8
市场成交总额	121339.5	107990	-11
桐庐综合市场	60335	61422	1.8
江南综合市场	24647	26896	9.1
分水新区综合市场	35415	35368	0.13
分水农贸市场	6870.6	347	-94.9
住宿　餐饮			
海博大酒店	5207.1	5798	11.3
红楼国际饭店	2093.1	1902.2	-9.1
七里人家	1873.4	1898.4	1.3
金鑫宾馆	1477.3	1436.8	-2.7
久缘餐饮	2296.5	2581.9	12.4
永隆饭店	1415.1	1489.8	5.3

续表 32

类别	2014 年累计	2015 年累计	同比增长（%）
超 市			
桐庐大润发超市	40362.7	41244.4	2.2
世纪联华富春路店	16463.6	19144	16.2
世纪联华分水店	1754.5	4930.1	180.9
世纪联华国贸店	4608	4736.3	2.8
世纪联华横村店	1754.5	3187.2	81.7
三江和安购物广场	393.5	456.7	16.1
连锁配送			
桐庐久友贸易有限公司	13777.4	13311.9	-3.4
家 电			
风行电器	9034.9	10105.9	11.9
苏宁电器	2547. 6	2653.8	4.2
家景电器	1080.9	2678.7	147.8
现代家电	1525. 3	1578.5	3.4
佳波汇电器	728.8	559.4	-23.3
医 药			
杭州桐君堂医药药材有限公司	59389.6	57031.3	-3.9
桐庐怡生堂大药房	3330.1	4291.9	28.9
桐君堂大药房连锁有限公司	1150.6	952.2	-17.3
再生资源回收			
桐庐飞岳金属回收有限公司	25073.3	26754.3	6.7
桐庐闽富金属回收有限公司	16453.6	6839.8	-58.4
汽 车			
桐庐远东汽车	3220. 4	3640.5	13.1
桐庐富春汽车	3588.6	2803.5	-21.9
桐庐衡基车业	862.5	1296.8	50.4
桐庐风之行车业	2015.3	4176.4	107.2
桐庐菱通车业	1206.2	171	-85.8
桐庐易通汽车	804.8	830.6	3.2
百 货			
景文百货	9821.7	10418.7	6.1

【加快特色街培育】 2015年，成功打造两条商业特色街。其中中杭路服饰街于2015年7月获得市级商业特色街称号，整条街区共吸引雅戈尔、坚持我的、新天龙等知名品牌商家300余家，年营业额1.2亿元；朝霞路美食街于10月8日开街试营业，入驻包括许府牛、老太婆餐饮、海鲜大排档等知名餐饮企业40多家，至年底，已有56家商户开门营业，总营业额达500多万元。

【商贸基础设施建设】 2015年10月，桐庐金茂汽车销售服务有限公司上海大众4S店正式建成营业。4S店聚集区（汽车城）共汇集桐庐金茂汽车销售服务有限公司上海大众4S店、桐庐海昌汽车有限公司北京现代4S店、桐庐元通汽车公司一汽大众4S店三家品牌汽车4S店。开展乡镇商贸基础设施建设，完成横村镇商贸综合体建设——横村镇农贸市场；完成中国（分水）笔业博览中心建设，投资2.2亿元，总建筑面积5万平方米；完成嘉凯城城市客厅（横村店）商业综合体项目建设，投资1.6亿元、总建筑面积2.2万平方米。

【商贸平台搭建】 2015年，围绕“促消费、保增长”主线，广泛开展商贸节庆（促销）活动，举办“2015潇洒桐庐休闲美食节”、杭州春季购物节暨拱墅—桐庐汽车大联展和2015桐庐金秋购物节暨“欢乐金秋 好车盛宴”汽车大联展、“消费促进月”“桐庐百姓日——千人足浴”“激情五月”系列促销活动，其中，二次车展吸引万余市民参与，杭州、桐庐两地20多家4S店和经销商80多个品牌的200多辆车参展，共销售汽车597辆，销售额8500万元。10月，举办2015桐庐首届中杭路服装节暨桐庐针织服饰展，吸引3万人次参加，销售额突破100万元。

【农村流通网络建设】 2015年，按照“市场主导、企业主体、政府推进”总体思路，以桐庐久友贸易有限公司为龙头，推进“万村千乡”市场工程建设。是年，新发展新型连锁便利店5家。至年末，全县共有乡镇连锁超市13家，村级便利店232家，农村连锁经营覆盖全县183个行政村，覆盖面达100%。

2015年桐庐县农村连锁超市（便利店）一览

表33

序号	区 域	农村便利店（超市）名称	地 址	营业面积（平方米）
1	富春江镇	桐庐久友超市宏忠店0002	富春江镇俞赵村	40
2		桐庐久友超市宝成店0003	富春江镇渡济村	45
3		桐庐久友超市金家店0005	富春江镇金家村	40
4		桐庐久友超市象山桥店0007	富春江镇象山桥村	43
5		桐庐久友超市孝门店0008	富春江镇孝门石塘	45
6		桐庐久友超市小春店0140	富春江镇	100
7		桐庐久友超市富春江店0123	富春江镇横山村	300
8		桐庐久友超市七里垅店0154	富春江镇七里垅村	50
9		桐庐久友超市兔兔店0153	富春江镇芝厦村	150
10		桐庐久友超市严陵店0155	富春江镇严陵村	50
11		桐庐久友超市大庄店0212	富春江镇大庄村	40
12		桐庐久友超市里董店0213	富春江镇里董村	40

续表 33

序号	区 域	农村便利店（超市）名称	地 址	营业面积（平方米）
13	富春江镇	桐庐久友超市新阳店 0221	富春江镇上泗村	40
14		桐庐久友超市丽菁店 0232	富春江镇红旗畈工业区	100
15		桐庐久友超市茆坪店 0245	富春江镇茆坪村	40
16		桐庐久友超市芦茨店 0246	富春江镇芦茨村	40
17		桐庐久友超市石舍店 0247	富春江镇石舍村	40
18		桐庐久友超市中联远平店 0260	富春江镇子陵村	40
19		桐庐久友超市盛家店 0280	富春江镇盛家村	40
20		桐庐久友超市富春店 0009	富春江镇横山村	350
21		桐庐久友超市春江店 0275	七里泷大街 168 号	120
22		桐庐久友超市云源店 0273	七里泷大街 117 号	100
23		桐庐久友超市荣旺店 0276	富春江镇芝夏大街	100
24		桐庐久友超市金家店	富春江镇金家村	70
25		桐庐久友超市宅前店	富春江镇七里泷宅前村	100
26		桐庐久友超市黄坡岭店	七里泷大街黄坡岭 18 栋	90
27	桐君街道	桐庐久友超市麻蓬店 0070	桐君街道麻蓬村	60
28		桐庐久友超市梅蓉店 0075	桐君街道梅蓉村委前	60
29		桐庐久友超市浮桥埠店 0211	桐君街道浮桥埠村	80
30		桐庐久友超市洑家店 0253	桐君街道洑家村	40
31	城南街道	桐庐久友超市石珠店 0071	城南街道金东村石珠村	130
32		桐庐久友超市仁智店 0216	城南街道仁智村	40
33		桐庐久友超市岩下店 0076	城南街道岩下	40
34		桐庐久友超市童家店 0077	城南街道童家	40
35		桐庐久友超市海燕店 0132	城南街道范家边	60
36		桐庐久友超市儒闾店 0080	城南街道儒闾村	100
37		桐庐久友超市洋洲店 0150	城南街道洋洲	2000
38		桐庐久友超市下洋洲店 0112	城南街道下洋洲	150
39		桐庐久友超市桐君店 0131	城南街道大丰村	350
40		桐庐久友超市周家店 0122	城南街道周家店	80
41		桐庐久友超市新建店 0214	城南街道新建村	80

续表 33

序号	区 域	农村便利店（超市）名称	地 址	营业面积（平方米）
42	城南街道	桐庐久友超市金中店 0215	城南街道金中村	40
43		桐庐久友超市昌昌店 0219	城南街道乔林村	100
44		桐庐久友超市桑园店 0220	城南街道桑园村	100
45		桐庐久友超市大联店 0218	城南街道大联村	60
46		桐庐久友超市中杭店 0141	城南街道中杭村	60
47		桐庐久友超市下轮店 0250	城南街道下轮村	40
48		桐庐久友超市上杭店 0251	城南街道上杭村	100
49		桐庐久友超市东兴店 0252	城南街道东兴村	250
50		桐庐久友超市闻晶店 0277	桐庐长途汽车站对面	120
51		桐庐久友超市永祥店 0272	城南街道下洋洲村	40
52		桐庐久友超市春花店	桐庐县城春江西路 719 号	120
53	江南镇	桐庐久友超市华丰店 0165	江南镇华丰村	40
54		桐庐久友超市徐畈店 0015	江南镇徐畈村	40
55		桐庐久友超市珠山如坤店 0016	江南镇珠山村	100
56		桐庐久友超市莲塘店 0017	江南镇莲塘村	40
57		桐庐久友超市吴家店 0019	江南镇吴家村	40
58		桐庐久友超市苗山店 0111	江南镇窄溪村	80
59		桐庐久友超市桂娟店 0148	江南镇舒湾村	40
60		桐庐久友超市锦江店 0151	江南镇会山村	50
61		桐庐久友超市彰坞店 0152	江南镇彰坞村	60
62		桐庐久友超市荻浦店 0156	江南镇荻浦村	40
63		桐庐久友超市吉祥店 0157	江南镇渔业村	60
64		桐庐久友超市郑萍店 0158	江南镇深澳村	40
65		桐庐久友超市横山埠店 0164	江南镇横山埠	40
66		桐庐久友超市石泉店 0209	江南镇石泉村	40
67		桐庐久友超市石阜店 0210	江南镇石阜村	40
68		桐庐久友超市银妹店 0020	江南镇窄溪村	60
69		桐庐久友超市立中店 0159	江南镇深澳村	300
70		桐庐久友超市高山头店 0230	江南镇高山头村	350

续表 33

序号	区 域	农村便利店（超市）名称	地 址	营业面积（平方米）
71	江南镇	桐庐久友超市金茂店 0232	江南镇金茂村	40
72		桐庐久友超市青源店 0235	江南镇青源村	40
73		桐庐久友超市窄溪店 0021	江南镇窄溪村	40
74		桐庐久友超市环溪店 0279	江南镇环溪爱莲书舍旁	100
75		桐庐久友超市爱老服务店 0280	江南镇荻浦村老年中心	60
76		桐庐久友超市奚美店 0281	江南镇珠山奚家村	80
77		桐庐久友超市泽权店 0289	江南镇窄溪西路 212 号	120
78		桐庐久友超市中宏店	江南镇环溪村	150
79		桐庐久友超市淑芬店 0276	江南镇小潘村村口	100
80		桐庐久友超市连儿店	江南镇石阜村石合	80
81		桐庐久友超市勇芳店	江南镇珠山村奚家	120
82		桐庐久友超市应军店	江南镇深澳村	80
83	旧县街道	桐庐久友超市鸿儒店 0022	旧县街道鸿儒村	60
84		桐庐久友超市丙英店 0023	旧县街道母岭村	40
85		桐庐久友超市玉珍店 0025	旧县街道母岭村	50
86		桐庐久友超市旧县店 0026	旧县街道旧县村	55
87		桐庐久友超市合岭店 0145	旧县街道合岭村	60
88		桐庐久友超市如意店 0028	旧县街道西武山村	40
89		桐庐久友超市永丰店 0263	旧县街道四联村	40
90		桐庐久友超市袁潘店 0286	旧县街道洋塘西路 31 号	300
91	凤川街道	桐庐久友超市西庄店 0057	凤川街道西庄村	40
92		桐庐久友超市杭云店 0159	凤川街道翙岗	300
93		桐庐久友超市柴埠店 0161	凤川街道柴埠村	40
94		桐庐久友超市肖岭店 0166	凤川街道三鑫村	50
95		桐庐久友超市阿康店 0167	凤川街道翙岗	100
96		桐庐久友超市潇源店 0229	凤川街道桃岭	40
97		桐庐久友超市外源店 0254	凤川街道外源村	40
98		桐庐久友超市大源店 0255	凤川街道大源村	40
99		桐庐久友超市梅山店 0256	凤川街道翙岗	50

续表33

序号	区 域	农村便利店（超市）名称	地 址	营业面积（平方米）
100	凤川街道	桐庐久友超市罗鹏店0257	凤川街道翙岗	60
101		桐庐久友超市雷坞店0261	凤川街道雷坞村	40
102		桐庐久友超市鹁鸪店0264	凤川街道鹁鸪岭	40
103		桐庐久友超市上喻店0059	凤川街道园林	100
104		桐庐久友超市昌盛店0274	凤川大街	40
105		桐庐久友超市权弟店	凤川街道西庄村	150
106		桐庐久友超市军洪店0282	凤川翙岗村凤新	80
107		桐庐久友超市园林店	凤川街道园林村旺家弄	60
108	新合乡	桐庐久友超市茶乡店0060	新合外松山村	50
109		桐庐久友超市新合店0061	新合乡新合村	70
110		桐庐久友超市仁村店0120	新合乡仁村村	40
111		桐庐久友超市松山店0121	新合乡里松山村	40
112		桐庐久友超市高枧店0149	新合乡高枧村	60
113		桐庐久友超市芳兰店0270	新合乡工业开1区	300
114		桐庐久友超市坑口店	新合乡坑口工业园区	120
115		桐庐久友超市引坑店0062	新合乡引坑村	90
116	钟山乡	桐庐久友超市吴宅店0063	钟山乡钟山村吴宅	50
117		桐庐久友超市大市店0064	钟山乡大市村	40
118		桐庐久友超市陇西店0065	钟山乡陇西村万家岭	40
119		桐庐久友超市钟一店0127	钟山乡钟一村	35
120		桐庐久友超市钟山店0177	钟山乡钟山村	80
121		桐庐久友超市魏丰店0178	钟山乡魏丰村	40
122		桐庐久友超市高峰店0179	钟山乡高峰村	40
123		桐庐久友超市仕下店0180	钟山乡仕下村	40
124		桐庐久友超市子胥店0181	钟山乡子胥村	40
125		桐庐久友超市歌舞店0182	钟山乡歌舞村	100
126		桐庐久友超市夏塘店0183	钟山乡夏塘村	100
127		桐庐久友超市城下店0066	钟山乡城下村	60
128		桐庐久友超市富家店0267	钟山乡富家村	40

续表 33

序号	区 域	农村便利店（超市）名称	地 址	营业面积（平方米）
129	钟山乡	桐庐久友超市下邵店 0262	钟山乡下邵村	40
130		桐庐久友超市（建根店）0288	钟山移动公司对面	80
131	莪山乡	桐庐久友超市莪山店 0067	莪山乡莪山村山阴岭	75
132		桐庐久友超市龙峰店 0068	莪山乡龙峰村	43
133		桐庐久友超市昴山店 0124	莪山乡昴山村	50
134		桐庐久友超市集镇店 0115	莪山乡莪山村	250
135		桐庐久友超市中门店 0162	莪山乡中门村	50
136		桐庐久友超市志炎店 0163	莪山乡莪山村	60
137		桐庐久友超市尧山店 0233	莪山乡尧山村	50
138		桐庐久友超市沈冠店 0069	莪山乡沈冠村	50
139	横村镇	桐庐久友超市生水店 0082	横村城东双湖	85
140		桐庐久友超市阳山畈店 0083	横村镇阳山畈	68
141		桐庐久友超市桃园店 0113	横村镇阳山畈	50
142		桐庐久友超市永桥店 0085	横村镇胜峰十字路口	80
143		桐庐久友超市吉利店 0086	横村镇上塘村上浦	60
144		桐庐久友超市宅里店 0087	横村镇宅里村	42
145		桐庐久友超市里元店 0088	横村镇元村里元村	108
146		桐庐久友超市里洑店 0089	横村镇九岭里洑	59
147		桐庐久友超市立文店 0138	横村镇横村村	120
148		桐庐久友超市双溪店 0125	横村镇双溪村	40
149		桐庐久友超市永灿店 0130	横村镇方埠大街	130
150		桐庐久友超市东南店 0146	横村镇东南村	60
151		桐庐久友超市方埠店 0194	横村镇方埠村	40
152		桐庐久友超市凤联店 0195	横村镇凤联村	40
153		桐庐久友超市后岭店 0196	横村镇后岭村	50
154		桐庐久友超市华凤店 0197	横村镇华凤村	40
155		桐庐久友超市柳岩店 0198	横村镇柳岩村	50
156		桐庐久友超市白云店 0199	横村镇白云村	40
157		桐庐久友超市板头店 0200	横村镇板头村	40

续表 33

序号	区 域	农村便利店（超市）名称	地 址	营业面积（平方米）
158	横村镇	桐庐久友超市香山店 0201	横村镇香山村	40
159		桐庐久友超市孙家店 0202	横村镇孙家村	40
160		桐庐久友超市金兰店 0223	横村镇龙伏村	40
161		桐庐久友超市玲玲店 0227	横村镇龙伏村	40
162		桐庐久友超市杜预店 0224	横村镇杜预村	40
163		桐庐久友超市湾下店 0225	横村镇湾下村	40
164		桐庐久友超市浪石店 0226	横村镇浪石村	40
165		桐庐久友超市李家店 0231	横村镇李家村	300
166		桐庐久友超市柳茂店 0234	横村镇柳茂村	40
167		桐庐久友超市徐家埠店 0090	横村镇城东徐家埠	48
168		桐庐久友超市田田店 0278	横村镇富乐馒头山新区	40
169		久友超市（根言店）0285	横村镇方埠桐千路 911 号	350
170		桐庐久友超市上浦店	横村镇上塘村上埠	300
171	分水镇	桐庐久友超市柏山店 0091	分水镇柏山综合楼	60
172		桐庐久友超市儒桥店 0092	分水镇儒桥村	65
173		桐庐久友超市志忠店 0093	分水镇儒桥村	40
174		桐庐久友超市里湖店 0095	分水镇里湖村	40
175		桐庐久友超市云美店 0096	分水镇天英村	100
176		桐庐久友超市百联店 0097	分水镇百岁坊百联村	40
177		桐庐久友超市建设店 0098	分水镇怡合建设村	40
178		桐庐久友超市怡合店 0100	分水镇百岁坊百联村	40
179		桐庐久友超市花桥头店 0101	分水镇怡华村	40
180		桐庐久友超市明富店 0102	分水镇保安	60
181		桐庐久友超市素妹店 0103	分水镇保安	60
182		桐庐久友超市桥东店 0190	分水镇桥东村	40
183		桐庐久友超市徐桥店 0191	分水镇徐桥村	50
184		桐庐久友超市武盛店 0192	分水镇武盛村	100
185		桐庐久友超市大路店 0193	分水镇大路村	40
186		桐庐久友超市朝阳店 0203	分水镇朝阳村	40

续表 33

序号	区 域	农村便利店（超市）名称	地 址	营业面积（平方米）
187	分水镇	桐庐久友超市盛村店 0204	分水镇盛村	40
188		桐庐久友超市小源店 0205	分水镇小源村	40
189		桐庐久友超市城西店 0206	分水镇城西村	60
190		桐庐久友超市外范店 0207	分水镇外范村	40
191		桐庐久友超市高联店 0241	分水镇高联村	40
192		桐庐久友超市太平店 0242	分水镇太平村	50
193		桐庐久友超市新龙店 0243	分水镇新龙村	40
194		桐庐久友超市三合店 0244	分水镇三合村	40
195		桐庐久友超市塘源店 0269	分水镇塘源村	40
196		桐庐久友超市鑫超店 0106	分水镇三溪村兑口桥	40
197		桐庐久友超市青秀店 0283	分水镇广电路	100
198		桐庐久友超市富家店 0105	分水镇库区富家自然村	40
199		桐庐久友超市三槐店 0240	分水镇库区三槐村	40
200		桐庐久友超市后岩店 0208	分水镇库区后岩村	40
201		桐庐久友超市砖山店 0268	分水镇库区砖山村	40
202	瑶琳镇	桐庐久友超市琴溪店 0037	瑶琳镇琴溪村委	40
203		桐庐久友超市高翔店 0038	瑶琳镇高翔村	40
204		桐庐久友超市利群店 0039	瑶琳镇高翔村	50
205		桐庐久友超市方吴店 0050	瑶琳镇百岁路口	50
206		桐庐久友超市百岁店 0051	瑶琳镇百岁村	40
207		桐庐久友超市何宋店 0052	瑶琳镇何宋	45
208		桐庐久友超市潘联店 0053	瑶琳镇潘联村	40
209		桐庐久友超市毕浦店 0055	瑶琳镇毕浦	50
210		桐庐久友超市冷坞店 0143	瑶琳冷坞	50
211		桐庐久友超市富鑫店 0168	瑶琳桃源村	50
212		桐庐久友超市文高店 0169	瑶琳镇琴溪珠村	60
213		桐庐久友超市皇甫店 0175	瑶琳镇皇甫村	40
214		桐庐久友超市姚村店 0176	瑶琳镇姚村	40
215		桐庐久友超市元川店 0174	瑶琳镇元川村	60

续表 33

序号	区 域	农村便利店（超市）名称	地 址	营业面积（平方米）
216	瑶琳镇	桐庐久友超市方家店 184	瑶琳镇方家	40
217		桐庐久友超市文源店 0236	瑶琳镇文源村	50
218		桐庐久友超市大山店 0237	瑶琳镇大山村	50
219		桐庐久友超市舒家店 0238	瑶琳镇舒家	40
220		桐庐久友超市后浦店 0239	瑶琳镇后浦村	100
221		桐庐久友超市阳普店 0137	瑶琳镇阳普村	120
222	合村乡	桐庐久友超市大琅店 0033	合村乡大琅村	80
223		桐庐久友超市合村店 0099	合村乡合村村	40
224		桐庐久友超市陈村店 0170	合村乡后溪	40
225		桐庐久友超市高凉亭店 0171	合村高凉亭村	40
226		桐庐久友超市瑶溪店 0172	合村乡瑶溪村	40
227		桐庐久友超市岭源店 0029	合村乡岭源村	80
228		桐庐久友超市素美店 0284	合村幼儿园对面	300
229	百江镇	桐庐久友超市百江店 0139	百江镇桥头	200
230		桐庐久友超市利群店 0030	百江镇钱家村后坞	45
231		桐庐久友超市联盟店 0032	百江镇联盟村	40
232		桐庐久友超市松勤店 0109	百江镇松村村	40
233		桐庐久友超市东辉店 0035	百江镇东辉村	60
234		桐庐久友超市蒿源店 0118	百江镇郭村村	60
235		桐庐久友超市罗山店 0119	百江镇罗山村	45
236		桐庐久友超市苎坑店 0036	百江镇苎坑村	40
237		桐庐久友超市金福店 0133	百江镇金福村	150
238		桐庐久友超市朱门店 0185	百江镇百江村	40
239		桐庐久友超市双坞店 0186	百江镇双坞村	40
240		桐庐久友超市奇源店 0187	百江镇奇源村	40
241		桐庐久友超市翰板店 0188	百江镇翰板村	40
242		桐庐久友超市知青店 0189	百江镇后河村	40
243		桐庐久友超市金塘坞店 0248	百江镇金塘坞	40
244		桐庐久友超市乐明店 0249	百江镇乐明村	40
245		桐庐久友超市雷钧店	百江镇百江村	180

2015桐庐金秋购物节暨好车盛宴汽车大联展

【商贸特种行业管理】 2015年，全县有成品油批发企业1家，加油站（点）56家，其中加油点19家。全年成品油销售量15万吨；二手车交易活跃，全县唯一一家二手车市场——桐庐世纪车城有限公司，全年实现汽车交易6101辆，同比增长18.3%；交易额6.98亿元，增长40.2%。随着政府对黄标车淘汰政策力度加大，报废汽车回收数量呈喷井式上升，全年拆解报废汽车1700辆，同比下降5.5%；是年新增再生资源回收经营备案6家；截至年末，共有再生资源回收备案经营户189家。

【2015“潇洒桐庐”休闲美食节】 11月6—11月10日，在县城滨江西路成功举办2015“潇洒桐庐”第五届休闲美食节。其间，来自全国各地和本地的100余家知名餐饮企业参加美食节，接待消费者37万人次，直接收入超过360万元。参加企业、接待人数及消费收入均创历届新高。

（汪海　徐海）

【电子商务】 2015年，桐庐县委、县政府实施以“扩面提质”为核心的“燎原计划”，坚持“政府主导，企业主体；立足生态，无中生有；全面谋划，系统推进”的原则，全面系统地推进全县电子商务发展。是年，桐庐县成功创建“浙江省电子商务示范县”和“第二批省级流通业综合改革试点城市”，连续两年被评为“中国电子商务发展百佳县”，横村镇横村村被评为中国“淘宝村”，横村镇城东村被评为“浙江省电子商务示范村”。第二届中国县域电子商务峰会和首届中国（杭州）国际快递业大会在桐庐举行。是年，全县共实现电商销售25.5亿元。出台《桐庐县人民政府关于进一步助推电子商务产业发展的实施意见》（桐政〔2015〕1号），落实专项资金1500万元；制定《关于推进农村电子商务创业就业的实施意见（试行）》，推进农村电商创业就业发展。新建桐庐县农产品电商产业园，至年底，已完成三通一平及水电安装等工程，正在进行基础土建施工；建成分水、横村、江南、城南等6个乡镇孵化园，入驻电商企业165家；对海陆世贸电商产业园进行提升改造，完成海淘买手街、电商公共服务中心、“春江渡口”众创空间等重点项目建设，园区共入驻企业70余家。建成淘仓仓配、大运物流等9个电商仓储物流平台，日均发货量突破4万单；建成安厨商城、通帮闹市街等8个本地电商支撑平台，县内应用企业（商家）4600余家；淘宝网“特色中国·桐庐馆”于7月正式上线，汇集全县各类农特产品30种。制定“2015年桐庐县电子商务培训计划表”，共组织各层次电商人才培训5000余人；阿里巴巴全国农村电商培训中心累计举办县长班30余期，1100位县（局）长参加培训。创新实行“农村淘宝”项目合伙人制，从以选址为核心的1.0版本向以选人为核心的2.0版本升级，5月6日阿里巴巴在桐庐举行“农村淘宝”桐庐模式2.0版本全国首发仪式，全县共建成村级服务站点183个，成为全国第一个实现“农村淘宝”全覆盖的县域，全年累计为村民网上代购商品30.62万单，实现销售额4590万元。与淘宝网合作，实施“小铺”项目和“满天星”计划，天厨蜜源、和蜂源入选“小铺”优质供应商，参与第二轮内测活动；天厨蜜源、和蜂源、华伦服饰、简派箱包等企业成为“满天星”计划首批成员。建立桐庐县农产品数据库，共录入农产品10大类440个品种、优质供应商216

家、农林业高级技术专业人才36人。建立线上和线下电子商务数据统计库，每月更新入库企业、动态申报销售数据。创新推出“电商助力贷”系列金融服务产品，落实信用额度3亿元。与“三通一达”签订合作协议，确保海陆和汇丰两大电商产业园内注册办公的电商企业享受“快递全国最低价”。与电信桐庐公司签订电商产业通信业务协议，帮助电商企业降低通信费用。

（施琼芬）

·供销合作·

【概况】 2015年，县供销合作总社全面推进基层供销社重建，经济运行效益和为农服务质量得到较大提升。是年，全系统购进总额3.55亿元，同比增长16.34%；实现经营总收入5.25亿元，同比增长22.7%；实现利润609万元，同比增长16.2%。至年底，全县供销系统有全资企业3家、参股企业3家、基层供销社7家、基层供销分社7家、经营服务综合体5家、农民专业合作社60家、专业合作社联合社2家、农村（社区）综合服务社45家、农产品经纪人协会1个、庄稼医院5家。

【供销社综合改革与基层社重建】 2015年，县供销合作总社贯彻《中共中央国务院关于深化供销合作社综合改革的决定》，全面推进基层社重建工作，在深入调研全县14个乡镇（街道）基础上，通过和当地产业、系统专业合作社和供销社现有资产等相结合方式，于6月底注册成立供销公司3家、规范提升基层社4家、恢复重建基层分社7家，率先在全市实现基层供销社乡镇（街道）全覆盖。9月28日，全市供销社基层社发展现场会在桐庐召开，宣传推广县供销合作总社实现基层社乡镇（街道）全覆盖的经验做法，并实地参观莪山和分水两家基层社。通过重建基层社，密切与农村联系，再建为农服务的基层阵地。

【农资储备供应与农技服务】 2015年，桐庐县农业生产资料有限公司储备农资商品3478吨，其中化肥3108吨、农药370吨，完成县政府下达的农资商品淡季储备任务。全年公司销售农资商品1.93万吨，实现销售额5334万元，有效保障了全县农业生产需要。为普及农业技术知识，提高农民施肥用药水平，县供销合作总社组织农资公司举办水稻种植、农作物病虫害防治、水果种植等培训班各1期，累计培训340余人次。

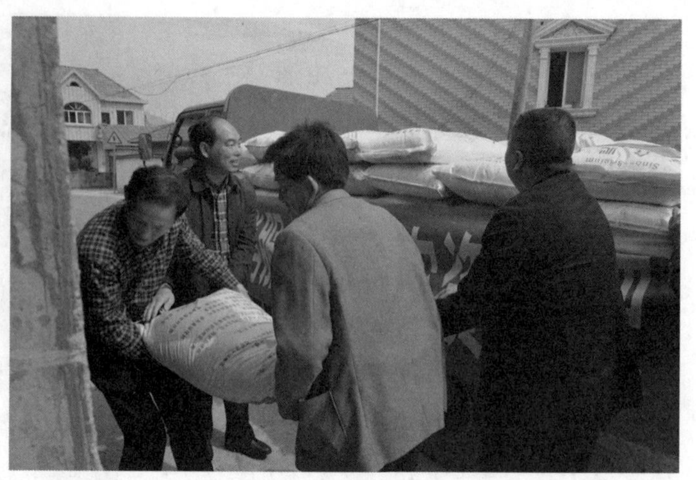

春耕支农惠农服务活动

【支农惠农服务】 3月26日，县供销合作总社会同农业局、江南镇政府同步在江南镇石阜村举行春耕支农惠农服务活动，现场向4家专业合作社赠送复合肥20吨。春耕期间，县供销合作总社到钟山乡大市村、瑶琳镇东琳村等开展支农惠农服务活动4次，提供各类咨询450余人次，发放资料9000余份，优惠供应优质农资商品67吨，让利6万余元。

【庄稼医院】 2015年，县供销合作总社根据省市供销社“庄稼医院建设三年行动计划”，结合自身实际，开展“智慧农资”试点工作。4月，桐庐县级中心庄稼医院成立，内设农技知识宣传区、科普知识阅览区、专家咨询服务区、农资商品展示区、“智慧农资”操作区五个功能区，为全县农民提供技术、信息咨询等服务。是年，相继成立分水、莪山、富春江、瑶琳4家乡镇庄稼医院。为推进“智慧农资”建设，制定1万余份宣传品推广“益农宝”，方便农户直接上网查询疑难问题。5家庄稼医院自成立以来，累计提供技术咨询服务2000余次，帮助农民解决疑难问题1000多个。

【农药废弃包装物回收】 2015年2月，县农资公司作为农药废弃包装物回收的实施主体，扎实做好生产基地、经营网点回收的农药废弃包装物工作，严格做到“六个统一”（即统一台账、统一标识、统一回收、统一价格、统一处理、统一整治）。至年底，县农资公司共回收农药废弃包装物682万只，有力地减轻农药废弃包装物的面源污染。

【农民专业合作社】 2015年，县供销合作总社参办农民专业合作社7家，全县供销系统有入社社员3745户，带动农户34510户，农副产品种植基地3595公顷。推进农民专业合作社规范化建设，桐庐盛林苗木专业合作社被评为“2015年全省供销社系统农民合作社示范社”，桐庐盛源石笋专业合作社被评为杭州市规范化农民专业合作社。创新农业生产服务方式，成立桐庐益农植保专业合作社，为全县农民和各类农业主体提供农资供应、配方施肥、统防统治等系列化服务。加强系统专业合作社竞争力，成立桐庐百富农产品专业合作社联合社，共同抱团发展闯市场。

【农村（社区）综合服务社】 2015年，县供销合作总社在横村镇凤联村、钟山乡大市村等新发展集农业生产资料和日用消费品等经营服务内容为一体的农村（社区）综合服务社10家，进一步满足和丰富当地农民群众生产生活需要，完善为农服务网络，密切供销社与农民联系。至年底，县供销合作总社共发展综合服务社45家，覆盖13个乡镇（街道）、45个行政村（社区），45家综合服务社经营额2436万元。

【农产品经纪人协会】 2015年，县供销合作总社积极发挥县农产品经纪人协会作用，成立县农产品经纪人协会苗木分会，25名苗木产业经纪人被吸收为首批会员。加强农产品经纪人队伍建设，协办杭州市农产品经纪人职业技能培训班1期，51人取得职业资格证书，2名农产品经纪人被授予杭州市“十强”农产品经纪人称号。至年底，协会有成员145名，其中单位会员6名、个人会员139名，300名农产品经纪人取得职业资格证书。

（申屠钧铭）

·烟草专卖·

【概况】 2015年，桐庐县烟草专卖局（分公司）经济运行呈现销量稳中有升、结构快速提升、利税呈二位数增长的特点，销售收入、税收、利润等经济指标再创历史新高。全年实现卷烟销量2.09万箱（250条为一箱，下同），比2014年增长0.63%；实现销售收入（含税）9.32亿元，同比增长11.4%；实现利税2.45亿元，增长27.3%，其中利润2亿元，增长27.0%。是年，江南专卖所成功创建省级“青年文明号”，稽查中队创十佳专卖所队获杭州市局推荐。

【销售结构】 2015年，桐庐县烟草专卖局（分公司）单箱销售额4.46万元，比2014增长10.72%，单箱销售额为历史最好水平。呈现一类烟快速增长、五类烟小幅提升，二、三、四类卷烟呈快速下降的趋势。其中，一类烟销售1.2万箱，同比增长19.1%，占总销量的57.6%，同比提升8.9个百分点；二类烟销售543.66箱，同比下降50.5%；三类烟销售0.61万箱，同比下降10.9%。（注卷烟分类：200元/条以上（含）的为一类烟；130元/条（含）～200元/条的为二类烟；60元/条（含）～130元/条的为三类烟；30元/条（含）～60元/条的为四类烟；30元/条以下的为五类烟）。

【重点品牌培育】 2015年，桐庐县烟草专卖局（分公司）把培育品牌作为全年工作的重中之重，通过终端引领、全面介绍、品牌上柜、数据监测、客户激励等方式，全力以赴开展重点品牌七匹狼、省外300～500元重点规格、低焦品牌、雪茄烟、细支烟的市场营销，取得阶段性的成果。全国重点品牌销售1.92万箱，同比增长2.8%。其中，“七匹狼”品牌销售540.24箱，完成全年目标的100.04%。省外300元至500元重点规格销售96.37箱，同比增长144.8%，个别品牌在该价位段强劲增长的势头，引导了一定市场氛围的形成。其中，“芙蓉王（蓝）”销售26.44箱，同比增长592.0%，上柜率41.1%。雪茄烟销售44.29万支，同比增长103.5%；细支烟销售11.03箱，同比增长1788.4%。

【现代终端建设】 2015年，桐庐县烟草专卖局（分公司）稳步推进现代终端从数量到质量的提升。通过集中和一对一的日常培训，持续开展现代终端优势和日常操作培训，选择优秀客户加入现代终端；加大终端管理力度，采取市场督察、末位淘汰、专销结合等方式，加大对现代终端门店、网上订货成功率、数据质量与上传率的日常维护与管理，引导现代终端提升自我管理、规范管理意识。截至2015年底，共发展现代终端564家，占零售客户总数2813户的20.05%，其中，标准终端37家，规范化终端318家，占零售客户总数的11.3%，普通规范化终端209家，占零售客户总数的7.43%。网上配货客户236家，占零售客户总数的8.39%，较好地完成现代终端建设的工作目标。

【市场监管】 2015年，桐庐县烟草专卖局积极推进“APCD”工作法在日常市场监管中的运用，结合“百日整治”专项行动，共出动1609人次，对1881户控制区域、6193户非控制区域进行日常检查，共查获案件57起，其中5万元以上案件13起，一般案件31起，移送案件13起，涉案卷烟8586条，为上年同期的2.44倍，涉案金额204.8万元，较上年同期增加209.4%，市场净化率继续保持在99%以上。是年，成功破获“9·11”互联网销假网络案、“9·7”姚某非法真烟经营案等。其中“9·11”销假网络案案值1370余万元，被公安部、国家烟草专卖局列为部级督办案件，为县烟草专卖局首起部督案件。

烟草局开展消费者权益保护宣传活动

【行政许可】 2015年，桐庐县烟草专卖局成立办证中心，统一受理烟草专卖零售许可证办理相关事务，改变行政服务中心分头受理、各所勘查、科室核查由局统一发证的模式，使许可证受理、勘查、发证等各个环节工作衔接更加紧密，更加高效便民。同时加强许可证延续、停业、歇业、公告注销等后续监管，持续提升行政许可工作质量和服务水平。全年受理新办证申请253份，其中准予许可206份，不予许可45份，新办（转）2份；办理延续218户，变更36户，停业21户，恢复营业5户，歇业110户，注销184户。

【创新管理】 2015年，桐庐县烟草专卖局创新型QC课题“卷烟鉴别封套包装盒”获得国家外观专利授权，专利成果已投入卷烟鉴别后续应用。2个QC课题参与省、市发布评奖，其中“真假烟鉴别学习辅助封套的研制”课题获省局（公司）二等奖、省质协二等奖、市质协一等奖；“提高样本客户卷烟库存账实相符率”课题获市质协二等奖。组织开展合理化建议和精益故事征集，精益故事参加市局（公司）评比获二等奖1个。

（牛旭阳）

·对外经贸·

【概况】 2015年，桐庐县有外贸生产企业1065家，比2014年减少76家；其中自营出口企业364家，比2014年增加9家。完成外贸出口交货额205亿元，比2014年增加8.3亿元，同比增长4.24%；外贸进出口总额14.73亿美元，同比增长10.47%，其中出口14.05亿美元，同比增长11.62%。是年，主要出口商品为针纺织品、化工产品、机械电子、皮革制品、制笔、箱包、食品保健品、医疗健身器材、玩具工艺品等。主要出口地为美国、欧盟、东盟、非洲、拉美、日本等国家和地区。从出口行业看，皮革制品、机械电子、工艺品、家具等行业出现较大幅度的增长，增长幅度分别为328.86%、37.36%、27.8%和27.27%，但食品保健品、医疗健身器材、化工行业、箱包行业等传统行业出口呈现不同程度的下降，下降幅度分别为32.13%、23.78%、44.85%和19.25%。其中针纺织行业累计出口2.85亿美元，占全县出口的20.28%，在全县出口各行业中占比最大。全年完成进口总额6830万美元，同比下降8.94%。主要进口商品为牛皮革及马皮革、纺织纱线织物及制品、铜矿砂及其精矿、纸浆、未锻造的铜及铜材、初级形状的塑料、钢材、金属冶炼铸造设备及零件等。

2015年，全县新引进项目72个，协议引资65.09亿元；新建和续建招商引资项目236个；实际到位资金65.49亿元，完成年度目标的109.15%，同比增长8.45%，其中工业招商投入37.75亿元。全年新引进亿元以上项目28个，其中1亿元及以上项目21个，5亿元及以上项目2个，10亿元及以上项目5个；投资10亿元及以上的修正制药保健酒项目、瑞金养生综合体项目，投资5亿元及以上的奥克伍德酒店项目、中国计量学院现代科技学院项目均已落户。是年，桐庐县获得杭州市招商引资考核二等奖。县政府国内经济合作办公室（桐庐县商务局）获杭州市国内招商引资工作二等奖。

【外资利用】 2015年，桐庐县新批外资项目25个，增资项目4个，协议引资2.86亿美元；实到外资1.89亿美元，完成年度目标的108%，同比增长13.87%。其中桐庐郦宇机械制造有限公司总投资2980万美元，实际到资2600万美元，主要研发、生产矿山破碎机。是年，桐庐县获得2014年度杭州市招商选资优胜单位。

【境外投资】 2015年，桐庐全县有境外投资新增项目3个，浙富投资股份集团有限公司投资510万美元在澳大利亚成立Genex能源有限公司，持有该公司20%股权；桐庐方圆进出口有限公司投资120万美元在美国设立应式投资责任有限公司；杭州中果食品有限公司投资240万美元在泰国成立泰国农茂食品有限公司。至年底，全县共有境外投资项目3个，境外投资中方投资额1140万美元，完成杭州市下达目标任务1000万美元的114%。全年累计完成对外承包工程和劳务营业额8276万美元，比2014年增加1304万美元，同比增长18.7%。

【服务外包】 2015年，桐庐县有服务外包企业3家，分别为桐庐瀚威健身器材有限公司、密尔沃基（桐庐）阀门有限公司和杭州桦桐家私集团有限公司，共完成服务外包执行金额3626.02万美元，比2014年增加978.16万美元，完成年度目标3400万美元的106.7%，同比上升36.94%；其中离岸合同执行金额3361.82万美元，比2014年增加761.82万美元，完成年度目标2900万美元的115.92%，同比上升29.3%；全年新增服务外包入库企业4家，分别为杭州振兴医疗器械制造有限公司、福朗特机电科技有限公司、东芝水电设备（杭州）有限公司和浙江艾罗电源有限公司。是年，桐庐县服务外包主要是嵌入式软件服务外包（KPO即知识流程外包），通过政策激励、走访调研、宣传培训等多项措举，促进服务外包产业的发展。

【活动招商】 2015年，桐庐县组织开发区、商务区、国土局、住建局等相关部门赴杭州、深圳、上海等地开展地块招商推介、投资环境推介、金融产业推介等专题招商活动；积极参加省市平台活动，参加杭州市举办的大学生创业大赛，推动桐庐县招商资源与创业人才的有效对接；8月28日，桐庐县举行百亿招商引资项目集中签约活动，包括中国计量学院现代科技学院、巨星控股养生度假酒店等在内的30余个项目，涵盖总部经济、高校、信息经济、养老休闲等，协议引资115亿元。

【浙商回归】 2015年，桐庐县以快递企业回归为突破口，通过领导带队走访、政策扶持、活动推介等方式，吸引桐商回归。特别是对快递企业成立货运公司在税收、审批、车辆更新等方面予以大力支持；优化招商服务，为企业回归落户提供全程跟踪代办，切实解决物流公司在车辆上牌、年检中存在的问题。11月12—13日，由国家邮政局、浙江省人民政府、中国快递协会共同主办，杭州市人民政府承办的首届中国（杭州）国际快递业大会在桐庐县举行。国务委员王勇到会并作重要讲话。来自20个国家和地区的政府部门领导、企业家、专家学者等900余位嘉宾参会，包括比列时、马来西亚、卢森堡、泰国等国驻华领事，国家相关部委领导，EMS、顺丰、“三通一达”、DHL、UPS、FedEx等国内外主要快递企业掌门人以及相关配套企业负责人到会。此次大会促成14个快递合作项目签约，其中3个外资合作项目签约达到6.5亿美元，另外11个项目签约资金达25亿元人民币。全年浙商回归引进到位资金14.9亿元，资本回归到位资金2.46亿元，总计17.36亿元；快递物流企业全年缴纳税收3亿元。

【外贸服务】 2015年，全县外贸出口实现两位数的增长，出口增幅位列杭州各区、县（市）第3位。完善考核奖补机制及兑现政策，制定下发外贸出口目标考核办法，每月通报各乡镇（街道）、平台外贸出口任务完成情况，走访重点外贸出口下降企业，帮助企业查找分析原因。根据相关文件要求，及时兑现2014年、2015年省市县各级外经贸扶持政策，是年，共兑现项目300个，兑现资金1200万元，其中县级政府兑现企业各类展位补助400万元。强化展会服务，全县外贸企业共走出去参展100余家，参展摊位250个。继续加强出口信保工作，参保企业186家，参保企业覆盖面51.1%，参保额2.07亿美元。

【外贸出口十强企业】 2015年度全县十强出口企业全年出口39785.27万美元，同比下降20.02%，占出口总额的28.32%。出口下降较多的企业有金帆达生化、力高、金帆达贸易、密尔沃基等。

2015年桐庐县出口前十位企业

表34

排序	企业名称	2015年累计（万美元）	2014年同期（万美元）	同比增幅（%）
1	杭州桦桐家私集团有限公司	10431.65	10739.64	-2.87%
2	浙江金帆达生化股份有限公司	6374.58	14219.43	-55.17%
3	桐庐富春江织造集团有限公司	5146.59	5647.17	-8.86%
4	杭州游龙针织有限公司	3764.4	3055.67	23.19%
5	杭州泛亚卫浴股份有限公司	2886.93	2897.88	-0.38%
6	浙江金帆达进出口贸易有限公司	2433.23	3951.62	-38.42%
7	浙富控股集团股份有限公司	2392.14	1992.37	20.07%
8	桐庐丰泽进出口有限公司	2172.36	2284.7	-4.92%
9	密尔沃基（桐庐）阀门有限公司	2135.43	2385.88	-10.50%
10	杭州力高旅游用品有限公司	2047.96	2569.52	-20.30%
合计		39785.27	49743.88	-20.02%

（雷吕品）

·旅游业·

【概况】 2015年，桐庐县有旅游（村落）景区（点）33个。其中，有AAAA级景区5个，AAA级景区2个，AA级景区12个，浙江省旅游经济强镇5个，特色旅游村13个。全县旅游接待人数1150.7万人次，比2014年增加140.5万人次，同比增长13.9%；旅游业总收入118.3亿元，比2014年增加16.2亿元，同比增长15.9%；旅游企业直接收入7.27亿元，比2014年增加1.47亿元，同比增长25.3%。其中：旅游景点接待游客566.6万人次，增长14.6%；门票收入1.46亿元，增长17.5%；旅游饭店接待人数255.2万人次，增长15.2%；旅行社接待人数34.6万人次，增长15.2%。是年3月，桐庐县被中国人类学节庆专委会授予“中国品牌节庆示范基地”，被中国青年报、中国高校传媒联盟授予“大学生新闻实践基地”，被中国美术学院授予“教学实践基地”。

【全县旅游发展政策实施】 2015年，桐庐县围绕建设“中国最美山水型现代化中等城市”目标，以全县旅游专项改革为统领，不断加快旅游重点项目建设，进一步完善旅游配套设施，优化旅游综合环境，提升旅游产品品质。至年底，已形成富春江、江南、瑶琳、分水四大旅游板块，全县旅游空间格局基本确定。是年，合村乡生仙里成功创建AAA级村落景区，翙岗、双坞、新龙、陇西、彰坞、梅蓉、富春山等创建为AA级村落景区。

【旅游规划编制】 2015年，是十三五规划的开局之年，也是桐庐县全县旅游发展的关键之年，为持续深入推进全县旅游转型升级，积极谋划十三五发展方向，启动编制《桐庐县旅游业“十三五”发展规划》《“两江一湖”风景名胜区桐庐段（严子陵钓台、白云源景区）控制性详细规划》和《桐庐县旅游风景道总体规划》；充分利用“两江一湖”风景名胜区资源，开发富春江水上旅游线路，编制《富春山居图水上实景游项目可行性研究报告》。县旅委牵头相关职能部门对《分水镇一江两岸慢生活区总体规划》《分水珊瑚岭休闲养生园规划设计方案》《溪舍户外拓展基地旅游发展总体规划》《瑶山养生谷旅游项目规划》《天溪葵园项目规划设计方案》《荻浦花海旅游开发项目规划设计方案》《桐庐县茆坪村杭州慢谷度假区概念规划设计》《百江镇秾秀生态园定位研究与总体规划》《桐庐县百江镇奇源水库旅游综合体项目》《百江镇漫藤度假酒店总体规划》等进行评审。

【旅游休闲养生项目】 2015年，全县旅游项目招引硕果累累，大批健康休闲养生类项目签约落地桐庐，总投资额近75亿元，包括万向养生养老旅游综合体、上沃溪旅游综合体项目、奥克伍德国际酒店等。在建重大休闲旅游项目和旅游基础设施项目115个，累计完成投资34.2亿元。其中，富春江励骏酒店于10月24日正式对外营业；丝绸博览中心博物馆文化中心样板房建成；江南国际养生中心国医馆开始内部精装修，沿湖景观、度假村、地下室基本完工；环溪银杏广场工程、天子地果园项目建成。

【高等级景区创建】 2015年，桐庐县旅游部门围绕打造核心游览项目，开发富春江水上游线，起草《富春山居图水上实景游项目可行性研究报告》，将富春山居图水上实景游项目打造成集山水观光、水岸互动、人景交融、休闲

江南龙门湾景区

娱乐合一的水上实景游轮线路，项目可行性报告已通过县政府审批。启动国家AAAAA级旅游景区创建，利用《富春山居图》的国际影响力，充分挖掘富春江文化内涵，整合一切优质资源，努力打造开放式的富春山居图实景地。

【村落景区创建】 2015年，桐庐县旅游部门以村落景区创建为抓手，以乡村旅游新型业态培育为重点，加快乡村旅游发展，推进合村乡、戴家山村落景区提升创AAA级景区，合村生仙里景区成功创建AAA景区。结合合村、新合何家、凤川翙岗等地实地情况，编写《村落景区旅游开发总体规划》。2015年底，建成翙岗、双坞等AA级村落景区7个，富春江慢生活体验区、江南古村落被授予“浙西2015休闲旅游目的地”称号。成功推出莪山秘境、绿芦驿、云夕戴家山、富春漫舍、外婆家“俺的生活”、青龙坞等一系列精品民宿，其中莪山秘境、富春漫舍被授予“杭州市2015年十佳民宿”。

荻浦花海

【绿道建设】 2015年10月，桐庐县绿道5号线（金溪村至仁智村段）8.61公里全面建成，同步完成标识系统设置；依托儒桥凤凰谷和新龙村落景区创建，沿后溪新建的15公里绿道支线（新龙至大路段）于2015年底建成，将新龙至大路的沿线7个村串联成珠，打造一条山水田园景观带。

【旅游厕所革命】 2015年，桐庐县旅游部门全面推进旅游厕所整治，以“厕所革命”为抓手，大力推进旅游厕所建设专项行动。以旅游景区（点）、乡村旅游点为重点，对全县旅游厕所分期进行整治。全年，新建旅游厕所6座，改造完成6座，至年底，列入整治的厕所全部新建改造完毕，改善了景区旅游整体形象。

【特色潜力行业发展支持】 2015年，桐庐县旅游部门加大对特色潜力行业发展的支持力度，积极向上级部门争取资金扶持。全年，共有大型歌舞《春江花月夜》、桃源谷房车露营休闲旅游基地、桐庐朝霞美食街等三个项目获得特潜项目扶持资金118万元。

【旅游项目扶持】 2015年度，桐庐县现代服务业获杭州市（市旅委）专项旅游产业规划建设补助资金616.4万元。项目包括桐庐江南养生文化村项目、富春大岭图村落风景区、浙江桐庐中医药养生产业园建设项目、万强农庄、分水镇前溪休闲绿道工程、凤凰湾文化生态休闲农场、桃源村落风景区、荻浦民宿、绿道3号线（舒湾至横山埠段）工程、合村乡全域旅游配套设施建设、千年峡情谷、莪山畲族乡十里畲乡风情旅游带（三期）、秘境山乡生活、桐庐雪水岭生态旅游区提升及配套、新合乡红色旅游开发建设项目、《分水镇一江两岸慢生活区总体规划》《合村乡创建AAAA级旅游景区提升方案》、分水镇交通标识标牌信息规划导则设计、合村乡全域旅游标识系统规划设计等。

【《我们15个》真人秀节目】 2015年，由腾讯视频、东方卫视联合推出的大型生活体验类纪录片《我们15个》，于2015年6月23日起在腾讯视频24小时直播，6月29日晚起东方卫视每周一至周五24：00每日播出30分钟专辑。该片自2015年6月起在桐庐县富春江镇孝门村平顶山拍摄，历时一年，先后有徐锦江、吴莫愁、邹市明、“小轩轩”等明星前来拍摄互动。至年底，该节目总播放量达11亿次。10月，在“艺恩2015中国娱乐指数盛典”上，《我们15个》获得“网络文艺奖——最佳网络节目”。12月，又获第三届中国网络视听大会“年度台网融合创新团队”大奖。

【旅游服务中心运营情况】 2015年，桐庐旅游服务中心共接待散客2.7万人次，接待旅游咨询5.2万人次，发放资料5.6万余册，接待各类考察团队71批次，共计1876人，其中接待包括江苏、重庆、山东等省市领导在内的政府考察团队53批次，办理桐庐旅游市民卡1.61万人次。在县政府的关心支持下，桐庐旅游服务中心旅游专线电话在桐庐籍“三通一达”官方网站醒目位置展示，并加印在中通快递面单上，全年共接听回复旅游咨询电话3万余个。

【文明旅游】 2015年，桐庐县旅游部门根据创建全国文明县城的工作部署，深入开展文明旅游活动，制定文明旅游三年行动计划与专项整治方案，制作文明旅游宣传资料、图片并发放至各旅游企业；举行文明旅游你我同行启动仪式与承诺签名活动，发放“文明旅游”宣传资料6000余册，制作文明旅游提示牌470余块；开展文明旅游进景区活动，发放文明餐桌宣传牌、落实景区文明旅游标识标牌，建立文明旅游行前教育、行中引导、行后总结制度与文明旅游承诺书。节假日与黄金周，组建旅游志愿者队伍，深入景区开展文明旅游宣传和“不文明旅游行为随手拍”等活动，倡导广大游客文明旅游。

【旅游人才培养】 2015年，桐庐县旅游部门加强导游与乡村旅游讲解员队伍建设，组织推荐10余名导游参加2015杭州市第四届金牌导游大赛，其中袁久红、吴水英2名导游获得“金牌导游”称号，尹晨获“优秀导游”称号。开展乡村旅游金牌推介人大赛，从7月起走进瑶琳、凤川、横村、桐君等乡镇（街道），吸引上百名乡村旅游金牌推介人参与。历时5个月，最终决出10强作为美丽乡村金牌推荐人代表，分别为：瑶琳镇桃源村陈群、分水镇儒桥村俞莹萍、城南街道金牛村罗孙一鸣等。

【高端媒体宣传报道】 2015年5月，中央电视台四频道《远方的家》栏目《江河万里行》专题摄制组到桐庐拍摄专题，主要对桐庐富春江沿岸的风土人文，秀水青山进行详细介绍，并对桐庐知名旅游景点瑶琳仙境、垂云通天河、江南古村落、富春江（芦茨）乡村慢生活体验区、严子陵钓台、白云源、桐君山、百江镇稻草龙等进行拍摄报道。7月，央视七频道《乡土——富春江边慢生活》、8月，央视频道《黄金线路》、10月，央视十频道《地理·中国》栏目摄制组也分别到桐庐取景，拍摄桐庐的美丽风景和风土人情。

【第四届中国休闲乡村旅游季暨第七届杭州桐庐山花节开幕式】 3月23日上午，2015第四届中国休闲乡村旅游季暨第七届杭州·桐庐山花节在横村镇阳山畈桃花广场拉开帷幕，万余名县内外游客现场观看开幕式。开幕式邀请浙江电视台《相亲才会赢》栏目组走进桐庐阳山畈录制“山花烂漫·爱上桐庐”大型相亲交友大会，还邀请浙江交通之声电台，开办“FM93带你一起潮爆桐庐”出彩乐跑活动，全方位展示桐庐县休闲乡村旅游资源。其间，桐庐县积极争取中国人类学民族节庆专委员会的关注，以中国休闲乡村旅游季为主要节庆，成功申报“中国品牌节庆示范基地”，成为全国第二个品牌节庆示范基地。

【“潇洒桐庐·茶香千年”第四届雪水云绿休闲文化节】 2015年，桐庐县旅游部门围绕“潇洒桐庐·茶香千年”主题，开展第四

第四届中国休闲乡村旅游季暨第七届桐庐山花节开幕式

届雪水云绿休闲文化节，举办系列茶事活动，主要有："雪水云绿"中国驰名商标新闻发布会、第十届敬老茶会、第四届"全民饮茶日""南宋御茶园"揭牌仪式、名人名家基地采风、芦茨红慢饮节等，进一步促进桐庐茶文化研究、茶产业提升和休闲旅游发展，合力打造"茶为国饮、杭为茶都"品牌。

【第六届莪山"三月三"畲族文化节】 4月21日上午，随着开场舞蹈《盛世欢歌》的开演，第六届"三月三"畲族文化节在莪山民族文化广场开幕。本届畲族文化节开展形式各样的综合文艺演出，包括杭州地区传统武术邀请赛暨武术研讨会、杭州市越剧二团演出等活动，共吸引县内外游客3000余名现场观看，助推创建"中国畲族第一乡"，让游客相聚在莪山畲族乡，一起听畲歌、观畲舞，同时也向市民游客展示了畲乡文化魅力。

【"5·19"中国旅游日宣传活动】 5月19日，县内国家级书画协会会员前往严子陵钓台、垂云通天河两大景区泼墨挥毫，开展2015中国旅游日·文明旅游宣传进景区暨桐庐旅游书画作品赠送活动，引得200余名景区游客转发"文明旅游·你我同行"微信并参与书画抽奖活动。此外，当天雪水岭风景区对县内外散客免费开放；百岁峡抢滩漂流在5月16—5月24日实行半价优惠；5月1—5月27日，浙江富春江旅游股份有限公司在驴妈妈网站投放旗下景点折扣门票半价优惠等。

【"环最美桐庐"全域旅游骑行挑战赛】 6月6日，浙江省首届生态运动会"环最美桐庐"全域旅游骑行挑战赛在富春江亲水平台拉开帷幕。活动共吸引来自浙江、上海、江西等地50多家骑游俱乐部的600多名骑游爱好者参加。骑游线路全程170公里，途经城南街道、桐君街道、旧县街道三个街道及横村镇、瑶琳镇、分水镇、合村乡、百江镇、钟山乡等乡镇；经过瑶琳仙境、垂云通天河、天子地等9个旅游风景区及阳山畈、富春大岭图等5个村落风景区。活动同时推出富春江绿道骑游、芦茨慢生活体验骑游、山乡爬坡挑战骑游、雪水云绿品茗骑游、醉美春日赏花骑游、江南古村落探寻骑游等多条骑游线路，多角度、全方位展示醉美桐庐丰富的旅游资源和风土人情。

"环最美桐庐"全域旅游骑行挑战赛

【富春江亲水节】 2015年，桐庐县旅游部门针对高校市场，在浪石金滩景区和严子陵钓台景区分别举办"浪石杯"高校大学生龙舟邀请赛和2015年富春江亲水节开幕式暨首届大学生水上运动会。龙舟邀请赛与水上运动会共吸引浙江大学、浙江财经大学、中国计量学院、杭州师范大学等10余所高校400余名大学生参加，比赛现场活力四射、热闹非凡，引来数百名景区游客驻足观看，推荐桐庐夏季旅游产品，提升桐庐旅游高校知名度。

【"绿水青山·诗画浙江"2015全国网络媒体绿行浙江活动】 9月8日，"绿水青山·诗画浙江"2015全国网络媒体绿行浙江——"富春山水·画桐庐"活动在桐庐举行，来自新华网、人民网、中国网、国际在线、中国日报网、央广网等全国50多家网络媒体记者以及摄影师、旅游达人组成的采风团，对严子陵钓台、江南古村落群、《我们15个》拍摄基地、天子地进行实地采风。网媒报道桐庐文章累计40余篇，在各大网络平台宣传、推荐桐庐旅游产品。

【第四届国际休闲乡村音乐节】 10月17日晚，伴随着绚丽的舞台背景、流光溢彩的灯光效果和动感激情的配乐，第四届国际休闲乡村音乐节在桐庐县江南古村落群深澳村拉开序幕，开幕式邀请美国、南非、斯洛伐克、韩国、斯里兰卡等6个国家的表演队参加表演，现场观看的市民和游客达1万余人。巴西桑巴舞、斯洛伐克、韩国、斯里兰卡等国的特色民间舞、南非与美国的动感街舞，结合桐庐本地的乡村音乐及民间板凳舞等，一个接一个的精彩节目赢得现场阵阵掌声。浙江在线、浙江旅游手机报、浙江电视台民生休闲频道、杭州19楼、杭州周末、杭州旅游、钱江晚报桐庐生活等媒体进行全程报道。

第四届国际休闲乡村音乐节

【第十七届西博会中国杭州市民休闲节桐庐展馆】 10月16—19日，第十七届西博会中国杭州市民休闲节在杭州举办，桐庐精心组织开展旅游推荐。围绕乡村游特色，专门设置桐庐旅游展馆，内容有旅游产品（线路）以及精品民宿的展示；天子地、浪石金滩、雪水岭、琴溪香谷等景区6折门票优惠券的发放；农特产品的展销；传统手工技艺展示等。桐庐旅游专场演出，整场演出穿插有桐庐旅游介绍和旅游知识问答，特编《十唱潇洒桐庐》和《幸福桐庐人》，给广大杭州市民和来往游客留下深刻的印象。

【第三届富春江乡村慢生活体验节】 11月7日，2015第三届富春江乡村慢生活体验节在芦茨村风雅广场拉开帷幕。活动当天，游客们在细雨中沿着三江两岸绿道芦茨段体验“健康慢跑”，感受《富春山居图》的实景魅力，在风雅广场品尝玉米馃、灰汤粽、胡记馒头等当地特色风味小吃，晚上篝火晚会曼妙的音乐更是让游客们意犹未尽，流连忘返。来自上海、杭州等地方的200余名游客参加当天的慢生活体验活动。

【江南时节】 2015年12月，桐庐县开展系列江南时节——中国乡村休闲狂欢节活动。1—3日，在荻浦、深澳村开展多档越剧表演。12月2日，浙江省美丽非遗走进荻浦文化礼堂活动拉开帷幕，桐庐剪纸、合村绣花鞋等多个传统非遗手工技艺现场展示，浇切片、灰汤粽等特色小吃满足游客味蕾。12月2日晚上，“到人民中去”浙江省文联文艺志愿服务走进江南镇荻浦村，在该村中心广场为村民带来一场与民众同乐的高超表演。

【杭商院·十大桐庐旅游高校推荐人】 12月22日，杭州商学院“十大桐庐旅游高校推荐人”现场评比大赛在杭州商学院桐庐分院拉开序幕。共有50余名大学生报名参加，经过5000余名微信粉丝投票评选出15强选手，除展示个人才艺外，还作桐庐旅游主题演讲。大学生精彩的才艺展示让现场气氛几度高涨，有诗朗诵《面朝大海春暖花开》、茶艺表演、歌曲《圣诞组曲》、拳术及汉服舞蹈等。最后以现场评比的形式评选出10名“十大桐庐旅游高校推荐人”，组建桐庐旅游高校推介队伍。

【大型旅游推介会】 2015年，桐庐县旅游部门共开展各级旅游推荐会、旅交会、促销等活动21场，组织桐庐旅游企业前往南京、上海、长沙、武汉、南昌等地开展《中国最美县——桐庐》旅游推荐，发放宣传手册2万余份。6月底，赴山东、江苏、安徽进行高铁沿线都市圈联合促销。9月，联合旅游企业参加宁波国际旅游展览会，赴东北地区进行旅游推介促销活动。11月中旬，参加2015中国国际（昆明）旅交会暨杭州旅游西南推广活动，并在推介会上向云南昆明等地的旅行社代表作中国最美县——桐庐的专题推广。

【旅游市场规范】 2015年，县旅游质量监督管理所开展各类检查20次，其中部门联合检查3次，共出动检查人员255人次，检查景区、旅行社、宾馆、在建项目等185家次，同时针对当前央视等新闻媒体相继曝光的旅游经营活动乱象，对全县旅游景区相关经营项目进行摸底调查。共调查商家70家，下发责令限期改正通知书5份，整改安全隐患9处。接到各类旅游诉求1097件，包括旅游咨询963件、工作建议76件、旅游投诉58件，其中立案查处25件。其中投诉景点景区的24件，旅行社1件。全年投诉结案率100%，回访满意率100%。

【旅游安全管理】 2015年，桐庐县旅游部门抓好节假日旅游安全生产工作，联合安监、质监、市场监管、物价、消防等部门对县内景区开展安全检查，对瑶琳版块的旅游市场秩序进行整治。组织琴溪香谷、瑶琳仙境等景区开展应急预案救援演练，十一黄金周前在红楼国际饭店开展酒店消防逃生应急救援疏散演练。邀请市救生协会首次在桐庐开展救生员培训，组织8家涉水旅游企业52名救生员参培。制定下发旅游安全大检查工作方案，并成立四个检查小组深入企业开展安全生产检查，共出动检查组6个，出动检查18人次，检查企业32家，排查隐患15处，整改12处，限期整改3处。暑期重点做好漂流项目安全管理，开漂前联合县内部门与所属乡镇联合验收。桐庐百姓日、休闲乡村旅游季等节庆活动期间，全面开展景区隐患排查，实现全年无重大安全责任事故的目标。

（孙　飞）

【责任编辑　吴爱林】

经济管理

·发展计划·

桐庐县 2015 年百亿重大项目集中开工暨国际箱包智慧产业园项目奠基仪式

【“十三五”规划编制】 2015 年，县发改局开展“十三五”规划编制工作。成立“十三五”规划编制工作小组，制定规划编制工作方案，明确节点，任务到人。深入调研，完成 36 个“十三五”规划前期课题研究，拟订 37 个专项规划。开展“十三五”规划公众建言献策活动，通过各类媒介全方位发布信息，开门纳谏编规划。坚持一月一通报，发布规划编制进展情况。编制完成“十三五”规划基本思路和纲要。

【决策参考】 2015 年，县发改局科学判断全县经济运行形势，撰写季度经济运行分析报告，分析经济运行特点，查找经济运行中的矛盾和问题，提出解决问题的意见建议，为领导决策提供参考。深入开展调查研究，完成《桐庐县“十三五”三次产业发展研究》《富春江经济带课题研究》《加快特色小镇建设 助推桐庐经济转型升级——桐庐县特色小镇建设调研报告》《桐庐县“十三五”重点发展产业调研报告》等课题研究。

【有效投资】 2015 年，桐庐县完成固定资产投资 247.27 亿元，同比增长 17.9%。坚持项目为王，制订出台县领导联系重大项目计划和“聚焦重点”四项竞赛活动方案。不断健全协调机制，建立桐庐县重大项目重点工程“周、旬、月”四级协调机制。加强项目督查，政府投资项目和重点项目实施每月一次督查全覆盖，继续实行重大项目月度通报、公示制度。11 月，举行百亿重大集中开工活动，有重大项目 40 个，总投资 143 亿元。深化审批服务，落实企业投资负面清单及相关流程优化工作，1—12 月办结项目审批 366 件，其中立项 278 件，总投资 91.48 亿元。抓细抓实项目前期工作，全年政府投资共安排前期类项目 37 个，制定年度推进计划，力促前期类项目转为实施类。

【要素争取】 2015 年，桐庐县列入省、市重点建设项目 21 个，争取上级各类资金 2.34 亿元。进一步扩大民间投资，先后完成县城污水处理厂、富春江镇污水处理厂、智慧治理信息平台等 5 个 PPP 项目招引落地，收回存量资金 1.3 亿元，解决增量投资 5.73 亿元。

【金融工作】 2015 年，县发改局推进企业对接资本市场，出台《关于推进企业对接资本市场的实施意见》，组织投融资对接咨询和上市（挂牌）业务培训等活动。是年，新增新三板挂牌企业 1 家。注重后备企业培育，形成“储备一批、培育一批、改制一批、辅导一批、申报一批、上市一批”梯队培育机制，纳入培育对象 10 家，后备资源库 14 家。防范化解企业“两链”风险，妥善处置因担保引发的银行贷款风险，给优质企业发展空间。加强小额贷款公司监管，小额贷款公司评级考评中，富汇小额贷款公司获 A+，浙富小额贷款公司获 A，龙生小额贷款公司为 B。

【现代服务业】 2015 年，桐庐县完成服务业增加值 129.99 亿元，同比增长 15%。是年，县发改局全面启动和推进省级服务业改革创新试点工作，对年度改革试点任务分解细化，落实各成员单位改革试点任务；出台《关于培育发展县级服务业集聚区的实施意见（试行）》，明确县级服务业集聚区认定、管理、考核办法及扶持政策，并开展县级服务业集聚区申报和认定工作；建立服务业集聚区统计制度、集聚区统计项目库等。做好各项申报服务指导，编制《桐庐县健康服务业发展试点工作方案》，桐庐县成功入选杭州市健康服务业发展试点；协助迎春商务区成功申报省级服务业集聚区提升发展试点；组织申报 2015 年度市现代物流业重点项目 4 个。加强服务业工作考核，首次由县委办、县政府办下发指标任务分解文件，将开发区（科技城）服务业工作纳入县政府综合考评，对乡镇（街道）服务业考核分值在全县综合考评中平均加 1.5 分。完成服务业政策奖励兑现，兑现奖励资金 75.7 万元。

【循环经济】 2015 年，县发改局积极做好桐庐大地循环经济产业园国家“城市矿产”示范基地项目、桐庐经济开发区 50 兆瓦分布式光伏发电示范项目推进和服务工作。申报杭州电子信息产业国家高技术产业基地桐庐拓展区。是年，桐庐县纳入省市循环经济项目 19 个，成功申报桐庐县为国家级生态保护与建设示范区，环溪村为省第一批低碳试点社区，开发区为市级园区循环改造试点。积极开展海洋经济、高技术产业化等项目申报验收工作。

【市民卡应用】 2015 年，桐庐县市民卡全面实施参保非桐庐大杭州医保人员的卡申领工作，新增申领参保杭州的非杭户籍及外籍人士市民卡，发卡率 100%，实现县域全面覆盖。拓展市民卡社保、智慧医疗、公交乘车等基本应用，成功建设完成公共自行车租赁和城乡公交应用，接轨杭州电子钱包，实现公交乘车等小额支付大杭州跨区县一卡通便民新举措。加快县域服务网点建设，一级服务网点由 17 个增至 68 个，建设村级服务网点近 200 个。

·经济体制改革·

【深化改革】 2015 年，县发改局在深化“桐改 538 计划”基础上，编制新一轮改革项目，印发《全面深化改革 2015 年重点项目和主要任务》，5 大领域全面推进，38 个方面重点突破，91 项任务逐点落实。改革任务按职能分工，明确责任部门，月度时间节点和工作路线图，并纳入县纪委监察平台项目化管理和县委组织部《在重点工作中专项考察干部实绩通报》内容。

【特色小镇建设】 2015 年，县发改局积极对接浙江省百个小镇计划，制定出台《桐庐县加快特色小镇规划建设实施意见》，健康小镇成功列入省第一批特色小镇培育单位，智慧安防小镇、妙笔小镇列入省第二批特色小镇；智慧安防小镇、妙笔小镇、富春江慢生活小镇入选首批市级特色小镇创建名单。

【信用体系建设】 2015 年，桐庐县信用体系建设基本形成“两网、两单、两库、两功能”框架体系，即桐庐县公共信用信息平台网和信用桐庐网站；印发《桐庐县公共信用信息分类等级管理目录清单》和《桐庐县公共信用信息负面清单》，形成 75 类 574 项法人和自然人信用信息归集目录。推出第一批涵盖 18 个部门 321 项公共信用负面清单，将信息分为基础数据库和信用数据库两类。至年末，有法人企业基本信息 27026 家（含 17729 家个体工商户），自然人基本信息 394294 人，涵盖基本信息和奖励处罚信息 85 万余条；实现数据归集功能和应用功能，在县行政服务中心市民卡服务窗口设立公共信用现场查询窗口，开通法人和自然人的授权查询服务。

·物价管理·

【项目定（调）价】 2015 年，县发改局依程序完成天子地旅游景区等 3 个景区门票价格定价。稳步推进价格机制改革，完成县城及分水镇、富春江镇、横村镇、江南镇自来水水价格和污水处理收费标准调整和桐庐县城民用天然气价格改革工作。做好清费减负工作，整理公布《桐庐县行政事业性收费目录清单》《涉企经营服务性收费目录清单》。根据要求取消收费许可证制度，加强事中、事后监管。

【价格检查】 2015 年，县发改局开展各类价格专项检查、节日市场价格和明码标价检查、旅游市场价格及旅游市场餐饮服务价格检查、零售药店药品价格和养老机构收费专项检查、涉农涉企收费检查，查处价格违法案件 7 件，罚款 87740.4 元，处理各类投诉举报 71 件。

桐庐县推出全国首个移动终端企业登记平台

【价格认证】 2015 年，县发改局完成涉案财物价格认定 325 件，同比增长 10.54%；涉及金额 1151.91 万元，同比增长 140.03%。

（申屠一飞）

·市场监督管理·

【概况】 2015 年，是桐庐县市场监管局全面履职第一年，全县市场监管工作总体呈现稳中求进、改中求新、转中求好态势，基本实现“队伍整合 1+1+1=1、监管服务 1+1+1>3”目标。是年，县市场监督管理局被评为浙江省推进工商登记制度改革创先争优优胜单位、杭州市“小微企业三年成长计划”工作优秀单位、杭州市市场监管系统优秀单位、县综合考评优秀单位、县改革创新一等奖。“快速办照”被评选为桐庐县 20 大新闻之一（位列第 9 名）；“行政审批化学整合”被推荐为“工作好做法”在全县范围学习推广。

【商事登记制度改革】 2015 年，县市场监管局放宽名称登记条件，推行企业注销简易程序，实施“一照一码”“五证合一”改革，实行民宿“联合会审”，加快推进商事登记“互联网 +”。6 月 26 日，推出全省首项“10 分钟快速办证”服务；12 月 15 日，推出全国首个工商注册登记移动终端平台，实现工商登记速度全国领跑。是年，全县新登记企业 1520 家，新增注册资金 134.3772 亿元。其中：私营企业 1465 家，注册资金 1247854 万元，内资非私营企业 55 家，注册资金 95918 万元；新设立农民专业合作社 32 家，注册资金 1963.5 万元；新设立个体工商户 4300 家，资金额 82803 万元。至年末，全县在册企业 10957 家、个体工商户 22490 家、农民专业合作社 516 家。

【小微企业三年行动计划】 2015 年，县市场监管局启动桐庐县小微企业三年成长计划（2015—2017），实施第二轮科技型小微企业培育计划、促进小微企业成长上规模三年行动计划、信息经济三年行动计划。开展“春江渡口”众创中心、“双创”服务中心、“青龙坞”创客中心和生产型企业初创基地等小微企业“三中心一基地”建设，“春江渡口”众创中心、“双创”服务中心 12 月 27 日投入运营。是年，桐庐县科技型小微企业、七大产业小微企业、规上线上企业、股权交易中心挂牌企业等增量名列全市前茅，170 家个体工商户转型升级为企业，4 家“个转企”企业成长为限上、规上企业。

【品牌战略实施】 2015 年，县市场监管局进一步推进商标品牌注册、运用、管理和保护，成立开发区品牌指导站、医疗器械行业协会品牌指导站。是年，全县新增商标 679 件，培育浙江省著名商标 2 件、杭州市著名商标 8 件、桐庐县知名商标 10 件、浙江省名牌 5 个、杭州市名牌 9 个、桐庐县名牌 8 个。桐庐县 7 家企业发起恶意抢注异议申请获国家商标局支持。

【标准化战略实施】 2015年，县市场监管局开展企业产品标准自我声明公开试点工作，指导375家规上企业在“杭州标准共享网”建立工作室；指导杭州富士达特种材料有限公司、东芝水电、杭州新华纸业等企业主导起草、参与制定国家标准、行业标准16个；指导2个市级农业地方标准规范制订项目、4个农业标准化典型示范项目；省级“美丽县城建设”服务业标准化试点项目通过验收，国家级“美丽县城建设”综合标准化试点项目和主导制定“美丽县城建设指南”国家标准项目顺利推进。

【质量强县建设】 2015年，县市场监管局制定《2015年质量强县建设行动计划》，质量强县连续4年纳入乡镇（街道）综合考评；评选表彰2014年度县政府质量奖企业3家，组织申报2015年度县政府质量奖13家，杭州康基医疗器械有限公司申报2015年度市政府质量奖，引导全县30余家单位导入先进质量管理模式；配合杭州市创建全国质量强市示范城市创建，确定江南镇政府为美丽乡村建设示范点；完成产品质量监督抽查303批次、商品36批次，合格率97%；电子商务产品质量监管工作经验在全省推广。

桐庐县驰名商标和著名商标一览

表35

序号	认定等级	商标名称	企业名称	认定年度
1	中国驰名商标（行政认定）4件	蜂之语 1643058	浙江蜂之语蜂业集团有限公司	2009
2		富春江 145355	浙江省桐庐汇丰生物化工有限公司	2011
3		龙生 1286822	浙江龙生汽车部件股份有限公司	2013（续）
4		雪水云绿 3234863	桐庐县雪水云绿茶产业协会	2013（续）
5	中国驰名商标（司法认定）2件	万事吉 3150459	杭州天厨蜜源保健品有限公司	2009
6		春江 185720	桐庐阀门总厂	2013（续）
7	浙江省著名商标26件	万事吉 3150459	杭州天厨蜜源保健品有限公司	2011（续）
8		福澳 914094	杭州市桐庐医疗光学仪器总厂	2011（续）
9		龙生 1286822	杭州市汽车内饰件有限公司	2013（续）
10		雪水云绿 3234863	桐庐县雪水云绿茶产业协会	2013（续）
11		春江 185720	桐庐阀门总厂	2013（续）
12		蜂之语 1643058	浙江蜂之语蜂业集团有限公司	2010
13		富春江 145355	浙江省桐庐汇丰生物化工有限公司	2010
14		瑶琳仙境 1307325	浙江富春江旅游股份有限公司	2013（续）
15		春江 1752114	杭州电力器材有限公司	2011
16		阳山畈 1514989	桐庐阳山畈蜜桃专业合作社	2011
17		华奇 3357719	桐庐华明笔业有限公司	2011
18		百岁坊 1336529	杭州桐庐百岁坊素食品有限公司	2012
19		针之秀 3219979	桐庐羊绒针织有限责任公司	2012

续表 35

序号	认定等级	商标名称	企业名称	认定年度
20	浙江省著名商标26件	药祖桐君＋图 3317614	杭州桐君堂药材有限公司	2012
21		桐江 1547203	桐庐钟山蜜梨专业合作社	2012
22		冠华王 1542583	杭州冠华王食品有限公司	2012
23		浙富 6750835	浙江富春江水电设备股份有限公司	2013
24		小来大 6686738	杭州小来大农业开发集团有限公司	2013
25		康基 366804	杭州康基医疗器械有限公司	2013
26		庞龙＋图　3541977	桐庐庞龙养殖加工厂	2014
27		Tian Song 3335424	浙江天松医疗器械股份有限公司	2014
28		深萌　3621353	桐庐深萌农产品开发有限公司	2014
29		婵伊人	杭州华盛围巾有限公司	2014
30		FUSHIDA	杭州富士达特种材料有限公司	2014
31		千芝雅	杭州舒泰卫生用品有限公司	2015
32		田间地头	杭州桐庐欧凯蔬菜专业合作社	2015
33	杭州市著名商标56件	春江 185720	桐庐阀门总厂	2013（续）
34		碧于天 1417670	杭州碧于天保健品有限公司	2013（续）
35		OPTCLA 169453	杭州光典医疗器械有限公司	2013（续）
36		雪宜 1616468	杭州老桐君制药有限公司	2012（续）
37		蜂源堂 3275226	杭州桐庐蜂源堂保健品有限公司	2012（续）
38		云丰	浙江桐庐云山制笔有限公司	2013（续）
39		阳山畈 1514989	桐庐阳山畈蜜桃专业合作社	2011（续）
40		卢苑 1173189	杭州桐庐卢氏茶苑有限公司	2012（续）
41		百岁坊 1336529	杭州桐庐百岁坊素食品有限公司	2012（续）
42		康基 366804	杭州康基医疗器械有限公司	2012（续）
43		图形 3434609	杭州霍普曼电梯有限公司	2013
44		桐江＋图 4232693	桐庐特种耐火材料厂	2013
45		药祖桐君＋图 3317614	杭州桐君堂药材有限公司	2013
46		庞龙＋图　3541977	桐庐庞龙养殖加工厂	2013
47		达然＋图 1959317	杭州桐庐大自然茶业发展有限公司	2013

续表 35

序号	认定等级	商标名称	企业名称	认定年度
48	杭州市著名商标56件	香山 4038433	莪山乡香山农庄	2013
49		TianSong3335424	浙江天松医疗器械股份有限公司	2011
50		针之秀 3219979	桐庐羊绒针织有限责任公司	2011
51		米兰鸥 3743382	浙江春风米兰鸥服饰有限公司	2011
52		冬桦 4437104	桐庐兴源保健品有限公司	2011
53		鹤羽 1679173	桐庐云山银峰茶业有限公司	2011
54		钟山 1351679	杭州市桐庐钟山食品有限公司	2011
55		冠华王 1542583	杭州冠华王食品有限公司	2012
56		深萌 3621353	桐庐深萌农产品开发有限公司	2012
57		Crystal1649061	杭州水晶运动机械有限公司	2012
58		浙富 6750835	浙江富春江水电设备股份有限公司	2012
59		小来大 6686738	杭州小来大农业开发集团有限公司	2012
60		浙缆 6411797	浙江中策电缆有限公司	2012
61		分水江 3496451	桐庐分水江茶业有限公司	2012
62		千芝雅 1800521	杭州舒泰卫生用品有限公司	2012
63		施强 4876610	浙江施强制药有限公司	2013
64		3804783	杭州祥龙钻探设备有限公司	2013
65		7552613	浙江白云源电气有限公司	2013
66		分江 7198739	杭州丽晓丝业有限公司	2013
67		FUSHIDA	杭州富士达特种材料有限公司	2013
68		蝉伊人	杭州华盛围巾有限公司	2013
69		瀚威 6260078	桐庐瀚威健身器材有限公司	2013
70		奇山源 6174295	桐庐大奇山杨梅专业合作社	2013
71		七里人家 4549607	桐庐七里人家餐饮管理有限公司	2013
72		华大海天 8116062	杭州华大海天科技有限公司	2014
73		汇大 4238727	杭州汇大医疗器械有限公司	2014
74		SHENDASIRO 7672976	浙江申达斯奥医疗器械有限公司	2014
75		图形 4435072	桐庐宇鑫汽配有限公司	2014
76		Welbom4522772	杭州惠尔邦厨具有限公司	2014

续表 35

序号	认定等级	商标名称	企业名称	认定年度
77	杭州市著名商标 56 件	壶源 942359	桐庐雪水云绿茶叶有限公司	2014
78		晨扬 8467381	杭州和蜂园保健品有限公司	2014
79		窄溪 3783785	桐庐窄溪蟹业专业合作社	2014
80		田间地 4072119	杭州桐庐欧凯蔬菜专业合作社	2014
81			浙江瑞能通信科技股份有限公司	2015
82			杭州康友医疗设备有限公司	2015
83		伊达	杭州桐庐医达器械设备有限公司	2015
84		名人宝宝	杭州舒泰卫生用品有限公司	2015
85		煜凯凤凰	杭州煜凯服饰有限公司	2015
86		天尊贡芽	桐庐县茶叶产业协会	2015
87		瑶琳	桐庐瑶琳永明电线电缆厂	2015
88		鑫如	杭州鑫煌照明科技有限公司	2015
89	桐庐县知名商标 37 件	立威 3115874	杭州立威化工涂料有限公司	2013（续）
90		彩贝 848212	杭州彩贝化工有限公司	2013（续）
91		三金牌 1349511	杭州三金机械制造有限公司	2013（续）
92		东方奥尔 4913188	桐庐奥尔文具有限公司	2013（续）
93		绿莹 4166021	桐庐烨鑫寝饰有限公司	2013（续）
94		瑶琳	桐庐瑶琳永明电线电缆厂	2014（续）
95		跃兔 1078424	桐庐中亚制尺有限公司	2014（续）
96		耐宝 5202633	桐庐县春江硅酸铝制品厂	2014（续）
97		LERGUE5393369	杭州力高旅游用品有限公司	2014（续）
98		欣天元 6502747	桐庐天元机电有限公司	2015（续）
99		杭泉 6427919	杭州大泉泵业科技有限公司	2015（续）
100		JINGRUI6907677	桐庐精锐医疗器械有限公司	2015（续）
101		洲济 4835021	桐庐洲济医疗器械有限公司	2015（续）
102		永杰 9515882	杭州永杰研磨材料有限公司	2013
103		村菜馆 8264210	桐庐县城南街道村菜馆饭店	2013
104		华印 1320429	杭州华星印务有限公司	2013
105		nanyu9462555	杭州南宇医疗器械有限公司	2013

续表 35

序号	认定等级	商标名称	企业名称	认定年度
106	桐庐县知名商标 37 件	晨扬 8467381	杭州和蜂园保健品有限公司	2013
107		4435072	桐庐宇鑫汽配有限公司	2013
108		森龙浩 8863546	桐庐森龙浩工艺品有限公司	2013
109		冠雁 3496512	杭州冠雁汽车零部件实业有限公司	2013
110		SCM 至尚创美	桐庐正华文化用品有限公司	2014
111		春江	杭州拉丝机制造有限公司	2014
112		BX	桐庐百姓家政服务有限公司	2014
113		昊琳	桐庐昊琳水产养殖有限公司	2014
114		牛头	桐庐亚华制尺有限公司	2014
115		福克	桐庐福克医疗仪器有限公司	2014
116		odm	杭州和韵科技有限公司	2015
117		恒大	浙江恒大数控机床制造有限公司	2015
118		KANGER	桐庐康尔医疗器械有限公司	2015
119		百德嘉	杭州汇家卫浴用品有限公司	2015
120		启晨	桐庐天晨笔业有限公司	2015
121		诗曼	桐庐诗曼文具有限公司	2015
122		JOYLIVING	杭州富利登塑胶制品有限公司	2015
123		廷镁	杭州廷镁家居服饰有限公司	2015
124		生之源	桐庐生之源农业开发有限公司	2015
125		寺山	桐庐寺山家禽专业合作社	2015

注：表中数字代表商标注册证号

桐庐县名牌产品一览

表 36

序号	名牌等级	产品名称	单位名称	认定时间
1	浙江名牌 15 个（工业 6 个、农业 9 个）	“名人宝宝”牌纸尿裤（片、垫）	杭州舒泰卫生用品有限公司	2015
2		申达斯奥牌微创手术器械	浙江申达斯奥医疗器械有限公司	2015
3		祥龙牌钻机	杭州祥龙钻探设备科技股份有限公司	2015
4		碧于天牌蜂产品	杭州碧于天保健品有限公司	2015

续表 36

序号	名牌等级	产品名称	单位名称	认定时间
5	浙江名牌 15 个（工业 6 个、农业 9 个）	寺山牌土鸡	桐庐寺山家禽专业合作社	2015
6		LEAGUE 牌箱包	杭州力高旅游用品有限公司	2014
7		奇山源牌杨梅	桐庐大奇山杨梅专业合作社	2014
8		冠华王牌兔肉	杭州冠华王食品有限公司	2014（复）
9		泛亚牌排水器系列产品	杭州泛亚卫浴股份有限公司	2013
10		龙生牌汽车座椅功能件	浙江龙生汽车部件股份有限公司	2013（复）
11		小来大牌肉制品	杭州小来大农业开发集团有限公司	2013
12		冠华王牌方便米饭	杭州冠华王食品有限公司	2013
13		蜂之语蜂产品	杭州蜂之语蜂业股份有限公司	2013（复）
14		雪水云绿牌绿茶	桐庐县雪水云绿茶产业协会	2013（复）
15		万事吉牌蜂产品	杭州天厨蜜源保健品有限公司	2013（复）
16	杭州名牌 29 个（工业 22 个、农业 7 个）	YOUSHI 牌内窥镜手术器械产品	桐庐优视医疗器械有限公司	2015
17		微创手术器械	浙江申达斯奥医疗器械有限公司	2015
18		至尚・创美牌笔类产品	桐庐正华文化用品有限公司	2015
19		楼艺板牌保温装饰一体化板	杭州元创新型材料科技有限公司	2015
20		吾尚牌益菌多	杭州吾尚生物科技有限公司	2015
21		薇卡芙牌针织小三件（围巾、帽子、手套）	桐庐华艺针织有限公司	2015
22		千芝雅牌纸尿裤	杭州舒泰卫生用品有限公司	2015
23		煜凯牌针织服装	杭州煜凯服饰有限公司	2015（复）
24		富农牌苗木	桐庐盛林苗木专业合作社	2015
25		百草仙牌鸡蛋	桐庐鸿羽家禽专业合作社	2015
26		冠华王牌方便米饭	杭州冠华王食品有限公司	2015（复）
27		斯高品牌时尚休闲户外服装	杭州艾高户外运动用品有限公司	2014
28		CRYSTAL 牌运动机械	杭州水晶运动机械有限公司	2014
29		新富牌笔类产品	杭州新富文具制造有限公司	2014
30		泽尔马牌针织品	杭州游龙针织有限公司	2014
31		通信基站产品	浙江瑞能通信科技股份有限公司	2014

续表 36

序号	名牌等级	产品名称	单位名称	认定时间
32	杭州名牌 29 个（工业 22 个、农业 7 个）	浙缆牌电线电缆	浙江中策电缆有限公司	2014
33		奔腾华博牌商品混凝土	桐庐奔腾建材有限公司	2014
34		LEAGUE 牌电脑软包	杭州力高旅游用品有限公司	2014
35		瀚威牌健身器材	桐庐瀚威健身器材有限公司	2014（复）
36		康基牌内窥镜手术器械	杭州康基医疗器械有限公司	2013
37		CCA 牌内外墙板、自承式模板系列产品	浙江汉德邦建材有限公司	2013
38		东芝牌水轮发电机组	东芝水电设备（杭州）有限公司	2013
39		祥龙牌钻机	杭州祥龙钻探设备有限公司	2013
40		华大海天牌水性印刷油墨	杭州华大海天科技有限公司	2013
41		晨扬牌蜂产品	杭州和蜂园保健品有限公司	2013
42		寺山牌土鸡	桐庐寺山家禽专业合作社	2013
43		冬桦牌蜂产品	桐庐兴源保健品有限公司	2013（复）
44		碧于天牌蜂产品	杭州碧于天保健品有限公司	2013（复）
45	桐庐名牌 28 个（工业 15 个、农业 11 个、服务业 2 个）	“奋飞”牌金属制品	桐庐奋飞实业有限公司	2015
45		“芳辰”牌洗衣粉	杭州妙洁日化科技有限公司	2015
47		“畅翔”牌玻璃制品	杭州畅翔玻璃有限公司	2015
48		“Nan Yu”牌医疗器械	杭州南宇医疗器械有限公司	2015
49		“丰元味”牌肉制品	杭州丰元味食品有限公司	2015
50		“土一点”牌速冻面米食品	桐庐农家源食品有限公司	2015
51		“杭晖”牌肉猪	桐庐杭晖农庄有限公司	2015
52		“一马平川”服务产品	杭州一马平川电子商务有限公司	2015
53		“至尚·创美”牌笔类产品	桐庐正华文化用品有限公司	2014
54		“薇卡芙”牌针织小三件	桐庐华艺针织有限公司	2014
55		“HD”牌数控机床	浙江恒大数控机床制造有限公司	2014
56		“吾尚”牌益菌多（含乳饮料）	杭州吾尚生物科技有限公司	2014
57		“楼艺板”牌保温装饰一体化板	杭州元创新型材料科技有限公司	2014

续表 36

序号	名牌等级	产品名称	单位名称	认定时间
58	桐庐名牌 28 个（工业 15 个、农业 11 个、服务业 2 个）	“宇鑫”牌刹车片	桐庐宇鑫汽配有限公司	2014
59		“富农”牌苗木	桐庐盛林苗木专业合作社	2014
60		“增鑫”牌竹笋	桐庐增鑫竹业专业合作社	2014
61		“桑槐”牌黑木耳	桐庐桑槐黑木耳专业合作社	2014
62		“洪武山”牌辣椒	桐庐洪武山辣椒专业合作社	2014
63		通信基站产品	浙江瑞能通信科技股份有限公司	2013
64		CHENGDER 牌电梯部件	杭州辰德科技有限公司	2013
65		车辆铝合金零部件	浙江拓卡斯机械科技有限公司	2013
66		伟都牌钢构件系列产品	杭州伟都钢构有限公司	2013
67		泽尔马牌针织小三件	杭州游龙针织有限公司	2013
68		顺祥牌蔬菜	桐庐顺祥农业开发有限公司	2013
69		金子山源牌生猪	桐庐县分水镇柳溆农庄	2013
70		横村龙伏牌生猪	横村龙伏生态养殖场	2013
71		羊佳鳉牌湖羊	桐庐合村湖羊养殖专业合作社	2013
72		景区服务	桐庐垂云通天河旅游有限公司	2013

【药械行业发展】 2015 年末，全县有药品（医疗器械）生产、经营、使用单位 719 家，其中医疗机构 322 家、药品生产企业 5 家、批发企业 2 家、连锁企业 5 家、零售企业 163 家、医疗器械生产企业 46 家、经营企业 176 家。其中，生产企业执有二、三类医疗器械产品注册证 285 个，二类产品注册证 244 个，三类产品注册证 41 个。是年，首家省级院士专家工作站在康基医疗公司挂牌运营，浙江天松医疗器械股份有限公司新三板挂牌，杭州光典医疗器械有限公司与迈瑞医疗股权合资，杭州桐庐医达器械设备有限公司与 Multigate 合资，杭州康友医疗设备有限公司与北京中钰基金投资公司合资，桐庐广硕医疗器械有限公司与国家“千人计划”专家畅志军博士签订合作协议，开发医疗器械机器人研发、生产工作。是年，全行业税收 6133 万元，比 2014 年增长 26.32%。

【药械监管】 2015 年，县市场监管局实施药品流通领域电子监管码工作，辖区药品制剂生产经营企业全部完成入网；推进药械从业人员教育培训，组织开展医疗器械从业人员、药店从业人员、民营医院直通车入网、电子监管码等多项培训；开展中药提取物、明胶空心胶囊、中药饮片、隐形眼镜、体外诊断试剂等专项整治，出动执法人员 400 人次，检查企业 420 余家，责令整改 8 家。7 月，启动全县医疗器械行业规范提升工作，通过排摸线索、联合检查、多级联动等形式，对全县 176 家经营企业、46 家生产企业进行全覆盖检查，立案查处 9 起违法行为，罚款 140 余万元。开展药械企业信用监管体系建设，评出药品生产企业质量信用等级 A 级 2 家、B 级 3 家；医疗器械生产企业质量信用等级诚信 6 家、守信 28 家；医疗器械经营企业质量信用等级诚信 10 家、守信 16 家。

桐庐县2015年药品生产企业质量信用等级一览

表37

序号	企业	信用等级
1	浙江施强制药有限公司	A
2	杭州老桐君制药有限公司	A
3	杭州旺华药业有限公司	B
4	浙江桐君堂中药饮片有限公司	B
5	杭州桐阁堂中药饮片有限公司	B

桐庐县2015年医疗器械生产企业质量信用等级一览

表38

序号	企业名称	信用等级
1	杭州康基医疗器械有限公司	诚信
2	杭州光典医疗器械有限公司	诚信
3	桐庐优视医疗器械有限公司	诚信
4	杭州市桐庐医达器械设备厂	诚信
5	浙江申达斯奥医疗器械有限公司	诚信
6	桐庐福克医疗器械有限公司	诚信
7	浙江天松医疗器械股份有限公司	守信
8	桐庐医疗光学仪器总厂	守信
9	杭州桐庐时空候医疗器械有限公司	守信
10	杭州桐庐康友医疗设备有限公司	守信
11	杭州汇大医疗器械有限公司	守信
12	杭州振兴医疗器械制造有限公司	守信
13	桐庐宏远医疗器械有限公司	守信
14	桐庐万禾医疗器械有限公司	守信
15	桐庐康尔医疗器械有限公司	守信
16	桐庐洲济医疗器械有限公司	守信
17	浙江奥的特生物技术有限公司	守信
18	杭州申科医疗器械有限公司	守信
19	杭州南宇医疗器械有限公司	守信
20	杭州洁伊医疗器械有限公司	守信
21	桐庐甲子医疗器械有限公司	守信

续表38

序号	企业名称	信用等级
22	桐庐博瑞达医疗器械有限公司	守信
23	杭州拱康医疗科技有限公司	守信
24	杭州威德医疗科技有限公司	守信
25	桐庐瑞克斯医疗器械有限公司	守信
26	桐庐弘毅医疗器械有限公司	守信
27	桐庐博益医疗器械有限公司	守信
28	杭州索德医疗设备有限公司	守信
29	杭州浙海医疗设备科技有限公司	守信
30	杭州凯立康医疗器械有限公司	守信
31	桐庐康博医用器械有限公司	失信
32	桐庐精锐医疗器械有限公司	失信
33	杭州欧创医疗器械有限公司	失信
34	桐庐欧典医疗器械有限公司	失信

桐庐县2015年医疗器械经营企业质量信用等级一览

表39

序号	企业名称	信用等级
1	桐庐康力医疗设备有限公司	不参评
2	桐庐康乃馨医疗设备有限公司	不参评
3	杭州征程医疗设备有限公司	不参评
4	杭州广硕医疗科技公司	诚信
5	桐庐子诚医疗器械有限公司	诚信
6	桐庐亿德医疗器械有限公司	诚信
7	杭州纯创贸易有限公司	诚信
8	桐庐华仁医疗器械有限公司	诚信
9	杭州玉龙医疗器械有限公司	诚信
10	桐庐多健医疗器械有限公司	诚信
11	杭州铭翔医疗器械有限公司	诚信
12	杭州润轩医疗器械有限公司	诚信
13	桐庐乐邦贸易有限公司	诚信

续表 39

序号	企业名称	信用等级
14	桐庐景天医疗器械有限公司	守信
15	桐庐富尔克医疗器械有限公司	守信
16	杭州优美医疗设备有限公司	守信
17	桐庐新德医疗器械有限公司	守信
18	桐庐康宇疗器械有限公司	守信
19	杭州黄统医疗器械有限公司	守信
20	桐庐慧康医疗器械有限公司	守信
21	桐庐帆达医疗器械有限公司	守信
22	桐庐庆成医疗器械有限公司	守信
23	桐庐威高医疗器械有限公司	守信
24	桐庐弘文医疗器械有限公司	守信
25	桐庐脉迪医疗器械有限公司	守信
26	桐庐昊诚医疗器械有限公司	守信
27	桐庐康得医疗器械有限公司	守信
28	杭州吉宁医疗设备有限公司	守信
29	桐庐澳凯医疗器械有限公司	守信

【农贸市场提升改造】 2015年，县市场监管局对凤川、七里泷、江南等农贸市场进行新建和改造；指导青山农贸市场和分水新区农贸市场成功创建省级放心市场；指导桐庐综合市场、分水新区综合市场通过星级市场评比、复评；开展最佳、最差农贸市场评比，全年评比最佳农贸市场30家次、最差农贸市场31家次；结合全国文明城市创建，集中开展农贸市场大整治；开展农贸市场快速检测室建设，桐庐综合市场、桐庐商业广场等5家农贸市场免费开放检测室。

【食品安全基层责任网络建设】 2015年，县市场监管局将公安、城管、农业和林业等部门派出机构统一纳入乡镇（街道）食安办，落实专职人员31名，完成社会综治网格“一张网”建设，配备专管员225名、信息员328名。乡镇(街道）食品安全工作考核权重由2014年0.5分提高至0.6分。村（社区）食品安全专管员报酬按人均1000元/年标准纳入县财政预算。7月初，率先在杭州地区成立食品安全监督协会。

【食品安全工程】 2015年，县市场监管局完成各环节食品及相关产品定量检测2218批次，合格率94.23%，问题发现率5.77%，依法处理抽检不合格39家单位；食品检测项目由380项增加至712项。落实新检测中心建设项目，计划投资2700万元，建设4000平方米检测中心；是年，全县新增63家“阳光厨房”，大型、特大型餐饮企业建成率35.3%，学校食堂建成率98.1%；在杭州地区率先启用餐饮服务食品安全电子监管平台，并纳入县政府智慧信息化管理平台；完成“三年百万学生饮食工程”，实现大宗食品统一配送或定点采购率、学校饮用水城镇管网接入率、品牌超市进校园率100%。

【“三小”行业整治】 2015年，县市场监管局出台《桐庐县食品加工生产小作坊监督管理办法（试行）》《桐庐县食品生产加工小作坊“负面清单”目录》《食品生产加工小作坊申报登记程序规范》《食品生产加工小作坊质量安全控制规范》，启动小作坊三年整规行动。8月，全省小作坊治理工作现场会在桐庐召开；流通环节食品经营单位、小作坊、小餐饮检查评价和分级监管工作基本到位；禁止未经登记小作坊参加全县13个农贸市场摊位投标，停止5家校园食堂配送企业采购未经登记的小作坊生产的食品；做好餐饮场所摸底工作，全年引导办证40家、取缔关停9家、转变业态13家；推动县政府出台固定无证无照小餐饮场所整治工作实施方案，完善餐饮许可“双告知”机制。

【网络经济监管】 2015年，县市场监管局利用网络搜索引擎、走访调查收集、第三方平台备案提供信息等方式，完善全县电商主体数据库。全年入库电子商务经营主体1358家、网络交易平台8家。注重加强以电商交易平台为重点的网络经济监管，网上检查网站和网店467个，实地检查网站215个，查处各类网络案件12件，罚没款9.98万元。引导平台规范经营，对未进行网上标识申报3家平台和进入平台经营者资格审查不严等行为，下达责令改正通知书。不定期对网络交易平台内经营者开展产品包装标识检查和商品质量检测。试水现场制售食品微商监管，对30余家微商进行备案和约谈。

【执法维序】 2015年，县市场监管局查处各类违法案件253件，罚没款309万元。其中，查处食品安全类案件173件，罚没款80.51万元；查处药品医疗器械类案件9件，罚没款56.49万元；查处假冒类案件30件，罚没款20.71万元；查处不合格案件109件，罚没款84.64万元；查处特种设备类案件11件，罚没款25.96万元。取缔传销窝点57个、无照经营户126户。查处威特工程冒用他人注册商标、企业代号不正当竞争等67件大要案。全年处理各类举报投诉1510件，取缔未备案集会推销保健品活动9场。

【特种设备安全保障】 2015年，县政府出台《关于进一步加强特种设备安全管理工作的实施意见》和《关于加强电梯安全管理工作的实施意见》，初步形成特种设备“大监管”格局。电梯安全监管大会战、燃煤锅炉节能减排攻坚战、油气输油管道隐患整治攻坚战“三大战役”同步打响。是年，强制封停电梯3台，取缔不符合要求锅炉3台，查封超期未检钢瓶121只，拆除存在重大安全隐患设备1台。

（应　慧）

·审计·

【概况】 2015年，桐庐县审计局完成审计和审计调查项目40个，查出管理不规范资金99379万元，移送案件线索3条，提出审计建议103条，促进被审计单位制度创新完善5个，解决老大难问题1个。审结政府投资建设项目71个，审计核减8310万元，核减率8.17%；审结预算（标底）项目50个，审计核减造价789万元，核减率0.69%。刊发《桐庐审计》信息41期，情况反映1期，撰写的审计信息被省市审计机关采用12篇，被县领导批示6篇。《桐庐县财政涉农资金管理使用情况专项审计调查项目》《桐庐县政府投资项目设计变更情况专项审计调查项目》被评为2015年杭州市优秀审计项目；《政府投资项目投资控制若干建议》被评为浙江省审计厅2014—2015年度优秀调研文章。

【财政预算审计】 2015年，县审计局以全部政府性资金为主线，将财政审计、专项审计和审计调查相结合，加强就业再就业专项资金审计、行政事业单位票据管理审计调查和全县2014年度土地增值税征缴情况审计。审计查出管理不规范资金3.74亿元。

【领导干部经济责任审计】 2015年，县审计局修订完善《桐庐县乡镇党政主要领导干部经济责任审计操作规程（试行）》。新操作规程重点在审计评价量化指标体系建立上赋予领导干部经济责任审计明确的评价结果，为干部管理、监督、使用提供重要依据。是年，对10个部门（单位）、乡镇（街道）12位党政主要领导进行经济责任审计。

【专项资金审计】 2015年，县审计局重点对生态建设专项资金、“五水共治”政策落实、大病致贫帮扶资金、城镇保障性安居工程、小额工程管理情况等进行审计，分析产生问题原因，督促整改，规范资金使用。完善审计、纪检监察和检察院等部门联合办案机制，全年向县检察院、县纪委移送案件线索3件，涉案1人被判处有期徒刑两年六个月，1人受党内严重警告处分。

【政府投资建设项目审计】 2015年，县审计局在浙江省率先采用政府采购形式确定政府投资项目审计协审（复审）单位。开发投资审计项目管理系统，规范管理，减少人为因素干扰，降低审计廉政风险。是年，通过摇号抽签确定审计项目92个。根据招标结果和计算机管理特点，修订《桐庐县政府投资项目审计协审单位考核与管理办法》，完善审计程序、审计日常行为、审计质量和审计成效等审计管理环节。修订《桐庐县政府投资项目审核专项资金管理办法》，规范专项资金使用管理。

【审计整改】 2015年，县审计局修订完善《审计整改监督检查工作管理办法》，召开首次审计整改工作联席会议，对未按时整改落实到位被审计单位发放审计整改通知，要求限期整改。召开加强财经纪律和审计监督会议，通过《今日桐庐》向社会公告上年度审计整改情况，促进审计监督与舆论监督、社会监督有效结合。

（赵明霞）

·统计·

【概况】 2015年，桐庐县统计局围绕提高统计能力、提高统计数据质量、提高政府统计公信力，推进统一的基本单位名录库、统一的一套表调查制度、统一的数据采集处理软件平台、统一的联网直报系统“四大工程”建设，改革统计方法制度，夯实基层基础工作，全面提升统计工作科学化水平。是年，县统计局连续6年被评为“杭州市统计调查系统综合考评先进单位”。

【专业统计】 2015年，县统计局以“夯实统计基础、确保数据质量、提高服务水平”为目标，执行强化组织实施、明确目标责任、落实规范标准、加强沟通协调、完善评估机制5项措施，完成综合、核算、农业、工业、固定资产投资、建筑业、能源、贸易和旅游业、服务业、城乡住户调查、消费价格、劳动工资、科技、民情民意调查、统计教育、基本单位名录库管理等专业统计任务。

【民情民意调查】 2015年，县统计局完成民情民意调查项目19个（其中省、市调查项目10个），项目有 ：对县委县政府2014年度综合考评工作调查、居民旅游消费调查、全民健身情况调查、餐饮食品安全调查、第四届桐庐“百姓日”调查、医疗卫生服务门诊病人满意度调查、中国公民科学素质调查、桐庐县社会治理创新工作调查、杭州市民教育需求情况调查、杭州市民医疗卫生需求情况调查、杭州市文化体育建设发展需求调查、桐庐县住房公积金情况调查、桐庐县城市管理工作调查、浙江省公民科学素质抽样调查、杭州市五水共治抽样调查、2015年度桐庐县民生幸福指数调查、2015年度桐庐县平安桐庐调查、2015年度桐庐县医疗服务调查和2015年度桐庐县出院病人调查等。

【居民消费价格调查】 2015年，县统计局根据全县城镇居民家庭生活消费支出和农村居民家庭生活消费现金支出、社会消费品零售总额、县重点商场等调查资料，测算整理消费、零售价格两套权数，按时编算全年及分月价格指数。调整、充实部分调查网点，按照消费价格统计调查商品服务目录选定1200多个代表规格品，做好调查数据收集、审核、整理、录入，把好报表质量关，做到每月汇总后的居民消费价格指数能真实反映桐庐县居民消费和服务价格情况。

【城乡一体化住户调查】 2015年，国家统计局桐庐调查队继续开展城乡一体化住户调查和农民工监测调查，包括住户调查252宅和农民工监测调查112宅，新增农民工市民化动态监测调查45宅。建立规范调查小区和调查户日常管理，实施住户调查工作考核评比办法，规范和考评调查员工作质量。实行调查员每月两次访户制度和实施季度例会制度，全年开展业务培训和经验交流6次。强化访户辅导，坚持“白访夜谈”入户指导和座谈培训相结合，从源头提高记账户业务水平。季度末开展数据质量大检查，做好数据核实、审核、预测预警、上报。多举措提高调查数据真实性、准确性和有效性。严格按照城乡居民收入调查制度，实施城乡居民一体化收入调查，提供口径一致、科学可比的全体居民、城镇常住居民和农村常住居民的人均可支配收入。

【低收入住户调查】 2015年，县统计局继续开展低收入住户跟踪调查工作，共17个监测点包括9个省级监测点和8个地方监测点。每季度对调查员进行业务培训，并不定期深入低收入户家庭了解情况，通过规范管理、实地了解，调查员每月按时到点入户收取账本、审核账表，做好低收入住户数据核实、审核、预测预警、上报等工作。同时积极落实“低于4600元”调查户数据核实工作，对低于4600元住户及时反馈上报。

【粮食监测调查】 2015年，县统计局继续进行粮食监测调查，57个被抽中粮食监测调查小区分布在全县14个乡镇（街道）。组织乡镇统计人员和基层辅助调查人员开展业务培训，完成粮食生产统计监测台账规范、数据核实、地图更新等资料补充完善工作。是年8月，县统计局、发改局、农林局联合对全县粮食生产统计监测开展实地检查，落实粮食安全责任制，杜绝耕地抛荒。

【统计服务】 2015年，县统计局、桐庐调查队主动为社会公众提供更全面统计服务，编印《魅力桐庐　绿色崛起——近三年桐庐县经济社会发展成就解读》《桐庐概览2015》统计画册，介绍县域经济社会发展概况，对推荐桐庐、宣传桐庐、了解桐庐发挥积极作用。同时，利用桐庐县政府门户网站，桐庐县统计局信息网站、微博、微信等宣传媒介，更新发布经济社会发展信息和统计工作动态。是年，撰写调研文章与统计分析23篇、统计专报5篇、桐庐民情民意调查7篇、桐庐农村调查8篇。

【统计教育】 2015年，县统计局培训统计人员3236人次，其中统计专业培训1506人次，统计从业资格认定考前培训186人（119人取得上岗证），统计从业资格持证人员继续教育培训1730人。

【统计普法执法】 2015年，县统计局编印、发放彩版普法册子《普及统计法律知识读本》6000余册；利用“12·4”全国法制宣传日、“12·8”《中华人民共和国统计法》颁布日和中国统计开放日、法制宣传月等，运用广播电视、报纸、网络、手机、在线学习等载体，设立统计“六五”普法栏目，做好“六五”统计普法总结。是年，撰写宣传统计法制和统计基础建设政务信息40余篇，悬挂横幅30余条，发放各类宣传册8000余册；利用微信、微博发布50余条法制宣传信息；3400余人次接受统计法律法规知识培训。对桐庐经济开发区、分水镇、瑶琳镇、莪山乡、百江镇开展统计巡查。全年稽查单位41家，查处统计违法案件16起，处罚2家，罚款4000元。

【统计基础建设】 2015年，县统计局配合杭州市统计局对城南街道和旧县街道进行统计调查工作先进乡镇（街道）复评并验收成功。经县统计局审核推荐，富春江镇被浙江省统计局评为“浙江省第二批乡镇（街道）统计基层基础工作示范点建设单位”，浙江永誉机械制造有限公司等9家企业被杭州市统计局评为“杭州市统计诚信单位”。经县统计局考核验收，桐庐信和纱线有限公司等2家企业被评选为“桐庐县统计规范化企业”。是年末，全县有杭州市统计调查先进乡镇（街道）10个，县级统计规范化行政村126个、统计规范化企业69家。

【统计工作目标考核】 2015年，县统计局继续对各个乡镇（街道）、桐庐经济开发区、迎春商务区、县直单位开展以“日常统计工作”

为内容的统计目标考核，并纳入县委、县政府“五好”服务型乡镇（街道）、园区和县直单位“三比一讲”年度综合考核。是年末，各考核单位均完成统计工作目标。

·普查·

【第三次经济普查】 第三次经济普查始于2013年5月，2014年进入现场登记阶段。2015年，主要做好第三次经济普查资料开发工作，发布《桐庐县第三次经济普查主要数据公报》，编辑《桐庐县第三次经济普查主要数据简要本》。

（姚健云）

·安全生产监管·

【概况】 2015年，桐庐县发生各类安全生产事故198起，死亡47人，直接经济损失349.21万元。事故起数比2014年下降19.84%，死亡人数与2014年持平，直接经济损失比2014年增长130.41%。其中：工矿商贸企业发生安全生产事故3起，同比下降25%，死亡4人，与2014年持平，直接经济损失266万元，同比增加66.25%；道路交通发生事故162起，同比下降2.99%，死亡42人，同比下降2.33%，直接经济损失39.8501万元，同比下降0.67%；水上交通发生事故1起，死亡1人，直接经济损失5.9959万元；消防领域发生安全生产事故32起，未发生人员伤亡情况，直接经济损失37.364万元，与2014年相比，事故起数下降57.89%、直接经济损失增长100.06%。是年，在杭州市安全生产综合目标管理责任制考核中，桐庐县政府被评为优秀单位。

【安全生产责任制】 2015年，桐庐县委、县政府出台《关于加强安全生产促进安全发展的实施意见》，明确对重点行业、重点部位安全监管。县安监局修订完善《桐庐县安全生产综合目标管理任务书》，县政府与16个乡镇（街道、开发区、商务区）和28个责任部门签订安全生产任务书；全县各单位与辖区村（社区）、下属单位及企业签订安全生产责任书6000余份。2月11日、6月1日、8月14日，县政府分别专题召开安全生产工作季度例会，研究部署阶段性安全生产工作。

【安全生产标准化创建】 2015年初，县安监局将安全生产标准化创建任务进行分解，明确各乡镇（街道、管委会）和有关部门达标创建任务。是年，安全生产标准化达标企业296家，其中国一级达标1家，国二级达标13家，国三级达标280家，国四级达标2家。

【安全生产诚信机制建设】 2015年，县安监局根据县政府《关于开展企业安全生产诚信机制建设的实施意见》，对全县工矿企业实施安全生产诚信管理。分A、B、C、D四个等级：对A级企业实行自主管理为主；对B、C级企业加强指导与帮助，促其完善安全条件；对D级企业，列为安全生产重点监管对象。同时将诚信等级评定结果送达发改、经信、人社、银行等单位。对发生安全生产事故或被评为D级企业3个月内仍未上调等级或被列为挂牌督办企业限期未完成整改等6种安全生产失信行为企业，实施“黑名单”管理。是年，有385家企业确定诚信等级，4家企业因发生安全生产事故列入“黑名单”管理。

【宣传教育】 2015年，县安监局围绕“加强安全法治，保障安全生产”主题，部署开展第14个“安全生产月”活动。6月1日举行安全

桐庐县第十四个“安全生产月”活动启动仪式

生产月启动仪式暨大型广场咨询活动，现场发放宣传资料4000余册；在桐庐电视台开辟安全生产警钟长鸣专栏；在富春江二桥大型公共显示屏常年播放安全生产宣传标语；以知识竞赛、张贴挂图、应急演练、安全咨询、送戏（电影）下乡等形式全面开展安全生产月活动。组织培训“三项岗位”人员（企业主要负责人、安管员、特种作业人员）2416人。印发《生命安全是不可逾越的红线，安全法律是必须坚守的底线》公开信1万份。全年培训企业一线员工45000余人次。

【应急救援体系建设】 2015年，县安监局完善“110”社会联动工作机制，加强应急值守，实行24小时值班制度，由班子成员轮流带队，确保应急联动及时。开展形式多样应急演练，组织“十一”黄金周消防逃生疏散应急救援演练、矿山塌方事故应急救援演练、危化品泄漏应急演练等；会同县消防大队、县红十字会等单位组织开展全县企业职工应急救援技能竞赛，28家单位103人参加；选拔人员参加杭州市安全生产应急处置技能竞赛，获三等奖。

【职业安全监管】 2015年6月，县编委将职业安全健康管理职能划转至县安监局。县安监局组织乡镇（街道、管委会）安监员进行业务培训，并部署开展用人单位职业卫生基本情况摸底调查，全年完成调查并录入系统244家单位19299人，其中接触危害品7261人（接触粉尘3939人、接触化学毒物1339人、接触物理有害因素1860人、接触放射性物质117人、接触生物有害6人）。开展高温作业防暑降温专项整治，全年监督检查建筑施工企业、矿山企业等35家次。开展重点职业病危害行业领域专项整治，将18家水泥、涉爆粉尘等企业作为专项整治重点，并通过验收。

【安全生产大检查】 2015年，县安监局按照“全覆盖、零容忍、严执法、重实效”要求，开展安全生产大排查大整治工作。全年出动检查人员5638人次，检查企业6137家次，排查整改隐患7486处，发出整改通知等各类执法文书781份，对13家重点事故隐患单位挂牌督办。

【安全生产专项整治】 矿山整治。印发《桐庐县2015年矿山隐患排查治理实施方案》，重点整治地下矿井巷通风、采场面控制，露天矿山台阶高度控制、二次破碎管理。是年，检查发现事故隐患19项，下发整改指令书两份。

危化品整治。印发《关于全面开展危险化学品和易燃易爆物品领域安全生产综合整治工作的通知》，对全县12家危化品生产企业、2家带储存经营危化品企业、36家加油站和7家气体经营企业进行5轮全覆盖安全检查，排查发现事故隐患109项，整改指令书10份，立案查处违规储存危险化学品1起，罚款5.1万元。

烟花爆竹整治。出台《桐庐县城区限制烟花爆竹销售燃放的暂行规定》，对全县烟花爆竹零售经营单位进行全覆盖排查，重点检查上宅下店、前店后宅和安全距离等。是年，查出上宅下店、前店后宅情况烟花爆竹零售店69家，其中67家完成整改。

“三场所两企业”整治。制定下发《关于进一步推进“三场所两企业”安全生产专项整治的通知》，完成整改41家，责令停产整顿2家，关闭1家。

镍冶炼行业整治。对全县9家镍冶炼企业开展安全生产专项整治活动。至年底，4家企业通过安全生产标准化三级达标，1家企业通过安全评价，其余企业在整改中。

【安监执法检查】 2015年，县安监局制作各类执法文书781份，查处安全生产违法案件39起，行政罚款173.79万元，未发生一起行政复议和行政诉讼案件。按照“四不放过”原则，严肃查处各类生产安全事故，对构成犯罪的，依法追究刑事责任。是年，移送司法机关追究刑事责任3人。

（王诗远）

【责任编辑　骆国庆】

党　政

·中共桐庐县委·

【县委十三届八次全会】 2015年1月9日，县委十三届八次全会暨县政府十五届七次全体（扩大）会议在县政府会议中心召开，会议主要任务是：认真学习贯彻中共十八大和十八届三中、四中全会及省市委全会精神，回顾总结2014年主要工作，研究部署2015年重点任务，进一步动员全县广大干部群众振奋精神、苦干实干，主动适应新常态、积极谋求新发展，为建设中国最美县奠定扎实基础。会议要求，全县上下要科学认识发展速度从高速增长向中高速增长转变、发展绩效从低中端向中高端迈进转变等新常态，准确把握美丽城乡的品牌机遇、新兴产业的带动机遇等新机遇，积极应对经济下行压力加大、资源环境束缚等新挑战，坚持“稳中求进、改革创新”总基调，深入开展“重大项目突破年、风景桐庐提升年、社会治理创新年”三年活动，深化招商引资与招才引智相结合的“双招双引”一号工程，重点围绕“三重三为”（即重项目、项目为王，重创新、改革为先，重提升、效益为要）抓好工作落实，着力加快“生态美、城乡美、产业美、人文美、生活美”的中国最美县建设，全力开创桐庐绿色崛起转型发展新局面。会议审议通过《中共桐庐县委关于全面深化法治桐庐建设的若干意见》。

【县委十三届九次全会】 2015年7月17日，县委十三届九次全会暨县政府十五届七次全体（扩大）会议召开。会议的主要任务是：全面贯彻落实习近平总书记在浙江考察时的重要讲话精神及省委十三届七次全会、市委十一届九次全会精神，回顾总结上半年工作，研究部署下半年工作任务，动员全县上下以“干在实处永无止境、走在前列要谋新篇”的使命担当，奋力谱写“中国最美县”建设新篇章。会议要求，坚持以发展“美丽经济”为路径，进一步聚焦重点平台、重点项目、重点产业，全力打好转型升级组合拳；坚持以建设“美丽桐庐”为目标，扎实推进生态文明、美丽城乡、文明城市建设，打好“五水共治”持久战、治气治土攻坚战、综合治理组团战；坚持以开展“省基层社会治理创新试点”为契机，着力加强和创新社会治理，切实深化法治桐庐建设，统筹推进社会事业发展，不断提升民生幸福指数。同时，牢固树立抓好党建是最大政绩理念，扎实推进“三严三实”教育，强化领导班子和干部队伍建设，着力锻造“狮子型”团队，弘扬狠抓落实的风尚，营造干事创业的氛围，为建设以“生态美、城乡美、产业美、人文美、生活美”为内涵的中国最美县作出更大贡献。会议审议通过《中共桐庐县委关于全面加强基层党建巩固基层政权的决定》。

【县委常委会议】 2015年1月7日，县委常委会听取安全生产工作汇报，审议县委、县政府全体（扩大）会议工作报告、《关于全面深化法治桐庐建设的若干意见》和县“两会”有关建议名单等事项。

1月16日，县委常委会听取县“两会”筹备工作和有关环保问题处理意见的汇报，审议县人大常委会、县政府、县政协常委会工作报告，发展改革、财政等相关计划，研究有关组织人事工作，书面传达学习全国组织工作会议精神。

1月19日，县委常委（扩大）会议专题学习贯彻十八届中央纪委五次全会精神和习近平总书记重要讲话精神。

2月2日，县委常委会听取县级机关部门社会评价情况汇报，通报有关违纪问题处理意见，交流月度工作。

2月10日，县委常委会听取2014年度经济政策兑现及表彰奖励安排情况、2015年度固定资产投资、工业经济、招商引资等发展指标任务分解情况、各类评先表彰情况（五水共治、三改一拆、风景桐庐、信访维稳等）和综合考评工作等事项的汇报，传达贯彻中央、省、市纪委全会精神并听取贯彻意见建议，审议2015年理论大课安排与深化人文桐庐建设暨创建全国文明城市三年行动计划，研究有关组织人事工作。

3月2日，县委常委会听取县领导联系产业、项目、企业、基层等方案、县人大工作要点与监督计划和县政协民主监督计划与协商计划等事项汇报，传达全国精神文明建设工作表彰暨学雷锋志愿服务大会精神。

3月20日，县委常委会听取2015年全县深化改革重点项目和主要任务、县领导联系产业、项目、企业、基层等方案、党风廉政建设工作整改意见、调整机关部门党委（党组）成员管理权限的意见等事项汇报，研究有关组织人事工作。

4月3日，县委常委会听取2015年党风廉政建设和反腐败工作组织领导及责任分工、省委巡视组来桐巡视准备工作方案等情况汇报，传达全省农村基层党建工作推进会精神，研究有关组织人事工作，交流月度工作。

4月16日，县委常委会听取关于加强意识形态工作和宗教工作、信访包案工作等事项汇报，审议深化“三实”活动实施意见和《县纪委关于查办腐败案件体制机制改革的实施细则（试行）》《关于党风廉政建设党委主体责任和纪委监督责任追究实施办法（试行）》《关于农村基层侵害群众利益问题专项整治行动实施方案》等相关文件。

4月29日，县委常委会审议《关于进一步加强人大工作充分发挥人大作用的意见》、乡镇街道、机关部门综合考评办法，听取县管干部年度考核情况汇报，书面审议《关于加强安全生产促进安全发展的实施意见》与2015年度出国计划，书面传达全市纪检监察机关查办案件工作会议精神，交流月度工作等事项。

5月13日，县委常委会听取省委巡视组来桐巡视准备情况和《县委2010年以来工作情况报告》《2010年以来桐庐县纪检监察工作情况》《2010年以来干部选拔任用工作情况》起草情况等事项汇报，书面审议县人大党组、县政府党组和县政协党组2010年以来工作情况报告，书面学习传达《中共中央、国务院关于加快推进生态文明建设的意见》。

5月21日，县委常委会听取全县“三严三实”专题教育方案汇报，传达学习中共中央政治局常委、中央纪委书记王岐山在浙江省考察时的重要讲话精神。

5月29日，县委常委会研究机构人事有关事宜，通报2014年度综合考评结果，交流月度工作。

6月9日，县委常委会审议2015年县人大常委会讨论决定重大事项初步清单，研究有关违纪问题处理工作。

7月2日，县委常委会听取组织工作、杭黄铁路桐庐段项目征迁建设情况汇报，审议《关于在“三严三实”专题教育中联动开展信访督查“百千万”专项行动的方案》，传达学习中央统战工作会议精神和《中国共产党统一战线工作条例》，交流月度工作。

7月16日，县委常委会审议县委全会工作报告和《关于全面加强基层党建巩固基层政权的决定》，研究综合考评有关事项。

7月30日，县委常委会听取电网建设情况汇报，审议乡镇（街道）及机关部门综合考评办法，研究有关组织人事工作，传达全国群团工作会议精神，交流月度工作。

8月7日，县委常委（扩大）会议传达学习习近平总书记会见全国优秀县委书记的重要讲话和全国优秀县委书记表彰会议精神。

8月31日，县委常委会审议省委巡视组反馈意见整改方案、《关于进一步加大科技支撑推动创新创业的若干意见》、桐庐县信访件办理质量综合评价和特殊疑难信访事项终结暂行办法、县中医院升格党委等有关事项，传达省委组织部关于加强基层党建的有关要求，研究有关组织人事工作，交流月度工作。

9月8日，县委常委（扩大）会议传达学习省委常委、纪委书记任泽民来桐调研讲话精神。

9月28日，县委常委会审议双十佳“担当有为好干部”表彰名单，听取有关纪检工作情况汇报，传达学习《习近平总书记在中央政治局第二十六次集体学习时的重要讲话精神》和全市领导干部大会精神，交流月度工作。

10月12日，县委常委会听取有关违法问题汇报，传达学习《中国共产党巡视工作条例》。

10月22日，县委常委会（扩大）会议传达王岐山书记重要讲话精神和省委夏宝龙书记在省委常委会（扩大）会议上的讲话精神。

10月30日，县委常委会议学习《中国共产党廉洁自律准则》《中国共产党纪律处分条例》《推进领导干部能上能下若干规定（试行）》等相关文件，以及省委常委、组织部长廖国勋在从严贯彻《干部任用条例》规范选人用人工作会议上的讲话精神，研究有关组织人事工作，交流月度工作。

11月14日，县委常委会听取县纪委派驻机构全覆盖工作方案和派驻纪检组组长、副组长提名考察办法和分水镇有关违建责任人员问责等情况汇报，审议“双百亿”重大项目活动表彰名单。

12月5日，县委常委会传达上级关于推进领导干部能上能下和关心关爱干部等相关文件精神，审议《中共桐庐县委关于关心关爱干部的若干意见》《关于职务职级并行制度的实施方案》《桐庐县防控和处置违法建筑责任追究暂行办法》，研究有关组织人事工作，听取有关违纪问题办理工作和县考评办有关工作汇报，交流月度工作。

12月19日，县委常委会审议综合行政执法体制改革方案，研究有关组织人事工作，听取县纪委有关工作汇报。

12月26日，县委常委会审议2016年度全县主要经济指标安排、县委县政府全体（扩大）会议工作报告与桐庐县国民经济和社会发展十三五规划建议、加强社区治理、提升社区公共服务水平的实施意见、研究桐庐县落实“两个责任”约谈工作实施意见、县委常委会三严三实专题民主生活会方案和部分基层党组织升格等相关事宜以及有关组织人事工作，交流月度工作。

【政法工作会议】 2015年2月11日，浙江省社会治理创新试点县动员大会暨县委政法信访工作会议召开。会议主要任务是：通报2014年度全县政法综治信访工作情况，部署2015年工作任务。会议指出，2015年全县政法（综治）信访工作要以省基层社会治理机制创新试点县为契机，全面提升社会治理能力。要咬定目标，到2017年初步建立与经济政治文化生态体制相适应的社会治理体系，并实现民主政治建设、法治政府建设、公正司法建设、全民法治素养、群众对社会治安满意度等走在全省前列。要明确任务，夯实社会治理基层基础，加强社会法治建设，创新预防化解社会矛盾机制，推进社会治理智慧化，建立社会治理新格局。要坚持政府主导、社会调解、群众自治相结合，坚持全面深化改革和全面推进法治建设相结合，坚持维护社会和谐和激发社会活力相结合，并尊重基层首创精神，在原有基础上不断深化巩固已有的好做法。要深入贯彻全面从严治党从严治警新要求，努力建设过硬的政法队伍。会上签订2015年度维护稳定工作目标管理、信访与县长公开电话工作目标管理责任书。

【农村工作会议】 2015年1月23日，全县农村工作会议召开。会议主要任务是：回顾总结2014年工作成绩，全面部署2015年工作任务，动员全县上下深化改革，强化农业，惠及农村，富裕农民，谱写“三农”发展新篇章。会议要求，全县各级各部门要进一步明确思路，创新实干，准确把握新常态下“三农”工作新趋势，坚持统筹统揽、项目为重、示范引领、改革驱动和农民主体，以“农业现代化、全域景区化、农村智慧化”为目标，以改革创新和科技创新为动力，加快转变农业发展方式、农村建设方式、农民转移转化方式和基层治理方式，全力开创桐庐县“三农”改革发展新局面。

【纪委全会】 2015年2月25日，中共桐庐县纪委全体（扩大）会议暨全县作风建设大会召开。会议主要任务是：深入学习贯彻中央、省市相关会议精神，回顾总结2014年工作成绩，部署2015年工作任务。会议要求：要守纪律、讲规矩，进一步强化政治意识、自律意识和监督意识，加强党内监督、民主监督，使党的纪律和党的规矩成为带电的“高压线”。要纠四风、求长效，进一步提高思想认识，坚持久久为功，坚决克服“歇歇脚、松口气”的想法，持续不断深化正风肃纪行动，防止“四风”问题反弹；进一步提升工作效能，把不担当、不作为、低效率的问题作为当前作风建设的重中之重来抓，引导培育担当、实干、高效、廉洁的新作风。要强责任、严惩防，全面落实党委（党组）主体责任和纪委（纪检组）监督责任，明确责任内容，加强监督检查，狠抓责任追究；要严厉惩治腐败，形成强大震慑，并坚持抓早抓小，对苗头性问题及时约谈提醒。进一步加强权力监督和制约，抓住工程建设、土地出让等腐败现象易发多发环节，全面加强制度建设。

【党建工作会议】 2015年2月2日，全县党建工作会议召开。会议主要任务是：回顾2014年全县组织、宣传思想和统战工作，全面部署2015年工作任务。会议要求：组织工作要致力于选好人、用好人、管好人，切实加强干部队伍建设，深化“基层走亲”“乡镇干部住夜值班”等好经验好做法，加快推进软弱涣散党组织整转，大力实施招才引智和人才培育工程，加快国家“千人计划”等高层次人才及企业发展紧缺型人才引进。宣传工作要在武装干部群众思想上下功夫，以领导干部为重点强化理论学习，贯彻学习“中国梦”及中共十八届三中、四中全会精神和习近平总书记系列重要讲话精神，加大对外正面宣传力度，弘扬主旋律、唱响好声音、传播正能量。统战工作要在汇聚力量上更有作为，汇集各方力量，凝聚各方智慧，做到与党委、政府“同心同德、同向同行”。

【县委理论学习中心组学习会】 2015年3月2日，县委理论学习中心组举行专题学习会，传达学习全国精神文明建设工作表彰暨学雷锋志愿服务大会精神。

3月26日，听取省商务厅电子商务处处长卢成南作“电子商务产业发展研究和政策建议”专题讲座。

4月20—21日，赴高新区（滨江）、萧山、鄞州、慈溪四地参观考察，学习发达地区发展信息经济、实现“两化融合”、推动工业经济转型升级等方面的成功做法和先进经验。

5月7日，收看全省“三严三实”专题党课暨专题教育部署会，学习中央和省市关于“三严三实”专题教育的部署要求。

5月21日，参加全县“三严三实”专题党课暨专题教育部署会。

5月22日，听取贵州大学党委副书记、校长郑强作的“中国梦”专题讲座。

5月25日晚，听取浙江大学光华学院章剑生教授作的“新行政诉讼法解读”专题讲座。

6月11日晚，听取省委调研团成员、省环保厅副厅长卢春中作《环境形势与媒体应对》专题讲座。

6月12日，参加县级领导干部会议，学习贯彻落实习总书记在浙江考察时的重要讲话精神和省委十三届七次全体（扩大）会议精神。

7月23日晚，听取国家行政学院教授李拓作的“三严三实”专题讲座。

7月29日晚，举行“三严三实”专题学习会，围绕“严以修身，加强党性修养，坚定理想信念，把牢思想和行动的‘总开关’”主题，开展专题学习研讨。

8月20日晚，听取杭州市委党校学术委员会委员、政治学与法学教研部主任朱晓明教授作的“以宪法为根本准则 推进法治桐庐建设”专题讲座。

8月27日晚，举行“三严三实”专题学习会，围绕“律己用权，严守党的政治纪律和政治规矩，自觉做政治上的‘明白人’”主题，开展专题学习研讨。

9月2日，听取知名学者莫峰先生作的“德国工业4.0发展论坛”专题讲座。

9月24日晚，听取国防大学军事科技教研室副主任、军事学博士李莉教授作的国防教育专题讲座。

10月30日，举行县委理论学习中心组专题学习会，传达学习《中国共产党廉洁自律准则》和《中国共产党纪律处分条例》。

11月3日，参加全县领导干部会议，学习中共十八届五中全会精神。

11月5日，听取当代著名散文家、文化学者、艺术理论家、文化史学家、电视名人、节目特邀主持人余秋雨作的《余秋雨谈文化》专题讲座。

11月5日晚，举行“三严三实”第三次专题研讨会。

11月14日，举行县委理论学习中心组专题学习会，传达学习习近平总书记在中共十八届五中全会上的重要报告和重要讲话精神。

11月19日晚，听取浙江大学经济学院教授、博士生导师、浙江大学金融学院研究所所长王维安作的《当前宏观经济金融形势与政策解析》专题讲座。

12月3日晚，听取第九、十、十一届全国政协委员，北京大学国际关系学院教授，联合国基金会中国董事袁明作的《经济全球化与文化自觉》专题讲座。

12月11日，收看省委《中国共产党廉洁自律准则》和《中国共产党纪律处分条例》专题宣讲报告会。

12月12日上午，参加全县经济社会发展务虚研讨会。

12月30日晚，听取杭州市委党校副校长陈晖作的中共十八届五中全会精神宣讲专题报告。

【调查研究工作】 2015年，县委办公室（政研室）围绕全县工作重点，精心谋划县委、县政府领导年度重大课题计划和部门联动课题计划，按照“重在解决问题、重在成果转化”的思路，推进县领导重点课题调研工作，形成《关于桐庐县“十三五”发展的思考》《关于电商“桐庐模式”的分析研究》等14篇优秀调研成果。发挥牵头抓总作用，做好《关于桐庐县农村居家养老模式的研究》等县市联动课题，并完成《关于我县生态文明建设的现状浅析及下一步发展建议》《关于近三年来桐庐与周边六县（市、区）县域经济发展态势的比较分析》《关于我县推进综合行政执法体制改革的探索与实践》《“美丽县”综合评价指标体系研究——以桐庐县为例开展实证探讨》等一批联动调研成果，为县委决策提供参考。同时，着力转化调研成果，牵头起草《中共桐庐县委关于法治桐庐建设的实施意见》和《中共桐庐县委关于制定全县国民经济和社会发展第十三个五年规划的建议》等重大决策文件；《坚定绿色崛起之路》《认真落实“四个全面”，新常态下桐庐再出发》等文章在省级刊物上发表。

（王云）

·纪检监察工作·

【督促党委主体责任落实】 2015年，县纪委（监察局）协助县委将党风廉政建设责任制工作任务分解落实到每位县委常委、副县长和27个牵头部门。印发《关于进一步强化党风廉政建设党委主体责任和纪委监督责任工作的通知》，明确落实主体责任“四个一”举措（年初一次专题部署会、制定一张责任分解表、每季一次专题研究、年底一次检查考核），强调落实监督责任“四个突出”（突出主责主业、突出组织协调、突出维护纪律、突出监督问责），推进实施“四项制度”（签字背书、约谈提醒、履责报告、责任追究）。听取乡镇（街道）和部分机关部门党委（党组）书记主体责任专题汇报。在《今日桐庐》报开设“落实两责书记谈”专栏，刊登5名党委书记、8名纪委书记（纪检组长）的体会文章。对46家单位落实“两个责任”进行专项检查。完善党风廉政建设责任制检查考核办法，实行动态考核管理，一季一汇总一反馈，共对26家单位作出扣分处理。制定《关于党风廉政建设党委主体责任和纪委监督责任追究实施办法（试行）》，对履行“两个责任”不力的5名县管领导干部进行责任追究。

【作风建设】 2015年，县纪委（监察局）贯彻执行中央八项规定精神、县委“32条意见”，重申细化工作用餐、津补贴发放、操办婚丧事宜等规定。开展公务接待饮酒“四不”承诺活动，全县4413名党员干部签订承诺书。对28名县管领导干部操办婚庆事宜进行提醒、核查。县纪委牵头开展正风肃纪检查活动59次，发出书面通报13期、整改抄告单16份，对12家单位的“一把手”进行约谈。查处违反中央八项规定精神案件12件15人。整治“不担当、不作为、不落实”问题，县乡两级共追究问责党员干部357人（次）。受理效能投诉件157件，问责30人。制作作风问题暗访视频，在全县作风建设大会上曝光，督促15家责任单位抓好整改。

【“三诺三比”电视问政活动】 2015年，县纪委（监察局）继续做好“三诺三比”电视问政活动，对26家单位开展“镜头督诺”明察暗访，节目现场曝光79个问题。

【纪律审查工作】 2015年，全县各级纪检监察组织共受理群众信访举报350件（次），同比下降25.7%；立案139件，上升31.1%；结案140件，上升35.9%。对16名县管领导干部进行纪律审查，同比上升220%，其中组织处理7人、给予党纪轻处分7人，县供销总社原党委书记、主任袁建刚和原党委副书记、副主任（正局级）鲁成水因严重违纪被开除党籍，并移送司法机关处理。坚持抓早抓小、关口前移，开展谈话提醒教育564人次，谈话函询31人次，为63名党员干部澄清反映不实问题。制定查办腐败案件体制机制改革实施细则，建立问题线索集体排查制度，处置各类问题线索176件。坚持依纪依法安全文明审查，抓好纪律审查安全和涉案款物处置工作。实行乡镇纪委书记、副书记信访包案制度，完善乡镇纪委办信办案片区协作机制。

全面推进县纪委派驻（出）机构统一管理工作会议

【巡察工作】 2015年，县纪委（监察局）出台《桐庐县巡察工作实施办法（试行）》，对6家单位开展巡察，共发现存在问题100个，提出整改意见88条，约谈21人，查处违纪违法案件6件，采取组织措施1人。督促抓好巡察反馈意见整改，已整改落实59条。协助做好省委巡视配合和反馈意见整改工作，办结交办转办件260件。

【廉政教育】 2015年，县纪委（监察局）制作警示教育片《贪欲之害》《村干部违纪违法典型案件》，组织全体机关干部和村干部观看。开展《中国共产党廉洁自律准则》《中国共产党纪律处分条例》“五个一”（一册学习读本、一次专题学习、一个学习专栏、一次知识测试、一篇体会文章）学习教育活动。组织县管干部党章党规党纪专题集中培训，举办县管干部家属“助廉”培训班。落实机关单位每月一次“周四廉政夜学”制度。编发《中央八项规定精神纪律红线图解》1万余册，完成桐庐廉政网改版，完善微博微信发布机制。

【农村基层党风廉政建设】 2015年，县纪委（监察局）加大统筹协调力度，全面实施村监委履职“四清单”制度，推行农村“小微权力”清单制度，开发应用村级大额支出网上审批系统，探索建立“人+制度+科技”的监管机制。推进“阳光工程”“阳光征迁”“阳光资金”和“村账民管”工作。开展农村基层侵害群众

县纪委开展巡查工作

利益问题专项整治行动，严惩群众身边“四风”和腐败问题，查处村干部侵害群众利益案件40件，同比上升186%，其中村两委主要负责人案件16件，上升78%，移送司法机关5件；涉农纪检信访同比下降20.5%。向全县通报8起典型案件，在县第五期村干部视频交流会上推广8个村的党风廉政建设典型经验。

【深化落实“三转”】 2015年，县纪委（监察局）开展“三严三实”专题教育活动。按照“三转”（转职能、转方式、转作风）要求，举办全县纪检监察干部实务培训，加强对干部日常工作的管理。保留或继续参与议事协调机构22个，完成县级机关部门派驻机构全覆盖工作。出台乡镇纪委书记、副书记和派驻纪检组长、副组长两个提名考察办法；建立纪委书记、副书记后备干部库；完善乡镇纪委履职积分制考核办法，落实乡镇纪检干部专职专用。强化内部监督，严明审查、信访、保密等纪律，建立健全重点工作督查、下级纪委向上级纪委报告等10余项制度；组织外地行风监督员对纪检监察干部工作作风和效能开展不定期检查。

【纪检派驻机构全覆盖】 2015年，县纪委完成派驻（出）机构改革，实现派驻（出）机构全覆盖。根据《中共桐庐县委关于全面推进县纪委派驻（出）机构统一管理工作的意见》（县委〔2015〕33号）精神，经县常委会研究同意，通过单独派驻（出）和综合派驻两种形式，对全县县直部门和单位统一派驻（出）纪检组（纪工委），共设置派驻（出）纪检组16个，涉及58个党和国家机关，实行统一管理。制定下发《中共桐庐县委关于全面推进县纪委派驻（出）机构统一管理工作的意见》《派驻机构履职工作办法（试行）》，明确8项工作职责，细化11种工作措施，为派驻机构全面履行监督职责提供充分的政策依据。同时，指导各派驻机构制定本级各项管理制度，进一步突出监督履职的针对性、有效性，促进监督全覆盖、无盲区。

（余鑫忠）

·组织工作·

【“三严三实”专题教育】 2015年5月，县委组织部牵头开展全县“三严三实”专题教育活动，把学习习近平总书记系列讲话精神与县委理论中心组学习、周四夜学、“三会一课”、党员固定活动日、专题民主生活会等有机结合，确保规定动作到位、专题教育扎实。县级领导班子自觉开展三个阶段专题研讨，县委主要领导带头作专题党课，其他县级领导主动赴基层讲党课、作宣讲。县级领导班子及成员共确定整改问题236个，全面建立整改清单，全部完成整改工作。

县委召开“三严三实”专题教育部署会

【开展“敢担当、促发展”干部评议】 2015年，县委组织部深化“四比一争”（比担当、比实际、比口碑、比作风、争担好干部）干部考核、重点工作专项考察和不敢担当问责等办法，探索建立重点工作领办单、急难任务交办单、完成实效督办单“三单式”工作法。组织开展2014年度“敢担当、促发展”专项述职评议工作，对全县521名县管领导干部进行考核，每人形成一份综合成绩，并分“ABCD”四类，其中评为“A”的县管领导干部160名，评为“B”的314名，年度考核优秀在“AB”两类中产生；对评为“C”的42名，由组织部门进行约谈；评为“D”的5名，其中4名年度考核定为基本称职，1名不称职。

【加强关心关爱干部】 2015年8月，县委下发《关于关心关爱干部的若干意见》，建立完善谈心谈话、探望慰问、困难补助、健康体检、休养休假、福利保障、培训培养、津贴补贴、提醒教育、干事保障等十条关心关爱干部举措，从政治上关心、生活上照顾、工作上支持，进一步加强人文关怀，提高干部待遇，激发干部活力。开展“担当有为好干部”评选活动，通过组织推荐、人选审核、大众投票等程序，结合干部主要事迹、日常表现和投票情况，共评选产生20名“担当有为好干部”和20名“担当有为好干部”提名奖。重视结果运用，对16人进行提拔或重用，其中提拔正职5人、提拔副职4人、转任重要岗位2人等。

【树立干部用人导向】 坚持用正确的用人导向来引导干部努力的方向，全年新提拔干部大多具有乡镇基层工作经历，其中从乡镇提拔13人，机关提拔到乡镇任职4人。继续举办年轻干部基层实训班，选派48名中青年干部到田间地头、拆迁一线、五水共治等重点项目一线锻炼。

【规范干部选拔任用】 2015年8月，制定下发《桐庐县署名推荐县管领导干部人选实施办法（试行）》，在党组织和单位主要领导署名推荐的基础上，根据工作需要和选拔职位不同，分别实行县委全委会成员署名推荐、动议环节署名推荐、党组织书面推荐、县领导日常署名推荐和党员干部经常性署名推荐，并将《署名推荐表》存入干部选拔任用工作记实档案。完善党政领导干部选拔任用工作全程纪实制度和领导干部选人用人责任追究机制，并配合市委组织部完成中组部关于违规用人问题组织处理实施有关问题的调研。

【落实“两个全面”要求】 按照基层党建“全面进步、全面过硬”的要求，牵头完成全省农村基层党建工作推进会、全国农村基层党建工作座谈会任务，会议成效得到各级领导的肯定，受到县委通报表彰。在全省农村基层党建工作推进会、全国农村基层党建工作座谈会期间，对全县183个村、19个社区党务公开栏进行提升，修建、扩建31个村（社区）党员活动场所。是年，接待全国各地党建考察团队60余批。

【加强基层党建巩固基层政权】 2015年9月，县委下发《关于全面加强基层党建巩固基层政权的决定》，围绕省市委要求，明确今后桐庐县进一步加强基层党建、巩固基层政权建设的目标任务，即确定着力构建更加明晰的基层工作责任体系、更加严密的基层工作组织体系、更加健全的基层工作治理体系、更加高效的基层工作服务体系、更加完备的基层工作制度体系、更加有力的基层工作保障体系等6大工作体系及28项工作任务，并分解为132项具体任务，全部落实责任单位、责任人及完成时限。

【建立党建责任清单制度】 2015年5月，制定下发《关于建立乡村两级党组织书记履行党建责任清单制度的通知》，明确制定乡村两级党组织书记党建责任清单共性条目各20条，各乡镇（街道）党（工）委书记个性条目5条以上，各村党组织书记个性条目3条以上，并明确各乡镇（街道）党（工）委书记基层党建领办项目14个，并将党建责任清单落实情况纳入年度双向述职评议和年度基层党建考核内容。

【实行“双百分制”考核】 2015年9月，县委下发《2015年度“五好”服务型乡镇（街道）和重大平台综合考评实施办法》（县委办〔2015〕79号），首次提出“双百分”制考核办法，将乡镇（街道）综合考评分为经济社会发展目标和基层党建目标两个部分，分值各占100分。文件明确基层党建考核不理想、责任落实不到位的乡镇（街道），一不能评五好乡镇，二不能评综合优秀，三不能评最佳班子。

对基层党建单独考核，突出强化基层党建责任，进一步畅通镇村基层党建责任机制。

【软弱落后党组织整转】 2015年8月，制定下发《关于做好选派机关优秀干部到村任第一书记工作的通知》，按照因村制宜、分类指导的原则，对软弱落后和重点扶贫村选派34名市县机关干部到村任第一书记，建立第一书记月度工作例会制度，每月汇报工作进度与成效、每月明确工作任务与重点，全面加强第一书记跟踪管理。是年，全县15个软弱涣散党组织班子得到配齐配强，部分历史遗留问题得到解决，一批村级建设项目和重点工程得到有效推进。

【基层自治】 通过试点先行、现场会推进、示范点引领等举措，在全县各乡镇（街道）全面推行基层自治工作，构建新型村（社区）治理机制。是年，全县183个村、19个社区《村规民约》《社区公约》制定修订工作已按程序完成，村干部“五不能、六不宜”要求被明确写进《村规民约》，并以“一村一版”上墙、“一户一册”发放到户，提高“两约”知晓率。各乡镇（街道）从实际出发，从自治机制构建、自治组织建设着力，以示范点打造为引领，形成特色鲜明、务实管用的基层自治工作体系，破解一批基层治理重点、难点问题，创建一批基层自治示范村（社区）。

【网格党建全覆盖】 2015年9月，制定下发《关于推进“强化网格党建、深化基层走亲”工作的实施意见》，按照“支部建在网格上、服务落在网格上、考核放在网格上”要求，全县716个农村网格建立网格支部554个、建立服务团队430支，实现网格党建全覆盖，并完成网格支部支委会建设，有序推进网格支部阵地建设，形成以“村党组织+网格支部+党小组”为主线的网格党建架构，确保“每个网格都有党组织、每名党员都在网格中”，形成层次分明、科学合理的网格党组织。按照“定格、定人、定责”原则，探索网格支部考评机制，规范完善网格支部管理体系。

【基层走亲】 实行基层走亲每月统计通报制度，对乡镇（街道）干部、县级机关部门县管领导干部走亲情况进行经常性明查暗访，通报检查结果。全年共开展阶段性“基层走亲”集中性抽查3次，开展住夜值班、挂牌上岗暗访督查3次。组织十万农户开展“是否进过百姓家、群众是否熟悉你、是否办过惠民事、群众评价是否满意”为主要内容的基层走亲“四个是否”考评。2015年，全县干部走访农户（企业）104313户（家），收集社情民意条数6609条，解决实际问题6245个。县级领导干部开展自访夜谈225次，走访农户695户，解决问题218个。

【加强村（社）干部管理】 探索实行村干部底线管理办法，从严扎紧村干部底线。明确村干部日常必须落实的基本要求和履职标准，重点划定村干部坐班值班、承诺事项、民主决策、工作作风、工作实绩、年度评议、推进中心工作等村干部底线情形。2015年，共有35名村干部因违反底线管理要求被离职或调整岗位。深化村干部视频交流会议制度，以美丽乡村建设、基层治理创新、加强“三资”管理等内容为主题，开展村（社区）干部视频交流会议4期。加大村级后备干部队伍建设，确定全县村级后备干部579名。

【党员固定活动日制度】 2015年1月，制定下发《关于全面推行党员固定活动日制度的实施办法》，确定每月25日为全县党员固定活动日；3月，制定下发《桐庐县从严抓实“党员固定活动日”十条纪律》，对党员固定活动时间、对象、主题、考勤、考核进行明确。建设全县智慧党建平台，在全县村（社区）安装刷卡考勤机300余个，运用信息化手段实现对党员活动考勤的实时管理。加大不合格党员处置力度，畅通党员出口，全县共确定不合格党员144名，诫勉谈话84人，党内除名（取消预备党员）7人，限期整改53人。

【创新创业人才招引】 县委组织部（人才办）先后与国家“千人计划”联谊会、中国与全球化智库开展合作，共建海创智库（千人计划）桐庐创新创业服务中心，并邀请15名医疗器械、汽车部件等与桐庐县产业对口领域的“国千”专家对接县内优质企业，柔性引进国千专家畅

2015 年“君山引凤”科技人才周项目签约

志军等自主创新人才。围绕大众创业、万众创新，与KAB全国推广办公室合作举办“创业桐庐•智汇画城”大学生创业大赛，面向全国高校征集大学生创业精品项目，进行分类评审，邀请前 50 强项目负责人来桐创业考察，其中 13 个项目与桐庐签订落地意向书。

【“百名硕博进桐庐”专项引才】 2015 年 6 月，制定下发《关于进一步加快教育卫生人才引进的若干政策意见》，在深化“百名硕博进桐庐”成果的基础上，立足县内重点工作需要，对原有人才引才政策进行完善，通过政府特殊津贴、安家补助、购房补助等优惠措施，加大名师、名医等成熟型人才招引力度，引进成熟型教师 3 人、医生 5 人，以“入伍不入编”等多种形式柔性引进省内名师、名医来桐服务。继续组织小分队赴外通过“面试加考核”的紧缺人才绿色通道引才，引进 68 名教育类和 43 名卫生类优秀毕业生。

【“名校优生”党政人才储备工程】 2015 年，赴清华大学、浙江大学等全国知名高校开展党政机关领导干部储备人才招聘，吸引 80 余名硕士以上优秀毕业生报名。经过面试、考察等层层选拔，择优聘用 8 人。录用的 8 名党政储备人才全部选派到乡镇（街道）任职，设定三年培养期，要求在培养期内轮换三个以上岗位锻炼，同时兼任村党组织副书记，并抽调参与县委、县政府中心工作任务。

【规上企业人才工作全覆盖活动】 为掌握企业人才工作现状和需求，提高人才工作精准度，实施规上企业人才工作全覆盖活动，对全县 374 家规模企业的人才工作现状和需求进行摸底，在此基础上经分类汇总，制定规上企业人才工作全覆盖实施方案，确定每一家规上企业人才工作活动内容。根据企业需求，加强对接，发布《桐庐县紧缺专业人才目录》，举办电商人才、海康威视技能人才专场招聘会等活动，建立院士工作站 1 家，博士工作站 4 家，为支柱产业、重点企业推荐人才、搭建平台，为传统产业转型升级提供智力支撑。

【技能人才队伍建设】 2015 年 5 月，县委下发《关于深化改革加快推进技能人才队伍建设的若干意见》，对技能人才队伍的成长壮大进行梳理和规划。启动实施技能人才培养“灰领计划”，完善企业技能人才评价体系，统一职业技能培训补助标准，对技能人才到桐庐就业给予 200 元 / 月的生活补贴。与市交运局合作共建杭州技师学院，引导重点规模企业与技能院校合作培养，开办医疗器械等行业订单班，培养高技能人才 1866 人，在 30 余家企业建立实训基地。是年，杭州技师学院杨金龙在世界技能大赛中获得汽车喷漆项目金牌。

【大组工网建设】 严格按照省、市委组织部的要求，采购大组工网网络安全设备集成，做好相关线路、设备的架构，确保大组工网终端连通到部机关 21 名干部，实现全覆盖。按照涉密信息系统分级保护管理的要求，成立部机关保密工作领导小组，设立部保密办，专门配备系统管理员、安全保密管理员、安全审计员，确保大组工网管理维护落实到位。部保密办多次组织开展安全保密知识培训，定期对各科室、人员的保密工作执行情况进行检查，与每位部机关干部签订保密承诺书、保密责任书，将责任落实到人，确保大组工网可用、可控。

（沈明刚）

·宣传思想工作·

【学习型桐庐建设】 2015年3月，制定下发《中共桐庐县委理论学习中心组2015年学习计划》，开展各类学习64次，其中“三严三实”专题研讨3次，编发乡镇、街道中心组学习通报4期。围绕“中国梦”“中华传统文化”“国防安全”等主题，邀请贵州大学校长郑强、著名文化学者余秋雨、国防大学教授李莉等专家作12场专题讲座，受众6000余人。组织开展10场“桐江人文讲堂”，36次“周四夜学”，编发检查通报4期。推荐上传13批91篇好文。3月，制定“全民阅读·书香桐庐”建设工作方案，增设“读书驿站”9个站点，截至年底共有54个站点，全年补书12次10611册；开展“读书驿站”征文和机关干部捐书活动，收到征文160篇，赠书5238册。10月，会同县学习办以“纪念抗战伟大胜利，珍惜幸福美好生活”为主题，开展第十二届学习节，做好学习成果汇编。完成《杭州文化年鉴（2014年创刊卷）》桐庐分目编纂工作。

【中国特色社会主义宣传教育】 2015年，县委宣传部调整充实县中国特色社会主义理论体系宣传普及讲师团师资库，提供宣讲菜单。结合“党员固定活动日”，依托红色讲坛、夕阳红大讲坛、企业家大讲堂等平台，围绕“三严三实”、纪念抗战胜利70周年、中共十八届五中全会等开展专题宣讲200余场，受众20000余人。6家农村文化礼堂入选市第三批悦学体验点。开展市级“基层舆情工作室”建设，建成“楼下书记”“下杭物语”两个工作室。9月，县委宣传部、桐君街道在全市舆情工作室建设推进会上作经验交流发言。推进“社科普及示范基地”“基层理论宣讲点”建设，办好《今日桐庐》“思与行”理论专栏。

【理论调研】 2015年，组织开展乡镇（街道）、部门理论中心组课题调研，共收到106篇调研报告，编发调研成果集《思想的光芒（2015）》。围绕“绿水青山就是金山银山”重要思想、农村宗祠文化规范化建设、非公企业核心价值观培育等内容，组织开展宣传意识形态领域县本级调研，《坚定绿色崛起路 建设中国最美县——桐庐践行“两山”重要思想的探索与思考》入选省委宣传部举办的全国“两山”重要思想研讨会，《桐庐县积极推进祠堂文化建设的探索与思考》列入省委宣传部重点指导调研课题。

“余秋雨谈文化”专题讲座在桐举办

【重大主题宣传】 2015年，县委宣传部围绕全县经济工作，指导县内新闻媒体开设“看桐庐产业智慧化”“全面实施燎原计划 打造电商桐庐模式”等栏目，刊播报道1600篇（条），报纸专版30个，电视专题5期，评论40篇。结合全国文明城市创建，指导县内新闻媒体开设“深化人文桐庐建设 创建全国文明城市”专栏，策划“最美桐庐人 传递正能量”“文明同步 读者同行 读者团体验文明大行动”等子栏目，刊播新闻500余篇（条），报纸专版40个，评论25篇，电视专题5期，公益广告13000余条（次）。针对“五水共治”“三改一拆”等重点工作，指导县内新闻媒体综合运用新闻报道、专题节目、公益广告、电视游字等多种方式加强宣传，刊播“五水共治”新闻400余篇（条）、“三改一拆”新闻300余篇（条），电视游字公益广告、公益宣传片近万条（次），报纸公益广告专版12期。围绕第四届“桐庐百姓日”，指导县内新闻媒体开设“欢乐百姓日·幸福桐庐人”等专栏，刊播新闻报道共计139篇（条），报纸专版13个，公益广告4个，评论

5篇，电视专题3期。

【提升现代传播能力】 2015年，县委宣传部不断健全新闻宣传宏观管理，坚持运用策划宣传方案、撰写新闻阅评等方式，抓好对县“两台一中心”具体业务指导，相继围绕县“两会”、中国国际快递业发展大会等各项活动，策划宣传方案30个。推动县信息传媒中心实施《今日桐庐》扩面计划，完成40000份/日的发行量。推动舆论监督常态化，下发《关于要求认真做好〈新闻聚焦〉栏目曝光问题整改落实工作的通知》，明确曝光、整改、报告、督办、核查、通报等一系列工作机制，要求桐庐电视台《新闻聚焦》栏目每周播出节目不少于2期，前半周播出内容为问题曝光，后半周播出内容为被曝光问题的反馈与整改、先进经验介绍等，全年共播出节目126期。《今日桐庐》继续开设“曝光台”栏目，重点围绕“五水共治”“清洁桐庐”等工作开展舆论监督，每周刊发三条报道，周一、周三曝光，周五反馈整改情况，共刊发报道166条。提高舆论引导能力，做好突发事件的对外信息发布和舆论引导工作，在方埠中心学校学生集体腹泻、儿童货梯坠亡等事件中，第一时间与媒体沟通或赶到采访现场，指导涉事单位接受采访，给媒体留下主动合作的良好印象，有效地化解或消除不利影响。

【城市品牌对外宣传】 2015年，县委宣传部围绕生态文明建设等主题，组织策划一批有影响的专题采访报道。3月23日，新华网首页头条刊发《大美中国：“山花烂漫”》；3月28日，浙江卫视“浙江新闻联播”头条播出《桐庐：串珠成链　突破乡村旅游季节性瓶颈》；4月7日，浙江日报头版刊发《生态优势如何变成发展资源，且看桐庐探索——美丽经济如花盛开》。在“担当有为好干部”表彰、电视问政等工作的对外宣传报道中，邀请新华社、中央电视台、中国青年报、人民网、新华网、浙江日报、浙江卫视等主流媒体和全国网媒以及网络名人聚焦采访，形成对外宣传美丽桐庐的规模声势。是年，桐庐县共在中央电视台《新闻联播》《焦点访谈》等栏目播出新闻11条；新华每日电讯头版3篇（含2篇综合稿），其中头条1篇；中国青年报头版3篇，其中头条1篇；浙江卫视《浙江新闻联播》头条4条；浙江日报头版和要闻版31篇，其中头条5篇（含4篇综合稿）；杭州日报头版20篇，其中头条5篇（含3篇综合稿）；杭州电视台《杭州新闻联播》60条，其中头条7条。

【社会主义核心价值观宣传普及】 2015年5月，制定下发《关于在全县开展社会主义核心价值观宣传实践活动的通知》，开展社会主义核心价值观宣传实践活动。制定《桐庐市民守则》和《桐庐市民“十不”行为规范》并向全县发布，开展各层面的学习推广。组织新时期“桐庐精神”征集提炼，共收到各类表述语600余条。推进“讲文明树新风”公益广告宣传，明确宣传主题、发布频次和宣传比例，通过“道德墙”、公交车身、公交站台、户外LED大屏等载体，丰富公益广告形式和内容，提高社会主义核心价值观知晓率。深化“知桐庐、爱桐庐”主题活动，将《品读人文桐庐》列入中小学乡土教材，新推出《潇洒桐庐诗文读本》《画中桐庐》等一批乡土文艺作品，通过桐庐电视台、桐庐人民广播电台、文化演出等载体传唱桐庐原创歌曲。以县委讲师团为龙头，开展各类社会主义核心价值观宣讲100余场。组织开展纪念抗日战争胜利70周年图片展、抗战老兵寻访、红色故事会等群众性主题教育活动，弘扬爱国主义和伟大抗战精神。

【全国文明城市创建】 2015年1月，桐庐县

关爱留守儿童活动

获得全国文明城市提名城市称号（杭州区县市唯一），1月23日召开深化人文桐庐建设暨创建全国文明城市动员大会和全县文明委扩大会议，4月制定出台《桐庐县创建全国文明城市三年行动计划》和《创建全国文明城市2015年度重点工作任务分解》等文件。成立创建全国文明城市工作领导小组，并下设“一办九组”，推进9大提升工程、28项重点工作。相继组织“文明礼让斑马线”“文明随手拍”等20余项主题活动。加大创建工作督查考核力度，开展专项检查百余次，查找并整改问题300余起。组建市民体验团、设立967000创建热线，提升群众参与创建热情。做好年度台账资料收集整理和上报，12月顺利完成省文明办对桐庐县创建工作的实地暗访和台账审核，考核结果在全省12个提名城市中位列第三位。

【“最美”系列道德实践】 2015年，县委宣传部开展“身边好人”微评议、“最美人物”微宣讲、“凡人善举”微公益“三微联动”系列活动。8月，制定出台《“桐庐好人”推评工作实施方案》，全年累计推评“桐庐好人”15人，向上推荐并入选“浙江好人”5人，“杭州好人”6人，杭州道德模范提名1人，“最美杭州人”1人。开展“万张红榜送好人”和“万名好人进校园”活动，在县城文化公园和14个乡镇（街道）以张贴“道德红榜”的形式，将“道德模范”“身边好人”先进事迹进行集中展示。开展寻找“最美桐庐人——好家庭”“最美桐庐人——好女儿”等系列活动，严祥秀家庭被评为杭州市“最美家庭”，戴竹英被评为杭州市“好女儿”提名奖。制定实施《桐庐县关于推进志愿服务制度化的意见》《桐庐县创建全国文明城市志愿服务活动方案》，完善县、乡、村三级志愿服务网格体系，建立志愿服务驿站5个，建成“雷锋广场”1处。组织开展关爱孤寡老人、留守儿童等志愿服务近百场，参与志愿者数达2万余人次。加强未成年人思想道德教育，推进“第二课堂”“春泥计划”、乡村学校少年宫、社区青少年俱乐部建设，新增社区青少年俱乐部4家，评选出年度“春泥计划”示范村10个。在全县中小学开展“写家训·书家史·研村志”主题教育实践活动，引导广大中小学生深入挖掘家训家史，传承优秀传统文化。

【公共文化服务】 2015年，县委宣传部做好农村文化礼堂“建、管、用”文章，建成25家农村文化礼堂。开展文化礼堂星级评定，评出三星级文化礼堂3家、二星级文化礼堂7家、一星级文化礼堂10家，荣获2015年度全省农村文化礼堂建设先进县。推进宗祠文化规范化建设，完成建设任务10家。完成农村应急广播系统建设全覆盖。开展“菜单式”送文化下乡服务，全年免费送文化下乡200场，送电影下乡2400场。精心组织“欢乐大舞台·幸福桐庐人”“山花节”、新年晚会等文化活动，丰富群众业余文化生活。自编自导自演大型地域文化主题演出《春江花月夜》，创作出版《中国美丽乡村——荻浦》《环溪村调查》《旮旯拾遗》等一批文艺精品。组织《鼓动山哈》进京演出，参加“群星奖”评比。越剧《白云源》《桐庐慢生活原创歌曲》，微电影《又见花开》入选杭州市文化精品工程扶持项目。承办全省“陆维钊奖”书法展活动，桐庐县书法家获金、银、铜奖各1人。“全国书法之乡”创建通过验收，荣获“唐诗西路”和“浙江省诗词创作基地”等称号。

【“清洁桐庐”工作】 2015年，县委宣传部实施“清洁桐庐”提质扩面工作，进一步完善环境卫生网格化管理制度，继续实行月度巡查、季度排名、年度考核、媒体曝光、问题抄告整改，完成四次季度暗访考核。开展城郊结合部、城中村、里弄小巷等薄弱环节督查164次、巡查49次，《今日桐庐》曝光174条，桐庐电视台曝光135条；发放工作联系单23份，下发清洁桐庐工作简报17期。创成县级清洁示范村4个，最清洁村3个，富春江水利风景区荣膺杭州市“打造国内最清洁城市”示范点。开展环境卫生最佳、最差公厕与农贸市场评比活动，全年共检查公厕441座次、农贸市场229座次，评选出月度最佳公厕128座次、最佳农贸市场28座次、最差公厕56座次、农贸市场26座次，季度最佳公厕16座次、最佳农贸市场3座次，年度最佳公厕3座、年度最佳农贸市场1座。

【文创经济】 2015年，全县文创产业实现增加值44.2亿元，同比增长11.5%，占GDP比重13.16%，占服务业比重34%。评审通过2014年度县级文化创意资金扶持项目共12个，下拨扶持资金125万元。开展2013、2014年度杭州市文创专项资金审计工作，21个项目通过市级审计，争取扶持资金240万元。获得2015年市级文创专项扶持资金30万元以及市文创产业、文化事业专项资金竞争性分配资金198万元。

【文化创意活动】 2015年5月，以“动漫花海”为主题，开展稻草人田园艺术展、吸引游客、观众4.8万人次。与新合乡共同举办大学生旅游创意营销大赛；与莪山乡共同举办“风情畲乡创意莪山”文创系列活动。10月，以“古风江南”为主题参展2015杭州文博会；与江南古村落管委会共同举办“深澳回响”深澳古村钢琴音乐会；与分水镇举办2015第二届中国笔业博览会，吸引269家企业参展，设置425个专业展位，来自20多个国家和地区的1.56万名客商到会参与。其中400多位外商、5230余位国内专业采购商参展采购，与167家参展企业签订1.83亿元的交易订单，其中现场签订合同订单9800万元。

【文创产业平台】 2015年，启动江南养生文化村国医馆内部装修和外部景观工程，完成养生度假村（一期）主体工程建设，完成年度投资额6000万元；完成绿化围墙施工、土地平整和文创中心样板房1幢，完成年度投资额3000万元。

【招引文创项目】 2015年，县委宣传部招引村里村外、浙大智谷、零碳馆、漫野度假酒店、徐畈艺术村落、荆善堂项目、亦舍项目7个文创项目签约落户。9月，启动“中国美院徐畈村乡村动漫+精品民宿”项目建设，为高校人才到桐庐创作发展搭建平台。10月，“中国最美书店”先锋书店的第11家分店——云夕先锋图书馆落户莪山畲族乡并运营。云夕深澳里书局项目落户“江南古村落文创小镇”。

【互联网宣传管理】 2015年，县委宣传部继续加强与新华网浙江频道、浙江在线等网络媒体的合作，开设“中国画城 潇洒桐庐”“中国最美县城 华夏养生福地”等专题。“潇洒桐庐”新闻客户端每天推送桐庐本地新闻报道、生活资讯、便民信息和国内外大事要事。加强“桐庐发布”网络平台政务类信息发布工作，全年微信共计发布210次870条（“权威发布”和“政策解读”310条），微博发布5120条。“桐庐发布”微信公众号粉丝数突破5万人，有6条微信阅读量达到“70000+”，其中10月24日推送的《浙江最好的酒店今天在桐庐开业！澳门特首赶来现场祝贺！》达到“100000+”，点赞2835次。加强政务发布集群建设，制定考核办法，实行月度考核通报。在全国政务双微指数排行榜中，“桐庐发布”3次进入单日榜单前20位，两次被榜单点评。在浙江政务微博排行榜中，“桐庐发布”连续进入第一方阵，同时连续排名浙江政务微信排行榜前列。在杭州市政务微信排行榜中，县公安局、县旅委、县广播电视台、县教育局、分水镇等单位微信多次入榜，进榜数量居13个县、市（区）前列。完善“135”联动体系，召开联席会议，做到互通信息，快速处置。协同处置方埠中心学校学生集体感染诺如病毒、分水中学女生群殴视频等重大网上舆情17起。建立共同走访制度，新闻网站、交互式网站（论坛）和重点微博及公众微信平台管理得到加强。

【宣传文化干部队伍建设】 2015年，县委宣传部利用支部周四夜学、专题讲座等形式组织党员干部开展中共十八届五中全会及省市宣传思想工作会议精神等专题学习教育，提升干部队伍政治理论素养。组织党员干部开展党章党纪党规、《准则》及《条例》专题学习，并要求班子成员结合工作实际撰写学习心得体会，增强党员干部廉洁从政的自觉性。组织开展“四张清单”自查，查找问题7个，至年底落实整改4个。开展全县宣传思想文化队伍建设调研工作，及时调整并充实乡镇（街道）宣传干事。开展政工评审活动，评出助理政工师6名、政工师6名、高级政工师推荐人选4名。举办全县村级宣传文化员培训班、文艺人才和业余团队文艺骨干培训班等，不断提升全县文化干部队伍的业务能力。完善文化志愿者队伍，建成1个文化志愿者总队，14个文化志愿者大队，吸纳社会各层面文化志愿者500余名。进一步加强宣传信息报送和全省宣传系统网络交流平台使用管理工作，强化社会舆情收集、整理和报送工作。

（吴见英）

·统战工作·

【综述】 2015年，桐庐县委统战部贯彻落实中央、省市委统战工作部署，围绕县委、县政府中心工作，持续夯实统战基层基础建设，不断提升统一战线服务统战成员和服务科学发展的能力，进一步凝聚人心、汇聚力量，努力服务桐庐经济社会发展，为“一个目标、五大桐庐”建设做出积极贡献。县委统战部在2015年度县级机关综合考评中被评为优秀单位。

【教育引导】 2015年，县委统战部认真学习中央统战工作会议精神和《中国共产党统一战线工作条例（试行）》，并及时将会议精神和《条例》内容向县委常委会作专题汇报；召开机关干部《条例》专题学习会，传达会议精神，提出贯彻要求；利用“两微”平台和传统媒体、举办各类学习会等形式，宣传会议精神和《条例》。举办党外代表人士培训班、少数民族干部培训班、宗教团体负责人季度学习会，安排党外后备干部参加县基层实训班，加强党外代表人士队伍建设，3名党外后备干部提拔为县管干部，1名党外县管副职提拔为县管正职。坚持把增强“三个自信”放在首位，开展非公经济人士理想信念教育基层行活动，组织新生代企业家和工商联执常委代表赴井冈山接受革命传统教育，组织非公经济代表人士参加杭商学堂新生代企业家高级研修班、杭商大讲堂社会主义学院培训班、“品质杭商”清华大学高级研修班等10多期，受训人员600多人次。

【统战社团】 2015年，县委统战部制定考核评比机制，以县知联会带基层分会的形式，指导和促进基层分会在服务辖区发展、服务民生改善中发挥作用。组建知联会网联小组，开展培训与对口交流等活动。村级商会扩面工作纳入全县“538改革”重点项目，出台加快推进村级商会发展的实施意见，全年新组建村级商会51个。县村级商会建设得到来桐调研的全国工商联副主席安七一的高度评价，横村镇凤联村商会获“创新中国特别奖”。新生代企业家联谊会以开设易居商学院、企业经营大家谈等形式，加强学习交流，抱团兴实业。完善“桐庐情，亲桐庐”数据库，350余名人员增补入库。

【桐庐—香港两地青年企业家、社团领袖交流活动】 2015年9月24—26日，开展桐庐—香港两地青年企业家、社团领袖交流活动，共有26名香港企业家、8名本地青年企业家参加。桐君街道与新启维科技（香港）有限公司签订《两地项目投资意向书》，聘请赵燕东教授为大埼里科技农业硅谷研究中心专家委员会顾问；桐港两地青年围绕桐庐县经济社会发展情况开展座谈，并签署两地友好合作备忘录。

【“同心服务”品牌】 2015年，县委统战部整合资源，组织开展统战同心服务月活动，通过同心服务团、服务小分队进畲乡、进社区、进乡村、进革命老区、进学校等活动，继续推进“五水共治联乡结村”“一对一为侨服务”“知联·阳光驿站”“国学宣讲”等社会服务品牌建设，进一步提升同心服务品牌的影响力。在钟山乡夏塘村、创业学校、培智学校等新建立服务基地3个，统一战线服务基地累计13个，全年共组织开展各类服务活动40余次。

【发挥经济统战作用】 2015年，县委统战部引导发展商会经济，鼓励基层商会和非公经济人士联合开发建设商会大厦，装饰装修商会会员联合投资建设的易居装饰广场正式营业，江南镇商会牵头开发的商会大厦动工建设。配合做好首届国际快递业大会在桐召开相关工作。搭建会员服务平台，推进银企融资合作，县装饰装修商会与上海浦发银行融资合作，桐君街道商会与农村合作银行联合举办银企携手座谈会；推广商会仲裁活动，引导会员企业签订经济合同引入仲裁条款。引导非公经济人士参与公益，在钟山乡夏塘村建立非公经济代表人士（新生代企业家）“五水共治”联乡结村基地，募集资金13万元；参与全县公交（出租）车司机健康关爱基金捐款、春风行动、环卫工人“暖心行动”“幸福老年餐”等公益活动，奉献统战人士爱心。

（贾丹丹）

·信访工作·

【概况】 2015年，桐庐县信访局受理群众来信413件，同比上升0.24%。其中重复来信114件，占来信总量27.6%；接待群众来访548批次3346人次，分别同比下降8.67%和8.85%。其中重复来访45批811人次，分别占来访总量8.21%和24.24%。集体访34批2626人次，批次同比上升24.07%，人次同比下降1.57%；县长公开电话受理中心受理14681件，同比下降15.2%（其中接听电话6009件，同比下降22.7%；网上信访、县长信箱3582件，同比下降27.8%；市长公开电话交办5090件，同比上升11.3%）。信访事项按要求全部录入全国信访信息系统；初信初访初电均按时办结，按时办结率100%，群众满意率97.4%署名初信初访初电都及时给予回复，落实“三见面”制度（同承办单位领导见面、同承办人见面、同写信人见面）。桐庐县群众进京非正常上访1批1人次，同比下降90.91%。另被北京公安机关清查6批10人次；被国家信访局登记5批7人次，进京总量同比大幅下降。

是年，全力做好重要时段信访工作，在全国“两会”、抗战胜利70周年系列纪念活动和中共十八届五中全会期间无进京非正常上访，得到省市通报表扬。同时，在桐庐召开的全国农村基层党建座谈会、全省农村基层党建工作现场会、首届国际快递业大会等高规格、高级别重要会议、大型活动期间，也未发生影响会议举办、现场考察秩序的信访事件。

【规范办理】 2015年，依托浙江省网上信访信息平台，实现信访事项各个环节全部网上流转；建立初信初访满意度评价体系，实现信访事项网上可查询、可跟踪、可督办、可评价，真正做到公开、公正、公平，自觉接受群众监督；进一步压实事权单位责任，重视苗头性、倾向性问题，切实把矛盾纠纷落实在基层，化解在当地，从源头治理，掌握工作主动权，实现按时反馈率100%、按时办结率100%目标。

【“百千万”督查】 2015年6月以来，根据省市统一部署，结合“三严三实”专题教育活动，桐庐县组织开展信访督查“百千万”专项行动，在强化全县信访干部严实作风、规矩做事方面获得成效。县领导带队督查，督促改变疑难信访问题化解中停、等、靠畏难问题；信访部门专业性督查指导，解决办理不规范问题；职能部门自行督查，自行纠错，解决处理不到位问题。县委组织部、纪委全程跟踪，以“从严从实”态度，对造成办理不规范和群众不满意原因进行分析追责。33名县领导带队督查63件重点疑难信访件，100%化解稳控。县信访联席办分批交办45件办理不规范件，100%整改到位。

【百日攻坚】 2015年8月以来，县委、县政府主要领导就百日攻坚活动多次召开会议，专题分析研究推进。其后每个重要节点，重要活动前后，都分别召开会议进行分工部署，分析研究存在问题，采取针对性措施，高标准、严要求完成任务。各单位制定工作方案，成立工作班子，既快又稳迅速推进工作。活动期间，建立“县、乡、村”三级联动排查机制，对突出信访问题和重点稳控对象进行精细化管控。制定实施《关于开展“百日维稳攻坚大会战”期间县领导开门大接访活动的通知》，每天安排1名县领导在信访局接待来访群众，共接待上访群众26批次216人次。其中化解6批次，其余都得到平息或趋于稳定。乡镇（街道）、部门领导接待来访群众187批411人。

【创新机制】 2015年，依托信访事项办理群众满意度评价实施细则，针对群众评价不满意的信访件，建立信访办理质量综合评价体系，专业性评判事权单位是否真正将群众反映问题处理到位；建立特殊疑难信访事项县内评议终结制度，并就基层信访事项终结制度、赋予基层信访终结权限进行探索。9月份以来，完成分水镇吴彩花信访件办理质量综合评价工作和百江镇周乐英、分水镇吴彩花县内终结评议工作。省信访局将该制度正式列入省信访改革试点工作。12月，国家信访局对省改革试点工作进行调研，桐庐县就“信访件办理质量综合评价体系”试点工作作交流发言，信访件办理质量精细化管理理念得到国家信访局领导肯定，相关工作经验在《浙江日报》上刊登。

（王生清）

·县长公开电话·

【概况】 2015年，县长公开电话受理中心共受理各类群众诉求14681件，同比减少2361件，下降15.2%，按时反馈率99.7%，按时办结率100%，群众满意率96.9%。其中：承办市长公开电话交办5090件，同比增加515件，上升11.3%，办理杭州市通报件（交办函）、预通报件11件；县长公开电话受理来电6009件，同比减少1765件，下降22.7%。网上信访（县长信箱）受理4963件，同比减少1381件，下降27.8%。编发《县长公开电话简报》12期，呈报县领导批阅12件。

【全面提升办理质量】 2015年，县长公开电话受理中心调整考核办法，考核扣分折算系数从四档增加到五档，提高退办件、市重复（二次）交办件、市督办通报件、效能追责件、媒体曝光件的分值，将考核重点放在信访件处理程序和结果上。从初电办理入手，做好内容审核、精准交办。在界限模糊的事项上落实事权单位责任，督促群众反映的问题及时落地解决。从严把握审核、回访、督办、考核四个环节，确保百分之百回访率和较高的群众满意率。对办理不到位的坚决予以退办，全年退回重办268件。对承办单位在办理期内没有明确办理结果但确定具体办结时间的以及市重复诉求转告件，加强后续跟踪，定期回头看，督促承办单位。

【解决疑难信访】 2015年，市“12345”市长公开电话向桐庐县分别打包交办“关于查处违法建筑”和“要求解决小餐饮油烟扰民问题”的函，县受理中心联合相关部门进行专题研究，分析查找原因，明确责任部门和时间节点，全面落实整改，两次交办共82件反映件均得到有效处置，同时制定落实长效管理机制，尽量减少同类信访件发生。借信访督查“百千万”专项行动之力，是年受理中心筛选提交27件重点疑难信访件进行专门督查，通过县领导带队督查、信访部门组织督查、职能部门自行督查等形式，并由县委组织部、县纪委（监察局）对活动开展进行全程跟踪，所有重点疑难信访件全部整改到位。加大对违法建筑投诉的处理力度，分别在7月、10月、12月三次组织力量到乡镇（街道）进行“对标找差”验收，共对200余件涉违的信访举报件进行现场督查，并针对督查情况查摆问题、提出建议。

【加强媒体合作】 每周向县广播电视台和县信息传媒中心报送一周受理情况及群众反映的热点、焦点问题，同时对相关责任单位的处理结果进行公开。在县广播电视台播出《连线“12345”》50期，在《今日桐庐》刊登报道47篇。如：反映“菜市场脏乱差”“占道经营”“小区物管”“电梯安全”等民生问题，通过新闻节目和民生栏目的播出和互动，引起相关责任部门重视，积极整改落实，取得良好的效果。

（柯斌）

·史志工作·

【民国版《桐庐县志》（点校本）出版发行】 2015年9月，民国版《桐庐县志》（点校本）由方志出版社正式出版发行。该点校本自2011年正式启动，历时4年。民国版《桐庐县志》为民国桐庐知事颜士晋修，清贡生朱邦彦、臧承宣纂，县地方志办公室根据县档案馆保存的民国《桐庐县志》底本进行标点整理。全书正文十八卷，卷首一卷，共60万字。民国《桐庐县志》始修于光绪三十年（公元1904年），成于民国十五年（公元1926年），记事详实、严谨实录、具体生动，是桐庐自有史以来至民国时期内容最为详备的地方志著作，具有较高的史料价值。该书的点校出版，有利于发挥方志存史、资政、育人的作用，为当今桐庐经济社会发展提供大量的文化依据与历史经验。

【《桐庐年鉴（2015）》出版发行】 2015年12月，全书100万字的《桐庐年鉴（2015）》由方志出版社正式出版。该书采用分类编辑法，保持卷首、百科、卷尾3个基本组成部分和类目、分目、条目3个层次的框架结构，卷首设特载、大事记、总述；百科设农业经济、工业经济等21个类目；卷尾设文献、名录、专刊、统计资料等。完成《杭州年鉴（2015）》桐庐部分编纂任务。《桐庐年鉴（2014）》获得第八次全国年鉴编纂出版质量评比三等奖。

【《春江潮涌——改革开放以来桐庐县党史专题集（三）》出版】 2015年，县委党史研究室继续开展改革开放以来桐庐县党史专题（1979—2012）资料收集征编工作。10月，《春江潮涌——改革开放以来桐庐县党史专题集（三）》编印出版。该专题集主要收录1979—2012年桐庐地方党史专题资料研究成果30篇，全文25万字，内容涉及桐庐政治、经济、文化、生态、党建、社会发展等多方面，编辑过程中尽量保持党史资料的真实性、完整性与丰富性。

【“微村志”编纂工作】 2015年，县委党史研究室继续开展“微村志”编纂工作，通过“邀请县历史文化研究会成员撰写一批、新闻媒体重点是《今日桐庐》报记者征集一批、大学生村官编写一批、浙大等高校学生社会实践撰写一批”等4种渠道，扩大“微村志”的修编范围。至年底，完成50个村的“微村志”撰写任务，通过微信公众号正式上线40个村。微村志公众号推广取得明显进展，通过与同乐汇、桐庐发布、桐庐旅游等公众号合作，新增关注人数1000多人，受众面15万多人次。是年，为培育和践行社会主义核心价值观，发挥学校、家庭、社区在未成年学生思想道德建设中的重要作用，联合县教育局在全县中小学生中开展“写家训·书家史·研村志”主题教育实践活动。

【抗日战争胜利70周年纪念活动】 2015年，按照县委统一部署，全县共安排10项抗日战争胜利70周年纪念活动，其中由县委党史研究室（地方志办公室）牵头开展的有4项：联合县委老干部局、县广播电视台、县新四军研究会等单位开展走访抗战老兵活动，先后赴金华等地进行走访慰问、采访拍摄、征集资料，采访记录11位抗战老兵的英勇事迹。9月，《纪念中国人民抗日战争暨世界反法西斯战争胜利70周年专辑》编印出版；联合县广播电视台、县信息传媒中心在电视、报纸上开设专栏《抗战记忆》《那些年我们的抗战军魂》等，宣传桐庐抗战历史和抗战故事；开展纪念抗战胜利70周年图板展活动，将收集到的体现桐庐抗战历史的图片资料制作成图版，先后在桐庐博物馆、分水镇等进行展出，参观人员达11000多人次；开展纪念抗战胜利70周年座谈会，结合“5·6”桐庐百姓日，邀请20余位老战士参加参加座谈会，回忆艰苦卓越的战争岁月，畅想未来发展的美好前景。

县领导观看抗日战争胜利70周年图片展

【珍贵史料抢救工作】 2015年，县委党史研究室继续开展抗战老兵口述史征集，对在桐的抗战老兵进行采访，收集记录珍贵资料，形成口述史和电视专题片。向上争取资金，获得省委党史研究室2015年度党史资料征集补助经费7万元。指导分水镇做好分水革命历史馆、南堡纪念馆的资料征集和布展工作。加强党史胜迹保护，向杭州市争取到新合乡金萧支队革命遗址群维修工程补助资金25万元。

【史志宣教工作】 结合党史、地方志工作特点，充分挖掘和利用史志资料，采取各种形式开展史志宣传教育活动。办好《桐庐史志》，2015年编辑、出版《桐庐史志》4期，向县级机关、乡镇街道、村社区、学校等赠送，起到“宣传桐庐史志、交流史志学术”的目的；做好桐庐党史网的维护和更新，丰富内容，创新方法，提高宣教效果；结合桐庐百姓日活动，开展史志“六进”活动，选取近年来编辑出版的桐庐史志书籍免费赠送给广大市民，共赠送《桐庐县志》《桐庐年鉴》《南下桐庐》《桐庐史志》等2000余册；11月4日，联合杭州市委党史研究室到城南街道桑园村、桐君街道麻蓬村等，开展“党史六进、情系农村”送书活动。

（张红）

·党校教育·

【概况】 2015年，中共桐庐县委党校有在编教职员工58人，专任教师47人，其中研究生学历24人；专任教师中有高级职称21人，中级职称14人。学校设综合办公室、干部教育培训部、社区教育培训部、县情研究室、学历教育部、后勤服务中心、网络信息中心。全年共举办各类培训班399期，培训各类人员26977人次，其中主体班9期培训787人，部门班22期培训2505人次，外来班181期培训9576人，淘宝班32期培训1225人，社会培训154期培训12471人，企业家大讲堂1期培训20余人。理论宣讲123场受众8148人次，“红色讲坛”33场受众2396人。举办中央党校党建部“全国基层党建创新”理论研讨会、华东地区党校学员工作研讨会及“杭州城市发展与文化软实力支撑研究”2015年学术研讨会等。全年各类发表、获奖、入选、入围、交流的论文、课题、信息及微博微信共计621篇。高等学历教育在读学员2172人。是年，荣获2015年度全省党校系统创新单位、2015年度县级机关综合考评优秀单位和县宣传思想文化工作“创新奖”。

【主体班培训】 2015年党校主体班培训以党性锻炼为主要思路、以时事热点为主要内容、以业务指导为主要方向，在教学中从理论和实践两方面加强学员的党性锻炼，理论上着重《党章》《中国共产党廉洁自律条例》等知识的学习，实践上着重带领学员去红色基地实地考察感受。

2015年党校主体班培训一览

表40

期数	时间	名称	人数
1	5月11—12日	全县纪检监察干部培训班	102
2	5月21—22日	离退休干部党支部书记培训班	83
3	5月26—27日	工业经济转型升级（信息经济）专题培训班	69
4	6月25—27日	村落景区创建、民宿经济发展专题研讨班	113
5	7月17—23日	第一期县领导干部素质提升研修班	69
6	8月3—9日	第二期县领导干部素质提升研修班	78
7	7月29—30日	全县村（社区）党组织书记培训班	202
8	9月15—25日	桐庐县第二期年轻干部基层实训班	48
9	11月24—25日	桐庐县第一期医疗器械产业高级管理人员培训班	23

【理论宣讲】 2015年，针对不同层次学员的要求，县委党校理论宣讲主要内容为"干部教育理论宣讲""党员固定活动日"和"红色讲坛"三部分。"干部教育理论宣讲"是常规的理论宣讲，主要针对乡镇、机关等在职干部；"党员固定活动日"主要针对全县基层党员；"红色讲坛"主要针对基层百姓。课程涵盖时事政治、国内外形势、法律知识、桐庐县情研究、新农村建设、全国两会精神、老年人权益专题、人文修养、党建知识等40多个专题。组织专职教师30多人进行宣讲，发挥党校宣讲在统一思想、服务经济发展、维护社会和谐稳定等方面的积极作用。全年共进行理论宣讲123场，受教育干部群众8148人次。

【成人高等学历教育】 2015年，桐庐党校（电大）开放教育招生183人，毕业225人；网络高等教育招生316人，毕业379人；杭州师范大学毕业2人，杭州工人业余大学毕业3人，全校在读2172人。是年，组织青年教师参与省市电大组织的教学活动，陈耀宇教师获杭州地区电大教师说课竞赛三等奖。学历教育部开展评优工作，全年电大评上中央电大奖学金3人，中央电大希望田野奖学金1人，省电大奖学金5人，省电大优秀毕业生1人。

【教育科研】 2015年，县委党校提交县情研究8次共计25篇征文；申报各类课题11次共计36项，获11类共计27项课题立项，其中中国浦东干部学院关于第三批现场教学转化为案例专项课题1项，浙江省党校系统中国特色社会主义理论体系研究中心第十七批规划课题3项，浙江省社会主义学院系统招标课题3项，浙江省电大科学研究课题2项，杭州市委党校社科联课题13项，杭州市成人教育课题1项，县机关理论研究课题4项。提交4篇桐庐双基案例，入选《杭州市基层党组织和基层政权建设案例集》。刊发县情信息5期，报送专报信息2篇，录用舆情信息11篇，刊发教师参阅5期。是年，专报信息《携手阿里巴巴打造县域农村电子商务全国样板》获杭州副市长戚哮虎批示；《引导市民"消费心理"，提高桐庐"颜值"——基于对2014年百期"学在桐庐"班数据分析》获县委书记毛溪浩批示；《关于发挥我县职业教育优势，服务地方经济发展的调研报告》获方毅县长批示；新龙村"农家议事会"在《浙江法制报》、新华视点作为桐庐县农村基层社会治理成功的案例刊出。《桐庐基层社会治理模式的创新与启示》等3篇调研文章入选全国基层党建研讨会论文集《排舞创新社会管理的民间力量和途径——对桐庐新兴社会组织的认识及作用发挥的建议》在全省社院系统首届优秀调研成果奖中获优秀奖，《空巢时期乡村治理的困境及路径分析》获省委党校理论研讨会二等奖。

【社会培训】 在"做精项目、提升服务"思想的指导下，2015年县委党校社会培训工作取得新突破。截至年底，完成各类培训221期，培训16352人次。其中包括举办外联班68期，培训10490人次；对外培训67期，培训3881人次；教师培训75期，培训1372人次；医学类培训4期，培训325人次；社会培训4期，培训116人次；农民培训3期，培训493人次。

【现场教学基地品牌建设】 2015年，县委党校在做好中国浦东干部学院、浙江省委党校、浙江大学干部教育培训中心"三大"现场教学基地的办班服务工作基础上，进一步推进现场教学示范基地的落户建设。是年，相继有省社

中央党校党建部教学科研桐庐点揭牌仪式

会主义学院、中国浦东干部学院、中央党校党建部、宁波市委党校现场教学基地落户党校，并完成上海复旦大学现场教学试运行的3个班次现场教学任务，综合评价满意率达95%以上。6月12日，中组部基层党员骨干师资培训示范班到桐庐，考察学习桐庐的基层党建和美丽城乡建设情况，来自全国各地32个市县的基层党员骨干90余人参加此次培训。11月15日，与上海复旦大学继续教育学院达成设立现场教学基地协议。12月30日，被浙江省委组织部、浙江省委党校授予“浙江省干部教育培训现场教学示范基地”。全年，县委党校共接待中央党校、浦东干部学院、上海复旦大学、浙江省委党校、浙江省社会主义学院、宁波市委党校、浙江大学等外来培训班181期，培训人数共计9576人。

【阿里巴巴农村电商培训中心】 2015年1月20日，阿里巴巴全国首个农村电商培训中心落户桐庐县委党校。是年，党校承办淘宝大学县长电商研修班32期，1225名县级领导干部参加培训，覆盖全国26个省、184个地级市、504个县市区。《新华每日电讯》头版专门刊登党校做法，形容该校是“全国培训县长人数最多的县级党校”。国务委员王勇11月13日在桐庐考察时，对淘宝大学农村电商县长班予以高度评价。

【人才培训模式创新】 2015年，党校继续创新人才培养模式，牢牢抓住青年教师前三年的关键成长期，组织开展各类考察学习和能力提升活动。组织全县现场教学点讲解员和青年教师赴余姚四明山开展考察学习；开展“相约星期二”青年教师岗前培训活动，以老教师传帮新教师的形式，增强青年教师的讲课水平，全年共开展17期；开展青年教师专题课试讲竞赛，共评选出10名获奖教师。组织青年教师赴市委党校参加“名师大讲堂”听课，赴省电大参加新教师培训。

【双微平台建设】 2015年，党校完善双微平台建设工作，建立“桐庐党校”网络平台领导工作小组，出台《“桐庐党校”网络平台“双微”工作考核办法》，定期推送党校资讯，全年共推送微信信息110次、331条次；推送微博信息600条次，在县“双微”网络平台考核中7次进入全县前20名。

【县管正职领导干部培训班】 2015年7月18—23日以及8月5—9日，县委组织部和党校联合举办县管正职干部培训班，县级机关、乡镇街道的60多名学员分两个批次赴清华大学学习培训。此次培训为期9天，由清华大学继续教育学院承担课程任务，采取封闭式的培训方式，聘请清华大学、北京大学、中央党校等教授主讲宏观经济新形势、城乡统筹和新型城镇化、一带一路建设、四个全面发展战略解读、依法行政，基层社会治理、科技自主创新等课程，校方组织每日晨读、清华知多少等课外活动，取得较好实效。

【年轻干部基层实训班】 2015年6月24日，县第一期年轻干部基层实训班结业。县委书记毛溪浩在结业典礼上高度评价此次培训取得的成效，并鼓励年轻干部牢固树立为民谋福的精神价值取向，在作风上严于律己、工作上勇争先进，有良好的心态和责任意识，争做优秀中青年干部。9月15日，桐庐县第二期年轻干部基层实训班在党校开班，来自全县各乡镇（街道）、部门的48名学员参加培训。

【中央党校副校长徐伟新调研视察】 2015年11月10日，中央党校副校长徐伟新、干部教育学院院长王洋、干部教育学院办公室主任冯辉和校长秘书刘冠君到桐庐调研。徐伟新副校长一行在实地考察调研桐庐城市建设、美丽乡村和基层党建工作的同时，到县委党校了解学校资源整合、开门办学等方面情况，对学校围绕中央党校“大教育大培训”要求，坚持“增实力、增地位、增和谐”的办学思路，打造“红色学府、红色讲坛、红色现场”的具有桐庐特色的县级党校予以肯定。

【《美丽中国 桐庐先行》出版发行】 2015年4月，由桐庐县委党校编著、上海交通大学出版社出版的《美丽中国　桐庐先行》一书正式出版发行，全书20.6万字。该书是关于桐庐县“中国最美县”建设历程和工作经验的教材，分别从生态、产业、人文、生活、党建五个方面介绍和总结“中国最美县”建设的具体做法和特色亮点，对推动城乡统筹发展和城市化建设具有重要意义，也为其他地区加强城乡建设提供借鉴。

（夏俊华）

·机关党建工作·

【概况】 2015年，县直机关党工委转进党员124名，转出党员131名。经过预审、公示，发展党员24名、转正党员10名。全年按程序完成40个支部换届、调整，新成立党总支2个，撤销支部2个。至年底，直属党组织有84个（其中党委3个、党总支9个、党支部72个），所属党支部有136个（其中离退休党支部24个），党员2131名。继续实行机关党建工作在线绩效考核，坚持支部书记专项述职制度。按计划组织开展入党积极分子、组织委员等培训，460人次参加。落实党风廉政建设责任制，全年开除党员2人。

【建党94周年系列活动】 2015年，县直机关党工委开展“我为七一献热血”活动，6月30日，组织124名机关党员参加无偿献血活动，当天共计献血38.4升。深入推进党群共建创先争优，完善“双争双评”“机关党建综合示范点”创建等活动，依托在线绩效考核，评选出先进基层党组织20个、优秀党务工作者10名、优秀志愿者10名、优秀党员100名。对2015年新增的50周年（60周年）以上党龄的22名老党员，颁发“光荣在党50年（60年）”荣誉证书，并走访慰问建国前入党的3名老党员。

【公职人员齐奉献活动】 2015年5月6日，第四届桐庐百姓日组织开展公职人员齐奉献活动，活动共三项内容：25家机关部门186名公职人员在中心广场开展各类集中志愿服务；28支志愿服务队自行到农村、社区围绕“全国文明城市”创建，开展“文明出行”引导、“文明旅游”教育、“文明餐桌”宣传、“垃圾分类”宣传、环境整治等活动；23个机关部门党员干部到各分会场及客运站点等地开展安保及秩序维护。据统计，活动当天广场志愿服务活动共服务群众25600余人次，开展健康义诊1500人次，赠送花卉苗木8500株、书画摄影作品550幅、剪纸作品230幅、书籍报刊900份、免费送水2560人次。

【在职党员进社区领办服务活动】 2015年，机关党员进社区活动开展服务6125人次，领办服务项目1216个，领取“微心愿”352个。开展社区“服务达人”评选活动，推选3名“服务达人”报市委组织部；评选出29名在职党员进社区先进个人、13个先进党组织。

【综合考评社会评价】 2014年，杭州市对桐庐县综合考评社会评价中，征集到各类意见建议127条次；桐庐县各类社会评价中，征集到意见建议798条次。经梳理、整合，确定2015年市级整改类意见41条，县级整改类意见111条。根据市考评工作要求，确定重点整改目标8条。每条整改目标落实整改单位，整改情况列入机关单位综合考评。全年预定整改目标全部完成。12月，开展县直机关（直属单位）民主评议、最佳最差服务型机关评选、乡镇(街道)、重大平台民主评议。县直机关（直属单位）民主评议活动评议对象为52个机关部门，分4组进行评议，同时对13个非综合考评单位进行征求意见，9个层面4910名代表参与，评选得分按20分计入综合考评得分。根据县直机关部门综合考评社会评价得分、综合考评领导评价分和机关效能减分，2015年度被评委最佳服务型机关有：县公安局、县人社局、县财政（地税）局、县农办、县委组织部、县委宣传部。乡镇（街道）、重大平台民主评议，共有7359名代表从经济建设、社会管理、公共服务及自身建设等方面对14个乡镇（街道）和开发区、商务区、富春山健康城共16个单位进行社会评议，评价得分按2～7分计入综合考评得分。根据测评结果，合村乡满意度最高。

【千企评百岗活动】 12月，连续第9年开展千家企业评百个机关涉企中层岗位（简称千企评百岗）活动，评议对象包括105个涉企中层科室，其中服务类窗口72个、执法类窗口33个。评议内容包括依法办事、服务态度、工作效能、廉洁自律、工作实绩5个方面，评议结果在《今日桐庐》公布。县人社局劳动和社会保障监察大队、县财政（地税）局稽查局、县国税局稽查局、县人社局社会保险委员会办公室、县行政服务中心国税窗口、县财政（地税）局税政管理科、县统计局城乡统计科、县行政服务中心发改窗口、县商务局电子商务服务中心、县市场监管局企业监管科等10个科室荣获“2015年度优化发展环境先进科室（窗口）”称号，10名科室负责人获“2015年优化发展环境先进个人”。

【第十二届“学习节”】 2015年，县直机关党工委开展“让阅读成为习惯——纪念抗战伟大胜利，珍惜幸福美好生活”主题活动，从10月开始至11月底结束，开展图书荐读、大课讲座、展览展示、座谈交流、知识竞赛、微文征集等6项活动。10月21日，举办学习节启动仪式暨大课讲座，邀请专家开展纪念抗战胜利70周年专题讲座，并向全县机关部门赠送图书328本。

【机关党建研究】 2015年，县直机关党工委按照省市机关党建研究课题的设计要求，结合桐庐县实际，制定《2015年机关党建理论研究课题调研实施方案》。实行课题申报制，开展分组调研活动，全年收到调研文章57篇，评出优秀文章17篇，其中县委宣传部机关党支部的《当前农村基层宣传思想文化阵地“强起来”面临的掣肘因素及对策思考》，获市研究会优秀奖。

【结对帮扶】 2015年，组织全县667名县管干部（含在职调研员）开展“千名党员结对千家困难家庭”活动，组织119家事业单位、32个行业协会和9支志愿服务队（1名社会人士）参与“1+X”结对帮扶行动，共结对970户困难户。全年开展“冬送温暖”“夏送清凉”慰问活动两次，共送慰问金1589200元，慰问品价值711000元。

【离退休干部支部工作】 2015年，县直机关党工委继续加强离退休干部支部建设，4月，组织离退休支部书记参观旧县街道新农村建设。全年举办“夕阳红”大讲堂4次，分别以中共十八届四中全会精神、桐庐县健康城的现状与未来发展趋势、抗战胜利70周年、中国外交与周边安全形势为主题。

【机关文化建设】 持续推进机关文化建设，组织开展文体活动5次。其中，3月，组队参加全县三八国际妇女节纪念大会暨排舞大赛活动，与县体育局联合举办桐庐县羽毛球甲、乙级联赛；4月，开展广播体操比赛培训；6月，组织离退休党员干部参加县第四届老年运动会；8—11月，组织机关队参加县第五届运动会。

（张陈君）

·老干部工作·

【概况】 2015年底，桐庐县有离休干部92人，其中易地安置在桐庐5人，桐庐安置在易地6人。副局级以上退休干部467人，其中副县级以上干部39人。

【老干部政治待遇】 2015年，举办离退休干部政治理论学习讲座、夕阳红大讲堂、“红色电影周”17次，2750名离退休干部参加；县委、县政府向老干部通报情况4次，参加离退休干部683人次；组织离退休干部参加县“两会”、领导干部大会、政府工作报告征求意见会等重大会议16次，参加老干部代表813人次；向617名离退休干部赠阅《浙江老年报》《杭州日报》《文摘周刊》和《今日桐庐》；针对全国文明城市创建、民宿经济、农村电商发展等课题，组织591名离休干部、县级退休干部、局级退休干部、离退休干部党支部书记外出参观考察学习。

【老干部生活待遇】 2015年，桐庐县继续开展“送亲情、解难题、促发展”大走访主题实践活动。在抗战胜利70周年纪念日前夕，县委书记毛溪浩带领县四套班子领导分组走访慰问在桐抗战离休干部。局领导班子和机关干部全年对离休干部和县级退休干部实行每季度走访慰问，共走访离退休干部875人次，解决老干部实际困难22个，发放慰问金（慰问品）26.7万元，发送温馨服务短信3200余条；6月，组织545名离退休干部参加体检，在桐庐、分水两地分别邀请专家医师对体检结果进行“一对一”反馈解读；是年，继续实行离休干部居家养老制度，在桐君街道、城南街道各社区开展离休干部“四就近”（就近学习、就近活动、就近得到关心照顾、就近发挥作用）服务；联合团县委继续开展“情暖夕阳 点亮心愿”圆梦行动，帮助老干部实现“微心愿”19个。

【离退休干部党支部建设】 2015年，桐庐县83个离退休干部党支部定期过组织生活。5月，全县离退休干部党支部书记培训班在县委党校开班，83名离退休干部党支部书记参加培训。培训班上举行争做“最美老干部”倡议行动启动仪式，县级老领导姚金根带头宣读倡议书，激励引导全县老干部增强发挥正能量意识。是年，在全县离退休干部中开展“最美家风、最美言行”征文活动，组织200余名离退休干部聆听杭州市老干部“好家风代代传”巡回报告会。启动老干部“最美品牌”创建活动，形成桐君街道“文明观察团”、分水镇、横村镇“五水、无违监督队”，县教育局“朱老师工作室”等17个新榜样、新品牌。

【老干部作用发挥】 2015年，在全县离退休干部中开展“红色典藏”“永远跟党走”“走基层、看变化、促发展”“争做最美老干部”和“银色人才志愿”为内容的“五大行动”。通过活动开展，采访摄制12位抗战老战士的红色经历，出版《我的烽火岁月》专题片和回忆录；成立由9名抗战老革命、老战士组成的“红色宣讲团”，开展宣讲活动8次，受教育干部、学生、居民2815人次；先后在老干部各协会，老年大学各班级中成立临时党组织。全年开展活动16次，受益群众1150余人次；设立6支银色人才志愿服务队，在全县各社区、农村、学校等地开展“红色演艺下乡”“公益全家福”“科普进万家”“青少年心理健康咨询”“非物质文化传承”等银发齐奉献活动33次，受益群众1850余人次。是年，县科技局退休干部朱占善同志被评为“全国关心下一代工作先进个人”，并接受人民网的专访；凤川街道“校门爷爷”先进事迹入选2015年度杭州市老干部“二十大”事件；吴东根、皇谷珍等6名离退休干部荣获市关心下一代工作先进个人荣誉；县公安局退休干部戴关润入选“桐庐好人榜”。

老干部们为百姓免费送书法

【文体活动】 2015年，桐庐县城、分水镇3所老干部活动中心接待老干部6万人次，11个老干部文体协会围绕抗战胜利70周年开展纪念活动48次。4月，举办“税收”杯暨纪念抗战胜利70周年文体活动，活动包括乒乓球、象棋赛，书画、摄影、剪纸展览，抗战历史知识竞赛三大项目，有800多位老干部参加，164幅作品进行展览；6月，举行老干部纪念抗战胜利70周年诗词创作交流活动，32位老干部诗词协会会员朗诵交流反映抗战历史的原创诗词作品；9月，举办纪念抗战胜利70周年红色演唱会，吸引300多名观众观看表演。是年，书画协会主动参与帮助农村文化大礼堂建设；剪纸协会参与全县非遗传承工作，创作反邪教题材作品；摄影协会用镜头宣传“美丽桐庐”建设成果；花卉协会举办花卉展供市民欣赏和传授种花技巧；太极协会“儿童节”到东辉小学为留守儿童送去太极表演。

【老年教育】 2015年，桐庐老年大学在校学员715人，其中分水分校79人；开设课程14门、18个班级。组织2600人次学员参加政治理论学习、情况通报会17次。老年大学军乐队连续3年义务在“桐庐百姓日”“政府开放日”参与现场迎宾表演。走秀队参加“欢乐大舞台•幸福桐庐人”群众文化活动；民乐队、越剧班、舞蹈班等，定期走进福利院表演，为孤寡老人送去温暖。

（庞建）

·对台事务·

【概况】 2015年，桐庐县定居的桐庐籍台胞86人，在桐庐暂住台胞35人，台属130人，台资企业21家。县台办结合县管干部“一对一”联系工业企业长效服务机制，走访驻桐涉台企业20家次，接待7批次350余位台湾朋友到桐庐考察交流。

7月，神州公益骑行团到桐庐骑游和台湾国学研修班到桐庐考察，县台办、团县委、邮政局、金通集团等单位共同组织“两岸少年共骑游、欢乐放飞最美县”陪骑和“一步一拍桐庐景　一卡一寄两岸情”免费DIY明信片制作寄送、参加桐庐公共自行车首发骑游等活动。10月21—23日，南投县政界人士张子孝率团来到桐庐考察桐庐美丽城乡建设，并开展少儿教育和少数民族文化交流座谈。参访团成员仁爱国小校长江子信在莪山乡新丰村文化礼堂当场创作“两岸一家亲”书法作品。10月25至31日，县政协副主席王志炎带队一行10人赴台湾仁爱乡开展基层交流活动，考察学习当地现代农业和民宿经济发展经验。

（王　云）

·桐庐县人民代表大会·

【十五届人民代表大会第四次会议】 2015年1月28—30日，桐庐县第十五届人民代表大会第四次会议在县城召开。会议应出席代表223名，实到211名，列席人员127名。会议听取和审查县政府、县人大常委会、县法院、县检察院工作报告，财政预算报告，国民经济和社会发展计划报告，通过相应决议。听取议案审查委员会关于该次会议议案审查的报告、财政预决算审查委员会关于财政预决算审查的报告；选举县第十五届人大常委会副主任吴爱群，委员（3人）：吴柏存、岑洪伟、潘武英；选举夏涛为县人民检察院检察长。

【十五届人大常委会会议】 2015年1月16日上午和1月19日下午，县人大常委会分两个时段举行第二十一次会议，审议和表决县政府关于生态文明建设专项工作报告审议意见落实情况报告；审议农业专项工作评议意见落实情况报告，并进行满意度测评；讨论通过《县人大常委会关于政府重大建设项目监督办法》（草案），《县人大常委会监督意见跟踪办理办法》（草案）；听取和审议县人大、政府、财政、计划、法院、检察院等工作报告稿；审议通过关于县第十五届人民代表大会代表资格变动情况报告。李国飞、谢娟芳两位市人大代表向县人大常委会述职等。

4月2日，县人大常委会召开第二十二次会议，讨论并通过县人大常委会2015年工作要点、关于办理县第十五届人民代表大会第四次会议《大力发展电子商务，推动信息经济发展》议案的决定（草案）、关于调整代表资格审查委员会组成人员决定（草案），表决通过人事任免事项等。

6月10日，县第十五届人大常委会召开第二十三次会议，听取和审议县政府关于现代设施农业发展情况的专项工作报告、县检察院关于检察官依法履职公正司法情况专项工作报告、县政府关于全县土地利用总体规划修编情况报告；审议和表决县政府关于加快税源经济培育审议意见落实情况报告；审议县政府关于《中华人民共和国义务教育法》等相关法律法规贯彻实施情况审议意见落实情况报告；讨论通过关于设立桐庐百姓日的决定（草案）、县人大常委会关于县人大代表辞职罢免办法（草案）和代表述职办法（草案）；表决通过有关人事任免事项等。

8月17日，县人大常委会召开第二十四次

会议，听取和审议县政府关于2014年财政决算报告、2015年上半年财政收支预算执行情况报告、2014年度县本级预算执行和其他财政收支情况审计工作报告以及2013年度县本级预算执行和其他财政收支审计查出问题整改情况报告，批准桐庐县2014年财政决算等。

9月29日，县人大常委会召开第二十五次会议，听取和审议县政府关于科技进步工作情况专项工作报告，听取和审议县人大常委会执法检查组关于《中华人民共和国道路交通安全法》贯彻实施情况执法检查报告，表决通过有关人事任免议案，听取杭州市人大代表郑玉英、戴新蓉、徐天松的述职报告。

11月19日，县第十五届人大常委会召开第二十六次会议，听取和审议县政府重大投资项目计划调整方案，审议关于桐庐县环境功能区划编制情况的报告，讨论通过县人大常委会关于全县安全生产监督管理专项工作的评议意见，表决通过有关人事任免事项等。

12月26日，县第十五届人大常委会召开第二十七次会议，听取和审议县政府关于“重实体、兴实业、办实事”活动开展情况专项工作报告、关于调整2015年收支预算报告、关于提请审议桐庐县本级2015年地方政府债务限额报告和关于召开县第十五届人大五次会议议案，听取县政府关于第十五届人民代表大会第四次会议代表意见、建议办理情况报告，审议和表决县政府关于现代设施农业发展情况专项工作报告审议意见落实情况的报告和县检察院关于检察官依法履职公正司法专项工作报告审议意见落实情况报告，讨论和通过县人大常委会《关于加强“两江”自然生态环境保护和景观环境建设控制工作的决定（草案）》和《桐庐县国家工作人员宪法宣誓办法（草案）》，通过有关人事任免事项，新任命的桐庐县国家工作人员首次向宪法宣誓。会议听取杭州市人大代表吴建飞、何璟、刘玲的述职报告，对代表履职情况表示满意。

【重大事项决定】 2015年，县人大常委会制定《县人大常委会讨论决定重大事项试行办法》，建立人大常委会第一张讨论决定重大事项清单。专题听取和审议全县土地利用总体规划修编情况、乡镇财政管理体制调整和全县“十三五”规划编制情况的报告，审议批准桐庐县环境功能区划，作出《关于设立“桐庐百姓日”的决定》《关于加强“两江”自然生态环境保护和景观环境建设控制工作的决定》。

【工作监督】 2015年，桐庐县人大常委会召开常委会会议7次，听取和审议“一府两院”专项工作报告4项、其他报告6项，组织视察9次，作出审议意见24项，开展专题调研5个。主任会议听取《关于严格自然资源保护促进生态文化建设的决定》执行情况、大气污染防治工作等报告。

县人大常委会对县农办、县委党校、县民政局、县交运局等部门决算情况进行审查。按照新修订的《政府投资重大建设项目监督试行办法》，对全县31个总投资2000万元以上重大项目必要性、可行性和概算调整情况进行审查，并首次对总投资5000万元以上的柴雅线新合段改建工程、乔林路（科技大道—春江路段）整治改造工程等政府投资重大建设项目进行逐个表决、审查。

县人大常委会首次在政情报告会上开展“代表问政”，人大代表提出加快产业转型升级、老旧小区提升改造、公交一体化管理、缓解入学难等11个社会关注的热点难点问题，县政府分管领导和有关部门负责人当场解答，并作出承诺。

县人大常委会结合办理《大力发展电子商务 推动信息经济发展》大会议案，专题视察农村电子商务发展情况。视察千岛湖引水工程和农村安全饮用水工程建设、城镇污水截污纳管和处理厂运行管理等工作。

县人大常委会专题开展县城道路两侧“三化”整治专项监督活动。常委会组成3个监督小组，对县城道路两侧“三化”整治情况进行“网格化”巡查，共巡查道路87条、桥梁4座，总路长94公里，将发现的8大类617个问题形成点位清单，严督实查。

县人大常委会改进监督意见跟踪督办举措，事前，各工委主动与承办单位沟通，督促制定办理工作计划，引入办理结果票决等方式，形成事前、事中、事后全过程跟踪督查和反馈机制，确保监督意见落实到位。

【法律监督】 2015年，县人大常委会开展《中华人民共和国道路交通安全法》执法检查，深入城乡重点交通路段实地检查，就完善交通基础设施建设、落实常态化整治措施、提升市民文明行车素养、切实营造安全有序的交通环境等提出意见。加强政府规范性文件备案审查工作，对县政府报送的《桐庐县历史建筑保护管理办法》等9件规范性文件进行备案审查。落实人大任命干部向宪法宣誓制度，制定《桐庐县国家工作人员宪法宣誓办法》，并在第二十七次常委会会议上组织7位新任命的国家工作人员向宪法宣誓。开展“宪法日”主题活动，向乡镇、社区和学校赠送《宪法》和法律读本900余本。做好信访工作，全年共受理群众来信来访44件。

【代表活动】 2015年，县人大常委会共邀请代表参与常委会视察、评议、调研等活动220人次；进代表联络站（室）活动代表733人次，收集和反映问题776个，协调解决622个，制定《县人大代表辞职、罢免办法》和《县人大代表述职办法》，完善代表履职激励和约束机制。组织开展“转型升级十大组合拳”落实情况主题监督活动，全县省、市、县、乡（镇）四级人大代表到农村、社区和企业广泛听取意见，查找薄弱环节和问题，共收集到96个问题，76个得到协调解决；组织开展“已治理河流”监督活动，全县成立90个代表监督小组，对83条河流河长制落实、河道整治、日常保洁等情况进行跟踪监督；围绕群众办事审批难，组织代表开展走访调研，共查出办事审批难事项26项；组织开展贫困人口脱贫视察核查工作，全县548名各级人大代表走村入户，上门核查人均年收入4600元边缘户和省标以下低收入农户数1262户2236人，督促有关部门落实救助措施，建立帮扶救助长效机制；组织140余名代表开展依法治国、财政预算监督等专题培训，定期为代表寄送常委会会刊、人大杂志等学习资料，为代表提高履职水平提供服务和保障。

【基层人大建设】 2015年，县人大常委会贯彻县委《关于进一步加强和规范乡镇人大工作的意见》，落实主任会议成员联系乡镇（街道）人大工作制度，组织开展规范人代会会议、财政预算监督、政府实事工程票决制等专题工作研讨。各乡镇人大首次开展政府实事工程票决工作，江南、富春江、瑶琳、百江、新合等乡镇增开年中人代会，重点听取政府半年度工作报告与实事工程推进情况。12月，江南镇人大在全省乡镇人大工作视频会上作经验交流。

【建议办理】 2015年，县人大常委会探索事前介入、主动督办、全程跟踪等方式，推进建议办理。并改进办理结果评价方式，变代表个人评价为代表小组集体评议，推动建议办理全程提质。为提升督办实效，常委会听取代表建议意见办理工作报告，对《关于控制和化解村级债务的建议》等9件重点建议开展主任领衔督办，并联合县考评办就全县各承办部门建议办理工作进行协同督办，对集体评议确定的5件不满意件，两次召开督办会，责成有关单位重新办理。至年底，县十五届人大四次会议收到的149件意见建议，解决率62.8%。

【自身建设】 2015年，县人大常委会开展“三严三实”专题教育活动，教育引导机关党员干部切实转变作风。开展对外学习交流，学习借鉴外地人大工作先进经验。参加“三联系一包案”工作，扎实开展“基层走亲”、结对帮扶等活动。全面推进乡镇（街道）人大主席（主任）专职化，配强乡镇（街道）人大干部。加强人大机关建设，办公室增设信息科。开展调查研究，听取群众意见，着重围绕医疗服务工作等10余项课题进行调研，提出意见建议。首次与县委宣传部联合召开人大宣传工作会议，专题研究部署新形势下人大宣传工作。组织开展代表风采主题宣传活动，8万余名市民群众参与“人民满意人大代表”投票活动，评选产生10名“人民满意人大代表”。

【人事任免】 2015年1月22日，县第十五届人大常委会第二十一次会议表决通过，决定任命：

王华为桐庐县人民法院副院长、审判委员会委员、审判员；虞星华为桐庐县人大常委会城建环保工作委员会主任；吴柏存为桐庐县人大常委会代表工作委员会主任；林卫红为桐庐县人民检察院副检察长、检察委员会委员、检察员。

免去：虞星华的桐庐县人大常委会代表工作委员会主任职务；向良顺的桐庐县人大常委会城建环保工作委员会主任职务；林卫红的桐庐县人民法院副院长、审判委员会委员、审判员职务；缪新森的桐庐县人民法院审判员、民事审判第二庭副庭长职务；陈荣庆的桐庐县人民法院审判员职务；邓菊花的桐庐县人民法院审判员职务；周森华的桐庐县人民检察院检察委员会委员、检察员职务。

4月2日，县第十五届人大常委会第二十二次会议表决通过，决定任命：

章俊为桐庐县人大常委会城建环保工作委员会副主任；陈兵为桐庐县人大常委会凤川街道工作委员会副主任；周华新为桐庐县科学技术局局长。

免去：周华新的桐庐县林业局局长职务；赵新华的桐庐县科学技术局局长职务。方苏平的桐庐县人大常委会凤川街道工作委员会副主任职务。

6月10日，县第十五届人大常委会第二十三次会议表决通过，决定任命：

喻昌国为桐庐县农业和林业局局长；吴志忠为桐庐县卫生和计划生育局局长。

免去：徐利民的桐庐县旅游委员会主任职务。

8月17日，桐庐县第十五届人大常委会第二十四次会议表决通过，决定任命：

罗敏、夏凤娇、叶忠明、徐国干、徐正法、姚文娟、张俊、卢书姗、徐丽静、姚昌苏、方建平、罗秋英、缪建民、范国政、许智斌、徐一萌、杨晓屏、徐军勇、盛小飞、胡敏华、徐建英、王强强、黄晓峰、石虹岗为桐庐县人民法院人民陪审员，任期为五年。姜英杰为桐庐县人民政府副县长。宋南为桐庐县人民检察院检察委员会委员；胡国庆为桐庐县人民检察院检察委员会委员；丁晨为桐庐县人民检察院检察员；王兵为桐庐县人民检察院检察员。

免去：颜鹂的桐庐县人民政府副县长职务；王水娟的桐庐县人民政府副县长职务；朱勃的桐庐县人民法院人民陪审员职务；范仁良的桐庐县人民法院人民陪审员职务。

9月29日，桐庐县第十五届人大常委会第二十五次会议表决通过，决定任命：

方新东为桐庐县旅游委员会主任；方向明为桐庐县人民法院审判委员会委员，免去其桐庐县人民法院横村人民法庭庭长职务；王亚琴为桐庐县人民法院横村人民法庭庭长，免去其桐庐县人民法院分水人民法庭庭长职务；喻文明为桐庐县人民法院分水人民法庭庭长。

免去：方君国的桐庐县人民法院审判委员会委员职务；何建华的桐庐县人民法院审判委员会委员职务；余水的桐庐县人民法院审判委员会委员、行政审判庭庭长职务；周超的桐庐县人民法院民事审判第三庭副庭长、审判员职务。

12月26日，桐庐县第十五届人大常委会第二十七次会议表决通过，决定任命：

李法强为桐庐县人大常委会农业和农村工作委员会主任；苏建军为桐庐县人大常委会旧县街道工作委员会主任。丁有理为桐庐县民政局局长；江小鹏为桐庐县水利水电局局长；方劲松为桐庐县文化广电新闻出版局（体育局）局长；郑宝成为桐庐县安全生产监督管理局局长；陈伟琴为桐庐县司法局局长。

免去：丁有理的桐庐县安全生产监督管理局局长职务；冯贤良的桐庐县民政局局长职务；汪丽俊的桐庐县司法局局长职务；宋健民的桐庐县水利水电局局长职务；王樟松的桐庐县文化广电新闻出版局（体育局）局长职务；李法强的桐庐县人大常委会旧县街道工作委员会主任职务；陈毅君的桐庐县人大常委会农业和农

村工作委员会主任职务；吴顺福的桐庐县人大常委会旧县街道工作委员会副主任职务；林柱友的桐庐县人大常委会农业和农村工作委员会副主任职务。

（柯欣栋）

·桐庐县人民政府·

【县政府常务会议】 2015年，桐庐县政府共召开常务会议17次。1月13日，召开第62次常务会议，学习新《中华人民共和国预算法》，研究关于桐庐国际箱包智慧中心项目设计方案、2015年县政府工作报告、2014年国民经济和社会发展计划执行情况与2015年国民经济和社会发展计划草案的报告、2015年政府投资项目计划和重点项目建设计划、2014年财政预算执行情况和2015年财政预算草案的报告，桐庐县行政执法过错责任追究办法、进一步鼓励和引导社会资本举办医疗机构的实施意见、春节期间县城区销售燃放烟花爆竹安全管理工作方案等事宜。

2月10日，召开第63次常务会议，学习对依法行政的几点思考，研究关于2014年工业经济政策兑现、2014年开放型经济和招商引资政策兑现、2014年商贸服务业、全域旅游、现代服务业奖励政策兑现，2014年县政府质量奖评审确认事宜、县城公共自行车项目建设方案及协议、桐庐至杭州城际公交优化提升方案及票价调整等事宜。

4月1日，召开第64次常务会议，学习行政执法中渎职犯罪预防，研究关于2015年度县国有建设用地供应和收储计划、加快推进技能人才队伍建设“1+4”文件、进一步完善城乡居民社会保险政策、杭黄铁路站场综合体区块改造项目建设等相关事宜。

4月17日，召开第65次常务会议，学习贯彻新《中华人民共和国环保法》、推进环保依法行政，研究关于世纪花城幼儿园收购、桐庐县第一批公共信用负面清单、进一步强化乡镇主体责任加强国土资源管理基层基础建设的实施意见、浮桥埠区块提升改造安置房项目已完工工程提前回购、调整城镇土地使用税政策促进土地集约节约利用工作的实施方案等事宜。

6月9日，召开第66次常务会议，研究关于《桐庐县土地利用总体规划（2006—2020年）》修订、桐庐2.5箱包产业园土地收购、依法没收建筑物及设施的管理和租赁处置意见、进一步加快教育卫生人才引进的若干政策意见、瑞金—潇洒富春山居医疗养生项目等有关事宜。

7月1日，召开第67次政府常务会议，学习新《中华人民共和国安全生产法》，研究关于进一步助推电子商务产业发展的实施意见、浮桥埠区块提升改造安置房工程设计变更、桐庐县主要污染物排放权交易管理办法、桐庐县食品生产加工小作坊监督管理办法（试行）草案、桐庐县机关事业单位离退休人员增加离退休费等事宜。

7月29日，召开第68次常务会议，学习《中华人民共和国统计法》，研究关于桐庐县工业企业“零土地”技改及空间换地实施意见、桐庐县小微企业三年成长计划（2015—2017）实施意见、桐庐县水资源保护规划、桐庐县老年人意外伤害保险工作实施意见、武警中队营房改造提升等有关事宜。

8月11日，召开第69次常务会议，学习依法行政中的程序意识，研究关于申通控股公司投资合作、切实做好水田占补平衡工作、桐庐县农村宅基地跨村流转审批办法（试行）、县城公管所区块旧城改造方案、桐庐县—通榆县县域电商结对帮扶战略合作框架协议书、23省道桐庐段渡济隧道灯进行节能改造等事宜。

8月21日，召开第70次常务会议，学习《中华人民共和国消防法》，研究关于桐庐县环境功能区划、桐庐县国有企业相关考核及管理办法、桐庐县产业引导基金实施意见及区域基金设立、进一步加大科技支撑推动创新创业的若干意见和实施第二轮行业引领型科技创新项目、科技型小微企业培育计划，进一步扩大桐庐县黄标车限行区域等事宜。

9月22日，召开第71次常务会议，学习《中华人民共和国行政监察法》，研究关于工业企业“零土地”技术改造项目审批方式改革实施工作、杭黄铁路桐庐站站房扩面建设协议书、桐庐县龙生小额贷款股份有限公司扶持政策等事宜。

9月28日，召开第72次常务会议，学习《浙江省土地整治条例》，研究关于开展“批而未供、供而未用、城镇低效”土地消化利用专项行动实施方案、2015年政府投资项目和重点项目计划半年度调整、桐庐县淘汰改造高污染燃料锅炉实施方案、峰华控股集团桐庐置业有限公司开发建设的滨江1号公馆项目处置等有关事宜。

10月28日，召开第73次常务会议，学习行政协议签订与履约中的风险防范，研究关于桐庐县小客车县（市）指标配置管理实施细则、县城居民生活用管道天然气价格改革等事宜。

11月20日，召开第74次常务会议，学习新《中华人民共和国食品安全法》，研究关于整合不动产登记职责及推动不动产登记、促进房地产行业健康发展的通知、桐庐县违法建设行为责任追究暂行办法等事宜。

11月24日，召开第75次常务会议，学习国有资产管理法律法规，研究关于2015—2017年桐庐县政府职能转变实施方案、2016年度城乡居民基本医疗保险组织实施方案、实施创新驱动战略加快农业现代化助推美丽经济发展的若干意见、整合桐庐文化传播有限责任公司和杭州桐庐越剧演艺有限责任公司等事宜。

12月7日，召开第76次常务会议，研究关于桐庐县综合行政执法工作实施方案、桐庐县“富春民居”建设实施意见、桐庐县集体所有土地房屋征迁货币化安置实施意见、调整自来水价格（污水处理费）、相关信访事项终结、调整桐庐县最低工资标准和失业保险金计发标准等事宜。

12月16日，召开第77次常务会议，学习《浙江省审计条例》，研究关于进一步加强社区治理提升社区公共服务水平的实施意见、县财政局、国投公司参与设立产业投资基金、桐庐县深化农村土地承包经营权确权登记颁证工作实施意见、推进民宿经济转型升级进一步打响产业品牌的实施意见、桐庐红狮水泥有限公司在桐设立总部有关政策等事宜。

12月31日，召开第78次常务会议，学习政府信息公开的挑战与应对，研究关于调整县迎春商务区、经济开发区、乡镇（街道）财政管理体制、桐庐县集体所有土地住宅房屋征收货币化安置的指导意见、桐庐县住宅房屋征收房票安置实施办法，千岛湖配水工程（桐庐段）石渣处置方案、桐庐县政府部门职责管理和职责协调办法、桐庐县部门权力清单管理办法、桐庐县深化权力清单责任清单工作的意见等事宜。

【“风景桐庐”建设暨全县“五水共治”“无违建县”创建工作总结大会】 2月11日，“风景桐庐”建设暨全县“五水共治”“无违建县”创建工作总结大会在县政府会议中心报告厅召开。会议指出，“风景桐庐”建设、“五水共治”“无违建县”创建等工作是基础工程、升级工程、民生工程，意义重大、上下关注，全县上下要持之以恒，久久为功，抓住机遇、乘势而上，不断深化共识，增强紧迫感，努力打造“风景桐庐”升级版。

会议强调，要把握重点，增强针对性。“五水共治”要提效，抓好“治污水”，严管重点排污单位，狠抓年度治污工程，巩固提升治水成果，同时统筹抓好保供水、排涝水、防洪水、抓节水等“四水”治理。抓好农村生活垃圾分类处理、农村生活污水设施全覆盖、境内主要河溪随处可游随时能游等工作的巩固提升。结合“三个双”（即双减少，减少烟囱和燃煤锅炉；双整治，整治淘汰落后产能和黄标车、工程车与工地扬尘；双严格，严格项目准入和查处监管机制），强化重点领域大气治理，抓好新优势营造。“三改一拆”要提标，长效化推进“无违建县”创建工作，严查农房违建超建，鼓励农民新建杭派民居，逐步推进城中村、老厂房等区块改造。美丽城乡要提质，统筹抓好规划深化、县城项目、城镇建设、“四边三化”、清洁桐庐等工作，全力推进最美县建设。

会议强调，要狠抓落实，增强实效性。以

立说立行的态度，明确时间节点，加快项目实施，做到细化计划、责任到人。要抓好项目的质量关、廉洁关，做到注重品质、彰显特色。要引入社会资本，优化土地经营，推进“退二进三”，实现多元融资，创新管理手段，加强工作保障。各地各部门要心往一处想、劲往一处使，形成齐抓共管、合力推进的良好局面，推动“风景桐庐”“五水共治”“无违建县”创建等工作在新起点上再上新台阶。

中国县域“互联网＋行动联盟”在桐庐成立

会议强调，“风景桐庐”建设要进一步做“优”规划、做“精”县城、做“特”城镇、做“美”乡村、做“靓”风景线、做“强”管理，做好“提升”文章；“五水共治”中治污水要全面完成城镇截污纳管建设，着力提升农村污水和垃圾处理工程运行绩效，巩固深化工业企业和农业面源污染治理，多途径多举措实施长效监管；并统筹做好防洪水、排涝水、保供水、抓节水等“四水”工作；做好“深化”文章；“无违建县”创建要坚持抓后续整改、抓拆后利用、抓长效管控、抓责任追究，做好“长效”文章。要落实组织、要素、舆论等保障，切实形成合力推进“风景桐庐”“五水共治”“无违建县”创建工作的浓厚氛围，全力推动三项工作向纵深推进，为加快中国最美县建设做出新的更大贡献。

县旅委、住建局、环保局、交运局、拆迁办分别就全域旅游建设、“风景桐庐”建设、“五水共治”、美丽公路建设、“无违建县”创建工作作典型发言。

【全县电子商务发展工作会议】 3月28日，全县电子商务发展工作会议召开。会议要求，要围绕扩面提质，全面实施“燎原计划”，扎实推动全县电子商务大发展。会议强调，2015年是全县电子商务提升发展的阶段，做好2015年的工作对全面激发电商发展的内生动力、全面推动县域经济的转型发展、全面打造县域电商发展的“桐庐模式”十分关键，各级各部门要围绕扩面提质这一核心，全面扎实推动全县电子商务大发展。会议强调，按照“两条主线融合并举”的基本思路，大力发展农村电商。要大力推进阿里巴巴农村淘宝项目，打通上下行物流的通道；以桐庐农产品电商产业园为核心，以专业电商平台为龙头，运用组织化的方式，整合提升农村产品资源，拓展网上销售市场。要把跨境电商作为2015年的突破方向，牢牢抓住政策机遇，有效发挥产业优势，依托多元化平台，引导企业融入跨境电商行列。各级各部门要坚持加强推动力、巩固支撑力、提升引领力、扩大影响力，找准突破点，踏准发展节奏，进一步推动全县电子商务发展再上新台阶。阿里巴巴集团资深总监、淘宝大学校长步惊云作主题分享。县商务局、团县委、迎春商务区管委会作交流发言。

【县政府法律顾问聘任仪式暨全面推进政府法律顾问工作会议】 5月25日，县政府法律顾问聘任仪式暨全面推进政府法律顾问工作会议召开。会议指出，县政府法律顾问的正式聘任，是桐庐县继常务会议学法、严格落实行政首长出庭应诉制度、出台法律顾问相关文件等举措之后，推动法治政府建设的又一新举措，将为桐庐的法治政府建设和经济社会发展发挥积极作用。会议强调，各级各部门要转变思想，迅速行动，强化落实，按照时间节点要求，增加政府法律顾问选聘和评估的规范化和透明化程度，全面推进政府法律顾问制度建设。要抓紧建章立制，建立定期对接联系制度、沟通参与平台和政府法律顾问管理、协调、评价等长效机制，为法律顾问顺利开展工作创造良好条件。要加强与法律顾问的联系和沟通，扩大法律顾问参与政府法律事务的范围，充分发挥法律顾问在重大决策和事务中的法治保障作用，全面促进政府法律顾问制度的推行和作用发挥，合力推动形成行止有法、办事依法、遇事找法、解决问题靠法的良好社会氛围。会议要求，法律顾问要积极参与政府的重大决策、涉法事务和重大招商引资、特许经营合同的磋商、谈判、协议的起草和审查等，积极参与领导干部的法治意识提升工程、县政府常务会议学法工作和桐庐县社会治理创新试点县建设，发挥自身法律专长，为桐庐法治政府建设建言献策、出谋划策，进一步提升政府依法行政的能力和水平。

【“富春民居”建设工作推进会议】 9月24日，“富春民居”建设工作推进会议召开。会议强调，要提升理念，综合施策，突出重点，积极推动“富春民居”建设取得更大成效。会议要求，“富春民居”是最美桐庐的重要组成部分，是加强美丽桐庐建设的重要载体，各地各部门要进一步增强工作的责任感、使命感，为打造“中国最美县”建设新亮点作出更大贡献。会议强调，要加强顶层设计，加快出台实施意见和相关政策，既要注重行政资源和资金资源相结合，又要注重分类指导，对重点区块要重点奖励、扶持，打造精品；要注重统筹协调，做好与美丽乡村和村落景区建设、民宿经营、拆后土地规划利用、土地综合整治项目、农居点规划建设、低丘缓坡开发利用、公建配套设施建设、农村住房改造和困难群众危旧房改造、美丽公路和两路两侧整治、重点项目建设相结合的十项工作，整合各方资源集中推动“富春民居”建设；要加快试点建设，强化技术指导，加强专业力量参与和人员培训，提升建设水平；要落实督查考核，发挥好考核的作用，通过加大试点宣传、开展评选活动等方式，营造浓厚氛围，逐步提升农户对“富春民居”的理念和认识。

【全县“双十”培育企业座谈会】 11月4日，全县“双十”培育企业座谈会召开。会议指出，要优化环境，示范引领，政企同心，推动“双十”企业迈向大而强。会议强调，“双十”培育是迅速发力，学习贯彻中共十八届五中全会精神的需要；是精准发力，促进经济转型的需要；是持续发力，推动“双十”工作走向深入，更好服务企业的需要。“双十”企业要充分发挥示范引领作用，带动全县工业企业加快自主创新、转型发展步伐。政府部门要进一步优化服务和环境，力争涌现出更多大企业、好企业、强企业和跨越式发展的好典型、好榜样。会议要求，企业要在科技创新上做示范引领，围绕“三有一比重”加大科技创新力度，为全县企业作出表率；要在市场开拓上做示范引领，争取在国内知名专业展会上有摊位、国际专业展会上有身影、国际国内市场上有份额；要在企业管理上做示范引领，进一步强化管理水平，提升企业形象；要在地方贡献上做示范引领，在提供就业岗位、税收贡献、社会责任感三个方面上水平、走在前。政府部门要优化生产环境，为企业做好基础保障；要优化生活环境，加快生活、商业等配套设施建设，为企业高层次人才提供更加便利的居住环境；要优化金融环境，帮助推动企业进行直接融资的同时，用好科技风险池基金，加快推动科技金融发展，破解企业融资难；要优化人才环境，做到刚性引进与柔性引进相结合；要优化政策环境，主动作为，帮助企业用足用好政策、开拓市场，推动发展。

【全县“双创”服务中心座谈会】 12月2日，全县“双创”服务中心座谈会召开。会议指出，建立“双创”服务中心，目的是为大众创业、万众创新服务，使桐庐在新一轮发展中能通过创新驱动建立更好的动力机制，各相关部门要充分认识到这项工作的重要性，加快建设“双创”服务中心，使创业氛围更加浓郁、创业启动更加方便、创业成功更加可能。会议要求，要进一步明确定位，不求全而求新，整合集成所有能为“双创”服务的功能，通过中心一个平台辐射到各个乡镇（街道）和各个创业点上；要设立创业导师团，以专业培训为创业者点燃梦想，提供政策咨询、审批入门、中介代理、金融等优质服务，同时及时发布相关信息，让梦想落地成真；要突出重点、鲜明特色，农民创业要聚焦村淘、民宿、农业大户，真正让农民觉得中心便利、有用，激发更多创业梦想。会议强调，要明确责任主体和指导单位，强化配合，按照时间、节点加快推进，建立任务收集分类、交办督办、结果反馈机制，为创业者提供最优的服务，为全县创业创新营造更好的氛围。

【县政府十件实事】2015 年，桐庐县政府为民办实事工程及完成情况见表 41。

2015 年桐庐县政府为民办实事工程完成情况

表 41

序号	实事名称	实事内容	完成情况
1	供水治污工程	实施农村安全饮水提升工程 61 个，新增受益人口 5 万人。完成县城老旧小区供水管网改造 5 公里。旧县街道、江南镇污水管网接入县城管网系统。完成浮桥埠改造区块、洋塘路和横村方埠、富春江俞赵等重点区块截污纳管工程。实施县城、横村镇、富春江镇污水处理厂一级 A 提标改造。	完成农村安全饮水提升工程 64 个，受益人口 5.4 万人。完成县城老旧小区供水管网改造 5 公里。旧县街道完成集镇污水管网和污水泵站建设，并接入县城管网系统试运行；江南镇完成集镇污水管网和污水泵站建设，并接入县城污水处理厂。完成浮桥埠改造区块、洋塘路和横村方埠、富春江俞赵等重点区块截污纳管工程共计 120.62 公里。县城、横村镇、富春江镇污水处理厂一级 A 提标改造完成并投入使用。
2	大气治理工程	淘汰改造燃煤锅炉 296 台，全面淘汰 10 吨及以下燃煤锅炉。完成挥发性有机气体排放企业治理 10 家。完成公交车、出租车油改气改造 25 辆。全面完成黄标车淘汰工作。新增县城建成区绿地面积 10 万平方米。	淘汰改造高污染燃料锅炉 312 台，基本淘汰 10 吨及以下燃煤锅炉。完成 10 家重点企业挥发性有机废气治理工作。完成 25 辆出租车“油改气”设备改造安装工作。淘汰黄标车 1582 辆。新增县城建成区绿地面积 10.8 万平方米。
3	食品安全工程	新建“阳光厨房”30 家，建立餐饮服务远程在线电子监管平台。推进食品安全综合检测中心建设。加强食品检测和公示，完成食品安全抽样检测 5 批次 / 千人目标，总检测量达到 2000 批次以上。	新建“阳光厨房”63 家，总数达 113 家，餐饮服务远程在线电子监管平台正式运行。因功能提升对原方案进行调整，目前已明确建设主体和项目选址，整体方案设计进入招投标程序。完成食品安全抽样检测 5 批次 / 千人目标任务，食品定量检测共 2218 批次，农产品定量抽检 835 批次，快速定性检测 5422 批次。

续表 41

序号	实事名称	实事内容	完成情况
4	就业促进工程	全年新增城镇就业岗位 3500 个，帮扶失业人员实现再就业 1700 人，其中就业困难人员 1200 名。举办技能培训、创业培训班 80 期，人力资源交流会不少于 30 场。	全年新增城镇就业岗位 5448 个，帮扶失业人员实现再就业 2557 人，其中就业困难人员 1823 人。举办技能培训班 95 期，创业培训班 11 期，培训 5600 余人次；举办各类人力资源交流会 45 场。
5	医疗服务工程	县中医院改扩建工程投入使用。推进无线网络生理参数监测惠民项目建设，新增远程会诊点 30 个。完成已婚育龄妇女“两癌”筛查 14000 人、免费孕前优生健康检查 6000 人。60 周岁以上参加城乡居民基本医疗保险农民体检率达 80% 以上。	完成县中医院改扩建工程并投入使用。新增远程会诊点 31 个，累计上传患者血压监测数据 54 万条、心电监测数据 6.5 万条，开展远程心电会诊 1185 例，对 3.4 万名老年人进行房颤筛查和心电监测。完成已婚育龄妇女“两癌”筛查 15513 人，免费孕前优生健康检查 6012 人。完成 60 周岁以上参合农民健康体检 50053 人，体检率为 82%。
6	校园改善工程	启动龙潭幼儿园建设，推进实验幼儿园、桐君小学工程建设。加强校园安全管理，实现中小学校警务室、卫生保健室、心理辅导站全覆盖。	完成龙潭幼儿园、实验幼儿园、桐君小学主体工程。各校均建成警务室、保健室和心理辅导室。
7	文体惠民工程	城北老年体育活动中心投入使用。完成包山儿童公园、公园山公园建设。建成农村文化礼堂 20 个。新增体育运动场地 30 处以上。开展“欢乐大舞台・幸福桐庐人”群众文化活动，免费送电影下乡 2400 场、送文化下乡 200 场。	城北老年体育活动中心工程投入使用。包山儿童公园开园营业；公园山公园主体建成。建成农村文化礼堂 25 个。新增篮球场、乒乓球场（室）等体育运动场地 41 处。完成第三季“欢乐大舞台・幸福桐庐人”群众文化活动，免费送电影下乡 2400 场，送文化下乡 200 场。

续表 41

序号	实事名称	实事内容	完成情况
8	住房改造工程	完成农村困难群众危旧房改造220户。实施2个老旧小区提升改造。加强物业服务企业信用评价考核，创建物管“智慧小区”2个。新增管道天然气用户3500户，其中城北用户500户。	完成农村困难家庭危旧房改造220户。完成老旧小区提升改造2个。已实施物业服务履约保证金制度和物管企业信用评价制度，每季度开展物业企业考核。基本完成智慧物业服务网站建设，完成壹号公馆“智慧小区”创建硬件改造，“三水花园”小区物业智能化改造正在实施。新增天然气用户4862户，其中城北用户1146户。
9	交通便捷工程	实施城乡公交一体化改造，城乡公交票价全面下调，70周岁以上老年人免费乘车。新投、更新公交车10辆，出租车25辆。改造浮桥埠汽车站、洋塘汽车站。新建分水客运中心。新增县城停车位1000个以上（含社会配套）。县城公共自行车项目建成使用。	完成城乡公交更新276辆，所有车辆实现GPS联网联控。城乡公交票价大幅下调，起步里程由原来的3.5公里调整为12公里，起步里程内全面实施1元票价，群众乘坐城乡公交车最高票价不超过5元，桐庐籍盲人、残疾军警及70岁以上老年人均可持有效证件免费乘车。新增、更新公交车29辆，更新出租车25辆。浮桥埠汽车站一期、洋塘汽车站完成改造并投入使用。分水客运中心涉及土地利用规划调整，目前完成征地、项目规划等前期工作。新增县城停车位3610个。完成公共自行车服务项目一期建设并运行，共建站点61个，投入自行车1274辆。
10	信息便民工程	加快电商服务网络建设，新建电子商务投递终端40个。扩大免费无线网覆盖面。完成农村应急广播体系建设。	在县城40多个小区、20多幢商务楼、10多个公共区域建成快递智能投递柜91台。检测、优化原有350个点位，新增二期点位100个，基本实现主城区、重点乡镇、重点景区全覆盖。完成183个行政村的农村应急广播体系建设。

（吴亦亚）

·桐庐经济开发区（富春江科技城）·

【概况】 2015年，桐庐经济开发区（富春江科技城、凤川—江南新城）有规模以上（年主营业务收入2000万元以上）工业企业100家。实现规模工业销售产值201.18亿元，同比增长6.7%；规模工业增加值35.68亿元，同比增长5.1%；完成固定资产投资63.12亿元，同比增长39.6%，其中工业投资33.71亿元、三产投资29.46亿元。全年实现财政收入7.25亿元，同比增长25.2%。其中，地方财政收入2.27亿元，同比增长20.7%。总部经济发展稳中有进，全年实现税收5300余万元。是年，富春江科技城列入杭州国家自主创新示范区"一区十片"，桐庐经济开发区入围"2015浙江'智慧园区'示范开发区"榜。

【双招双引】 2015年，桐庐经济开发区（富春江科技城、凤川—江南新城）狠抓"双招双引"一号工程，利用区县协作、杭州国家高新技术产业园桐庐分园优势，突出区块招商、产业招商，借助小分队上门招商、驻点招商、以商引商等方式，招引智慧安防、医疗器械等重点产业项目落户。全年招引亿元以上项目10个，主要有投资10亿元的健康饮品产业基地项目、投资6亿元的中国计量学院现代科技学院项目等。园区杭州沃华滤纸有限公司由中外合资转变为全外资，正式更名为通用电气生物科技（杭州）有限公司，通用电气公司（GE）医疗集团迁移Whatman产品线至桐庐工厂。全年完成招商引资到位资金29.23亿元，其中：市外内资18.44亿元，浙商创业6.53亿元；实到外资1.09亿美元；自营出口3.21亿美元。

【修正药业】 2015年8月28日，由修正药业集团旗下公司修正健康饮品股份有限公司和杭州科博纸业有限责任公司共同投资建设的年产8亿元健康饮品产业基地项目签约落户富春江科技城。项目总投资10亿元，总用地13.33公顷，主要生产保健酒、固体及液体保健饮料等多个门类。

【中国计量学院现代科技学院】 2015年8月9日，中国计量学院现代科技学院签约落户富春江科技城。项目选址于富春江科技城梅林路与320国道（科技大道）交叉口东南侧区块，总占地面积33.33公顷，投资总额6亿元。一期计划于2017年秋季招生，二期计划于2020年完成，届时将形成有全日制在校生8000至10000人的办学规模。中国计量学院现代科技学院整体搬迁后，将面向全国24个省市招生，在原有25个本科专业基础上充实和调整，结合桐庐当地经济发展现状，为区域经济和科技发展培育新型人才。

【智慧安防小镇】 2015年12月2日，杭州市发改委公布首批32个市级特色小镇创建名单，桐庐智慧安防小镇入选。智慧安防小镇位于富春江科技城主城区，规划面积3.48平方公里，规划建设用地165.33公顷，通过"一心双轴五区"的空间布局，在"生产"上依托海康威视形成特色鲜明的产业集群；在"生活"上呼应人本需求，构筑高品质公共配套体系；在"生态"上利用山水资源，开发古村落旅游和山体公园等景观，形成生态宜居的高品位环境，从而实现生产、生活、生态"三生融合"。近三年计划投资55亿元，实施项目主要包括海康威视安防产业基地、英飞特电子、智慧物联产业、智慧安防应用示范项目和AAA级景区项目。

【富士达院士工作站】 2015年4月24日，杭州富士达特种材料股份有限公司院士专家工作站揭牌成立。11月，被评为杭州市院士工作站。该工作站由杭州富士达特种材料股份有限公司与中国科学院理化技术研究所周远院士团队共同建设，旨在进一步推动产、学、研结合，促进科技成果转化，增强企业技术创新能力。

【基础设施建设】 2015年，桐庐经济开发区（富春江科技城、凤川—江南新城）围绕"智慧·风情·生态城"要求，全面推进园区建设，完成求是路、岩桥路、江南里公路、学院路等道路建设，春江东路提升改造工程、科技孵化园一期工程基本完工。加快"产城联动"建设，推进三产服务、商业、居住、公共设施配套等项目建设，实施浙富桐城府、紫郡花苑、桐庐张氏中医院有限公司等城市配套项目。

【低产地改造】 2015年，桐庐经济开发区（富春江科技城、凤川—江南新城）以二低（低效资源、低山缓坡）为重点，通过实施“一守二查三盘”三步工作法，全面推进园区低产地改造，全年完成低产地改造73.14公顷，完成全年任务数的156.06%。

（徐剀）

2015年桐庐经济开发区（富春江科技城、凤川—江南新城）规模工业企业一览

表42

序号	企业名称	序号	企业名称
1	桐庐恒如服饰有限公司	2	杭州易通新型材料有限公司
3	杭州市桐庐医疗光学仪器有限公司	4	杭州艾高控股有限公司
5	浙江国奥家具有限公司	6	桐庐赛林手帽服饰有限公司
7	杭州凤嘉纺织有限公司	8	杭州伊贝实业有限公司
9	桐庐瀚威健身器材有限公司	10	杭州腾宇光电有限公司
11	杭州笑雪服饰有限公司	12	杭州立山皮件有限公司
13	桐庐耀强服饰有限公司	14	桐庐中汽商用汽车零部件有限公司
15	浙江金贝能源科技有限公司	16	杭州老桐君制药有限公司
17	桐庐森蓝实业有限公司	18	杭州力高旅游用品有限公司
19	杭州嘉顺印务有限公司	20	杭州万丰建筑装饰有限公司
21	浙江凯胜畜产品加工有限公司	22	浙江瑞能通信科技股份有限公司
23	杭州富利登塑胶制品有限公司	24	杭州华大海天科技有限公司
25	杭州妙洁日化科技有限公司	26	杭州元创新型材料科技有限公司
27	桐庐耀捷针织厂	28	杭州安烨户外休闲用品有限公司
29	杭州和雷实业有限公司	30	杭州和韵科技有限公司
31	杭州美克瑞思服装有限公司	32	杭州瑞坤时装有限公司
33	杭州三延金属制品有限公司	34	杭州申达通信工业有限公司
35	杭州振兴医疗器械制造有限公司	36	桐庐富春江织造集团有限公司
37	桐庐富禾针织服饰有限公司	38	桐庐富霖针织服饰有限公司
39	桐庐富瑞达针织服饰有限公司	40	桐庐申佳手套厂
41	桐庐新佳服饰有限公司	42	中艺花边集团有限公司
43	杭州斗源机械电子有限公司	44	密尔沃基（桐庐）阀门有限公司
45	杭州欣源电梯部件有限公司	46	杭州汇家卫浴用品有限公
47	浙江白云源电气有限公司	48	杭州康基医疗器械有限公司
49	杭州泛亚卫浴股份有限公司	50	通用电气生物科技（杭州）有限公司

续表 42

序号	企业名称	序号	企业名称
51	桐庐振军包装制品有限公司	52	浙江艾罗电源有限公司
53	杭州碧于天保健品有限公司	54	杭州三朵花印务有限公司
55	杭州中科赛思节能设备有限公司	56	杭州新华纸业有限公司
57	浙江汉德邦建材有限公司	58	杭州中科赛思伺服电机有限公司
59	杭州索康博能源科技有限公司	60	杭州海康威视电子有限公司
61	福朗特机电科技有限公司	62	杭州畅翔玻璃有限公司
63	桐庐三星玉米产业科技有限公司	64	今麦郎饮品杭州有限公司
65	桐庐圆通印务有限公司	66	杭州惠尔邦厨具有限公司
67	杭州吾尚生物科技有限公司	68	浙江华锦制管有限公司
69	浙江拓卡斯机械科技有限公司	70	杭州商莱金属科技有限公司
71	杭州泰弘橡胶有限公司	72	杭州三汇水电设备有限公司
73	杭州锦昌塑业有限公司	74	浙江田泰凯特金属制品有限公司
75	杭州富士达特种材料股份有限公司	76	浙江瑞晶特种玻璃有限公司
77	杭州北辰机械有限公司	78	杭州丰元味食品有限公司
79	杭州萧富水电设备有限公司	80	浙江圣兰德厨卫有限公司
81	浙江新东昇实业有限公司	82	杭州立升塑胶制品有限公司
83	杭州千芝雅卫生用品有限公司	84	浙江施强制药有限公司
85	桐庐久利金属有限公司	86	浙江金鸿源金属集团有限公司
87	杭州程泰金属制品有限公司	88	杭州永强金属制品有限公司
89	桐庐县窄溪工艺电镀厂	90	浙江博玺热能科技有限公司
91	浙江环益资源利用有限公司	92	杭州润品金属制品有限公司
93	桐庐联信金属有限公司	94	杭州天龙油墨有限公司
95	杭州松下大地同和顶峰资源循环有限公司	96	桐庐必得金属制品有限公司
97	杭州飞扬服装有限公司	98	杭州杭萧钢构有限公司
99	杭州虹利皮革服装有限公司	100	浙江舜飞重型发电设备制造有限公司

·桐庐迎春商务区·

【概况】 2015年，迎春商务区投入使用的21幢楼宇（不含励骏大酒店）累计入驻企业866家，楼宇入驻率66.03%。全年引进企业252家（含虚拟注册企业58家、实际入驻企业194家），其中注册资金5000万元以上企业44家，1亿元以上23家，注册率85.51%。全年实到县外资金42566万元，市外内资35382万元，浙商创业创新资金29882万元，外资1500万美元。是年，商务区全年实现入库税收9361万元，同比增长15.44%；地方财政收入3740万元，同比增长12.65%。社会消费品零售总额13.9亿元，服务业增加值31637万元，新增规上服务业企业9家。电子商务销售额11.64亿元，自营出口18820万美元，固定资产投资6082万元。4月，商务区获“2015年浙江十大金融创新集聚区”称号。11月，成为浙江省现代服务业集聚示范区提升发展试点单位。承办第二届中国县域电子商务大会与中国县域“互联网+”行动联盟成立大会。

“春江渡口”众创空间

【扶持政策】 2015年，出台《桐庐电子商务产业园（海陆园区）政策扶持实施细则》《关于培育发展荣正财富广场业态的扶持政策》，兑现装修补助42.5万元、房租补贴139.39万元、税收奖励541.51万元，共计兑现扶持资金723万元。

【产业集聚平台建设】 2015年商务区管委会以电子商务和金融服务为重点，进一步提升国际创业中心、电子商务产业园、金融服务产业园、文化创意产业园、中介服务产业园五大特色业态。海陆、汇丰电子商务产业园共集聚电商企业116家，全年实现电子商务销售额11.64亿元。其中海陆电商园盘活存量房产23000平方米，投入资金500万元；金融特色产业园共新注册金融类企业30余家，已入驻办公13家，办公用房面积5000余平方米，日常办公人员达200余人。国际创业中心引进科技型企业3家、中介特色产业园引进企业6家、文创特色产业园引进企业2家。

【众创平台】 2015年12月，“春江渡口”众创空间在海陆世贸中心电商园启动运营。“春江渡口”众创空间以“摆渡人”为定位，有效整合资源，集成落实政策，完善服务模式，培育创新文化，面向全国为创客们提供低成本、全要素、开放式、便利化的综合服务，通过创新与创业相结合、线上与线下相结合、孵化与投资相结合，使其成为桐庐大众创业、万众创新的发动机和新引擎。至12月底，入驻创业创新企业12家。

【招商引资】 2015年，围绕商务区产业培育目标，以电子商务、金融产业为重点，全年在上海、杭州等地组织专题招商推介会2次，在商务区召开推介会4次。建立客商信息库，做好项目跟踪、梳理，实行项目分类，赴北京、上海、江苏、山东等地开展招商对接和实地考察活动。加强企业走访、服务，借助企业的信息渠道、人脉资源，宣传商务区的优惠政策和投资环境，引荐有意向的客商资源。派驻3名工作人员在荣正财富广场现场办公，提升工作效率，及时掌握企业需求，拉近政企距离。与荣正开发商签订招商委托协议，由迎春商务区管委会全面负责金融产业园的招商运营。由管委会统一对9～13层进行简装修，方便企业入驻，加快特色产业培育。是年，金融产业园引进香港影院投资项目、炳恒资产管理项目、常裕互联网金融项目、乾银金融信息服务项目、中固控股项目等。

【楼宇管理】 2015年，出台《迎春商务区四级安全管理办法》和《迎春商务区企业安全隐患挂牌督办、整改销号制度》，成立消防联防中队。全年开展安全检查19次，召开安全生产专项会议7次，商务区人口密集型企业负责人、物业公司负责人等300余人次参加会议。与楼宇业主、物业公司、入驻企业等700多家单位签订安全生产责任书。邀请相关单位专家开展安全培训5次，组织20余次企业员工安全培训，共培训一线从业人员和企业负责人2320人次。利用商务区网站、微博、微信、楼宇广告机等全面宣传安全生产知识，发布安全生产信息300多条次，面向楼宇企业制作发放《商务区安全生产手册（消防安全知识篇）》1800册。开展两轮多种形式的消防演练活动，共计2100余人次参与。商务区全年运行稳定，无重大安全责任事故发生。

【企业服务】 2015年，迎春商务区管委会强化楼宇党建工作，6个楼宇党支部和机关党支部均制定全年“党员固定活动日”计划，开展活动11次，各支部党员参与率均达80%以上；严格按照发展党员的各项规定，发展预备党员1名，入党积极分子2名。继续推出以“青春”为主题的18项楼宇文化系列活动，整体推进楼宇文化的培育与建设。由商务区管理的汇丰大厦18层的电商公共服务中心、立山26层城市展示中心和新青年广场8层的“白领之家”三大公共服务平台，面向商务区全体入驻企业职工和各类参观考察团体开放。其中，城市展示中心全年接待到桐庐考察的各级领导、客商等共计1544批次31454人次；“白领之家”拥有会员600多人，承办企业会务60余场。继续实施好“1+X”楼宇服务联盟，开展企业服务工作。坚持企业入驻代办服务，减少中间环节，方便企业。提升商务区物业服务整体水平，先后3次召开专题培训和现场交流会，邀请消防、安监等相关部门和一线经验丰富人员，对商务区现有10余家物业公司负责人及保安进行消防安全理论知识和消控室实际操作技能培训等。

【对外宣传】 2015年，桐庐迎春商务区管委会创编《商务区服务手册》专刊3000份，在《今日桐庐》等媒体刊登商务区相关新闻33篇，在政府门户网站共发布基层动态信息60条，利用商务区微信公众号编发微信息120余条，公众号关注人数增长迅速。

（诸渊）

桐庐迎春商务区2015年新注册500万元以上企业一览

表43

序号	公司名称	注册资金（万元）
1	浙江沈氏智能科技有限公司	5000
2	杭州安厨实业有限公司	5000
3	杭州华陌通金融信息服务有限公司	10000
4	杭州乾银金融信息服务有限公司	10000
5	中固控股有限公司	10000
6	桐庐炳恒资产管理有限公司	20000
7	杭州福桐股权投资基金管理有限公司	1000
8	杭州赢银创业投资合伙企业（有限合伙）	5000
9	浙江圣轩投资管理有限公司	5000
10	杭州招银优品电子商务有限公司	1000
11	浙江招银控股有限公司	5000
12	浙江浙商保险销售有限公司	2000
13	杭州国礼投资管理合伙企业（有限合伙）	1000
14	杭州国薪投资管理合伙企业（有限合伙）	1000

续表 43

序号	公司名称	注册资金（万元）
15	杭州国行投资管理合伙企业（有限合伙）	1000
16	杭州国昌投资管理合伙企业（有限合伙）	1000
17	杭州国能投资管理合伙企业（有限合伙）	1000
18	杭州国联投资管理合伙企业（有限合伙）	1000
19	杭州国祥投资管理合伙企业（有限合伙）	1000
20	杭州国漫投资管理合伙企业（有限合伙）	1000
21	杭州国戚投资管理合伙企业（有限合伙）	1000
22	杭州国栋投资管理合伙企业（有限合伙）	1000
23	桐庐秋阳股权投资合伙企业（有限合伙）	3000
24	桐庐秋阳成长投资管理有限公司	1000
25	杭州袍泽投资管理有限公司	5000
26	杭州融嘉投资理财有限公司	1000
27	桐庐力投投资管理有限公司	1000
28	桐庐银克多投资咨询有限公司	1300
29	杭州瑞斯资产管理有限公司	1001
30	杭州信亦投资管理有限公司	10000
31	杭州瑞吉投资管理合伙企业（有限合伙）	1188.119
32	杭州友荐金融信息服务有限公司	1000
33	杭州鲁蒙能源有限公司	1080
34	杭州江昇贸易有限公司	1000
35	浙江贝得环保科技有限公司	1000
36	杭州达门资产管理有限公司	2000
37	杭州元宇环保科技有限公司	1000
38	峰华控股集团有限公司	11166
39	桐庐震和拓市政工程有限公司	3500
40	浙江仙惠生物科技有限公司	10000
41	杭州云端网络科技有限公司	5000
42	杭州云端运输有限公司	5000
43	杭州寰宇物流有限公司	1000

续表 43

序号	公司名称	注册资金（万元）
44	桐庐韵嘉投资管理合伙企业（有限合伙）	9100
45	桐庐泰鸿机电有限公司	9600
46	杭州世摩投资管理有限公司	1000
47	浙江创鑫装饰设计工程有限公司	6000
48	杭州卓桐投资管理有限公司	10000
49	浙江浙丰安防技术有限公司	1180
50	杭州恒安装饰有限公司	1000
51	杭州桐庐中欧城商业管理有限公司	1000
52	杭州博水投资合伙企业（有限合伙）	5000
53	杭州春鹏金融信息服务有限公司	1000
54	浙江穰穰实业有限公司	5000
55	杭州加菲贸易有限公司	3125
56	杭州聚上汇网络信息有限公司	1000
57	杭州莱驰电子商务有限公司	1000
58	桐庐易启动网络科技有限公司	1000

桐庐迎春商务区 2015 年产值 1000 万元以上企业一览

表 44

序号	公司名称	产值（万元）
1	浙江金帆达进出口贸易有限公司	30980
2	桐庐中顺房地产开发有限公司	16922
3	桐庐丰泽进出口有限公司	16914
4	中国银行股份有限公司桐庐支行	14795
5	桐庐中通置业有限公司	11480
6	桐庐大奇山郡置业有限公司	11325
7	中国银行股份有限公司桐庐支行	14795
8	杭州枈朗进出口有限公司	10129
9	浙江中凯建设有限公司	9902
10	桐庐浙富嘉盛房地产有限公司	9621
11	杭州建顺贸易有限公司	9520

续表 44

序号	公司名称	产值（万元）
12	中国邮政储蓄银行股份有限公司桐庐县支行	8417
13	浙江坤兴建设有限公司	8294
14	浙江风行电器有限公司	8285
15	杭州市桐庐县富汇小额贷款股份有限公司	6555
16	杭州银行股份有限公司桐庐支行	6495
17	杭州光典置业有限公司	6037
18	杭州励骏置业有限公司	5771
19	桐庐华泰建筑营造有限公司	5686
20	桐庐好的大酒店有限公司桐庐开元名都大酒店	5556
21	杭州润沛贸易有限公司	5117
22	桐庐县市政建设有限公司	5104
23	浙江桐庐富春江建筑工程有限公司	4923
24	杭州市桐庐县浙富小额贷款股份有限公司	4887
25	中信银行股份有限公司杭州桐庐支行	4835
26	桐庐富汇置业有限公司	4626
27	浙江桐庐恒丰村镇银行股份有限公司	4290
28	杭州华通建设工程有限公司	3995
29	中国平安财产保险股份有限公司桐庐支公司	3963
30	杭州嘉乐医疗设备有限公司	3521
31	上海浦东发展银行股份有限公司杭州桐庐支行	3394
32	桐庐久友贸易有限公司	3368
33	上海银行股份有限公司杭州桐庐支行	3327
34	中国平安人寿保险股份有限公司浙江分公司桐庐县营销服务部	2884
35	浙江嘉澜国际货运代理有限公司	2748
36	浙江联铁禾盛建设劳务有限公司	2678
37	桐庐怡生堂大药房连锁有限公司	2526
38	中国人寿财产保险股份有限公司桐庐县支公司	2479
39	中国太平洋财产保险股份有限公司桐庐支公司	2420
40	杭州恩宇实业有限公司	2417

续表 44

序号	公司名称	产值（万元）
41	华夏银行股份有限公司杭州桐庐支行	2349
42	杭州杨帆园林建设有限公司	2294
43	桐庐韦博进出口有限公司	2255
44	桐庐燕达进出口有限公司	2255
45	桐庐海陆世贸中心开发有限公司桐庐世贸大酒店分公司	2149
46	杭州诺英莎化工有限公司	2128
47	杭州拓成纺织有限公司	1891
48	杭州统味商贸有限公司	1810
49	桐庐思格诺进出口有限公司	1688
50	中国民生银行股份有限公司杭州桐庐小微企业专营支行	1685
51	杭州安厨电子商务有限公司	1621
52	杭州洪泓新材料科技有限公司	1612
53	杭州桐君堂生物科技有限公司	1592
54	桐庐奥神贸易有限公司	1533
55	桐庐优德文化创意有限公司	1422
56	中国农业发展银行桐庐县支行	1381
57	桐庐浙富大厦有限公司	1291
58	浙江昊韵信息技术有限公司	1291
59	桐庐萧商大厦有限公司	1282
60	桐庐浙富控股有限公司	1269
61	桐庐久缘餐饮管理有限公司	1246
62	桐庐励骏酒店有限公司迎春南路分公司	1174
63	浙江民泰商业银行股份有限公司杭州桐庐支行	1148
64	桐庐光典民间资本管理服务有限公司	1111
65	浙江立山国际置业有限公司	1100
66	桐庐创润建材有限公司	1049

·富春山健康城·

【概况】 2015年，富春山健康城完成固定资产投资5.88亿元，完成招商引资任务3.45亿元，其中完成市外内资2.94亿元、浙商创业创新任务1.05亿元、完成外资1000万美元。10月12日，健康城第一家民营企业江南养生文化村开发有限公司党支部成立。

【健康小镇】 2015年6月1日，全省第一批省级37个特色小镇创建名单公布，桐庐健康小镇列入，成为全省首个健康产业特色小镇。健康小镇处于富春山健康城核心地块，总规划面积2.6平方公里，规划北至城南路转至杭新景高速，南至大奇山脚，西至规划路转至大奇山路，东至天井坞区块。区域范围内有健康服务业企业11家、健康制造业企业22家、运动休闲企业4家、健康食品企业4家。小镇主要依托规划区域内优良的生态环境和健康产业基础，以富春山水原生态和“桐君”国药文化为依托，打造以健康服务业为核心，以健康养生（养老）产业、健康旅游、中医药保健产业、健康管理等项目为载体，促进产业融合、产城融合和城乡融合，宜居、宜业、宜养、宜游的健康服务业集聚区。是年，在全省特色小镇年度主要指标考核结果排名列中上水平。健康小镇统计工作方法作为全省推行模板，先后在省、市特色小镇推进会上作典型发言。

【基础设施建设】 2015年，健康城实施政府性投资项目4项，总投资4000万元。其中全长9公里的生态景观绿道工程全线贯通，沿线标识、标牌安装到位。全长2677.7米的大奇山路景观提升工程完成，从道路路面改造、两旁的标线、广告牌规范及沿线的围墙设计、绿化提升等五大块进行改造和景观提升，实现主要干道监控、无线Wi-Fi全覆盖。同时，启动梅林路延伸段、城南路西段提升改造工程。

【招商引资】 2015年，突出对健康城的推介，制订对外宣传规划，针对不同客户背景和需求，制作不同的宣传手册，有针对性的开展“保险招商周”活动，并结合户外广告、微信、微博等平台提高宣传效果。全年接待300余次客商，其中富士康科技集团、阳光保险集团、复星集团、中国健康产业基金会、万向集团、中金集团、迪安诊断公司、联众休闲集团、第一上海投资有限公司、中国资本投资有限公司等先后实地到健康城考察洽谈合作事宜。是年，江南养生文化村追加投资12亿元；巨星庐境酒店，拟投资3亿元，完成公司注册、银行开户工作，1000万美元外资到位。

【队伍建设】 2015年，建立县检察院驻富春山健康城检察联络室，每月工作例会及重大事项邀请联络室干部参加并把关。重新梳理和排摸廉政风险点，制订对应风险点防控措施，确保每个岗位廉洁高效。加强在建工程项目的监督，重点检查项目合同履行、工程变更报批程序、工程进度款支付等。制定完善《管委会请销假制度》等各类工作制度，实行“每周工作情况定期报送制度”“每月重点工作任务责任分解和按期督查督办制度”，努力提升管理精细化、规范化和科学化水平。

（吴小平）

·富春江（芦茨）乡村慢生活体验区·

【基础工程建设】 2015年，沿S210省道实施并完成绿化景观、廊桥凉亭、边坡治理、房屋立面改造、色彩农业（林业）等全国美丽乡村旅游精品线工程，“马岭古道”项目开工建设，完成芦茨至蟹坑口段一期工程，二期蟹坑口至石舍段正在施工中；完成慢生活体验区标志标牌的设计制作及安装。

【项目招引推进】 依托资源招商，引进品牌企业，丰富慢生活业态，签约引进总投资近10亿的项目，其中中高档民宿13家，引导当地农家乐转型升级。外婆家“俺的生活”系列项目，完成青龙坞项目，涉及里深坑、外深坑、青龙坞3个组69户农房租赁及自留地、农田、茶叶山的租赁和地上作物补偿工作，5月1日，2幢样板房试营业，里深坑区块完成5幢房屋改造，剩余6幢农房正在改建中；囡儿坞项目完成初步方案设计。严陵坞慢村项目，围绕打造集旅游度假、养生闲居、有机园地等于一体的国际

第三届富春江乡村慢生活体验节开幕式

化精品慢村目标，5月1日首幢样板房对外营业，至年底完成7幢房屋改造，并对外营业。绿芦驿、岩朵、石舍方户、木舍人家、爪哇“沐风”等中高端民宿项目建成并营业；天空之城、慢谷、漫步春、无尘居、庐居里外、原乡芦茨等项目施工建设中；与万事利公司签约，项目投资3.8亿元，打造绿色财富小镇。与浙江华宇公司签订茆坪古村落整体开发意向协议，项目投资5亿元。

【美丽乡村建设】 2015年11月27日，富春江慢生活小镇列入杭州市首批32个市级特色小镇创建名单之一；9月14日，桐庐富春山居·隐逸石舍项目确定为浙江省“坡地村镇”（首批）建设用地试点项目，规划用地面积9.89公顷，计划投资8560万元，建设周期为2015—2018年，完成项目设计规划及基础设施施工图；杭派富春民居·芦茨示范村项目为桐庐杭派民居试点，项目位于芦茨村S210省道北侧，计划用地面积17452平方米，共建21幢42户，采用代建方式实施，年度完成工程量的40%，完成公共厕所和绿化配套2000平方米；芦茨村获2015浙江十大旅游风情小镇；茆坪村被评为中国传统村落、国家级美丽宜居示范村、浙江省历史文化村落重点村、浙江省非物质文化遗产民俗文化村；石舍村被评为中国传统村落、杭州市历史文化村落重点村，通过省级美丽宜居示范村验收。

【策划营销情况】 2015年，建立富春江慢生活（fcjmsh）官方公众微信，累计发布微信75条，单帖阅读量达13000人次。指导、协助特色民宿建立各自的宣传网站、微信、微博等。举办第三届慢生活体验节活动，开展乡野慢跑、当地特色小吃品鉴、篝火晚会等系列活动，扩大对外影响力。是年，各级媒体争相宣传报道慢生活体验区情况，其中中央电视台《新闻联播》录播栏目1条，中央电视台中文国际频道专题1条，中央电视台军事·农业频道专题1条，浙江电视台3条，杭州电视台6条。

【民宿产业发展】 2015年，富春江慢生活体验区共有民宿142家，比2014年新增26家，全年升级改造农家乐25家；体验区共有民宿床位3289张，比2014年新增400张。全年接待游客84.9万人，旅游经营总收入8603万元，同比增长21.2%。

（滕伟林）

·行政服务·

【概况】 2015年，桐庐县行政服务中心受理各类办件528426件，办结528399件，办结率99%（其中分水便民服务中心共受理各类事项44521件，办结44491件，办结率99%）。其中，行政许可19726件，办结19713件；非行政许可71623件，办结71563件；服务事项437077件，办结437123件。联审联办项目61个，其中工业项目13个，建筑设计方案48个。全县公共资源交易740项，成交金额392201.91万元，其中建设工程（包括交通、水利）495项，成交金额304764.63万元，节约资金39452.23万元，节约率为11.46%；政府采购165项，成交金额11536.18万元，节约资金1361.61万元，节约率为10.56%；土地交易44项，出让土地面积633769.2平方米，成交金额69466.47万元，增值579万元，增值率0.84%；产权交易36项，成交金额6434.64万元，增值1917.63万元，增值率42.45%。

【行政审批制度改革】 2015年，县行政服务中心会同县经信局出台《关于做好工业企业“零土地”技术改造项目审批方式改革实施工作的通知》，将企业在不涉及新增建设用地前提下开展的技术改造项目，除审批目录上的事项外，其他一律只需向相关部门实行承诺备案。推出邮寄送达服务，通过筛除不能邮寄的服务事项，其他事项全部纳入证照邮寄送达服务范围。

【“五证一码”创新试点】 2015年，推出营业执照、税务登记证、组织机构代码证、统计证、社保登记证“五证合一”“一照一码”，实现10分钟快速办证，并开发企业注册APP软件；6月26日，发出桐庐县第一本“一照一码”“五证合一”营业执照，整个办证时间9分53秒，在杭州市首次实现“一照一码”，在全省领先实现10分钟快速办照，在全国率先实现“一照一码”和“10分钟快速办证”同步办理。

【浙江政务服务网建设】 2015年5月15日，正式启用浙江省政务服务网杭州市桐庐县统一审批平台，并通过政务服务网验收工作。截至年底，实现400余项行政许可事项的外网申报和在线办理，实现全县7大类全部事项网上运行，梳理完成20余项公共服务事项入库，推出水土保持方案登记表审批事项“全流程网上办理”试点工作，完成富春江镇、横村镇两个试点乡镇网上平台延伸工作。

【办证一本通印发】 2015年9月，县行政服务中心更新编制《办证一本通》。《办证一本通》中汇编个人或家庭从出生到死亡涉及的各种证照、审批事项的办理流程、时限以及所需材料等内容。其中，创业篇为“大众创新、万众创业”提供审批上的服务和指导。该举措得到新华社、《中国组织人事报》、《浙江日报》、《杭州日报》、浙江新闻网等主流媒体关注和社会良好评价。

向市民发放《市民一本通》

【百姓热线967000】 2015年，百姓热线967000平台受理各类电话57920件，同比上升75%。网站点击量超过22.9万次，微信公众号关注用户3000余人。新增信息13230条，知识库信息总数达3.2万条，累计删除旧信息3010条；新吸纳加盟企业10家。从1月起，对全县各联动部门交办落实情况集中反馈，实行“一月一通报“机制。截至12月，热线共移交至相关职能部门235件，反映民情聚焦事项55件。对县广播电视台大刘热线64280000合并接听。开启惠农服务“智慧”模式，建立依托967000为专线的惠农服务热线。10月，与县科技局达成合作，为广大企业提供科技服务咨询，开创科技服务热线。

【招投标工作】 2015年，在全县推行村级建设项目“阳光工程”。组织业务骨干赴全县各乡镇（街道）现场授课，完成1600余人次的阳光工程业务培训。修订《桐庐县小额公共资源招投标管理工作考核办法（试行）》，完成半年度乡镇（街道）小额公共资源交易检查工作，下发《关于桐庐县2015年第一季度公共资源交易项目异常情况的通报》《关于2015年桐庐县土地整理项目标后检查情况的通报》《关于切实加强政府投资项目标后监管工作有关事项的通知》；建立标后检查月报制，要求各乡镇（街道）和主管部门每月上报标后检查开展及完成情况。组建招标代理库、拍卖机构库、审计协审库、个体投标人信息库并投入使用。完善平台交易系统，出台招投标档案管理办法、供应商注册管理制度及农村集体产权交易制度，完善建设工程施工、设计、监理类招标评标决标办法及评标专家管理制度；升级改造整个公共资源交易系统，开发政府采购网上商城系统及电子辅助评标系统、产权电子竞价系统、银保通系统及质疑投诉受理系统等功能模块并上线运行。

2015年桐庐县行政服务中心各窗口办理主要事项一览

表45　　单位：件次

窗口部门	事项名称	办件量
桐庐县安监局	“烟花爆竹经营（零售）许可证”的核发（本级审批）	80
	危险化学品经营许可证审批（本县级）	22
桐庐县财政地局	二手房交易（房屋继承与分析）	304
	二手房交易（房屋买卖）	2144
	二手房交易（房屋赠与）	38
	二手房交易（其他）	233
	二手房买卖（房屋拆迁）	60
	耕地占用税征收	86
	会计从业资格证审批	226
	契税征收（商品房纳税申报）	4307
	契税征收（遗失补证）	68
桐庐县财政地局	契税征收—土地使用权出让	148
	税务登记证（变更登记）	1334
	税务登记证（设立登记）	2588
	税务登记证（遗失补证）	89
桐庐县城市管理综合行政执法局	城市大型户外广告设置及建筑物、设施上张贴、张挂宣传品等审批	284
	利用广场等公共场所举办文化、商业等活动许可	1
桐庐县发改局	工业项目准入（10亩以下）	13
	内资企业投资项目核准	2
	企业投资项目备案	56
	政府投资项目审批（初步设计批复）	11
	政府投资项目审批（初步设计评审）	18
	政府投资项目审批（建议书或可研报告批复）	93
	政府投资项目审批（建议书或可研报告评审）	28
桐庐县工商局	合伙企业及其分支机构登记（合伙企业设立登记）	2
	非公司企业法人（营业单位）登记（非公司企业法人变更）	9
	个人独资企业及其分支机构登记（个人独资企业经营场所变更）	1
	个人独资企业及其分支机构登记（个人独资企业经营范围及方式变更）	3
	个人独资企业及其分支机构登记（个人独资企业设立）	3

续表 45

窗口部门	事项名称	办件量
桐庐县工商局	个人独资企业及其分支机构登记（个人独资企业投资人姓名变更）	1
	个人独资企业及其分支机构登记（个人独资企业注销）	4
	个体工商户登记（设立登记）	564
	公司（分公司）登记（分公司变更）	66
	公司（分公司）登记（分公司注销）	41
	公司（分公司）登记（有限公司法定代表人变更）	192
	公司（分公司）登记（有限公司分公司设立登记）	20
	公司（分公司）登记（有限公司股东变更）	223
	公司（分公司）登记（有限公司股东姓名变更）	2
	公司（分公司）登记（有限公司减少注册资本变更）	3
	公司（分公司）登记（有限公司经营范围变更）	279
	公司（分公司）登记（有限公司经营期限变更）	52
	公司（分公司）登记（有限公司名称变更）	71
	公司（分公司）登记（有限公司设立登记）	821
	公司（分公司）登记（有限公司增加注册资本变更）	78
	公司（分公司）登记（有限公司住所变更）	108
	公司（分公司）登记（有限公司注销）	47
	合伙企业及其分支机构登记（合伙企业的合伙人变更）	1
	合伙企业及其分支机构登记（合伙企业经营场所变更）	1
	合伙企业及其分支机构登记（合伙企业名称变更）	1
	农民专业合作社及其分支机构登记（变更登记）	4
	农民专业合作社及其分支机构登记（设立登记）	10
	农民专业合作社及其分支机构登记（注销）	3
	企业名称登记	714
桐庐县公安局	爆破作业单位许可证	39
	边境管理区通行证	43
	大型群众文化体育活动安全许可	3
	第二类、第三类易制毒化学品购买备案证明	367
	典当业特种行业许可证核发	3

续表 45

窗口部门	事项名称	办件量
桐庐县公安局	更改姓名及纠正出生日期核准（更改姓名）	212
	更改姓名及纠正出生日期核准（纠正出生日期核准）	35
	国家行政机关和企业、事业单位公章刻制委托（首次办理）	4507
	国家行政机关和企业、事业单位公章刻制委托（遗失补办）	42
	互联网上网服务营业场所、经营单位的信息网络安全许可	13
	户口迁移父母与子女相互投靠	165
	户口迁移购房迁入	245
	户口迁移核准（公务员聘用工作调动迁移户口）	20
	户口迁移婚迁（夫妻投靠）	919
	户口迁移军转干部家属随迁	1
	户口迁移离、退休或离婚回原籍	4
	户口迁移人才引进	76
	户口迁移土地征用户口农转非	94
	建设项目交通影响评价审查	28
	金融机构营业场所、金库安全防范设施工程验收	17
	金融机构营业场所、金库安全防范设施建设方案审核	13
	居民临时身份证制证	434
	旅馆业特种行业许可证核发	23
	民用爆炸物品购买许可	308
	民用爆炸物品运输许可	308
	收养人员户口登记	24
	特定种类危险化学品购买核准	93
	烟花爆竹道路运输许可证核发	13
桐庐县公积金中心	职工提取住房公积金审批	1805
	职工住房公积金贷款审批（二手房贷款审核）	96
	职工住房公积金贷款审批（期房贷款审核）	218
	职工住房公积金贷款审批（期房组合贷款审核）	36
桐庐县国税局	税务登记（税务登记管辖权变更—纳税人跨县区迁入）	10
	税务登记（变更登记）	704

续表 45

窗口部门	事项名称	办件量
桐庐县国税局	税务登记（变更登记纳税识别号维护）	3
	税务登记（开业登记重新税务登记）	5
	税务登记（设立登记）	1925
	税务登记（增值税、消费税、企业所得税核定）	480
桐庐县国土局	出让土地使用权转让审查	61
	房地产抵押登记(预登记备案、预登记转正式登记、注销登记、撤消备案)	977
	国有划拨土地使用权转让、出租、抵押审批	152
	建设用地复核验收	1
	土地登记发证（单宗地）	378
	土地登记发证（商品、交易、房改等）	5697
桐庐县环境保护局	建设项目环境保护设施竣工验收	28
	建设项目环境影响评价审批（报告表）	135
	建设项目环境影响评价审批（报告书）	13
	建设项目环境影响评价文件审批（登记表）	156
	建筑施工夜间作业许可证核发	28
	排污许可证核发	31
桐庐县交通局	超限运输车辆行驶公路许可（县、乡道）	1
	出租汽车经营资格证、车辆营运证和驾驶员客运资格证核发	2
	从业资格证审查	299
	道路运输站（场）经营许可（货运站场经营许可、开业）	1
	货运经营许可（开业）	267
	机动车维修经营许可（开业）	5
	客运经营许可（车辆更换更新）	143
	客运经营许可（同时申请道路客运班线经营）	23
	客运经营许可（新增客运班线＊已有相应经营许可证＊）	4
	小客车更新指标申请	1026
	小客车增量指标申请	1392
桐庐县经信局	企业技术改造投资项目备案	41
	企业技术改造投资项目核准	1

续表 45

窗口部门	事项名称	办件量
桐庐县经信局	新型墙体材料产品认定	1
	新型墙体材料产品认定（换证）	2
	新型墙体材料专项基金、散装水泥专项资金征缴	96
桐庐县农林局	林木采伐许可证核发	352
	林木种子经营许可证的核发（变更）	4
	林木种子经营许可证的核发（设立）	10
	林木种子生产许可证的核发（变更）	4
	林木种子生产许可证的核发（设立）	10
	临时占用林地许可	2
	木材经营加工许可（变更）	4
	木材经营加工许可（设立）	7
	木材运输许可证核发	612
	森林植物检疫证核发	1483
	省一般保护陆生野生动物经营利用许可证核发（设立）	2
	省一般保护陆生野生动物驯养繁殖许可证核发	3
桐庐县民政局	成立社会团体的筹备许可	9
	地名命名更名	10
	门牌号码编制、变更	1494
	民办非企业单位设立、变更、注销（变更）	10
	民办非企业单位设立、变更、注销（设立）	48
	社会团体变更、注销、登记（变更）	6
	社会团体变更、注销、登记（设立）	14
	社会团体分支（代表）机构设立、变更、注销（设立）	1
	无婚姻记录证明受理	1506
桐庐县农林局	动物防疫条件合格证核发	5
	动物诊疗许可	1
桐庐县气象局	防雷装置竣工验收	73
	防雷装置设计审核	77
	升放无人驾驶自由气球或者系留气球活动审批	4

续表45

窗口部门	事项名称	办件量
桐庐县人防办	人防工程竣工验收许可（结建防空地下室）	7
	人防工程施工图设计审批（结建防空地下室）	9
	人防工程易地建设审批	49
桐庐县人社局	参保人员规定病种门诊的登记备案	735
	单位社会保险登记	376
	劳务派遣行政许可	5
	特殊工时制度审批	54
	职工社会保险参保登记、缴费核定	304856
	职业技能培训机构设立许可	1
	职业介绍机构资格认定	1
桐庐县商务局	对外贸易经营者备案登记	135
	加工贸易企业经营状况及生产能力证明服务	14
	加工贸易业务审核服务	79
	酒类流通备案登记	7
	外商投资企业设立与变更审批（外商投资非商业企业变更）	48
	外商投资企业设立与变更审批（外商投资非商业企业设立）	7
	外商投资企业设立与变更审批（外商投资企业合同、章程非实质性变更备案登记）	4
	外商投资企业设立与变更审批（外商投资企业境内再投资设立商业企业）	1
	外商投资企业设立与变更审批（外商投资商业企业设立）	18
	外商投资企业设立与变更审批（已设立的外商投资商业企业变更经营范围、注册地址）	4
	再生资源回收经营者备案	10
桐庐县水利水电局	进桐水利施工企业备案（包括项目负责人备案）	777
	开发建设项目水土保持方案审批（水土保持方案报告书和报告表）	13
	开发建设项目水土保持方案审批（水土保持方案登记表）	8
	取水许可审批（新申请取水许可）	2
	涉河涉堤建设项目审批（含占用水域审批）（县级权限）	4
桐庐县卫计局	放射诊疗许可	7
	公共场所卫生许可证核发	289

续表 45

窗口部门	事项名称	办件量
桐庐县卫计局	护士执业注册	44
	母婴保健专项技术服务人员资格认定	12
	母婴保健专项技术服务许可	2
	医疗机构设置审批备案	1
	医疗机构设置审批许可	5
	医疗机构执业许可变更登记	33
	医疗机构执业许可登记	20
	医师执业变更注册	118
	医师执业注册	41
桐庐县文广新局	包装装潢印刷品印刷企业变更名称、法人代表人或者负责人、住所或者经营场所等主要登记事项，或者终止经营活动的备案（扩权强县）	3
	出版物零售单位变更	4
	出版物零售单位设立	7
	广播电视节目制作经营单位的设立审核（扩权强县）	1
	互联网上网服务营业场所变更	8
	互联网上网服务营业场所设立	12
	经营高危险性体育项目	4
	举办营业性演出的审批	1
	其他印刷品印刷企业或者申请从事其他印刷品经营活动（专门从事打字复印印刷企业的设立、变更）	3
	其他印刷品印刷企业或者申请从事其他印刷品经营活动变更（其他印刷品印刷）	8
	其他印刷品印刷企业或者申请从事其他印刷品经营活动设立（其他印刷品印刷）	9
	设立包装装潢印刷品印刷企业或者申请从事包装装潢印刷品印刷经营活动的审批（扩权强县）	6
	文艺表演团体变更	1
	文艺表演团体设立	1
	演出场所经营单位备案	3
	娱乐场所变更（电子游戏游艺类）	2
	娱乐场所变更（歌舞类）	21
	娱乐场所设立（歌舞类）	2

续表 45

窗口部门	事项名称	办件量
桐庐县消防大队	公众聚集场所使用或开业前的消防安全检查	121
	建筑工程竣工消防验收（建筑工程消防验收）	56
	建筑工程竣工消防验收（内部装修消防验收）	54
	建筑工程竣工消防验收备案（建筑工程消防验收备案）	62
	建筑工程竣工消防验收备案（内部装修消防验收备案）	15
	建筑工程消防设计防火备案（建筑设计防火审核备案）	61
	建筑工程消防设计防火备案（内部装修设计防火备案）	36
	建筑工程消防设计防火审核（建筑设计防火审核）	52
	建筑工程消防设计防火审核（内部装修设计防火审核）	86
桐庐县烟草专卖局	“烟草专卖零售许可证”核发	186
桐庐县质监局	组织机构代码证（换证）	670
	组织机构代码证（变更）	379
	组织机构代码证（年检）	210
	组织机构代码证（申领）	1790
桐庐县住建局	房地产开发企业资质核准	30
	房屋所有权登记 （存量房赠与、继承、析产）	352
	房屋所有权登记 （共有权变更）	134
	房屋所有权登记（单位自建房）	200
	房屋所有权登记（法院裁定、调解判决）	100
	房屋所有权登记（个人自建房）	46
	房屋所有权登记（更名）	298
	房屋所有权登记（更正）	79
	房屋所有权登记（商品房）	4437
	房屋所有权登记（商品房总证）	5594
	房屋所有权登记（他项权登记）—他项权设立登记（个人）	15768
	房屋所有权登记（遗失补办）	48
	房屋所有权登记（注销或撤销房屋登记）	2
	房屋所有权登记存量房交易	2419
	建设工程（含临时建设工程）规划许可	28

续表 45

窗口部门	事项名称	办件量
桐庐县住建局	建设工程项目方案设计审批（各类建设项目规划设计方案）	26
	建设工程项目方案设计审批（批后修改，未开工）	2
	建设工程项目方案设计审批（批后修改，已开工）	1
	建设项目选址审批	9
	建设用地（含临时建设用地）规划许可	11
	建筑工程施工许可	28
	砍伐城市树木审批	2
	临时占用城市绿地核准	3
	临时占用或者挖掘城市道路审批	38
	商品房预售许可核准	34
	污水排入排水管网许可证核发	7
桐庐县食品药品监督管理局	单体药店“药品经营许可证”申领、变更、换证、注销	7
	连锁门店“药品经营许可证”申领、变更、换证、注销	11
	药品零售连锁企业“药品经营许可证”变更、注销	17
	执业药师注册	7
	“医疗器械经营企业许可证”申办、变更、换证、注销	6
	“餐饮服务许可证核发”	21
市民卡中心	办理市民卡	114553
分水便民服务中心（国税）	税务登记（纳税识别号维护）	31
	税务登记（设立登记）	720
	税务登记（变更登记）	193
分水便民服务中心（林业）	“木材运输许可证”核发	1792
	“森林植物检疫证”核发	1544
分水便民服务中心（工商）	个人独资企业及其分支机构登记（个人独资企业经营场所变更）	1
	个人独资企业及其分支机构登记（个人独资企业经营范围及方式变更）	2
	个人独资企业及其分支机构登记（个人独资企业设立）	8
	个人独资企业及其分支机构登记（个人独资企业注销）	1
	个人独资企业经营范围及方式变更	10
	个人独资企业投资人姓名变更	11

续表 45

窗口部门	事项名称	办件量
分水便民服务中心（工商）	个人独资企业注销	12
	个体工商户登记（设立登记）	751
	个体工商户换照	285
	个体工商户经营场所变更	43
	个体工商户经营范围及方式变更	117
	个体工商户注销登记	238
	个体工商户字号名称变更	32
	个体工商户字号名称预先核准	1076
	公司（分公司）登记（分公司变更）	2
	公司（分公司）登记（有限公司分公司设立登记）	3
	公司（分公司）登记（有限公司设立登记）	124
	合伙企业及其分支机构登记（合伙企业注销）	1
	农民专业合作社及其分支机构登记（变更登记）	8
	农民专业合作社及其分支机构登记（设立登记）	13
	农民专业合作社及其分支机构登记（注销）	5
	有限公司法定代表人变更	26
	有限公司股东变更	13
	有限公司股东姓名变更	6
	有限公司经营范围变更	40
	有限公司经营期限变更	13
	有限公司名称变更	3
	有限公司增加注册资本变更	12
	有限公司住所变更	4
	有限公司注销	12
	分公司变更	7
分水便民服务中心（公安）	户口迁移（市外）	141
	户口迁移购房迁入	1
	户口迁移离、退休回原籍	4
	户口迁移土地征用户口农转非	2

续表 45

窗口部门	事项名称	办件量
分水便民服务中心（公安）	纠正出生日期核准	1
	居民户口簿	694
	居民身份证	1791
	立户登记	2
	收养登记	1
	死亡登记	501
	出生登记	641
	单位、部门查询户口登记信息的规定	797
	分户登记	113
	个人查询户口登记信息的规定	685
	更改姓名	37
	国家行政机关和企事业单位公章刻制委托（首次办理）	761
	国家行政机关和企事业单位公章刻制委托（遗失补办）	1
	户口迁移（市内）	457
分水便民服务中心（建设）	房屋登记记录证明业务	540
	房屋所有权登记（单位自建房）	6
	房屋所有权登记（更名）	2
	房屋所有权登记（商品房）	143
	房屋所有权登记（遗失补办）	2
	共有权变更	2
	存量房交易	89
	存量房赠与、继承、析产	9
分水便民服务中心（劳保）	基本医疗保险：医疗费用报销	31
	基本医疗保险与城乡居民医疗保险：参保人员信息维护	924
	基本医疗保险与城乡居民医疗保险：特种病申请，发证	193
	社会保险：参保人员关键信息修改	4
	生育保险：参保登记，人员变动	1
	生育保险：生育待遇结报	19
	新城乡居民养老保险：补缴费	686

续表 45

窗口部门	事项名称	办件量
分水便民服务中心（劳保）	新城乡居民养老保险：参保登记	507
	新城乡居民养老保险：死亡待遇申领	317
	养老保险补缴费（当年）	310
	养老保险关系异地转入申请	63
	养老保险手册打印	1
	用人单位参保名册，各类缴费证明打印	7
	用人单位社会保险登记，变更	28
	用人单位网上业务经办申请	60
	用人单位职工参保登记，人员变动	232
	被征地养老保险：养老待遇资格认证	1
	城乡居民医疗保险：制农保卡，相关信息咨询	39
	个体劳动者参保登记	711
	基本医疗保险： 临时外出与异地安置 手续办理	25
分水便民服务中心（国土）	土地登记发证核发	236
分水便民服务中心（地税）	耕地占用税征收	46
	契税征收（商品房纳税申报）	218
	契税征收（遗失补证）	1
	契税征收—土地使用权出让	2
	税务登记证（变更登记）	244
	税务登记证（设立登记）	848
	税务登记证（遗失补证）	5
	二手房交易（房屋继承与分析）	7
	二手房交易（房屋买卖）	85
	二手房交易（其他）	5
分水便民服务中心（城管）	设置店面招牌、户外广告，在建筑物、设施上张贴、张挂宣传品	53
分水便民服务中心（公积金）	职工提取住房公积金审批	145
分水便民服务中心（计生）	独生子女父母光荣证	90

续表 45

窗口部门	事项名称	办件量
分水便民服务中心（计生）	健康服务证核发	182
	流动人口婚育证明	6
	取环证	72
分水便民服务中心（民政）	门牌号码编制、变更	109
	浙江省老年优待证申领	476
分水便民服务中心（市民卡）	补、换市民卡	3037
	新申领市民卡（本地）	1520
	新申领市民卡（外地）	251
	新申领学生卡	210
分水便民服务中心（烟草）	烟草专卖零售许可证核发	26
分水便民服务中心（药监）	餐饮服务许可证核发	193
分水便民服务中心（城管）	临时占用城市道路	30

（卢飞燕）

·侨务工作·

【海外顾问团成立】 2015年5月28日，桐庐县海外顾问团成立。县侨办利用侨情调查成果，从海外重点人才库中选出8个国家和地区的15名华侨华人精英代表组成首批海外顾问团成员，并设秘书长1名。建立日常联络联谊、关爱服务、作用发挥机制，顾问之间交流联络、活动开展主要依托“县级海外顾问团”微信工作群，实施“一周一发布”制度，让顾问团成员及时了解桐庐县重大信息和发展情况；开展“一季一主题”系列活动，对政府重大政策、决策或重要大型活动的相关信息与顾问团成员共享，引导他们献策献力，最大限度地发挥海外顾问团的作用。

【为侨服务】 2015年，开展“一对一”为侨服务活动，成立县侨界法律援助工作站，有效维护归侨侨眷的合法权益。组建侨界人士志愿服务队，开展慰问抗战老兵、出国留学咨询、侨法宣传等服务。全年，对侨界群众的来信来访，做好解释答复，解决信访问题7件次。为“三侨生”办理中高考加分2人次，为华侨办理回国定居手续3人次。

【发挥侨界人士作用】 通过开展归国留学生电子商务创业交流活动，近20名学生曾留学美国、英国、加拿大、澳大利亚等国家，目前活跃在针纺业、进出口、电子商务等不同行业归国青年参加考察桐庐县电子商务产业发展情况，借力宣传桐庐经济建设和社会发展成就，推介桐庐良好投资政策和投资环境。组织侨界人士参与“桐庐百姓日”志愿服务，开展科普宣传和发放科普资料。

（王柳宁）

·机关事务管理·

【公务接待】 2015年，县机关事务管理局（接待办）先后接待全国政协副主席齐续春，国务委员王勇，澳门特首崔世安，全国原政协副主席王志珍、黄孟复，省委副书记、省长李强，省委常委、常务副省长袁家军，省委常委、杭州市委书记赵一德，副省长梁黎明、熊建平、郑继伟，省人大常委会副主任毛光烈，省政协副主席王建满，省委常委、组织部长胡和平，省委常委、纪委书记任泽民等国家部委、省级领导来桐调研考察；同时，做好全国各省、地市、区县美丽乡村和城市建设考察团等接待工作。是年，共接待考察团1973批次、47159人次，接待经费同比下降37%。

【会务保障】 2015年，县机关事务管理局牵头做好首届中国（杭州）国际快递业大会、第二届全国县域电子商务峰会、全国农村基层党建工作推进会、九三学社中央第六次科学座谈会、全省教文卫体副市长座谈会、省委第六巡视组、2015年杭州市公共机构节能工作会议、第四届桐庐百姓日等重要大型会务保障活动70场次；保障县政府会议中心各类会议631场次，服务53000余人次。

【基建维修】 2015年，县机关事务管理局做好县府机关大院日常水电、基建维修维护；完成1号、5号楼外墙清洗14650平方米，部分办公室刷白1978平方米，5号楼前后排水沟更换铸铁盖板139.6米，零星补漏886平方米；做好县政府大院内色彩林业工程，完成金堂山林业景观改造，为职工提供良好休闲场所；严格公开招投标程序，经过现场公开竞价，处置废旧空调106台；国资大厦中央空调清洗内机352个；做好县农林技术推广中心改造，完成县政府会议中心立面改造工程。

【房产管理】 2015年，桐庐县办公用房确定统一管理模式。根据《关于印发桐庐县国有房产清查处置工作总体方案》，明确县直机关及其下属单位房产，划归县机关事务管理局统一调配管理、统一维修改造、统一规范使用、统一规划建设。县机关事务管理局成立领导小组，制定《桐庐县国有房产清查处置工作机关事务管理局实施方案》，明确具体工作操作程序。全年共清查摸底完成74家机关事业单位的国有资产（112处办公用房，101处土地），严格根据党政机关办公用房建设标准进行办公用房整改，目前20家单位共35处办公室超标面积5077平方米，已清理腾退面积6379平方米。

【卫生绿化】 2015年，县机关事务管理局落实卫生保洁制度，加强检查力度，实行全天候保洁，创建清洁型机关大院；加强日常绿化管理，定期拔草、剪枝、施肥、浇水，做好会议室、交流干部宿舍以及公共场所等地的卫生绿化工作，绿化率保持在98%以上。

【安全保卫】 2015年，县机关事务管理局做好出入登记、保卫值班、协调上访、车辆入院管理、综合治理等安保工作，坚持24小时巡逻，形成监控动态安全防范体系，升级改造监控模式，由原来的模拟监控转为数字监控，监控全部更换数字高清探头；组织安保人员培训3天，全体队员通过业务技能考试；开展安全隐患排查和整改，对国资大厦进行10次安全检查，发放安全隐患整改通知书7份；全年发放各种安全隐患通知书千余张，发放安全巡逻报告140份；更换县府大院综合楼、会议中心、5号楼消防水带68支，5号楼更换2公斤干粉灭火器84只。县府大院实现全年无刑事案件、无治安案件、无火灾事故、无责任事故。落实出入管理，全年出入门卫登记人次7200人次，更换机关大院车辆通行证320张。加强与公安、消防、信访和应急部门的密切配合，协调上访165批次（其中群体访63起，个访102起），治安消防实现零事故目标。

【食堂管理】 规范食堂管理，从2015年起严格控制外来搭伙人员数量，稳定就餐人数；实施食材定点采购，对于蔬菜、鱼、肉等主材选择环保的蔬菜基地进行配送。县政府食堂和国资大厦食堂保障好机关职工13万余人次早餐和21万余人次中餐；推行6T实务标准管理（天天处理、天天整合、天天清扫、天天规范、天天检查、天天改进）模式，每月对食堂承包经营进行测评考核，满意率90%以上。

【节能工作】 2015年，县机关事务管理局制定《桐庐县2015年公共机构节能方案》和《公共机构资源能源消耗统计制度指南》，分别与全县78家公共机构成员单位签订《2015年公共机构节能工作目标责任书》。调整机构名录，从原来78家增加至289家（其中新增211家为二级及以下单位），统计覆盖率超过75%。经前期评估和筛选，确定县财政局和县卫计局两家单位创建杭州市公共机构节能示范单位，制定创建方案，向上级争取技改资金350万元。提升两家单位大楼照明、空调、喷灌、节水器具，据测算，改建后，其中LED节能灯（财政局节电率为57.58%、空调节电率48.4%；卫计局节电率为56.15%），两家示范单位的创建工作均通过市有关部门评价验收。投入7万余元完成机关事务管理局屋顶隔热改造处理，有效降低办公场所的空调电耗。对会议中心进行改造，使用更加节能环保的产品，共计改造外墙4000余平方米，替换中空隔热玻璃600余平方米。投入10余万元资金，对县府大院内部进行节水管网改造。更换县府大院内31台高能耗的老旧空调。引进电动车智能充电系统，采用IC卡刷卡有偿使用方式，每度电按半价收取，该系统于10月14日起在县府大院综合楼、会议中心地下室正式投入使用。

【公车公司】　为有效提高安全保障，县公车公司成立安全管理小组和技术技能骨干小组，组织“安全在我心中”演讲，使每个驾驶员牢记安全就是效益、幸福、责任；建立回访制度，设立投诉电话（64212077），巩固微笑服务；公司全年执行安全行车、节油奖励机制，多次进行职工技能培训，平均每百公里油耗7.62升，节约油费4万多元。落实值班制度，车辆管理到位，专人负责，科学调度，未发生漏派现象，实现服务满意。全年共出车3792批次，安全行车共计781741公里。

（郭王麟）

·机构编制·

【体制改革调整】　2015年5月25日，《桐庐县人民政府职能转变和机构改革实施意见》印发，改革后县政府设置工作部门25个。6月9日，县卫生和计生局、县农业和林业局挂牌成立；8月6日下发“三定”规定，行政事业编制各精简10%，内设机构和下属机构各精简15%。4月23日，召开全县综合行政执法体制改革工作部署会，成立由县领导为召集人的综合行政执法体制改革联席会议制度。12月30日，《桐庐县综合行政执法工作实施方案》经政府常务会议和县委常委会审议通过，向省市报批。11月15日，下发《关于整合不动产登记职责有关事项的通知》，做好机构撤并和人员编制划转工作。根据县委、县政府总体部署和管委会实体化运作需要，对江南古村落风景区管委会内设机构、主要职责及人员配备进行调整。配合做好桐庐经济开发区晋升国家级经济技术开发区机构编制相关工作。配合纪检部门做好纪委派驻（出）机构全覆盖机构编制调剂划转工作。与省市邮政管理局对接，成立桐庐邮政管理局，提出机构设置编制配备方案。配合做好省编委办推进政府部门责任清单下延工作，合村乡责任清单被确定为全省唯一乡级责任清单样本。

【机构编制管理】　2015年，制定出台《桐庐县行政事业编制周转使用办法（试行）》，盘活编制存量，提高使用绩效。探索“跨区域、跨层级”有期限调剂使用编制新模式，为杭商院、桐庐中学、分水高中引入高层次人才，解决用编需求37名。研究出台《桐庐县县属公立医院机构员额管理暂行办法》，为4家公立医院核定备案编制326名。制定《2015—2017年桐庐县控编用编方案》及收编方案，在涉改单位按10%的比例上收行政编制，事业编制（不含学校、医院、乡镇、街道）以2012年底年报数为基数按10%比例进行收编，共收编179名，其中行政编制4名，参公事业55名、财政补助101名、财政适当补助12名、经费自理7名。对贯彻落实财政供养人员只减不增情况及“吃空饷”等问题开展专项督查，清理擅自自谋职业、长期病假、预算人数大于实际人数、内退等疑似吃空饷13人。对全县退休返聘人员进行梳理，清退不符合退休返聘条件人员22人。

【事业单位管理】　2015年，推进事业单位

“三改”工作。取消事业单位年检年审，改年度报告书公开；取消验资改确认；办事时间由法定30个工作日改到3个工作日。是年，取消事业单位年检后首次实行年度报告书公开，全县应参加年度报告书公开的事业单位212家，完成事业单位审核212家，合格率为100%。完成事业单位设立登记4家、变更登记95家。抓好2015年中文域名续费、党政机关网站开办、审核和网站标识管理等服务工作。

（蒋燕珺）

·档案事业·

【概况】 2015年，县委县政府把档案工作纳入县国民经济和社会发展计划，列入对各乡镇（街道）、部门的年度综合考评内容。成立县档案工作领导小组，制定《关于加强和改进新形势下档案工作的意见》，作为“十三五”期间档案工作纲要，为档案工作顺利开展提供人、财、物保障。为加强对档案规范整理和数字化专项资金的管理，会同县财政局制定《桐庐县档案规范整理和数字化专项资金使用管理办法》，监督专项资金专款专用。是年，“五位一体”（爱国主义教育基地、档案安全保管基地、档案利用服务中心、政府信息公开中心、电子文件管理中心）综合档案馆和智慧档案中心建设纳入县重点建设项目。桐庐县档案局被浙江省人社厅、浙江省档案局授予2015年度“全省档案系统先进集体”荣誉称号。

【档案基础工作】 2015年，县档案馆接收文书档案12215件、业务档案1135卷、民生档案1212卷。并征集珍贵档案5件、家谱24册、照片2张。截至年底，馆藏档案148475卷、203204件。4月，在县委党校举办一期档案业务培训，邀请上级档案部门专家来桐为学员授课，辅导数字档案的操作和内容的完善、“三重一特”档案征集归档、移交及《电子档案移交与接收办法》解读与电子文件管理等。4月，召开中级职称以上档案工作人员座谈会，征求意见建议，创建全县档案业务交流群，加大档案工作业务交流。

【档案管理目标认定】 2015年，指导县人社局、县公积金中心等单位完成档案管理市一级目标认定。会同相关部门完成康基医疗等中央资金项目档案专项验收。继续完成2014年8个乡镇档案创建省一级目标认定通报后的整理和数字化查漏补缺再提升工作。继续开展民生档案规范整理和数字化及重点建设项目档案登记备份工作和历史档案的抢救、民国档案的整理工作。完成县经信局原撤销单位档案的鉴定，整理和数字化工作接近尾声。县文广新局等15个单位档案数字化扫描共完成1368811页，完成民生档案数字化扫描项目，于11月19日通过市县验收。

【“三重一特”档案征集】 2015年，做好“三改一拆”“五水共治”“无违县创建”等重大项目提前介入指导服务，并加大对“三重一特”（重要人物、重大活动、重点建设项目及地方特色）档案征集，对行政村历史人文地貌照片拍摄工作进行指导。是年，完成30多个重点单位、重要人物、重大活动2000张图片的收集和88个行政村历史人文地貌照片拍摄工作。

【档案信息化建设】 2015年初，县档案登记备份中心通过省档案局规范化档案登记备份中心认定验收工作，对档案实行异地备份，保障档案实体和信息安全。3月25日，浙江省档案局局长刘芸一行到桐庐考察调研，对桐庐县基层档案工作的开展和数字化档案室的建设给予肯定。7月23日，浙江省数字档案馆建设推进会在杭州召开，桐庐县数字化档案工作在会上受到表扬肯定。

【档案法制建设】 2015年，围绕全面依法治国、全面深化法治浙江建设的战略布署和“平安桐庐”建设，结合“六五普法”工作，县档案局会同县直机关党工委联合举办纪念“6•9”国际档案日—桐庐县档案法律法规知识竞赛活动；6月16日，在梅林社区开展以“档案——与你同行”为主题的家庭建档宣传活动，进一步推进家庭建档工作。

【档案安全建设】 2015年，县档案局按照“十防”（防火、防水、防光、防潮、防尘、防鼠、防盗、防虫、防高温、防污染）的要求，强化安全防范意识和责任意识，完善档案管理规章制度，加强对规章制度执行情况的监督检查，落实安全配套措施，对档案馆库的温湿度进行记录，并每月组织人员对档案库房进行安全检查，确保档案实体和信息安全。

【档案文化建设】 2015年，县档案局结合档案文化建设，设立“档案文化角”为群众提供良好的查阅环境。是年，编研出版《旮旯拾遗》《桐庐武术》等书籍，发挥档案文化功能，助推文化强县建设。

【档案服务利用】 2015年，县档案局实施中层以上干部“周一轮流查档接待日制度”。同时，为方便群众查阅，定向开放14个乡镇（街道）档案查阅权限，并签订保密等相关协议，方便全县群众查档。全年，档案服务窗口接待档案利用4956人次。

（汪水新）

·住房公积金管理·

【公积金归集】 2015年，杭州住房公积金管理中心桐庐分中心归集住房公积金40755.74万元（含结转利息1181.75万元），同比增长9.09%，累计归集292965.80万元。是年，新增住房公积金缴存人数4762人，净增2790人。至年底，全县住房公积金建账单位1363个41833人，其中正常缴存866个单位28276人、封存497个单位13557人。

【公积金支取】 2015年，调整租房支取公积金政策，进一步明确租房支取公积金的条件及金额（500人／月），简化支取手续，方便群众办事。是年，全县住房公积金支取12154人次32308.18万元，其中退休人员支取547人次3805.87万元；购（建）房、大修房及还贷支取9397人次26518.05万元；租房支取36人次25.72万元；丧失劳动能力并终止劳动关系支取168人次242.26万元；职工调离、出国、出境支取1052人次1423.65万元；其他原因支取954人次292.63万元。1998—2015年，累计支取98005人次197918.74万元。至年底，公积金累计余额95047.06万元。

【公积金增值收益】 2015年，县住房公积金业务收入3818.61万元，其中公积金存款利息收入157.86万元、委托贷款利息收入3559.49万元、增值收益利息收入101.23万元、其他业务收入0.03万元。业务支出1203.44万元，其中公积金利息支出770.51万元、公积金转商业贴息贷款利息支出249.43万元、公积金归集手续费支出1.57万元（含购支票等费用）、委托贷款手续费支出175.77万元，抵押登记费6.16万元。年增值收益总额2615.17万元，年增值收益率2.89%。计提公积金正常管理费300万元（其中专项经费160万元）。增值收益分配：按年末个人贷款余额5%、年末贴息贷款余额2%差额提取贷款风险准备金，提取金额1124.84万元；扣除管理费300万元，收支净额1190.33万元全部转到城市廉租住房建设补充资金。至年底，累计提取贷款风险准备金4950.38万元，提取城市廉租住房建设补充资金6241.73万元，历年累计上缴城市廉租住房建设补充资金5051.40万元，余额1190.33万元。

【公积金贷款】 2015年，根据桐庐县公积金管理工作的新形势，调整部分住房公积金贷款政策，主要有：将贷款申请条件由连续正常缴存“一年以上”调整为“6个月（含）以上”，首付比例最低调整为20%；自9月28日起开通省内个人住房异地贷款业务，支持异地（浙江省内）缴存住房公积金的职工到桐庐购房；调整个人可贷额度计算方式，从2015年11月1日由“按住房公积金月缴存额确定”调整为“按住房公积金账户月均余额的12倍数确定”。是年，发放住房公积金贷款514户，金额19498.20万元、户均37.93万元，累计发放贷款10051户，金额179497.92万元。年末公积金贷款发放余额占公积金余额88.96%。支持职工购房5.86万平方米，累计支持购买住房115.20万平方米。当年结清422户，累计结清5881户。至年底，公积金贷款余额84549.94万元4170户，年回收率99.88%。是年新增10个楼盘开通公积金贷款业务。

【出台倾斜政策】 2015年，为创建全国文明城市，弘扬尊老爱幼传统美德，构建和谐社会，让更多的家庭成为孝敬父母、传承美德的文明家庭标兵，县公积金中心在全国范围内首创推出提高部分群体住房公积金贷款额度政策。只要购房目的是子女父母同住或居住相近区域便于照顾（同一个社区）的职工，享受提高公积金贷款额度的优惠政策，一方缴存公积金的最高额度可提高至50万元，夫妻双方都缴存的最高额度可提高至80万元。是年，共受理此类群体贷款400户提高金额2490.8万元。

【公积金转商业贴息贷款】 2015年，受房地产利好政策刺激，县内外购房职工迅速增多，住房公积金贷款呈“井喷”态势。为有效地缓解资金压力，确保职工按时交房，与工商银行、农业银行、交通银行、中国银行、建设银行、杭州银行桐庐支行合作，开通公转商贴息贷款业务。是年，受理贴息贷款782户32838.30万元，发放671户28556万元。累计受理“公转商”贴息贷款1854户57398.80万元，发放1636户50723.5万元。是年，结清47户，收回本金1535.6万元；累计结清554户（含置换409户），收回本金14579.29万元。年末累计余额1082户36144.21万元。

【开通12329服务热线】 2015年6月，开通12329公积金查询热线，该热线电话具有24小时自动语音播报和人工咨询服务功能，向缴存单位和个人提供公积金账户信息、缴存、提取、贷款政策等内容查询。是年接听咨询电话700余个。

【强化档案管理】 2015年，加大对综合档案室的建设投入，邀请县档案局专业人员上门指导，进一步加强对各类业务档案的整理、归档、分类编目等工作，逐步完成历年公积金缴存、提取、信贷、财务、文书等所有档案资料的整理汇编、扫描入库工作，实现档案管理的规范化、数字化和科学化。是年，县公积金中心被命名为杭州市第五批“浙江省规范化数字档案室”。

【特色服务】 2015年，县公积金中心联合工行、农行、建行、交行、中行、杭州银行、浦发银行、邮政银行、合作银行9大委托银行参加县十三届房地产交易展示会，开展公积金政策和金融业务服务宣传活动，为市民答疑解惑；公积金中心驻县行政服务中心窗口主动到富春峰景、美仑·美郡、桐城府等楼盘开展业务讲解培训；与分水镇三槐村、桐君街道迎宾社区结对，开展文明共建活动，帮助解决帮扶资金6万元。

（尹丽）

·政协桐庐县委员会·

【县政协八届四次会议】 2015年1月26日至29日，桐庐县政协八届四次会议在县城举行。应出席会议委员214名，实到206名，列席122人。县四套班子领导，人武部领导，法、检两长参加开幕式、大会发言和闭幕式，县委书记毛溪浩在闭幕会上作重要讲话。会议听取和审议县八届政协常委会工作报告、县八届政协关于三次会议以来提案工作情况的报告。与会委员列席县十五届人大四次会议，听取和讨论县政府工作报告以及其他重要报告。会议补选喻新军、赖梅松、潘爱芳为政协桐庐县第八届委员会常务委员。会议期间，12名委员作大会发言，17篇材料作书面交流；举行“推进转型升级，打造美丽经济”“加强社会治理，构建美丽桐庐”两个专题政情交流会，委员们与21个部门（街道）负责人开展互动式交流，邀请20名社会各界人士代表参加；206名委员提出意见建议279件，拟立案248件，其中集体提案24件，委员个人提案204件，联名提案20件，不予立案31件；收集社情民意8件。大会闭幕式表彰2014年度政协工作先进集体、“双好”政协委员、优秀提案和优秀社情民意等。

【常委会议】 2015年，县八届政协举行常委会议8次。1月16日，县八届政协常委会第18次会议在县政府会议中心第一会议室举行。县政协主席王金才主持会议。县委常委、常务副县长毛根洪应邀出席会议。会议协商讨论政府工作报告（征求意见稿），提出修改意见和建议。会议以书面形式通报县政府关于县政协八届三次会议以来提案办理情况；审定2014年度“双好”政协委员名单；审议通过提交县八届政协四次会议的县八届政协常委会工作报告、县八届政协常委会关于八届三次会议以来提案工作情况的报告及两项报告报告人；会议民主评议县环保局、县卫生局两个部门承办提案工作。审议通过增补委员和有关人事任免事项。会议讨论并作出关于召开县政协八届四次会议的决定；通过县政协八届四次会议议程、日程（草案）；通过县八届政协四次会议正副秘书长、列席人员、分组召集人和委员编组、各次大会执行主席及主持人名单、提案截止时间等。

1月26日，县八届政协常委会第19次会议在开元名都大酒店举行。县政协主席王金才主持会议。会议听取县八届政协四次会议秘书处关于县八届政协四次会议筹备工作情况通报和各项工作具体安排事项；协商通过“县政协委员学习和工作联络委员会”更名为“县政协委员工作委员会”的决定和人事任免事项；部署召开政协全会有关事项。

1月27日，县八届政协常委会第20次会议在县住建局五楼会议室举行。县政协主席王金才主持会议。县委常委、统战部长盛春霞应邀出席会议。会议听取各组召集人对政协常委会工作报告、提案工作报告讨论情况汇报；协商提出补选3名常务委员候选人建议名单；讨论提出《选举办法（草案）》；协商提出总监票人、副总监票人、监票人建议名单，同意将《选举办法（草案）》和有关建议人员名单提交委员小组进行酝酿讨论。

1月29日，县八届政协常委会第21次会议在开元名都大酒店举行。县政协主席王金才主持会议。县委常委、统战部长盛春霞应邀出席会议。会议听取各组召集人就政府工作报告、《选举办法（草案）》、各类建议名单、大会决议（草案）、提案收集和初审情况的报告（草案）讨论情况汇报。会议商定喻新军、赖梅松、潘爱芳3位同志作为常务委员正式候选人，提交县政协八届四次会议选举。会议通过《选举办法》（草案）和总监票人、副总监票人、监票人建议名单，同意将此提交大会审定；会议审议县政协八届四次会议提案收集和初审情况的报告（草案）和大会决议（草案），同意将大会决议（草案）、提案收集和初审情况的报告（草案）提交县八届政协四次全体会议审议和报告。

3月18日，县八届政协常委会第22次会议在县政府会议中心第一会议室举行。县政协主席王金才主持。会议传达学习全国“两会”精神；通报县政协2015年度协商计划、民主监督计划和县政协2015年度工作要点、重点履职工作安排；听取县八届政协四次会议以来提案审查情况及2015年度重点提案确定情况的通报；协商通过县八届政协委员调整和有关人事事项；举行“协商民主与人民政协”专题讲座。

6月19日，县八届政协常委会第23次会议在县政府会议中心第一会议室举行。县政协副主席濮樟明主持会议。县委副书记骆安全、县人大常委会副主任钟玉华、县政府副县长周建英应邀参加会议。会议围绕推进桐庐县“省社会治理创新试点县建设”进行专题协商议政，审议通过《桐庐县社会治理创新的实践样本思考与建议》；审议通过委员调整和有关人事事项。

10月16日，县八届政协常委会第24次会议在县国税局五楼会议室举行。县政协副主席俞建华主持会议。县委常委、副县长潘立铭，县人大常委会副主任徐海初应邀参加会议。会议听取关于县信息经济（智慧经济）发展情况通报，专题协商“加快我县信息经济（智慧经济）发展”问题，审议通过《关于我县信息经济（智慧经济）发展的若干建议》；审议通过委员调整和有关人事任免事项；举行《桐庐县政协志（2004—2014）》首发仪式；部署安排县政协主办“唐诗西路·潇洒桐庐”吟诗会活动。

12月24日，县八届政协常委会第25次会议在县政府会议中心第一会议室举行。县政协主席王金才主持会议。县委常委、常务副县长毛根洪，县人大常委会副主任华健应邀参加会议。会议专题协商县“十三五”规划编制工作；民主评议县商务局、文广新局、市场监督管理局和国土资源局四个部门承办提案工作。会议作出召开县八届政协五次会议的决定。

【主席会议】 2015年，县八届政协举行主席会议9次。1月9日，召开县八届政协第24次主席会议。会议协商讨论常委会工作报告、提案工作报告（征求意见稿），提出两个报告报告人建议人选；协商讨论县八届政协委员调整和有关人事事项；推选确定常委会议民主评议承办提案单位；协商讨论县政协八届四次会议议程（草案）、日程（草案）、大会正副秘书长建议人选、委员编组及各组召集人、提案截止日期；听取县政协八届四次会议大会发言材料、政情交流会筹备、会务准备工作情况的汇报；确定县八届政协常委会第十八次会议的议题和召开日期；研究县政协与童锦波签订的合作办学协议中县政协所占股份重新确权事宜。

1月14日，召开县八届政协第25次主席会议。会议审议通过"双好"政协委员建议名单；审定2014年度各类先进名单；审定县八届政协四次会议上主席台人员名单；协商讨论县八届政协四次会议列席人员建议名单、各次大会值日常委及主持人建议名单；审议有关人事事项。

3月3日，召开县八届政协第26次主席会议。与会人员实地视察莪山畲族乡新丰民族村戴家山古村落保护与开发项目建设情况，听取创建"中国畲族第一乡"工作进展情况。会议协商讨论《2015年度县政协协商计划（建议）》《2015年度县政协民主监督计划（建议）》《县政协2015年重点履职工作安排方案》和《县政协2015年工作要点（草案）》；听取提案委关于县八届政协四次会议以来提案立案情况、2015年度县政协重点提案建议情况的说明，确定2015年度重点提案；审议2015年度县政协专委会活动小组、乡镇（街道）工委工作考核细则；协商讨论有关人事事项；确定县八届政协第二十二次常委会议协商议题和召开日期。

5月7日，召开县八届政协第27次主席会议。会议审议2010年以来县政协履职情况汇报材料；听取县政协领导联系联乡结村（社区）、优秀人才、招商引资、重大项目、服务企业和重点发展产业工作进展情况；审议《县政协加强和改进调研视察工作的意见（审议稿）》。

7月31日，召开县八届政协第28次主席会议。县委常委、宣传部长王优健应邀出席并讲话。会议第一阶段由周媛玉副主席主持，第二阶段由王金才主席主持。会议听取关于"人文桐庐"建设情况通报，围绕推进"人文桐庐"建设开展协商，审议通过《关于推进"人文桐庐"建设的建议》。会议听取《桐庐县政协志》编纂情况汇报，并就《桐庐县政协志（2004—2014）》终审稿进行评审。

9月15日，召开县八届政协第29次主席会议。会议听取关于桐庐县"合作办医"情况汇报，听取关于桐庐县"深化合作办医"课题调研情况通报，审议通过《深化合作办医，提高医疗服务质量的建议》建议案。会议还听取关于县机关事业单位养老保险制度改革情况通报。

10月23日，召开县八届政协第30次主席会议。县委常委、常务副县长毛根洪应邀参加会议。会议听取关于桐庐县"四张清单一张网"调研情况汇报，审议通过《关于我县"四张清单一张网"改革措施落实情况的调研报告》。

11月4日，召开县八届政协第31次主席会议。会议传达学习中共十八届五中全会精神；学习《中国共产党廉洁自律准则》《中国共产党纪律处分条例》和《推进领导干部能上能下若干规定（试行）》；研究部署县政协八届五次会议各项筹备工作。

11月23日，召开县八届政协第32次主席会议。县委常委、统战部长盛春霞应邀出席并讲话。会议分两个阶段，第一阶段由副主席濮樟明主持，第二阶段由主席王金才主持。县政协主席会议成员和部分委员实地视察桐君街道南门社区县政协社情民意联络站和城南街道桑园村自治先进社区。会议听取"探索创新推进基层民主协商工作"课题组关于调研工作情况汇报，协商通过《关于发挥政协优势推进基层协商民主的若干意见》建议案；听取课题组关于桐庐县推进最美县建设调研情况汇报，并进行协商讨论，审议通过《关于提升城市人居环境，加快最美县建设的建议》。会议审议民主评议县城市管理局工作的评议报告；审议通过《开展县政协2015年度总结评比工作》方案；确定常委会民主评议提案承办单位。会议听取常委会工作报告起草、大会发言、政情交流会等筹备进展情况，研究县政协八届五次会议筹备工作。

【民主监督】 2015年，县政协成立3个民主监督小组，16名委员分别派驻杭州住房公积金管理中心桐庐分中心、县行政服务中心、县市场监督管理局，重点围绕公积金使用管理与服务质量、行政审批改革、农贸市场管理等工作开展监督。是年，成立民主评议县城市管理局工作领导小组、工作小组，制定评议方案，开展民主评议县城市管理局工作活动。民主评议历经8个月，通过听取汇报、座谈交流、查看台帐、实地走访、问卷调查形式，分别从内部管理、队伍建设和市容市貌、市容秩序等方面进行重点评议，撰写两份调研报告，并形成县政协民主评议县城市管理局工作意见。是年，县政协组织委员开展倡议签名、“绿色出行每一天”活动，扎实开展“五水共治”民主监督和“西湖蓝委员行”活动，提出建议112条。开展“两路两侧”“四边三化”专项集体民主监督，找出各类问题1208个。是年，县政协组织相关委组力量，就“农村生活垃圾分类处理”问题，走访调研全县各乡镇、村30余个，从农村生活垃圾分类处置意识是否全形成、收集是否全覆盖、质量是否全达标、处置是否全到位四个方面，开展讨论交流，听取各方意见，从强化宣传引导、完善政策体系、健全长效机制、强化部门合作四方面提出综合性建议，形成民主议政情况报告。

【视察调研】 2015年，县政协常委会议就“县十三五规划纲要”“我县智慧经济发展情况”“省社会治理创新试点县建设情况”课题进行专题协商，组织委组开展调研论证，提交调研报告3篇、典型案例3则、建议案2篇。主席会议组织“人文桐庐建设情况”“深化合作办医”“四张清单一张网改革措施落实情况”“推进基层民主协商工作”“提升城市人居环境”等情况5个深度视察，提交调研报告4篇、建议案5篇。主席会议成员视察初中段教育质量提升、大气污染治理、农村饮用水安全、“风景桐庐”建设、磁性产业发展、“中国畲族第一乡”创建和政府实事工程等工作，走访调研县法院、县检察院、县公安局工作情况，提交视察报告5篇。各委组（会）给合自身特点和优势，围绕县公共法律服务体系建设、老年食堂运行、做优行业协会、企业数字化管理、物业管理、食品安全、市政道路管养、发展职业教育等工作开展视察调研，提交调研视察报告8篇；委组（会）组织赴省内兄弟政协考察学习、交流政协工作，提交调研报告3篇；每位政协领导围绕全县经济社会发展中的问题和短板，开展调研，形成意见，向县委县政府提交报告。

【提案工作】 县八届政协四次会议以来，委员提出意见建议285件，审查立案242件（其中集体提案21件）。242件委员提案，已经解决或基本解决的209件，被采纳并列入计划逐步解决的24件，留作研究参考的8件，因条件限制不被采纳的1件。“关于以乡愁为导向，提升美丽乡村建设的建议”等12件被评为优秀提案；6家单位被评为办理提案工作先进单位；14人被评为承办提案先进个人。2015年，首次建立提案办理“第三方”评价工作机制。

【文史工作】 2015年，出版《桐庐县政协志（2004—2014）》《画中桐庐》，开展《唐韵桐庐》《桐庐船民口述史》史料征集，举办“唐诗西路·潇洒桐庐”金秋吟诗会，协助做好省市政协徐霞客游线申遗前期调研工作。

【信息宣传】 2015年，召开政协新闻宣传联席会议；机关编发《桐庐政协》6期，收集社情民意建议116件，编发《社情民意》专刊18期，转部门承办或参考98件；编《情况反映》专号29期。

（洪芳良）

【责任编辑　张红】

民主党派 群众团体

·中国农工民主党杭州市桐庐县基层委员会·

【组织建设】 2015年，中国农工民主党桐庐县总支部委员会升格为中国农工民主党杭州市桐庐县基层委员会（简称桐庐县基层委员会），8月31日，举行成立大会。所属支部增补委员，增选姚建良为综合支部委员会委员、申屠雄芽为医卫一支部委员会委员、戚行芳为医卫二支部委员会委员。编印发行《前进中的农工党桐庐县总支部委员会概述掠影（2007—2015）》画册。全年新发展党员5人，全县实有农工党党员57人。是年，基层委被农工党中央授予“先进基层组织”荣誉称号，被杭州市委会评为先进集体。综合支部荣获五星级支部，医卫一支部、二支部分别晋升为四星级支部，综合支部、医卫一支部、医卫二支部分别被农工党杭州市委会评为先进支部。

【思想建设】 2015年，桐庐县基层委员会学习会以班子扩大会议形式为主，全年召开扩大会议6次，班子成员带头学习。2月，基层委召开党员大会，会议认真学习农工党杭州市第九届委员会常务委员会2014年工作报告和中共杭州市委十一届八次全体（扩大）会议精神，全体党员参加会议。基层委组织党员参加农工党杭州市委会、中共桐庐县委统战部举办的各类培训班、报告会合计150余人次，共有51名党员撰写学习体会。参加“大讨论”主题征文活动，收到征文24篇。响应农工党中央举行的“学精神、学党章、学党史”问卷知识答题活动，共有25份答题卷报送市委会，在农工党中央举行的问卷知识答题抽奖仪式中，党员皇甫秋强获奖。

【参政议政】 2015年，桐庐县基层委员会围绕桐庐县改革发展的难点热点问题积极建言献策。市、县“两会”期间，市、县两级人大代表和政协委员共提交提案16件，建议案3件，集体提案4件，在县政协八届四次会议上，《合理配置公共资源 建立高效120急救中心》《餐具集中消毒亟待加强行业监管》作为大会发言，并以集体提案提交。《加大“两江”鱼类资源保护力度，使母亲河更美丽更健康》《关于促进我县智障儿童平等教育和发展的建议》作为集体提案提交。王剑波委员撰写的《关于农村饮用水安全监管的建议》获得县政协优秀提案，徐群力委员撰写的《关于整治富春江无证船只的建议》获得县政协优秀社情民意，王丹凤党员撰写的社情民意《关于成立我县危重孕产妇救助基金的建议》被县政协录用。是年，基层委成立6个课题组，召开3次课题组会议，各课题组重点围绕县委、县政府中心工作以及经济发展和群众关注的热点难点问题，开展深度调研，完成5个调研课题，其中《运用法治方式构建“五水共治”的长效机制》被农工党杭州市委会录用。全年向农工党杭州市委会、县政协报送社情民意信息53条。

【民主监督】 2015年5月，桐庐县基层委员会与淳安支部党员赴县环保局联合调研新《环境保护法》实施情况；县政协民宗台侨组委员和民主党派成员等一行视察县重点工程杭黄铁路项目建设情况，总支部10余名党员参加视察活动。7月，总支部10余名党员就停车难、物业管理纠纷调解难两大问题赴县住建局进行座谈调研。8月，桐庐县召开政情报告会，总支部20余名党员参加会议。

【社会服务】 2015年，桐庐县基层委员会开展送医送药、健康义诊、捐资助学、关爱弱势群体等服务活动9次，受益群众2000余人。1月，联合县科协、合村乡政府在合村乡举办文化、科技、卫生“三下乡”活动。2月，医卫一支部、医卫二支部、综合支部慰问组分别上门慰问结对重病困难户，并结成长期医疗、经济援助关系。4月，组织全体党员赴新合乡开展综合型社会服务活动。6月，联合农工党杭州市委会、县科协、县环保局、分水镇举办“第八届中国环境与健康宣传周”系列活动。9月，医卫一支部、医卫二支部党员参加县委统战部组织的“统战同心医疗服务队”进社区活动，为残疾人、低保户等弱势群体免费诊疗。10月，医卫一支部、医卫二支部党员专家医生组成的医疗服务队参加“统战同心服务进畲乡”活动，开展义诊。11月，基层委开展“统战同心服务进培智学校”活动，综合支部和医卫一支部、医卫二支部党员专家医生组成医疗服务队参加活动。

【交流联谊】　2015年10月，桐庐县基层委员会班子成员赴东阳、永康、丽水考察学习农工党组织先进做法和经验。6月，桐庐医卫一支部、医卫二支部调研组赴余姚市调研参政议政工作；7月，桐庐综合支部党员前往临海，与农工党临海市综合支部开展学习交流活动。兄弟农工党基层组织到桐庐联谊，4月，农工党全省前进联谊会行20余人到桐庐考察新农村建设；8月，农工党厦门翔安区总支调研组到桐庐调研城市生活垃圾处理。是年10月，县政协医卫组10余人来党派开展对口交流活动。

（徐嘉卫　俞叶芳）

·县总工会·

【概况】　2015年，隶属于桐庐县总工会乡镇（街道）总工会14个、开发区总工会1个、工会工作委员会8个、教育工会1个。全县基层工会组织数达1824个（其中乡镇街道1412个、经济开发区工会127个、县直机关87个、教育局48个、文广新局9个、建设局67个、卫生局20个、富春江旅游股份有限公司6个），县直属基层工会30个，涵盖单位6737个，工会会员158985人；基层工会中建立女职工组织的有1808家。基层以上工会专兼职工会干部78人，基层工会专兼职工作人员4701人。是年，县总工会组织开展各类工会业务培训2183人次。继续开展对非公企业工会主席工作实行业绩考核，47名优秀非公企业工会主席受表彰。3月23日，桐庐县总工会第十四届三次全委（扩大）会议在县政府会议中心召开。

【“五一”表彰大会】　2015年4月28日，桐庐县庆“五一”表彰大会在县政府会议中心召开。会议表彰“百名优秀员工代表”、33个“工人先锋号”“十大金点子”和23个“创新工作室”。工人先锋号代表、杭州霍普曼电梯有限公司职工王寰，创新工作室代表、杭州立威化工涂料有限公司职工郭朝威，百名优秀员工代表、桐庐汇丰生物科技有限公司职工吴闯作大会发言。4月29日晚，桐庐县庆“五一”文艺晚会在杭州工商学院举行。

【劳动竞赛】　2015年5月，桐庐县总工会开展以“技能提升、岗位成才”为主要内容的县第八届职工技能比武大赛。其中，针织套口、电焊工、数控铣床、金融消费权益保护、汽车本身涂装等5项技能大赛首次采用电视全程录播的方式进行比赛。6月，全县重点建设项目“奋斗在一线、岗位立新功”百日劳动竞赛活动启动。10月8日，杭黄高铁指挥部“大干100天，决战四季度”劳动竞赛在杭黄铁路V标启动。是年，共开展车工、电工、制笔装配、化学检验工等12个项目技能比武，参与职工104666人次，其中选送25名技能选手参加杭州市技能比武，农产品质量安全检测获杭州市个人第五名。

【劳模管理】　2015年，桐庐县总工会在全国率先试行《劳模积分制评价办法》，使劳模管理工作迈入有序化、规范化的轨道。3月10日，县总工会组织各级劳动模范代表到新合乡开展植树造林活动，种植香榧树200余株。组织开展全国劳模，省、市“五一”劳动奖章的推荐评选工作，推荐评选全国劳模1名、省五一劳动奖章1名、市五一劳动奖章4名、市五一劳动奖状2家。“五一”前夕，县总工会开展劳模慰问活动。5月6日“桐庐百姓日”组织20

名劳模、100名优秀员工、30名重点工程职工代表参加“百姓日”活动，畅游“中国画城”。全年组织开展劳模宣讲活动4场。

【职工素质提升工程】 2015年，桐庐县总工会继续开展职工技能晋级免费培训和资助农民工上大学活动。开设砌筑工、服装缝纫工、钳工、养老护理四个高级工培训班，培训企业高级技术人才150名；开设农村电子商务大专班，招收学员17名。是年，完成“农民工上大学”70人的招生计划。2010年至今，受县总工会资助的“农民工上大学”学员310名，毕业118名。乐活工会网组织“职工大学堂”送培训进企业20场。开展“大众创业、万众创新”活动，鼓励支持民宿旅游、职工创新工作室等10个职工创业示范基地建设。

【职工文化】 2015年，桐庐县总工会创建全国模范职工之家1家、省职工书屋2家、杭州市示范职工之家1家、杭州市先进职工之家7家、新杭州人文化家园1家、桐庐县企业职工文化家园6家。开通县总工会新浪微博、腾讯微信，及时发布工会资讯、工作动态和工会政策，全年共发布微博150篇、微信50条。春节前，县总工会组织职工书法家进基层开展写春联送“福”字活动，送出2000余幅春联和“福”字。3月26日，组织全县30家非公企业的60名企业工会文体干部开展工间操培训，向企业职工推广工间操。5月6日“桐庐百姓日”，邀请县知名职工书画家在中心广场开展书画作品赠送活动，免费赠送书画作品150幅。6月12日，举办浙、苏、皖“相约中国画城”桐庐、宜兴、休宁、定远职工书法联展活动，参展作品120幅。开展“百场电影下基层”，中心广场露天电影院放映电影30场，工会工作指导员下企业放映电影70余场。是年，共向全县乡镇（街道）、开发区、社区、企业送文艺下基层演出20场，观众15000人余次。参与桐庐县“中国书法之乡”的创建工作，县工人文化宫专门开设书法班培训，共培训500人次。举办“我的杭州，我的家，我的梦”诗歌征稿活动，征集参赛诗歌20篇。参与县非传染性疾病防控示范县创建活动，全面提高全县企业职工的幸福健康指数。举办两场名为“遇见爱情”青年职工交友联谊会，为170名未婚青年男女职工搭建沟通交流、相识相爱的平台。各乡镇（街道）、开发区总工会开展文体活动共计15场次。

【职工普法】 2015年6月3日、17日，桐庐县总工会开展劳动法律宣讲，邀请杭州市总工会和杭州知名法律工作者，为400名基层一线的工会主席、职工代表讲授《中华人民共和国宪法》《中华人民共和国工会法》和《中华人民共和国劳动法》相关知识，贯彻落实《杭州市工会劳动法律监督条例》。组织工会干部参加省总工会组织的《中华人民共和国工会法》《中华人民共和国劳动法》考试，参与率100%。组织1282名职工参加网上学法用法知识竞赛。

【和谐劳动关系创建】 2015年，桐庐县总工会继续开展和谐劳动关系创建，开展以“六有六要”为主题的“企业关爱职工、职工热爱企业”的“双爱”活动。单建工会企业“双爱”共同约定书签订率98.6%，规上企业“双爱”共同约定书签订率100%，全县企业共同约定书签订率96.5%。是年，桐庐县总工会被评为“浙江省创建和谐劳动关系暨双爱活动先进单位”。杭州冠华王食品有限公司、桐庐县特种耐火材料厂、浙江龙生汽车部件股份有限公司、杭州霍普曼电梯有限公司、桐庐丹可装饰品有限公司等5家企业被评为社会责任建设A级单位。其中，杭州冠华王食品有限公司被评为杭州市企业社会责任建设十佳单位。

【工资集体协商】 2015年，桐庐县总工会广泛开展劳动关系三方协商机制和集中要约行动，全面推进工资集体协商工作。是年，14个乡镇（街道）、1个开发区总工会共树立20家工资集体协商示范单位。全县签订工资专项集体合同1570份，覆盖企业6647个，覆盖职工137272人，签订工资专项集体合同1367家；建会企业工资集体协商建制率保持在98%以上，规模以上建会企业100%开展工资集体协商。

【职工服务中心】 2015年，桐庐县总工会利用“主席接访日”“法律咨询日”“心理咨询日”

等咨询服务，接待职工来电、来信、来访和法律咨询，维护职工合法权益。是年，县职工服务中心及乡镇（街道）职工服务中心，调处矛盾纠纷 341 人次，涉及金额 467.26 万元。

【“四季温情”行动】 2015 年，桐庐县总工会继续坚持“年年季季吹春风、融冰化雪暖人心”的冬送温暖、春送岗位、夏送清凉、金秋助学行动。春节期间，全县各级工会走访慰问困难企业职工 319 人次、特困职工 50 人次，慰问金额 41.9 万元；帮助 675 名外来务工人员平安返乡；2 月 12 日，县总工会邀请春节在桐坚守工作岗位的外来务工人员代表“同吃年夜饭”。2 月 15 日，县总工会慰问春节加班一线普通职工 1224 名。春节过后，县总工会与县人社局合作举办 2015 年桐庐县企业用工招聘会，为职工搭建就业平台；夏季高温慰问一线职工 9026 人次；六一儿童节，县总工会为全县 72 名困难职工子女送去 1.44 万元慰问金和价值 8 千元物资；暑期帮助 5 家企业开设“小候鸟”爱心培训班，为 235 名外来务工人员子女送去学习用品；金秋助学有 45 名困难职工子女通过工会资助圆大学梦；全年有 25 名困难职工得到急难救助。是年，共计 329 家单位 22902 名职工参加职工医疗互助保障，其中机关事业参加单位 104 家，企业参加单位 225 家，当期补助在职职工 228 人，其中获职工医疗互助保障金补助 213 名，金额 58.51 万元；获得女职工特殊疾病医疗互助保障金补助 15 人，金额 14.6 万元。获得女职工安康保险金 6 人，理赔金额 9.3 万元。

【基层工会组织建设】 2015 年，桐庐县总工会开展基层工会组建月活动，组建基层工会 30 家（其中行业联合工会 4 家），发展会员 15491 名，完成全县 60% 以上的单建工会“五有”职工之家建设工作，15 个乡镇（街道）、开发区按要求配备专职工会主席（副主席）。7 月，选派 38 名机关工会干部到企业中开展工作。8 月，组建一支 20 名的和谐劳动关系职工舆情观察员队伍，选树一批企业优秀工会主席和示范职工之家。做好工会经审、财务规范化建设、经费收缴上交、女职委和机关工会老龄职工（老干部）等方面的工作。是年，县总工会被评为浙江省工会财务会计管理规范单位。

【安全生产】 2015 年，桐庐县总工会全面促进企业建立和完善安全生产长效机制，增强职工安全生产意识和自我防护能力。加强职工劳动安全生产和劳动保护监督检查，在源头上预防企业侵权职工，提高职工安全生产与自我保护意识。是年，县总工会被评为浙江省“安康杯”竞赛活动优秀组织单位。

（丁天劲）

·共青团桐庐县委·

【概况】 2015 年，共青团桐庐县委有共青团员 36180 人，直属团组织 60 个，其中乡镇（街道）14 个、学校团组织 6 个。全年新建直属团组织 15 个，新建合作组织团组织 26 个、新社会团组织 4 个。实施农村青年电商创业，推进农村淘宝项目。建成启用桐庐县青少年宫（儿童乐园），强化志愿服务工作。关注贫困学子，继续实施希望工程帮困助学工作，资助贫困学生 420 人，金额 70.45 万元。

【农村电商】 2015 年，团县委继续推进“农村淘宝”项目建设，使桐庐县成为全国首个“农村淘宝”村级服务点全覆盖县。截至 12 月底，共产生交易笔数 30.26 万笔，金额 4446 万元，各项数据均排名全国第一，蚂蚁金服贷款全国第一单在桐庐产生。推进村点上行，现有 35 个服务站开通上行、80 个服务站开设淘宝“小铺”实现网上销售。是年，团县委荣获“共青团帮扶农村青年电商创业工作省级示范县”，得到省委、省政府主要领导批示肯定。承办首届全国农村电商青年创业论坛，于 7 月 8 日召开。是年，全国各地到桐庐考察农村电商的团队有 300 多批次。

【青少年宫】 2015 年，桐庐县儿童公园工程项目调整为桐庐青少年宫（儿童公园）项目，建设主体由县城投公司调整为团县委，实行“一体化管理”，一举破解原青少年活动中心十年借地发展的困境。县青少年宫（儿童乐园）项目，总投资 1.3 亿元，占地 7.06 公顷，总建筑面积13200平方米，集游艺项目、素质拓展、才艺培育和实践体验等功能于一体。

【志愿服务】 2015年，团县委制定并实施《桐庐县关于推进志愿服务制度化的意见》《桐庐县创建全国文明城市志愿服务活动方案》等常态化发展制度，组织开展关爱孤寡老人、留守儿童、文明交通、济困助残等创建全国文明城市志愿服务项目近百场，参与志愿者人数2万余人次，建立志愿服务驿站5个。组织百名志愿者服务第二届中国县域电商峰会、首届全国农村电商青年创业论坛、首届中国（杭州）国际快递业大会，展示桐庐志愿者青春风采。

【青少年关爱行动】 2015年，团县委以“不让任何一个桐庐孩子因为家庭贫困而失学”民生底线，继续推进“爱心助学”“微心愿”“微公益”等助困助学行动，为困难青少年群体成长成才提供更多帮助。组织开展关爱留守儿童活动110场次，帮扶困难少年儿童781人次。开展“共青团与人大代表、政协委员面对面”活动，了解掌握当代青少年的诉求；组织农村青年就业创业培训2035人次，帮助青年转移就业、自主创业、增收致富；开展“互动青春·乡村青年交流联谊活动”，累计组织乡村青年文化活动84场，累计服务乡村青年1729人次。

【青少年活动中心】 2015年，桐庐县青少年活动中心开展桐庐县第五届童玩节、“五水共治”青少年网络知识竞赛、流动少年宫、暑期公益夏令营、“天堂儿歌”唱响桐庐十周年、县科技（科普）活动周暨中小学生科技节等活动70次（其中社团活动16次、展演赛20次、教学、教研活动34次）；暑期开展6个专业科目青少年考级活动，服务青少年720人次。全年比赛获奖185人次，其中教师奖项23人次（全国奖项1人次、省级奖项7人次），学员获奖163人次（其中国际奖项5人，省级32人次）。

【首届“最美桐庐人·桐庐县十佳电商创业青年”评选】 2015年5月4日，首届“最美桐庐人 桐庐县十佳电商创业青年”表彰大会召开，县领导骆安全、李鹏、吴金富、周媛玉出席表彰大会并为获奖人员颁奖。此次评选活动于4月9日启动，各乡镇（街道）、县级机关和企事业单位广泛发动，全县优秀电商创业青年积极参选，经过资格审查、公众投票和组委会投票，评选产生十佳电商创业青年，营造青年电子商务创业就业良好氛围。

【首届彩虹跑】 2015年5月31日，团县委联合县委宣传部、浙江工商大学杭州商学院团委等单位，共同举办桐庐首届“彩虹跑”帮困助学公益活动暨2015年公民爱心日启动仪式。“彩虹跑”全程3.4公里，参与者需在途中集齐7种颜色，并在终点站自愿捐献一元钱。活动共吸引700余名市民报名参与，活动现场共筹得善款1026元，之后团县委落实彩虹跑企业捐款712000元，此次活动共计筹款713026元，帮扶贫困学子420人次。

【2015快递行业青工技能比武】 2015年12月2日，团县委、杭州市快递协会承办的2015年杭州市快递行业青工技能比武大赛在县职业技术学校举行。参加此次技能比武大赛有来自杭州市的申通、圆通、中通、韵达、优速快递等13个快递企业的60位选手。比赛分农产品打包、海关禁忌物品辨别、分拣三个项目进行，最终申通快递获团体一等奖。

（江昳晨）

·县妇女联合会·

【概况】 2015年，桐庐县有妇委会17个，妇工委2个；乡镇（街道）妇联14个；村妇代会183个，社区、居委会妇联18个；在2215家“两新”组织中建立妇代会。新增县人社局、农林局、司法局妇委会3个。新增19家县级巾帼文明岗，杭州银行股份有限公司桐庐支行营业部等4家单位被评为浙江省巾帼文明岗；县统计局服务业统计调查科等5家单位被评为杭州市巾帼文明岗；陈丽被评为浙江省“巾帼建功”标兵。县妇联连续六年被全国妇联评为全国妇女宣传舆论阵地建设先进单位，陈菊英被评为杭州市“三八红旗手标兵”，何彩珍、江秋英、金火妹、何书奎四人被评为杭州市“三八红旗手”，桐庐第一人民医院急诊科、杭州安厨电子商务有限公司、县统计局服务业统计调查科三个团体被评为杭州市“三八红旗集体”。与桐庐聚合家政服务有限公司、浙江省大众心理援助中心桐庐工作部（桐庐行知教育培训中心）等社会专业组织合作，开展妇女创业就业技能培训和心理咨询。

【妇联执委会会议】 2015年4月15日，县妇联第十四届二次执委（扩大）会议召开，县领导周一明、王水娟出席会议。会议总结回顾2014年度工作，部署2015年度任务。替补、增补十四届执委、常委，潘武英当选为十四届执委、常委，郎勤燕当选为十四届执委会常委。会上表彰全国巾帼建功标兵、省三八红旗手、县巾帼文明岗等一批先进集体和个人。

【妇女儿童活动中心建设】 2015年5月27日，县妇女儿童活动中心举行启用仪式，副县长王水娟出席并讲话。县妇女儿童活动中心位于迎春南路303号县烟草大楼裙楼丰源大厦5层，总面积1300平方米，内设亲子活动室、瑜伽健美室、展示展览室、技能操作室、会议培训室、志愿者办公室、女性组织办公室、心理咨询室、家庭纠纷调解室。中心启用至今，共举办各类活动20余场次，各类培训5期。

县妇女儿童活动中心启用仪式

【妇女干部培训】 2015年，县妇联选送10名妇女干部参加省、市妇联培训。5月，举办为期2天的全县服务型基层妇联组织妇女干部培训班，来自乡镇（街道）妇联主席、机关妇委会（女职委）主任50人参加，培训期间学员赴富阳区仙里镇参观学习“妇女之家”建设情况，实地考察该区灵活建“家”的模式。与县机关党工委联合举办5期“新时期女性形象塑造”专题培训班，全县机关企事业单位的妇女干部和乡镇（街道）妇联主席60余人参加培训。

【关爱妇女儿童】 2015年，县妇联牵头组织参保适龄妇女开展免费“两癌”筛查，在凤川街道、富春江镇、桐君街道、城南街道开展试点，共检查15513人，其中乳腺彩超检查15416人，宫颈细胞学（TCT）检查13998例。开展姐妹帮扶冬季送温暖、夏季送清凉活动，组织部分女企业家对全县20位贫困妇女进行慰问。开展杭州市美丽基金“两癌”妇女的关爱、困难女大学生入学行动，对患病困难妇女给予资金补助，先后为7位困难女大学生、22位生活困难的老年妇女干部和9位“两癌”妇女提供资助，共计12.86万元。2015年11月2日，召开县妇女儿童工作委员会全体（扩大）会议，部署两规终期监测评估工作，讨论县“十三五”两规编制方案。完成2015年度妇女和儿童两个规划的监测统计。

【双学双比】 2015年，县妇联举办来料加工经纪人培训班1期，培训70余人；家政服务培训班2期；健康厨房讲座1期；在新合乡举办传统刺绣技法培训1期。组织推荐安厨电子商务有限公司、桐庐羊绒针织有限公司参加杭州市女性创业成果网上展示展销活动；推荐3名女性参加杭州市城乡女性电子商务应用培训班。利用乡镇成人教育平台，组织开展电子商务、来料加工、民宿服务、面点制作等培训，提高农村妇女实际工作能力。举办女性就业招聘会1场，50家企业推出岗位420个，应聘妇女300余名，达成就业意向65人。

【来料加工】 2015年，县妇联发展来料加工经纪人1221人，带动从业妇女37720人，其中低收入农户从业人员2812人。发放加工费2.7亿元，其中向农村低收入农户发放加工费2042.26万元。获杭州市财政专项扶持资金243.17万元，县配套资金60.79万元。新建（修缮）来料加工基地 5 个。新发放巾帼创业贷款 2243 万元，受惠妇女 91 户。

【美丽庭院创建】 2015 年，继续巩固美丽庭院创建。截至年底，在全县 100% 的行政村开展“美丽庭院”创建的基础上，100% 的家庭达到庭院整治标准，38.1% 的家庭达到“美丽庭院”标准。39 位发展中国家女官员及 10 批次 580 名妇联会成员来桐参观考察美丽庭院工作，邀请拱墅区妇联及旅游开发部门到桐庐“把脉”民宿经济，引导村民发展盆景经济、种植经济树种，推动美丽庭院向美丽经济转化。

【家庭文明建设】 2015 年，县妇联以寻找最美桐庐人——好家庭活动为抓手，开展好家庭、好女儿、好家规家训、好家风故事以及好家教案例征集，共收到推荐的好家庭 40 户、好女儿 26 位、家规家训 145 条。富春江镇严祥秀家庭先后被评为省、市“最美家庭”，瑶琳镇戴竹英获得杭州市“好女儿”提名奖，评选出桐庐县“好家庭”10 户，“好女儿”10 位，好家规家训 30 条。《对于家风家教在社会文明进程中现实意义的探索与思考》一文被浙江省第十届精神文明建设理论研讨会评为优秀论文。召开全县家庭教育工作会议，聘请 13 位老师和专家为新一届家庭教育讲师团成员，组织村和社区的 10 位家长学校负责人参加杭州市家庭教育学会培训，继续深入中小学校、幼儿园的家长学校开展“百场家庭教育知识进家庭”活动，开展儿童暑期防溺水安全教育 70 场，8268 名家长参加。

【妇女维权】 2015 年，县妇联开展“三八”维权周活动，组织帮教志愿服务团前往浙江省女子监狱，对 22 名桐庐籍服刑人员开展帮教活动，帮助妇女群众学法、懂法、用法。抓住三八妇女节等重要节点，对生活困难的离任村妇代会主任开展慰问。联合下文规范村规民约，依法推进村民自治，维护女性村民的合法权益。与县法制办联合出台县政策和行政规范性文件性别平等咨询评估机制。是年，共接待信访案件 58 件，处结率 100%。

桐庐县女摄影家协会成立大会

【县女摄影家协会成立】 2015 年 6 月 26 日，县妇联县女摄影家协会成立大会召开，吸收会员 65 人，实际到会人数 47 人。大会表决通过《桐庐县女摄影家协会章程》，选举产生第一届理事会，理事会由 7 人组成，大会选举刘森月为协会会长，宋丽、陶钰等 2 人为副会长，秘书长由宋丽兼任，会议决定刘森月为法人代表。协会成立至今，开展女摄影家协会摄影作品展 1 次，相关摄影技术培训 15 场。

【节日活动】 2015 年 3 月 1—8 日，在《钱江晚报》、《今日桐庐》、桐庐电视台等开设专版，以“巾帼之花遍地红、奋勇争先续新篇”为主题展现妇联工作，推出 7 个妇女工作典型报道。3 月 6 日，在县体育馆举行“展巾帼风采 创文明城市”“三八”国际妇女节纪念大会暨排舞大赛，23 支代表队同跳原创排舞《桐花结庐》，县领导骆安全、周一明、王水娟、周媛玉出席会议。开展庆祝“六一”儿童节系列活动，县四套班子领导走进部分学校、幼儿园及社会福利中心开展慰问活动，为全县儿童捐款赠物折合人民币 45.56 万元。

（张敏）

·县工商业联合会·

【概况】 2015 年，桐庐县工商业联合会有下属基层商会 90 个，其中乡镇（街道）商会 13 个、行业商会 6 个、异地商会 8 个（在外异地商会 5 个）、村级商会 61 个、新生代企业家联谊会 1 个、开发区商会 1 个。是年，新发展基层商会 50 个，全县有商会会员 3070 个。县工商联荣获2015年全省工商联系统先进单位、桐庐县2015年度招商引资工作先进单位，桐庐县横村镇凤联村商会作为浙江省唯一的基层商会，被中华工商时报评选为2015年“创新中国”商会特别奖。县工商联党组书记、主席李玉标作为浙江省唯一的县级工商联机关干部代表参加全国工商联2015年度执委会，增补为全国工商联执委。

【商会建设】 2015年，桐庐县工商联新成立苗木行业商会、江南镇环溪村商会、桐君街道迎春社区商会、横村镇白云村商会、横村镇阳山畈村商会、钟山乡夏塘村商会等50个基层商会，台州桐庐商会以桐庐县桐台企业俱乐部形式在桐庐完成注册登记工作。是年，村级商会建设工作纳入全县“538”重点改革项目，列入对全县乡镇（街道）年度综合考核，新组建村级商会49个，全县村级（社区）商会总数61个，覆盖全县1/3行政村，村级商会全年共计投入村级公益慈善经费970万元。是年，县人民政府对新组建的19个基层商会和年度先进基层商会分别给予5万元经费补助。6月，县委常委、统战部长盛春霞参加桐庐县村级商会发展推进会，会议明确乡镇（街道）2015年村级商会组建目标任务。7月，全国工商联副主席安七一到桐庐调研基层商会建设，听取桐庐县商会建设情况汇报，实地走访横村镇杜预商会、江南镇商会。11月，由重庆市工商联党组副书记、副主席张莉率队的全国工商联第四互查工作小组来桐开展“五好”县级工商联建设互查工作，听取桐庐县工商联“五好”县级工商联创建情况。

【信息宣传】 2015年，桐庐县工商联联合县广播电视台、县信息传媒中心开展“天下桐商”专题宣传报道活动，通过“桐商之家”微博、微信公众号，宣传桐商创业创新先进典型，全年发布桐商信息500多篇。10月12日，《今日桐庐》报头版刊登新生代企业家联谊会近年来活动成果。11月，中华工商时报专题宣传报道桐庐县村级商会建设成效。

【公益活动】 2015年2月，桐庐县工商联设立县首个公交（出租）车司机健康关爱基金，10位工商联兼职副主席、执常委代表捐款首期启动基金30万元，免费为全县870多位公交（出租）司机开展健康体检。5月、10月，在钟山乡夏塘村相继挂牌设立非公经济人士五水共治联乡结村基地和新生代企业家五水共治联乡结村基地，对该村民生工程共计捐助建设资金15万元。参与桐庐百姓日活动，横村镇杜预商会、柳岩村商会、龙伏村商会等26个村级商会举办老年人幸福餐活动；县足浴商会举办健康孝老免费足浴活动，组织110位员工为1000多位60岁以上老人免费足浴；县苗木行业商会向市民免费赠送花卉苗木1200多株。开展扶贫助困、爱心助学社会公益活动，桐君街道商会向结对友好乡镇衢州市衢江区灰坪乡的25名贫困学生捐赠5万元爱心助学款。横村镇杜预商会成立村级“爱心超市”，免费为村级困难老人和低保户发放生活必需品。江南镇荻浦村商会主办以“崇学重孝誉美名、感恩树义系乡情”为主题的励志晚会，奖励该村优秀学子70人，发放奖金13万元。

【教育培训】 2015年，桐庐县工商联加强非公经济代表人士政治荣誉安排，增补县总商会副会长7人，常务理事2人。新生代企业家井冈山革命传统教育纳入市县工商联重点合作项目，5月，组织全县新生代企业家和工商联执常委代表81人赴井冈山进行教育培训。11月，组织商会会员参与“杭商·中国梦”民营企业书画摄影展和守法诚信征文活动，参展书画作品17件，守法诚信征文3篇。实施非公经济人士素质提升工程，组织非公经济人士参加“品质杭商”“杭商大讲堂”、清华大学高级研修班等系列培训21次，受训人员1000余人次。

【基层走亲】 2015年，桐庐县工商联继续开展县管在职领导干部“一对一”联系服务企业活动，4位县管领导干部全年走访联系结对企业24次。坚持开展联乡结村活动，每月走访联系钟山乡夏塘村村两委代表和结对联系户，全年参与该村支部活动2次，村民代表座谈会3次。开展社区共建活动，参与迎春社区党员运动会、七一党建、社区群防群治治安巡逻、社区环境卫生大整治、书香楼道创建、认领微心愿等系列活动。

【会员维权】 2015年8月，桐庐县工商邀请杭州商会仲裁院专家到桐庐专题讲解仲裁知识，150位民营企业家代表参加专题讲座。全年发放商会仲裁宣传资料800余份。牵头负责桐君街道、城南街道、富春江镇民营企业工资集体协商约定书的签订，签订率97%。完成9家民营企业“双爱”活动考核验收工作。

【融资服务】 2015年6月，桐君街道商会与桐庐农村合作银行桐君支行联合举办以“银企携手、增强合作、共谋发展”为主题的银企座谈会，银企双方就企业未来发展需求以及如何深化合作等方面进行交流、探讨。8月，县工商联牵头召开银企融资合作座谈会，邀请建设银行浙江分行专家到桐庐介绍银企合作项目，助力会员企业缓解融资难题。是年，各基层商会协助会员实现融资贷款2亿元。

【对外交流】 2015年4月，桐庐县工商联组织新生代企业家代表赴温岭市考察学习商会经济发展。9月，上城区工商联和新生代企业家代表一行20多人到桐庐交流互动；组织参与桐庐—香港两地青年企业家、社团领袖交流活动。是年，组织参与意大利华侨商会、江西南昌市工商联等10多个社会团体到桐庐交流活动。

【重大活动】 2015年，桐庐县工商参与协办首届中国（杭州）国际快递业大会，抽调专职干部2名全程参与大会前期筹备工作，牵头负责邀请和接待38位知名浙商和上海商会企业家。此次大会促成14个快递合作项目签约，其中3个外资合作项目签约资金达6.5亿美金，11个项目签约资金达25亿元。

【参政议政】 2015年，桐庐县工商联界别政协委员共提交提案22件，撰写的《关于引导和支持使用本土企业自主品牌产品的建议》《关于加快我县信息经济和智慧经济发展的建议》等被列入全县重点提案。完成《关于加强行业协会（商会）建设、促进政府职能转变的建议》的提案答复工作。

（刘为民）

·县残疾人联合会·

【概况】 2015年，桐庐县有持证残疾人12032名，占全县总人口数的2.9%，其中肢体残疾6008人、视力残疾1926人、言语听力残疾1387人、智力残疾793人、精神残疾1404人、多重残疾514人。建有乡镇（街道）残疾人联合会14个，县级专门残疾人协会4个，社区、村级残疾人协会204个。

【残疾人基本生活保障】 2015年，全县残疾人纳入基本生活保障5830人，其中纳入最低生活保障1470人、纳入基本生活保障4360人；纳入重度残疾人托安养工程800人，其中集中托养84人、日间照料35人、居家安养681人。

【残疾人康复服务】 2015年，县残疾人联合会创建省级康复示范站1家（分水镇社区卫生服务中心康复站）。开展助听助明助行524例，其中白内障复明手术420例、助听器验配50台、助视器验配41台、假肢适配13条。开展残疾儿童抢救性康复服务24例，其中辅助器具适配3人、听力语言康复5人、脑瘫康复训练8人、智力康复训练8人。开展5期康复知识进社区活动，完成141户残疾人家庭无障碍改造，提供轮椅、拐杖等基本辅助用具1083件。765名精神残疾人享受免费服用基本抗精神病药物政策，9名重度肢体残疾人享受上门鉴定服务。

【残疾人就业服务】 2015年，联合县人社局开展残疾人专场招聘会1场。安置残疾人就业1618人，其中新安置136人。举办种养殖业培训2期，培训残疾人253名；组织8名残疾人参加全国盲人医疗资格考试；搭建残疾人电子商务实训平台，举办电商培训3期，培训残疾人50余名。新建残疾人小康阳光庇护中心2家。完成对54户残疾人创业提供贷款贴息44.325万元，完成对6个市级农村残疾人种养业基地和32户种养业残疾人提供资金补助42万元，完成对2户自主创业的残疾人提供资金补助1万元。完成残疾人就业保障金征收1269万元，比2014年增加112万元。桐庐县残疾人劳动就业服务所成功创建杭州市规范化残疾人劳动服务机构。

桐庐县首期残疾人电子商务创业培训

【扶贫帮困】 2015年，桐庐县残疾人联合会临时慰问因病因灾的贫困残疾人23户，发放慰问金34.213万元。享受助学补助的残疾学生及残疾人困难家庭子女182人，发放补助款65.24万元。享受重度一级残疾人专项补助1047人，发放补助金125.64万元。就业年龄段无固定收入残疾人生活补贴标准提高到每人每月125元，享受补贴人数1100人。县级领导走访慰问75户残保户，发放慰问金7.68万元。残疾人大病医疗保险理赔91件，理赔总额33.56万元。完成帮扶残疾人脱困增收503人，全面消除残疾人家庭人均收入低于4600元的贫困现象。

【信访维权】 2015年，桐庐县残疾人联合会建立残疾人法律救助工作站，为残疾人提供各类法律援助8次。完善县残联信访责任制，确定每月15日为县残联领导信访接待日，截至年底，受理来信来访205件（次），办结率100%，未发生重大集体访、越级访案件。举办普法教育培训2期，培训残疾人200余名。

【残疾人体育】 2015年，举办桐庐县第五届残疾人运动会，设置中国象棋、乒乓球、游泳、羽毛球和田径5大类竞赛项目，97名残疾人运动员参加县运动会。组队参加杭州市残疾人田径游泳锦标赛，获得7枚金牌、4枚银牌、3枚铜牌。5名桐庐籍残疾人运动员参加第九届全国残运会，获得8枚金牌、6枚银牌、4枚铜牌，打破7项全国纪录。

【文化宣传活动】 2015年，桐庐县残疾人联合会举办全国爱耳日、全国助残日、国际残疾人日等活动，其中在全国助残日举行法律援助、残疾人工作座谈会、助残日启动仪式、残疾人事业艺术作品展、残障人士文艺汇演等活动；国际残疾人日上开展盲人看电影、盲人骑自行车、《春江会客厅》访谈残疾人等活动。联合爱心企业举办“善行桐庐、公益行动”活动，现场赠送电冰箱14台。开展“扶残助残有你有我”系列活动，评选县级爱心乡镇（街道）8个、爱心企业5家、书画助残爱心大使4名。开展无障碍设施现场体验活动4次。组队参加第六届杭州市残联特教学校学生艺术汇演，获得鼓励奖，组织1名残疾人参加杭州市自强演讲比赛获得二等奖，组织残疾人参加桐庐美丽乡村金牌推介人比赛，1人获得银奖、1人获得优秀奖。

【志愿助残】 2015年，桐庐县残疾人联合会成立桐庐县助残志愿服务队，开展志愿助残工作。截至年底，助残志愿服务队有注册志愿者47人，其中有10人服务时间超过100小时的，开展志愿者培训1次，开展“春节送温暖”“基层走访残疾人”“结对残障儿童”“助残日便民活动”“盲人看电影”“盲人双人自行车环游”等各类助残志愿活动48次。

（程晓峰）

·县文学艺术界联合会·

【概况】 2015年，桐庐县文学艺术界联合会（简称县文联）下设作家、书法家、美术家、摄影家、民间文艺家、戏剧家、音乐舞蹈家、电影电视家8个协会和诗词楹联学会，有会员911人，其中国家级会员32人，省级会员136人，市级会员211人。各协会（学会）举办、承办、组织开展各类晚会、辅导、下乡演出等活动2831场次，在县级以上刊物发表作品640件，获市级以上荣誉63项；组织各类文艺展览16次，参观人员30376人次。开展第四届“叶浅予文艺奖”等级评定，评选出李生祥等14名等级奖和20名提名奖。开展第二届德艺双馨文艺工作者评选，评选出朱维桢等5名第二届德艺双馨文艺工作者和5名提名奖。12月28日，中国书协发文，正式命名桐庐县为“中国书法之乡”。创编《旧县新韵》《中国美丽乡村——荻浦》，编辑《王伯敏桐庐书画作品集》《潇洒桐庐诗文读本（一）》。是年，桐庐县被浙江省诗词与楹联学会授予“唐诗西路”和“浙江省诗词创作基地”称号。

【《中国故事研究》创刊】 2015年，《中国故事研究》年刊由桐庐县文联创刊并由西泠印社出版社出版。该年刊拟按照每个“中国故事之乡”出版一期的思路组织稿源，既有介绍各个故事之乡的历史渊源和现状，也有对故事理论进行研究探讨。创刊首期为《中国故事研究——桐庐卷》，集中介绍桐庐县故事的创作群体、创作成果、理论研究，获2015年度桐庐县宣传思想文化工作“创新奖”。

【百姓日艺术周活动】 2015年5月6日，桐庐县第四届百姓日期间，县文联组织开展“百幅书画进入百姓家”书画赠送活动，向市民赠送100幅装裱好的书画作品；准备600本图书在活动现场进行分发，通过现场扫码关注“桐庐文联”微博、微信的形式为百姓送上精美图书，美术家协会和书法家协会开展广场赠送书画活动，赠送书画作品200余件。

【活动开展】 2015年3月，县文联启动“潇洒桐庐杯”“陆维钊奖”第七届浙江省中青年书法篆刻展活动，共收到来自全省各地书法作品2188件。6月25—28日，省书协在桐庐进行评选，桐庐县书法家获金、银、铜奖各1人，另有入展12人、入选3人。在同期举行的“新峰计划”评选中1人入选。

浙江省书法家协会“新峰计划”评审预备会

4月22—24日，浙江省文联农村文化礼堂服务经验培训暨组联工作现场会在天台召开。桐庐县文联作为杭州地区县（市、区）文联唯一代表应邀参加，作经验交流。

4月30日，“全域旅游杯”桐庐县美术作品展在叶浅予艺术馆开幕，作品包括国画、油画、水彩画等多种类型，大多反映的是桐庐城乡的自然与人文风貌。

桐庐县举办第二届百姓摄影节，其间，举办“美丽城乡、魅力桐庐”百姓摄影大赛，收到摄影作品1137幅，评选出56幅入展获奖作品。

12月2日，由县文联创编的桐庐县乡村旅游手册《中国美丽乡村——荻浦》首发仪式在荻浦村文化礼堂举行。

是年，县文联成立30周年，开展“我与文联”征文活动，收到作品120篇，评出42篇获奖作品。与县广播电视台联合举办“对话桐庐893”访谈节目，推出文艺家访谈23期。在《钱江晚报》“桐庐生活”开设人物专访栏目，刊发11位县文艺家讲述与县文联不解的情缘。出版反映桐庐县美术、书法、摄影、剪纸等艺术的丛书《桐江艺韵》。刊出三十周年纪念文集《三十而立》。全年，县文联举办15场艺术作品展览。

【会员晋升】 2015年，桐庐县作家协会董利荣晋升为中国作家协会会员，董利荣、李龙、缪建民加入中国报告文学学会；民间文艺家协会奚元良晋升中国民间文艺家协会会员；诗词楹联学会李海洋晋升中华诗词学会会员。作家协会徐永茂、缪建民、李龙，书法家协会董亦民、吴春平，美术家协会柳伟，摄影家协会张军、程杰9人晋升为浙江省会员。作家协会章维勇、余明朗、郭华、邱升阳、章理申，摄影家协会叶钧、程忠、张云耀、宋红星，戏剧家协会童根祥，音乐舞蹈家协会王红芳、汪晓虹、刘一陈、王晓、华玉霞、陈燕、张晴、林丽、叶帆、邱铿锷、皇甫卓文晋升为杭州市会员。

【协会文艺活动成果】 2015年，桐庐县作协在杭州市文联“中国梦想·美丽浙江”征文比赛中获优秀组织奖，4人获优秀个人奖。会员创作出版《画中桐庐》《九里洲问梅》；《徜徉母亲河》在浙江省作协立项；微小说作品在中国第一届微小说大赛中获优秀奖；散文作品在《浙江作家》《走遍中国》《联谊报》《杭州》等发表。

县美协3人获浙江省2015年“五水共治”主题作品展入展。

县摄协会员黄强随作品《春江晚霞》到北京参加全国文联举办的“百花迎新——中国文学艺术界2015春节大联欢”活动。

县民间文艺家协会《母亲的除夕夜》《环溪村调查》出版并获浙江省民间文艺映山红奖入围奖。陈亚巧荣获全国“孙静修杯”故事大赛园丁奖、刘莲花获“浙江省工艺美术优秀人才”称号。

县戏剧家协会前往温岭、温州、临平等地演出120余场，承办2015年桐庐县文化惠民下乡174场，新排戏曲小品、越剧节目10余个。“百姓日”活动在中心广场、桐君广场、剧院“欢乐大舞台”演出6场次。完成大型古装原创新编越剧《白云源》二次创作。

县音乐舞蹈家协会开展富春江“慢生活”原创音乐征集活动，筹备出版“美丽乡村”主题音乐光盘。主演桐庐县大型旅游晚会“春江花月夜”，参加全国群星奖畲族舞蹈《鼓动山哈》的演出。

县电影电视家协会作品在中央、省、市媒体共播出300多条、浙江卫视等省级台130多条。专题片《江南坎儿井 醉美古村落群》获电视文艺·艺术片一等奖和节目制作艺术摄像一等奖。

县诗词楹联学会承办“浙江省当代诗词创作暨桐庐富春江诗词文化研讨会”，在《今日桐庐》推出“唐诗西路·潇洒桐庐”——浙江省诗词楹联学会桐庐采风诗词作品选粹专刊，开展全国性的“富春山健康城”诗词比赛，协助县政协举办金秋“吟诗会”。

（李龙）

·红十字会·

【概况】 2015年，桐庐县红十字会下属团体会员单位22个，其中乡镇（街道）14个、医疗卫生单位6个、行业红十字会2个，中小学校红十字会42个，村、社区红十字会组织机构11个。

【博爱帮困】 2015年，桐庐县红十字会开展“博爱送温暖”活动，春节期间慰问全县12个乡镇（街道）、6个县级医疗卫生单位以及结对社区、志愿服务基地等单位246户困难户，发放慰问金24.6万元。杭州市红十字会开展“情暖杭州、红十字博爱送万家”慰问活动，慰问困难户40户，发放慰问物资47008元。全年慰问困难群众1800余人次。是年，继续实施博爱助学金、教师爱心互助金、姚村村爱心互助金等专项救助项目。1月初，县红十字会对全县153名困难学生及11名困难教师进行救助，救助金额25.05万元。通过县红十字会牵线搭桥，促成长期结对助学对子4对；姚村村爱心互助金累计救助困难村民11户；杭州华日冰箱股份有限公司及富春江镇华明厨卫商店分别为富春江镇18个老年协会捐赠华日冰箱15台、海信电视5台。县烟草局先后两次向县红十字会捐赠困难群众慰问款，累计47.7万元，用于定向救助10个乡镇、15个行政村的困难群众。

【救护培训】 2015年，桐庐县红十字会在县妇保院建立县红十字应急救护培训基地，为基地配备人体模型等教学培训相关器材；富春江初级中学、凤川初级中学2个救护培训基地正在建设过程中。继续在杭州技师学院、桐江职业技术学校开展初学驾驶员卫生救护知识培训，培训机动车驾驶学员11306名。推进救护培训进社区、进学校、进企业、进机关工作，全年开展普及培训50余场，对县安监局、福利院、消防大队、梅林社区等开展救护技能普及培训，全年培训3900人次。推进应急救护培训进学校项目，全县14个初级中学都将应急救护培训纳入教学课程，每学期培训时间在2个课时以上。

【造血干细胞及人体器官捐献工作】 2015年5月8日，桐庐县红十字会在公共场所设摊开展咨询，传播造血干细胞与人体器官捐献相关知识。制作造血干细胞捐献公益广告，常年在县广播电视台滚动播出。是年，有54名造血干细胞志愿捐献者资料入库，有7人进行器官捐献登记，7人进行遗体捐献登记，3人进行角膜捐献登记。

【志愿服务】 2015年，桐庐县红十字会利用4个志愿服务基地，开展志愿服务活动10余次。利用每月党员固定活动日，开展党员志愿服务活动。借助5月6日桐庐百姓日和5月8日世界红十字日等重要节日，开展义务咨询和广场服务活动。博爱周期间，组织志愿者在县城大润发前开展免费咨询义诊活动，安排志愿者在活动现场实景演示心肺复苏等急救操作技能。

（汪丽群）

·县科学技术协会·

【“全国科普示范县”创建】 2015年，桐庐县正式启动全国科普示范县创建工作，经中国科协评估考核，被命名为“首批2016—2020年度全国科普示范县（市、区）”。全年累计开展科普宣传活动960场，受众40万人次；开展农民素质培训47900人次，社区科普讲座168次，受众16600人次；乡镇（街道）干部科技培训实现全覆盖，村干部和农村党员培训率90%；开展“科普进校园”活动80余场次，受科普教育未成年人5.6万人次，86%的乡镇（街道）、89%的社区成功创建“杭州市科普文明示范单位”，钟山、合村等6个乡镇成功创建“浙江省科普示范单位”，横村、富春江、分水3个镇成功创建“杭州市全民科学素质工作先进乡镇”。

【《科学素质纲要》实施】 2015年是《全民科学素质行动计划纲要（2006－2010－2020年）》（简称《科学素质纲要》）“十二五”实施工作收官之年，县科协面向农民，全年开展农民素质培训147期10703人次，其中农业专业技能培训3806人次、文明素质培训4066人次、实用人才培训2331人；实现农村劳动力转移就业1786人，农村实用人才入库总量12133名。面向城镇劳动者组织开展职业技能培训，全年培训人员5537人，其中获得职业资格证书和专项职业能力证书者4519人；组织开展电子商务培训4063人；举办职业（工种）技能竞赛7场，106名职工参加，带动岗位练兵7530人。面向未成年人，开展县中小学生“科技节”和青少年科技创新大赛等活动，包括航模飞行、科普征文、科学实验与科学考察等6个比赛项目，共有264人获奖，其中一等奖44个；推荐参加杭州市中小学生“科技节”比赛，获一等奖、二等奖各7个，三等奖36个；开展“五水共治”青少年网络知识、青少年科技创新大赛等多项科普科技活动；组织1000余名小学生及其家长赴杭州低碳科技馆参观体验；邀请中国科学院老科学家科普演讲团为1000余名青少年学生作科普报告。组织“杭州市第五届领导干部与公务员科普知识网络竞赛”，参赛人员2429人，通过率96.7%；组织开展科普宣传进机关、进乡镇活动，累计发送《公民科学素质知识问答》4000余册。面向社区居民开展“气象科普进社区”“食品药品安全知识进社区”“急救知识进社区”等活动，举办科学生活、安全健康、防灾减灾等科普知识培训；组织社区居民参加“2015年杭州市‘万众创新·智慧生活’科普知识网络竞赛”。

【“院士专家桐庐行”活动】 2015年9月，组织开展第四次“院士专家桐庐行”活动，邀请中国科学院院士、著名磁性材料专家沈保根出席县科技人才周开幕式，并赴杭州象限科技有限公司、杭州科德磁业有限公司等企业调研。开展“老科学家进校园”活动，邀请中国科学院老科学家演讲团成员到桐庐中学和三合初中授课。是年4月，县科协会同杭州康基医疗器械有限公司科协邀请中国工程院院士、北京协和医院妇产科主任郎景和教授及全国各三甲医院妇产科近60名学科带头人参加“中国妇产科手术能量设备应用专家共识讨论会暨杭州康基医疗器械有限公司院士专家工作站2015年度学术会议”。会议期间，与会院士专家对学术报告、一次性器械临床应用的优势与瓶颈、民族品牌自主创新的现实机遇与挑战等学术问题开展研讨，对相关产品、技术进行指导交流。

【科普宣传活动】 2015年，县科协开展重点科普活动30项，举办科普讲座16场，开展科普服务、送科技下乡26场。发挥“桐庐科普网”“科普微博”“科普微信”的作用，加强科普知识宣传力度，网站访问量7.4万人次。全年通过“微博”“微信”发布科技科普信息1740条。开展“科普微视频进公交、进楼宇”活动。是年，县反邪教协会联合杭州市反邪教协会举办“崇尚科学、反对邪教”剪纸作品征集、评奖和展览活动，共征集到反邪教剪纸作品86件，评出一等奖作品3件、二等奖作品6件、三等奖作品9件、优秀奖作品27件。开展“反邪教教育进课堂”校园巡讲20场，2500名中小学生接受教育；配合杭州职业技术学院开展暑期反邪教进农村科普活动。是年，县科协组织编印、发送《公民科学素质知识问答》《四季科普2016》《“崇尚科学、反对邪教”优秀剪纸作品集》《全民科学生活方式》《药品安全》《反邪教科普宣传与警示教育——市民读本》等科普读物20余种近5万册，科普图片7880余幅，展出科普图板260余块次，受众10万余人次。县科协被省科协评为全省“2015年度县级科协工作先进单位”。

【农函大科技培训】 2015年，县农函大依托农村党员干部现代远程教育的设施设备、组织网络和专家队伍，发挥乡镇（街道）农函大辅导站（点）、科普惠农服务站、农民专业合作社、农技协和科普示范基地作用，实行联合办学，提高办学质量。开设水产养殖、水果种植（蜜桃、蜜梨、杨梅、猕猴桃、樱桃等）、粮油、山核桃、香榧、竹笋、蚕桑、中药材、茶叶、养蜂等专业。全年县、乡镇（街道）两级农函大共开办一年制班30个，举办短期培训120期，培训农民7100余人次。是年，桐庐县王樟强（粮油专业）、潘荣春（粮油专业）2名农村科技带头人获得“农民高级技师”职称。

【学（协）会工作】 2015年，杭州康基医疗器械有限公司科协成功创建“省级院士专家工作站”，杭州富士达特种材料有限公司与中国科学院理化所进行对接，中国科学院院士、低温工程制冷技术专家周远领衔建成该公司院士专家工作站，并通过“市级院士专家工作站”考核验收。8月3日，杭州富士达特种材料有限公司科协正式挂牌成立。至此，县科协所属县级学（协）会25个、企业科协18个（其中1个为行业科协）。是年，在横村镇香山水产养殖基地建立“杭州市水产学会基层服务站”，在富春江镇机械工业园区与杭州市自动化学会合作建立“学会协同创新服务基地”。县老科技工作者协会撰写的《桐庐县茶产业发展现状及对策建议》调研报告，得到杭州市政府领导批示肯定，并获省老科协2015年度优秀“建言献策”奖和优秀“建言献策”组织奖；县林学会与中国林业科学研究院亚热带林业研究所合作开发的《一种提高高节竹笋品质的培育方法》获得《发明专利证书》，实现桐庐县“国家林业发明专利”零的突破。县农学会、县林学会、县环保学会等学（协）会的94名科技人员参与县第二辑《农业实用技术丛书》（全套18册）编写工作。县金融学会举办以“普惠金融”为主题的学术报告会，共有120余名会员参加，并发布《2015年三季度桐庐县金融形势分析报告》。县农学会联合县农林局召开“元胡-水稻轮作”栽培模式示范推广现场指导会。县会计学会召开重点企业财务会计辅导会，助力“2015年重点企业财务会计能力提升工程”实施。县中医学会召开学术年会，举办专题学术讲座，开展学术交流活动。是年，县雪水云绿茶产业协会获得“2015年中央基层科普行动计划专项资金”奖补20万元。浙富控股集团股份有限公司科协科技工作者的“20kV定子线棒VPI绝缘系统国产化技术”被中国水力发电工程学会评定为“国内首创”。全县评出优秀学术论文77篇，其中自然科学一等奖论文和社会科学一等奖论文各5篇。

（施武民）

【责任编辑　邵晓洁】

法　治

·政法委及综治·

【平安桐庐创建】 2015年，县委政法委围绕“平安桐庐十一连创”目标，将所有乡镇（街道）和部门纳入平安综治维稳反邪教考核体系。坚持以社情研判、平安月报、专项通报等形式，加大对全县平安创建工作督查力度，发送平安月报8期、平安督办单6份，通报问题152条次。开展平安乡镇（街道）、平安村（社区）、系统平安、“平安网格”等创建活动，全县大局保持和谐稳定。全年未发生重大公共安全事故，连续11年未发生影响较大群体性事件。组织开展“平安桐庐，我参与，我知晓，我奉献”主题宣传活动，动员全民参与平安创建活动，形成县、乡镇（街道）、村（社区）、中心网格四级宣传平台，做到电台、电视、报纸、LED屏幕、橱窗每天都有声、有影、有文、有字，手机短信每周有提醒，固定电话长年有声音。同时，开通公交车身广告及在新媒体平台“桐庐发布”“同乐汇”“平安桐庐”上加强平安桐庐宣传，适时推送平安宣传内容，“平安四率”综合指标98.33%，列杭州市第二位。

【维护稳定】 2015年，县委政法委制定出台《桐庐县涉稳事项事先干预实施办法（试行）》，并纳入县重大决策监察平台，实时对重大决策实施过程中可能影响稳定的非正常现象，特别是重大工程建设、企业债务风险、劳资纠纷等重点敏感领域进行提前介入、提前疏导，有效防止隐患演化为现实危害。确定县级以上评估项目43件，按规定时间完成风险调查、风险识别等节点任务。全年，排查矛盾纠纷和不稳定因素4783件，调处4773件，调处成功4704件，调处成功率为98.55%。开展“重大涉稳问题项目化监管”工作，确定重大涉稳问题监管项目26件，其中省级监管1件、市级监管3件、县级监管22件。各责任单位均按照项目化监管工作要求制定监管方案、建立工作班子、明确化解时限、工作措施、工作责任，26件监管项目得到化解。抓好全国“两会”、“9·3”纪念中国人民抗日战争暨世界反法西斯战争胜利70周年大阅兵、中共十八届五中全会等重大活动，期间的维稳安保工作。全年，进京非访1人次，占市下发指标9.09%，五个重点时段实现“零进京”非访目标。

【社会管理综合治理】 2015年，刑事案件立案3505起，破案1787起；交通事故162起，死亡42人，受伤178人，财产损失39.85万元；火灾事故69起，损失57.59万元，未发生火灾死亡事故。健全完善大案要案侦破攻坚机制，以命案侦破为龙头，打击严重暴力犯罪，命案2起全破，七类案件7起全破。破获2010年“9·19”故意杀人案、“3·3”聚众斗殴案件、“9·17”故意杀人案等重大案件，实现命案16年全破。建立以合成作战室为中心的打击犯罪新机制，着力强化系列性、团伙性侵财犯罪打击，破获侵财案件1296起，移诉侵财犯罪嫌疑人288名，同比上升12.5%；打掉侵财团伙18个，破获系列性侵财案件50串232起。侦破“2·9”凤川拓卡斯机械科技有限公司特大盗窃案、海陆世贸系列抢劫案等大要案。开展食品药品打假“利剑”专项行动、食品安全专项整治行动，查破涉食药案件17起，采取刑事强制措施24人，打掉郑某、张某为首的销售伪劣香烟团伙。落实打击整治传销长效机制，捣毁窝点48处，打掉涉传团伙6个，刑拘34人，教育遣返涉传人员439人，传销警情数列全市最低。完善消防“网格化”“户籍化”管理，扎实推进区域性和重大火灾隐患整治，开展“三涉”场所、出租房和“三合一”场所等专项行动，检查单位4363家、督促整改隐患1386处、临时查封36家、责令“三停”40家。

【社会治理创新】 2015年，桐庐县被确定为省社会治理创新试点县，制定《2015年度全县政法（综治）信访工作目标任务书》和《关于推进全县基层社会治理“一张网”建设进一步深化“网格化管理、组团式服务”的通知》等文件，从925个网格调整为861个网格，构建一张全县统一的治安防控、群防群治的基层社会治理网。推广应用“平安通”APP，网格层面全县开通563个账号，达到全部网格数65.3%。开展“支部建在网格上”工作，推进“平安网格”的巩固提升。按照“问题导向、务实管用”思路，开展基层自治一乡一试点、一村一试点，全县183个行政村和19个社区均重新修订《村规民约》《社区公约》，村级商会基本完成全覆盖，形成瑶琳“村规＋民约、积善＋积分”，分水新龙“农家议事会”等特色亮点。制定出台《桐庐县信访件办理质量综合评价和特殊疑难信访事项终结暂行办法》，完成评议吴彩花、周乐英县内信访终结评议工作，省信访局把桐庐县“信访件办理质量综合评价体系”列入省信访改革试点工作。建立“110”社会（应急）联动单位监督通报制和联动警情实时回访制，联动处置警情4300余起。织密视频监控网，全年新增1200个视频监控点位建设，超过历年总和。实现重要路段、重要场所、治安复杂区域全覆盖。社会治安保持持续稳定，人民群众安全感、幸福感不断上升，“平安四率”测评处于杭州市前列。

【重点整治】 2015年，县委政法委牵头开展铁帚、铁拳、打违除患等专项整治行动。有序推进1个市级、2个县级、5个乡镇（街道）级重点区域三级挂牌整治和出租房屋流动人口管理、消防安全、电力设施“三项整治”工作，及时清除隐患提升社会管控能力。深化“两小区”创建活动，确定81家封闭小区参加控案竞赛活动，五类可防性刑事案件受理83起，同比下降18.62%。制定《桐庐县打霸拔钉专项行动实施方案》，以重点项目、重大工程，以及“无违建县”“五水共治”等中心工作中存在的侵害群众利益、干扰重点工程建设、破坏经济发展环境、非正常上访等为重点，排查涉及“打霸拔钉”对象86件，确定县级重点案件16件。全年查处涉及妨碍重点建设项目案件7件，刑事拘留4人，行政拘留3人。查处违法闹访案件2起，行政拘留5人。

【执法监督】 2015年，县委政法委对政法部门执法活动进行监督，组织开展案件评查、涉法涉诉信访积案专项处理、预防冤假错案、推进刑事诉裁试点等工作。从公检法部门抽取18件案件进行评查，对评查中发现30余处问题落实整改措施。全年排查涉法涉诉信访积案22件，化解8件。开展预防冤假错案33项工作机制专项检查活动，实施司法救助17件，支付司法救助金39.2万元。

【无邪教县创建】 2015年，县委政法委开展“无邪教县”创建活动，以“六进”活动为抓手，在全县各乡镇（街道）创建反邪教主题公园。依托农村文化礼堂，开展反邪知识进乡村活动，提高群众反邪意识。发挥派出所维稳工作室“触角”作用，对邪教人员落实分级管控。

【队伍管理】 2015年，县委政法委开展“强政治、强业务、强作风”为主题的“三强”活动。围绕强政治工作目标，结合周四夜学和党员学习制度，始终坚持政治建警，加强理论学习和廉政教育，提升干警政治素养。组织政法各单位结合各自实际工作开展岗位练兵活动，通过开展技能比武、能力培养等形式，提高政法干警业务能力。组建7个走访小组，走访30家企业、56个村（社区）、24名代表，征求意见建议119条，经梳理合并81条意见建议，其中涉及政法部门54条，针对存在的问题，切实抓好整改。

（汤征钢）

·公　安·

【概述】 2015年，县公安局以“三四一”工程为引领，以G20峰会安保筹备为主线，深耕基础、深入打击防控，统筹推进全局各项重点工作，为中国最美县建设创造安全稳定的治安环境。全局下设5个机关职能科室和9个直属单位，下辖10个派出所、1个看守（拘留）所，有民警429人。全年未发生重大交通、消防安全事故及公共安全事件。是年，被评为浙江省公安队伍正规化建设先进单位、浙江省执法质量优秀单位、县级机关综合考评优秀单位、最佳服务型机关及经济责任制（保障部门）一等奖，一个派出所被评为全省优秀公安基层单位，2名民警被评为全市优秀人民警察，7个单位、30名警察分别荣立集体和个人三等功，4名民警获得省级以上荣誉，5名民警获得市级以上荣誉。经过民主推荐、测评、考察提拔了中层副职23名，中层正职11名，45名中层干部进行了岗位交流。

【化解社会矛盾】 2015年，县公安局树立"主动警务"理念，依托联调中心和"110"社会联动工作机制，会同辖区党委、政府、司法、综治等部门排查化解环境污染、劳资纠纷、城市建设、征地拆迁等，成功调处矛盾纠纷3720起，妥善处置72起非正常死亡事件。

【确保重大活动安全】 2015年，县公安局立足"以面保点，绝对安全"底线，认真踏勘活动现场，精心制定保卫方案，切实消除安全隐患，严格落实各项措施，圆满完成各级"两会"、全国基层党建现场考察活动、省委巡视组到桐庐巡视、首届中国（杭州）国际快递业大会等40余场次大型活动安保工作，做到万无一失。

县公安局开展铁拳行动

【公安信访】 2015年，县公安局按照公安部"抓信访、摸民情、解民忧、化矛盾、保稳定"工作要求，开展工作日信访接待机制，化解社会矛盾。全年受理信访案件196件、公开电话1215件，化解公安归口信访"钉子案"2起。查处闹访非访案件6起，移送起诉1人，行政拘留5人。

【护航G20峰会】 2015年，县公安局"110"有效总警情43662起；刑事立案3505起，破案1787起；刑事拘留750人，同比上升4.6%，移送起诉806人；查处治安案件5756起，同比上升0.93%；抓获违法人员2078人，行政拘留1129人。道路交通事故起数、死亡人数、财产损失数，同比分别下降2.99%、2.33%、0.67%。未发生重大交通、消防安全事故及公共安全事件。

【刑事侦查】 2015年，县公安局受理刑事案件3880起，同比上升25.69%，其中刑事案件立案3228起，同比上升24.83%；破获刑事案件1513起（包括年前案件544起）；破案率为46.87%，同比下降12.44%；其中命案立案2起，破案2起，命案破案率为100%。五类案件（放火、爆炸、抢劫、强奸、绑架）立案6起，破获6起，连续14年破案率实现100%；抓获犯罪嫌疑人746名，刑事拘留751名、逮捕436名；移诉犯罪嫌疑人806名；抓获部网逃犯74名，其中浙江省逃犯42名、外省逃犯32名。侦破富春江"2015•6•1"故意伤害致死案、"2015•9•16"城南皇隆宾馆故意杀人案和"2010•9•19"横村故意杀人案等一批大要案，破56串253起系列侵财案件，打掉19个侵财团伙和2个通信网络诈骗团伙。

【打击经济犯罪】 2015年，县公安局受理经济犯罪案件55起，立案36起，破案27起；抓获经济犯罪嫌疑人47名，涉案金额3亿余元，挽回经济损失8000余万元。会同工商、民政、乡镇街道等单位，在县市场监管局设立打击传销工作办公室，建立六大工作组，捣毁传销窝点103个，查处非法限制人身自由案件3起，摧毁涉传团伙案件5起，抓获犯罪嫌疑人（刑拘）26人，行政处罚房东4家，查获并教育遣送涉嫌传销人员1164人。追逃方面，坚持“天涯海角，有逃必追”理念，持续开展境外追逃工作，在公安部、省厅“猎狐2015”行动办以及菲律宾相关部门支持下，通过全面细致工作和多方不懈努力，潜逃至菲律宾近五年的信用卡诈骗案犯罪嫌疑人余某被抓获并押解回国。相继侦破王静涉嫌非法吸收公众存款案、桐庐宏盛家俱有限公司涉嫌虚开增值税专用发票罪案、周永锋、陈镇荣涉嫌合同诈骗案以及杭州展旭暖通工程有限公司涉嫌销售假冒注册商标商品案等一批大案要案。

【文明城市创建】 2015年，县公安局查破涉黄赌案件233起，其中刑事案件30起，移诉68人，行政拘留553人，捣毁黄赌团伙10个。查破涉毒案件220起，查处涉毒违法人员287人，移诉46人，强制隔离戒毒51人。破获公安部“2015·23”毒品目标案件，缴获冰毒1.65公斤。“铁力强整治”深入开展铁帚、铁拳、打违除患等专项整治行动。精心组织、借势借力、有序推进1个市级、2个县级、5个乡镇（街道）级重点区域三级挂牌整治和出租房屋流动人口管理、消防安全、电力设施“三项整治”工作。排查出租房9608家，行政处罚70起，拘留房东18人，临时查封出租房14起；打造出租房样板房300余套。市级挂牌整治区域——横村镇城东村通过整治，“110”警情和刑事案件分别同比下降12.72%和15.73%。

【治安管理】 2015年，县公安局查处治安案件5756起，同比上升0.93%，抓获违法人员2078人，行政拘留1129人；涉黄赌案件233起，其中刑事案件30起，移诉68人，行政拘留553人；捣毁黄赌团伙10个，收缴销毁赌博机30余台，查处桐庐县首例“下一位麻将”新型赌博案。开展涉疆涉恐人员、重性精神病人、七类重点管控人员及非正常上访人员三级管控工作，及时劝返进京上访人员5名，打处1名人员。查破涉重点项目案件9起，抓获“霸钉”违法犯罪嫌疑人13人，刑拘3人，取保候审2人。

【禁毒管理】 2015年，县公安局查破涉毒案件220起，查处涉毒违法犯罪人员287人，其中移诉44人，强制隔离戒毒51人。破获公安部“2015·23”毒品目标案件，抓获贩毒团伙12起、缴获冰毒1.65公斤。举办禁毒展览40场次、法制教育课53余堂，65000余人接受禁毒业务知识培训；悬挂横幅300余幅，设立禁毒宣传栏180余处，制作并发放各种宣传图册、资料10万余份。

【出入境及往来港澳管理】 2015年，县公安局受理公民出国出境申请34329人次，其中出国13966人次，登记临时住宿的国外、境外人员3187人次，全年法定不准出境人员接报数703人，录入703人，受理快递业务6125人。全年查处“三非”（非法入境、非法就业、非法居留）案件5起，行政处罚6人。启用电子港澳通行证自助签注机，实现电子港澳通行证签注立等可取；推出网上预约和团队预约办证，继续实施双休日周六开门办证等多项便民服务措施。桐庐出入境2015年制证质量位于杭州地方第二名，被杭州市局评为出入境“二类文明窗口”。

【流动人口管理】 2015年，县公安局以落实“责任制”为核心，在城南街道、开发区管委会落实委托承包管理经费213万元，推广流动人口服务外包新型工作机制，在其他7个派出所推行防区民警+流动人口专职协管员+乡镇（街道）干部+社区（村）干部网格化责任管理模式，同时，落实流动人口专职协管员信息采集工作实名制、出租房屋发案回访制、涉案流动人口信息倒查制、流动人口监测点每月测查制及违反管理提醒查处制“五项”工作举措。为全体流动人口专职协管员配备105台“警务通”，开展流动人口管理服务和“双实”访查集中培训工作，提升全体流动人口专职协管员业务技能。新登记流动人口80520人，新登记出租房屋2366家，出租房屋消防监督检查达90.36%，出租房屋空置率降至10.45%以下，流动人口登记率和准确率稳步提升。

【行政许可管理】 2015年，县公安局办理审批服务事项8558项，办结8558件。其中行政许可事项1402项，非行政许可事项7156项。推进无照片人员清理工作，清理核对人员294名，清理完成率达到杭州市局要求的98%以上；贯彻落实省厅十二项便民服务措施，下放临时身份证权限，方便全县有需求的群众办证。

【重点地区整治】 2015年，县公安局以“刑事发案、治安案件、流动人口集聚、黄赌毒警情”等数据为参考指标，确定1个市级、2个县级、5个乡镇（街道）级挂牌督办的重点整治社区（村），下发《关于确定2015年度第一批挂牌督办社会风险重点整治地区的通知》。市级挂牌整治横村镇城东村投入整治经费80万元，新增专职群防力量15名，新增监控点位25处，增设小区门岗6个，增设防范宣传栏5块。“110”警情和刑事案件同比分别下降11.82%和15.49%；破案同比上升39.13%；查处行政、治安案件同比上升73.33%；查处违法犯罪嫌疑人同比上升80%。

【道路交通管理】 2015年，县公安局交警部门组织开展“三查三治”专项行动，推动落实新改建道路“五个同步”机制，完成1个省级和24个国省道、城区隐患点段治理，将208省道横村尖山脚至浪石段列为县级综合整治项目；开通“路上那点事”电台直播间和“桐庐交警”微信公众号，微粉丝已达2.5万名；全年未发生一次死亡3人及以上较大交通事故，交通事故实际死亡人数同比上年绝对数减少3人。以创建全国文明城市为契机，组织开展“拼搏”“打违除患”“礼让斑马线”等系列整治行动，确定6条严管路，加大对违法停车管理，查处交通违法行为19.3万起，同比上升10.7%，移诉192人，行政拘留166人；实施320国道、迎春路信号灯绿波带控制和部分路段单向通行措施，加强浮桥埠等区块交通组织研究，确保城区道路有序畅通。投入900万元，更新信号协调机59组，新改建电子警察40个、智能卡口14个，扩容卡口存储空间，研发勤务管理、涉案车辆管理系统，为交通管理工作注入新的动力。淘汰黄标车1642辆，超额完成市政府下达目标任务；充分发挥交调中心作用，实行民警驻中心工作制，全年中心调处交通事故5318起，占总接警数的25%；在3个违法处理窗口开设银行自助缴纳终端，推行网上快速处理轻微交通事故、微信办理货车临时通行证，为群众提供更多便利服务。

【消防管理】 2015年，县公安局接消防警情614起，同比下降9%，出动消防车858辆次，消防官兵5250人次，抢救、疏散被困人员186人，抢救财产价值72万元；其中火灾69起（垃圾火灾、电线火灾等无效火灾4起），同比下降76%，直接财产损失65.41万元，同比上升47.5%，过火面积4434平方米，同比下降9.6%，无人员伤亡。排查出租房10159家，处罚21家，临时查封14起，拘留22人。检查单位531家，发现火灾隐患626处，整改火灾隐患569处；行政处罚63起，责令停产停业、停止施工、停止使用的单位16家，临时查封18处，罚款26.4万元。完成全国两会、“9·3”大阅兵、首届中国（杭州）国际快递业大会、世界互联网大会等期间重大消防安保工作任务。全年服务群众200余次，义务送水200余吨，无偿献血15500毫升，慰问孤寡老人和烈军属50人次，2人荣记三等功，12人荣记嘉奖，1人被评为浙江好人，1人被评为杭州市最美消防员。

【执法规范化建设】 2015年，县公安局以深化“三位一体”执法管理机制

民警在勘查一起重大交通事故车辆

建设为抓手，在全局8个派出所和11个业务大队、中队共建立19个执法管理中心，配齐配足专兼职法制员，通过抓住警情、案件、人员、物品等关键要素，修改完善民警执法积分制实施办法，严格执行市局执法积分结果运用“五项规定”，将执法积分作为民警评优评先、立功受奖、提拔任用的准入条件，激发民警“多办案、办好案”积极性。是年，县公安局蝉联全省执法质量考评优胜单位。

【纪律作风教育整顿】 2015年，县公安局严肃查究民警违规违纪，通报批评2件3人。开展“守纪律、讲规矩、听指挥”教育实践活动和党章党规党纪学习活动，播放警示教育片，深入学习讨论违法违纪典型案例，实施“双百”谈心谈话计划，增强民警自律意识，严肃队伍纪律作风。全年对民警违规记分372人次397.5分，对协警记分332人次538分，开展谈话提醒教育12人次。全年执行督察任务92次，发现和纠正问题54个，编督察提醒8篇、警示案例6篇，发督察通报37期，提出督察意见建议30余条；认真查办信访投诉260件，对核查存在问题的进行刚性问责。全年维护民警合法权益13起，处理侵害民警执法权益行为人17人，为27名民警及协警送上2万元慰问金；组织实施经济责任告知，开展基层所队财务管理专项检查、派出所执法活动财物管理专项审计、所长离任审计，严肃财经纪律，规范涉案财物管理。

【警民和谐建设】 2015年，县公安局贯彻落实市局“问计（绩）于民”大走访常态长效工作机制，结合基层走亲、企业一对一服务、联村结对等活动，局领导带队开展重点时段走访2次，走访慰问困难户3次76人。利用千企评百岗、政府开放日、警营开放日等活动，邀请人大代表、政协委员、社会各界群众代表等1000余人次走进警营，感受和亲身体验人民警察的工作和生活。及时发布温馨提醒、温馨告知、安全提醒等，加强与网民互动，全年发送微信200余条、微博300余条、短信10万余条，完成市局转办社会评价整改意见1起，市级、县级社会评价整改意见6起。

民警风雪中走访排查危房和困难户

【强化教育训练】 2015年，县公安局组织部署“百千万计划”活动，遴选推荐5名示范科所队长、123名民警，报名24个岗位业务标兵评比。实施“万名达标民警”工程，开展枪械训练、实弹射击等培训20余期3000余人次。结合实际，制定《桐庐县公安局2015年教育训练实施方案》和《桐庐县公安局2015年“轮训轮值、战训合一”实战训练活动方案》，成立县局战训大队，聘任兼职教官33名，占总警力的7.86%。举办实战培训10期250余人，培训期间先后出动警力300余人次，其中开展巡逻、清查15次，上路交通指挥5次，查处治安案件12起。组织70余人次参加省厅、市局的专题轮训、业务培训、教官教训和新警初任培训。

【侦破2010年“9·19”故意杀人案】 2010年9月19日凌晨，桐庐县横村镇城东村徐家埠在建消防中队楼房内一名男性流浪人员被杀死在二楼房间内。案发后，技术员在现场提取有价值的痕迹物证20余份。但因现场、被害人身份背景复杂等原因，经大量的工作均未发现案件线索。2015年5月10日，横村镇横村村独山慈云山庄内发生一起抢劫案，事主喻某遭到一名男性嫌疑人暴力控制，抢走烟、酒等物品，价值600余元。案发后，经现场勘查，技术人员提取物证进行比对。5月11日晚上22时，成功比中2010年“9·19”故意杀人案。5月

12日中午12时，专案组民警登上横村独山进行调查时，发现一名可疑男子，与犯罪嫌疑人体貌特征吻合，经现场盘问后将其抓获。经审讯，犯罪嫌疑人叶某供述2010年“9·19”故意杀人案和2015年“5·10”抢劫案犯罪事实。此案的侦破，使得县局刷新连续16年命案全破的历史纪录，为桐庐县社会长治久安及平安桐庐“11联创”奠定基础。

【侦破富春江“6·1”故意伤害致死案】 2015年6月1日，江某、徐某、刘某等十余名人员乘私家车到桐庐县富春江镇上四村富春绿岛旅游，在游玩中与卡丁车经营主方某因费用问题产生纠纷，后在富春江镇三狮码头双方人员发生争执并互相殴打，斗殴过程中致方某受伤，最终送医院抢救无效死亡。案件发生后，县局立即启动重大事项应急预案，富春江派出所、县局防暴力量第一时间赶赴到现场，对现场进行有效处置，防止事态恶化，经专案组连夜审讯查清该案主次责任，对相关涉案人员进行刑事处理，事件得到有效平息。

【侦破系列通信（网络）诈骗案】 2015年1月29日，桐庐县城南街道吴某被自称桐庐人才网负责人，以急聘打字录入员要交纳押金为由骗取6424元。案件发生后，县局办案部门立即开展侦查，着手调查涉案银行账号的资金流向，发现涉案银行卡内部分现金被嫌疑人从福建省安溪县分多次取走。获悉该重要线索后，专案民警立即赶赴福建省安溪县对涉案银行卡用户及资金流向进行细致调查。通过网侦等手段，办案民警发现该案件为3名犯罪嫌疑人团伙作案，且落脚点就在福建省安溪县湖上乡。由于安溪县的湖上、长坑、魁斗3个乡镇为通讯诈骗高危地，80%以上的青年从事通讯诈骗，犯罪嫌疑人反侦查能力特别强，经过多天观察及会商，2月11日凌晨4时，抓捕组在安溪县湖上乡飞新村将3名犯罪嫌疑人一举抓获。

2015年5月16日，张某被人以冒充桐庐看守所武警中队官兵，急需购置军帽需要帮忙垫付货款名义，骗走人民币30000元。案发后，县局领导高度重视，指示刑侦大队成立专案组开展侦查工作。专案组对同类案件进行串并，根据银行卡、作案手机号码成功串并发生在江苏省淮安市、浙江省桐乡、嘉善、海宁等地的10余起案件。经过认真细致工作，专案组发现该伙犯罪嫌疑人不定时流窜于河南省洛阳市、周口市、驻马店市上蔡县等处，专案民警先后5次前往洛阳、驻马店、周口等地来回奔波开展侦查工作，收集破案线索、固定案件证据材料。经大量扎实有效摸排、调查、取证工作，一个诈骗多地涉案价值达40万元通信诈骗团伙渐渐浮出水面，摸清该团伙中4名嫌疑人的身份信息，并掌握犯罪嫌疑人在洛阳临时作案的租房。8月3日，抓捕时机成熟，县局组织多名警力赶赴河南，在当地警方配合下组织收网行动，将该团伙一举捣毁。

【侦破特大网络销售假烟案】 2015年9月11日，公安部督办网络销售假烟案件，由县局刑侦大队牵头主办，先后抽调网警、派出所、治安等警力，历时十个月，辗转全国10余省、市，由于案件与当前的通信息（网络）诈骗较为相似，呈现网络虚拟身份及非接触的作案形式。办案民警细致把握每个环节，从一个较小规模的网络案，苦心经营，精细研判，逐渐成为一个涉案价值达1100余万元特大网络案。办案民警多次深入全国制假基地——福建云霄，克服重重困难，先后成功抓获该案主犯福建云霄籍犯罪嫌疑人张志伟、郑汉维，牵出各个层级的销售代理商，全案移送起诉9名犯罪嫌疑人。

【抓获“猎狐”逃犯】 2010年11月23日，县公安局接到某银行报案，称桐庐籍用户余某信用卡恶意透支，经该行杭州分行信用卡营销中心多次催收，均无效还款，且余某已不知去向。县局经初步查证后，发现犯罪嫌疑人余某的行为已触犯《中华人民共和国刑法》，涉嫌信用卡诈骗罪，遂立案侦查。2010年12月25日9时，余某持护照从厦门机场乘坐航班飞往菲律宾，并滞留在菲律宾。犯罪嫌疑人余某出逃后，县局紧盯案件不放，多次派员上门走访其家属，开展教育规劝工作，并于“猎狐2014”行动期间派员赴菲律宾开展工作。然而余某在面对公

桐庐籍犯罪嫌疑人在菲律宾成功被缉捕归案

安机关的劝投，屡次反复拒不投案，缉捕工作一度陷入困境。多年来，县局坚持“天涯海角，有逃必追”的理念，持续开展境外追逃工作，无论是在2011年的“清网行动”，还是2013年的“海外追逃”，抑或是2014年的“猎狐行动”，公安机关克服了在国外没有执法权，不能携带武器，语言不通、法律有别的重重困难；参战民警置身异国他乡，在完全有别于国内的陌生环境中，全身心地投入到缉捕与劝返工作之中。10月15日，在公安部、省厅“猎狐2015”行动办以及菲律宾相关部门的大力支持下，县局通过全面细致的工作和多方不懈努力下，潜逃至菲律宾近五年的犯罪嫌疑人余某被抓获并押解回国。

【侦破公安部“2015·23”毒品目标案】 2014年10月，县公安局禁毒大队和城北派出所获得在桐贩毒团伙重要线索，该团伙从广东购买冰毒输入桐庐进行分销，数量较大。针对这一情况，县局迅速抽调城北、分水、富春江、横村、刑大、禁毒等部门骨干力量成立专案组进行立案侦查。经过三个多月来精心经营，专案组掌握该贩毒团伙的犯罪证据，摸清以黄某某等人为主的团伙组织架构及活动轨迹。1月14日，此案被定为公安部“2015·23”毒品目标案件。1月13—17日，根据案件侦查的进展，县局抽调100余名警力，适时开展收网行动，抓获贩毒团伙成员12人，其中9人采取刑事强制措施，3人行政处罚，缴获毒品冰毒1.65公斤，成功破获公安部“2015·23”毒品目标案件。

【成功有效处置江南镇荻浦“7·4”事件】 2015年7月4日上午，杭州汇丰旅行社组织杭州浙二滨江医院职工、家属共28人到江南镇古村落风景区荻浦村游玩。13时许，汇丰旅行社驾驶员兰有亮因停车费问题与江南镇荻浦村景区收费人员发生纠纷。后景区收费员申屠柏梅赶来和其他几名收费员与兰有亮及游客发生争执并扭打，其中一名游客与申屠柏梅扭打，致使申屠柏梅从马路边缘摔落（摔落高度有2米左右），后脑着地受伤。赶赴现场处置的民警第一时间将申屠柏梅送往桐庐第一人民医院治疗，后因伤势严重转至杭州浙二医院治疗，11月因救治无效死亡。现场闻讯赶来的荻浦村民将旅游大巴车围住，不让大巴车和游客离开。期间数百名村民用砖块、石头将大巴车车窗玻璃砸破，群情激愤。事件发生后，省市领导相继作出指示，要求桐庐迅速平息事态，严防升级，对受伤人员全力救治。根据省委、市局领导指示精神，桐庐县委书记毛溪浩、县长方毅，县委副书记、政法委书记骆安全，县委常委、公安局长王建平等领导第一时间赶赴现场指挥处置，迅速集结了220名警力参与处置。随即市局徐柏林副局长、市局党委委员周郑率领110余名特警力量赶赴桐庐参加处置。16时许，现场警力成功将被困在现场的导游及19游客安全转移，并安排车辆送回杭州。21时40分，经各级党委、政府及公安机关全力工作，现场警力陆续成功将现场被困的5名游客和驾驶员兰有亮转移至安全位置。随即大巴车也被拖离现场，围观村民被陆续清理出现场。至23时许，现场妥善处置完毕，村民全部离开现场。该事件发生后对肇事双方进行刑事立案，事件得到有效处置。

【侦破城北“3·3”铁索桥聚众斗殴案】 2015年3月3日15时许，叶某（女）在桐庐县城一棋牌室内被申屠建某等人殴打，叶某立即电话告知其丈夫董某。董某随即电话联系申屠建某，双方电话约好在桐君街道天目路铁索桥见面解决此事。随后双方召集30余名社会无业人员，各持木棍、铁管、砍刀等作案工具，来到桐君街道天目路铁索桥，双方相遇后即手持木棍、拐子刀、伸缩铁棍等工具进行互殴，造成多人受伤的恶性聚众斗殴案件。该案社会影响恶劣，参与人员众多。案件发生后，县局领导高度重视，立即抽调精干力量组建专案组对案件开展线索收集和人员抓捕工作，历经半月的侦办，成功抓获申屠建某、董某为首的20余名参与斗殴犯罪成员，案件成功侦破。

【侦破城北“9·17”故意杀人案】 2015年9月17日晚，犯罪嫌疑人陈某与被害人姚某系恋人关系，俩人住宿于城南街道某宾馆409房间，因琐事发生争吵，犯罪嫌疑人陈某顿起杀心，将被害人姚某杀害。之后，犯罪嫌疑人陈某将被害人姚某的手机和黄金项链窃走，合计价值人民币10000余元。案件发生后，县公安局立即由刑大牵头成立专案组，对现场进行勘查，提取现场遗留物证，对涉案现场区域监控进行刻录，并对犯罪嫌疑人陈某进行抓捕。23时许，陈某因迫于压力向公安机关投案自首，至此本案宣告破获。

【侦破特大非法吸收公众存款案】 2015年1月，孙某、余某、傅某等多名社会人员到县公安局经济犯罪侦查大队报案，称自己钱款被一个叫“王静”的女子以借款为由骗走，因案件涉及人员众多，数额巨大，县局立即对该事展开展调查。经历20多天侦查取证，办案民警调取几百份银行往来款凭证，对30余人进行询问谈话，梳理近五年的相关记录凭证，发现王某自2010年以来，以做资金借贷或投资生意为名，承诺1.5分至6分不等的高额利息为诱饵，先后分别向孙某、余某、傅某等30多名社会不特定人员借款2.4亿余元，大部分资金用于外借、还债或支付高额利息。1月26日王某因涉嫌非法吸收公众存款罪被采取刑事措施，案件成功告破。

2015年桐庐县公安机关办公地址、报警（咨询）电话一览表

表46

单位名称	办公地址	邮政编码	报警（咨询）电话（区号0571）
桐庐县公安局	城南街道白云源西路28号	311501	110
城北派出所	桐君街道牛山坞7号	311500	64601110
城南派出所	城南街道金东路397号	311501	64212110
江南派出所	江南镇高山头	311507	64291110
凤川派出所	凤川工业园区凤翔路和柴梅路交叉口	311508	64261110
富春江派出所	富春江镇富春江大街33号	311504	64653110
横村派出所	横村镇横富路552号	311502	64672110
瑶琳派出所	瑶琳镇瑶琳路111号	311515	64361110
分水派出所	分水镇滨江路	311519	64314110
水上派出所	桐君街道康乐路1号	311500	64632110
林业派出所	桐君街道小岭路29号	311500	64623110
行政许可科	城南街道白云源路（便民中心）	311501	64217173
出入境管理大队	城南街道金东路399号	311500	64622082
经济犯罪侦查大队	城南街道白云源西路28号	311501	64627992
交警大队	城南街道金东路399号	311501	64215122

续表 46

单位名称	办公地址	邮政编码	报警（咨询）电话（区号 0571）
车辆管理所	横村镇横渡路 1 号	311512	64220015
事故预防与处理中队	城南街道金东路 399 号	311501	64215122
城区中队	城南街道乔林路 388 号	311501	64215122
江南中队	凤川街道凤川工业园区柴梅路	311508	64215122
横村中队	横村镇横渡路	311512	64215122
富春江中队	富春江镇严陵村外董 1 号	311504	64215122
分水中队	分水镇新淳路 132 号	311519	64215122

（傅建军）

·检　察·

【刑事检察】 2015 年，县检察院受理提请批准逮捕案件 360 件 497 人，同比分别上升 6.51% 和 9.71%，审查后批准逮捕 420 人，不批准逮捕 77 人。受理移送审查起诉案件 649 件 842 人，分别同比上升 2.53% 和 0.24%，审查后向同级法院提起公诉 788 人，不起诉 70 人，移送杭州市人民检察院审查起诉 12 人。批准逮捕严重暴力、“盗抢骗”和“黄赌毒”犯罪嫌疑人 280 人，提起公诉 395 人。坚持证据裁判原则，重客观性证据、不轻信口供，严防冤错案件发生，因证据不足不捕 43 人、不起诉 4 人。贯彻宽严相济刑事政策，对于初犯、偶犯、过失犯和未成年人、老年人犯罪，以及因民间纠纷引发的轻微刑事案件，慎捕慎诉，依法不捕 26 人、不起诉 56 人。推进刑事案件速裁程序试点工作，与县法院、公安局、司法局联合出台《关于开展刑事案件速裁程序试点工作的实施意见》，适用速裁程序办理刑事案件 117 件 121 人。

【职务犯罪查办】 2015 年，县检察院立案侦查职务犯罪案件 14 件 15 人，其中贪污贿赂犯罪案件 10 件 11 人，渎职侵权犯罪案件 4 件 4 人。重点查办“四领域两干部”职务犯罪案件，集中惩治涉农惠民领域职务犯罪，查处县供销系统贪污贿赂、渎职窝串案 4 件 5 人，其中科局级领导干部 2 人。依法立案侦查行贿犯罪案件 4 件 4 人。

【职务犯罪预防】 2015 年，县检察院成立预防职务犯罪宣传教育讲师团，到县国土局、党校、气象局、杭州技师学院等单位进行职务犯罪预防宣讲 11 场。开展涉农职务犯罪和重大项目工程专项预防活动，提出相关预防检察建议 2 份；在城南街道召开涉农职务犯罪案件剖析会，为政府投资和政府采购提供行贿犯罪档案查询 1743 次。编印《桐庐县职务犯罪典型案例选编》1200 册、预防职务犯罪微电影 500 份，向机关、企事业单位进行发放。组织富春江电厂以及富春江船闸指挥部工作人员 40 余人赴杭州南郊监狱参观学习，接受警示教育。在富春山健康城设立检察联络室，为投资企业提供法律咨询和司法保障。

【刑事诉讼监督】 2015 年，县检察院依法监督侦查机关立案 11 人，立案监督后作出有罪判决 11 人，其中 1 人因贩卖毒品罪被判处有期徒刑 7 年，1 人因组织卖淫罪被判处有期徒刑 11 年 6 个月。追诉漏罪漏犯 12 起。发出书面纠正违法通知书 4 份。加强刑事审判监督，通过起诉意见书、起诉书、判决书“三书对照”和列席审委会、同类案件量刑比较等手段，发现和纠正定罪、量刑不当及审判程序违法等问题。

【刑事执行监督】 2015 年，县检察院办理捕后羁押必要性审查案件 13 件 16 人。对监管场所和监管活动进行日常检察，确保无超期羁押、无责任事故。开展社区矫正专项检查 2 次，对 5 名违反社区矫正规定的服刑人员，监督收监执行。

【民事行政检察】 2015年，县检察院审查民行案件16件，发出执行监督检察建议和审判活动监督检察建议7件，发出再审检察建议2件，其中1件再审检察建议案被浙江省人民检察院评为2015年度精品民行监督案件。严厉打击虚假诉讼，向公安机关移送涉嫌虚假诉讼线索3件，其中2件5人被立案侦查并移送审查起诉。探索行政执法监督工作，与县政府联合制定《桐庐县行政执法检察监督暂行规定》，发出行政执法监督检察建议4份。

【未成年人刑事检察】 2015年，县检察院落实法律援助、合适成年人参与诉讼、社会调查等制度，首次对涉案未成年人采用附条件不起诉程序，保障未成年人合法权益。在县职业技术学校试点设立“春泥”关护工作室，开展未成年人心理疏导、法律援助维权、法治宣传教育、校园犯罪预警帮教。编制教育手册《青春修炼秘籍》、教育课程《纲有形 行有度》，分别被评为杭州市检察机关未成年人刑事检察优秀法制宣传资料和优秀法制教育精品课程。

【涉检信访】 2015年，县检察院深入推进矛盾化解和息访息诉工作，落实检察长接待日、点名约访等举措，及时释法说理，妥善处置控告、信访67起。建成“远程视频接访系统”，探索律师等第三方参与化解涉检信访工作机制，增强检察机关处理信访案件综合能力。发挥分水检察室扎根乡镇、深入群众的作用，结合办案化解矛盾取得较好成效，被浙江省检察院评为全省“示范基层检察室”。

【服务大局】 2015，县检察院聚焦平安建设，关注社会突发事件，对黄伟灶等9人贩卖毒品、非法持有毒品案，叶洪水故意杀人案以及公安部督办的郑汉维、谢洪磊等7人非法经营、销售伪劣产品案等重大疑难案件，引导侦查取证。依法谨慎处置“富春绿岛”、荻浦2起因旅游收费纠纷而引发的刑事案件，降低社会负面影响。持续推进破坏环境资源和危害食品药品安全犯罪专项立案监督活动，依法起诉污染环境、滥伐盗伐林木犯罪案件11件12人。开展针对电信诈骗、危害电商健康发展的涉网领域犯罪专项整治，审查起诉利用网络平台销售伪劣产品犯罪案件3件9人。深化行政执法与刑事司法衔接机制，先后对环保、安监、人社等7部门开展执法情况检查，防止有案不移、以罚代刑情况发生。

【规范司法】 2015年，县检察院开展规范司法行为专项整治工作，坚持问题导向、效果导向，采取自查、督查、走访等多种形式，查摆不规范司法突出问题。与律师、人大代表、政协委员、政法部门多个层面进行座谈，收集梳理意见建议，切实制定整改举措，全力推进落实。制定《涉案财物管理工作规范》，严格依法开展取证工作和查封、扣押、冻结涉案财物活动。回应律师意见，细化和规范律师接待、告知等工作措施，切实保障律师执业权利，构建良性的检律互动平台。认真对待县人大常委会关于对检察官依法履职公正司法监督检查活动，针对反馈的意见建议，逐条对照检查，分析查找原因，切实整改落实。

【阳光检察】 2015年，县检察院完成线上、线下“检察服务大厅”建设，整合案件受理、信访举报、案件信息查询、律师接待、行贿档案查询等对外服务功能，为群众提供“一站式”服务。通过“人民检察院案件信息公开网”，及时上传案件程序性信息1171条，公布生效案件法律文书512份，发布重要案件信息12条。开辟媒体新闻专栏，在各级媒体发表宣传稿件60余篇，优化官方微信、微博和门户网站建设，举办法律知识网上竞答活动，满足群众对检察宣传要求的新期待。严格落实人民监督员制度，对拟撤案、拟不起诉职务犯罪案件提请上级院启动人民监督员监督程序。推进人民监督员制度改革，协助县司法局做好人民监督员选任工作。举办第三届检察开放日活动，听取群众对检察工作的意见建议，夯实规范司法整治的效果。

【检察队伍建设】 2015年，县检察院开展“三严三实”“信仰法治、守护公正”等专题教育和“杜绝冤假错案”大讨论活动，教育引导全体干警严守政治纪律和政治规矩，锤炼纯洁党性，锻造优良作风。落实党风廉政建设“两个责任”，制定完善《公务接待管理规定》和《执纪执法监督员工作办法》等规定。开展正风肃纪检查和检务督察54次，发布通报6期，每月定期开展集中警示教育。参加全市检察机关“我们读诗”活动、举办主题演讲比赛，开展首届检察官律师控辩赛、观摩庭评议、检察“微课”评比等业务竞赛，提高干警实战技能。实施“青年检察官列席检委会会议”“干警讲坛”“上挂外派”举措，加快业务骨干和办案能手培养。是年，县检察院被评为市级“青年文明号”、2004—2014年度社区矫正工作先进集体、杭州市检察机关档案工作先进集体，获县级荣誉12人次、市级荣誉14人次、省级以上荣誉4人次，5篇论文入选省、市级检察理论研究年会。

（魏　丹）

·法　院·

【概况】 2015年，县法院受理案件11392件，办结10958件，分别同比增长22.01%和18.22%。县法院被浙江省高院评为2015年度全省法院信息化工作先进集体、2015年度全省法院标准化羁押场所，毛俊刚被浙江省高级人民法院评为“2015年度全省法院信息化工作先进个人”。楼柯柯被杭州市中级人民法院评为“十佳优秀调解能手”，王杰被杭州市中级人民法院评为“十佳优秀执行员”。

【刑事审判】 2015年，县法院新收刑事案件603件，审结595件，分别同比增长2.44%和2.71%，判处被告人785人。审结放火、交通肇事、危险驾驶等危害公共安全罪案件180件182人；审结合同诈骗、非法经营、生产、销售假药等破坏社会主义市场经济秩序罪案件21件38人；审结故意杀人、强奸、非法拘禁、重婚等侵犯公民人身权利、民主权利罪案件50件84人；审结抢劫、盗窃、诈骗、抢夺、挪用资金、敲诈勒索等侵犯财产罪案件237件306人；审结妨害公务、聚众斗殴、赌博、容留他人吸毒、走私、贩卖毒品等妨害社会管理秩序罪案件103件170人；审结贪污、挪用公款、受贿罪案件2件2人；审结滥用职权、玩忽职守罪案件2件3人；坚持依法从宽，对124名具有从轻情节的初犯、偶犯、从犯、未成年人犯等判处缓刑或免予刑事处罚。坚持打击犯罪与保障人权并重，严格落实被告人不穿囚服出庭的规定；重视发挥律师在刑事诉讼中的作用，为156名可能被判处三年以上有期徒刑、请不起律师的被告人通知给予法律援助，三年以上辩护率为96.29%。积极稳妥推进刑事案件速裁试点工作，联合公、检、司出台《关于开展刑事案件速裁程序试点工作的实施意见》，全年适用速裁程序审结案件142件，占刑事案件结案数的24.07%，平均审理天数为2天。

【民商事审判】 2015年，县法院新收民商事案件6459件，审结6274件，分别同比增长17.78%和15.48%，结案标的额28亿余元。发挥调解在处理民商事纠纷、增进社会和谐中的积极作用，调解撤诉结案4769件；深化行政调解、人民调解等多元化纠纷解决机制，对818件案件适用诉前调解程序，有554件达成调解协议，引调成功率67.73%。对当事人不愿调解、调解不成的纠纷，依法作出裁判。审结婚姻家庭、遗产继承、相邻关系等案件532件，妥善化解家庭邻里矛盾。审结追索劳动报酬、经济补偿金、侵权赔偿、工伤保险等案件632件，注重保护弱势群体合法权益。审结买卖、承揽、保险、建设工程、股权转让等案件767件，依法维护经济社会秩序。审结金融借款、信用卡纠纷案件465件，同比增长53.97%，结案标的额近6亿元，保护金融机构合法债权。审结民间借贷纠纷案件2439件，同比增长15.23%，结案标的额近10亿元，保障民间资金合法流转。坚持涉诉困难企业差异化司法处置，对有市场前景的，坚持协调化解，审结涉企纠纷案件2830件，结案标的额2.2亿元，帮助企业维持生产、渡过难关；对资不抵债、明显缺乏偿债能力，经政府帮扶仍无好转的企业，引入破产清算程序，保障劳动者和债权人合法权益；受理峰华控股集团桐庐置业有限公司破产案件，尽可能阻断资金链、互保链传递扩散风险。及时梳理司法实践中发现的隐患和问题，向有关单位发送要情专报与司法建议6件，有效延伸司法活动的法治效果。调研出台《关于审理小额诉讼案件相关问题的意见》，对事实清楚、争议不大且符合要求的112起案件适用小额诉讼程序，实行一审终审，平均审理天数为21.08天，切实减轻当事人诉累。

【行政审判】 2015年，县法院新收行政案件34件，审结30件，分别同比增长88.89%和100%。准确适用新行政诉讼法，注重实质性化解行政争议，审结案件中，维持行政机关行政行为和驳回诉讼请求的占26.67%，驳回起诉的占33.33%，判决撤销、确认行政行为违法或履行法定职责的占6.67%，原告撤诉的占33.33%。支持合法行政行为，审查行政非诉执行案件94件，裁定准予执行83件，分别同比增长28.77%和16.91%。

【执行工作】 2015年，县法院新收执行案件4190件，结案3958件，分别同比增长32.22%和24.88%，执行到位金额3亿余元。加大对抗拒、逃避执行的惩治威慑力度，拘留、布控、罚款、限制出境286人，限制经商、信贷、工商行为4672人，通过报社、微信曝光561人，录入失信被执行人“黑名单”3826条。出台《拒不执行判决、裁定罪实施情况报告》，依法移送公安3人，予以刑事处罚1人。出台《资产处置流程实施细则》，增设执行实施三科，专门负责财产保全、资产查控及处置，查封土地、房产1292宗，车辆134辆，冻结账户金额3400余万元。加强对涉民生案件和金融债权类案件的执行力度，执结涉民生案件830件，到位金额1700余万元；执结金融债权类案件203件，到位金额1.2亿余元。

【审判管理】 2015年，县法院扎实开展庭审记录改革，以庭审同步录音录像方式代替传统书面记录，审理案件1939件，院长、庭长听案147件，平均审理、执行天数分别列杭州地区基层法院第1位和第2位。评查案件9507件，发布通报12期，查摆问题119个，民事行政上诉率、申诉率分别为3.85%和0.16%，分别列杭州地区基层法院第2位、第3位。建成信息集控中心和羁押场所信息管理系统，以科技助力庭审督查和警务安全。

【信访工作】 2015年，县法院稳妥处置信访纠纷，坚持每月15号“院长接待日”制度，定时发布信访工作月报，跟踪信访案件动态。全年受理来信29件，接待来访245人，化解信访问题37个。明确诉访分离标准，保持入口畅通，受理申诉及申请再审案件10件，引导当事人依法解决合理诉求。9月，联合司法局成立法律援助中心驻法院工作站，建立援助律师值班制度，接待来访群众93人，畅通困难群体法律帮助渠道。

【司法为民】 2015年，县法院做好“假日法庭”“错峰送达”“巡回法庭”等便民服务，8小时外开庭142件，送达文书700余份，针对老弱病残等特殊诉讼主体巡回开庭27次。深化交通事故巡回法庭诉讼服务机制建设，配备1名审判员和1名书记员专职负责审理道路交通事故案件，缩短办案周期，全年审结278件，调解率72.30%，为受害人及其家属追索赔偿金1800余万元。提升网络司法拍卖工作实效，全年成交71宗1.8亿余元，成功率提高7.58%。探索引入民营快递送达试点工作，与司法文书邮政送达形成良性竞争，自5月份实行以来，快递送达文书8526件，有效送达率67.25%，比原来提高12个百分点。加大司法救助范围，为106名经济困难的当事人缓、减、免交诉讼费15.3万元，发放司法救助金33.2万元，让群众感受到司法关怀。开展“法院直通车”“法官联系点”“法制副校长”等工作，深入村镇、学校等普法宣传23次，法制讲课7次，就地化解纠纷9起，服务群众700余人，发放普法宣传资料3000余份。做好被判处缓刑、管制等特殊人群的跟踪帮教和社区矫正工作，注重未成年人权益保护，回访帮教5人，为21名未成年被告人通知合适成年人参与诉讼。完善诉讼服务中心规范化建设，配备自助查询触摸屏、POS机、当事人等候阅览区等便民服务设施；推出网上案款缴费系统，支持网上银行、支付宝等新渠道缴纳、退还诉讼费；推行青年法官导诉制度、窗口午间值班制度，设立文件收转岗位，全年诉讼引导3700余人，午间接待答疑439次，中转文件1.8万余件。

【阳光司法】 2015年，县法院及时向人大、政协、检察机关和社会各界汇报、通报法院重要工作和重大案件审理执行情况。在规定期限内认真办结"两会"代表建议、政协委员提案，邀请人大代表和政协委员视察法院、旁听庭审、参与执行53人次，定期寄送《桐庐法院资讯》。全年微博发布368条，微信推送36期，其中27期在杭州近千个政务微信公众号中入围前100名。落实"以公开为原则、不公开为例外"的裁判文书上网制度，公布生效裁判文书5016份。新增司法公开大屏幕，发布法院动态、曝光信息等34期，直播庭审3次。开展"公众开放日"活动，全年举办11次，邀请200余名各界代表走进法院，通过旁听庭审、座谈交流等形式，征集对法院工作意见建议。4月，组织首次法律职业共同体建设暨律师座谈会，听取意见建议，促进良性互动。答复门户网站信箱、微博、微信的留言75条。5月份，召开关于落实失信被执行人名单制度的新闻发布会，回应社会关切，扩大对"老赖"震慑作用。

【队伍建设】 2015年，县法院做好党的群众路线教育实践活动的后续整改落实工作，召开恳谈会3次，征集意见建议137条。借助"周四夜学"平台，开展领导班子上党课活动3次、"干警讲坛"9期。学习贯彻《中国共产党廉洁自律准则》和《中国共产党纪律处分条例》，落实党风廉政建设主体责任和监督责任，层层签订责任状，强化"一岗双责"，通过提醒约谈、函询约谈、警示约谈，对存在苗头性、倾向性问题干警，及时提醒改正。走访干警家属17人、抽查数字法庭125场、案件廉政回访32件。全程跟踪大标的额案件61件。开展正风肃纪检查37次，发布通报27期，发现并纠正问题35个，通报批评28人。组织127人次参加业务培训，联合浙江工业大学法学院开办春江论坛2期。院领导、专委、庭长参与办案2059件、执行3243次，开展司法调研，完成调研课题3项，发表调研成果10篇。

【立案登记制】 2015年5月起，县法院贯彻执行立案登记制，通过提前模拟预演、选聘12368专职接线员、修改印刷诉讼文书格式等，做足前期准备，确保有案必立、有诉必理，立案登记制实行后，登记立案5610件，当场登记立案率为97%。坚持保障群众诉权与打击违法滥诉并重，建立"失信诉讼黑名单"制度，在立案登记时即向当事人告知滥诉缠诉等行为的法律后果，并在《诚信诉讼告知书》上签字，维护立案登记秩序。

【人民陪审员】 2015年，县法院认真落实人民陪审员"倍增计划"，新选任陪审员40名，发挥人民陪审员参与司法、监督司法的作用，陪审员全年参与案件审理1339件，普通程序案件陪审率98.13%。

（章彩女）

·司法行政·

【社区矫正指挥中心建设】 2015年8月，县司法局投入100余万元在县城中心广场烟草大楼附楼二楼，建设桐庐县社区矫正指挥中心并投入使用，中心总面积300平方米，设有指挥中心、视频教育中心、心理咨询室、宣告室、档案室、指挥长和管理员室，集监控指挥、视频教育、视频会议、日常办公功能为一体，能开展执法管理、视频指挥、巡查督察、应急处置、监督管理、教育矫正和社会适应性帮扶等

社区矫正指挥中心

工作，实现省、市、县、乡四级联网。12月31日，全县社区服刑人员集中点验和教育学习活动通过视频教育中心开展，指挥中心作为主会场，14个司法所作为分会场通过视频终端集中点验社区服刑人员，实现跨地集中教育。

【人民调解】 2015年，全县调解组织调处矛盾纠纷9939件，调解成功9710件，成功率97.7%。其中，法院（庭）人民调解工作室调解纠纷594件，通过司法确认调解协议书258份。筹建“大调解”中心，整合资源，将法律服务中心、专业性调委会纳入“大调解”中心，提供一站式窗口服务。加强人民调解业务指导，组织召开全县调解干部业务培训班、全县和事佬联合会业务交流会和“人民调解随手拍”等人民调解评选活动。围绕“五水共治”“三改一拆”及抗战胜利70周年纪念活动等中心工作，开展矛盾纠纷专项排查化解工作，发挥人民调解在预防和化解矛盾纠纷中的“第一道防线”作用。

【社区矫正】 2015年，桐庐县接收社区服刑人员286名，期满解除社区服刑人员383名，办理审前社会调查评估300件，建议治安处罚2人，警告31人，撤销缓刑收监4人，撤销假释收监1人，暂予监外执行收监3人。全年无社区服刑人员脱、漏管现象发生。2015年12月底，全县有在册社区服刑人员295名。组织90余名社区服刑人员到分水万强农庄参加社区服务，组织120余名社区服刑人员到桐庐县看守所参加警示教育。推进社区矫正执法规范化进程，完善执法文书、执法程序，6月和11月联合县检察院对全县社区矫正工作开展联合执法检查。

【法律援助】 2015年，县法律援助中心受理法律援助案件1366件，其中民事1108件、刑事258件，接待法律咨询1800余人次；为信访交办事项提供法律援助案件2件、参与信访案件评查4件、参与其他信访协调事项20余次，全年为100余名信访人提供法律咨询、援助等服务。开展“农民工讨薪春风行动”“法律援助 阳光助残”等法律维权专项活动，同时还为老年人、未成年人、残疾人等特殊人群提供“上门式、预约式、一站式”特色服务。

【律师进社区（村）】 2015年12月底，桐庐县有129个社区（村）和13个司法所驻点，律师进社区（村）活动驻点律师参与值班1294次，解答法律咨询1186人次，代写法律文书135个，参与社会矛盾调解31次，化解矛盾纠纷19起。6月，实地走访、电话抽查了64个社区（村）律师进社区（村）开展情况；7月，对全县律师进社区（村）情况进行年中考核，按照《律师进社区（村）工作考核办法（试行）》标准，结合平时抽查情况，对所有驻社区（村）律师进行考核考评。同时，全面运行“公益律师快线”系统，驻社区（村）律师按规定及时将签到日志、工作日志及值班信息录入系统。

【法律服务企业】 2015年，县司法局编写《企业法律风险防范实用指南》，共6章20节，12万余字，内容涵盖企业治理结构、商务合同、融资、知识产权、劳动用工管理、高管法律风险防范6大方面，印刷3000册发放至全县各企业。举办企业小班化法律培训班，以《合同法》、《物权法》、《商标法》、《劳动合同法》为

企业法律知识培训

培训内容，选定业务精、专业强、经验丰富的知名律师以按需上门和集中培训相结合的方式为企业管理人员进行授课，受众企业50余家。开展企业“法律体检”活动，组织律师对不同行业的28家企业进行法律体检，通过现场座谈、问卷调查、合同及规章制度审查等形式，了解企业生产经营现状、当前遇到的主要困难和亟需解决的法律难题，出具法律意见书28份，“对症下药”提出法律风险防范建议3份。

【普法教育】 2015年4月13日，县司法局组织召开全县“六五”普法检查验收工作布置会；5月底，完成普法工作印证资料收集梳理并形成自查报告；6月17日，组成县级检查验收组集中听取县法院、检察院、公安局等17家重点单位和各乡镇（街道）及开发区管委会“六五”普法情况汇报；7月3日，参加全市“六五”普法检查汇报会，进行“六五”普法工作成果汇报。同时，县司法局积极开展普法宣传活动，联合相关部门开展市管干部和公务员网上学法用法活动，邀请浙江大学光华法学院章剑生教授作“新行政诉讼法解读”大型专题讲座；与县教育局联合开展青少年“法在心中”主题法治宣传活动和“李老师禁毒课堂”巡回讲座；与县信访局联合开展“信访法治建设年”宣传活动；与县住建局联合开展“法治文化进工地”主题宣传活动。开展法治电影下乡，为60个村（社区）送上法治电影。开展“学习宪法 尊法守法”专题活动，送宪法下基层、进校园、进工地，为10700余名学生、残疾人士、外来务工人员等送上针对性强、互动性强的宪法教育讲座；在城南小学试点开展宪法晨读，向全县56所学校和校区发放普法动漫剧光盘《与法同行之远离犯罪》，在“桐庐司法”微信平台开展宪法知识有奖竞答活动等。

（翁世萍）

【责任编辑　郑巧丽】

武　装

·人民武装·

【思想政治建设】 2015年，桐庐县人武部深入学习贯彻习近平总书记系列重要讲话和全军政治工作会议精神，开展“读经典、学哲学”活动和“学习践行强军目标，做新一代革命军人”主题教育，坚定干部职工高举旗帜、听党指挥政治觉悟。政委任玉兵参加省军区组织的政治教员授课竞赛，荣获“优秀政治教员”称号。

【“三严三实”专题教育】 2015年，县人武部党委对警备区党委明确的“三严三实”教育中需整改的六大方面20个问题，始终“刀刃向已”，严把专题教育“六关”，即动员学习关、配合活动关、征求意见关、剖析反思关、谈心交心关；组织开展走进“江南第一家”和清明祭扫等“两走两感”系列活动，人人写心得体会，并组织点评；民主生活会做到深挖思想根源，敢于较真碰硬，推动党委改进作风。

【战备规范化建设】 2015年，县人武部按照《南京军区战备工作规定》，修订完善人武部《作战行动方案》1个总案9个子案，处置突发应急预案1个总案10个预案；投入45.8万元改造兵器室、作战值班室、作战室，充实“非军事行动物资器材库”“应急分队携运行物资库”和“应急物资器材库”，使抗险救灾装备器材完全能遂行各类非军事行动；基层武装部“两室一库”各类战备设施器材和非战争军事行动装备物资齐全，达到规定标准；情报信息员队伍动态情报掌握及时准确，全年上报有效信息1800余条，被省军区和杭州警备区采用39条。

【应急力量建设】 2015年，县人武部坚持“固化队伍、配合装备、常拉常备、急用先用”原则，调整充实125人应急连和各乡镇（街道）30—40人应急排；按照“三个过一遍”要求，采取“三分四到”（即分区划片、分向负责、分头展开，做到资料看到、人头点到、物资查到、问题讲到）办法抓实集中点验。针对年轻人在位少、民兵“脱产”比较难实际，采取“岗位自训、以勤代训、集中统训”方法，结合重大任务见缝插针搞好适应性训练。全年组织656名应急队员进行联防指挥所防卫演练，对全县8种类型重点部位进行实地勘察、现场对接方案、组织拉动演练，应对突发事件反应与处置能力。

【专武骨干技能训练】 2015年，县人武部采取由易到难、分级组训方法，3次组织首长机关和专武干部集中强化训练，参加上级军事考核。完成基干民兵年度训练任务，基干民兵参加警备区应急骨干比武，获单项第一1个。

【新兵征集】 2015年，县人武部围绕保证兵员质量开展工作，严格把好“三个关口”，落实廉洁征兵规定，超额完成新兵征集任务，入伍新兵大学生占48%。

2015年度全县征兵工作会议

【落实优抚政策】 2015年，县人武部严格落实省、市、县各项优抚政策，为2014年入伍255人颁发优抚金和“光荣之家”证书，为59名大学生士兵发放每人1.5万元奖励金。8月，县政府调整军人优抚政策，优抚金由2014年每年每人12950元，增加到每年每人14480元。

【国防动员工作】 2015年，县人武部着力推进国防动员工作精确化、常态化，5次组织国防动员成员单位进行业务培训。是年，县委、县政府和县人武部联合出台《关于加强民兵建设的意见》《关于加强应急力量建设的意见》《关于新形势下大学生征集工作意见》《基层武装部规范化指导手册》等文件，规范民兵组织建设、教育训练、保障措施、管理使用和高质量征集新兵等一系列措施。

【参建共建】 2015年，县人武部按照“战时应战、急时应急、平时服务”的要求，抓好参建共建工作。以“网络式管理、组团式服务”为平台，成立“军警联防队”，组织民兵参加夏秋季治安巡逻、山林大火扑救、重大节日安保、搜救失联群众等行动，鼓励民兵积极参与植树造林、五水共治、景区服务、环保宣传、慰问走访困难群众、义务献血、书籍捐赠、“一对一”帮困解难等社会活动。协调县教育局解决现役官兵子女入学3人，召开退伍士兵招聘会，安排退役士兵就业36人。

【党管武装】 2015年，县人武部协调县委、县政府落实党委议军会、武装工作会议、党管武装述职和县四套班子“军事日”活动等制度；党管武装工作参照党建考核办法，列入县综合考核指标体系。严格落实民主集中制原则和党委议事规则，凡涉及专武干部使用任免、大额经费开支等事项，坚持党委集体讨论决定。是年，在7名专武干部调整使用上，坚持德、才、绩标准；在年度经费使用上，坚持公私分明，不以权谋私；在民兵训练基地保障社会化处理上，坚持公开公正，不搞暗箱操作。

【国防教育】 2015年初，县委将国防教育纳入“第十一个学习月”计划，邀请国防大学教授李莉到桐庐讲授国防教育课。下发《关于加强2015年度国防教育的实施意见》，依托学校文化长廊、板报墙报、公告栏和校园网等载体，建立“军人荣誉墙”；积极联系电视、广播、等媒体，做好“八一光荣榜”宣传报道工作；办好《桐庐国防》期刊、桐庐国防教育网站和“桐庐国防”微信公众号。结合清明 、国家公祭日等，组织人员到革命遗址、烈士陵园等进行敬献花圈、重温入党誓词等活动。

【法制军营建设】 2015年，县人武部党委成立法制军营领导小组，树立“人按职责干、事按制度办”法律意识。与县司法局结对挂钩，设立法律援助工作站；与民政部门协调落实《浙江省军人军属权益保障条例》。在瑶琳镇试点，建立《现役军人家庭服务保障机制》，发放“军属服务连心卡”，开设服务连心热线，解决涉军维权问题3起，配合部队政审26人。

【民兵连“红旗党支部”建设】 2015年，县人武部在组织试点先行基础上，召开民兵连“红旗党支部创建工作”座谈会、示范观摩会，组织民兵连党支部书记培训2次。是年，县人武部下发《关于明确民兵连党支部规范化建设几项具体工作的通知》，规范民兵连党支部建设。7月，江南镇民兵连党支部被杭州警备区评为“红旗党支部”。

【基层战备规范化建设】 2015年，县人武部以省军区《后备力量建设规范汇编》为依据，编发《基层武装部规范化指导手册》1000册；投入70万元，完成县人武部和基层武装部规范化建设；根据省军区高速公路维修保障点建设要求，投入10万元对桐庐服务区车辆支前保障点进行配套设施建设，建立24人维修专业保障队伍；投资7500万元、占地5.5公顷民兵训练基地，正式投入使用。

【安全管理】 2015年，县人武部按照“党委重视、制度落实、群策群力”思路，从落实基本制度入手，突出抓好人、车、枪、弹、密、财等关键环节管控，健全安全组织，明确安全职责，签订安全和保密责任书；注重高危课目演训中的安全形势分析研判，风险评估到位，安全责任落实；组织保密员、驾驶员、报账员等参加军地对口安全培训，确保干部职工安全防范素质；注重抓好“条令学习月”、“暑期百日安全竞赛”等活动，确保人员政治意识、敏锐意识、安全意识。

（徐伟泉）

·人民防空·

【概况】 2015年，桐庐县人防办完成抢险抢修、交通运输、医疗救护、防化防疫、治安、消防、通信7支专业队伍整组与信息收集核对。组织抢险抢修、交通运输、医疗救护、防化、消防等5支人防专业队训练，40余人次参与，出勤率、合格率均在95%以上。5月，组织20家社会化管理单位利用无线统控管理系统试鸣防空警报，设备完好率、鸣响率100%；5月12日，县人防办联合教育局在迎春小学开展师生防空防灾应急疏散演练，1041名师生参与。12月，在县人力资源和社会保障局办公楼顶新装防空防灾电声警报1台。

【自建工程建设与管理】 2015年，县人防办按照《关于开展全市人防指挥工程维护管理专项检查考核的通知》要求，加强112指挥工程维护管理，确保112工程正常运行和使用。完成分水镇市民休闲中心人防工程竣工验收备案。完成分水镇人防（民防）应急指挥中心项目结算审计，按计划开展常规训练演练及维护管理。

【人防依法行政】 2015年，县人防办依法办理行政许可和行政征收事项83件，办结率98.81%。其中人防工程易地建设审批及人防易地建设费征收受理50件，收取易地建设费895万余元，人防工程施工图设计审批13件，新增人防工程面积4.3万余平方米，人防工程竣工验收备案10件4.2万余平方米。全年开展两次行政执法检查和巡查，检查辖区内早期坑道、结建人防工程。

【审批制度改革】 2015年，根据县政府办《关于下放经济开发区（富春江科技城）审批权限和事项的通知》（桐政办〔2013〕46号）和《关于推进新一轮强镇扩权改革工作的通知》（桐政办〔2014〕190号）精神，县人防办分别与经济开发区管委会、分水镇政府签订《扩权强镇权限下放委托协议书》，将经济开发区辖区“人防工程易地建设审批及人防工程易地建设费征收”事项委托经济开发区管委会办理，将分水镇域内“人防工程易地建设审批及人防工程易地建设费征收”事项工业项目部分委托分水镇政府办理，成为杭州地区首个放权人防事项至乡镇、开发区的县。是年，县人防办协同综合行政执法改革，确定29项行政处罚和1项行政强制纳入综合执法事项清单。

【服务窗口建设】 2015年，县人防窗口实现行政许可事项全部在线办理和外网申报。优化审批流程，工程办理施工许可证单线时限减少5个工作日。推行“网上申报、信任在先、办结核验”和全流程在线办理模式。创新人防工程面积审核方式，由具备资质的测绘公司根据《浙江省防空地下室面积计算规则》进行专业测绘，提高核算精确度。借助县行政服务中心平台推行证件资料邮寄送达上门服务，实现服务对象“一趟办理、邮寄到家”。是年，驻行政服务中心人防窗口受理各类事项84件，办结83件，新建项目13个4.395万平方米，竣工项目10个4.28万平方米，新增竣工人防工程为社会提供车位1301个。同时，依法收缴人防工程易地建设费895.03万元。新建面积、竣工面积、新增停车位数分别完成年度目标任务293%、428%和520%。

【结建工程建设与管理】 2015年，桐庐县审批新增人防结建工程13个，其中年内开工建设12个，100%实施人防专业监理，100%办理人防工程专业质量监督手续至年末县城人防结建工程项目86个，其中竣工验收56个（是年新增竣工验收备案项目10个），实建人防工程人均建筑面积超1.5平方米。开展辖区内在建防空地下室工程底板、墙板、顶板质量监督和专项隐蔽验收19次。完成53个人防结建工程标识标牌安装，新装各类人防工程标识牌1520块。

【人防指挥通信建设与管理】 2015年，县人防办完成《浙江省民防指挥信息系统》建设和数据录入。组织3人次参加“杭州金盾—2015”跨区域联合通信保障演练，组织2人次参加杭州市人防系统应急应战民防应急指挥车（移动指挥所）机动通信保障演练。是年，3次组织6人次参加民防应急指挥车（移动指挥所）野外拉练、设备检查和操作训练。按杭州市人防办指通业务综合联训要求，完成人防系统视频会议训练9次、短波电台联络12次。组织分水镇人防（民防）应急指挥中心视频会议训练2次。

【宣传教育】 2015年，县人防办组织第14次人防（民防）“宣传月”活动，利用报刊、电视等媒体专刊（专栏）刊登防灾减灾知识，在县客运中心、洋塘汽车站、人防大楼、桐君广场等悬挂宣传横幅，在中心广场、大润发超市门口摆放图板，开展现场咨询，发放《杭州市人民防空工程管理规定》《公民防灾手册》《杭州民防报》等资料。利用行政服务窗口等平台向房地产企业等建设单位宣传人防政策和法规。订阅《中国人民防空》43份（516本）、《浙江民防》16份（192册），分别寄送给县四套班子、乡镇（街道）、有关部门、社区、学校。落实2057册教材的征订和发放工作。会同县委党校，为48位年轻基层干部开设人防知识讲座。开展人防（民防）知识进企业、进社区活动，受教育10580人。联合县教育局对县实验小学、城关中学、三合中学、实验中学、玉华中学、富春江中心学校2257名学生开展人防宣传教育。完成杭州市人防（民防）系统理论调研论文3篇，其中获三等奖1篇，获优秀奖2篇。

（华　烨）

【责任编辑　骆国庆】

教育　科技

·教育综述·

【概述】　2015年，桐庐县有中小学、幼儿园110所，在校学生54136人。其中普通高中4所，在校学生5212人；职业高中2所，在校学生2865人；初中（含九年一贯制学校）13所，在校学生9982人；小学27所，在校学生23253人；特殊学校1所，在校学生53人；幼儿园49所，在园幼儿12771人；成人文化技术学校14所。全县乡镇公办幼儿园覆盖率100%，学前三年在园幼儿入园率97.8%，标准化幼儿园35所，等级幼儿园在园幼儿占在园幼儿总数95.9 %；优质学前教育覆盖率（省二级以上）60.03%，城乡互助共同体覆盖率100 %，九年义务教育入学率、巩固率均为100%。

是年，桐庐县通过第三批“国家级农村职业教育和成人教育示范县”省级评估。实施中等职业教育选择性新课程课改，试点“现代学徒制”技能人才培养工作得到省市评估专家好评，并做专题交流。杭州技师学院教师杨金龙获第43届世界技能大赛赛场汽车喷漆项目金牌，县职业技术学校和桐江职业技术学校教师在技能大赛、信息化大赛、说课与教学设计大赛、中餐技能雕饰项目、汽车发动机组装与调试等比赛中获全国金牌（一等奖）5项。学生参加技能大赛中，获国家级金牌1项、银牌1项；获省级1金2银1铜。推进成人教育综合体建设和特色品牌培训工作经验在省市会议上交流。确定首批县级“美丽学校”重点培育学校（幼儿园）11所、重点培育项目25个，其中2所学校、4个项目入选市级重点学校和重点项目。

是年，县教育局被评为2014—2015年桐庐县纪检监察系统先进集体、政协工作先进集体、食品安全工作优秀单位桐庐县建设健康城市工作先进单位、第二十八个森林防火期森林消防工作先进集体，荣获桐庐县第五届运动会优秀组织奖、第五届运动会广播体操比赛第一名、2015年度县级机关综合考评良好单位、杭州市中小学“祖国在我心中”知识竞赛组织工作奖、杭州市“美丽中国，我的中国梦”主题教育读书活动优秀组织奖、桐庐县宣传思想文化工作“创新奖”、全省教育宣传工作先进集体、全国义务教育发展基本均衡县（市、区）。

【巩固义务教育发展基本均衡县创建成果】2015年，县教育局在通过国家义务教育均衡县基础上，做好年报审核工作，上报桐庐县义务教育均衡系数；对各校薄弱环节和存在问题，通过督查，确保整改到位，并完成桐庐县创建国家义务教育基本均衡县整改报告。2015学年，全县义务教育学校差异系数缩小，县域内所有公办小学校际综合差异系数为0.30，公办初中校际综合差异系数为0.25。

【省教育现代化县创建】　2015年，县教育局落实县政府《桐庐县创建浙江省教育现代化县实施意见》，多次召开创建工作协调会，对在编教师占编制比例、乡镇中心学校配齐专职教师、推进省义务教育标准化学校建设、生均预算内日常公用经费、图书生均册数、仪器设备值的差异系数、班额合理控制、学前教师资格证、普高特色创建、省标准化成校、外来务工子弟学校情况等13项基本达标或不达标问题进行督查；做好教育现代化县创建数据收集工作；是年，完成桐庐县创建浙江省教育基本现代化县自查自评报告并上报省市有关部门。

【教师培养梯队形成】　2015年，全县中小学有799名教师形成四个培养梯队。其中，特级教师及其培养梯队12人（特级教师2人、特级教师培养人选10人），名师工程培养梯队654人（名师37人、学科带头190人、骨干教师376人，名校长8人、骨干校长43人），交流名优教师培养梯队13人，卓越教师培养梯队120人（小学、初中教师中获县级及以上教坛新秀者）。建立特级教师工作站2个、特级教师重点培养人工作站10个，农村学校建立“交流名优教师工作站”13个。

【“美丽学校”建设】 2015年，县教育局确定首批县级“美丽学校”重点培育学校（幼儿园）11所、重点培育项目25个，其中2所学校、4个项目入选市级重点学校和重点项目。是年，10名教师获县第二届“感动校园·美丽教师”称号，10名学生被评为县首届“十佳画城小公民”；县职业技术学校徐松英老师荣获2015年“感动杭城十佳教师”；分水初中教育集团徐李莉同学荣获“杭州市十佳美德少年”，徐李莉同学、合村小学周安同学入选2015年浙江省美德少年40强。

【教育科研经费】 2015年，县财政继续安排400万元资金，主要用于课程建设、教学改革、分类辅导、教育科研。其中课程建设包括普通高中课程建设、普通高中特色示范学校创建、义务教育校本特色课程建设、职业教育校本课程建设；教学改革主要用于学校在课改实验过程中专家指导、培训服务、学习交流及其它相关投入；分类辅导主要包括普通高中分类辅导补助、职业高中分类辅导补助；教育科研主要包括高考学科研究、课题研究等。

【机关干部“联片蹲校”】 2015年，县教育局成立“联片蹲校”工作监督领导小组。领导小组负责安排全体机关干部蹲点联系学校（两年轮岗）。教育局全体机关干部分8个片区，对全县各级各类学校督导检查。每月走访学校一次、听课或召开师生座谈会1—2次；每学期参加一次联系学校教师会，进行一次走访了解群众活动，每学期写出所联系学校工作汇报。

【民办学校管理】 2015年，县教育局开展幼儿园（含民办幼儿园）等级评估工作，新评等级幼儿园8所，其中县级6所、省一级1所、省二级1所；分水镇通过创建学前教育先进乡镇验收评估。是年，完成3家民办中小学、30家民办幼儿园、24家民办教育培训机构年检；完成部分民办学校法人和校（园）长以及办学场所变更手续。

【学校三年发展规划终结性考核和新一轮启动】 2015年，是桐庐县学校第二轮三年发展规划终结性评估年，县教育局依据《桐庐县中小学发展性督导评估方案（修订）》（桐教〔2012〕30号），组成评估小组，采取赴校实地检查方式，评估全县47所学校（幼儿园），结果基本达到预期目标。

是年，是桐庐县学校第三轮三年发展规划启动年。4月—5月，县教育局对新三年学校发展规划方案进行修改；7月—9月，对新三年学校发展规划事项进行培训；10月—11月，对各中小学、幼儿园2015—2017学年发展规划进行论证、指导。

【“平安校园”创建】 2015年，县教育局全面实行中小学安全教育网络化，每月分片开展调研指导；中小学（幼儿园）全面开展安全演练。全年建成2个警务站，48个警务室（岗、点）；加大对民办学校（园）“三防”建设督查。完成21辆专用校车、90辆非专用校车许可工作；完成核查147名校车驾驶员、154条线路和346个站点；开展“未成年人骑摩托车、电瓶车”专项整治活动。按照百万学生饮食放心工程要求，学校（园）食堂A/B等级占81.5%，“阳光厨房”和“切配工具色标管理”44所，占46%，食品卫生知识知晓率93.5%。全县中小学全部配备卫生保健室（配齐器材、卫生专业人员、保健教师、场地）；幼儿园严把“接种”入园关，加强晨检、消毒、体检等工作。

【“特色学校”建设】 2015年4月下旬至5月上旬，县教育局组织桐庐县特色项目评估组先后对学府小学（经典阅读）、东辉小学（留守儿童之家）、城关初级中学（篮球）、横村幼儿园教育集团（童话育人）、凤川街道中心幼儿园（影子艺术）、合村乡中心幼儿园（鼓文化）6所学校进行第七批特色项目学校评估验收。至年末，全县义务制教育段有39所学校被评为特色项目学校，覆盖率100%，14所学校被评为特色学校。

【督学队伍建设】 2015年，县教育局定期召开督学工作会议，并多次聘请省市专家对责任区督学进行业务培训；经常与督学沟通，并征求发展规划考核意见；指导协助学校做好2014学年年终校级督导岗位绩效考核工作；按要求完成教育部督导队伍调查材料；根据《开展全国中小学校责任督学挂牌督导创新县评估认定工作的通知》，统一修改责任督学公示牌并进行公示；建立责任区督学月报制度、每季例会制度、学校整改问题回报制度（督学督查后反馈给学校、学校整改后反馈给督学）。

【教育教研】 2015年，县教育局推进课程建设，研发高中选修课21门，义务教育段合格校本课程17门。是年，获杭州市第30届教育科研二等奖5个，三等奖9个，获杭州市普教教研课题优秀成果一等奖1个，二等奖1个，三等奖2个，获杭州市小课题研究成果一等奖4个，二等奖11个，三等奖4个。是年，县教育局教研室被评为浙江省教研工作先进集体。

【文体科技活动】 2015年，县教育局组织参加杭州市中小学生阳光体育网球、乒乓球、举重、田径、射击、射箭、羽毛球、棋类、摔跤比赛；

组织参加省青少年摔跤、举重、赛艇、皮划艇、公路自行车、射箭、青少年（儿童）网球锦标赛和中国羽毛球挑战赛、全国羽毛球锦标赛、全国少年体操总决赛等。举办2015年中小学生艺术节、县中小学生科技创新大赛、县第二届中小学生足球比赛、县第43届中小学生运动会、县第七届中小学生篮球比赛等。

【第二届“感动校园 美丽教师”评选活动】 2015年，县教育局组织开展第二届“感动校园 美丽教师”评选活动。经学校推荐、微信平台投票、评选委员会综合考评，朱爱霞等10位教师获桐庐县第二届“感动校园 美丽教师”，周金良等10位教师获提名奖，汪霞等10位教师获优胜奖。

【中小学体育场地开放】 2015年，除幼儿园、特殊学校以外的县属公办中小学，继续全部向社区（村）居民开放室外体育运动场地和具备条件的室内体育运动场地。

【家庭经济困难学生资助】 2015年，全县中小学享受教育资助券学生835人次，资助金额56.96万元；享受爱心营养餐5207人次，资助金额260.35万元。高中农户奔小康学生资助682人次，资助金额44.02万元；享受普高国家助学金1189人次，资助金额118.9万元；中职免学费5029人次，金额402.32万元；享受中职国家助学金909人次，资助金额90.9万元；幼儿园享受教育券学生87人次，资助金额5.3万元，享受县低收入儿童314人次，资助金额18.81万元。是年，调整学生资助政策，外来务工人员子女义务教育阶段享受由学校提供每天一餐荤素搭配营养餐，补助标准为每生每学期500元。

·学前教育·

【概况】 2015年，全县有幼儿园49所。其中，公办21所（含幼教教育集团7个），占幼儿园总数42.86%；民办28所，占57.14%。49所幼儿园中，有省一级幼儿园4所、省二级幼儿园16所、省三级幼儿园22所，占总数85.71%。教学班423个，在园幼儿12771人，公办幼儿园在园幼儿12318人，占在园幼儿96.45%。学前三年在园幼儿11643人，等级幼儿园在园幼儿11573人，占在园幼儿95.9%。3—5周岁户籍适龄儿童10221人，入园10017人，入园率98%。继续开展杭州市学前教育先进乡镇创建工作。是年，分水镇被认定为杭州市学前教育先进乡镇。

【新增幼儿园及幼儿园教学点】 2015年，县教育局完成实验幼儿园、峰华幼儿园、龙潭幼儿园新建工程，进入装修阶段。完成分水镇儒桥、大路、徐桥、三溪、童心、江南镇小潘、桐君街道阆苑、城南街道滩头欢乐、旧县街道万里等9所无证幼儿园撤并。

【幼师队伍培养】 2015年，县教育局组织全县幼儿园园长进行《幼儿园教育指导纲要》

和《3—6岁儿童学习与发展指南》学习、竞赛和业务培训，到西湖区、下城区、上城区等省一级幼儿园观摩学习。组织非事业编制教师参加持证上岗培训，参加培训102人次，76人取得教师资格证。是年末，全县幼儿教师持证率87.67%，比2014年提高11.87个百分点。组织全县202名专职保育员参加初级、中级证书培训。

·九年义务教育·

【概况】 2015年，桐庐县有九年制义务教育阶段学校40所（含民办）、特殊学校1所。小学、初中入学率、巩固率均为100%，三类残疾儿童入学率100%，九年义务教育完成率100%。接受7373名外来务工人员子女就读，其中小学5814人、初中1559人。

【阳光招生摇号】 2015年，县教育局出台《2015年桐庐县桐君街道、城南街道公办小学、初中招生方案》，明确县城义务教育段招生政策，继续采用摇号录取方法。遵循“户籍优先、在读优先、同城待遇、就近入学、方便监护”原则，将县城10所小学（含完小点）、3所初中生源分成三类，实行“分类报名、分批录取、统筹调集”办法。

【课堂教学改革】 2015年，县教育局组织指导“小班化教育”实验学校开展“学为中心”课堂教学教改实践，推进“小班化教育”实验学校课改工作。是年，县教研室教研人员蹲点92次、听课168节、参加座谈会51个、参加教改论坛23次、主题讲座31次、参与校本培训41次、推进方案21个、撰写调研报告26份。初中语文、数学、思想品德，高中信息技术等7门学科承办杭州市课堂教学研讨活动，高中物理承办浙江省教学疑难问题解决研讨活动。承办杭州市农村初中小班化教育现场会，并参与《浙江省小班化教育实施意见》信息采样工作。是年6月，全县中小学教师参加网上晒课1051节。33节“优课”参加杭州市评选，其中12节获一等奖，19节获二等奖；浙江省“一师一优课”评比，7节获“省优课”，4节获国家教育部“优课”。是年，全县创建杭州市初中小班化试点学校3所、轻负担高质量实验学校2所。

【校校合作】 2015年，分水初中教育集团与杭州江南实验学校深度合作。分水初中秋季设立4个“课改班”，由杭州江南实验学校派出4名优秀教师和优秀班主任负责教学与管理。

【外来务工人员子女就学】 2015年，县教育局继续实施《关于做好外省籍务工人员随迁子女接受义务教育后在我县参加各类高中升学考试工作的实施意见（试行）》，规范外来务工人员随迁子女就读高中条件。据统计，全县义务教育段外来民工子女有7373人，其中在公办学校就读6609人，占89.64%。

·高中阶段教育·

【概况】 2015年，桐庐县有高中阶段学校6所，班级197个，在校学生8077人。全县初中升高中3446人，升学率99.68%，其中普通高中招生1728人（不含县外招生），占50.14%；职业高中1440人（不含县外招生），占40.79%；普通中专96人，占2.9%；技工学校280人，占8.13%；其他102人，占2.96%。普通高校招生报名2341人，录取新生1708人，录取率87.44%。是年，高中继续实施“提前招生”，桐庐中学提前招生90人。

是年，桐庐中学与杭二中教育集团、分水高中与杭州市长河高级中学、分水初中教育集团与杭州江南实验学校、叶浅予中学与杭州市

叶浅予中学与公益中学签订合作办学协议

公益中学教育集团签订合作办学协议，开展深度合作办学。

【走班教学试点】 2015年，根据浙江省高考新政，桐庐中学、富春高中、分水高中继续实施部分学科走班教学改革。

【中等职业教育】 2015年，桐庐县创建“第三批国家级农村职业教育和成人教育示范县，11月，通过省级核查专家组评估验收并报送教育部。桐江职业技术学校旅游服务与管理专业创建为省级实训基地，其申报的桐庐衡基车业有限公司成功创建2015年度杭州市优秀职业教育校外实习基地；桐江职业技术学校被认定为2015年浙江省新型农民培训基地。县职业技术学校申报的桐庐海博大酒店被认定为浙江省校外实习实训示范基地；县职业技术学校的饭店服务与管理和桐江职业技术学校汽车维修技术成功创建杭州市示范性实训基地。

【校企合作】 2015年，县职业技术学校与江南文化养生村、杭州师范大学健康管理系等校企合作继续开办健康管理与服务专业，招生20余人。校企合作招生宣传、合作制定课程计划、互派师资执教、校企双班主任制等，形成对接紧密、特色鲜明、动态调整的职业教育课程体系。

【中职学校专业结构调整】 2015年，依托县域旅游产业、块状制造业和生态循环农业试点，中等职业技术学校重点发展旅游服务与管理、汽车运用与维修、机械加工技术、园林技术等4大类主体专业。依托“中国民营快递之乡”，整合电子商务、物流服务与管理、计算机、会计等专业，并成立桐庐县中等职业教育电子商务、旅游服务与管理专业指导委员会。

·成人教育·

【概况】 2015年，桐庐县14个乡镇（街道）有成人文化技术学校14所，成校覆盖率100%，14所成校均为省标准化成校，标准化乡镇（街道）成校达标率100%。是年，培训64015人次，其中家政服务培训1236人，新型农民培训8609人，退役士兵培训322人，企业职业培训48380人，其他培训50323人次。是年，分水镇成校创建成省级企业职工培训示范基地，城南街道成校创成省标准化成校，富春江镇成校成功创建杭州市校企合作示范基地。

【成人教育综合体建设】 2015年，继续做好成人教育综合体建设工作，资源整合进一步到位，项目培训进一步融合。江南镇成校申报杭州市示范性成教综合体并通过验收，为杭州市5个示范性成教综合体之一。

【开发特色项目培训】 2015年，县教育局组织开展为期一年的“特色品牌培训项目”申报创建活动，引领各校开发特色课程，创建特色品牌基地。是年，桐君成校开展幼儿园保育员培训、村民文明礼仪培训、杨梅高效生产技术培训；旧县成校、凤川成校举行垃圾分类培训；江南成校、分水成校、城南成校、瑶琳成校开展民宿业、厨师培训；江南成校开展水产养殖业、箱包制作培训；钟山成校开展蜜梨种植栽培技术培训；瑶琳成校开展土蜂养殖技术培训；合村成校开展茶叶生产、山地蔬菜栽培等技术培训；富春江成校开展混凝土中高级工、维修电工中级工培训；分水成校开展餐厅服务员培训；合村成校、莪山成校开展企业全员安全培训。

·师资队伍建设·

【概况】 2015年，桐庐县有在职教职工4700人，其中专任教师3871名，专任教师中高级职称576名，中级职称1774名。是年，全县41名教师晋升中学高级教师，77名教师晋升中学一级或小学高级教师，2名研究生学历教师初定为中学一级教师，159名教师初定为初级教师职称。全年公开招聘新教师77名，引进高校优秀毕业生68名和成熟型人才2名，安排20名定向培养农村幼儿教师入编就业。是年，通过评选，获省级各类荣誉称号4人、市级先进称号17人、县级先进称号201人。开展教师资格认定工作，全年受理教师资格认定申请157人，认定157人具有相应教师资格。幼儿园、小学、初中、普通高中、职业高中专任教师学历达标率分别为100%、99.5%、100%、99.1%、94.7%；小学教师具有大专以上学历、初中教师具有本科以上学历比例分别为95.1%和90.1%。

是年，县教育局继续执行《桐庐县教育系统教职工跨地区、跨系统调动的有关规定》。

【校级领导干部交流】 2015年，桐庐县与拱墅区、滨江区结对学校互派互访，加强协作交流。桐庐委派8名校级领导到杭州学校挂职，选派7名骨干教师、校级领导赴海外培训研修。

【中青年后备干部培训】 2015年，完成“十二五”期间桐庐县第二期中小学、幼儿园后备干部培训，46名中青年教师结业。

【农村特岗教师津贴】 2015年1月1日起，桐庐县开始实施农村特岗教师津贴，整合归并原有的山区教师补贴政策，根据农村学校地理位置偏远程度、条件艰苦程度等因素，分三个类别并分别按人均300元/月、500元/月、800元/月补贴核拨，除城区学校外，全县47所学校1800余名教师受益。

【特级教师津贴】 2015年，继续给予在桐庐县教育系统服务且已签订5年期聘用合同的在职在编特级教师发放津贴1000元/月，另给予每年10000元用于年度考核。特级教师每人补助20000元/年教科研经费，并视其岗位绩效考核发放，不再纳入“名师”“名校长”系列人选考核。

【优化教师引进机制】 2015年，县教育局与浙江大学、杭州师范大学等高校合作，分级分类进行高中文理科教师、初中“卓越教师”培训。继续实施“名师名校长工程”，选派优秀教师、校长赴杭州城区挂职。成功招入成熟型教师3名、高校优秀毕业生68名。柔性引进杭二中2位知名学科专家为桐庐中学学科导师。

【中职高技能“双师型”队伍建设】 2015年，县教育局组织全县中职教师近180人参加“中职新课程改革和现代学徒制人才培养”专题培训。学校的“起航工程”“成长工程”“名师发展工程”“青蓝工程”四大工程，参加国家级、省市级比赛，夺得多项荣誉。其中：获全国一等奖4项，二等奖2项、三等奖4项；获省级一等奖1项、二等奖2项、三等奖一项；获市级一等奖1项、二等奖6人、三等奖12人；1人获“浙江省技术能手”称号；2人获“全国机械职业院校实践教学能手”称号；获实用新型专利1项。是年，全县专任教师200人，专业课、实习指导课教师116人，其中“双师型”教师96人，占82.8%。

·改善办学条件·

【概况】 2015年，桐庐县教育经费投入92938.1万元，其中财政教育事业费拨款86195.1万元；征收教育费附加6680万元，同口径比2014年增加796.4万元；预算内生均公用经费高中1770元、初中1366元、小学1034元，初中、小学生均公用经费分别比2014年增加355元、241元。是年，教育装备投入1616.10万元，其中财政投入1315.92万元，占经费总投入82%。至年末，全县中小学教育技术设备累计总值14575万元。

【校舍改善工程】 2015年，桐庐县教育系统列入政府投资项目13个（含重点项目3个），完成投资78305万元。是年，完成县职业技术学校扩建，县实验初中、县城关初中改扩建，峰华幼儿园、县实验幼儿园、龙潭幼儿园、桐君小学新建，以及中小学（幼儿园）校舍场地维修改造工程，完成石阜小学迁建工程（一期）、分水镇东溪幼儿园、洋洲小学综合楼工程年度建设任务，启动经济开发区学校（暂名）建设项目。

【教育技术装备投入】 2015年，县教育局投入装备经费1616万元，为学校更新配备实验仪器、音体美器材、图书、电教设备等各类教育装备。其中为各级各类学校配备计算机846台、多媒体（含交互式一体机）140套。

叶浅予中学

2015 年桐庐县各级各类学校概况

表 47

学校类别	学校（所）	班级数（个）	毕业学生（人）	招生数（人）	在校学生（人）	教职工（人）	专任教师（人）
普通高中	4	121	2055	1708	5212	549	500
职业高中	2	76	979	1151	2868	236	200
成人文化技术学校	14	—	—	—	—	59	59
初级中学	13	279	3457	3269	9982	1012	936
小学	27	643	3468	3801	23253	1410	1378
幼儿园	49	423	3698	3618	12771	1419	787
特殊教育学校	1	9	0	1	53	15	11
合　计	110	1551	13657	13548	54136	4700	3871

（杨东增）

·科学技术·

【概述】 2015 年，桐庐县全社会 R&D(研究与试验发展经费）占 GDP 比重 1.3%；万人发明专利授权量 1.6 件；规模以上工业新产品产值率 34%；高新技术产业增加值占工业增加值 23%。是年，县科技局组织实施市级以上科技项目 29 项，其中国家级科技项目 2 项，省级 6 项，争取资金 1420 万元。全年兑现奖励资金 937.75 万元。全县专利申请量 2528 件，同比增长 47.7%，其中发明专利申请 146 件，同比增长 35.2%；专利授权量 2080 件，同比增长 58.3%，其中发明专利授权 65 件，增长 66.7%，发明专利授权量、专利申请量增长率均列杭州地区五县（市）第一名。是年，桐庐县通过浙江省科技强县复评，县科技局获“全国县级防震减灾工作先进单位”“浙江省县级防震减灾工作先进单位”称号。

【“双十”培育工程】 2015 年，桐庐县科技局完成第一轮“双十”培育计划，其中科技型小微企业留县税收比培育前增长 96.7%，增幅超 100% 的有 4 家，兑现“双十”企业政策资金 113.2 万元。是年，启动实施第二轮“双十”培育计划，全县 11 个项目和 11 家小微企业列入，其中 2 家通过省级研发中心认定，2 家通过市高新技术企业认定，12 家获县级科技项目支持。

【科技型企业培育】 2015 年，县科技局新培育认定市级及以上高新技术企业 34 家（累计 161 家），其中国家重点扶持高新技术企业 6 家（累计 50 家）；新增省级科技型企业 43 家（累计 125 家）；新列入市级“雏鹰计划”培育企业 2 家（累计 27 家），10 家市雏鹰企业获市级财政补助 73.87 万元；新增省级农业科技企业 2 家（累计 17 家），市级农业科技企业 6 家（累计 35 家）。

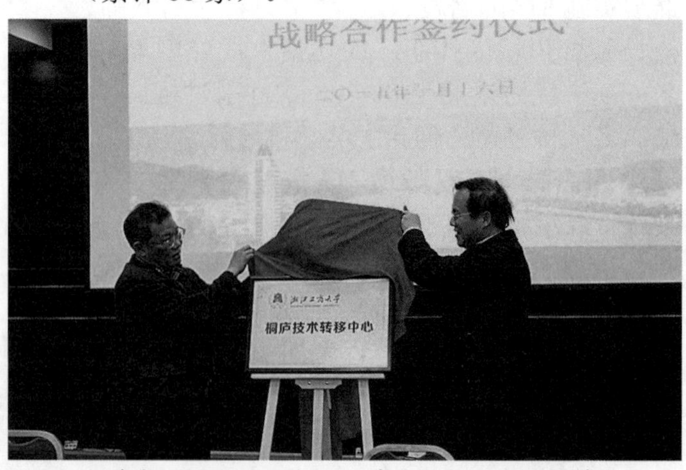

县委书记毛溪浩为浙江大学技术转移中心揭牌

【企业研发机构建设】 2015年，县科技局注重引导企业与高校院所共建企业研发中心，通过借智借力，提升企业科技创新核心平台和自主创新能力。全年培育、新建市级及以上企业研发中心10家，其中省级4家。是年末，全县培育认定市级及以上企业研发中心57家，其中省级26家，全县企业研发机构设置率30.8%。

【科技金融工作】 2015年，县科技局为11家科技型中小企业办理科技风险池贷款3230万元，其中新增贷款1000万元。

【中国杭州（制笔）知识产权快速维权援助中心运行】 2015年，快速维权援助中心平台受理快速申请专利514件，登记备案企业181家，授权专利435件，办理企业确权检索611件。

【县科创中心建设】 2015年，县科创中心启动运行浙江工商大学桐庐技术转移中心，对接服务电子商务、农产品精深加工等企业5家。是年，科创中心各专利事务所完成专利申请977件，其中发明64件，实用新型260件，外观专利653件。完成企业项目申报16个，其中省级项目3个、市级项目4个、县级项目9个。受理加计扣除项目190个，担任企业法律顾问30家，承办经济贸易、投资、劳动管理纠纷等案件50余起。联系专家55名（院士1名），促成对接46家次，促成企业与高校院所专家团队建立产学研合作14项，合作资金648万元。深化九桐合作，邀请九三学社6名专家到桐庐服务企业科技创新。完成市专利资助1703件，资助总额129.35万元；县专利资助1689件，资助总额126.95万元。

【知识产权维权保护】 2015年，县科技局12330接到知识产权维权援助与举报投诉112件，受理专利侵权投诉举报和咨询168件，立案调查51件，其中23件调解解决，移交杭州市中级人民法院26件，其中杭州市中级人民法院在分水知识产权巡回审判庭公开审理12起。开展制笔行业知识产权保护联合执法专项整治行动，查处涉嫌侵权案件32起，集中销毁涉案侵权模具24个和侵权笔样2万余支。开展医疗器械行业整治提升行动，完成51家医疗器械生产企业知识产权状况调查，重点走访12家有知识产权保护诉求的企业，现场协调解决侵权纠纷。

中国杭州（制笔）知识产权快速维权援助中心

【承办“两个周”活动】 2015年，县科技局依托“科技科普活动周”“科技人才周”主平台，推进科技成果推介和产学研合作落地，促成“科技人才周”签约合作项目2项。开展深化项目合作和技术成果推介专项活动，邀请浙江大学、华中科技大学等8位专家教授成果推介，对接交流企业9家，新增技术需求10个，现场签约2项，建立意向项目6项。

【科技活动“全覆盖”】 2015年，县委办出台《关于建立科技工作“五帮一化”服务企业长效机制的实施意见》(县委办〔2015〕67号)，县科技局领导分片走访374家规上企业，宣讲政策和服务指导，派发服务联系卡800余份，编发《科技创新政策汇编》500册，发放科技宣传资料3000余份。是年，全县211家规上企业开展高新技术企业和科技型企业申报、研发中心建设、产学研合作、专利申请以及科技项目实施等各种形式科技活动，规上企业科技活动覆盖率58.7%。运用百姓热线967000平台开通科技服务热线，24小时提供科技服务。全年完成16家市级专利试点示范企业复审和6家试点示范企业申报；新认定县级专利示范企业13家，实施县专利技术产业化项目14项。

【农业与民生科技工作】 2015年，县科技局培育县新农村建设科技示范村12个（累计42个）。指导服务钟山乡实施县“联乡结村”专项资金帮扶项目2项，落实帮扶资金20万元。完成新一轮省、市、县三级12名科技特派员选派工作，组织实施各级科技特派员项目20项，补助资金124.5万元，其中省级个人科技特派员项目1项，补助资金5万元；省级团队科技特派员项目2项，补助资金20万元；市级科技特派员项目3项，补助资金34万元；县级科技特派员项目14项，补助资金65.5万元。

【防震减灾工作】 2015年，县科技局首次编制《桐庐县地震应急预案桌面推演方案》，举办杭州地区首个县级地震应急预案桌面推演活动。规范分水镇三合村、江南镇彰坞村两个地震测报点日常管理与业务指导。指导城南街道城南小学成功创建浙江省防震减灾科普教育基地。

2015年桐庐县新增国家重点扶持高新技术企业

表48

序号	企业名称	序号	企业名称
1	杭州中水水力发电设备有限公司	4	杭州千芝雅卫生用品有限公司
2	杭州立威化工涂料有限公司	5	浙江申达斯奥医疗器械有限公司
3	杭州妙洁日化科技有限公司	—	—

2015年桐庐县新增杭州市高新技术企业

表49

序号	企业名称	序号	企业名称
1	桐庐高兴钢木制品有限公司	15	浙江深澳机械工程有限公司
2	杭州久满固建筑材料有限公司	16	浙江恒大数控机床制造有限公司
3	杭州商莱金属科技有限公司	17	浙江瑞晶特种玻璃有限公司
4	杭州介通电缆保护管有限公司	18	杭州萧富水电设备有限公司
5	浙江新迪俊家具有限公司	19	桐庐三立电炉有限公司
6	杭州康博医用器械有限公司	20	杭州玖谷机械科技有限公司
7	桐庐英力生态农业开发有限公司	21	福朗特机电科技有限公司
8	杭州程泰金属制品有限公司	22	杭州诗曼文具有限公司
9	桐庐正华文化用品有限公司	23	浙江艾罗电源有限公司
10	杭州君鼎科技有限公司	24	浙江金贝能源科技有限公司
11	杭州胡庆余堂药材种植有限公司	25	桐庐手套总厂
12	杭州华博汽车零部件有限公司	26	杭州润品金属制品有限公司
13	桐庐富春江织造集团有限公司	27	桐庐华阳紧固件有限公司
14	杭州汇家卫浴用品有限公司	28	杭州九滴久酒业有限公司

2015 年桐庐县新增省级研发中心

表 50

序号	研发中心名称	企业名称
1	春江阀门省级高新技术企业研究开发中心	杭州春江阀门限公司
2	富士达特种材料省级高新技术企业研究开发中心	杭州富士达特种材料有限公司
3	杭州桐君堂特色中药及健康食品高新技术研究开发中心	杭州桐君堂生物科技有限公司
4	杭州胡庆余堂药材种植有限公司珍稀药材种苗培育技术研发中心	杭州胡庆余堂药材种植有限公司

2015 年桐庐县新增市级研发中心

表 51

序号	研发中心名称	企业名称
1	桐庐宇鑫摩擦材料高新技术研发中心	杭州桦桐家私集团有限公司
2	杭州科德永磁体研发中心	杭州千芝雅卫生用品有限公司
3	杭州和韵表面处理剂研发中心	杭州索康博能源科技有限公司
4	桐庐医达器械高新技术研究开发中心	桐庐天元机电有限公司
5	元创新型装饰材料高新技术研究开发中心	杭州伊贝实业有限公司
6	杭州钟山食品高新技术研究开发中心	杭州市桐庐钟山食品有限公司

（袁丽）

【责任编辑 骆国庆】

文化　体育

·文　化·

【文体设施】 2015年，桐庐县城北老年体育活动中心正式投入使用。桐君街道邮电路和分水镇汾阳公园各新增一台24小时图书自助借还机；县博物馆投入200万元改造临时展厅；县文化馆提升改造工程启动。分水镇投资8000万元新建的图书馆、体育馆、进士馆、革命历史馆等“八馆一中心”启用，其中新建的图书分馆结合“休闲式”服务理念为读者提供免费Wi-Fi以及休息区；横村镇投入2000万元新建综合文体站，完成建筑主体及外立面装修；合村乡投入1200万元新建民间文化艺术馆；钟山乡在原有基础上，投入200万元对文体站内部功能进行重新调整。横村镇、钟山乡创建2015年杭州市示范综合文化站并通过验收。是年，新建农村文化礼堂25个，提升第二批农家书屋19个，全县183个行政村实现全民健身工程、农家书屋、应急广播体系建设全覆盖。

【“文化惠民”工程】 2015年，桐庐县文广新局组织开展“水之韵”2015年新年晚会、“龙舞春江·福满桐庐”2015年元宵系列文化活动、三月三畲族文化节等系列群众文体活动200多场，举办“凤翙吾桐”——纪念抗战胜利七十周年叶浅予、丰子恺漫画联展等展览展示活动42场，送文化下乡200场，送电影下乡2420场，举办桐江人文讲堂10期。承办全省“耕山播海”文艺精品汇演，举办全国少儿舞蹈电视大赛桐庐赛区比赛。

【《春江花月夜》公演】 2015年9月30日，大型桐庐地域文化主题演出《春江花月夜》在桐庐剧院正式首演。4天共公演5场，观众3500余人。《春江花月夜》是县委十三届六次全会暨县政府十五届五次全体（扩大）会议提出的重点文化项目，是一台反映桐庐山水风光、传说故事等自然人文元素为创作素材的大型歌舞晚会，由桐庐人自编自导自演，剧目分“序、青山绿水间、雕栏画栋间、山野百花间、尾声”五个部分，以富春山水风光、桐庐人文情愫以及现代城市面貌为主要描述对象，把传统的舞台理念和现代舞美技术相结合，全面展示桐庐的优美自然风光和和谐祥和的生活环境。该剧指导单位为县文广新局，实施单位为桐庐文化传播有限责任公司。演出任务由桐庐文化传播有限责任公司和桐庐县越剧传习中心公共承担，演职人员近百人。首届中国（杭州）国际快递业大会于11月12—13日在桐庐举办，中央、省、市领导参加此次大会并观看《春江花月夜》。

《春江花月夜》首演

【“欢乐大舞台·幸福桐庐人”群众文化活动】 2014年11月3日，桐庐县第三季“欢乐大舞台·幸福桐庐人”系列群众文化活动在瑶琳镇启动。

2015年5月6日，总决赛在桐庐剧院举行，全县选送的器乐、声乐、相声、小品、舞蹈、音乐快板、越剧、杂耍47个节目参加总决赛。决赛产生金奖2个、银奖10个、铜奖15个、优秀奖若干名。其中城南街道选送的广场舞《桐花结庐》和桐君街道选送的舞蹈《我等你》获得金奖。活动中，举办村级海选、乡镇初赛、分片复赛、决赛场累计88场，表演人数1万余人次，观众人数近10万人次。

【桐庐百姓日文化活动】 2015年5月6日，县文广新局开展第三季“欢乐大舞台”决赛及颁奖晚会、“让阅读成为习惯”万人签名送书、“百福书画进入百姓家”书画赠送、全县羽毛球甲乙级联赛、国民体质免费测试等文体活动10余项。图书馆、艺术馆、体育馆等各大文体场馆全部免费开放，开展免费观影和KTV免费欢唱活动。面向全县发放颁奖晚会入场券、电影票、KTV入场券、游泳票等10000张。

【非物质文化遗产保护和传承】 2015年，县文广新局开展第二批县级非遗传承基地、第三批县级非遗传承人、第六批市级非遗名录和第五批市级非遗传承人申报工作。新增刘莲花、麻根英等6名市级传承人。截至2015年，桐庐县有国家级非遗项目1个、省级非遗项目9个、市级非遗项目25个，县级非遗项目89个、省市县各级传承人26人。

开展非遗保护与旅游景区评选工作，富春江镇茆坪村入选第三批浙江省非物质文化遗产旅游景区，江南古村落风景区和红灯笼乡村家园景区被评为第一批杭州市非物质文化遗产旅游经典景区。1—2月，举办寻找传统年俗活动，组织学府小学等4所学校的1000多名小学生，走访桐庐剪纸、合村绣花鞋、深澳灯彩、畲乡红曲酒、江南时节等民间手工艺人和民俗非遗专家，开展打年糕、做冻米糖、写春联、剪窗花等传统年俗民间文化活动。

开展每月一期的非遗体验活动，开展剪纸、泥塑、瓦雕等体验活动12次。开展非遗“五进”（进农村、进学校、进社区、进机关、进军营）惠民活动，举办100场非遗培训体验活动。组织剪纸艺人走进全县13个剪纸教学基地开展剪纸培训30场。7月，承办浙江省剪纸非遗人才高级培训班，全省50余名剪纸传承人、剪纸骨干参加培训。是年，叶浅予艺术馆举办“情寄富春 扬帆画城”曹文驰师生画展、“走进画城”当代浙江省中青年实力派书法家作品展等各类展示展览21场。

是年，刘莲花创作的剪纸作品《潇洒桐庐》在第五届中国·浙江工艺美术精品博览会获金奖，刘莲花被评为“首届浙江省工艺美术优秀人才”。合村绣花鞋赴印度、瑞士、南非参加非遗博览会。桐庐剪纸、合村绣花鞋、深澳灯彩参加第七届非遗博览会获三金二银；桐庐剪纸、合村绣花鞋还分别参加西博会和运河庙会。桐庐剪纸艺人刘莲花赴南非参加中国浙江非遗现场展示表演；桐庐剪纸《富春山居图》参加瑞士联合国总部万国宫展览。

【文化馆】 2015年，县文化馆开展“水之韵”新年晚会、“龙舞春江·福满桐庐”元宵系列活动、“三八”国际妇女节排舞大赛、第三届梅花锣鼓汇演、“欢乐大舞台·幸福桐庐人”等大型群众文化活动10余场。开展送春联下乡23场。5月13日，承办浙江省文化艺术档案培训班，近百人参加培训。承办全省“耕山播海”文艺精品汇演，举办全国少儿舞蹈电视大赛桐庐赛区比赛。3—5月，组织开展“美丽桐庐爱我家园”——2015年桐庐县少儿书画摄影大赛，收到书法作品203件、美术作品449件、摄影作品203件，评选出一等奖25名、二等奖44名、三等奖85名、优秀奖111名、优秀辅导奖8名和优秀组织奖8名。提供免费上门文艺辅导培训，下乡开展排舞、梅花锣鼓、腰鼓等文艺辅导96次，培训辅导2500人次；开办面向全社会的免费文艺培训班，举办舞蹈、声乐、剪纸、书法等免费培训班153期，培训学员5000人次；组织各类文化骨干参加省文化厅培训240人次；开展“风从东海来”等文化交流活动4次。

【文艺创作】 2015年，县文广新局编撰出版《画中桐庐》一书，出版发行《桐庐民间传说故事集》。以村歌创作为载体，编创以桐庐为主题的原创歌曲30余首，为慢生活体验区创作歌曲16首。筹备大型原创越剧《白云源》，配合央视《远方的家》栏目录制越剧大戏。组织6组选手参加市第二十三届“三江”歌手大赛，获得一金二铜。是年，“中国书法之乡”、浙江“唐诗西路”创建顺利通过验收。

【图书馆】 2015年，县图书馆、各乡镇分馆及农家书屋接待读者723987人次；全年书、刊、碟流通386198册次，其中乡镇分馆158691册次；新购图书39785册，订阅报刊1048种2768份，新增电子图书3600册；购书经费106万元；书目分编进入流通39785册，其中县图书馆25115册，乡镇分馆14670册，累计为基层点、农家书屋配送图书7080册；全馆征集到地方文献306种，其中纸质文献289册、光盘17张；完成编目的纸质地方文献（包括2014年剩余部分）409册、光碟44张。

举办“桐江人文讲堂”10期，接待听众读者2000人次；举办主题展览18期，观展读者5万余人次；主题展览和讲座进社区、进校园、进分馆等下基层服务7次；送业务辅导1600人次。举办各类活动171场，其中体验活动105场。新增1台自助借还机、2台图书自助消毒机。4—5月，开展“读书日”系列活动；5月13日，桐庐县“让阅读成为习惯”全民阅读月活动暨未成年人读书节启动仪式在分水镇市民休闲中心开幕，“让阅读成为习惯”万人签名、小书签制作比赛等活动先后举行。开展“图书馆走进看守所”特色活动。是年，县图书馆获得第九届西湖读书节先进单位，通过“省级社科普及示范基地”复评。

【桐庐越剧传习中心】 2015年，桐庐越剧传习中心完成办公楼外立面和员工宿舍楼改造。是年，与桐庐文化传播有限责任公司合作，共同承担《春江花月夜》演出任务。12月18日，越剧民间传奇喜剧《白云源》开排仪式在桐庐剧院举行，该剧以弘扬浙江省非物质文化遗产“十六回切”为主题，浙江省戏剧家协会主席黄先钢担任编剧，国家一级导演展敏担任总导演。全年完成“你点我送”“五水共治”“安全生产月”等文化下乡170场，越剧大戏演出95场，承接各类商演50场。

【电影院】 2015年，桐庐时代电影大世界、桐庐晨光国际影城、桐庐时代金球电影有限公司、分水时代电影大世界4家影院放映电影41292场，观众441346人次。

【文化市场】 2015年底，全县有文化、印刷、体育经营单位615家。其中文化经营单位251家（网吧80家，出版物、音像制品经营单位82家，歌舞娱乐场所67家，电子游戏房9家，文艺演出团体13家），印刷经营单位239家（出版物印刷3家、包装装潢印刷66家、其他印刷品印刷109家、打字复印61家）；体育经营单位21家（户外拓展训练基地11家、游泳10家、射击1家）；广播影视15家（广播电台、电视台2家，电影放映7家，卫星电视广播地面接收设施单位8家）；文物89家（文物保护单位省级6家、县级83家）。

【文化行政许可】 2015年，县文广新局完成海陆世贸中心区块14家娱乐场所整体搬迁工作。权力清单实现“网上公开、网上咨询、网上办理”，方便群众对照查询。出台审批便民新举措，打造“审批最快捷、办事最方便”县审批服务窗口。许可案件提前办结率、回访满意率100%。受理、办结行政许可82项，其中70项在一天内完成。

【文化文物执法】 2015年，桐庐县文化市场行政执法大队出动检查511次，出动检查人员1515人次，检查文化经营单位2098家次。收缴各类非法出版物160余本，非法音像制品80多张，非法印刷品100多件。是年，开展专项行动和联合执法行动等取缔非法临时搭棚演出6起，取缔无证出版物经营摊位12家，查扣非法地卫设施1套，取缔并收缴非法电台设备2套。全年受理各类投诉举报37个（其中“12318”电话受理11个，县长信箱和公开电话24件，其他部门转交2件）。行政处罚案件立案33件，结案32件，收缴罚没款73200元，未出现行政复议和诉讼情况。

·文 物·

【文物保护】 2015年，桐庐县继续实施农村历史建筑维修工程，完成农村历史建筑维修40幢，其中包括富春江镇俞赵俞氏大屋、横村镇王大田故居、桐君街道叶浅予故居、新合乡金萧支队后方医院旧址等一批具有较高历史文化价值的古建筑。5月21日，县政府正式出台《桐庐县历史建筑保护管理办法》；10月底，完成1200幢50年以上历史建筑挂牌工作。

【文物考古】 2015年，县文广新局开展方家洲遗址和小青龙遗址出土的遗物整理工作。对方家洲遗址出土装袋的2000多袋石片、断块及陶片等分类整理装箱、登记称重，整理文物300余箱。对小青龙遗址的出土陶片口沿按种类和烧制材质进行分类、清点，清理出陶片9袋，近5000片。8月，分水镇派出所抓获合村乡岭源村高家塘古墓盗墓者三人，县文物管理委员会办公室对该古墓进行抢救性清理，从墓葬形制和出土器物判断为一座四墓并列的宋代家族墓，出土文物有“淳化元宝”“明道元宝”古钱币及其他文物。

【文物普查】 2015年，县博物馆基本完成第一次全国可移动文物普查工作。7家国有收藏单位文物信息采集数据2232条，其中博物馆1965条、叶浅予艺术馆240条、新合乡等5家系统外收藏单位27条。8月下旬，完成7家国有收藏单位馆藏文物的拍摄工作，同时进行文物信息数据采集，及时登录普查信息平台，到10月中旬完成可移动文物普查第二阶段数据采集离线登录工作，并上报省普查办审核。

【展览宣教】 2015年，县博物馆投资200万元，完成临时展厅展柜、展具制作安装工程。是年，开展各类临时展览、周末第二课堂等活动88场。4月24日至5月 3日，引进“童画杭州名人”优秀作品展。5月4日至5月18日，“越地长歌”——浙江历史文化陈列图片展展出，展览结束后，将该展览送往各学校、社区进行巡回展出，展出地点10余处，时间持续至6月底。5月14日至5月30日，从浙江省博物馆引进“意匠生辉”——浙江民间造型艺术图片展，有雕塑艺术、剪纸艺术、编制艺术、织染艺术四个单元；展览结束后，将该展览送往各学校、社区进行巡回展出，展出地点10余处，时间持续至6月底。5月14日至30日，举办“非凡的心声”——世界非物质文化遗产中的中国古琴图片展，分为“古琴的历史”“古琴的制作与演奏”“馆藏古琴解读”三个单元。8月30日至9月15日，举办抗日战争在桐庐——纪念中国人民抗日战争暨世界反法西斯战争胜利70周年图片展，展出纪念展板18块，参观人数5000人。举办胡家芝剪纸艺术馆免费少儿剪纸培训班，全年举办培训21期，学员410人次。

开展“国际博物馆日”“文化遗产日”等活动。5月16日，举办以“五千年前分水江畔的玉石器制造场——瑶琳方家洲遗址”为主题的考古专题讲座，特邀浙江省文物考古研究所研究员、方家洲遗址考古领队方向明前来授课，吸引近百名社会各界文博爱好者参加。5月18日，举办民间收藏品免费鉴宝活动，邀请浙江省文物鉴定委员会、浙江省博物馆及杭州博物馆的柴眩华、周刃等五位专家为市民免费鉴宝，吸引近百名社会各界文物收藏爱好者，鉴定出文物数十件。是年，举办“潇洒桐庐 魅力文物”摄影比赛，评选出一、二、三等奖及优秀奖56幅，其中，赵雄军《古村印象》获得大赛一等奖。6月12日上午，2015文化遗产日系列活动开幕式暨“潇洒桐庐 魅力文物”摄影比赛颁奖仪式在县博物馆举行。6月13日至8月30日，获奖作品图版在博物馆内展出，参观人数达5000余人。

·体 育·

【体育基础设施建设】 2015年，桐庐县新增健身苑点25个、篮球场20个、乒乓球场（室）20个，完成提升城乡体育设施工程（体育休闲主题公园）5个。继续开展省市体育项目创建工作，新增新合乡松山村、富春江金家村等20个省级小康体育特色村；新增横村镇独山社区、近江社区2个浙江省社区体育俱乐部；钟山乡中一村、莪山畲族乡龙峰民族村等10个村创建为浙江省村级体育俱乐部；江南镇创建为省级体育特色乡镇；分水镇盛村村、新合乡高枧自然村创建为省级运动休闲公园；新增桐君街道麻蓬村、百江镇百江村等5个市级体育提升工程休闲公园。百江镇、城南街道下杭社区分别通过浙江省体育强乡、省体育先进社区复检。是年10月，投资5600万元新建的城北老年体育活动中心正式投入使用，中心集老年人体育活动和青少年体育基本训练等功能于一体，总面积15612平方米，内部活动设施完善，包括气排球、门球、台球、羽毛球、乒乓球等老年人活动场馆8个以及射击、击剑、跆拳道、网球等青少年体育训练专业场馆。

2015年桐庐县第五届运动会开幕式

【群众体育】 2015年，桐庐县开展第五届运动会、第二届百村乒乓球比赛、首届幼儿骑行大赛、“三八”国际妇女节跳绳大赛、羽毛球甲乙级联赛、乒乓球甲乙级联赛等县级常规性体育比赛及活动30场；承办2015年首届全国青运会女足U16组预赛、2015年全国皮划艇比赛（桐庐站）、浙江省首届生态运动会“环最美桐庐”全域旅游骑行挑战赛、2015年浙江省气排球公开赛（桐庐站）、国际杭州毅行大会（桐庐站）和2014—2015年杭金衢第四届羽毛球俱乐部邀请赛（桐庐站）等市级以上赛事6场；组队参加浙江省第八届幼儿体育舞蹈表演大赛、浙江省第二届海洋运动会等省市体育比赛及交流活动10余次。

继续开展体育业务培训工作，举办群众体育项目培训65次1140人次：培训三级社会体育指导员126人，二级社会体育指导员188人，全县有社会体育指导员1213人。县内有体育协会16个，体育俱乐部10个。继续开展国民体质监测工作。5—6月，完成体质测试520人。完成杭州市体质测试任务2000人。

【县第五届运动会】 2015年8月8日至11月3日，举行桐庐县第五届运动会，全县39支代表团参赛，裁判员、工作人员、运动员累计3000余人，其中运动员2400名，参赛代表团、参赛人数均创桐庐县历届县运会之最。运动会设常规组（11个大项61个小项）和残疾人组（5个大项41个小项）两个组别，产生167枚金牌。刷新两项县运会最高纪录，其中江南镇代表队的吴泽镔以10秒90打破柴健炜在县第四十届中小学生田径运动上创造的男子100米11秒07纪录；机关代表队的李云星以38秒44打破由他本人在县第四届运动会上创造的男子50米蛙泳38秒45纪录。该届运动会不设综合排名，在上届运动会基础上新增足球、国民体质测试和广播体操3个项目。

【首届全国青运会女足U16组预赛】 2015年3月21—31日，首届全国青运会女足U16组预赛（杭州赛区）在杭州市足球训练基地举行。青运会女足U16组比赛有包括主办方福州市代表队在内的19支队伍，比赛分预赛和决赛两个阶段。除东道主直接晋级决赛外，经过抽签，其他18支参赛队分组于3月21—31日期间在各赛区展开角逐，争夺小组出线权。预赛分南京、杭州、成都和广州4大赛区，其中，杭州赛区有大同市、杭州市、洛阳市、石家庄市和西安市5支队伍200多位运动员和教练员。杭州队以4战全胜、积分小组第一名夺得小组出线权，西安队以小组第二名同时出线。

【全国皮划艇比赛（桐庐站）】 2015年10月10日，中国全民休闲皮划艇大赛（桐庐站）比赛在富春江畔学圣路亲水平台举行，全国各地11支队伍90余名皮划艇爱好者参赛。桐庐代表队获得4金，其中队员吴江和章金仙分别获得男单和女单冠军，吴江、吴正华和罗思波、霍利分别摘得男双和女双冠军。

【第二届篮球俱乐部制联赛】 2015年7月14日晚，“幸福桐庐·活力乡村”——桐庐县第二届篮球俱乐部制联赛在分水镇文体中心体育馆开场。8月19日晚，联赛在分水体育馆落幕，北京现代海昌篮球俱乐部以64∶59战胜协和篮球俱乐部获得冠军，分水制笔俱乐部获得第三名。浙江龙生汽车部件股份有限公司获得“体育贡献奖”。其间，活力横村篮球协会、分水制笔协会、倍力篮球等9支俱乐部在分水、横村、富春江、桐君街道等14个乡镇（街道）的16个行政村开展比赛40场。联赛得到《人民日报》《文汇报》等主流媒体报道。

【体育彩票】 2015年8月，根据杭州市体育局《关于同意调整桐庐县体育彩票管理体制的批复》（杭体办〔2015〕3号）文件精神，将桐庐县体育彩票管理站纳入杭州市体育彩票管理中心管理，撤销原挂牌于桐庐县青少年体育学校的桐庐县体育彩票管理站牌子。

【竞技体育】 2015年，桐庐县运动员获得全国皮划艇青年锦标赛及全国U23锦标赛3金1银2铜：吴江获男子1000米双人皮艇冠军；俞诗梦夺得500米女子四人皮艇冠军、2000米女子四人皮艇冠军、1000米女子单人皮艇铜牌；梁丹丹获得女子500米双人皮艇第三名。输送运动员参加在福州莆田举行的第一届全国青年运动会：俞诗梦夺得女子四人皮艇200米和500米两枚金牌；夏云龙夺得男子射箭团体赛冠军；陈雨菲夺得羽毛球女子单打第二名、团体第五名；陈泓夺得女子帆板亚军；王朴获男子帆板第三名；申屠健埔获自行车场地赛全能项目第六名；王慧铭、余晓蕴、詹泽雯、刘海燕、邵诗雨和陈伟静6名运动员获得女子足球U16比赛第六名，其中合村小学詹泽雯入选国少队。

是年，开展体教合作工作，与县教育局联合举办县中小学生田径、足球、篮球等9项比赛；与学府小学合作，开展游泳试点教学，并在县城部分小学一、二年级学生中无偿开设游泳兴趣课，从中选拔苗子。11月，春江小学和城南小学分别与杭州市足球管理中心签约，成为市级足球后备人才基地，其中春江小学组建男子足球队，城南小学组建女子足球队。继续做好优秀运动员输送工作，选拔100余人参加市队的集训，其中23人选入杭州市体校，青少年运动员注册75名。

2015年桐庐县参加市级以上比赛获奖情况

表52

序号	比赛名称	日期	比赛地点	姓名	项目	名次
1	杭州市中小学生射箭锦标赛	3月27—29日	下沙	沈婵	反曲弓30米单轮	第六名
					反曲弓18米单轮	第六名
					反曲弓个人单轮全能	第六名
					反曲弓单轮全能团体	第二名
				阿娜	反曲弓30米单轮	第四名
					反曲弓18米单轮	第五名
					反曲弓个人单轮全能	第五名
					反曲弓单轮全能团体	第二名
2	杭州市中小学生射击锦标赛	4月10—11日	杭州	王炜杰	小学组男子气步枪20发	第六名
				王佳萍	小学组女子气步枪20发	第五名

续表 52

序号	比赛名称	日期	比赛地点	姓名	项目	名次
3	杭州市中小学生田径锦标赛	4月8—10日	杭州	徐鑫莉	小学女子200米	第七名
				江仕鲲	小学男子400米	第五名
					小学男子800米	第四名
				李　鑫	中学男子1500米	第五名
				方佳敏	中学女子1500米	第三名
				徐梦琴	中学女子100米栏	第二名
				陈黎凯	中学男子跳远	第二名
					中学男子三级跳远	第一名
4	2015年杭州市中小学生阳光体育乒乓球锦标赛	4月24—26日	富阳	潘逸凡	男甲单打	第二名
				祝梓源	女乙单打	第八名
				皇甫以勒	男丙单打	第七名
				侯繁华	男丁单打	第一名
				李王栋	男丁单打	第五名
5	2015年杭州市中小学生阳光体育网球锦标赛	4月18—19日	临安	彭　鹏	男子甲组	第五名
				董　权	男子乙组	第三名
				董　权 刘谊锐 （余杭）	男子乙组双打	第三名
6	2015年杭州市中小学生阳光体育举重锦标赛	5月12—15日	杭州	刘雨桐	男子50公斤级丙组	第一名
				尹兴伟	男子62公斤级甲组	第一名
7	2015年杭州市中小学生阳光体育	5月15—17日	萧山	程雨琦	女子单打D组	第二名
				蒋奕佩	女子单打D组	第七名
8	2015年杭州市中小学生棋类锦标赛	5月23—24日	中国棋院杭州分院	仇孜林	围棋小学男子乙组	第一名
				吴子琪	象棋小学女子甲组	第七名
9	2015年杭州市青少年阳光体育摔跤锦标赛	11月2—3日	桐庐	黄河涛	自由式男子甲组45公斤	第一名

续表 52

序号	比赛名称	日期	比赛地点	姓名	项目	名次
9	2015年杭州市青少年阳光体育摔跤锦标赛	11月2—3日	桐庐	吴剑杰	自由式男子甲组50公斤	第一名
				孟东阳	自由式男子甲组60公斤以上	第一名
				石少帅	自由式男子乙组46公斤	第一名
				俞千万	自由式男子甲组60公斤以上	第二名
				唐胜鋆	自由式男子乙组38公斤	第二名
				徐佳玉	自由式女子38公斤	第二名
				钟俊杰	自由式男子甲组50公斤	第三名
				方兰娟	自由式女子35公斤	第三名
				周金丽	自由式女子48公斤	第三名
				蒋川江	自由式男子乙组42公斤	第三名
				朱伟杰	自由式男子乙组50公斤	第三名
				祝翛然	自由式女子42公斤	第三名
				季杭芬	自由式女子45公斤	第三名
				徐　涛	自由式男子甲组45公斤	第五名
				季佳宝	自由式男子甲组54公斤以上	第五名
				江合欢	自由式女子51公斤	第五名
				汪芝慧	自由式女子55公斤	第五名
				王东宇	古典式男子甲组40公斤	第二名
				徐溢铭	古典式男子甲组40公斤	第三名
				罗晓焕	古典式男子甲组45公斤	第五名
				周　鑫	古典式男子甲组50公斤	第五名
				洪逸涌	古典式男子甲组55公斤	第三名
				郑斌栎	古典式男子甲组60公斤	第三名
				谢赛琪	古典式男子甲组65公斤	第三名
				梁鹏飞	古典式男子甲组70公斤以上	第七名
				王宇乐	古典式男子乙组34公斤	第三名
				黄春杰	古典式男子乙组38公斤	第三名
				徐　斌	古典式男子乙组42公斤	第一名
				章鑫鹏	古典式男子乙组46公斤	第一名
				张伟健	古典式男子乙组54公斤	第三名
				周乐斌	古典式男子乙组62公斤以上	第三名

续表 52

序号	比赛名称	日期	比赛地点	姓名	项目	名次
10	浙江青少年摔跤冠军赛	12 月 16—18 日	台州	俞千万	自由式男子乙组 63 公斤	第一名
				吴剑杰	自由式男子乙组 63 公斤	第二名
				黄河涛	自由式男子乙组 46 公斤	第二名
				章鑫鹏	古典式男子丙组 48 公斤	第二名
				徐　斌	古典式男子丙组 44 公斤	第二名
11	浙江青少年柔道冠军赛	12 月 13—15 日	湖州	祝倐然	女子丙组 45 公斤	第一名
				季杭芬	女子丙组 45 公斤	第三名
12	浙江青少年举重冠军赛	12 月 11—14 日	江山	尹兴伟	男子甲组 77 公斤	第一名
13	浙江省青少年跆拳道锦标赛	7 月 15—17 日	宁波	焦思溢	男子甲组 73 公斤	第一名
				林暄博	男子甲组 73 公斤	第二名
				张悦楠	女子甲组 53 公斤	第三名
14	浙江省帆船帆板锦标赛	7 月 26—31 日	镇海	汪芝慧	女子乙组奥林匹克赛	第五名
					女子乙组长距离赛	第五名
					女子乙组障碍赛	第四名
				袁鸿刚	男子乙组个人赛	第八名
					乙组混合团体赛	第四名
15	浙江省青少年赛艇、皮划艇锦标赛	8 月 14—17 日	嘉兴	吴正华	皮划艇男子乙组 200 米（双人）	第一名
					皮划艇男子乙组 1000 米（双人）	第一名
					皮划艇男子乙组 2000 米（双人）	第一名
				章金仙	皮划艇女子丙组 2000 米（单人）	第二名
				姚　燃	赛艇男子乙组 2000 米（单人）	第五名
				邹佳琪	赛艇女子丙组 2000 米（双人双桨） 赛艇女子丙组 4000 米（双人双桨）	第一名 第一名
16	浙江省青少年公路自行车锦标赛	8 月 21—22 日	遂昌	徐　涛	男子乙组 10 公里爬坡计时赛	第三名
					男子乙组 35 公里爬坡大组赛	第二名
					男子乙组 35 公里爬坡大组赛团体	第二名
				姚江斌	男子乙组 10 公里爬坡计时赛男	第八名
					子乙组 35 公里爬坡大组赛	第五名
					男子乙组 35 公里爬坡大组赛团体	第二名

续表 52

序号	比赛名称	日期	比赛地点	姓名	项目	名次
17	第一届全国青年运动会	10 月 18—27 日	福州莆田	夏云龙	男子射箭团体赛	第一名
				俞诗梦	女子四人皮艇 200 米	第一名
					女子四人皮艇 500 米	第一名
				陈　泓	女子帆板	第二名
				陈雨菲	羽毛球女子单打	第二名
					团体	第五名
				王　朴	男子帆板	第三名
				申屠健埔	自行车场地赛全能项目	第六名
				王慧铭	女子足球 U16 比赛	第六名
				余晓蕴		
				詹泽雯		
				刘海燕		
				邵诗雨		
				陈伟静		
18	2015 中国羽毛球挑战赛	2 月	海南陵水	陈雨菲	女子单打	第二名
19	2015 中国羽毛球挑战赛	6 月	江西九江			第二名
20	2015 全国少年体操决赛	8 月	河南郑州	方佳怡	乙组女子团体	第二名
					乙组女子跳马	第二名
					乙组女子平衡木	第二名
					乙组女子高低杠	第六名
21	2015 全国少年体操比赛	7 月	安徽合肥		女子 9 岁组全能	第三名
					女子 9 岁组自由体操	第四名
					女子 9 岁组平衡木	第六名
					女子 9 岁组高低杠	第三名
					女子 9 岁组跳马	第三名
					女子 9 岁组团体	第二名
22	2015 浙江青少年（儿童）网球锦标	7 月	临海	王馨潼	女子 12 岁组单打	第一名

续表 52

序号	比赛名称	日期	比赛地点	姓名	项目	名次
22	2015 浙江青少年（儿童）网球锦标	7 月	临海	王馨潼	女子 12 岁组双打	第一名
					女子 12 岁组团体	第一名
23	2015“郑洁杯”青少年网球比赛	8 月	上海	王馨潼	女子 12 岁组单打	第一名
24	全国皮划艇青年锦标赛及全国 U23 锦标赛	6 月	合肥	吴　江	男子 1000 米双人皮艇	第一名
					男子 1000 米四人皮艇	第二名
				梁丹丹	女子 500 米双人皮艇	第三名
				俞诗梦	女子 500 米四人皮艇	第一名
					女子 2000 米四人皮艇	第一名
					女子 1000 米单人皮艇	第三名

·广播电视管理·

【农村应急广播体系建设】 2015 年，县文广新局在广播“村村响”工程基础上，扩大村级广播室覆盖面，实施农村应急广播体系。先后对横村、瑶琳、城南、分水、百江、江南、新合、钟山等 14 个乡镇（街道）150 个行政村的应急广播工程进行督查，到 9 月底完成全县农村应急广播建设 183 个行政村建设任务。

【农村电影“2131”工程】 2015 年，县文广新局继续实施农村电影“2131”工程，对中心村、人口密集的中心地段加映电影场次，全年放映电影 2450 场，实现“一村一月放映一场电影”目标任务。依托省农村电影放映 GPS / GPRS 卫星监控平台，加大对农村电影放映场次督查力度。

【广电惠民工程】 2015 年，县文广新局继续实施广播电视“低保工程”，为低保户家庭办理有线电视减免相关手续，并开展实地抽查督促验收工作，先后到旧县、莪山、富春江等乡镇（街道）低保户家实地了解并核实有线电视减免情况，走访用户 43 户。全年，免有线电视基本收视费 3302 户，免初装入户费 6 户。

【安全播出】 2015 年初，县文广新局修订完善广播电视安全播出应急预案，全国“两会”、纪念抗战胜利 70 周年等期间到华数数字电视前端机房和县广播电视台播出机房进行安全检查，每次重大活动做到“事先有检查、事中有监督、事后有总结”。敏感期和重要保障期实行一日一报“零报告”制度，做到有事报事、无事报平安。落实安全播出责任，与县住建局、交运局、城管局、广播电视台、华数等 9 个单位签订责任书，不定时召开安全播出会议，明确防范重点和要点。开展境外电视网络接收设备专项整治行动，召开成员单位专题会议，制定工作方案，明确工作职责，对 10 余家宾馆饭店卫星电视地面接收设施进行检查。8 月，开展打击非法地面卫星接收设施专项整治行动，收缴非法地面接收设施 15 面，取缔非法电台 2 台。

（章勤玉）

【责任编辑　邵晓洁】

新　闻

·广播电视·

【概况】 2015年，桐庐县广播电视台播发广播电视新闻6140条，其中电视新闻3702条、广播新闻2438条；采制广播电视专题、专栏3224期。全年被上级台录用新闻549条次，22件广播电视作品获省、市政府（新闻）奖。在2015年度全省对农节目服务工程建设考核中，广播电视对农栏目《田园之声》和《农民之友》双双获得“优秀”等次，成为杭州地区唯一获得“双优”的单位，也是2008年浙江省启动对农节目服务工程建设考核以来县广播电视台对农栏目第七次获此佳绩。《浙江：十年坚守生态富民》《浙江桐庐：居民用电取暖 电力部门排查隐患》等32条新闻在中央电视台各频道和中央广播电台各频率播出。

【重大主题报道】 2015年，桐庐县广播电视台围绕“中国最美县”建设和“全面深化改革、扩大有效投资、推进五水共治”等各项中心工作，推出《建设中国最美县 创无违建县》《建设中国最美县 合力推进五水共治》《激越梦想 网赢天下》《深入推进人文建设 创建全国文明城市》《微美故事》等20个专栏，播发各类主题报道2700条次。

【舆论监督】 2015年，桐庐县广播电视台单设《新闻聚焦》栏目，加大曝光力度，每周播出两期以上，其中周一为曝光，周四为反馈。在新闻信息的收集上，将《大刘热线》的热线电话与百姓热线967000整合，由工作人员24小时接听电话，统一安排采访。全年共播出《新闻聚焦》125期，内容涉及“五水共治”“无违建县”创建、重大项目推进等。该栏目被评为全县“推进工作落实十五个典型案例”之一。

【《美丽城乡》栏目】 从2015年1月起，桐庐县广播电视台推出《美丽城乡》专栏，每周日在《桐庐新闻》中播出1期，反映各乡镇（街道）、部门的工作经验和特色亮点。全年共播出《县民政局：多措并举 破解养老之惑》《富春江科技城：产城融合 华丽转身》等50期。

【广播直播室】 从2015年2月起，桐庐广播893在县交警大队指挥中心设立现场直播室，开播《路上那点事》栏目，每周一至周五下午5点至5点半直播实时路况和交通违法行为，倡导文明出行，助力全国文明城市创建，共播出222期。

【微信公众平台“同乐汇”】 2015年，桐庐县广播电视台微信公众平台“同乐汇”发展迅速，截至12月底，“同乐汇”粉丝关注量24.6万人，多次进入全国县级广电新媒体排行榜十强、杭州市媒体类公众号十强，成为县内最具影响力的微信公众平台。

【视听评议系统】 2015年1月，桐庐县广播电视台视听评议系统投入使用，新闻口采编播人员人人成为“监听监视员”，开启监听监视新模式，全年共收到有效建议帖2463条，新闻专题节目中的差错明显减少，质量得到提高。

【微电影拍摄】 2015年4—6月，桐庐县广播电视台与桐庐县国土资源局合作摄制桐庐首

微电影《爱在画城Ⅲ》首映仪式

部国土题材微电影《家园》，主要讲述农村土地资源保护的故事。9至12月，拍摄完成微电影《爱在画城Ⅲ》，这是县广播电视台与杭州商学院合作拍摄的首部微电影，讲述两位不同背景的大学生之间的友情故事。《家园》和《爱在画城Ⅲ》两部微电影拍摄运用航拍器、电动滑轨、摇臂等设备，提升了影片的质量和可看性。

【活动比赛】 2015年，桐庐县广播电视台主办、承办、合办各类活动60多场次，吸引上万人次参与。4月18日至5月24日，由县广播电视台主办的第七届少儿主持人大赛暨电视《春江少儿》栏目主持人选拔赛，386多位小选手和20位成人选手参加，决赛后获儿童组一、二等奖的雷诗雨、李正阳等10位选手被命名为第七届桐庐县"十佳少儿主持人"，优秀选手被聘为桐庐电视台《春江少儿》栏目特约主持人。

5月12日至6月25日，县广播电视台和县市场监管局共同举办桐庐"最具人气面馆"评选，通过评审打分、微友投票等环节，大联面馆、鸿运面馆、菜鸟面馆获冠、亚、季军，老应面馆、劲道面、阿娟面馆等十家面馆被评为"2015桐庐最具人气面馆"。

7月底至9月15日，县广播电视台和县市场监管局共同举办"桐庐最具人气早餐店"评选活动，通过海选、评委现场打分、微友投票等环节，产生"古田包子铺""杨梅山小笼""老街煎包店"等"桐庐十大最具人气早餐店"。

7月28日至12月30日，县广播电视台与县委宣传部、县旅委、县农办共同举办"美丽乡村金牌推介人"评选活动，全县100余名选手参加，评选出桐庐县十大美丽乡村金牌推介人，活动受到《杭州日报》、《光明网》、《共产党员》杂志、《浙江日报》等媒体关注，被评为2015年度全县宣传思想文化工作"创新奖"。

8月，县广播电视台微信公众平台"同乐汇"推出横扫桐庐自助餐、"我家宝宝最棒"亲子互动比赛、"靓绝桐城"量身定造型系列活动，通过发动微友参与活动，增强与微友的互动。

"美丽乡村金牌推介人"评选活动现场

10月12日至11月21日，县教育局、县文联、县广播电视台联合举办第八届故事宝宝选拔赛，桐庐、建德、富阳、杭州1637名3～6岁的幼儿参加，张楚涵、罗伊伶获特等奖，被命名为第八届"故事宝宝"。

【基础建设】 2015年，中央广播电视节目无线数字化覆盖工程两个配套改造工程项目招标采购完毕并付诸实施。是年，县广播电视台购买一套八旋翼航拍器，航拍镜头大量运用于日常节目和专题片制作。

（吴敏秋）

·桐庐县信息传媒中心·

【概况】 2015年，桐庐县信息传媒中心坚持《今日桐庐》、桐庐新闻网、桐庐手机报、桐庐发布四媒联动，全面发展。《今日桐庐》全年发行334期，每期发行量35000份，总发行量1154万份。桐庐新闻网（www.tlnews.com.cn）网站日浏览量31000人次，桐庐手机报每天一期不间断。广告经营收入600余万元。是年，8篇新闻报道分别获得浙江省县（市、区）域报好新闻奖一、二、三等奖。

【新闻报道】 2015年，策划采写"绿水青山就是金山银山""纪念抗日战争胜利70周年"等重大主题、重大活动报道。推出"2014那些我们关注过的百姓热点"等系列报道，重点关注公共自行车等政府常务会议确定的内容；每周五推出“天天民生”服务版，为读者提供最新鲜、最实用的民生资讯。结合全国文明城市创建，策划“最美桐庐人 传递正能量”“桐庐好故事 就在你身边”等栏目，重点采写一批微美人物及“雷锋”典型。策划推出“担当有为好干部”系列报道，报道林清坤等好干部典型，倡导“敢担当、有作为、会落实”氛围。与桐庐籍“三通一达”民营快递公司对接联系，采写一批报道，为首届中国（杭州）国际快递业大会在桐召开造势。

【加大曝光力度】 2015年，深化头版“曝光台”专栏，围绕“项目推进”“社会治理”“文明城市创建”“五水共治”“三改一拆”“无违建县创建”等内容，图文并茂地重点加大曝光力度，深入采写《桶同色 垃圾也不分家》《三色垃圾桶 桶桶分类都出错》《泥水直流入江》《公示牌被枯草缠绕》等报道。截至年底，共刊发各类舆论监督报道166篇。

【对外宣传】 运用“以图为主、文字补充”“海投为主、精投补充”“专人为主、集体补充”的方式，引导鼓励全体记者主动向中央省市各类主流媒体和新华网、人民网、光明网、中国网、视野网等图片库以及浙江新闻客户端、杭报在线等新媒体投送“文字+图片”报道。全年共对外对上投送各类报道350余篇，60余条图片新闻通过人民网、光明网、中国网编辑审核，被各地网站转载刊发，其中反映桐庐县“三诺三比”电视问政和“万家农户直评村干部”的图片新闻以及“生态+”筑梦桐庐“绿富美”经济的文字报道刊发于《人民日报》。

【媒体融合发展】 桐庐新闻网不断加强视频新闻报道力度，《桐网播报》深化民生报道的同时，不断拓展旅游、美食等休闲类新闻，点击量不断刷新。“桐庐论坛”组织网友活动，“青笋宴”等活动受到广大网友热烈响应。《桐网议事》版面推出的一系列新栏目，受到网友一致点赞。桐庐发布编辑部围绕“权威信息发布平台、热点事件回应平台、民生信息服务平台”的定位，努力打造桐庐第一政务发布平台。截至年底，新增桐庐新闻、最美桐庐、微村志、生活服务、在线求助等功能子菜单，粉丝数已突破60000人，微信单条最高阅读量突破22万次，头条平均阅读量1万次以上，在人民网发布的政务微信排行榜中最高位列全国第9名、浙江省第1名。桐庐手机报运行平稳，受到广大用户好评。

【深化“走转改”活动】 2015年，深入开展“走转改”活动，着力打造一批名栏目、名记者，发挥新闻媒体的品牌效应。按照“有专长、无短板、最全面”的要求，引导鼓励文字记者、摄影记者互相学习，既缓解记者人员少难题，又为打造一批名记者、全能记者奠定良好基础。继续加强本报采写重大突发事件、重大主题报道、重大典型报道、重要评论员文章以及县委、县政府交办重要新闻稿件的组织领导，完成《文明花开 馨香画城》等20余篇大型报道以及抗击台风“灿鸿”特别报道。探索尝试与浙江工商大学杭州商学院星记者工作室联合采访机制，首批12名杭商学子作为特约记者，一起参与第四届桐庐百姓日各项活动报道。以报纸编排一体为载体，将编辑与排版职能合而为一，实现一人双岗。

（陈燕）

【责任编辑　邵晓洁】

卫生事业

·医疗卫生·

【概况】 2015年6月，根据《桐庐县人民政府职能转变和机构改革实施意见》文件精神，撤销原桐庐县卫生局和原桐庐县人口和计划生育局，重新组建桐庐县卫生和计划生育局（以下简称县卫计局），核定内设机构9个，于9月初完成科室中层干部竞聘上岗。

是年，桐庐县设有医疗卫生机构314个，其中县级卫生单位2个（疾控中心、卫生监督所），县级医疗机构5个，乡镇卫生院（社区卫生服务中心）14所（个），纳入乡村卫生服务一体化管理社区卫生服务站88个、村卫生室102个，个体办村卫生室、社区卫生服务站35个，个体诊所、厂矿学校医务室、民办医疗机构等105个。新审批设置医疗机构5个，注销医疗机构执业许可证6个。核定县公立医疗卫生单位编制2246人，其中在岗职工1950人（编内正式职工1875人、编外人事代理75人），临时性合同工1168人。其中编内在岗研究生学历43人，占2.2%；本科学历1216人，占62.36%；大专学历586人，占30.05%。高级职称257人，占13.18%；中级职称550人，占28.21%。

全年，爱心门诊接诊66122人次，减免医药费7.82万元。完成高校招生体检2209人及征兵体检工作。受理120呼救电话38232次，出车6452次。县医疗纠纷人民调解委员会受理医疗纠纷医调会24起，赔偿3175285.04元，其中医院协商924896.57元，医调会调解2284888.47元。完成县“两会”、政府开放日、全国女子足球比赛、浙江省农村基层党建工作会议、桐庐县运动会、首届中国（杭州）国际快递业大会、九三学社中央第六次科学座谈会、县房交会等活动医疗救护保障57次，派出医护人员136人次，救护车48次。

2015年桐庐县卫生系统医疗机构基本情况

表53

单位名称	实际开放床位(张)	职工人数（人）	卫技人员数（人）
桐庐县第一人民医院	633	908	739
桐庐县第二人民医院	134	302	256
桐庐县中医院	200	613	514
桐庐县妇幼保健院	80	315	259
桐君街道社区卫生服务中心	0	97	88
旧县街道社区卫生服务中心	7	31	26
横村中心卫生院	80	143	121
江南中心卫生院	10	86	77
凤川中心卫生院	15	66	57

续表 53

单位名称	实际开放床位(张)	职工人数(人)	卫技人员数(人)
富春江中心卫生院	26	95	65
百江中心卫生院	5	56	50
钟山乡卫生院	9	51	46
分水镇卫生院	4	95	85
莪山畲族乡卫生院	10	30	26
瑶琳镇卫生院	3	79	68
合村乡卫生院	7	33	28
新合乡卫生院	0	97	92
合　计	1250	3091	2592

2015 年桐庐县新审批医疗机构

表 54

机构名称	负责人	注册日期	机构地址
桐庐全捷口腔诊所	全　捷	2015-07-30	桐庐县凤川街道新桥路 246 ～ 248 号
桐庐平安老年病医院	王爱英	2015-09-23	桐庐县城南街道尖端路 255 号（县福利中心 2 号特护楼 1 层及架空层）
桐庐县中医院驻县看守所卫生所	刘柏洪	2015-11-27	桐庐县桐君街道君山村梓芳坞（县看守所内）
桐庐精益口腔门诊部	罗红军	2015-12-18	桐庐县县城春江路 297 号（1 ～ 3 层）
桐庐城南街道社区卫生服务中心乔林村卫生室	吴震宇	2015-12-25	桐庐县城南街道乔林村

2015 年桐庐县注销医疗机构

表 55

机构名称	负责人	注销原因	注销日期
桐庐县看守所医务室	卢　智	主动申请	2015-11-27
桐庐新城医院福利院综合门诊部	王益清	主动申请	2015-09-24
桐庐王樟土眼科诊所	王樟土	主动申请	2015-09-11
桐庐城南街道社区卫生服务中心乔林村卫生室	吴震宇	主动申请	2015-06-24
桐庐朱祖彦口腔诊所	朱祖彦	主动申请	2015-04-28
桐庐桐君街道南门社区卫生服务站	王　赟	主动申请	2015-01-05

【瑞金——桐庐合作医疗联合体】 2015年，上海瑞金医院专家到桐庐开展病例讨论534次，教学查房200次，门诊诊疗4053人次。依托上海瑞金医院优质医疗资源，开展各类培训讲座80余次，听课人次1000余人。开通人才培养“快速通道”，派出内科、外科、儿科、感染科、全科、护理等专业中层骨干19人赴上海瑞金医院进修学习。开展双向转诊和分级诊疗工作，完成转诊980例，其中上转387例，下转至社区乡镇593例。以三乙为标准，启动第一人民医院三乙创建工作。制定瑞金——桐庐合作医疗联合体行政管理队伍建设方案，实行院长任期目标责任制和考核轮换制，通过直接下派、挂职等方式培养年轻后备干部，并通过公开竞选聘等方式调整乡镇院区领导班子。

【杭州市一医院桐庐分院】 2015年，杭州市一医院桐庐分院与2014年相比医疗业务收入增长10.7%，药品比例持续下降至50.36%。基药使用比上升至44.63%，2015年与2014年相比门诊均费实现零增长，出院人次增长5.7%，床位使用率增加，当地群众满意度上升。是年，获杭州市科技局项目2项，杭州市卫生科技项目3项，桐庐县科技局项目10余项，发表论文11篇，其中一级杂志1篇、二级杂志10篇。

【“桐庐百姓日”义诊】 2015年5月6日，结合“桐庐百姓日”活动开展大型义诊和宣教活动。免收6260人次挂号费14930.34元。以“名院协作”“九桐合作”为载体，在百姓日活动期间邀请34名省市专家到桐庐县各家县级医院开展义诊咨询活动，9名县级医院专家前往合村乡、钟山乡、旧县街道开展义诊，义诊2550人次，咨询1413人次，专家参与手术2台。活动期间，下发健康宣教资料1200余份。

【医疗质量管理】 2015年，县卫计局开展“三好一满意”（服务好、质量好、医德好、群众满意）活动，下发《关于深入持久开展医疗卫生系统“三好一满意”活动的通知》，并落实相关举措。加强抗菌药物专项行动，继续推进优质护理服务示范工程。按照《医院实施优质护理服务工作标准》，加强医院临床护理工作，在县第一人民医院骨科、妇保院产科开展优质护理服务示范工程，优化服务流程，增加服务内容，为患者提供安全、优质、满意的护理服务。加强处方点评和超常预警，加强抗菌药物临床应用和细菌耐药监测。规范院内感染管理，开展手术室、重症监护室、血透室、供应室等重点部门管理督查。

【重点专科建设】 2015年，桐庐县加强重点学科、专科建设管理和考核，组织各单位申报重点学科。至年末，有县级重点专科22个，其中县第一人民医院10个（泌尿外科、心血管内科、消化内科、呼吸内科、普外科、神经外科、产科、儿科、神经内科、眼科）；县中医院7个（泌尿外科、中西医结合妇科、中西医结合眼科、中医内科、中医妇科、中医骨伤科、农村医疗机构针灸理疗康复特色专科）；县妇幼保健院4个（产科、妇女保健科、新生儿科、全科医学科），疾控中心1个（疾控科）。县第一人民医院神经内科荣获省级重点专科；县第一人民医院泌尿外科、心血管内科、妇保院产科，县中医院骨外科学获市级重点专科；县第一人民医院心血管内科、神经内科获县级医学重点专科。10月，县第一人民医院将外科在原来神经外科、骨科、综合外科的基础上，再分设微创、胃肠肿瘤、泌尿、甲乳、肛肠、心胸、肝胆外科等专业和亚专业。

【医学科研】 2015年，桐庐县第一人民医院获省卫生厅立项1项、市科技局立项7项、市卫计局立项1项、县科技局立项12项。县中医院获省中医药管理局课题立项2项，市科技局立项1项、县科技局立项12项。县妇保院获县科技局立项3项。加强院前急救能力建设，9月，独立设置桐庐县院前医疗急救指挥中心，模式由原先挂靠县第一人民医院转为县卫计局下属社会公益类全额拨款事业单位。加强急救中心内涵建设，规范急救运行，完善急救配置，健全急救制度，提升管理、协调、应急能力，加强急救培训，开展急救考核，提高院前救治水平。

【中医药服务能力提升工程】 2015年，桐庐县中医院新院区工程建设完工并投入使用，

桐庐县中医院新院区

在新院区中扩大国医馆面积，并开设40张床位的康复病区，引进新技术、新项目3项，申报省市科研项目5项，其中“艾灸配合推拿治疗早期糖尿病技术研究”被浙江省中医药管理局立项。市级名中医“许子春”专家团队被国家中医药管理局确定为2015年名老中医传承工作室建设项目，在新院区国医馆挂牌成立工作室。

是年，结合农民健康体检工作对65岁以上老年人实施中医体质辨识，建立中医体质辨识健康档案，实施中医健康管理。桐君街道、富春江镇等乡镇65岁以上老年人中医体质辨识健档率达40%以上。组织参加市卫计委中医“治未病”轮训班，桐庐县各乡镇、站室146人完成培训。加强桐庐县儿童保健人员的中医药保健服务能力，举办0～3岁儿童中医保健知识培训班。组织社区卫生服务中心（乡镇卫生院）、卫生服务站（室）从业人员分别进行10种和4种基层中医药适宜技术培训。培训结束后选择单项或多项进行考核，由杭州市针推学会组织考试发放结业证书，实行持证上岗。进行中医适宜技术岗位技能比武和开展“桐庐县中医特色护理市民体验日”活动。11月27—29日，桐庐县与中国中医药报合作承办“全国中医药服务能力提升经验交流会”，来自全国各县级中医药主管部门主要负责人及专家学者代表等120余人参加会议，并举行《开启明天的钥匙——县域中医药服务能力研究》首发仪式。

【卫生信息化】 2015年9月23日，桐庐县首个健康日活动在横村镇柳岩村启动。11月，在横村镇孙家村开展“健康日”活动。桐庐“健康日”活动，是以健康综合服务“健康树”为创新内涵，以村级卫生计生机构为支点，以资源下沉、体制机构改革和县乡村一体化为支撑，以智慧医疗、双向转诊、医养结合、签约服务、中医适宜技术等为内容，通过改革创新，“零距离”做实医卫综合服务“健康树”，成熟一个启动一个、载下一棵成活一棵，通过一年的努力，达到“健康树”全覆盖，育成具有桐庐特色的“健康林”。

【多学科联合会诊中心建设】 2015年，桐庐县多学科联合会诊中心（MDT）在原有胃肠肿瘤、心肺疾病、颅脑疾病、甲状腺疾病、妇科肿瘤、疑难疾病6个联合门诊基础上，每周四下午增设慢病联合诊疗门诊，接待患有糖尿病、高血压、冠心病、痛风、中风、慢性肾功能不全等2种以上疾病患者。专家团队由心内科、神经内科、内分泌科、肾内科、临床药师等组成，为慢性病患者提供专业化、精细化、个性化的治疗方案及健康保健指导。全年，开展MDT会诊187例，其中远程会诊8例，赴上海瑞金医院MDT会诊18例。

【医疗业务数据】 2015年，桐庐县公立医疗单位业务收入8.89亿元，比2014年增长9.19%，其中县级医院7.72亿元，比2014年增长8.34;乡镇卫生院（社区卫生服务中心）1.17亿元，比2014年增长15.23%；门急诊人次总数330.29万人次，比2014年增长9.91%，其中县级医院199.06万人次，比2014年增长6.53%;13家公立乡镇卫生院（社区卫生服务中心）131.23万人次，比2014年增长15.48%。公立医疗单位全年出院40563人次，总住院37.62万床日，其中县级医院34.82万床日、乡镇卫生院（社区卫生服务中心）2.8万床日；全县平均病床使用率83.09%，其中县级医院病床使用率89.11%、乡镇卫生院（社区卫生服务中心）病床使用率46.58%。

2015年桐庐县卫生系统医疗单位主要业务指标

表56　　单位：万元

指标类别	年份	县级医院	乡镇卫生院（中心）	合 计
业务收入	2014年	71305.07	10121.4	81426.47
	2015年	77249.22	11663.16	88912.38
增长幅度（%）		8.34	15.23	9.19
业务支出	2014年	75479.33	16700.96	92180.29
	2015年	81914.99	17970.11	99885.10
增长幅度（%）		8.53	7.60	8.36
业务收支结余	2014年	-4174.26	-6579.56	-10753.82
		-4665.77	-6306.95	-10972.72
增长幅度（%）		11.77	-4.14	2.03
全年平均职工人数	2014年	2035	939	2974
	2015年	2082	939	3021
门诊人次（人次）	2014年	1868539	1136368	3004907
	2015年	1990614	1312292	3302906
住院床日（床日）	2014年	335554	25085	360639
	2015年	348206	28012	376218
人均业务收入	2014年	35.04	10.78	27.38
	2015年	37.10	12.42	29.43

注：本表统计范围为公立医疗机构。业务收入不包括财政补助和上级补助收入

【卫生系统小额工程建设招投标】 2015年，桐庐县通过2014年招投标确定的2014—2016年度限额内卫生系统小额工程建设项目入围单位及中介机构开展工程建设。是年，该交易中心组织完成招投标项目11个，交易金额429.7万元。

【基础设施建设】 2015年，桐庐县卫生系统基本建设项目为桐庐县中医院原住院楼改造工程、县三院精防中心一期工程、市一院桐庐分院改扩建工程。项目总投资约2448万元，建设资金来源为中央资金、财政拨款和自筹。其中，桐庐县中医院原住院楼改造工程及县三院精防中心一期工程完工并投入使用。市一院桐庐分院改扩建工程完成大部分室内改建装修。

【人才队伍建设】 2015年，桐庐县通过春季人才招聘会、外省高校专场招聘会、网络招聘等形式，经考核试用、体检等程序，积极引进卫生紧缺型高层次人才，共引进全日制本科以上学历54人，其中第一批录取7人；硕士研究生5人；副高级职称3人。是年，根据医疗单位用人需求，面向社会公开招聘临床医生、护理等岗位医务人员65人。

4月，桐庐县临床技能培训中心投入使用，临床医生全部参加为期2～3年住院医师规范

2015 年桐庐县卫生系统医疗机构基本建设投资情况

表 57

建设单位	项目名称	总建筑面积（平方米）	总投资（万元）	本年完成额（万元）	资金来源（万元）		竣工面积（平方米）
					自筹	补助	
市一院桐庐分院	市一院桐庐分院改扩建工程	10000	1500	1000	1000	0	未完工
桐庐县中医院	桐庐县中医院原住院楼改造工程	4230	600	300	300	300	4230
县三院	县三院精防中心一期工程	5000	348	148	348	—	4850
合计	—	19230	2448	1448	1648	300	9080

化培训，当年毕业 30 名委培生参加县第一人民医院为期 2 年助理医师规范化培训。本年度取得住院医师规范化培训合格证 12 人、社区护士培训 12 人、全科医师培训 5 人、全省城乡社区公共卫生人才培训 5 人、完成初级继续医学教育合格人数 25 人；委托浙江中医药大学定向培养基层中医本科生 3 人；参加本科类住院医师规范化培训 28 人；是年，取得正高级卫技职称 29 人、副高级卫技职称 41 人，共有正高级卫技职称 67 人、副高级卫技职称 252 人。

【智慧医疗】 2015 年，县第一人民医院全面推行诊间智慧结算和自助结算，在门诊完善“诊间结算”功能，推行使用“自助充值、自助挂号、自助结算一体机”。全年，门诊病人“自助挂号”94442 例，“诊间结算”30299 例，“一体机”自助结算 37624 例。

【行风建设】 2015 年，桐庐县卫计系统行风监督员对各医疗卫生单位的环境卫生、院风院貌、劳动纪律及主动服务意识展开行风效能暗访 4 次，行风效能问责 2 人。转办信访投诉件 4 件，其中叫停、纠错 2 起，处理相关人员 1 人次，为 3 名党员干部澄清不实问题。系统有 1 人因酒驾被开除党籍、行政降级。制定方案，落实整改县纪委巡查中发现的问题。全系统层层签订责任状，逐级落实党风廉政建设责任制，形成“四级两层”的责任体系格局，推动“两个责任”落地生根。狠抓节点，对违反中央“八项规定”精神、“六项禁令”、县委“32 条意见”及系统作风效能情况进行监督检查，带动作风整体转变，推进作风建设常态化、长效化。

【医疗满意度第三方测评】 2015 年，县卫计局委托国家统计局桐庐调查队开展第三方医疗满意度测评。该次调查采用分层定额随机抽样选取样本，通过门诊现场填写问卷和乡镇上门入户填写问卷方式，在全县 14 个乡镇（街道）90 个村（社区）展开，对象包括普通市民、门诊病人和住院病人，发放问卷 5550 份，调查成功率 100%。调查结果显示：全县医院总体评价满意率 91.06%，较 2014 年提高 2.69%，乡镇总体满意率 90.54%，较 2014 年提高 1.86%。满意度评价结果与县卫计系统满意贡献奖、年终单位考核、绩效管理挂钩。

【新闻宣传】 2015 年，桐庐县卫计系统利用报纸、电视、微信、微博等，加大宣传力度。全年在《健康报》报道《浙江桐庐：慢病患者配药不出村》《走进村民家中的“查房”》等信息 4 篇；在《中国人口报》刊登《上门送“礼”》；在《中国中医药报》刊登《潘炉群：让中医药服务融入村民生活》《刘宝荣：续写“银针上的激情”》；在《杭州卫生监督》刊登《从分散点到集中块，从大县城到小乡镇——桐庐县稳步推进口腔诊疗机构远程在线监控》等信息

6篇。是年，与县信息传媒中心合作，《今日桐庐》报上推出慢性病防控微知识专栏9期。县卫计局利用微博、微信每周更新卫生知识，来自全国 36个省市 587余人关注，阅读量达14599次，发送304条图文消息。

【干部保健】 2015年，桐庐县对一级干保对象每周上门巡诊和按需上门巡诊；二、三、四级干保对象根据服务模式，依托县级医院和乡镇卫生院及社区卫生服务中心，利用干部体检结果，做好健康教育和疾病预防工作。是年，干保办为在职县四套班子领导健康资料综合整理成健康档案，对干部健康状况实行动态管理。一级保健对象体检中原有胸片都改为胸部低剂量的螺旋CT。开展男性肿瘤标记物十三项、女性肿瘤标记物十二项测定，在职调研员增加骨密度测定，调整部分体检项目。全年有733名干部进行全面体检，占应检干部总数的87.7%。

·无偿献血·

【概况】 2015年，桐庐县组织无偿献血97次，市民参加无偿献血6154人次，其中乡镇占51.0%、部门占20.2%、市民自发占28.8%；无偿献血总量1229升，临床用血总量1179升，无偿献血占临床用血比例为104%。县财政划拨无偿献血宣传经费，通过制作公交车靠背广告、媒体宣传、健康知识进校园等活动，提高市民无偿献血意识。县卫计局印发2015年公立医疗卫生单位目标考核细则，加强医疗机构临床用血管理。定期检查各单位临床用血工作，督促成立相关科室，落实专职人员。定期培训医务人员，指导科学合理用血。

·初级卫生保健·

【国家基本药物制度实施】 2015年，桐庐县13家公立乡镇卫生院和191家村卫生室（社区卫生服务站）全面实施国家基本药物制度，实现基本药物制度全覆盖。继续提高县级公立医院基本药物采购使用比例，每季度公示基本药物使用情况，其中县中医院和妇保院基本药物采购使用比例达到省里规定比例，基本满足日常诊疗活动。

【参合农民健康体检】 2015年，县卫计局会同县财政部门下发《关于做好2015年度农民健康体检和国家重大传染病专项体检工作的通知》《桐庐县参合农民发放“健康体检券”试点工作方案》，在常规体检工作基础上，在富春江镇开展“健康体检券”试点工作。发放健康体检券6000余张，其中富春江医院开展体检2869人，60岁以上老年人体检2784人，60岁以下人员体检85人。各乡镇（街道）卫生院于6月起全面组织开展参合农民健康体检工作，截至12月底，全县完成参合农民健康体检142958人，其中完成60岁以上老年人健康体检50053人，体检率82.02%；通过体检检出各类常见病、慢性病67176人次，其中发现高血压15999人，糖尿病3284人，胆囊炎、胆石症6550人，精神疾病204人，肺结核168人，慢性阻塞性肺疾病（COPD）48人，切实做到“早发现、早治疗、早管理”。

【无线网络生理参数监测惠民项目】 2015年，桐庐县建成省（市）、县、乡、村四级远程心电会诊体系，建成远程心电会诊中心1个（设在县第一人民医院），远程心电会诊分中心16个（设在各乡镇卫生院和其他县级医院），远程心电会诊点85个（设在一体化服务站和村卫生室）。全县投入运行4196台无线网络生理参数监测仪，其中TE-8000Y型设备196台，主要用于心血管疾病病人的远程监测和远程会诊，TE-8000Y3型设备4000台，主要用于高血压病人远程、实时、动态监测。项目覆盖全县14个乡镇（街道）183个行政村，对7.8万名高血压、心血管疾病、老年人等重点管理对象的生理参数进行实时监控，对3.4万名老年人进行房颤筛查和心电监测，项目受益人群达10万余人。是年，累计上传患者血压监测数据53万条，心电监测数据6.3万条，开展远程心电会诊1185例，其中县级专家会诊病例45例，省级专家会诊病例5例。

【“健康服务”逐户逐人对接活动】 2015年，县卫计局开展“健康服务逐户逐人对接活动”，对接村数200个，对接户数119437户，对接人口数251327人，电脑录入数138033份。探索并形成与健康管理对象进行互动的常态工作机制，宣传无线网络生理参数监测惠民项目，针对人员紧缺等问题，采取多种办法，延长工作时间，为群众提供服务，探索“医养护一体化”智慧医疗健康服务新模式。

【全科医生签约服务工作】 县卫计局根据《关于开展社区健康管理制服务（全科医生签约服务）工作的通知》要求，自2012年起桐庐县开展全科医生签约服务。2015年，全县14个乡镇（街道）卫生院、104个村卫生室、91个社区卫生服务站开展全科医生签约服务工作，组建全科医生服务团队123个，新签约46390人，累计完成签约108309人，其中慢病管理对象规范签约40206人，60岁以上规范签约53782人。

【精神病防治】 2015年，桐庐县有重性精神疾病患者1526人，2015年新发现143人，检出率4.33‰。其中精神分裂症929人，情感性精神障碍226人，癫痫所致精神障碍182人，其他28人。重性精神疾病管理率为98.7%，规范治疗1315人，治疗率为86.76%。门诊服用基本抗精神病药物费用得到全额保障，新增免费服药47人，免费20万元。全年出院重性精神病人信息反馈139人。桐君、旧县、城南及凤川街道完成COACH科研项目，项目研究助理、村医对301名老年人进行6次评估。

·爱国卫生·

【建设健康城市】 2015年，桐庐县开展健康单位（机关）、健康餐厅（酒店）、健康社区、健康食堂等创建工作，创建全民健康生活方式行动示范单位51家。申报市级健康单位1家、健康主题公园1个、浙江省健康促进银奖学校2所。创建县级无烟单位11家、市级无烟单位7家。利用宣传日活动现场和健康教育三级网络，推广防病健康教育，发放画报、折页、单页、小册子以及健康支持性工具80余种，约10万余份，受益6万余人。是年，在《今日桐庐》报和桐庐电视台开展人感染H7N9禽流感防治知识宣传教育，发放宣传画报、图版1000份，卫生宣传单页15000份，H7N9禽流感宣传单页、折页20000余份。利用华数数字电视平台全县网点覆盖，每天上下午播放禽流感防治视频。开展农村健康教育讲座800余场，受益32000余人。桐庐县健康促进协会第一次会员代表大会于11月在县中医院召开。

【卫生巩固活动】 2015年6月，分水镇、江南镇创建国家卫生镇通过浙江省爱卫会调研。结合第27个爱国卫生月及重大节日，各乡镇（街道）、部门开展城乡环境卫生整治、除“四害”等活动，普及健康知识；结合“清洁桐庐”行动，每季度暗查乡镇（街道）爱国卫生工作开展情况，对暗查结果进行排名公示；结合省、市级卫生乡镇督查和复评工作，加强督查、指导。合村乡通过省级卫生乡复评。

【改水改厕】 2015年，县爱卫办制定农村生活饮用水水质监测方案和监测计划，县疾控中心按计划开展水质卫生监测。全年完成农村饮用水卫生监测722份，任务完成率100%，覆盖率100%，水质监测结果及时抄告相关乡镇（街道）及水利部门；并配合水利部门做好农村饮用水长效管理考核工作，县改水办及时对长效管理考核结果进行通报。农村饮用水水质合格率比2014年有所提高，达85.13%。农村新建、改建无害化户厕1002座，全县卫生厕所普及率100%，无害化卫生户厕普及率94.34%。

【除“四害”】 2015年，桐庐县联合除四害专业消杀公司，与桐君街道、城南街道共同举办秋季除四害公益服务活动进“八小行业”、进居民家庭，开展灭蚊、灭蝇、灭蟑为主的除四害技术服务指导；全年印发灭蚊、灭蝇宣传单10000份，发放至各单位、居民、社区；在全县集中开展以春秋两季为主除“四害”活动，在各社区推行除“四害”亮牌服务，在社区上墙公开两家消杀公司联系电话、服务人员和社区监督电话；增加灭鼠屋试点工作，开展PCO市场化运作第三方评估试点，对不到位的单位出具整改意见书，督促整改。

2015年桐庐县卫生单位创建名单

表58

创 建 类 型	创 建 单 位
浙江省卫生村（3个）	桐君街道梅蓉村
	瑶琳镇大山村
	百江镇小京村
浙江省卫生先进单位（2个）	桐君街道迎宾社区居民委员会
	城南街道下杭社区居民委员会
杭州市健康单位（1个）	桐庐县财政（地税）局
杭州市无烟单位（7个）	桐庐县妇幼保健院
	桐庐县卫生和计划生育监督所
	桐庐久缘餐饮管理有限公司
	桐庐县财政（地税）局
	桐庐县城南街道中心幼儿园
	浙江施强制药有限公司
	杭州沃华滤纸有限公司

【城乡整洁行动】 2015年，桐庐县继续实行农村保洁补助，每人每年60元，实现“清洁桐庐”工作日常化、常态化。开展以“清洁城乡、除害防病、共享健康”百日大行动为主题城乡环境卫生大整治，以集贸市场、河道沟渠、公路沿线等区域为重点，清理卫生死角、乱堆乱放、乱贴乱画。实行暗访考核、排名公示制等长效管理机制，开展4次暗访检查，暗访结果在《今日桐庐》上按乡镇、集镇、行政村、最清洁村进行前后10名排名公示。

·医学会·

【论文评选】 2015年，县医学会收到申报评选医药卫生优秀科技论文61篇，经专家评审，县中医院潘永苗《择期手术开放复位内固定治疗跟骨骨折48例临床分析》和县第一人民医院方玉才、王秋英等《67例慢性丙型肝炎治疗过程及随访中血清谷丙转氨酶、病毒载量及肝纤维化指标的变化》获一等奖；县第一人民医院洪钟亮《前列腺癌发生骨转移的研究概况》等5篇获二等奖；县疾控中心虞精明、方胜宇等《论最高管理者在实验室资质管理体系中的作用》等15篇获三等奖；优秀奖3篇。

【科技成果】 2015年，县医学会完成县级及以上科研课题申报并立项45项，其中市级11项、县级34项。完成科研项目鉴定18项。评选产生2014年度医药卫生科技创新项目，其中县第一人民医院洪钟亮《单通道经皮肾镜碎石术治疗复杂性肾结石》和县妇保院王丹凤等《剖宫产逐年升高原因分析及干预措施研究》获一等奖；县第一人民医院汤汝、夏珣、郭婷的《X线定位下侧隐窝阻滞疗法治疗腰突症腰腿痛的临床研究》等5个项目获二等奖；县第一人民医院方红艳《ICU患者下呼吸道感染多重耐药菌情况调查及干预效果评价》等15个项目获三等奖。

【学术讲座】 2015年6月5日，举行白求恩内分泌专项基金基层公益学术项目“甲状腺结节临床诊治”，由浙江省医学会内分泌分会副主任委员、杭州市医学会内分泌分会主任委员、杭州市第一人民医院张楚副院长来桐庐举行专题讲座。10 月 22 日，组织医务人员参加杭州市医学会营养分会“妊娠期糖尿病营养防治新进展培训班”。12 月 11 日，医学会检验学组开展“实验室质量控制专题讲座”。12 月 27 日，县医学会放射学组召开放射学术交流年会，开展疑难病例读片等。

【专业学组活动】 2015 年，县医学会组织开展全县三级查房技能比武，对县级医疗机构 16 个医疗小组分内科、外科和妇儿三个小组进行比武考核，分别评出一等奖 1 名、二等奖 2 名、三等奖 3 名；组织开展临床急救技能比武，全县 24 个急救组通过胸部体格检查、创伤急救包扎固定等项目的比武，分别决出县级医院组和基层医院组前 3 名，获奖人员由县卫计局通报表彰。各专业学组发挥自身优势，开展健康科普讲座，到县老干部活动中心、迎春社区等进行健康讲座。

·计划生育事业·

【概况】 2015 年，桐庐县出生 3433 人，其中计划内出生 3308 人，计划外出生 125 人；计划生育率 96.36%，多孩违法生育发生率 0.29%，统计误差率控制在 1.5% 以内，出生上报及时率 95% 以上；计生术后（产后）随访服务率 100%；群众工作中无违反“七不准”行政侵权行为，无恶性事件和行政败诉案件；群众对乡村计划生育工作的满意率达到 98 % 以上。审核审批再生育 1382 件，审批合格率 100%。按照考核时间跨度统计，2014 年 10 月至 2015 年 9 月，出生人口性别比为 112.2。

【机构改革】 2015 年 5 月底，整合桐庐县卫生局、人口和计划生育局的机构和职能，组建县卫生和计划生育局。8 月，完成县乡两级服务机构改革，组建县妇幼保健和计划生育服务中心，乡级计划生育服务职能划入卫生院。

【生育服务证制度改革】 2015 年，桐庐县生育服务证制度改革，简化审批手续，缩短公示时限。对符合再生育条件且材料齐全的采取即时受理；婚育信息可在同一省（区、市）核实的，一般办理时限不超过 10 个工作日；对于情况比较复杂或者需要跨省（区、市）核实的，一般办理时限不超过 20 个工作日。乡镇（街道）公示的时间从原来规定的 7 个工作日减为 5 天，公示和审核同步进行。对于申请人无法亲自办理的，可书面委托村（社区）或者他人代办，基层计划生育工作人员主动上门服务并提供全程代办；全程掌握申请人孕情信息，保护申请人隐私。在再生育审批过程中，对于信息核实存在困难的对象，可根据夫妻双方对婚育情况真实性的书面承诺给予办理。推行“边补正材料，边受理审核”的容缺受理新模式，即允许乡镇人民政府（街道办事处）在当事人基本条件具备、主要申报材料齐全且符合法定条件，但次要材料有遗漏的情况下先行受理审查，群众仅需在领取审批结果前将缺少材料补齐即可。

【落实单独两孩政策】 2015 年，桐庐县把实施单独两孩政策作为 2015 年计划生育工作一项重要任务来抓，确保认识到位、责任到位、措施到位、落实到位。按照浙江省出台的有关政策法规，做好单独两孩政策实施前后相关政策衔接，制定完善配套保障措施，有序组织实施，保持政策连续性，维护政策严肃性。做好单独两孩政策实施情况收集、分析工作，加强政策实施的服务、指导和追踪调研，研究解决政策实施过程中出现的新情况、新问题。

【出生缺陷干预】 2015 年，县卫计局开展国免宣传、检查、随访工作，及时上报国免报表。已婚育龄妇女生殖健康和优生知识普及率达 90%；新婚和待孕夫妇优生指导率 90% 以上，婚前医学检查率 96.19% 以上，免费孕前医学检测率 99.25% 以上，全年完成目标人群检查人数 6012 个，覆盖率 96%。村级符合“两免”对象告知率达 100%。

【性别人口比治理】 2015 年，县卫计局每季度开展一次“两非”（非医学需要的胎儿性别鉴定、非医学需要的人工终止妊娠）联合督察行动，通报督察结果，跟进“两非”整治措施，利用媒体大力开展“两非”整治宣传、开通有奖举报电话，常态化开展孕情跟踪，规范凭证引产，通过各种措施扎实跟进有效控制“两非”案件发生。全年未发现有关“两非”违法案件发生。

【免费“两癌筛查”】 2015年，县卫计局与妇联联合开展两癌筛查全覆盖工作，对凤川街道、富春江镇、桐君街道、城南街道开展“两癌”筛查工作，4个街镇参保适龄妇女应检人数26202人，检查15513人，其中乳腺彩超检查15416例，宫颈液基细胞学（TCT）检查13998例，筛查率59.21%。筛查结果统计：TCT异常516例，占3.69%。其中高度鳞状上皮内病变（HSIL）50例，低度鳞状上皮内病变（LSIL）115例，非典型鳞状上皮细胞－不排除高度病变53例，非典型鳞状上皮细胞不能明确意义的298例。乳腺彩超检查异常：纤维瘤372例，导管扩张94例，乳腺结节892例，乳腺包块112例，囊肿407例，小叶增生4848例，异常率43.6%。

【计生家庭特别扶助】 2015年，桐庐县计生家庭特别扶助符合奖扶对象5755人，其中新增1050人，发放奖励扶助金552.48万元；特扶对象345人（包括并发症对象75人），其中新增40人，发放特别扶助金194.16万元。公益金救助稳步提高，桐庐县2015年享受计划生育公益金对象103例，发放公益金金额28.65万元，其中独生子女死亡、致残及患重大疾病26例，独生子女父母死亡、致残及计生干部特困家庭等77例。组织并发症鉴定工作，衔接重组时期并发症对象的服务管理工作。引导病残儿进行鉴定，宣传优生优育相关知识，指导健康再生育。病残儿父母再生育优生指导和服务率100%。

·疾病控制·

【概述】 2015年，根据《桐庐县人民政府办公室关于印发桐庐县卫生和计划生育局桐庐县计划生育协会机关主要职责内设机构和人员编制规定的通知》，桐庐县疾病预防控制中心与桐庐县干部保健中心合署，核定事业编制32名，其中主任1名，副主任2名，干部保健中心副主任1名。中心现有职工38人，其中在编职工34人（被卫生局借用3人），临时工4人。高级职称4人，中级职称18人，初级职称10人，本科以上学历26人。中心设综合办公室、质量管理室、传染病防制科、健教慢病所、卫生监测科、检验科。至年底，中心年收入1669.63万元，其中地方财政投入1663.69万元，上级下拨5.94万元。

【传染病管理】 2015年，桐庐县报告法定报告乙、丙类传染病18种2840例，报告发病率694.66%。其中乙类传染病12种1116例，报告发病率272.97/10万，丙类传染病报告6种1724例，报告发病率421.69/10万。无甲类和按甲类管理的乙类传染病报告；方埠中心学校发生一起诺如病毒感染胃肠炎暴发疫情（累计发生161例病例，波及2122人，罹患率7.59%），达突发公共卫生事件相关信息报告标准。传染病自动预警信息系统共发出预警信号12种155条，响应率100%，经确认3起暴发疫情，为流行性感冒1起，急性出血性结膜炎1起，感染性腹泻疫情1起，对上述疫情及时开展调查和处理。各医疗机构通过疾病监测信息报告管理系统报告传染病卡片3878张，报告及时3877张，报告及时率99.97%，审核传染病卡片数3603张，审核及时3603张，审核及时率100%。县疾控中心1张其他感染性腹泻卡片迟报。重卡率为0。

是年，新发现HIV阳性病例25例，死亡2例，纳入管理的艾滋病感染者和病人92例（感染者54例、病人38例）。确诊结核病347例，其中肺结核病224例（阳性肺结核病人120例、阴性肺结核病人104例），结核性胸膜炎及肺外结核病人123例。报告手足口病确诊病例377例，发病率92.21/10万，无重症病例和死亡病例报告；接到5起手足口病聚集性疫情报告，分别为：城南街道金溪幼儿园、江南镇彰坞幼儿园、桐君街道高岭幼儿园幼儿园、江南中心幼儿园及小荧星艺术幼儿园，5起疫情共发生手足口病33例，波及1181人。

对霍乱、大肠杆菌0157:H7等肠道传染病进行监测。桐庐县4家县级医院除县妇保院未开设肠道门诊，其余3家均按要求开设肠道门诊进行霍乱监测，其中县第一人民医院作为霍乱监测点医院常年开设。3家肠道门诊全年共接诊新发腹泻病人641人，采便培养霍乱弧菌人614次，采便培养率95.79%，无阳性检测结果报告。在霍乱流行季节（5—10月），对重点职业人群，如饮食、公共场所、渔民等从业人员采集大便9997份，未检出霍乱病例及带菌者。

全年接到麻疹疑似病例报告21例，实验室确诊麻疹9例，报告发病率 2.05/10万。接到报告后及时开展个案流行病学调查和应急接种，完成应急接种137人。发生麻疹暴发疫情1起，3月16日富春江镇芝夏村报告2例麻疹确诊病例，此次疫情累计应急接种37人。桐庐县10年无狂犬病病例发生。犬伤门诊共接诊犬伤暴露人群8072人，进行免疫预防有8071人，免疫率99.99%。

【突发事件应对】 2015年，县疾控中心参与处理20起传染病暴发（聚集）疫情和1起群体性青少年春季疹（光过敏）事件。其中，麻疹暴发疫情1起、急性出血性结膜炎暴发疫情1起、流感暴发疫情2起、诺如病毒胃肠炎暴发疫情2起、手足口病聚集性疫情5起、水痘暴发疫情7起，肠道病毒引起的病毒性脑炎聚集性疫情1起，不明原因聚集性腹泻疫情1起。所有疫情均及时开展调查和采样，通过采取病例隔离、加强消毒和密切接触者开展应急接种等防控措施，有效控制疫情。

1月14日，方埠中心学校发生诺如病毒感染胃肠炎暴发疫情，累计发生161例病例，波及2122人，罹患率7.59%。根据病例临床症状、流行病学特征、实验室检测结果、卫生学调查及病例对照研究结果，认定此次疫情为一起诺如病毒引起的胃肠炎暴发疫情，达到突发公共卫生事件相关信息报告标准。经采取病例隔离治疗，停用桶装水和饮水机，落实环境清洁消毒，开展健康教育、加强晨检等综合防控措施，疫情迅速得到控制。

【H7N9禽流感防控】 2015年5月28日，浙大医学院附属第一医院报告桐庐县1例人感染H7N9禽流感病例。接到报告后，中心立即开展流行病学调查，采取措施：对病家开展终末消毒，对农贸市场及禽肉主要来源地开展外环境监测，对密切接触者进行医学观察等。环境溯源样品39份，经本中心检测及杭州市疾控中心复核结果为阴性，55位密切接触者经过7天的医学观察，未出现异常情况。

组织专业人员开展2次人感染H7N9禽流感发病风险评估，分别为2月9日对桐庐县春节期间风险情况进行评估，10月8日对当年冬季及2016年春季发病情况进行评估，并将风险评估报告及时递交县卫生行政部门。

开展人感染H7N9禽流感外环境监测。根据《杭州市人感染禽流感职业暴露人群和外环境监测方案（2014版）》要求，于3月、6月、9月、12月对富春江镇、凤川街道、桐君街道、横村镇、江南镇、城南街道、分水镇等农村禽类散养户开展监测，全年共采集标本102份，经检测流感病毒甲通均为阴性。

【登革热】 2015年，桐庐县无登革热疫情报告。根据《浙江省登革热监测方案（2015试行）》要求，5—11月开展登革热传播媒介伊蚊的幼虫密度（BI指数）监测，发现6月桐庐县布雷图指数严重超标情况，进行风险评估，并以书面形式向县卫计局报告。

【性病、艾滋病防治】 2015年，桐庐县共管理性病、艾滋病 92例(其中新发现25例……、艾滋病人6例），对纳入管理的性病、艾滋病患者进行CD4T淋巴细胞免费检测，定期进行肺结核、梅毒筛查，提供免费抗病毒治疗。全县有艾滋病筛查中心实验室1家（县疾控中心）、艾滋病初筛实验室4家（县第一人民医院、第一人民医院、中医院、妇保院）、艾滋病自愿咨询检测点3个（县疾控中心、第一人民医院、妇保院）。共筛查各类艾滋病重点人群41936人次，本地新报告感染者及病人18例。对1160名自愿咨询者进行艾滋病个案咨询和免费检测，筛查阳性6人，确诊阳性4人。对502名看守所监管人员进行常规监测，未发现阳性。

是年，县卫计局、教育局联合举办“预防

艾滋病教育进课堂”巡回讲座，对全县2000余名高二学生进行艾滋病宣传教育。12月1日是第28个世界艾滋病日，县疾控中心组织宣传活动，在杭州技师学院、城南街道柴埠安置房建设工地、鼎红娱乐会所各举行一场艾滋病专题教育讲座，在江南镇开展现场宣传活动，各乡镇卫生院也组织宣传活动，桐庐新闻等电视广播媒体对艾滋病日活动进行专题报道。

【免疫规划】 2015年，桐庐县监测疑似预防接种异常反应100例，经调查判定为一般反应84例，诊断为异常反应10例，偶合症5例，待定1例无疑似预防接种有关的死亡病例和群体性疑似预防接种异常反应报告，无疫苗质量事故和实施差错事故报告。

开展春节返乡儿童“九苗”查漏补种工作，卡介苗、脊灰疫苗、麻风疫苗、麻腮风疫苗、百白破疫苗、乙肝疫苗、乙脑疫苗、流脑疫苗、甲肝疫苗“九苗”接种率均在96.79%以上。对全县2009年1月1日至2013年12月31日出生及2007年1月1日到12月1日出生的常住儿童，每个年龄组每个点抽取7名适龄儿童，共调查1260名儿童。1260名儿童建卡建证率均达100%，卡证符合率100%。1岁组儿童“四苗”（卡介苗、脊髓灰质炎、百白破、麻疹疫苗）合格接种率100%，“五苗”（“四苗”再加乙肝疫苗）合格接种率100%。2岁组儿童乙肝疫苗、卡介苗、脊髓灰质炎疫苗、百白破疫苗、麻疹疫苗、乙脑疫苗、A群流脑疫苗、甲肝疫苗接种率均在99.52%以上。3岁组儿童乙脑疫苗第2剂次接种率100%；4岁组儿童A+C流脑疫苗第1剂次接种率100%；5岁组儿童脊髓灰质炎疫苗第4剂次接种率99.52%。7岁组儿童疫苗接种情况：乙肝、卡介苗、脊髓灰质炎、百白破、麻疹、乙脑全程合格接种率均为100%，甲肝、白破疫苗接种率99.52%。抽取城南街道和桐君街道，调查1周岁、2周岁、7周岁3个年龄组共120人，建卡率100%。其中1岁组儿童共调查40人，卡介苗、乙肝、麻疹，脊灰、百白破、A群流脑、乙脑减毒疫苗接种率均达100%，“五苗”全程接种率100%；2岁组儿童共调查40人，百白破、乙脑、麻疹、甲肝疫苗接种率均为100%，A群流脑疫苗两剂次接种率97.5%；7岁组儿童共调查40人，乙肝、脊灰、百白破、麻疹类、流脑、乙脑减毒疫苗、甲肝、白破疫苗接种率100%。查验86家幼儿园、39所小学、17所初中10842人，查验率100%。查验无证人数36人，补证人数36人，补证率100%。需补种1628人，已补种1567人，补种率96.25%。其中托幼机构补种为96.70%；小学补种率96.23%；初中补种率95.00%。

4月25日是第30个全国儿童预防接种宣传日，县疾控中心联合桐君街道社区卫生服务中心在桐君广场举行宣传咨询活动，发放宣传画200余张、宣传册200余册。

疫苗质量进货建有验收记录，对每一批次疫苗的参数和资料进行验收，建立疫苗进出明细台账、疫苗消耗汇总台账。每天2次对冷链系统运行情况进行记录，定期对相关设备进行检查、维修和保养，保证冷链设备的正常运行。每月制定疫苗领用、发放计划，减少I类疫苗浪费。

【地方病防治】 2015年，县疾控中心采集县盐业公司盐样108份，合格108份，合格率100%，碘盐中位数21.6毫升／公斤。按东、西、南、北、中划分5个抽样片区，抽取合村、分水、瑶琳、钟山、凤川5个乡镇的300户居民户食用盐进行盐样采集和检测，现场进行半定量测定。监测结果：现场半定量测定300份盐样均为精制碘盐；实验室定量检测300份样品中，盐碘最小值为0.2毫升／公斤，最大值为33.2毫升／公斤，合格碘盐276份，不合格11份，非碘盐13份，碘盐覆盖率95.67%，碘盐合格率96.17%，合格碘盐食用率92%，非碘盐率4.33%。

碘缺乏病病情监测情况：按东、西、南、北、中五个方位，抽取合村、分水、瑶琳、钟山、凤川5个乡镇8～10岁2～4年级的学生976人，用触诊法检查甲状腺，查出I度肿大8人，肿大率0.82%。同时抽取该5个乡镇8～10岁共200名小学学生（男、女各50%）进行尿碘检测，结果显示尿碘中位数为164微克/升，尿碘值＜50 微克/升的人数为14人；抽查100名孕妇尿碘和盐碘检测，结果显示尿碘中位数为181ug/L，尿碘值＜50微克/升的人数为6人。以上人员均达到消除目标的要求。对150名五年级小学生和75名家庭妇女和100名孕妇进行碘缺乏病防治知识知晓率和行为调查，结果分别为91.87%、91.00%和92.80%。联合盐务管理局在钟山乡菜市场门口开展“5·15”碘缺乏病宣传日活动。

疟疾防治。2015年桐庐县无疟疾病例报告。全县发现“三热”病人（疟疾病人、疑似疟疾病人、不明原因发热病人）1194人，血检人数为1194人，占全县总人口2.92‰；其中流行季节5—10月份血检1090人，占全年血检总数的91.29%，未发现有疟疾病例。在县妇保院开展第8个“4·26”全国疟疾日宣传活动。

血吸虫病防治。2015年，桐庐县开展“4·10”查螺日活动，对原历史螺区江南镇徐畈村采用环境抽样法对划分的条块进行查螺，按照查螺图账进行环境抽查515框，查螺面积2800平方米，查螺投工10余工，未查到钉螺，假螺点检出率80%。对444名来自历史血吸虫病流行区的流动人群和151名本地人群进行血清学检测，结果7名血清学阳性，送省级粪检点建德市疾控中心做血吸虫病原学检测，粪检结果均为阴性，未发现血吸虫病例。此外开展医务人员血吸虫防治知识业务培训，随机抽查59名医务人员进行血吸虫病防治知识知晓率调查，平均得分为74.04分。

人体重点寄生虫病现状调查。为了解桐庐县人体重点寄生虫病流行情况，掌握流行规律和影响因素，评估《2006—2015年全国重点寄生虫病防治规划》和制定新时期防控策略，1月在百江镇、瑶琳镇和江南镇开展人体重点寄生虫病现状调查，共调查786人，查出阳性人数26例，感染率为3.31%。其中钩虫感染率为2.29%、原虫感染率为1.02%；未发现鞭虫、蛲虫感染。

【慢性非传染性疾病防治】 2015年，桐庐县常住总人口数405778人，150664户，建档人数385659人，人口建档率95.04%，建档户数148295户，户建档率为98.42%；其中60岁以上老年人78910人，建档健康管理人数71923人，建档管理率97.64%，2年内老年人体检人数是65913人，体检率82.50%。全县高血压病人34450人，建档管理33128人，规范分级管理27158人，规范管理率81.98%，血压控制21298人，控制率78.42%；糖尿病人7253人，建档管理7040人，规范化随访管理5734人，规范管理率81.45%；血糖控制人数4405人，控制率76.82%；据《浙江省慢性病监测信息管理系统》统计，全年新增糖尿病947例、肿瘤1403例、冠心病急性事件291例，脑卒中急性发作病例1428例。全县各级医疗单位内科门诊总人次数1716806例，其中35岁以上首诊人次数379132例，测血压365675例，首诊测压率为96.45%，确诊高血压1637例。肿瘤病人登记596人。

是年，桐庐县出生登记3993例，其中本地户籍出生登记2906例，外地户籍出生登记1087例。桐庐籍死因卡2730例，外地死因卡87例。

桐庐县于2013年新增为国家级死因监测点。根据中国疾病预防控制中心统一部署，按照《2015年度全国死因监测漏报调查总体方案》要求，于2015年7至8月开展死因漏报调查工作，本次调查城南街道、分水镇、合村乡所辖9个行政村共6670户34395人次，2013—2014年共出生348人，出生率10.12‰；死亡215人，死亡率6.28‰；无死亡漏报。

【创建省级慢性病示范区】 2015年，桐庐县启动“浙江省慢性非传染性疾病综合防控示范区”创建工作，县疾控中心作为主要业务单位，承担大量现场调查、报告撰写和台账资料收集、整理工作，并承担业务培训和指导工作。中心多次对示范区创建成员单位进行培训、现场指导、台账资料审核。11月25日，通过征集省级专家组评估，收到浙江省卫计委、教育厅、民政厅、体育局联合文件，正式命名桐庐为“浙江省慢性非传染性疾病综合防控示范区”。

【国家慢性阻塞性肺病监测项目】 2015年3月31日，桐庐县启动中国居民慢性阻塞性肺病监测项目，确定江南、瑶琳和百江为监测点，每个监测点调查200人计600人。调查项目包括问卷询问、身高、体重、腰围、血压和肺功能测试等。8月15日，桐庐县完成600人监测任务，完成全部流程596人，查出慢性阻塞性肺病患者85人（男64人，女21人），完成X光片拍摄81人，慢阻肺患病率13.76%，高于国家2002—2003年40岁以上人群慢阻肺患病率（8.2%）。

【水质监测】 2015年，县疾控中心全年共检测水样880份，水样总体合格率71.02%。其中，桐庐县城集中式供水采样检测38份，合格率100.0%，出厂水每月监测一次，均合格。二次供水水样17份，合格率100%。乡镇水厂集中式供水检测水样85份，合格63份，合格率74.12%。农村村级集中式水样740份，合格507份，合格率72.02%，不合格项目主要集中在微生物指标、感官指标和消毒剂指标。

【农村粪便无害化效果监测】 2015年，县疾控中心与爱卫办对江南镇石泉村和分水镇徐桥村随机选择无害化厕所14户，进行粪便无害化效果监测并开展现场调查，监测点的农户厕屋卫生状况良好，厕屋内空气中氨浓度达标、无臭味，化粪池内无成蝇和蛆，寄生虫卵沉降率达到粪便无害化标准，监测结果表明，使用砖砌三格式化粪池、无害化卫生厕所对肠道致病菌处理效果均较为显著。

【食品安全】 2015年，县疾控中心采集桐君街道、城南街道、凤川街道、瑶琳镇、莪山畲族乡、富春江镇、分水镇、百江镇等乡镇（街道）等地食品及相应包装材料175份进行微生物监测，合格158份，合格率90.3%。检测项目为：菌落总数、大肠菌群、沙门氏菌、单核细胞增生李斯特氏菌、致泻大肠埃希氏菌、金黄色葡萄球菌、副溶血性弧菌、蜡样芽胞杆菌、铜绿假单胞菌等。理化监测样本202份，合格192份，合格率95.05%。不合格样品为：5份海蜇丝检出铝（食品添加剂）超标，1份油条检出铝（食品添加剂）超标，1份山核桃仁检出重金属铅超标，2份蔬菜样品冬瓜和番薯梗检出氯氰氰菊酯农药超标，1份样品水果样品西瓜检出氯氰氰菊酯超标。2015年，县第一人民医院、第二人民医院、中医院、妇幼保健院4家哨点医院无食源性异常病例／异常健康事件报告。是年，城南街道石马面馆发生疑似食物中毒事件，县疾控中心对5名患者进行流行病学调查并将此事件网络报告。

【中小学生窝沟封闭】 2015年，县疾控中心为54所学校的4806名学生（小学二年级及初中二年级）开展口腔检查，应开展窝沟封闭学生4146名，实际窝沟封闭学生3922名，窝沟封闭率94.60％，项目覆盖率100%，封闭牙齿数14261颗。此外，还对2014年开展过窝沟封闭的4662名学生进行复查，新封人数344名，补封牙数369颗，新封牙数894颗。

【学校卫生】 2015年，县疾控中心开展对中小学生常见病防治的督导工作，每月按时上报监测点学校的学生因病缺课情况。对叶浅予中学、三合初级中学、富春高级中学3所监测点学校的饮用水、餐饮具消毒质量进行监测，监测结果均合格。5月20日，县疾控中心组织专业人员、学校校医、学生等人员参加杭州市疾控中心举办的杭州市“5·20”全国学生营养日主题宣传活动。

【职业卫生】 2015年，县疾控中心对24家企业开展职业病危害因素日常检测，对1家企业开展职业病危害因素检测与评价。审核农药中毒报告卡55张，有毒有害作业工人健康监护卡136张，报告卡审核率100%，无疑似职业病和职业病报告。中心针对接触煤尘（煤矽尘）、矽尘、石棉、苯、铅、噪声、布鲁氏菌7种重点职业病危害因素及其所致的煤工尘肺、矽肺、苯中毒及苯所致白血病、铅中毒、噪声聋、布鲁氏菌病的开展监测评估工作，通过监测评估发现桐庐县的重点职业病危害为噪声、苯、铅、煤尘，接触重点职业病危害因素劳动者接受职业健康检查有971人，检出职业禁忌6人，职业病报告病例4例。

【放射卫生】 2015年，县疾控中心每季度一次收集13家单位78人的放射个人剂量计，送杭州市疾病预防控制中心检测，检测结果均在正常范围内。

【卫生检验】 2015年，县疾控中心完成检测样品总数8652件，检验24491项次。其中微生物样品6151份，检验8794、项次；理化样品2502份，检验15697项次；总出具检验报告1759份。

【消杀工作】 2015年，县疾控中心监测医疗机构51家，其中县级医院4家，乡镇卫生院（社区卫生服务中心）13家，村级医疗机构29家、民营医疗机构5家。采集样品数569件，合格518件，合格率91.04%。

【实验室质量管理】 2015年，县疾控中心通过省级食品检验机构资质认定和计量认证复/扩项评审。9月11至13日浙江省质监局组织计量认证评审专家组，对中心进行食品检验机构资质认定和计量认证复/扩项评审并通过，通过评审，本中心检测参数为食品类7大类163项、非食品类9大类226个项目参数范围内的检测能力。全年参加上级机构组织的各类能力验证和盲样考核6次、12个项目，其中省级4次9项，市级2次3项，反馈结果均为优秀、满意或合格；6月组织策划2015年“桐、临、淳、建”四家疾控中心室间比对活动，15个比对项目（其中理化项目8项、微检项目7项）均为满意。全年共发放内部质控样品46份，涉及检测项目33项（其中理化项目14项、微检项目17项，现场项目2项），考核结果满意。

【健康教育】 2015年，县疾控中心加强与报社、电台、网络平台合作，在《今日桐庐》报中设立慢性病防控微知识专栏，每月一期；与广播电视台设立“健康一生”电视专栏，每月1～2期。运行华数数字电视健康教育科普平台，利用平台在全县医疗输液点全覆盖，每天定时定点播放健康教育科普视频，上下午各一次，每次45分钟，全年有效播放450多个小时。

实施“膳食宝塔进家门”计划，对县城住户发放膳食宝塔冰箱贴，要求做到“家家都有膳食宝塔，人人知晓合理膳食”，计发放35000余份，约覆盖49%的县城居民住户。组织开展桐庐县首届公共营养师培训班，招收学员68名。健康教育讲师团深入社会企事业、社区、学校，开展健康教育讲座活动，开展健康教育讲座800余场，32000余人受益。

【疾病预防控制科研】 2015年，县疾控中心完成国家CDC监测项目“居民慢性阻塞性肺病监测项目”；与省市疾控中心共同协作开展：耐多药结核病防治、肿瘤随访工作、重点职业病监测与职业健康风险评估项目、双生子人群队列、2015年度居民结核病知晓率调查、人体重点寄生虫病现状调查。发表论文4篇，其中Ⅰ级论文2篇，Ⅱ级论文2篇。

·卫生监督·

【概况】 2015年8月6日，“桐庐县卫生局卫生监督所”更名为“桐庐县卫生和计划生育监督所”（简称县卫计监督所）。7月，因职业卫生监管职能调整，职业卫生监管职能及2名工作人员划转至县安全生产监督管理局。现县卫计监督所核定编制18人，在职17人，科室设有综合办公室、法制信息科、监督一科、监督二科，其中综合办公室和法制信息科合署办公。

全年，出动卫生监督执法人员1669人次，监督检查各类被监督管理对象5306户次。开展“量化分级”“五常法管理”“333整治”“游泳场所二维码公示”“春秋季学校卫生检查”“教学环境监测”“社区饮用水监测”“依法执业分级管理”“传染病防控”“医疗废物整治”“打击非法行医”等整治行动；创新监管模式，利用沐浴场所“3+2+2”组合拳以及口腔诊疗“云监督”，提升公共卫生安全水平。全年立案查处违法案件62 件，罚没款126150元。全年未发生行政复议、行政诉讼案件，未发生重大公共卫生突发事件。

【公共场所卫生量化分级】 2015年，桐庐县应量化分级管理的公共场所856家，经过量化分级评分，评出A级单位2家、B级单位76家、C级单位778家。美容美发场所的量化分级管理率90%，住宿、游泳、沐浴等重点公共场所的量化分级管理率均达100%。

【公共场所抽检监测】 2015年，针对美容美发经营单位采集剪刀、梳子、毛巾、眉剪、粉刺针等样品26件，针对其中2家单位未按要求对公用物品消毒保洁造成毛巾检测不合格的行为进行行政处罚（罚款3000元），同时将检测结果在微信公众平台予以公示；对7家游泳场所池水做到水质抽检全覆盖，全年抽检游泳池水30件，合格30件，合格率100%；全年开展对6家住宿场所、3家电影院、1家车站、1家体育馆、1家足浴、12家浴室的空气质量及公用物品的监督监测，抽检样品235件，合格214件，合格率91%，针对不合格单位进行约谈并责令限期整。

【控烟专项执法】 2015年，县卫计监督所联合经信局加强县城区域内美发行业控烟宣传和检查，检查68家次。联合爱卫办开展对全县机关事业单位及医疗机构控烟监督检查，出动执法人员18人次，监督检查46家次，警告1家次。开展错时控烟监督检查，监督检查54家次，当场警告处罚10家次，罚款4家次，计1550元（其中首次对个人违反控烟条例进行处罚）。发放禁烟标识、宣传资料1000余份，开展控烟进校园的形式向幼儿园小朋友宣传普及控烟小知识，通过“小手拉大手”的活动，让幼儿向家长传递吸烟有害健康信息，提高全民控烟意识。

【学校卫生监管】 2015年，县卫计监督所开展学校卫生督查，检查学校58所，监督覆盖率100%，联合教育局推行使用学校卫生监管系统，58家学校完成自查录入工作。出动28人次，对全县12所中学、小学进行教学环境卫生监测。是年，在教育局推行学校饮水提升工程之际，提前介入，确保24所学校安装的直饮水机符合卫生标准，且水质检测合格方可投入使用。

【饮用水卫生】 2015年，县卫计监督所采集水样70件，其中：水源水7件，均符合1～3类水标准；出厂水7件、末梢水45件、二次供水10件，合格率均为100%。8月31日，桐庐县配备水质在线监测设备的两家A级供水单位完成与浙江省卫计委饮用水水质在线监测系统联网。在分水镇玉华社区推广《社区生活饮用水卫生检测示范项目》，试点开展居民生活饮用水水质检测和公示。

【医疗机构监管】 2015年，县卫计监督所通过排查，确定268家医疗废物产生单位，完成对所有医废产生单位医疗废物处置集中督查，医疗废物安全处置率100%。打击非法行医，出动267人次，接到相关投诉举报23起，投诉举报查处率100%；联合公安、城管、市场监管局等部门开展联合执法7次，取缔无证行医10起，立案查处5家，罚款人民币16500元。

【医疗机构消毒隔离监测】 2015年，县卫计监督所结合中东呼吸综合征、人感染H7N9禽流感、埃博拉出血热疫情防控等工作，重点对发热门诊、肠道门诊，医疗机构预检分诊执行情况、传染病防治措施落实情况、微生物实验室、结核病防控等工作进行监督检查。检查医疗卫生机构435家次，其中县级医院、乡镇卫生院（社区卫生服务中心）、民营医院以及开展血液透析、口腔诊疗的重点医疗卫生机构覆盖率100%。对辖区内开展血液透析的3家县级医院和1家民营医院的消毒隔离效果进行监测，采集透析用水、灭菌车针、消毒后内镜、口腔科用水等样品137件，经检测合格124件，合格率90.5%。

【依法执业】 2015年，县卫计监督所根据《关于开展桐庐县医疗机构依法执业分级监管检查的通知》，对全县各级各类医疗机构开展依法执业监督检查，出动执法人员485人次，检查医疗机构864家次，监督检查覆盖率100%。对中小医疗机构进行依法执业量化分级，监督分级率100%，达到规范级别的中小医疗机构有106家，占34.5%；合格级别201家，占65.5%。其中：乡镇卫生院10家，规范10家；社区卫生服务机构106家，规范47家，合格59家；村卫生室120家，规范41家，合格79家；民营医院5家，合格5家；诊所及门诊部53家，规范8家，合格45家；其他医疗机构13家，合格13家。全年检查口腔诊疗机构计64家次，推行口腔消毒、医废处置在线监控30家，通过整治，立案查处3家，罚款4000元。是年，查处违法行为16起，罚款人民币41500元，涉及“两废”处置不规范、使用非卫技人员、违法发布医疗广告等；对不良执业行为记分19家次，累计记分56分，记分频次较多的是未按规定执行消毒隔离制度，医疗废物、医疗污水处置不规范，使用非卫生技术人员等不良执业行为。

【消毒产品卫生】 2015年，县卫计监督所针对2家消毒产品生产企业、2家消毒产品经营单位生产经营的15件消毒产品进行监督抽监测，合格率100%。

【职业与放射卫生】 2015年，县卫计监督所加强对放射卫生、职业卫生工作监管，开展放射近台同室专项监督、放射许可证校验、放射工作人员管理、疑似职业病报告等各项工作。其中：放射诊疗预评审核3家次，控评审核10家次，新发放射诊疗许可证7家，组织放射新上岗工作人员培训 17人次，网络复训82人次；同时重点开展职业健康检查服务专项治理行动，共出动14人次，对桐庐县1家职业健康检查机构进行监督指导，对2015年收到的141份职业健康检查报告书进行质量检测，抽检88份。

【餐饮具集中消毒】 2015年，县卫计监督所出动执法人员78人次，监督检查餐饮具集中消毒单位32户次；每季度开展集中消毒餐饮具监督监测工作，全年抽检集中消毒餐饮具148件，合格148件，合格率为100%；5月，市卫生监督部门对桐庐县集中消毒餐饮具进行随机抽检，抽检产品15件，合格15件。是年，针对集中消毒餐饮具立案查处违法事件2起，分别为供应的消毒餐饮具未标注消毒日期和卫生监督合格证过期后仍从事餐饮具集中消毒服务。

【投诉举报】 2015年，县卫计监督所接到投诉举报24件，其中生活饮用水投诉2件、非法行医（含医疗机构卫生）投诉10件、公共场所卫生投诉7件、职业卫生投诉1件、其他投诉4件。投诉举报查处率、反馈率、反馈满意率均为100%。查实违法行为给予警告5家次、罚款10家次，罚没款共计2.45万元。

·妇女保健·

【妇保指标】 2015年，桐庐县管理孕产妇3444例，建卡3444例，系统管理3396例，系统管理率97.86%。住院分娩3470例，住院分娩率100%。新法接生3470例，新法接生率100%。开展孕24～32周县级高危孕产妇筛查及追踪管理，组织妇产科、内科医生285人次到基层开展高危筛查，筛查孕妇3431例，高危筛查率99.62%，经筛查评定高危孕妇2064例，100%实行追踪管理。产前筛查3107例，筛查率90.21%。筛选出102例高风险孕妇，产前诊断94例，其中确诊小儿唐氏综合症畸形2例，性染色体异常1例，及时于22周进行医学引产；做产前筛查、羊水穿刺同时动员孕24～26周进行三维B超全套检查，发现8例心脏畸形、3例肺部畸形、2例唇裂、2例肾脏畸形、1例脑积水、4例其他畸形，20例在28周前发现畸形，及时进行医学终止妊娠，减少出生缺陷发生。

是年，全县各接产点分娩产妇4399例，其中县内产妇3266例、县外流动人口产妇1133例，分娩活产数4421例，全年无孕产妇死亡发生，新生儿破伤风发生数为0。开展围产儿死亡及出生缺陷监测工作，全年各接产单位上报死胎16例、死产0例，7天内新生儿死亡3例，围产儿死亡率4.28‰。出生缺陷儿29例，出生缺陷发生率6.54‰。

【妇女病检查】 2015年，桐庐县20～64岁妇女114205人，普查39673人，检查率34.74%。其中筛查宫颈癌17041例，筛查乳腺癌15880例。查出患妇科病人数8953人。其中阴道炎3959例，宫颈炎3042例，宫颈癌5例，乳腺癌2例。

【婚前医学检查】 2015年，桐庐县继续实行免费婚检制度，结婚登记2910对，参加婚检2799对，婚前医学检查率96.18%；婚检查出患疾病人数1761人，患病率31.46%，治疗率100%。

【保健教育】 2015年，桐庐县每月定期向基层发放母子画报720份，发放免费婚前医学检查宣传单、产前筛查宣传单和各类健康教育处方34770份。县妇幼保健院每月定期举办孕妇学校、育儿学校，全年开课51期，1508人参加；从6月起，妇保院每月下乡1次到卫生院进行孕妇学校授课，每次30人左右；各乡卫生院自行授课每月1次，使孕妇受教育率99.97%。全年组织省、市级专家大型群众性宣传活动2次，在桐庐广播电台“健康直通车”上直播妇女保健知识4期。是年，营养门诊每周开设3天，对孕妇营养进行个对个的宣教、指导，重点对妊娠期代谢异常、贫血、胎儿宫内生长异常、体重指数异常等高危人群进行营养管理，使胎儿体重控制在预期范围，降低剖宫产率，全年县妇保院剖宫产率控制在48.14%，全县助产单位剖宫产率控制在47%以内，巨大儿发生率5.76%。

【科研培训与指导】 2015年，桐庐县举办县级妇幼保健业务培训5期，有228人参加培训；组织妇幼保健人员参加省、市级卫生部门组织的专业培训和进修学习116人。孕产妇、围产儿及5岁以下儿童死亡评审小组，定期开展半年度、年度死亡评审工作。

【盆底康复】 2015年，桐庐县坚持每天开设盆底康复门诊，对产后42天妇女进行常规盆底肌力评估，对各种尿失禁、轻中度子宫脱垂、阴道膨出、阴道松弛、阴道痉挛、性生活不满意者进行阶段性肌力治疗，有效预防盆底疾病发生。全年筛查722人，其中异常550人，均需进行盆底治疗。

【“五免一补助”项目】 2015年，桐庐县继续实施“五免一补助”项目（农村妇女免费增补叶酸预防神经管畸形项目、免费产前筛查和新生儿疾病筛查项目、免费孕期保健和0～36月儿童保健、免费婚前医学检查和孕前优生检测、农村孕产妇住院分娩补助项目），对全县农村妇女实行免费政策。全年免费发放叶酸3380人，分娩补助1836人，免费孕检3444人，免费产前筛查3075人。

·儿童保健·

【儿保指标】 2015年，桐庐县0～6岁儿童23002人，受检22844人，保健覆盖率99.31%。0—6岁儿童系统管理22750人，系统管理率98.90%。全县调查登记0～6岁流动儿童4808人，实际系统管理4741人。5岁以下儿童死亡22例（桐庐籍17例），其中婴儿13例（包括新生儿7例）、1～4岁儿童9例，本地5岁以下儿童死亡率4.90‰，婴儿死亡率3.46‰，新生儿死亡率1.73‰，5岁以下儿童死亡率、婴儿死亡率较2014年有所增长，主要原因是意外伤害的死亡率上升。6个月内婴儿母乳喂养率92.57%，纯母乳喂养率78.75%。对桐庐县户籍人口实施0～6岁婴幼儿免费健康体检。

【营养性疾病和高危儿管理】 2015年，桐庐县5岁以下体重检查人数16365人，体重/年龄<中位数-2SD人数116人，体重低下发生率为0.71%；体重/年龄<中位数-2SD人数114人，生长迟缓发生率0.70%；体重/身高>中位数+1SD人数1200人，超重发生率为7.33%；体重/身高>中位数+2SD人数472人，肥胖发生率为2.88%；均较2014年有所上升。5岁以下血红蛋白检查人数11920人，贫血人数933人，贫血患病率7.83%，其中中重度贫血患病人数29人，中重度贫血患病率0.24%。全县0～3岁儿童共管理营养性疾病和高危儿1195例，其中新发现708例，发病率21.01%（占0岁组儿童数）；各类营养性疾病和高危儿均按照要求给予专案管理，管理率100%；结案421例，结案率35.23%。5～6岁儿童测视力9546人，右眼视力小于等于0.8的563人，左眼小于等于0.8的514人，视力不良发生率较2014年上升。对查出的缺点及疾病及时反馈给家长，属于体弱儿管理范围的均按要求进行随访和指导，及时予以矫治。对户籍地的高危儿和营养性疾病儿进行电脑信息管理，便于儿童流动时随访。

【新生儿疾病筛查】 2015年，桐庐县筛查新生儿4409人（接产活产数4421人），筛查率99.73%。确诊先天性遗传代谢病患儿16例（其中亚临床甲低4例、先天性甲状腺功能低下症6例、苯丙酮尿症1例、葡萄糖6磷酸酸酶缺乏症5例），均在治疗及随访中。是年，全县筛查新生儿听力4333人（接产活产数4421人），新生儿听力筛查率98.00%。初筛未通过171例，复筛156例，对筛查未通过的均予以追踪，全年确诊听力异常儿童9例，听力异常发生率2.08‰。2015年度继续根据浙江省统一布置实施免费新生儿疾病筛查新项目，包括4项遗传代谢病筛查和新生儿听力筛查，全年免费筛查3264人，免费筛查率75.33%，免费率提高18.85%。

【托幼机构管理】 2015年，桐庐县将托幼机构管理工作纳入基层儿童保健工作年度考核，各地儿保医生按标准每季度对辖区幼儿园进行卫生保健工作业务指导，县妇幼保健院每年组织1～2次业务指导和卫生保健工作验收。3月，全县15名炊事员和13名保健老师参加市妇保院组织的炊事员上岗培训和保健老师上岗培训班。7月，举办一期保育员培训班，共125名保育员进行相关培训取得上岗证；8月，8名保健老师参加市级提高班。全县幼儿园实施一年一度老师体检制度，幼儿入园前做一次入园体检，一年做一次常规体检。

【星级妇保儿保门诊创建】 2015年，桐庐县上报7家五星级儿保门诊，杭州市卫生局10月中下旬组织考核验收，7家单位通过考核验收，完成2013年年初制定全县妇儿保门诊三星全覆盖和50%达到五星级水平目标。

（朱 应）

【责任编辑 郑巧丽】

社会事业

·民政事业·

圆通速递“关爱环卫工人”爱心冠名基金签约仪式

【社会救助】 2015年，桐庐县城乡低保对象4683户7032人，残保对象2999人。全年发放低保金1264.86万元，残保金2007.33万元。12月1日起再次调整桐庐县低保标准，城镇低保标准由每人每月540元调整为每人每月612元，农村低保标准按城镇低保标准的80%确定，由每人每月415元调整为每人每月490元，残疾人基本生活保障标准参照城乡居民低保标准执行。全年对346名困难学生发放助学金78.07万元。第三次提高大病致贫帮扶公益金救助标准，帮扶救助大病致贫困难群众159人，发放救助金542.918万元，已帮扶救助332人，发放公益金1101.458万元。制定《桐庐县困难家庭（低保边缘户）救助实施办法》，将低保边缘户纳入物价补贴、慈善助学、医疗困难救助、廉租房申请享受范围。全年临时救助544户1313人，其中因病等支出型临时救助493户1176人，火灾等应急型临时救助51户137人，发放临时救助金111.67万元。

【慈善事业】 2015年，桐庐县设立“元超慈善冠名基金”“圆通速递关爱环卫工人慈善基金”“桐庐华数关爱公交司机慈善基金”等冠名慈善基金，全年为300余名困难环卫工人和公交司机发放救助金100余万元。在桐庐县政府网站和民政局网站开通网上慈善捐赠平台，收到130位爱心人士捐款。以开设专题节目，制作公益广告形式，宣传慈善政策和爱心企业、人士事迹，弘扬慈善理念。一年来，在桐庐电视台和《今日桐庐》报宣传50余篇次，印发救助政策资料11000余份。

【优抚安置】 2015年，桐庐县发放重点优抚对象优抚金1841万元。其中为129名因生活困难退役军人发放临时生活补助13.1万元，发放义务兵家庭年优待金744.6万元，发放立功受奖奖金23.9万元，发放60周岁以上农村老年生活补助费309.5万元。全县2014年冬和2015年春接收转业士官和退伍士兵258名。其中253名退役士兵实行自主就业，发放退役士兵自主就业补助金544.4万元。做好军转志愿兵（士官）和首批进藏兵稳控工作。成立涉军维稳工作小组，制定稳控方案及化解方案，全年接待上访和政策咨询人数950余人次，调查处理上级交办信访案32件。

【移民工作】 2015年，桐庐县实施移民扶持项目238个，投资15152万元，安排扶持资金5510万元。其中后扶资金项目31个，补助资金739.08万元；结余资金项目143个，补助资金3436万元；创业致富资金项目34个，补助资金820万元；库区基金项目24个，补助资金446万元，分水江移民项目23个，补助资金

1168万元。实施移民创业致富项目44个，投资5213万元，其中移民扶持资金1462万元。全年发放直补2066.28万元，受益移民34081人。会同县慈善总会出台《桐庐县大中型水库移民困难临时救助实施细则（暂行）》，开展困难移民临时救助，安排10万元救助资金，救助63名困难移民。会同桐庐农村合作银行出台《桐庐县大中型水库移民创业贴息专项贷款管理办法（试行）》，安排50万元资金用于移民创业贷款贴息，减轻水库移民创业资金负担和困难，9家企业借款额4990万元。

【基层政权建设】 2015年，县民政局对卫计局等县级部门上报准入申请32个盖章事项、49项工作任务、81项考核评比创建达标进行评估，允许准入盖章事项21项、29项工作任务、12项考核评比创建达标项目。对县司法局（公证处）等8个部门未经批准盖章项目实施抄告制度，要求其整改到位，切实减轻社区（村）负担。桐庐县各社区建立“楼下书记”服务平台，对有物业管理的社区，按照《桐庐县城镇社区考核评价办法（试行）》，将“物管工作协调站”建立工作纳入社区考核。城南街道、分水镇6个社区建立“物管工作协调站”等组织，占全县社区总数的33%。完善村级民主决策机制，从3月份开始启动对村民代表培训工作。召集部分村民代表讲课交流15个场次。183个村和18个社区按照“一村一规、一社一约”，完成村规民约和社区公约初稿审定工作。

【社会组织管理】 2015年，桐庐县在民政部门登记注册的社会组织416家（其中社会团体195家、民办非企业221家）、备案类社会组织1014家。对首批进驻县级孵化中心彩虹公益服务中心、仁爱雅苑工疗站等12家社会组织，运用“政府支持、专业团队管理、公众监督、组织受益”的孵化机制，通过资金扶持、政府购买服务等方式，为其孵化脱壳搭建平台、创造条件。出台桐庐县《关于加大培育社会组织的实施意见》，对作用发挥较好社会组织加大政策和资金扶持，拓展其参与社会管理服务的空间，发挥引领示范作用。发展基层社会组织，发挥基层社会组织在社会管理的独特作用。开展市级福利彩票公益金资助社会组织公益服务、社会组织品牌建设和创新创优项目工作，桐庐雅苑工疗站和桐庐白鹤书院分别获得杭州市社区社会组织参与社会治理优秀样本和实践样本。

【区划地名管理】 2015年，县民政局完成地名命名25件，制作门、街牌5455块，打印门牌证7020本，出具地名证明400人次。出版新版《桐庐行政区划图》及《桐庐县地名志》。出台《桐庐县第二次全国地名普查工作实施方案》，召开第二次全县地名普查工作大会，于2015年10月底启动桐庐县第二次全国地名普查工作。挖掘历史地名文化，开展千年古镇、村落评比申报工作，分水镇入围省级第一批千年古镇。

【殡葬管理】 2015年，县民政局落实殡葬基本服务费减免政策，免除死亡人员2679人殡葬基本服务费1512525元，其中重点减免对象28人，减免金额23570元。开展“三江两岸”坟墓整治工作，整治坟墓323穴，其中迁移3穴、绿化320穴。开展“两路两侧”“四边三化”坟墓整治工作，整治坟墓1054穴，其中迁移87穴、绿化967穴，完成100%。开展“三沿五区”坟墓整治工作，整治坟墓1009穴，其中沿公路迁移84穴、绿化423穴，沿河道迁移3穴、绿化320穴，水源保护区迁移1穴，风景旅游区迁移12穴，住宅区迁移81穴，开发区迁移85穴。

【婚姻登记及收养登记】 2015年，县民政局依法办理结婚登记3470对，离婚登记1191对，补领婚姻登记证件681对，出具无婚姻登记记录4882个。全年办理收养登记19件，其中：福利院送养而办理收养登记3件，公民私自收留而办理收养登记15件。三代以内同辈旁系血亲收养登记1件。婚姻、收养登记合格率100%。

【救助管理】 2015年，县民政局依法做好城市流浪乞讨人员救助管理工作，救助137人次。其中，流浪乞讨人员救助134人次，危急重病人和精神病人3人，数字城管案件处理3件。

（邵叶丹）

·人民生活·

【全体居民收入】 2015年，桐庐县居民人均可支配收入32274元，比2014年增加2641元，增长8.9%。其中人均工资性收入19687元，比2014年增加1918元，增长10.8%，占人均可支配收入的比重为61.0%；人均经营净收入7413元，比2014年增加312元，增长4.4%，占人均可支配收入的比重为23.0%；人均财产净收入1669元，比2014年减少100元，下降5.6%，占人均可支配收入的比重为5.2%；人均转移净收入3505元，比2014年增加511元，增长17.1%，占人均可支配收入的比重为10.8%。

【城镇居民收入】 2015年，桐庐县城镇居民人均可支配收入39348元，比2014年增加2982元，增长8.2%。其中人均工资性收入24774元，比2014年增加2288元，增长10.2%，占人均可支配收入的比重为63.0%；人均经营净收入7443元，比2014年增加23元，增长0.3%，占人均可支配收入的比重为18.9%；人均财产净收入2283元，比2014年减少137元，下降5.7%，占人均可支配收入的比重为5.8%；人均转移净收入4847元，比2014年增加808元，增长20.0%，占人均可支配收入的比重为12.3%。

【农村居民收入】 2015年，桐庐县农村居民人均可支配收入22504元，比2014年增加1877元，增长9.1%。其中人均工资性收入12663元，比2014年增加1204元，增长10.5%，占人均可支配收入的比重为56.3%；人均经营净收入7370元，比2014年增加694元，增长10.4%，占人均可支配收入的比重为32.8%；人均财产净收入820元，比2014年减少77元，下降8.6%，占人均可支配收入的比重为3.6%；人均转移净收入1651元，比2014年增加56元，增长3.5%，占人均可支配收入的比重为7.3%。

2015年桐庐县居民人均可支配收入

表59

指标名称	全体居民（元）	同比增长（%）	城镇居民（元）	同比增长（%）	农村居民（元）	同比增长（%）
人均可支配收入	32274	8.9	39348	8.2	22504	9.1
（一）工资性收入	19687	10.8	24775	10.2	12663	10.5
（二）经营净收入	7413	4.4	7443	0.3	7370	10.4
1. 一产经营净收入	395	-11.6	100	-65.3	802	22.0
2. 二产经营净收入	3381	5.9	3614	-1.6	3057	20.1
3. 三产经营净收入	3637	5.0	3729	7.9	3511	1.1
（三）财产净收入	1669	-5.6	2283	-5.7	820	-8.6
（四）转移净收入	3505	17.1	4847	20.0	1651	3.5

【全体居民生活消费】 2015年，桐庐县居民人均生活消费支出18704元，比2014年增加1507元，增长8.8%；恩格尔系数为33.3%，比2014年上升1.8个百分点。其中人均食品烟酒支出6224元，比2014年增加803元，增长14.8%；人均衣着支出1374元，比2014年增加133元，增长10.8%；人均居住支出3489元，比2014年增加116元，增长3.4%；人均生活用品及服务支出827元，比2014年减少161元，下降16.3%；人均交通通信支出3251元，比2014年增加345元，增长11.9%；人均教育文化娱乐支出2192元，比2014年增加432元，增长24.5%；人均医疗保健支出910元，比2014年减少176元，下降16.2%；人均其他

用品和服务支出437元，比2014年增加15元，增长3.4%。

【城镇居民生活消费】 2015年，桐庐县城镇居民人均生活消费支出22126元，比2014年增加1155元，增长5.5%；恩格尔系数为33.8%，比2014年上升1.2个百分点。其中人均食品烟酒支出7470元，比2014年增加641元，增长9.4%；人均衣着支出1743元，比2014年增加147元，增长9.3%；人均居住支出3788元，比2014年减少13元，下降0.3%；人均生活用品及服务支出848元，比2014年减少335元，下降28.3%；人均交通通信支出4156元，比2014年增加376元，增长9.9%；人均教育文化娱乐支出2774元，比2014年增加653元，增长30.8%；人均医疗保健支出952元，比2014年减少176元，下降15.6%；人均其他用品和服务支出395元，比2014年减少138元，下降25.8%。

【农村居民生活消费】 2015年，桐庐县农村居民人均生活消费支出13979元，比2014年增加1830元，增长15.1%；恩格尔系数为32.2%，比2014年上升3.1个百分点。其中人均食品烟酒支出4505元，比2014年增加968元，增长27.4%；人均衣着支出865元，比2014年增加99元，增长12.9%；人均居住支出3076元，比2014年增加275元，增长9.8%；人均生活用品及服务支出799元，比2014年增加71元，增长9.7%；人均交通通信支出2003元，比2014年增加266元，增长15.3%；人均教育文化娱乐支出1385元，比2014年增加109元，增长8.5%；人均医疗保健支出852元，比2014年减少178元，下降17.2%；人均其他用品和服务支出494元，比2014年增加220元，增长80.3%。

2015年桐庐县居民人均生活消费支出

表60

指标名称	全体居民（元）	同比增长（%）	城镇居民（元）	同比增长（%）	农村居民（元）	同比增长（%）
人均生活消费支出	18704	8.8	22126	5.5	13979	15.1
1. 食品烟酒	6224	14.8	7470	9.4	4505	27.4
2. 衣着	1374	10.8	1743	9.3	865	12.9
3. 居住	3489	3.4	3788	-0.3	3076	9.8
4. 生活用品及服务	827	-16.3	848	-28.3	799	9.7
5. 交通通信	3251	11.9	4156	9.9	2003	15.3
6. 教育文化娱乐	2192	24.5	2774	30.8	1385	8.5
7. 医疗保健	910	-16.2	952	-15.6	852	-17.2
8. 其他用品和服务	437	3.4	395	-25.8	494	80.3

【全体居民家庭主要耐用消费品】 2015年，桐庐县全体居民每百户家庭拥有：家用汽车35辆、摩托车28辆、电冰箱（柜）101台、洗衣机87台、彩色电视机192台、空调153台、热水器89台、计算机78台（其中接入互联网73台）、固定电话39部、移动电话245部。

【城镇居民家庭主要耐用消费品】 2015年，桐庐县城镇居民每百户家庭拥有：家用汽车36辆、摩托车16辆、电冰箱（柜）99台、洗衣机87台、彩色电视机183台、空调182台、热水器92台、计算机91台（其中接入互联网89台）、固定电话31部、移动电话252部（其中接入互联网160部）。

【农村居民家庭主要耐用消费品】 2015年，桐庐县农村居民每百户家庭拥有：家用汽车34辆、摩托车41辆、电冰箱（柜）103台、洗衣机86台、彩色电视机202台、空调121台、热水器86台、计算机64台（其中接入互联网56台）、固定电话46部、移动电话239部（其中接入互联网128部）。

【城乡居民住房面积】 2015年，桐庐县居民人均住房建筑面积58.8平方米，城镇居民人均住房建筑面积43.5平方米，农村居民人均住房建筑面积75.6平方米。

（姚健云）

·民族宗教·

【概述】 2015年，桐庐县有少数民族乡1个（莪山畲族乡）、少数民族村7个，佛教场所28处，基督教场所49处，天主教场所1处。5月22日，召开桐庐县佛教协会第四届代表大会，差额选举产生9名理事、5名常务理事，释莲愿当选会长。5月28日，召开桐庐县基督教“两会”换届会议，选举产生37名委员、11名常委，申屠建荣当选县基督教协会会长，陆建平当选县基督教三自爱国会主席。6月19日，完成全县35处宗教场所标志物整治工作。7月9日，召开民间信仰场所登记编号工作培训会议，14个乡镇（街道）派代表参加会议。

【民族村发展恳谈会】 2015年，县民宗局召开7期少数民族村经济社会发展恳谈会，邀请属地乡镇、县农办、县农林局、县旅委以及结对社区、民主党派、知联会等单位参加，争取结对帮扶资金7万元。

【特色村寨建设】 2015年，县民宗局加大扶持力度，争取省级和中央重点项目少数民族发展资金110万元，投入到新丰民族村，扶持该村建成统战文化特色村、亦舍艺术客栈等高端民宿及先锋书店休闲文创项目，形成畲乡风情游产业发展格局，带动当地畲族群众增收致富。

【项目资金使用和管理】 2015年，县民宗局完善2014-2016年桐庐县少数民族村发展项目库，落实省级少数民族发展项目资金85万元，争取中央少数民族发展重点项目资金80万元，市县两级少数民族配套资金96万元。落实“五水共治 五教同行”宗教活动场所结对民族村项目1个，30万元用于中门民族村龙门湾农家乐河道综合整治项目。

【宗教慈善事业】 2015年，县民宗局组织宗教界人士举办“慰问困难户”“百姓日向市民赠饮”“慈善捐赠”“走访养老院”等活动，公益慈善资金达到15万元。

【宗教场所规范化建设】 2015年，县民宗局指导宗教场所开展“和谐寺观教堂”创建活动，评定二星级宗教活动场所2家，推荐上报杭州市三星级宗教活动场所2家。完成宗教活动场所登记证更换，办理宗教场所组织机构代码证和银行账户，实施非通常宗教活动网上审批办理。

【民间信仰场所登记编号】 2015年，县民宗局开展民间信仰场所登记编号工作，参加省市民宗部门业务培训班。10月底，全面完成23处甲类场所登记编号工作。12月底，完成10处乙类场所登记编号工作。

（洪继国）

·老龄事业·

【概况】 2015年，桐庐县60周岁以上老年人有87678人，占总人口21.42%，同比增加3926人，增长4.7%。其中80周岁以上12777人（百岁老人8人），横村镇城东村双湖自然村洪红女（女）105岁为最年长者。全县60周岁及以上的老年人口非农业人口30546人，占全县老年人口34.84%，占总人口7.46%；农业老年人口57132人，占全县老年人口65.16%，占总人口13.96%。全县纯老年家庭人数26278人，失能与半失能老年人数12265人，占老年人口14%。

【养老服务】 2015年，桐庐县新建居家养老服务照料中心20家，累计建成149家。新建民办养老机构3家，新增床位198张，累计建成养老机构25家，其中公办13家、民办12家；

总床位 3311 张，其中护理型床位 1804 张。根据“不让桐庐的老人因为空巢而无人照顾”承诺，建立老年人信息数据库，落实“银龄互助”帮扶机制，实现养老互助行政村和人员全覆盖，老年人之间开展互帮互助。政府购买居家养老服务 4775 人，占老年人 6%。

【敬老爱老】 2015 年春节期间，县委、县政府向 5.43 万名 60 周岁及以上享受城乡居民社会养老保险基础养老金老人每人发放 700 元春节慰问金。重阳节期间，县领导、部门、乡镇、村四级联动向全县老年人开展集中慰问，慰问金额 370 万元。日常向 260 名困难老人、困难失能老人进行慰问，慰问金 35 万元。第四届“桐庐百姓日”，全县各乡镇（街道）、村（社区）及爱心人士出资 400 余万元组织全县 8.5 万余名 60 周岁以上老年人免费享用“敬老爱老幸福餐”，组织社会各界开展文艺、祝寿、发红包、健康体检等活动。

桐庐县 2015 年老年人口概况

表 61

乡镇 街道	60 周岁及以上 老年人口状况		90 周岁及以上老年人状况		
	老年人口数（人）	占总人口比例（%）	总人数（人）	男性（人）	女性（人）
桐君街道	10534	22.01	142	57	85
城南街道	10334	16.33	145	49	96
旧县街道	1917	22.96	26	5	21
凤川街道	3939	20.85	61	15	46
江南镇	10846	21.43	166	54	112
富春江镇	6479	25.66	85	45	40
新合乡	1098	20.96	25	11	14
横村镇	9581	23.03	157	50	107
莪山畲族乡	2067	22.55	31	15	16
钟山乡	4568	21.23	49	17	32
瑶琳镇	8482	24.12	112	44	68
分水镇	11541	21.86	137	44	93
百江镇	4171	21.36	34	11	23
合村乡	2121	20.93	18	5	13
合计	87678	21.42	1188	422	766

【老年活动】 2015 年 6 至 10 月，县老龄办、老年书画研究会、老龄事业发展基金会联合举办以“青山绿水·美丽桐庐”为主题老年书画摄影比赛，获奖作品参加杭州市老年书画摄影比赛。9 月份组织老年艺术业余团队参加杭州市老年文艺周活动，其中富春江镇老年人舞蹈节目《红》获得金奖。6—8 月，桐庐县第四届老年人运动成功举行，设 12 个大项 27 个小项，

有 14 个乡镇（街道）、10 个县级机关单位，24 支代表团参加比赛，参赛人员 900 人次。11 月份，诸暨、义乌、浦江、桐庐四县市第五届书画联谊会书画展在县博物馆开展，展出老年书法、绘画、摄影作品 127 件。重阳节在县老年活动中心举办“2015 年桐庐县老年健康饮食技艺展示活动”，近 200 名老年人参与。“敬老月”活动开展丰富多彩的文化娱乐生活，满足老年人精神生活需求。

【老年宣传】 2015 年，县老龄办与广播电视台联合推出《君山夕阳红》节目，以现场采访、录制、信息发布等形式对全县老年政策、老年人活动信息及健康知识等进行广播，每周不少于 2 次。借助敬老月、科技下乡和全国法制宣传日，加大《中华人民共和国老年法》“六进”宣传力度，发放《老年法》单行本 10000 余本。

【老年教育】 2015 年，桐庐县老年电大学员 8370 人，入学率占全县老年人口 10%。开展“红色讲坛”进基层活动，邀请县委党校老师走乡入村为老年电大授课。5 月 6 日，县老龄办与老科技工作者协会联合在合村乡开展为老年电大学员送健康咨询和义诊活动，全年为老年人授课 60 余堂。县老年电大直属教学点学员们组织开展自己设计的时装走秀、课堂老年运动会等活动，丰富电大学员文化学习。

【老年保险】 2015 年，桐庐县出台《桐庐县老年人团体意外伤害统筹保险工作实施意见》，县政府出资 180 万元为全县桐庐籍 60 周岁以上老年人每人每年购买 1 份意外保险，最高保额 50000 元，从 2015 年 8 月 1 日起实行。

（陈先扬）

·关心下一代工作·

【概况】 2015 年，县关工委充分发挥广大离退休老干部作用，加强青少年核心价值观、青春健康教育和法制教育，尽力给青少年办实事、做好事等，取得良好社会效益。关工委成员朱占善再获全国关心下一代工作先进个人荣誉称号。

【组织人员建设】 2015 年，县关工委完善县、乡、村三级关工委组织网络，巩固非公企业关工委组织。对朱占善等 17 名年满 80 周岁、长期从事关工委工作的“五老”人员颁发“关心下一代工作特别贡献”纪念奖杯。调整三团领导班子，邀请原县四套班子老领导甘凌峰、王六堂、陆文虎担任新三团团长。选取 30 多名具有专业特长和乐于奉献新成员加入到“三团”中。下发《关于推荐优秀离退休干部充实银色人才库的通知》，征集银色人才 196 人。按照“帮教组”“宣讲组”“文艺组”“医卫组”“科技组”“综合组”等特长设立 6 支志愿小分队，志愿者达到 300 余名。

【青少年思想道德教育】 2015 年，县关工委在全县中小学开展“红色主题”为主要内容的核心价值观教育。设立桐庐县老干部活动中心（桐庐县老年大学）、桐庐县青少年活动中心、桐庐县广播电视台 FM89.3、桐庐富春堂艺术学校、吴培林革命文物展览馆 5 个“红色驿站”和桐庐凤凰山革命烈士陵园、新合乡金萧支队纪念馆、分水镇五云山烈士墓、钟山乡烈士陵园、桐庐县博物馆 5 个“红色基地”。 大力培养学生的历史责任感和使命感，组织中小学生前往新合、合村、钟山瞻仰烈士墓、聆听革命故事、参观纪念馆等活动，挖掘红色故事。联合县委党史研究室、新四军研究会采访 12 名老革命、老战士的红色历程，整理出版专题片和回忆录。组织 9 名老革命、老战士成立宣讲团，深入学校、机关等开展红色宣讲 8 场次，传承革命精神，受教育人员达到 3000 多人次；举行少儿红色故事会 1 次，全县 80 余名青少年参加比赛；举办红色之旅，组织 30 余名青少年参观博物馆、浙东人民解放军金萧支队纪念馆等。与县司法局等单位合作，在全县中小学校内开展法制教育 18 次，提升中小学生的法制观念，受教育学生 5000 余名。与团县委、教育局等单位合作，在“3·5”“12·5”等节点，在乡镇（街道）范围内广泛组织开展“学雷锋”活动，组织 3000 多名青少年学生开展清洁河道、文明劝导、助老慰问等各式志愿服务。

【最美风采展示】 2015 年，县关工委依托电视、电台、报刊、网站、微博、微信等媒体推广全国离退休干部先进集体——桐庐科技志愿服务队和全国关工委先进个人——朱占善同志先进事迹。朱占善同志代表科技服务团到杭州各区、（县）市进行最美事迹宣讲；宣传“校门爷爷”事迹，光明网、浙江经视频道、浙江日报等主流媒体竞相报道；县公安局退休干部戴关润参与社会公益活动，入选“桐庐好人榜”。

【帮困助学】 2015年，县关工委联合团县委开展低收入农户青少年关爱行动，资助全县400名困难学生。通过浙江省关工委“福彩牵手 助圆大学梦”公益行动、市关工委帮困助学专项资金和“奋飞奖”，资助48名大中小学生10.8万元。引导受资助学生投身到垃圾分类、假日学校辅导、清洁家园等公益服务中去，树立回报社会的感恩意识。

【青少年活动开展】 2015年，县关工委关爱留守儿童和外来人员子女。与县青少年宫合作，开展13次流动少年宫进学校、进农村活动，为留守儿童带去3D电影、美劳创意、头脑风貌等精彩项目，受益留守儿童1100余人。开展消防、科幻等夏令营活动，组织300余人留守儿童到消防中队、杭州Dodo城、上海科技馆、杭州低碳科技馆等进行参观学习。举办第五届“童玩节”，邀请留守儿童和外来务工人员子女参加，设置18个大项40余个小项活动，2800余名少年儿童参加活动。

【五老三团】 2015年，县关工委讲师团围绕社会主义核心价值体系这一主线，向青少年学生开展革命传统、爱国主义、理想信念教育，宣讲36场，1800余人次受教育。县关工委关爱团前往全县11所初中开展法制宣讲活动，受教育青少年学生达2750余人次。科技服务团开展校园展览26次、花仙子园地展览18次、农业技术培训63次，受益群众9500余人次。深化“银龄助学”项目，离退休干部党支部捐资46700元，资助贫困学生32人。桐君街道成立“文明观察团”、分水镇、横村镇建立“五水、无违监督队”、教育局成立“朱老师工作室”等，发挥育德育人作用。

（郁　峰）

【责任编辑　郑巧丽】

乡镇 街道

·城南街道·

【概况】 2015年，城南街道以"五美"（产业美、生态美、人文美、生活美、和谐美）街道为目标，全面落实五水共治、三改一拆、重点项目、秀美城乡建设，全力打造最美县城、智慧美丽新城区。实现工业销售总产值86.1亿元，同比增长10.1%；农业总产值3.01亿元，同比下降12.8%；财政收入2.5亿元，同比增长9.1%；农民人均收入18450元，同比增长11.9%。人口计生率96.13%；受理网上信访与县长公开电话1274起，来人接访114批次，县领导接访14次，县信访局转办118件，疏理和排查重点案件36件。是年，获杭州市第三次经济普查工作先进集体、桐庐县乡镇（街道）年度综合考评优秀。

2015年城南街道情况数据库

表62

项　目	单　位	合　计
地域面积	平方公里	97.11
耕地面积	公顷	12174
粮食播种面积	公顷	884.7
粮食总产量	吨	6232
行政村	个	18
经联社	个	4
社区	个	4
总人口	万人	6.33
工业销售总产值	万元	860817
农业总产值	万元	30157
财政收入	万元	25558
农村居民人均纯收入	元	18450

【农业经济】 2015年，城南街道粮食播种面积884.7公顷，同比下降8.6%；粮食产量6232吨，同比下降5.9%。培育省级农业龙头企业3家（桐君堂药业有限公司、杭州小来大农业开发集团有限公司、杭州碧于天保健品有限公司）、市级农业龙头企业2家（桐君堂生物科技、安厨电子商务公司）。改良土壤有机肥补助130吨，农作物种植耕地土壤检测点46个；做好春季农田灭鼠和33.3公顷粮油功能区统防统治工作，清除和防治一枝黄花12处0.85公顷；做

好春秋季重大动物疫病防控工作，完成免疫注射猪瘟16904头、猪口蹄疫16904头、猪蓝耳病16904头，牛口蹄疫23头、羊口蹄疫904头、禽流感63897羽、狗狂犬病9605只。做好金牛、金中、湾里3个村智慧农村创建工作。对仁智村粮油功能区和金联、春江、大丰等村蔬菜种植基地加强技术指导，回收农业污染包装物2.45吨。

【林业建设】 2015年，城南街道完成排门山上坞公墓区防火林带2200米、建造森林消防蓄水池5只、安装森林消防蓄水桶10只；新组建金溪村森林消防队。完成景观造林20.3公顷、平原绿化4.7公顷、提升改造3.3公顷；参加义务植树2.3万人，植树9.2万株；新建设林道2条2公里；森林抚育160公顷；规划完成商品林增划为重点公益林、县级公益林增划为重点公益林561.4公顷。设计审批金东、金联、东兴、湾里燃气管道项目林木采伐证9份214立方米，范家边采伐意杨141立方米。春秋季普查松材线虫病1420.9公顷，清理枯死松木160公顷300吨。

【工业经济】 2015年，城南街道拥有工业企业600余家，其中规模企业36家。完成工业销售产值86.1亿元，其中规上销售实现51.5亿元，同比增长17.0%；外贸出口交货值26.9亿元，同比增长3.8%；自营出口12486万美元，同比增长9.3%；固定资产投资45.6亿元，同比增长119.0%，其中工业投资6.8亿元，同比增长75.5%；三产投资38.7亿元，同比增长128.2%。招商引资4.98亿元，其中实到市外内资4.2亿元、浙商创业创新1.5亿元、外资1300亿美元。重点技改企业19家，投入技改资金3.3亿元。盘活3家企业用地7.13公顷，新引进远鹏印务、达成塑业2家企业；美磁科技、奋飞实业、象限科技、科德磁业技改全面启动；新增省市名牌产品6个、市级著名商标2个。新兴产业替换传统产业步伐加快，引进太龙药业盘活富昌健身器材闲置厂房，形成以磁性材料、中医生物制药、医疗器械等产业为支柱的经济结构，新兴产业比重为34.75%。

【三产经济】 2015年，城南街道直接管理限额以上服务业企业74家，实现服务业增加值21.64亿元；实现社会消费品零售额26.53亿元；新增限额以上服务业企业7家，完成三产投资38.7亿元；大润发超市、景文百货在全县零售业中保持龙头地位，新引进杭州老字号“方回春堂”中医馆；励骏酒店对外营业；中杭服装街、朝霞路美食街建成营业；巴比松庄园开发民宿、商业街区等新项目启动。青山工业园引进小微电商25家；万客网络日均发货6500单；安厨农产品电子商务产业园开工建设；名聪科技通过股改，正与相关券商洽谈，拟在新三板挂牌上市。

【美丽乡村建设】 2015年，城南街道投资1200万元，推进美丽乡村培育村建设15个，项目29个，已完成28个；完成7个省级“一事一议”项目建设；完成市级创收项目1个、区县协作项目3个、县领导联乡结村建设项目4个。创建“城里人第二居所”示范点1个（金牛村），9.7公里绿道建成投入使用，金中村、金牛村创建2A级村落景区通过验收。

【五水共治】 2015年，城南街道为19条河流配备52位分级河长；完善村“三员”督察和街道“月查、季评、年汇总”相结合的长效管理机制，龙潭溪综合整治成效明显，水质达三类以上；落实“一塘一库一责任人”管理，37座山塘水库、9条主要溪流建立防汛责任制；绿源养殖场完成污水纳管工程并启动关停程序，12月，生猪存栏量从1万余头减量至6700头，计划在2016年6月之前全部关停；完成农村生活污水提升改造年度任务、青山功能区二期70余家雨污未分流企业截污纳管工程。

【三改一拆】 2015年，城南街道以农民建房超高层控制为重点，结合“四边三化”“两路两侧”、九大专项整治行动，完成320国道、20省道沿线整治；城区道路整改79处，已整改到位72处，其余7处正在实施中；城乡道路整改27处，全部整改到位；拆除新违建17处1311.65平方米；拆除既有违建253处两万多平方米；拆除一户多宅65处7440.68平方米。

拆后用于宅基地复耕2733平方米，农民建房1.51万平方米，道路、绿地公共设施建设1.49万平方米；发放建房审批表228户，已审批和办理124户；完成困难农户住房改造8户；地质灾害点有效治理4处（岩桥2处、湾里1处、东兴1处），有序推进“两权一房”抵质押贷款、空心村“二次创业”，农房“两证”发放率达到81%。

【县级重点项目】 2015年，城南街道重点项目105个，其中22个已建成投入使用，51个续建项目和21个新开工项目完成当年工作任务；规划调整项目5个；存在资金问题、历史遗留问题、拆迁户要求过高等推进压力的项目6个。新增县智慧平台项目21个，办结20个，非街道工作原因延期1个。

【民生保障】 2015年，城南街道审批低保户21户，取消112户，调整230户；审批残保户32户，取消24户。慰问困难户1010户，资金85.53万元；市各单位慰问困难户180人次；县农村合作银行大病救助13户，资金32.59万元；慈善救助38户，资金9.93万元；申报慈善助学64人，补助金额13.84万元。完成优抚定补对象验证162位；24位伤残军人换证，11位烈士更换烈士证；对1954年出生的农村退伍老兵、带病回乡困难退伍军人进行统计调查，实施救助退伍军人14名；慰问困难优抚对象6户、抗战老兵3人，修缮烈士墓2座。参加政策性农房保险9885户。完成移民人口核减、移民项目申报，核减移民27人，核对信息152条。完成居家养老服务中心建设6个。采用扫描二维码的方式对街道1200名残疾人进行走访和基本信息核查，申报18～60周岁无固定收入残疾人87名；完成重度残疾人托安113名，补助金额67.8万余元；低保重度壹级残疾人82人，补助9.84万元；无障碍设施进家庭15户，残疾人爱心救助4人；为5名0～6周岁残疾儿童申请抢救性康复救助；完成残疾人创业帮扶资金申报及低收入残疾人结对帮扶申报工作。

2015年城南街道各行政村、社区、经联社基本情况

表63

行政村 经联社 社　区	行政村、经联社 社区党委（总支、支部） 书　记	行政村、经联社 主　任	人　口 （人）	年人均收入 （元）
金东村	闻根良	叶萍莉	2168	15328
金溪村	朱双林	吴正阳	3518	19710
金中村	叶众兴	方周青	2006	19052
金牛村	王志春	王荣明	1375	17045
金联村	余根铭	赵良浩	2756	18237
春江村	戴小忠	—	2440	18742
湾里村	华权力	余月英	2637	17620
岩桥村	王小明	王平川	2265	20136
仁智村	张永平	周　毅	2843	19210
乔林村	邢伟勇	方金卫	965	19033
新建村	胡雨海	胡秋珍	219	19219
大丰村	徐旭明	朱世林	1206	21720

续表 63

行政村 经联社 社　区	行政村、经联社 社区党委（总支、支部） 书　记	行政村、经联社 主　任	人　口 （人）	年人均收入（元）
滩头村	范鹤群（代）	—	2731	19492
东兴村	方伟宏	邓学军	2952	17923
上洋洲村	陈士国	—	2334	15150
桑园村	赵有金	梅宝清	844	16568
下洋洲村	朱樟平	朱　明	2190	18150
下轮村	吴雪平	吴新华	810	18256
上杭经联社	戴光成	赵春荣	827	17251
中杭经联社	许国平	吕　峰	473	21408
人联经联社	许永伟	—	1105	21342
兰田经联社	姚善木	姚善木	465	16331
中杭社区	范国政	范国政	6557	20044
下杭社区	季红卫	季红卫	7689	20034
梅林社区	姚　扬	姚　扬	3766	20059
上杭社区	方　捷	方　捷	6064	20061

（童志萍）

·桐君街道·

【概况】2015年，桐君街道以项目推进为突破，以社会治理为抓手，以队伍建设为保障，经济建设和社会各项事业稳步发展。完成工业销售总产值66.4亿元，同比增长8.1%；农业总产值1.48亿元，同比增长2.2%；财政收入30571万元，同比增长9.2%；农民人均纯收入19525元，同比增长13.3%。新出生人口334人，计划生育率98.5%。是年，获桐庐县最佳乡镇街道班子、乡镇（街道）年度综合考评第一名、特色创新一等奖、基层党建考核优秀单位。

2015年桐君街道情况数据库

表 64

项　　目	单　位	合　计
地域面积	平方公里	63.73
耕地面积	公顷	558.1
粮食播种面积	公顷	429.9
粮食总产量	吨	2551

续表 64

项　目	单　位	合　计
行政村	个	6
居委会	个	1
社区	个	7
总人口	万人	4.78
工业销售总产值	万元	663940
农业总产值	万元	14775
财政收入	万元	30571
农村居民人均纯收入	元	19525

【农业经济】 2015 年，桐君街道完成森林抚育 186.7 公顷，绿化造林 22 公顷、林道建设 7.6 公里。投入资金 674 万元，完成水利工程项目 12 个，其中阆苑村 5 个，投资 473 万元；梅蓉村 3 个，投资 100 万元；君山村 1 个，投资 50 万元；麻蓬村 1 个，投资 30 万元；濮家庄村 2 个，投资 21 万元。投资 190 万元，完成濮家庄溪便桥建设、河道清淤 900 余米、杨家坞机埠改建。依托杨梅"一乡一业"建设平台，完善杨梅基地配套设施建设。推进旭野农业开发有限公司产业提升、配套设施建设；投资 5812 万元，种植葡萄 4 公顷、西红柿 3.3 公顷、日本甜瓜 6.7 公顷、月季花 6.7 公顷、冬瓜 5.3 公顷，月季花苗繁育 80 万株，完成活动板房 160 平方米、停车场建设。

【工业经济】 2015 年，桐君街道有工业企业 453 家，其中规模以上企业 21 家。完成工业销售总产值 66.4 亿元，其中规模企业 29 亿元，同比增长 12.4%。固定资产投资 16 亿元，同比增长 20.3%，其中工业投资 4.6 亿元，同比增长 51.1%%；三产投资 11.4 亿元，同比增长 11.4%。招商引资 3.8 亿元，引进项目 7 个，实到市内外资 2.9 亿元，浙商创业创新 1.1 亿元，实到外资 800 万美元。确定重点项目 22 个，力雅广场、赛勃电力科技、开元街区块和浮桥埠区块安置房等在（续）建重点工程顺利推进。实施新建和续建项目 4 个，协议资金 7.7 亿元，富春阳明山项目协议资金 7 亿元，其中 5000 万元注册资金到位，一期 6.7 公顷土地出让完成并开工建设。

【民宿经济】 2015 年，桐君街道首推发展梅蓉民宿经济，招引杭州梅舍电子商务有限公司在龚家区块租赁古建筑 11 幢，建筑面积 3200 平方米，打造精品民宿。项目计划投资 3000 万元，分 3 年改造完成。第一期 3 幢古建筑改装工程完工并对外试营业。全村有民宿经营户 16 户、床位 298 张。创建梅蓉村 2A 级村落景区，做好杨梅基地、兰花基地、李峰文化创意园、绿道骑游四个核心游览项目及龚家古街、郭侯

梅蓉村村落景区

王庙配套设施建设，完善现有旅游标识标牌。

【五水共治】 2015年，桐君街道健全完善河长制长效管理机制，建立动态保洁、监督巡查、工作考核等制度，制定河长制责任示意图7张，巡查情况通报7期。实现辖区内63.73平方公里“全域无养殖场”；“清洁桐君”工作实行网格化管理，定期检查、定期通报、即时整改；巩固提升农村生活垃圾分类收集和资源化综合利用成果，创新垃圾分类第三方外包运营模式，垃圾分类逐步进入常态化管理，濮家庄、麻蓬、阆苑3个垃圾资源化利用站运行正常；协调推进治土治气，实施土地肥力测试点7个，农药污染源包装袋（瓶）统一有价回收、统一处理；实施大气污染防治实施计划，整改企业锅炉33台；开展浮桥埠区块污水管网工程，完成污水主管网及支管网铺设，配套设施安装完工并投入试运行。配合县住建局实施洋塘路截污纳管工程。

【三改一拆】 2015年，桐君街道完成旧住宅改造22000平方米，旧厂区改造21701平方米，城中村改造42018.73平方米，拆除违章建筑28335平方米，有序推进“两路两侧”“四边三化”整治工作。投资2000余万元，完成沿线景观绿化、各管线入地、21处违建简易房及破旧土房拆除，55幢房屋立面整治和庭院改造，完成麻蓬三角区块停车场建设。抓好浮桥埠车站区块广告牌、立面整治。启动“浮里线”美丽公路建设，完成村庄房屋、山边沟坎整治规划设计。整治路边彩钢棚8处600余平方米。

【文化事业】 2015年，桐君街道组织开展文体活动180余场次，参加全县各项活动16场次，组织电影下乡、文化下乡活动78场次。举办第四届桐庐百姓日活动，组织“文体活动”“为民服务活动”“共享品质活动”等6大系列32项活动。在“欢乐大舞台 幸福桐庐人”决赛中获金奖1名、银奖4名、铜奖3名。投资200万元，完成阆苑村文化礼堂建设。阆苑村石灰龙、棕毛龙申报省级非遗项目，船民习俗申报省级非遗传承人。开展第二届“最美桐君人”评选表彰、“创建全国文明城市 争做最美桐君人”万人签名活动，抓好“书香楼道”建设。

【社会保障】 2015年，桐君街道完成农房政策性住房保险3029户，城乡居民养老保险参保率99.5%；发放企退人员、城乡居民医疗体检卡6083份；完成全民参保调查5605人；处理劳动争议11件。慰问困难群众780户2100人，发放慰问款65万元；发放慈善救助款42户11.6万元；开展残疾人托安养工程，发放托养款27.9万元；走访服务残疾人500人次；申办老年优待证325人次，实施“爱暖空巢”行动，发放护理床11张、轮椅11辆；完成圆通、迎宾、鑫鑫、桥北、君山村居家养老服务照料中心建设。鼓励村民参加中国人寿“幸福桐庐惠农保险”，并给予50%配套资金，参保10276人，街道财政配套资金19.75万元；成立村（社区）级商会4家，由桐君商会主办“真心关爱环卫 真情回馈社会”慈善晚宴在红楼国际饭店开席，467位环卫工人参加。

【平安桐君建设】 2015年，桐君街道做好基层社会管理综合信息系统日常运行和维护录入工作。配合“110”部门联合行动出警40次；受理各类矛盾纠纷436件，成功调解426件；接受法律咨询590余人；接待群众来信来访42人次，受理县长公开电话交办181件、市长公开电话交办155件、网上信访交办71件、县效能投诉交办23件；开展“无传销街道”创建工作，查处传销窝点21处，遣送150余人，打击处理涉嫌非法拘禁、非法限制人身自由违法犯罪嫌疑人11人，解救16人；“楼下书记”调解居民纠纷372件；南门社区“楼下书记”被确定为第一批市级社区（基层）舆情工作室。完成企业安全生产责任书签订205份，开展企业安全生产知识培训3570余人，排查出安全隐患235处，即时整改203处，责令限期整改32处。开展出租房消防安全、电力设施和流动人口管理整治，排查住户2423户，其中出租户1514户、“三合一”场所40户、流动人口1913人，收回告知书回执（责任书）352份。

【吴家坞“杭派·富春民居”建设】 2015年，麻蓬村吴家坞区块被列入杭州市七个首批重点“杭派民居”示范点。按照“为民、利民、便民”要求，以“美丽乡村·文化传承”定位，做好方案设计，规划建设房屋40幢。拆除农户房屋72户，建筑面积9028.29平方米，并于2015年11月进场施工，2016年9月完工。

【桐君“360”群防群治模式】 2015年，桐君街道以迎春社区为试点，探索开展以“三防三治”为主要内容的社区群防群治工作，构建“专业力量+志愿队伍”“专项排查+日常走访”“专题协商+日常调解”“专网系统+智慧平台”“综合巡防+联动处置”桐君“360”群防群治模式。开展夜间巡防130余次，参与巡防志愿者400余人次，巡逻期间排查录入出租房和实有人口信息500余条，提供动态信息180余条，捣毁传销窝点1个，解救人员11名。查出聚众赌博1起，制止群体性斗殴事件1起，化解各类矛盾纠纷60余起，帮助群众解决各类困难200余个。迎春社区185个楼道内配备4公斤干粉灭火器370具，灭火器铝箱184只，提升社区开放式住宅小区安全等级。是年12月，桐庐县召开总结推广桐君“360”群防群治现场会，《浙江日报》《法制日报》等媒体予以报道。

【迎春社区商会成立】 2015年4月22日，桐庐县首家社区基层商会组织在桐君街道迎春社区成立。迎春社区是桐庐县最繁华商业生活休闲区域，现有企业70余家，其中52家企业成为首批会员，涉及服装、皮革箱包、小商品、食品等多个行业，非速服饰有限公司总经理赖美生当选为商会会长。“桐庐百姓日”期间，商会为“爱心超市”捐赠水果、食用油、大米等物资，出资4万元为麻蓬村400位老人送上每人100元淘宝体验券。

2015年桐君街道各行政村、社区基本情况

表65

行政村 社　区	行政村、社区党委 （总支、支部） 书　记	村委会主任	人　口 （人）	年人均收入 （元）
梅蓉村	孙伟东	柯洪富	3241	20200
濮家庄村	濮忠军	江明东	1368	15380
君山村	濮志明	朱爱昌	1125	20440
浮桥埠村	邓关满	徐文干	1887	23800
麻蓬村	饶如金	—	1837	18928
阆苑村	吴正洪	胡樟荣	2903	19932
迎春社区	陆群英	—	6162	—
圆通社区	吴林君	—	6409	—
南门社区	罗秋英	—	6473	—
东门社区	方美平	—	6673	—
鑫鑫社区	王健美	—	2797	—
迎宾社区	徐小红	—	3942	—
洋塘社区	陈丽琴	—	3115	—
桥北居委会	叶洪朝	—	1844	—

（徐苗芳）

·旧县街道·

【概况】 2015年，旧县街道围绕“一三五”工作目标，团结奋斗，真抓实干，着力建设“桐庐最美后花园”。实现工业销售总产值18.29亿元，同比下降19.03%；农业总产值7086万元，同比增长3.44%；财政收入4415万元，同比增长9%；农民人均纯收入21975元，同比增长11%。计划生育率97.1%。调处矛盾纠纷206起，调解成功率98.8%；受理各类信访、效能投诉154件。是年，街道团工委获杭州市五四红旗团委。

2015年旧县街道情况数据库

表66

项　目	单　位	合　计
地域面积	平方公里	33.5
耕地面积	公顷	427.87
播种面积	公顷	319.6
粮食总产量	吨	2998
行政村	个	5
总人口	万人	0.88
工业销售总产值	万元	182909
农业总产值	万元	7086
财政收入	万元	4415
农村居民人均纯收入	元	21975

【农业经济】 2015年，旧县街道完成造林23公顷，其中毛竹林7.6公顷、香榧10公顷、果树林5.3公顷，毛竹高效林基地20公顷、迹地更新23公顷、森林抚育5.3公顷；建成高效毛竹示范基地20公顷、建设林道8公里，完成合岭香榧基地建设，流转林地4公顷，种植香榧10公顷。完成连片优化种养结构33.33公顷，增加连片设施农业面积20公顷，新建毛竹喷滴灌工程项目15公顷。

【工业经济】 2015年，旧县街道有工业企业172家，其中规模企业13家。实现工业销售产值18.3亿元，其中规上工业销售产值8.5亿元，同比下降23.3%；固定资产投入3.7亿元，同比增长17.1%，其中工业投资2.05亿元，同比增长6.0%；三产投入1.5亿元，同比增长26.4%；新引进项目9个，招商引资8783万元，其中市外内资5094万元。自营出口1303万美元，同比增长30.2%；完成技改投入1.82亿元；完成13家高污染燃煤锅炉企业的淘汰改造及小作坊和特种设备整改，成功申报实用新型专利41项。园区重点工业项目进展有序，全国电炉行业领头企业三立电炉完成厂房建设，三泽机械二期全面开工，圣马家具土地盘活招引成功，明旺粮油商贸企业落户西武山，昌隆生物开始批量生产。

【美丽经济】 2015年，旧县街道在美丽乡村中心村、精品村建设基础上，加大对合岭、鸿儒核心区环境提升整治力度，立足空心村二次创业，招引项目5个，“素宇千山”休闲度假项目落地合岭张家舍，完成农户房屋腾空工作；

娘岭坞华宜园高端酒店项目正在规划设计中；省文园绿化基地在母岭实施；大山、望水岭社区养老项目签订投资意向。“城里人第二居所”5户在合岭村尹峰和鸿儒村娘岭坞落地。

是年，新增民宿10家，总数达到30家316个床位，年接待游客3万人次，经营收入200万元。

【城镇建设】 2015年，旧县街道按照“雨污分流、街道收集、县城处理”要求，投资630万元，完成园区区块支管网建设和卫生院、学校区块管网铺设，完成江边压力主管网2公里、集镇2.5公里支管网铺设、宁国寺区块污水回抽井建设。一体化泵站完成安装，实现与县城污水处理系统对接。全力推进“三改一拆”，拆除新违建6处面积295平方米，制止新违建迹象11起。改造旧厂区3500平方米、城中村5000平方米；拆除各类违建69处面积8954平方米；完成30宗存量违法用地处置。

【社会保障】 2015年，旧县街道参加新型农村合作医疗保险5700人；取消低保6人，年末有低保户151户214人，残保户105户107人，发放低保金46余万元、残保金53余万元。发放特殊困难临时救助资金7余万元。受理职工维权23件，其中劳资纠纷21件，涉及职工37人，讨回欠薪18万元；工伤事故纠纷2件，政策咨询2件，涉及职工人数17人。

【五水共治】 2015年，旧县街道完成集镇污水管网4.5公里和一体化泵站建设任务，实现集镇区块污水管网全覆盖。对19家重点企业、11个河段，建立“一对一”环境监管制度，完成22家重点工业企业雨污分流，寺坞坑溪、旧县溪水质由Ⅲ类提升至Ⅱ类。14个大气防治任务实行责任科室挂牌整改，报废“黄标车”10辆。

【千岛湖配水工程】 2015年，千岛湖配水工程建设项目桐庐引水工程开工仪式在旧县街道举行。千岛湖配水工程是浙江省五水共治十大重点枢纽和省市重点建设项目，其中，桐庐过境段输水线路长18.1公里，途经旧县街道、横村镇、桐君街道等地。旧县涉及农户500户。完成238户农户青苗补偿、坟墓迁移，征用土地0.91公顷、征租土地16.8公顷，协调处理各类纠纷180余起。杭州市配水工程旧县段鸿儒、大湾、黄昌岭3个支洞和1个检修洞进入无障碍施工建设阶段。

【《旧县风韵》出版】 2015年，《旧县风韵》由西泠印社出版，该书由旧县街道负责编写，是一本具有历史性、地方性书刊。该书旨在传承历史文化、弘扬廉政文化，以古驿道史事、肖园诗文，罗灿麟、臧承宣、王维澄、叶浅予等人物为主要内容。《旧县风韵》的出版，对弘扬古县城历史文化、加强非物质文化遗产保护、推进旅游资源开发起到积极的促进作用。

2015年旧县街道各行政村基本情况

表67

行政村	村党委（总支、支部）书　记	村委会主任	人　口（人）	年人均收入（元）
西武山村	王良忠	王秀林	328	23872
旧县村	张志平	—	4265	23000
母岭村	邵双贤	邵双贤	1383	21330
鸿儒村	张新宇	张柏金	1612	21535
合岭村	邵小龙	邢红根	611	18428

（赵城钰）

·凤川街道·

【概况】 2015年，凤川街道以“山水凤川、智慧新城”为目标，围绕“稳中求进、改革创新”这一主线，勇于担当，苦干实干，经济和社会各项事业稳步发展。实现工业销售总产值53.4亿元，同比增长9.3%；农业总产值1.64亿元，同比下降6.6%；财政收入1.8亿元，同比增长31.1%；农民人均纯收入19846元，同比增长13.9%；人口计生率94.54%。全年矛盾纠纷排查15次，发现、处置矛盾154起，调解成功率98%。受理信访365件，办结率100%。是年，获杭州市美丽庭院建设工作先进乡镇、桐庐县平安街道。

2015年凤川街道情况数据库

表68

项　目	单　位	合　计
地域面积	平方公里	151.27
耕地面积	公顷	620
粮食播种面积	公顷	453.3
粮食总产量	吨	4097
行政村	个	8
总人口	万人	1.86
工业销售总产值	万元	534205
农业总产值	万元	16401
财政收入	万元	18026
农村居民人均纯收入	元	19846

【农业经济】 2015年，凤川街道粮食播种面积453.3公顷，粮食总产量4097吨。新增连片设施农业1.5公顷、优化种养结构28.1公顷。新增家庭农场3家（桐庐县凤川街道增兴家庭农场、桐庐县凤川街道文殊家庭农场、桐庐县凤川街道草羽家庭农场）。完成翙岗县级粮食功能区建设、甘竹畈市级中低产田改造和雷坞县级中低产田改造。完成森林抚育79.4公顷、绿化造林20.3公顷、林道6公里。推进“一乡一业”千亩玫瑰智慧农场项目建设，三鑫村千亩玫瑰园基地基本完成基地入口大门、膜结构水培中心、玫瑰产品体验中心建设，玫瑰驿站民宿项目加快建设中。集体产权交易平台完成三鑫、潇源、大源土地流转6起，完成三鑫、园林土地流转确权登记领证工作。

【工业经济】 2015年，凤川街道有工业企业240家，其中规模企业31家。实现工业销售总产值53.4亿元，其中规模企业39.9亿元，同比增长11.2%；完成全社会固定资产投资27.5亿元，同比增长34.9%，其中工业投资8亿元，同比增长11.5%；三产投资19.1亿元，同比增长45%。社会消费品零售3.01亿元，服务业增加值4.1亿元；招商引资5.5亿元，实到市外内资4.4亿元，外资800万元美元，浙商创业创新1.48亿元；自营出口1.46亿美元，同比增长10.3%；净增规模以上工业企业4家，限上服务业企业5家。考察洽谈项目45个，引进新项目23个，其中电商孵化园引进项目19个，工业和三产项目4个，拟投资项目3个，4家履约清理难点项目开工建设。完成企业技改2

家，实施产业智慧化项目4个，高污染燃料锅炉淘汰改造9家，创建节水型企业1家。

【电子商务孵化园】 2015年，凤川街道完成电子商务孵化园软硬件设施建设，免费为客商提供使用。制定《凤川街道电子商务产业发展奖励扶持政策》，激励电商企业入驻。对引进项目实行一条龙服务，助推电商企业及早入驻运营。7月，第二届中国县域电子商务峰会上，凤川电子商务孵化园正式开园，入驻县内外电商企业19家，涵盖医药器械、食品、针织、家居用品等产业领域，实现电商销售6052万元。

凤川街道电子孵化园

【“无违建街道”创建】 2015年，凤川街道继续推进“无违创建”工作，重点是对房前屋后搭建储物仓库、简易房、“一户多宅”开展专项整治。拆除仓储附房6处20450平方米，拆除非法“一户多宅”64处11840.17平方米，拆除存量违建110处50139.83平方米，拆除主要道路两侧违建49处5292.8平方米；拆除道路边围墙3处70米；拆除河道两侧违法建筑1处20平方米。完成拆后利用75727平方米，拆后利用率93%，其中农民建房6911平方米、宅基地复垦21105平方米，道路、绿地公共设施25325平方米，其他17020平方米。

【美丽乡村建设】 2015年，凤川街道投入建设资金912万元，完成外源、园林中心村建设项目12个；投入资金535万元，完成翙岗精品村建设项目5个；投入资金380万元，完成潇源、大源培育村建设项目4个；投入资金1925万元，用于翙岗省级历史文化村落建设项目11个，完成翙岗老街入口改造、主景观树种植、牌楼安装，修复老街店面10间，古建筑修复整治45幢，拆除入口房屋3幢1200平方，完成古道修复1200米，水澳一期修复7个。

【五水共治】 2015年，凤川街道以治理污水为重点，统筹抓好防洪水、排涝水、保供水、抓节水工作。开展河道清理整治2.3公里；完成翙岗老街污水管网铺设。投入500万元，实施城东工业园区污水管网提升改造工程，管网总长度4.8公里，涉及32家企业雨污分离管网铺设。排摸农村生活污水处理工程，维修污水池体23只。农村生活污水实施第三方运维。投入655万元，完成下坞源水库坝坡整治、防渗处理，溢洪道、放水系统改造。畜禽养殖场整治提升1家，整场搬迁1家。

【土地管理】 2015年，凤川街道编制《凤川街道突发地质灾害应急预案》，对辖区内地质灾害信息登记、发放避险明白卡、设置灾害警示标志、完成上店农户搬迁工作。完成潇源村垦造水田项目3.5公顷；“旱改水”项目3.2公顷完成招投标。宅基地管理执行“一户一宅”审批政策，做到先拆后建。建立《凤川街道农房审批“四到场”记录》台账，完成宅基地确权发证。坚持土地巡查日常记录制度，建立违法用地“一违一档”工作台账，对辖区内低效闲置土地进行实地核对登记造册。完成危旧房救助6户，3个农居点住房改造156幢。完成凤川街道土地利用总体规划调整方案，申报三鑫、大源村为第四批国家传统村落。

【社会保障】 2015年，凤川街道有低保户202户314人，残保户141户141人；困难群众临时救助20户，援助资金5.37万元；慈善助学25户，援助资金5.03万元。参加政策性农村住房保险4869户，上缴保费4.87万元（其中村交1.42万元、财政补3.45万元）；办理老年人优待证436张，慰问80周岁以上老人597名、特困老人8名。

【翙岗创建AA级古村落风景区】 2015年，凤川街道投入2052万元，成功创建AA级翙岗古村落风景区。根据村落景区创建要求，翙岗村以精品村创建为基础，古建筑群为核心，突出“凤翙高岗”，挖掘刘伯温、李康等名人文化及古街集市、华林寺院、水系风水等历史人文内涵，改造建筑周边商业环境和景区景观道路，完善配套农业旅游，提升纳尼亚农庄、草莓、白毛猕猴桃采摘基地建设，通过山、水、古街、特色农庄有机结合，将凤翙高岗打造成以品味人文古风为特色的综合性村落旅游景区。

【民宿经济】 2015年，凤川街道有闲置房源364处，已出租房源9处，可推出闲置房354处，其中可整体出租289处、部分出租65处，有3家投资商成功签约。浙江凤鑫生态农业有限公司投入资金480万元，建设玫瑰驿站，正在进行外部环境美化及室内装修。此外散户出租3户。归园田居农庄、纳尼亚庄园完成规范化提升，办理民宿证照。大源村民宿示范点有9户农户进行装修改造。截至12月，街道有民宿经营户13户，床位259张。

【凤川编纂首部《“村规民约”汇编》】 2015年，凤川街道在各村原有村规民约的基础上，全面开展村规民约修订工作。各村根据具体情况，结合自身的特点和民情实际，经过党员、村民代表决议定稿，做到自下而上，全民参与。在条目的制定上，村村有特点，村村有针对，同时将农村基层小微权利清单纳入其中，更好地推进村级组织权力运行规范化。《“村规民约”汇编》出台，方便村干部相互学习、互相借鉴，由助于街道干部学习和熟悉农村工作，摸清农村工作办事规律。

2015年凤川街道各行政村基本情况

表69

行政村	村党委（总支、支部）书 记	村委会主任	人 口（人）	年人均收入（元）
翙岗村	吴军龙	姚旭东	4686	15442
园林村	戴柏名	—	3315	18666
柴埠村	黄小明	—	1959	20802
西庄村	华方清	华国水	1406	15101
三鑫村	洪国根	郑国有	1837	15846
外源村	钟 良	郑芳弟	1492	15089
潇源村	黄国亮	申屠仁良	1193	14780
大源村	潘荣春	毛凤阳	2077	15342

（陆一铭）

·江南镇·

【概况】 2015年，江南镇继续实施“一城两区”发展战略，以“三改一拆”“四项竞赛”“五水共治”、美丽乡村建设等重点工作为抓手，着力稳增长、优转型、抓改革、治环境、惠民生、促和谐，全镇经济社会各项事业平稳健康发展，实现工业销售总产值153.9亿元，同比增长10.1%；农业总产值2.5亿元，同比增长10.6%；财政收入2.38亿元，同比增长11.3%；农民人均纯收入21491元，同比增长12.6%。人口计生率96.3%%。全年接待办理群众来信来访736件，调处矛盾纠纷382起，其中重大矛盾纠纷12起。

2015 年江南镇情况数据库

表 70

项　目	单　位	合　计
地域面积	平方公里	78.6
耕地面积	公顷	1975
播种面积	公顷	1436.3
粮食总产量	吨	9180
行政村	个	20
居委会	个	1
总人口	万人	5.06
工业销售总产值	万元	1538656
农业总产值	万元	25018
财政收入	万元	23841
农村居民人均纯收入	元	21491

【农业经济】 2015 年，江南镇落实粮食播种面积 1436.3 公顷，粮食总产量 9180 吨。完成县级粮食功能区建设 3 个，总面积 103 公顷，其中深澳黄泥洲畈粮食功能区 33.8 公顷、青源村合联畈粮食功能区 34.9 公顷、梧村下畈粮食功能区 34.3 公顷；完成珠山村市级粮食功能区建设 54.3 公顷；完成横山埠村十亩滩市级低产田改造 25.3 公顷；完成石阜村下畈、锦江畈省级粮食功能区建设。完成耕地、水田垦造 24 公顷，标准化农田改造 21.3 公顷。举办无公害标准化农业生产技术、农民素质培训班 6 期，参加 312 人次。实施讨饭沃小流域治理工程、彰坞村等农村灌排河道治理工程。实施严坞、坞聪等农村安全饮水提升工程。实施井塘等山塘综合治理工程。实施大马浦等机电排涝维修工程等；完成绿化造林 13.3 公顷，森林抚育验收 106.3 公顷、长防林抚育 5.5 公顷。松材线虫病林分改造 66.7 公顷，森林抚育 66.7 公顷；建造森林防火蓄水池 3 只（青源、横山埠、石阜），公墓点设置森林消防蓄水桶 20 只，建立村级森林消防队伍 1 支。

【工业经济】 2015 年，江南镇拥有工业企业 752 家，其中规模企业 44 家，产值亿元以上企业 10 家。实现工业销售总产值 153.86 亿元，其中规上销售 126 亿元，同比增长 11.2%；实现固定资产投资 32.5 亿元，同比增长 40.7%，其中工业投资 15 亿元、三产投资 16.3 亿元；招商引资项目 48 个，实到资金 6.8 亿元；实到市外内资 5.2 亿元，浙商创新创业资金 1.8 亿元，实到外资 1300 万美元。实现社零销售 7.6 亿元，服务业增加值 4.2 亿元。参加全县百亿招商签约活动项目 6 个，引进国家千人计划专家 2 名，杭州市海外高层次人才签约项目 1 个。技投入 6.8 亿元，其中规上企业 6.3 亿元，规下企业 0.5 亿元。完成履约清理和存量盘活闲置土地 8 公顷，闲置厂房 8 万多平方米。招引电商孵化园入园企业 32 家，实现电商销售 2.1 亿元，建成农村淘宝服务站 21 家。

【城镇建设】 2015 年，江南镇在集镇建设上坚持“三规合一”（规划编制体系、规划标准体系、规划协调机制），完成城镇总体规划调整和管理，修编新增项目土地指标，保障和平衡区域内今后5年空间发展。推进城镇道路、给排水、照明等建设，污水泵站、高山路东延、赵家浦水渠改建、窄溪路东延、振兴路东延、唐家坞桥梁建设、污水管网项目5C合同包7个工程竣工验收。杭黄铁路沿线征迁农房拆除，双义、枝茂、邓家、石阜安置点基础工程完成并交付，荻浦、满林安置点基础工程顺利推进；窄溪BT项目工程A区块房屋主体工程竣工，室外道路、管网和绿化工程正在推进，B区块房屋主体工程完成工程量80%。完成省级重点项目杭州高压燃气管道工程江南段铺设。江南污水泵站投入运营，日均输送污水1700吨。提升改造公厕3座，更新金浦路、市场路沿街店面招牌，新设果壳箱230余只。开展对农贸市场、城中村、城郊接合部等专项整治，街容市貌、人居环境得到改善。

【五水共治】 2015年，江南镇实施五水共治项目27个，其中治理污水6个、防洪水9个、排涝水6个、保供水5个、促节水1个，至12月底前全部完成。开展畜禽业整治和温室甲鱼水气共治，完成畜禽养殖场关停拆除21家，整改提升9家；甲鱼养殖场污水处理完成8家，剩余13家已完成污水设施设计方案和施工图，锅炉改造进入方案论证。应建集镇污水管网2.8公里，其中窄溪路东延0.4公里、振兴路东延0.32公里、雅莲路0.48公里、广一路0.27公里、广二路0.33公里、窄溪路西延0.23公里、大元路西延0.26公里、振兴路西延0.23公里及高山路东延0.29公里。完成窄溪路、振兴路、雅莲路、广一路、广二路、大元路及高山路东延管网铺设工程，铺设污水管网2.57公里。

【无违建创建】 2015年，江南镇深化“三改一拆”，拆除面积17.58万平方米，其中旧住宅区改造12800平方米、旧厂区改造20900平方米、城中村改造94926平方米，违法建筑拆除47010平方米。立案查处违法建筑42处，完成危旧房改造18户。拆除主要道路两侧违法建筑122处3.8万平方米；拆除附房121处4740平方米；拆除围墙74处，总长2530米。拆后土地利用率81%。收到违法建筑信访投诉87件，处理82件。推进“两权一房”确权发证，审批农房96户，办理房产证3629本。

【文化事业】 2015年，江南镇加快“双堂”建设，彰坞村章氏祠堂、会山村胡氏祠堂、石泉村吴氏祠堂、徐畈村申屠氏祠堂被列入首批桐庐县宗祠文化规范化建设村；彰坞村、深澳村文化礼堂建成投入使用。申报非遗传承人市级3人、县级3人。举办第四届休闲乡村音乐节、马里奥专场演奏会、“耕山播海”浙江省农村文艺骨干培训成果展演活动。举办排舞、乒乓球、档案管理等文体业务骨干培训班18次。

【民生保障】 2015年，江南镇调解劳资、工伤纠纷43起，创建江南镇敬老院为市级四星级农村五保供养服务中心，新建居家养老服务照料中心4个并投入使用，完成困难家庭空巢老人、低保户、残保户录入上报以及老年人春节慰问金发放工作；开展百姓日“敬老爱老幸福聚”活动，60周岁以上11000名老人参加；每季度为助老员发放居家养老服务经费，适时调整确保政府购买服务有效运行。组织参加县第四届老年人运动会获最佳组织奖；办理农村失地养老保险1247人。实施石阜小学迁建工程，完成校区主体工程23%。

【社会治安综合治理】 2015年，江南镇试行“疑难杂症工作室”机制，依托村级商会、村监会等农村基层自治组织，提高基层群众自治能力。以环溪村为试点，有效实施“两网合一”工作，结合基层走亲创新网格长和民情联络员工作机制。成立由镇司法、信访、派出所、城管、供电等17个职能（部门）办公室组成的镇级公共服务团队，做好矛盾排查化解处置，调处各类矛盾纠纷392起，其中重大矛盾纠纷13起（其中非正常死亡9起），成功处置荻浦“七四”突发事件，化解前村、舒川失地农民养老保险办理群访事件。调整充实网格专管员（警务联络员）50名，组建民兵应急分队50名，群众工作骨干76名，专职巡逻队员15名。在辖区内主要地段、部位安装监控探头70只，实行24小时监控，受理县110社会服务联动平台案件68件。开展消防安全“六打六治”，录入消防网格单位 1160 家，下发消防工作自查自纠表格 670 份，对存在消防安全隐患当场发出限期整改通知书并督促整改，组织企业消防逃生演练 20 余家。

【江南古村落风景区建设】 2015 年，江南古村落旅游集散中心启用；环山公路建设全面推进，提升杭千高速深澳出口景观大道、新建高速至深澳求是路道路、整治提升深澳求是路至大礼堂道路；对恭思堂等 7 处旅游节点古建筑整治提升，规范古村落沿街村容村貌。

民宿经济发展良好，景区内有民宿 60 家，床位 1051 张，农家乐 41 家，可接待 4000 余人；环溪银杏度假农庄、荻浦孝义风情园一期等获得景区大型民宿“零突破”；深澳荆善堂、景松堂民宿综合体和荻浦猪栏民宿等休闲产业完成方案设计，莲子酒业和农业观光项目等已成为景区新亮点。

是年，深澳片 AAAA 级旅游景区接待政府考察团 1100 余批，游客 90.5 万余人次，同比增长 42.5%，实现营业收入 4600 余万元，被评为 2015 杭州浙西旅游休闲目的地、浙江旅游年度最受欢迎乡村旅游目的地、杭州市首批非物质文化遗产旅游经典景区；“民国记忆”“云夕深澳里”再创业态新亮点，零碳“谜”度假营地、漫野度假酒店、荻浦花海等投资项目推动新业态发展。全面完成彰坞村 AA 级村落景区基础设施建设，便民中心长廊、室外室内工程、村口环境整治工程等已通过验收并成功挂牌。

环溪村千年银杏

【美丽乡村建设】 2015 年，江南镇围绕“美丽乡村·和谐江南”建设主题，继续深化“千村示范百村整治”工程、“清洁家园”活动，以保护和利用历史文化村落为载体，做好“三建一创”工程。完成中心村建设项目 12 个，投入建设资金 14500 万元；完成深澳历史文化名村建设项目 21 个，投入资金 2339 万元。

【CCTV-4 聚焦江南古风】 2015 年 1 月 25 日，大型百集纪录片《记住乡愁》第二十五集《荻浦村——百善孝为先》在央视中文国际频道（CCTV-4）播出，将荻浦村丰富的传统文化和古建筑艺术之美的乡村风景讲述给全球观众。《记住乡愁》由中央宣传部、住房和城乡建设部、国家新闻出版广电总局、国家文物局组织实施，中央电视台组织选取全国百个传统村落进行拍摄，是一部以看得见的传统村落为载体，以生活化的故事为依托，以乡愁为情感基础，以优秀的传统文化为核心的大型纪录片。荻浦村凭借传承千年的孝道传统，底蕴深厚的历史文化，祖辈相传的动人故事入选。片中讲述申屠氏族、江南时节、敬老礼仪、申屠开基、姚夔等故事，展现荻浦古村人文历史风貌。5 月 17 日，CCTV-4《远方的家·江河万里行》栏目组走进桐庐，拍摄荻浦古村孝义文化，并于 6 月 10 日播放《千年荻浦孝义古村》专题片。

【打造“网络政府”】 2015 年，江南镇根据不同的网络平台，推送不同类型的政务信息，打造公开透明“网络政府”。截至 12 月底，政务微信推送信息 56 条，主要介绍最美江南人、乡村景点，文化宣传、形象展示、政策宣传等，点击率最高 8000 多次。新浪政务微博推送 339 条，以推送各项政务动态为主要内容，其中原创微博 266 条，开设特色专栏“每晚书理”，推荐不同书目，营造读书氛围。

【“魅力江南 常乐梧村”桐庐县第三届传统梅花锣鼓汇演】 2015 年 1 月 25 日，“魅力江南 常乐梧村”全县第三届传统梅花锣鼓汇演在江南镇梧村文化礼堂举行，全县各乡镇（街道）24 支梅花锣鼓队参演。梧村梅花锣鼓队作为东道主率先登场演奏。梅花锣鼓是桐庐县民间传统艺术之一，主办方希望通过此次展示，能让更多的年轻人喜欢上这项艺术，将其传承下去。

【“双堂”建设】 2015年，江南镇推进“双堂”建设（文化礼堂、文化祠堂）。以“耕阜石阜”“孝义荻浦”“易理深澳”“常乐梧村”等为乡村文化品牌，先后改扩建文化礼堂11个，用于弘扬家风家训，传承传统文化，记住乡愁，归根问源，打造新农村精神家园。投资200多万元，完成彰坞村文化礼堂建设；深澳村文化四廊完成前期招投标，确定文化长廊内容及长廊框架设计及制作，预计于2016年11月完工。锦江会山胡氏祠堂、彰坞新庄章氏祠堂基本完工，石泉吴氏祠堂上墙内容正在制作。是年，石阜村文化礼堂被评为桐庐县三星级文化礼堂，荻浦村文化礼堂被评为桐庐县二星级文化礼堂。

2015年江南镇各行政村基本情况

表71

行政村	村党委（总支、支部）书记	村委会主任	人口（人）	年人均收入（元）
青源村	申屠雪良	潘 军	1914	19023
环溪村	周忠平	周忠莲	2016	19138
徐畈村	申屠祖洪	俞炎华	1281	19122
深澳村	申屠永军	申屠作平	3918	19259
荻浦村	申屠永惠	申屠祥军	2349	18959
华丰村	许源雄	许源雄	1139	19043
凤鸣村	钟海群	俞宝银	3083	19062
金茂村	姚永树	俞南通	1802	19508
石泉村	吴宏华	吴宏平	1311	19105
梧村村	李 海	李志平	1410	19097
彰坞村	徐阿勇	徐传虎	3139	19111
小潘村	潘仲毅	潘聪聪	1364	18402
珠山村	吴建良	徐学军	4076	19036
石阜村	方明亮	方君初	3769	19143
舒川村	龚建平	包永洪	1479	19111
莲塘村	徐群伟	徐群伟	1656	18784
窄溪村	沈雪炎	徐再建	7759	19344
锦江村	胡江平	—	4506	19590
横山埠村	钱盼飞	王 洪	1129	18530
渔业村	孙 庆	徐晚仙	112	—
鼓楼社区	龚玉红	戴欣锋	1376	—

（许雨晨）

·新合乡·

【概况】 2015年，新合乡实现农业总产值0.43亿元，同比增长11.8%；工业销售产值5.21亿元；财政收入1258万元，同比增长11.2%；农民人均纯收入17811元，同比增长12.6%；新出生婴儿44人，计生率95.45%；调处各类民间纠纷157件，化解157件，成功率100%。是年，新民村成功创建浙江省体育休闲公园，新合卫生院成功创建浙江省卫生监督示范点、杭州市五星级妇保门诊、杭州市五星级儿科门诊。

2015年新合乡情况数据库

表72

项　目	单　位	合　计
地域面积	平方公里	74.21
耕地面积	公顷	275
粮食播种面积	公顷	175.6
粮食总量	吨	1026
行政村	个	5
总人口	万人	0.52
工业总产值	万元	52133
农业总产值	万元	4338
财政收入	万元	1258
农村居民人均纯收入	元	17811

【农业生产】 2015年，新合乡新增连片效益农业45.3公顷，其中新发展黄金芽茶基地6.7公顷、香榧基地4公顷、高山蔬菜基地18.7公顷、高山樱桃基地4公顷、毛竹基地6.7公顷、高山西瓜基地5.3公顷。完成“一乡一业”现代农业示范区建设，新增土地流转10公顷，完成节水滴灌设施10.7公顷。绿化造林30公顷，注册家庭农场3家。新增土地股份制专业合作社1家，新增农民之家创业服务社1家，新增农民专业合作社联合社1家。

【工业经济】 2015年，新合乡有工业企业125家，其中规模企业5家。实现工业销售总产值5.21亿元；招商引资3463万元，其中市外内资2765万元；固定资产投资2.5亿元，其中三产投资1.6亿元，同比增长161%；电商销售315万元；企业获得发明专利2项、实用新型专利12项、外观设计专利10项，其中浙江恒大数控机床制造有限公司生产的数控机床通过国家级检测，被列为县11家科技型小微企业；浙江茂丰工艺品有限公司通过“机器换人”提升产品工艺，在全国水钻行业跃居前五名。5家企业借助阿里巴巴、通帮闹市街等网络平台开通网上销售渠道，实现企业电商销售“零突破”。

【美丽乡村建设】 2015年，新合乡申报新民村县级精品村，完成新合村、新四村中心村和引坑村培育村13个项目建设。完成乡政府入乡口“红色火炬”、旧庄红色标志、山桑坞口金萧支队纪念牌坊、雪水洞口“红旗飘飘”4座红色标志建设。结合“四边三化”“两路两侧整治”工作，推进“三改一拆”，开展拆违43处7753平方米、空心村改造6741平方米、旧厂区改造9890平方米。加快拆后土地利用工作，农户建房审批15户，农村土地综合整治项目通过国土部门立项，完成设计、预算编制。

【集镇建设】 2015年，新合乡投入200余万元，完成原信用社评估、拆迁协议签订工作，新建信用社面积980平方米，主体工程已完工；投入130万元，实施新四村综合楼建设，建筑面积640平方米，已基本完工；投入40万元，拆除集镇区块原供销社房屋172平方米；投入40万元，开展集镇立面整治2500平方米，硬化场地1100平方米；投入18万元，实施原卫生院区块整治工程，硬化场地1000平方米。砌筑挡墙100米；投入15万元，完成集镇候车廊工程。投入150万元，实施柴雅线新合旧庄至仁村段2.8千米美丽公路建设，种植乔木726株，灌木9585平方米；投入40万元，实施色彩林业种植工程；投入1000万元，开展雪水至旧庄段道路改建工程，改造道路8公里。

【五水共治】 2015年，新合乡完成外松山水塘改造整治工程、松山溪河道综合整治、引坑源溪河道综合整治、壶源江新合村雅坊段堤防加固工程；投资70万元，实施引坑村农村饮用水安全提升工程，完成新民村高枧灌溉渠道工程，河道乡镇交接断面水质达到Ⅲ类以上。完成黄标车淘汰、燃料锅炉提升改造及无燃煤乡申报等工作。严格养殖业长效管理，巩固农业面源污染整治成果。实现农村生活污水处理、截污纳管全覆盖，并实行第三方运维。

【社会保障】 2015年，新合乡城乡居民养老保险参保率95%，城乡居民基本医疗保险参保率99.5%；有低保户67户、残疾户98户；全年向36名生活困难人员发放救助金7.4万元，向40名困难学生发放助学金6.3万元。投入50万元，新建湖田老年活动中心；完成困难群众危旧房改造7户。

【乡村旅游】 2015年，新合乡规划编制乡村休闲旅游发展规划、村落景区发展规划，划分养生度假、户外运动、田园体验、红色教育等区块，将“红、绿”资源与三产发展有机融合。引进雪水岭旅游开发有限公司、金萧文化创意有限公司、慧域文化发展有限公司、极地户外拓展有限公司等投资主体，建成山桑坞红色教育基地、何家湾家庭农场、“318青年旅社”等项目及雪水、高枧等民宿集聚区，拥有民宿20余家、床位300余张。是年，接待游客21万人次，其中金萧支队纪念馆接待上海、杭州、宁波、金华、绍兴等干部群众5万余人次；金萧支队革命教育基地开展红色亲子活动90余次、接待游客8000余人次。

2015年新合乡各行政村基本情况

表73

行政村	村党委（总支、支部）书记	村委会主任	人口（人）	年人均收入（元）
新四村	阮如芬	周文正	1342	17090
新民村	楼春霄	钟志坚	909	17494
新合村	何海港	潘六平	1432	17169
松山村	潘武军	周旭锋	810	17339
引坑村	杨柯忠	钟立金	745	17506

（虞静超）

·富春江镇·

【概况】 2015年，富春江镇围绕打造“最美最强富春江镇”目标，开展“精品线路建设年、重大项目突破年、集镇管理见效年”活动，圆满完成年度各项工作。实现工业销售总产值59.07亿元，同比下降18.86%；农业总产值3.08亿元，同比增长0.15%；财政收入3.3亿元，同比增长15%；农民人均纯收入22160元，同比增长11%。新生婴儿181人，人口计生率95.58%；接待办理群众来信来访578件，调处矛盾纠纷1197起。是年，获中国生态魅力镇、杭州市“五水共治”先进单位、杭州市社会治安综合治理考核优胜单位、县乡镇（街道）综合考核优秀单位等称号，慢生活小镇列入首批市级特色小镇，县“双百分制”党建责任制考核第一名。

2015年富春江镇情况数据库

表74

项 目	单 位	合 计
地域面积	平方公里	198.89
耕地面积	公顷	876
粮食播种面积	公顷	1273.8
粮食总产量	吨	7722
行政村	个	15
社 区	个	2
人 口	万人	2.53
工业销售总产值	万元	590748
农业总产值	万元	30827
财政收入	万元	32920
农村居民人均纯收入	元	22160

【农业经济】 2015年，富春江镇继续加大土地流转，使传统农业逐步向高效、生态、现代农业转变，新增农业连片设施33.3公顷，优化种养结构42公顷，发展家庭农场6家，里董基地成为“一乡一业”示范区。建成林道4公里，完成造林20公顷。投入2037.8万元，建设大庄溪、芦茨溪河道整治工程，蟹坑口老二田堤、石舍西坑口堤防，沙湾畈排涝站，金家湖仁头、黄泥口、小湖田、邵家灌溉机埠，俞赵村、上四村农村饮水安全提升工程。

【工业经济】 2015年，富春江镇拥有工业企业544家，其中规模企业37家；完成工业销售产值59亿元，其中规上工业销售产值34.4亿元，规模企业增加值9.14亿元，新增规模企业3家；工业新产品产值率43.9%；完成固定资产投资20.3亿元，其中工业投入10.7亿元、三产投资8.8亿元，同比增长22.0%；招商引资4.9亿元，其中市外内资3.6亿元，实到外资850万美元，浙商创业创新资金1.32亿元，招引项目19个，协议资金25亿元。万事利“绿色财富小镇”、浙江华宇多维度立体开发、慢谷度假区等项目入驻。龙生股份东区项目、东芝精炼炉技改等重点项目相继竣工投产，杭州中水、天元机电基本完成挂牌“新三板”股改工作。

是年，申报科技计划项目13个，其中省高新技术企业2家、市高新技术企业2家，各类专利123项（其中发明专利24项）。投入科技研发经费1.78亿元，其中试验发展经费8649万元。杭州市自动化学会协同创新服务示范基地落户镇机械工业功能区。

【第三产业发展】 2015年，富春江镇实现社会消费品零售额5.8亿元，服务业增加值3.7亿元。新增限额以上服务业单位3家（富春江镇红瓦片排挡、岩朵小吃店、画中阁农家乐饭店）。全镇有民宿142家，床位3289张，接待游客84.9万人次，旅游经营总收入8603万元，同比增长21.2%。严陵坞慢村项目、绿芦驿、岩朵、方户、石舍树屋等一批高端特色民宿对外营业；“青龙坞创客村”有30余家网络传媒科技企业洽谈成功；《我们15个》项目在上海东方卫视成功开播；天空之城、杭州慢步春、无尘居等项目逐步实施，慢生活体验区已成为杭州地区新兴文创产业集聚区。

【村镇建设】 2015年，富春江镇投入400余万元，完成杭千高速入口景观提升改造、四车道拓宽建设、两侧景观打造工程。七芝线人民路至孝门村段综合整治工程改造人行道1.2万平方米，完成绿化美化、挡墙及填方附属工程。钓台路整治完成路面铺设，主道路拓宽至12米。扬帆路全线贯通。投入580万元，完成休闲广场建设，将富春江电厂前苏联1968年制造富春江电站一号水轮机陈列于广场，使水电设备制造产业文化特色融入城镇建设。推进里弄小巷改造二期项目，花坪山及宅前区块完成房屋改造12幢，面积11800余平方米；大洋坪西区自来水一户一表改造350户。新建横山停车场、道路沿线划定停靠车位230个。联合县有关部门对七里泷大街、七芝线沿线“马路市场”、店外店、摊外摊等占道经营进行集中整治。

【生态环境治理】 2015年，富春江镇七里泷污水处理厂提标扩建项目建成运行。完成俞赵区块、扬帆路、钓台路延伸段等截污纳管工程9.1公里。完成农村生活污水工程扫尾，新增污水处理池提升改造工程13个，实现农村生活污水纳管全覆盖。落实交叉督查和末位约谈、第三方运维等垃圾分类新机制，实现垃圾减量目标。拆除、关停养殖场12家，提升改造8家。沙湾畈排涝站等治水工程竣工。改造燃煤锅炉17只，拆除烟囱5只，淘汰黄标车50辆。

【民生保障】 2015年，富春江镇完善“三位一体”互助养老体系，新建居家养老服务照料中心5家，建立助老志愿者队伍17支。有低保户371户，新增低保22户；有残保户102户，新增残保户26户；重点优抚对象90人。走访困难户762户，发放各类救助金116.2万元。完成农村危旧房改造120户，下发补助资金52.9万元。开展60周岁以下已婚育龄妇女“两癌”筛查工作。

【慢生活体验区】 2015年，富春江镇实施全国美丽乡村旅游精品线工程，依托210省道，沿线投入1亿元，实施绿化景观、廊桥凉亭、边坡治理等项目47个，打造慢生活体验区核心景观道路主轴。有序推进马岭古道、村落景区建设，完善体验区基础配套设施。打造“诗画芦茨、古韵茆坪、隐逸石舍”，芦茨村列入市级“富春民居”建设示范村。岩朵、绿芦驿、木屋、石舍隐逸、方户、石舍树屋等精品民宿项目建成营业；俺的青龙坞及严陵坞慢村项目完成年度改造计划；天空之城、慢步村、慢谷、山乡芦茨、庐居里外、结庐春上、慕溪晓庐等特色项目全面建设中。茆坪村列入第三批中国传统村落名录、入选第三批浙江省非物质文化遗产旅游景区，石舍村成功申报省级“坡地村镇”建设用地试点。11月7日，第三届富春江乡村慢生活体验节暨国际乡村休闲音乐节在芦茨村风雅广场启动，体验节开展“健康慢跑”，展示胡记馒头、麻糍、肉麦饼、冻米糖、烤全羊、玉米饼、灰汤粽等当地特色风味小吃。

【慢生活小镇】 2015年，富春江镇成功列入杭州市首批32个市级特色小镇创建之一，以浙江省首个乡村慢生活体验区——桐庐县富春江（芦茨）乡村慢生活体验区为平台打造特色小镇，以原生态、原生活、原生产等乡村元素为主要特色，以江与溪、山与谷、村与田等原生态自然景观为构成要素，以农家最原始的生活、生产方式为体验内容，依托区域内独特山水景观和深厚人文底蕴，突出打造“至慢”乡野生活，发展乡村旅游、特色民宿、休闲养生、特色体验线路等慢生活特色业态。

【杭派富春民居试点】 2015年，芦茨村作为桐庐杭派民居试点，项目位于芦茨村210 省道北侧，采用坡地高低错落行列式布置，打造野趣山居型“杭派富春民居”示范村。项目用地17452平方米，20幢房，可入驻40户。规划方案、农房代建洽谈、场地平整、土方回填、雨污管网铺设和污水处理池建设等前期工作已完成；完成公共厕所和绿化2000平方米。

【真人秀节目《我们15个》第一季平顶之上在孝门村拍摄】 2015年，富春江镇引进真人秀节目《我们15个》，第一季平顶之上在孝门村拍摄。节目于6月开机热播，由腾讯视频与荷兰Talpa公司联合制作，是一个基于真实生活的大型生活实验节目，节目组初始提供5000元现金，一个谷仓、一部非智能手机、两头奶牛和若干只鸡，只能带少量行李，要靠自己的能力接通水、电、燃气，搭建一切生活空间，15位背景迥异的陌生人暂别过往，从零开始，在荒芜的平顶之上共同生活一年，在极其有限苛刻的资源条件下，努力生存乃至实现他们的理想生活方式。

【“隐逸石舍”获浙江省“坡地村镇”建设用地试点项目】 2015年，富春山居·隐逸石舍坡地村庄项目被正式确认为2015年度浙江省首批“坡地村镇”建设用地试点。该项目投资6560万元，面积14.2012公顷，其中农用地面积为9.0617公顷（耕地3.2485公顷、园地2.1619公顷、林地3.6513公顷）、建设用地2.6709公顷、未利用地2.4686公顷。建设内容包括石舍隐逸古村、石舍香樟学堂、富春山居三个片区的开发建设，计划2015年底开工建设，建设期限为2015—2018年。此项目能更好地保护和合理利用古建筑，改善当地百姓居住环境，发展乡村民宿。

“茆坪时节”非遗展示展演活动

【茆坪村列入第三批中国传统村落名录】 2015年，富春江镇茆坪村入选第三批中国传统村落名录。茆坪村始建于宋元之际，已有900余年历史。村落呈南北走向，一条小街把全村连在一起。村中明清时期的古民居多，粉墙黛瓦，颜色淡雅，无论是总体布局还是单体结构，都体现传统儒家文化中阴阳相生、尊卑有序的思想观念。村内的文安楼、胡氏宗祠、东山书院、五朝门、仁寿桥、万福桥、马岭驿道等一批古建筑及翠柏、香樟、黄连等一批古树名木保护良好。

【茆坪村入选第三批浙江省非遗旅游民俗文化村】 2015年，茆坪村入选第三批浙江省非遗旅游民俗文化村。浙江省第三批非物质文化遗产旅游景区有17个非遗主题小镇，13个非遗民俗村，茆坪村是杭州地区唯一入选省非遗旅游民俗文化村。茆坪村内保留着大批明清、民国时期的的古民居、古宗祠、古庙宇、古石桥、古驿道等古建筑，其中胡氏宗祠、文安楼等古建筑被列为县级文保单位。烧炭技艺、陈老相公习俗等被列入县级非遗名录；茆坪板龙多次参加杭州“西博会”；传统木雕、制茶、圆木、弹棉花等工技艺保存完好，传统小吃有馒头、灰汤粽等。是年，茆坪村接待游客达20万人次。

【芦茨村入选为浙江十大旅游风情小镇】 2015年，由浙江在线新闻网站、江南游报联合浙报传媒旅游全媒体中心发起的 2015 寻找浙江十大旅游风情小镇活动，富春江镇芦茨村获“休闲养生健康小镇”称号。

芦茨“风情小镇”内有街景、酒家、旅店，多层次庄园、新居，经过改造提升，精品芦茨初具规模，已成为“宜居、宜业、宜文、宜游”浙江美丽乡村精品村。芦茨村未来将以“慢”为主题，以富春山水作为内涵和主线，以乡村“生态、生活、生产”三生系统为核心，发展建设休闲养生健康小镇。

2015 年富春江镇各行政村基本情况

表 75

行政村	村党委（总支、支部）书记	村委会主任	人口（人）	年人均收入（元）
横山村	祝柏青	姚建平	1312	24521
七里泷村	邵雪宝	—	2241	23565
俞赵村	严勇樑	周云清	3289	22870
渡济村	沈阿平	黄朝海	622	22604
上四村	邹鑫华	杨勇成	796	21432
严陵村	江发根	江明吉	1545	20032
里董村	陈柏春	董建龙	1276	19153
大庄村	张建华	张铁明	534	19906
象山桥村	吴增勇	吴增勇	599	20033
芝厦村	吴　昊	潘利民	1619	21927
孝门村	季兴方	张建洪	1681	21493
金家村	陶先垚	郑登峰	786	20534
芦茨村	傅初荣	章红华	1319	23821
茆坪村	方明泉	方森源	1263	22913
石舍村	蒋勇飞	方向明	901	23218

（张琳）

·横村镇·

【概况】 2015 年，横村镇坚持以“大气开放、统筹城乡，打造一流省级中心镇”为目标，实现工业销售总产值 148.4 亿元，同比增长 9.6%；农业总产值 43453 万元，同比增长 15.9%；财政总收入 2.88 亿元，同比增长 23.3%，其中地方财政收入 8712 万元，同比增长 8.2%；农民人均纯收入 23302 元，同比增长 11.7%。是年，获国家级农村电子商务改革示范乡镇、工业旅游创新示范乡镇、纺织结构调整突出贡献奖，成功举办第四届中国休闲乡村旅游季暨第七届杭州·桐庐山花节。

2015 年横村镇情况数据库

表 76

项　目	单　位	合　计
地域面积	平方公里	117.64
耕地面积	公顷	2741
粮食播种面积	公顷	2041.9
粮食总产量	吨	12666
行政村	个	24
社　区	个	2
总人口	万人	4.09
工业销售总产值	万元	1483800
农业总产值	万元	43453
财政收入	万元	28825
农村居民人均纯收入	元	23302

【农业经济】 2015 年，横村镇加快农业产业化步伐，新建县级粮食功能区 1 个，镇域 9 个粮食功能区实行统一供种、统防统治。投资 28126 万元，完成千亩以上农业招商项目 4 个，项目涉及农产品加工、水果种植、中药材种植等。其中凤联黄金峡谷中药材养生基地项目，土地流转 26.7 公顷，种植黄精、白芪等珍稀药材 16.7 公顷；与北京中医药大学签订合作协议，引进高端人才，开发中药材养生药膳，项目投入资金 800 万元。创建市级农业龙头企业 1 家、省级规范化示范性合作社 1 家，申报绿色农产品 1 家。完成连片优化种养结构面积 40 公顷，新增喷滴灌、钢架大棚等设施农业 33.3 公顷。发展樱桃、蓝莓、蜜桃、杨梅、猕猴桃等各类采摘游，吸引游客 50.7 万人次，收入 2436 万元。新建生态公益林 2354.9 公顷，落实管护人员 24 名。

【工业经济】 2015 年，横村镇有工业企业 900 家，其中规模企业 66 家；实现工业销售产值 148.4 亿元，同比增长 9.6%，其中规上工业销售产值 73.4 亿元，同比增长 11.7%。全社会固定资产投资 21.8 亿元，同比增长 41.1%，其中工业投入 9.0 亿元，同比增长 33.7%；三产投资 9.38 亿元，同比增长 25.2%；自营出口 3.5 亿美元，同比增长 9.1%；招商引资 4.7 亿元，市外内资 3.46 亿元，浙商创业创新 1.27 亿元，外资 670 万美元。横村电商孵化园年销售额 1.16 亿元。嘉凯城城市客厅商贸城总投资 1.1 亿元，于 12 月底开业；杭州中果食品有限公司总投资 1.1 亿元，竣工试生产；针织品市场项目投入 3200 万元，地下工程开工；桐庐华艺针织有限公司扩建项目主体工程完工；正鸿堂食品有限公司一期主体工程完工；凤联黄金峡谷和白云郑城民宿项目一期完工，游龙针织扩建项目、沁歌服饰扩建项目、益民生物质燃料项目均已竣工投产。杭州水晶运动器械有限公司成功在新三板上市。盘活企业闲置土地存量 13.87 公顷。

【民宿经济】 2015 年，横村镇引进白云郑城、大会山古村落、凤联黄金峡谷中药材养生基地、凤联宋家大礼堂 4 个大型民宿项目。白云郑城民宿民俗文化村完成两幢样板房改造，厚儒院区块13幢房屋改造启动，游客接待中心、停车场等配套项目正在审批中，计划年底试营业。大会山国际民宿成功招引杭州江南明清古建筑博物馆，整体开发打造“白云深处大会山古村落”复建项目。凤联宋家大礼堂出租用于开发民宿，预计投资300万元。是年，有民宿35户，其中新增10户，新增床位81张，年接待游客8000人，经营收入200万元。

【横村村获“中国淘宝村”称号】 近年来，横村镇大力发展电子商务，出台电商扶持政策，24个行政村实现村淘站点全覆盖。其中，横村村有电商153户，网店236家，年交易额6760万元。是年，横村村被阿里研究院授予“中国淘宝村”称号，城东村被评为“省级电子商务示范村”。

【民生实事工程】 2015年，横村镇投资8700万元，实施8项民生实事工程。包括方埠区块老城区改造；镇文体中心室外道路、排水排污、地面、绿化等配套基础设施工程；城市污水管网提升改造；横村镇上堰水库以及裤裆丘、七亩畈、麻里土等山塘水库加固工程；胜峰等农居点配套设施建设和350户农户房屋改造；徐七线横村段美丽公路建设；老横村锦华路新增停车位；老桐千路改扩建一期工程等。

【五水共治】 2015年，横村镇投资1500万元，完成横村污水处理厂一级A提标改造项目，断水口水质稳定达到一级A标准。52个农村生活污水处理池完成整改。关停非法加工点3家、整治提升印花企业4家、水洗行业5家。推进浙江金帆达生化股份有限公司水环境生态修复工作，处理受污染地下水3.59万吨，修建供水管网12.6公里。镇区域内6条主要河道实现“河长”全覆盖，开通杭州河道水质APP二维码。集镇垃圾分类全面推开，覆盖3个农贸市场、沿街大型水果店、饭店、社区，月均收集可堆肥垃圾15余吨；24个行政村月收集可堆肥垃圾80余吨，生产有机肥20余吨。

【村镇建设】 2015年，横村镇完成城镇部分地块控制性规划调整、土地利用总体规划修编和柳茂等村庄规划编制。新建16省道尖山脚红绿灯入口、方埠濮宅路口、二桥头城镇绿化2.33公顷。提升改造横村横钟富乐段城镇绿化2.67公顷。完成浪石、孙家等6个村沿线村庄绿化、平原绿化、徐七线美丽公路建设。完成农村住房改造建设项目5个320户，农村困难住房救助29户，受理农户建房申请116项，其中新建户50户，原基拆扩建65户，用地面积11020平方米。发放土地使用证298宗，集体土地房产证805宗。

【“无违建镇”创建】 2015年，横村镇强制拆除新违章建筑8处822平方米；围墙13处375平方米。做好拆后利用148070平方米，利用率98%。做好存量违章建筑拆除289处60250平方米。完成对沿徐七公路、16省道两侧辅房和围墙整治。对1999—2014年立案的103宗违章建筑进行梳理，并按照相关程序分类处置。推进“三改一拆”，其中旧厂区改造项目：完成华艺针织有限公司厂房改扩建二期项目10000平方米、永兴印刷厂厂房改扩建项目3000平方米；旧住宅改造项目：老方埠镇政府拆迁项目5500平方米；城中村改造项目：完成沿徐七公路横村村、柳岩村、杜于村周边房屋改造10000平方米，完成后岭美丽乡村建设房屋改造5000平方米。

【美丽乡村建设】 2015年，横村镇投入643万元，实施后岭村县级精品村建设，完成进度70%。投入1800万元，实施胜峰、九岭、凤联中心村建设项目21个，完成建设任务91%。投入1350万元，实施15个培育村建设项目21个，完成招标在建项目16个。完成各入村口及桃源溪整治等项目。实施智慧农村创建工作，以阳山畈村为试点后全面推开，至年底，基本完成精品村、中心村、特色村、风情带等13个村数据收集录入定位工作。

【杭州·桐庐第七届山花节开幕】 2015年3月23日，由中国旅游协会、国际休闲产业协会指导，杭州市人民政府、浙江省旅游局、中国青年报主办，桐庐县人民政府、国际休闲产业协会休闲乡村专业委员会承办的第四届中国休闲乡村旅游季暨第七届杭州·桐庐山花节在横村镇阳山畈村开幕。省政协副主席陈艳华宣布开幕。国家旅游局副巡视员、中国社会科学院旅游研究中心研究员邓宗德，国务院新闻办公室原国际局局长王国泰等省市相关领导出席开幕式。

第七届杭州·桐庐山花节是中国休闲乡村旅游季的首个节日，以“春赏花，夏亲水，秋养生，冬美食”为主题，推出“潇洒桐庐·茶香千年”第四届雪水云绿休闲旅游节、“醉美春日”三江两岸骑游暨“最美桐庐”骑行挑战赛、第七届杭州莪山“三月三”畲族文化节、2015“果香四季”桐庐采摘游活动、2015“潇洒桐庐”富春江亲水节暨全国高校中外学生龙舟邀请赛、第三届富春江（芦茨）乡村慢生活体验节、2015“潇洒桐庐”千人露营大会、第四届中国休闲乡村音乐节暨江南花海节等十二项主题旅游活动，为游客展现中国最美县的独特魅力。

第七届杭州·桐庐山花节

开幕式上，桐庐县被授予“中国品牌节庆示范基地”“大学生新闻实践基地”“《中国摄影家》浙江桐庐创作基地”“中国美院教学实践基地”“中国美院桐庐艺术村落”“腾讯视频拍摄基地”。江南古村落群被授予“4A级景区”，阳山畈村落风景区、富春大岭图村落风景区等村落景区被授予“AA级景区”。环溪、荻浦、梅蓉、芦茨、合岭、金牛等村代表向各大媒体赠送“爱上桐庐·浪漫之旅”民宿体验券。杭州电视台《相亲才会赢》栏目在现场录制节目。

【横村消除“4600”家庭】 2015年，横村镇制定《横村镇低收入农户致富奔小康工程实施细则》，鼓励农业经济组织吸纳低收入农户用工，每安置一人奖励1000元，基地或合作社收购低收入农户种植的高山蔬菜、茶叶等农产品，按总额5%奖励，最高不超过1万元。对低收入农户参加来料加工的按加工费5%奖励，最高不超过1000元。通过“产业开发一批、培训就业一批、低保兜底一批、救济救助一批、督孝赡养一批”，使原80户“4600”家庭脱离绝对贫困状态。

【凤联村商会获“创新中国特别奖”】 凤联村商会成立于2014年5月，有9家会员企业、20余名会员。商会会员们互助发展，支持新农村建设、村级慈善事业，成为推动村各项事业发展的中坚力量。商会规定每年为村里600多名60岁以上老年人缴纳农村合作医疗保险金；捐资100余万元，启动凤联村中药养生谷项目；引导村民逐步选取涵养水源的经济林作物取代部分毛竹林；利用互联网和圆通速递，推介本地山西瓜、葡萄等，宣传凤联宜居宜业环境。是年，凤联村商会被中华工商时报评为“创新中国特别奖”。

【纺织结构调整突出贡献奖】 横村镇现有针织企业695家，其中规模企业52家，亿元企业7家，5000万元以上企业20家，针织业个体户有1655家，全行业实现工业总产值80.6亿元，占全镇工业总产值的 53.7%；上缴税金18025万元，占全镇税收的62.5%。横村镇在针织行业结构调整、转型升级的新形势下，通过政策宣传、企业走访、分层管理等举措，支持鼓励针织企业实施“机器换人”，引进先进设备，推动传统针织行业实现转型升级。2015年，在全国纺织产业转移先进单位及先进个人表彰大会上，横村镇荣获全国“纺织结构调整突出贡献奖”。

2015 年横村镇各行政村基本情况

表 77

行政村	村党委（总支、支部）书记	村委会、社区主任	人口（人）	年人均收入（元）
湾下村	毛樟良	—	299	25179
横村村	朱勇军	周　杰	4204	23375
杜于村	华林祥	华林祥	1358	25826
城东村	张红明	陈国强	3627	25910
龙伏村	王顺强	王荣寿	1009	25538
阳山畈村	包洪弟	滕海炎	915	23087
板头村	邵洪德	陈炎明	717	24096
柳岩村	李世洪	吴爱良	1602	23168
双溪村	叶建忠	—	1154	21886
方埠村	潘国强	—	1532	23174
孙家村	许海锋	王美青	1758	24579
华凤村	曹　标	俞伟军	1018	21886
浪石村	陈怀庆	陈怀庆	583	22293
上塘村	陈　军	殷　明	1690	22955
元村村	周海明（主持工作）	—	1419	22445
九岭村	—	徐小来	1521	21151
胜峰村	卢小明	周萍华	3033	23534
东南村	方志明	吴金虎	1803	22117
柳茂村	汪海林	袁小军	1458	23265
宅里村	赖中华	王文汉	1223	23560
香山村	赵　军	陈金根	1075	22053
白云村	林雪标	袁国华	1642	22044
后岭村	喻昌友	—	1653	21828
凤联村	孙小洪	—	2540	21778

（皇甫晓丹）

·莪山畲族乡·

【概况】 2015年，莪山畲族乡以建设“中国畲族第一乡”为目标，实现工业销售总产值10.7亿元，同比增长4.9%；农业总产值1.2亿元，同比增长33.3%；财政收入2801万元，同比增长21.3%；农民人均收入17245元，同比增长15%。受理各类信访、矛盾纠纷152件，调处成功率98.48%。是年，获2015年度乡镇（街道）综合考评优秀等次和杭州市垃圾分类示范乡。

2015年莪山畲族乡情况数据库

表78

项　目	单　位	合　计
地域面积	平方公里	28.73
耕地面积	公顷	645.4
粮食播种面积	公顷	496.4
粮食总产量	吨	3303
行政村	个	7
总人口	万人	0.92
工业销售总产值	万元	107254
农业总产值	万元	12076
财政收入	万元	2801
农村居民人均收入	元	17245

【农业经济】 2015年，莪山畲族乡粮食生产保持稳定。完善农业配套设施，新建林区道路21.5公里，完成设施农业23.3公顷，完成标准农田提升40公顷。推进动植物防疫工作，防疫监测率92.5%以上，动物无害化处理率98.7%，完成农产品检测228批次。开展农民素质培训3期520人次。成立桐庐畲乡农产品专业合作社联合社，推广高节竹厚泥覆盖、茭白立体养殖综合增产增效技术。全年完成造林任务32公顷，生态公益林保护面积1133公顷，幼林抚育38.4公顷。

【工业经济】 2015年，莪山畲族乡有工业企业251家，其中规模企业8家；完成工业销售产值10.7亿元，其中规上工业销售产值4.4亿元，同比增长5.3%；完成规上工业增加值1.2亿元，同比增长15.8%；实现固定资产投入2.27亿元，同比增长41.3%，其中工业投资8.3亿元，三产投资1.2亿元，同比增长10.9%；新引进项目7个，招商引资投入3448万元，其中工业投资1835万元，市外内资1852万元；服务业增加值4824万元，同比增长5.9%。完成飞腾针纺、文博针织、吉盛针织、锐宙针织等重点针纺企业厂区扩建和技改。采取“龙头骨干企业+加工点”的模式，新建来料加工点12个，受益300余人。完成石材企业燃煤锅炉整改12台。

【美丽乡村建设】 2015年，莪山畲族乡投资885万元完成莪山民族村、中门民族村中心村建设项目11个。投资305万元，实施龙峰民族村精品村建设项目6个，完成建设任务的

80%。投资160万元，完成塘联、尧山、沈冠培育村建设。投资1235万元，完成风情小镇二期工程建设项目8个，通过市级验收。做好“三改一拆”控新拆旧工作，完成拆除旧厂区7021平方米、城中村改造16531平方米、既有违建拆除128处16670平方米。7个行政村通过杭州市“无违建村”创建验收。投入资金2300万元，完成徐七线、潘戴线沿线绿化美化改造提升改造和环境整治。

【社会保障】 2015年，莪山畲族乡实现城乡居民养老保险参保率94.6%，城乡居民医疗保险参保率99.6%。全乡有低保户129户190人，残保户90人，五保供养11人。开展充分就业行政村创建，推荐就业100余人。完成50余家企业劳动监察书面审查，调解劳资纠纷10余起。完成五保供养服务中心工程建设。各行政村基本建成集银龄互助、村级养老和老年食堂为核心的养老服务体系。落实村级助老员21人，完成家庭护理培训110人，12人获得助老员中级、初级职称。

【生态文明建设】 2015年，莪山畲族乡投入2258万元，完成“五水共治”项目12个。全面落实“河长制”职责，确保全乡河道和河道沿线环境清洁，乡镇交接断面水质全面达到Ⅲ类以上。污水处理厂和各行政村农村生活污水处理设施采用第三方管理新模式。全面完成龙伏溪小流域治理、集镇饮用水提升改造、河道堤防整治、农业面源污染整治等项目，新增受益人数2000余人。

【村镇建设】 2015年，莪山畲族乡完成龙峰民族村精品村建设申报，编制完成精品村项目11个，计划投资670万元。完成山哈风情街三期提升改造，实施旗楼、美丽庭院和人行道铺装等工程。完成沿街房屋民族特色外立面改造。实施集镇饮用水提升改造、乡域主干道亮灯工程、莪溪十里游步道观光工程、徐七线沿线景观提升改造工程。戴家山古村AAA级旅游景区创建启动，完成村庄配套基础设施建设。秘境·山乡生活完成一期和二期建设投入运营。云夕·戴家山完成一期建设投入运营，二期项目完成主体进入内部装修阶段。云夕·先锋公益图书馆开业。潘龙至戴家山“山哈古道”评为杭州市20条最美森林古道之一。启动龙峰民族村AA级旅游景区创建工作，完成龙峰旅游总体规划编制工作。继续推进“两权一房”工作，完成土地证制作1002户、房产证制作1552本。

莪山乡入城口改造

【民宿经济】 2015年，莪山畲族乡出台《关于进一步加大扶持民宿经济发展的工作方案》，明确扶持民宿发展具体政策。戴家山区块完成19幢农房租赁，其中秘境酒店租赁农房9幢，3幢正式营业，其余6幢已完成主体改造和内部装修工程进入试营业；亦舍艺术客栈租赁农房8幢，完成主体改造进入内部装修阶段，其中4幢投入试营业；先锋书店租赁农房2幢，完成主体改造和内部装修工程，于11月底开业。

【畲乡文化】 2015年，莪山畲族乡成功举办第六届“三月三”畲族文化节等节庆活动。建立畲语、畲歌、武术传承基地。编纂《莪山志》，实施“百名畲乡人”计划，已开展培训35课时，培养特色文化人才40余人。完成徐七线沿线民族特色路灯、灯箱和道旗安装工程。龙峰民族村文化礼堂建成投入使用。完成山哈风情街三期改造工程。组织开展“欢乐大舞台”系列文化活动，选送的畲族服装展示《畲山霓裳》获第三季“欢乐大舞台·幸福桐庐人”总决赛银奖。成功举办乡第二届全民运动会。组建新丰民族村农民书法协会，创作书法作品60余幅，其中4幅作品入展“中国梦·乡村行”浙江省书法村书法联展，组建莪山太极拳队、竹竿舞队文艺团队，组织开展文体活动达40余场。

【“中国畲族第一乡”项目推进】 2015年，莪山畲族乡建设“中国畲族第一乡”11个项目全面推进。集镇饮用水提升改造工程完工；畲乡文化展示馆工程完成设计方案，项目处于筹备阶段；山哈风情街（三期）建设工程完成沿街围墙和铺装工程；乡域主干线亮灯工程完成工程量的95%；莪溪十里游步道观光工程全面完成；戴家山村落景区建设工程完成总工程量的95%，秘境酒店、亦舍艺术客栈、先锋书店投入试运行，完成入村口基础设施工程量的90%；新丰民族村铁砧石少数民族特色村寨二期建设工程完成总工程量的92%；低保边缘户住房改缮和五保供养服务中心室外改造工程，已完成五保供养中心内部装修工程和室外辅助工程预算并进场施工，低保边缘户房屋修缮工程建设全面启动；美丽公路建设工程完成潘戴公路绿化工程量的70%，基本完成徐七线提升工程；完成龙伏溪小流域水土流失综合治理工程；农民收入倍增工程吸纳低收入农户来料加工点10个，为低收入农户提供就业82人。

【莪山民族村商会成立】 2015年6月19日，莪山畲族乡莪山民族村村级商会正式成立，是杭州市第一个少数民族村商会。莪山民族村是莪山畲族乡人口最密、企业最多的村，主要经营针织、快递、石材等行业，现有企业70余家。商会吸纳会员46名，其中理事会、监事会成员20名，王建国任商会会长。莪山民族村商会将以搭建资源、信息共享平台为目标，通过基层商会力量，对村里的公益事业，传承和保护少数民族文化、基础设施建设、爱老敬老、扶贫扶弱等方面发挥自身积极的作用。

2015年莪山畲族乡各行政村基本情况

表79

行政村	村党委（总支、支部）书记	村委会主任	人口（人）	年人均收入（元）
塘联村	张平	徐洪水	1290	17947
莪山民族村	姚樟水	蓝志炎	1918	17173
尧山村	姚世庆	郭海青	1070	17201
沈冠村	姚征伟	许国林	1490	16798
龙峰民族村	洪林妹	雷天星	1462	17864
中门民族村	姚朝水	傅汉华	1039	16713
新丰民族村	朱成祥	钟春培	863	16761

（陈艺华）

·钟山乡·

【概况】 2015年，钟山乡围绕“美丽经济建设、生态环境提升、休闲旅游发展”目标，开拓创新，苦干实干，经济社会各项事业稳中有进。实现工业销售总产值8.58亿元，同比增长3.37%；农业总产值1.87亿元，同比增长5.4%；财政总收入8170万元，同比增长22.0%；农村居民人均收入19136元，同比增长11.1%。新出生婴儿191名，计生率93.19%；排查矛盾纠纷583起，成功化解583起，化解县乡两级重要信访积案10件，稳控6件。是年，获杭州市文化示范乡镇、杭州市农业公共服务中心示范乡镇。

2015年钟山乡情况数据库

表80

项 目	单 位	合 计
地域面积	平方公里	107.79
耕地面积	公顷	1182
播种面积	公顷	1171.5
粮食总产量	吨	6052
行政村	个	11
总人口	万人	2.15
工业销售总产值	万元	85829
农业总产值	万元	18673
财政收入	万元	8170
农村居民人均纯收入	元	19136

【农业经济】 2015年，钟山乡实施“一园一村一区”总体发展思路，投资300万元，完成歌舞南宋御茶园项目建设，与江西婺源茶校合作举办歌舞“天尊贡芽”开茶节，制作茶文化发展旅游宣传片。新增蓝莓基地14.7公顷，举办高峰蓝莓采摘节，完成魏丰蓝莓深加工企业建设，培育千亩蓝莓采摘休闲基地。启动色彩林业建设，完成钟山、魏丰色彩林业种植7公顷，绿化造林95.1公顷，其中山核桃28.5公顷、一般造林45.6公顷，抚育森林33.3公顷；完成省级林道建设10.5公里、县级林道5.5公里。完成钟山芹溪8公里农村排灌河道整治工程，新建各类农业基地喷滴灌43.3公顷，新增高峰村安全饮用水350人，完成夏塘溪防堤坝加固180米。

【工业经济】 2015年，钟山乡有工业企业80家，其中规模工业企业5家。实现工业销售总产值8.58亿元，其中规模企业1.59亿元，同比下降1.8%；固定资产投资2.78亿元，同比增长23.6%，其中工业投资9262万元，同比增长20.8%；三产投资1.73亿元，同比增长17.6%；招商引资4608万元，引进项目7个。新增规模企业3家（浙江永诚石材、桐庐神力石材、桐庐国锋石材），快捷快递龙胜物流项目成功落地，集镇农贸市场商住楼项目、金属门窗生产线项目动工建设，大市村静林寺民宿开发项目签约。

【三产经济】 2015年，钟山乡实现服务业增加值3.33亿元，同比增长279.7%；社会消费品零售值2.33亿元，同比增加5.9%；三产投资1.74亿元，同比增长17.57%。举办歌舞“天尊贡芽”茶叶开采节、高峰蓝莓开采节暨民宿营业启动仪式、“山水田园·四季钟山”摄影赛、“走进钟山，回归自然”乡村游体验等活动，集聚乡村休闲旅游人气。是年，接待游客12.5万余人次，收入746万元，同比增长30%。

【集镇建设】 2015年，钟山乡完成徐七线入乡口至大市村口段的道路绿化提升、沿线环境整治、重要节点建设工程。出台《农户建房批后监管制度》《钟山乡违法建设动态巡查办法》《钟山乡防控和处置违法建筑责任追究办法》，拆除违章建筑143处2.7万平方米，城中村改造1.52万平方米，旧厂区改造7400平方米。查处新违建12处，拆除面积1055平方米。完成4385户农房两权一证办理。10个垦造耕地项目、3个宅基地复垦和3个旱改水项目按期推进。陇西破塘湾废弃矿山地质环境综合治理项目前期政策处理和相关历史遗留问题处置基本完成。开展环境整治，建立农村生活垃圾源头分类长效激励机制。成立乡环卫所，整顿提升农贸市场。相继完成夏塘精品村，3个中心村、4个培育村23个项目，陇西村成功创建AA级村落景区。

【民生保障】 2015年，钟山乡开展低保提质扩面工作，新审批低保26户63人、残保31人，救助各类特困家庭61户33万元，全面消除“4600”低收入农户，完成农村困难家庭危房改造5户。“三通一达”百万教育公益金全部用于钟山小学、幼儿园教师慰问奖励和困难学生资助。

【五水共治】 2015年，钟山乡辖区内7条河流水质全年达到Ⅲ类。完成7.8公里集镇污水管网提升和雨污分流改造工程，河道综合整治工程建设9公里（芹溪、下邵溪、歌舞溪流域沿线河道清理、清淤和破塘湾溪、夏塘溪夏塘段、大市溪大市段、歌舞溪宋家山、高峰、魏丰段河道整治工程建设）。取缔关停无牌无证加工点2处，整治石材乱堆乱放点20余处。养殖场完成提升改造7家。

【桐庐首个“农民之家”在钟山启用】 2015年12月，钟山乡“农民之家”综合服务平台启用仪式在农村合作银行钟山支行举行。“农民之家”是钟山乡携手桐庐农村合作银行共同打造，面积500余平方米，主要分为两大功能区：公共服务区，主要提供市场信息、财富管理、丰收e购电商双向平台等信息咨询，设立税务代办服务窗口、图书阅览及儿童游乐等“一站式”生产生活服务。学习交流区，主要提供80人培训教室，开设“普惠讲坛”，定期为钟山乡群众提供创业培训、法律法规、医疗保健、文化讲坛等课程，邀请专家学者开展“定制式”授课。

【首届乡村休闲旅游节】 2015年7月21日，钟山乡首届乡村休闲旅游节在虎啸峡风景区下码头举行。钟山乡是桐庐蜜梨主产区、杭州市最大蜜梨生产基地、省级无公害农产品生产基地，拥有蜜梨种植面积668公顷，品种以翠冠、清香、新世纪、圆黄、黄花梨为主，年产量在11000吨以上，产值3050万元。虎啸峡漂流河道全长4公里，垂直落差158米，漂完全程1.5小时。两岸植被茂密，水质优良，生态环境优美，因溪段急、落差大、水量磅礴等特点，形成“小溪大浪”顶级刺激运动特色。蜜梨、漂流、民宿成为钟山乡生态休闲旅游的三大“法宝”。旅游节的举办，集聚钟山乡村休闲旅游人气，打响对外知名度。

钟山乡首届乡村休闲旅游节

【高峰蓝莓开采节暨民宿营业启动仪式】 2015年6月2日，桐庐钟山高峰第二届蓝莓开摘节暨民宿营业启动仪式在高峰村文化礼堂举行。高峰村蓝莓基地位于海拔500米的大塆滩，总面积20公顷。活动当天有300余名游客、群众参加仪式并上山采摘观光。

【歌舞“天尊贡芽”茶叶开采节】 2015年3月，第二届桐庐钟山歌舞“天尊贡芽”开采节暨“山水田园·四季钟山”摄影赛在钟山乡歌舞村启动。天尊贡芽产于海拔800多米南宋御茶园，于清明与谷雨之间采摘鲜叶，为一芽一叶初展。每公斤鲜叶约1.25万个芽头，经薄摊吐芳、轻炒保色、理条造形、轻揉促质、低温焙香，将传统制法与新加工技术融于一体，成品形质兼美，堪称珍品。此茶冲泡后，嫩芽朵朵，状如雀舌，香气清高持久，汤色绿而明亮。干茶亦十分美观，形似寿眉，银毫披露，绿中透翠。宋高宗赵构建都临安（今杭州）时，朝臣曾将此茶进贡朝廷。天尊贡芽制作技艺曾一度失传，于1985年研制成功，恢复生产。

【九大民生实事工程】 2015年，钟山乡人代会提出的九大民生实施工程全部完成。老钟洛线范家岭段道路整治工程，工程长度330余米，涉及20余户农户，投资70万元，实施路面应急修复工程、道路塌方抢修工程、路基及附属设施建设工程、沥青路面浇筑工程。美丽公路沿线候车亭建设工程，涉及11个行政村，建设港湾式停靠站18个、简易式停靠站8个，工程总投资113.8万元。建造双龙供水蓄水池扩建工程，总投资70万元，建造1000立方米水厂蓄水池。工业园区道路建设工程，主要包括经一路和迎宾路道路侧石、人行道板铺设及绿化，店边至经一路白改黑及水渠建设工程，总投资56.7万元。污水管网提升工程，总投资59.5万元，完成新建管网10公里和接户井工程。钟山乡文体中心提升工程。钟山小学美丽学校创建工程，总投资80万元，完成钟山小学室外道路改造、小学小班化教室改造。钟山乡义务消防队建设工程，总投资10万元，配备消防队员专用消防服和作训服，装备灭火器、消防斧、铁锹等各种灭火用具。钟山中心幼儿园提升工程，总投资59万元，实施幼儿园室外工程改造二期工程。

【综合文体中心提升工程】 原钟山乡综合文体中心位于老乡政府办公楼内，位置偏远且设备陈旧。2015年，乡政府实施文体中心提升工程，建设完成以钟山村文化礼堂为载体的乡综合文体中心，新建文体中心为三层楼，建筑面积2500平方米。一层为非遗项目展示中心；二层为电子阅览室，配备电脑15台，图书3000余册；三层为多媒体电教室。文化礼堂配有可容纳800余人参加活动的场所，用于召开会议、举办文艺晚会等，工程投入33万元。是年，成功创建市级示范综合文体站。

2015年钟山乡各行政村基本情况

表81

行政村	村党委（总支、支部）书记	村委会主任	人口（人）	年人均收入（元）
中一村	胡方兴	季法春	2327	19991
钟山村	毛正国	吴勇富	5019	19450
陇西村	蒋志芳（女）	陆根洪	1632	17390
城下村	洪华军	赖小平	2289	20260
仕厦村	章永林（1—10月）	项柏泉	1170	17706
大市村	王鑫锋	邵再荣	2681	19371
魏丰村	刘立泉	刘立泉	1042	15258
高峰村	吕文胜（1—11月）	王国斌	1021	17864
子胥村	吴根贤	陈浪峰	1734	21136
歌舞村	张明星	郑土根	1953	20062
夏塘村	刘忠言	郑志平	646	21002

（傅 祎）

·瑶琳镇·

【概况】 2015年，瑶琳镇大力实施“全域旅游深化年、村镇建设提升年、重大项目突破年、产业转型提速年、社会治理创新年”活动，着力打造宜居、宜业、宜商、宜游新瑶琳。实现工业销售总产值29.2亿元，同比增长9.7%；农业总产值4.7亿元，同比增长19.9%；财政总收入6757万元，同比增长9.5%。农民人均纯收入19424元，同比增长11.6%。新生婴儿251人，人口计生率97.61%。化解县级重点信访积案2件，网上信访总量同比下降17.2%。是年，荣获浙江省森林城镇、杭州市社会管理综合治理工作考核优胜单位、杭州市学前教育先进乡镇、乡镇（街道）年度综合考评优秀单位。

2015年瑶琳镇情况数据库

表82

项　目	单　位	合　计
地域面积	平方公里	216.6
耕地面积	公顷	1861.8
粮食生产面积	公顷	1745.5
粮食总产量	吨	8983
行政村	个	16
总人口	万人	3.52
工业总产值	万元	292131
农业总产值	万元	46553
财政收入	万元	6757
农村居民人均纯收入	元	19424

【农业经济】 2015年，瑶琳镇完成东琳、何宋两个市级粮食生产功能区项目和文源、琴溪两个县级粮食生产功能区建设。投入1500万元，完成9个行政村高标准农田示范工程建设（农发项目）。完成绿化造林92.9公顷，县级林道建设11.5公里，市级林道建设17.5公里。投入793万元，完成“一事一议”项目15个，其中省级项目11个、市级项目4个。完成造林面积107.5公顷，其中经济林69.5公顷、色彩林业12公顷、用材林26公顷，森林抚育340.7公顷；完成9个墓区防火林带建设。完成上黄泥孔、大汶头、斜殿堂、洞家坑等山塘水库综合整治工程。完成农民素质培训248人，发放资料1180余份。投资600余万元，打造运动休闲带（美丽公路），完成红石湾至潘联段道路2.5公里和姚村至瑶琳洞段1.5公里提升改造，沿线新建提升驿站5个，并对毕浦沿线进行绿化提升。

【色彩农业】 2015年，瑶琳镇丰满千亩金花休闲示范园，增建茶室项目，配备游览观光车，安装五彩风车墙及喜洋洋等三个卡通人物形象。举办“出彩乐跑”活动，桐庐山花节期间，日均游客量2000余人。毕浦果桑园投入60万元拓展果桑园建设，于“五一”正式开园，采摘游活动期间客流量达1.2万人次。完成姚村农业精品园土地流转8公顷、品种培育钢架大棚搭建4公顷；东洲区块色彩农业项目种植黑李、樱桃、猕猴桃、冬枣等7类水果。潘联铁皮石

毕浦果桑采摘游

斛基地亩产值 30 万元，“仙惠科技”2 月成功在上海股权交易中心 Q 板挂牌上市。

【民宿经济】 2015 年，瑶琳镇将姚村、百岁列入重点民宿培育村，姚村沈家埠区块回购民房 15 幢，斜殿堂区块落地项目 1 个；桃源、百岁、毕浦三个民宿培育村发展民宿户 33 户、床位 249 张，新增经营户 7 户、床位 60 张；百岁与原宿生态旅游公司签订框架协议，计划投资 2000 万元，建设以徽派为主题的高端民宿；仁泰房产投入资金 350 万元，打造高端精品民宿街。

【工业经济】 2015 年，瑶琳镇有工业企业 400 余家，其中规模企业 22 家。实现工业销售产值 29.2 亿元，其中规上工业销售产值 11.2 亿元，同比增长 18.3%。固定资产投资 10.1 亿元，同比增长 6.4%，其中工业投资 4.3 亿元、三产投资 5.4 亿元。招商引资 2.3 亿元，同比增长 14.8%；实到市外内资 1.9 亿元、外资 600 万美元。自营出口 1862 万美元，同比增长 50.1%。瑶琳国家森林公园通过消防验收，完成上山道路、标识标牌系统改造。霍普曼电梯年产 600 台自动扶梯生产项目完工，天溪葵园项目完成建设方案设计和部分基础设施建设。永安村淘宝网站点在“双十一”中摘得全国购买力“土豪村”TOP 榜第 5 名、徐杏英获全国明星合伙人称号。龙博机电、正大重工、北方中意新材料等企业技改投入 1600 多万元，龙博机电、伟都钢构列入市级高新技术企业。

【五水共治】 2015 年，瑶琳镇完成 14 家企业污水连片集中纳管处理，整改提升农村污水处理池 68 只，新建、修建集镇污水管网 17.5 公里。实施污水处理后续水生植物种植和周围绿化美化工程。完成洪处龙、大汶头、上黄泥孔三处山塘和漕源溪河道 1.6 公里整治，增设瑶琳大道污水管网 3.5 公里。完成桃源、高翔防洪堤建设 1.3 公里，实施舒家、文源等 5 个村安全饮用水提升工程。

【城镇建设】 2015 年，瑶琳镇投入 4000.7 万元，实施工程 102 项。完成东琳村大湾里、百岁村严村郭荣周后山地质灾害点治理；完成百岁村、东琳村农村土地综合整治项目；完成住房改造民建公助项目 4 个，改造农 350 户，涉及何宋村、永安村、后浦村、大山村农居点建设及基础设施配套工程；完成桃源、东琳村村庄规划修编工作和《土地利用总体规划》《富春民居》初稿；皇甫村和平桥完工通车，潘联大桥全线贯通，瑶琳大桥完成招投标。农房确权办证 7514 本，办理抵押贷款 175 万元。

【无违建创建】 2015 年，瑶琳镇处置存量违法建筑 257 处 5.31 万平方米，其中拆除新违建 6 处 440 平方米；既有违建 130 处 3.46 万平方米；一户多宅 84 处 1.19 万平方米；集体收回 29 户 4503.91 平方米；调剂 6 户 1235.4 平方米；处置有偿使用 462 平方米。完成“三改一拆”9.27 万平方米，其中，城中村改造 2.37 万平方米，旧厂区改造 2.21 万平方米，拆除违法建筑 4.69 万平方米。

【社会保障】 2015 年，瑶琳镇城乡居民养老保险参保率 97.4%，医疗保险参保率 99.8%。投资 80 余万元，完成潘联、百岁、文源村居家养老服务中心建设。申报办理就业援助证 5 人、劳动力求职登记证 27 人；接访劳资纠纷类事件 14 起，调解 7 起，仲裁 7 起。全镇有低保 378 户 664 人，残保 381 户；申报临时救助 34 户，救助金 71700 元；大病困难救助 4 户，救助金 90000 元；困难退伍军人临时救助 15 人，金额 15500 元。

【创建省级森林城镇】 2014 年，瑶琳镇启动森林城镇创建工作。全镇义务植树 18 万株，绿化造林成活率和保存率 90% 以上，建成区新增绿地面积18.4公顷。至此，城镇建成区绿地面积199.4公顷，林木覆盖率为23.65%，绿化覆盖率24.92%，人均公园绿地面积9.21平方米，城镇空气负离子平均浓度801个/立方厘米，空气污染指数良好以上319天，各项指标均达到创建标准。是年，瑶琳镇成功创建浙江省森林城镇。

【基层自治试点】 2015年，瑶琳镇基层自治试点工作在姚村村展开。创新“135”体系，即一个村规民约，三项制度（民主化决策、主体化建设、网格化管理），五色组织（党团群体、村级商会、老年协会、妇女组织、乡贤群体），形成以执行村规民约为核心，以积善银行为抓手，以“八优先一提前”和积分换购为激励链式管理模式。姚村基层自治试点经验在其他村推广，16个村完成村规民约修订，并以一户一卡形式开展宣传。全镇以村民自治为引领，排查矛盾纠纷655起，化解652起。5月27日，全县基层治理创新现场会在瑶琳召开。“积善银行”模式被评为2015年度全县改革创新项目二等奖。

2015年瑶琳镇各行政村基本情况

表83

行政村	村党委（总支、支部）书　记	村委会主　任	人　口（人）	年人均收入（元）
潘联村	徐洪展	周根水	799	17797
姚村村	张钧亮	向移苟	2893	22990
皇甫村	徐林云（下派1-9月） 赵　磊（下派10-12）	皇甫根洪	2734	23223
桃源村	叶荣昌	—	2370	22911
东琳村	皇甫权国	—	4532	20243
毕浦村	王金木	钱　勇	1521	18442
永安村	江高平	林国荣	1837	17803
何宋村	蔡文华	仰长林	2024	17263
大山村	洪正明	詹寿根	1028	20078
文源村	沈徐芬	沈山根	1512	16800
舒家村	胡卫平	颜小龙	993	24254
百岁村	刘正荣	赵荣炳	2794	17920
元川村	赵炳生	叶信友	1424	20013
后浦村	王罗标	袁德琴	1569	19165
高翔村	喻平火	汪　勤	2539	16537
琴溪村	王小军	王根祥	3162	15335

（柴林娣）

·分水镇·

【概况】 2015年，分水镇以打造杭州西郊最靓丽小城市为目标，各项事业齐头并进，经济社会持续健康协调发展。实现工业销售总产值91亿元，同比增长10.2%；农业总产值5.6亿元，同比下降6.6%；财政总收入1.97亿元，其中地方财政收入7866万元，分别同比增长10.2%、8.1%；农村居民人均收入21974元，同比增长11.0%；人口计生率97.79%；办理来信来访来电、网上信访、上级交办件593件，办结满意率达98%。是年，分水镇通过全国文明镇复评，荣膺中国最美宜居休闲小镇、杭州市五水共治工作先进单位。妙笔小镇列入杭州市首批特色小镇创建单位。

2015年分水镇情况数据库

表83

项 目	单 位	合 计
地域面积	平方公里	299.43
耕地面积	公顷	1925.4
粮食播种面积	公顷	1717.8
粮食总产量	吨	10150
行政村	个	26
社 区	个	2
总人口	万人	5.28
工业销售产值	万元	909962
农业总产值	万元	55734
财政收入	万元	19695
农村居民人均纯收入	元	21974

【农业经济】 2015年，分水镇粮食播种面积1717.8公顷，粮食总产量10150吨。推进大路、儒桥、里湖粮油功能区，武盛蔬菜功能区、新龙百合基地、怡合高山蔬菜基地，天英、小源、朝阳油茶基地，外范、高联青笋竹基地等农业现代园区建设。朝阳、金端农业市级低产田改造项目完成验收。完成废弃农药（瓶）袋回收体系建设。抓好森林病虫害防控和森林防火、森林抚育和造林工作，完成造林128.3公顷，生态公益林管护7814.5公顷。完成色彩林业15.6公顷，补植13.1公顷。

【分水农产品电子商务暨旅游农特产品展示展销中心开业】 2015年6月15日，分水农产品电子商务公共服务中心暨分水旅游农产品展示展销中心开业。该中心设在分水电商孵化园，由杭州沃峰农业开发有限公司筹建，是分水农业成果、农产品宣传推广的新窗口，农产品展销、流通及合作的新平台。通过前期酝酿与筹备，杭州沃峰农业开发有限公司与乐益生猪合作社、天厨蜜源、禄源食用菌专业合作社等5家农产品基地建立合作关系，向周边地区（杭州、上海、宁波等）提供四季农产品。产品涵盖蔬菜、水果、粮油、肉类、禽蛋、水产品等1000多种。中心以现代传媒和互联网为渠道，以线下基地、展厅和配送中心为实体支撑，发展“020模式”，打造绿色、集聚、高效的生态农产品配送中心。

【工业经济】 2015年，分水镇拥有工业企业

1400余家，其中规模企业41家，实现工业销售总产值91亿元。完成固定资产投资25.8亿元，同比增长56.1%；其中工业性投资7.9亿元，同比增长26.26%；三产投资16.3亿元，同比增长58.5%。实现招商引资3.5亿元，实到市外内资3.2亿元，同比增长44.2%，浙商创业创新1.3亿元，同比增长51.9%，实到外资1050万美元，同比增长45.8%，完成自营出口11127万美元，同比增长14.2%。成功举办第二届笔业博览会，实现产品集聚与市场集聚、实体经济与会展经济融合发展；冠华王食品公司全年销售增长30%；君鼎科技、申振科技等高新技术企业市场前景良好，五金紧固件、机械制造、纺织等产业稳步发展。

【分水五金机械协会成立】 分水镇现有各类五金机械企业60余家，占全镇工业总产值的6%，其中销售2000万元以上产值的企业9家，形成一批以螺栓螺帽、紧固件及调直机为主要产业链。2015年，由杭州君鼎科技有限公司、桐庐精诚齿轮有限公司等5家企业共同发起倡议，申请筹备成立分水镇五金机械行业协会。9月17日，分水镇五金机械协会正式成立，入会企业51家。

【制笔知识产权保护专项行动】 分水镇现有制笔企业518家，相关配套企业221家，全行业实现销售收入50余亿元。制笔业的兴起使笔的外观设计专利侵权现象时常发生。80%以上的企业拥有专利，60%的企业发生过专利侵权，知识产权侵权成为制约产业转型升级的主要瓶颈之一。2015年4月15日至6月30日，分水镇联合县有关部门开展制笔行业知识产权保护联合执法专项整治行动，解决制笔企业专利侵权发现难、取证难、处理难“三难”问题，有效遏制制笔行业专利侵权行为频发、恶性竞争现象。6月16日，分水镇制笔行业知识产权保护联合执法专项整治行动现场会召开，24套侵权模具及2万余支侵权产品在现场集中销毁。专项整治行动期间，执法人员巡查22天200余人次，巡查企业136家，抽样获取笔样千余款，并对其检索对比，发现涉嫌侵权企业12家，查处专项侵权案件29起。目前8起案件已达成调解，赔付金额达38万元。

【中国（分水）笔业国际博览中心建成】 2015年，分水镇本着“建设一个市场、推动一个产业、繁荣一座城市、造福一方百姓”建设理念，启动分水·国际笔业城项目。该项目总投资3亿元，由企业体验区、产品展销区、商贸服务区和企业展示板块、产品展销板块、辅助材料区、商务办公区及生活配套区组成，建成后将是目前中国笔业商贸经营面积最大、硬件设施最好、产品品牌最全的国际化、现代化、专业化、电商化的一站式笔业综合商贸服务平台。项目一期为中国（分水）笔业国际博览中心（简称笔业中心），于10月竣工投入使用，占地面积2.5公顷，投资2亿元，主体建筑5层，建筑面积约5.5万平方米，有商铺1129间，开业营运后，直接从业人员可达2000多人，市场培育成熟后，预计年销售额可达100亿元以上。7月5日，第二届中国笔业博览会暨中国（分水）笔业国际博览中心授牌新闻发布会在义乌召开，发布会上，中国制笔协会与桐庐县人民政府正式签订中国时尚制笔小镇建设战略合作协议，并冠名授牌分水镇笔业博览中心为中国（分水）笔业国际博览中心称号。

【第二届中国笔业博览会举行】 2015年10月28日，第二届中国笔业博览会在分水笔业中心开幕。中国制笔协会名誉会长陈士能宣布开幕。工业和信息化部消费品司轻工一处处长邢涛，中国制笔协会副理事长魏淑君，中国制笔协会秘书长吴少平，县领导方毅等出席开幕式。本届博览会有7000余位相关政府部门领导、新闻媒体、制笔协会代表、各地制笔龙头企业及供应商、业内专业经销商等到场参加。400多家全国各地企业带来1万多款新产品参展，现场成交额9300多万元，场外意向成交1.83亿元。

【小城市建设】 2015年，分水镇以“东拓西延中部丰满”的空间布局，完善东溪工业功能区，丰满西关工业功能区，建设天英文具产业园，规划东溪文创园。完成市民休闲中心二期工程、文体中心提升改造工程，武盛古街改造一期工程，新淳路、县前街立面改造工程，污水处理厂二期、分水自来水厂扩容提升等，启动分水客运中心建设项目。城南综合市场影院、健身中心、购物中心建成开放，嘉凯城城市客厅、市民中心地下广场建成招商，商贸综合体5.6万平方米，实现营业额1.2亿元。人口集聚功能提升，是年，农民市民化进城落户1026人，建成区常住人口54103人，城镇化率75.3%。

【城市管理】 2015年，分水镇对城区两路两侧进行集中整治，拆除炮台广告一处，大型三面广告3处，立式灯箱60只，道旗96块，破损楼顶广告6处，违章棚1处60平方米。完成下白沙沿线15处违章建筑物拆除工作，拆除1600平方米；规划设置建筑垃圾处置场所1处，清理城区建筑垃圾6000吨；对城南农贸市场、12家水果店实行垃圾分类，月收集可回收垃圾22吨。对城区主要道路860盏路灯进行LED节能灯改造，部分新建道路和零星路灯安装150盏。成立分水城市治理促进会，设立城市管理热线电话64622000并投入使用。

【五水共治】 2015年，分水镇继续实施五水共治项目39个，总投资1.05亿元。拆除养殖棚舍5万余平方米，涉及养殖户100余户，减少生猪养殖1万余头，保留完成污水整治并通过验收的畜禽养殖场17家，镇域主要河道水质常年保持在Ⅲ类。投入2230万元，加大城镇污水管网建设，开展管网雨污分流改造工程，建设管网16.2公里。投资1400万元，完成污水处理厂二期扩建工程并投入运行。

【美丽乡村建设】 2015年，分水镇投资3000万元，完成前溪出口段治理，山塘综合整治项目11个，河道综合整治14.4公里，农村饮用水安全提升工程13个。省农房改造示范村通过省级验收。完成新龙龙潭、儒桥前岩坞、大路横山头杭派富春民居改造。八曲净舍、忆庐、闲所等6个精品民宿项目即将建成。完成前溪沿线绿化工程，布设55个免费Wi-Fi。新龙村完成沿江绿道、山体复绿、生态停车场等项目建设，引进九龙郡、榆榕庄、百合园等项目，成功举办中国首届生态教育文化节，新龙村风情小镇建设通过市县验收；保安村完成村入口景观改造提升、道路沿线整治；儒桥村实施凤凰谷激速漂流提升、人工沙滩等配套建设，引进帐篷酒店。完成大路、富源2个精品村建设，保安、儒桥、百岁坊中心村建设项目顺利推进。

【分水镇获中国最美宜居休闲小镇】 2015年6月5日，第三届中国最美小镇揭晓仪式暨经验交流会在北京举行，10个最美小镇获奖名单正式揭晓。第三届寻找最美小镇活动于2014年9月启动，由人民日报海外版、中国旅游研究院支持，人民网主办，设置中国最美历史文化小镇、中国最美旅游生态小镇、中国最美民族风情小镇、中国最美宜居休闲小镇、中国最美特色发展小镇五个奖项，收到网友投票4000多万人次。分水镇荣膺“中国最美宜居休闲小镇”。

【劳动保障】 2015年，分水镇完成城乡居民养老保险参保率94.3%、城乡居民医疗保险参保率99.5%。实行低保动态管理，变更低保93户，年末有低保户573户863人，残保户748户748人，发放低保金137万元，残保金125万元，发放特殊困难临时救助资金21.52万元。新增7名五保对象，年末有五保户101户，发放五保金38万元。镇村就业网络平台发布招工信息1945条，登记求职人员496名；发放失业证293本，援助证284本，农村劳动力求职登记证21本；开展企业用人单位劳动保障年度工作情况书面审查565家，发放简易劳动合同500余份。发生各类劳动争议34起，调处28起，移交劳动仲裁6起，涉案金额136万元。

【分水文体中心提升改造】 分水镇文体活动中心占地面积1.8公顷，是原分水县人民政府遗址。内有原衙祥寺古井、原民国分水县政府民众大会堂、原中共分水县委县政府的常委楼和办公楼，古碑长廊等历史建筑。2015年，镇政府投资7000万元，对分水文体中心提升改造。设置图书馆、体育馆、印象馆、科技馆、制笔馆、进士馆、革命历史馆、南堡纪念馆9个场馆，成为分水镇文化体育活动中心、历史文化展示中心、广大市民休闲中心。

【首家镇级乡村旅游协会成立】 2015年9月，桐庐县首家镇级乡村旅游协会在分水镇成立，入会会员78家，相关从事旅游行业经营、旅游管理的企业和单位，旅游业工作者、民宿业主等成为首批会员。近年来，分水镇实施“一心两区三带四村落”规划，村落景区创建有序推进，社会工商资本投入旅游项目态势良好。乡村旅游协会成立后，将根据分水镇文化特色、自然风情，创新旅游产品，加强行业管理、协调和服务，重点推出一批乡村旅游精品线路、着重招引一批精品民宿，以“前溪绿道”串联建设5个旅游点位，促进农家乐、休闲农业、民宿等产业的快速发展。

【2015画城桐庐·悠悠分水·魅力小城国际帐篷露营节】 2015年8月15—16日，以“低碳生活·户外盛宴”为主题，“2015画城桐庐·悠悠分水·魅力小城国际帐篷露营节”在分水镇儒桥村举行。帐篷露营节是一种把旅游、运动、文化、人际交流紧密结合的生活方式，以“亲近户外，释放身心”为理念，参加本次帐篷露营节主要有全国各户外社团（俱乐部）、旅行社、单车俱乐部协会、户外爱好者、摄影协会、户外QQ群、山地越野车、摩托车、自行车俱乐部、自驾俱乐部、探险协会等。帐篷节有徒步登山、山泉泡澡、村民驴友互动晚会、茶马古道寻宝、民俗百家宴、激情漂流等活动。活动期间，来自全国各地1000余名驴友前来“安营扎寨”，感受“以天为被，以地为席”美丽乡村露营生活，带动分水乡村旅游的发展。

【第七届怡合青笋宴】 2015年4月25日，第七届怡合青笋宴在外范村大山自然村举办。外范村位于分水西部山区，全村人口1783人，青笋面积400公顷，黄花菜面积200公顷，是怡合山区最大青笋干和黄花菜生产基地。在“一乡一业”政策扶持下，外范村投资400万元建设青笋干生产厂房、青笋基地通路工程，成立桐庐县祝华农业开发公司，注册怡合青笋干品牌“阴湾山”。该届怡合青笋宴活动设置采笋比赛、摄影采风、舌尖上的青笋、参观体验、剥笋比赛等多个环节，取得了良好的宣传效果。

【中国首届生态教育文化节暨“百合花开·爱满家园”开园仪式】 5月16日，为期两天的中国首届生态教育文化节暨“百合花开·爱满家园”开园仪式在分水镇新龙村开幕，该节会以生态教育文化为主题，以家园为主体，以智慧母亲教育为主导，期间分别举行百合花开园仪式、点亮文明圣灯、生态发展论坛、生态茶园观摩等系列活动。节会期间吸引游客观光2.3万人次，直接带动当地民宿、餐饮、土特产品发展。

2015年分水镇各行政村基本情况

表85

行政村	村党委、社区（总支、支部）书记	村委会、社区主　任	人　口（人）	年人均收入（元）
武盛村	胡炳贵（镇下派）	蒋义平	4921	25960
城西村	阮禾丰	龚青山	1832	23824
天英村	吴泉生	韩正明	3190	23820
塘源村	陈　鑫	朱樟华	2121	22668
里湖村	孟桥良	王海鹏	1921	25471
儒桥村	吴慧星	赵应军	1631	21860
大路村	查正文	罗铁其	2808	22916

续表 85

行政村	村党委、社区（总支、支部）书记	村委会、社区主任	人口（人）	年人均收入（元）
桥东村	丁都君	周爱华	1365	25560
东溪村	陈瑞平	程军祥	3819	26027
三合村	朱雪强	蒋伟军	1707	24101
新龙村	叶小明	何忠强	1339	24097
怡华村	徐　勤	王荣生	770	20820
百岁坊村	张生华	童火根	2383	19571
外范村	华　亮	洪解军	1769	16680
高联村	毛春宝	李金亮	1136	21432
保安村	张启勇	张国豪	1982	19498
小源村	雷立东	黄陈浩	2248	16859
徐桥村	王培良	张希才	1216	18595
盛村村	贾建刚	徐坤荣	1383	20107
三溪村	汤梅珍	周国清	810	18304
朝阳村	郎一元	柯金炎	1204	17755
太平村	刘黎明	—	1379	18062
三槐村	季国红	储高弟	858	18050
富源村	王关友	方海忠	1404	18925
砖山村	郑根法	柴春跃	1007	18742
后岩村	沈柏潮	沈柏潮	543	19033
玉华社区	陆一萍	胡　玥	2232	—
分江社区	吴忠美	余　靖	2001	—

（王金金）

·百江镇·

【概况】 2015 年，百江镇围绕建设“中国最美旅游生态小镇”目标，按照“生态立镇、工业强镇、旅游活镇、和谐建镇”发展战略，经济社会各项事业取得新进展。实现工业销售总产值 9.3 亿元，同比增长 5.7%；农业总产值 2.2 亿元，同比增长 29.4%；财政总收入 1766 万元，同比增长 10.8%；农民人均纯收入 16936 元，增长 13.9%。为村民解决矛盾纠纷、代办和各类服务事项共 859 件；承办信访 285 件，办结率 100%。是年，获中国最美旅游生态小镇、杭州市文明乡镇、“旅游 + 互联网”示范乡镇等称号。

2015 年百江镇情况数据库

表 86

项　目	单　位	合　计
地域面积	平方公里	235.03
耕地面积	公顷	898
粮食播种面积	公顷	942
粮食总产量	吨	4478
行政村	个	15
总人口	万人	1.98
工业销售总产值	万元	92922
农业总产值	万元	21979
财政收入	万元	1766
农村居民人均纯收入	元	16936

【农业经济】 2015 年，百江镇夯实板栗、毛竹、山核桃、茶叶等传统产业，发展特色效益农业，新种植樱桃、葡萄、蓝莓、猕猴桃、火龙果等 23.33 公顷。推进农业项目建设，世恒农场完成水果种植 13.33 公顷、新建钢架大棚和避雨设施等基础设施；香榧基地新种植香榧 14.67 公顷；农发粮油完成土地流转 21.33 公顷，并引进大米加工流水线设备一套；“和诚食用菌”基地新搭建钢架大棚 6000 平方米。大力发展色彩农林业，完成 05 省道沿线色彩林业 15.33 公顷、绿化造林 94.67 公顷、森林抚育 200 公顷、省级公益林扩面 10000 公顷。实施农村土地综合整治 4.47 公顷、垦造耕地 11.47 公顷、垦造水田 12 公顷。推进农民专业合作社联合社、村级综合服务社（农民之家）、土地股份制合作社建设工作。

【工业经济】 2015 年，百江镇有工业企业 156 家，其中规模企业 5 家。实现工业销售总产值 9.29 亿元；其中规上工业销售产值 2.46 亿元，同比增长 6.9%。固定资产投资 1.77 亿元，同比增长 18.3%，其中工业投资 4296 万元，同比增长 18.8%；三产投入 1.19 亿元，同比增长 4.9%。招商引资 4420 万元，实到市外内资 2630 万元，签约项目 8 个。推进浙江准提实业项目建设，完成 1 号、2 号厂房建设，生产设备订购。完成高污染燃煤锅炉整治 11 台；小木厂关停 3 家、搬迁 2 家、整治 2 家，提升改造小铸造业。

【三产发展】 2015 年，百江镇第三产业投入 1.19 亿元，提升百江生态旅游的知名度、美誉度，成功创建“中国最美旅游生态小镇”。镇旅游咨询中心正式启用；完成天子地一期提升改造项目，推进奇源、双坞村落景区建设，双坞村创建 AA 村落景区；提升紫燕山、清水湾休闲农庄改造；举办首届樱桃节、板栗节等重大旅游活动。全年接待游客 17 万人次，实现经营收入 840 万元。加大旅游招商力度，引进天子地二期、奇源休闲旅游综合体等项目，总投资 12 亿元。引进漫藤度假酒店、“野渡・山林间”精品民宿、罗山长子大酒店等项目，总投资 1.1 亿元。推进奇源村民宿示范村建设，新增床位 40 张，完成标识标牌等其他配套设施建设。

【政府十大实事工程】 2015 年，百江镇十大政府实事工程全面完成，总投资 3000 余万元。①完成小流域治理 3.5 公里，河道整治 10 公里；②完成村道建设 11.8 公里；③完成污水管网全覆盖提升改造工程，百江老街及方家畈区块生活污水管网建设8.5公里；④完成农村安全饮用水提升工程，新建蓄水池300立方米，铺设管道7000余米，总投资150万元；⑤百江镇旅游咨询接待中心正式投入使用；⑥百江文化体育活动中心完成主体工程；⑦六坑水库完工，奇源水库完成年度建设任务；⑧开展“深化社会治理、创建平安百江”活动，有效警情降低，群众安全感提升；⑨完成7座危桥重建工程；⑩百富线（松村—钱家段）拓宽改造工程，沥青路面已完成浇筑。

【美丽乡村建设】 2015年，百江镇投入资金3336万元，实施精品村、中心村、培育村建设项目59个，其中中心村项目34个。

联盟村：完成农居点缩减，搬迁农户31户140人；宅基地整治复垦0.52公顷；完成西村自然村旧村改造美化工程；发展农业经济补植杨梅14公顷；杨村至鹿坞岭道路拓宽硬化1200米；自来水提升改造2000米；水利修复加固工程60米；新建文化礼堂；提升改造污水处理池容140立方米，纳管300米。

东辉村：完成农居点自来水、砌坝、填方等工程（续建），集聚11户50人；东辉自然村休闲大道护栏建造420米，绿化850平方米；东辉、塔岭自然村主干道两边立面改造、支路建设280米；宅基地整理复垦0.3公顷；修复塔岭防洪堤600米、堰坝8米；建设东辉自然村环村休闲大道500米；路灯安装30盏；自来水提升工程改造1500米，修池200平方米；发展蓝莓、猕猴桃特色农业2.67公顷；新建污水处理池容70立方米、纳管550米，共40户140人。

罗山村：完成后山挡墙、供电基础设施建设（续建），农民下山集聚32户144人；罗溪（罗山段）村庄沿线景观提升改造工程（绿化2000平方米，两侧护栏600米）；实施旧村整治改造（包括拓宽、硬化、拆迁等）3300米；新农居点道路拓宽硬化700米，人行道铺设地砖1800平方米；罗溪（罗山段）防洪堤修复500米以及景观堤坝2只100米；农居点安装路灯70盏；发展葡萄、猕猴桃种植基地；新建污水处理池容100立方米、纳管75户。

金塘坞、双坞精品村续建项目4个；翰坂、苎坑、乐明等8个培育村项目18个。推进“四边三化”“美丽公路”建设，实施镇文体中心、百江农民公寓房、广信路拓宽改造集镇项目；完成罗佛溪入镇口加油站区块、广王区块绿化景观工程；百江村创建省级美丽宜居示范村项目；“两路两侧”整治点位115处。

【民生保障】 2015年，百江镇民生保障和社会事业占财政支出比重94.23%。城乡居民医疗保险参保率99.5%、养老保险参保率95%。落实低保21人、残保36人、医疗救助94人。完成农村住房改造4户，农村困难群众危旧房救助16户。成立百江快递人慈善基金，筹资160万元，用于敬老爱老、大病（灾）救助、扶贫帮困、助教助学等，发放慈善救济金60余万元。完善“三位一体”互助养老体系，落实网格化管理责任制，新建居家养老服务照料中心6家，其中联盟、金塘坞、松村、后河、郭村投入使用，苎坑村在建。以东辉村为示范，推进微型养老机构发展，探索居家养老、公建民营模式。

【治水美镇·浙江样板创建】 2015年，百江镇完成29家畜禽养殖场污水处理设施整治提升工作。完成集镇污水管网提升改造和农村生活污水整改，并委托第三方运行维护。深化“河长制”，全镇7条河流水质均在Ⅱ类以上，其中4条为Ⅰ类。前溪河长获“杭州最美河长”。完成河道整治工程7个、山塘整治2处、农村安全饮水工程5个；完成六坑水库除险加固工程，黄标车报废登记68辆。是年，成功创建浙江“治水美镇·浙江样板”。

【中国最美旅游生态小镇】 2015年6月5日，由人民网主办的“第三届中国最美小镇揭晓仪式暨经验交流会”在北京举行，百江镇获“中国最美旅游生态小镇”。活动通过单位自荐、媒体寻找、大众网络投票和专家评审相结合的方式综合评选出系列中国最美小镇，包括中国最美历史文化小镇、中国最美旅游生态小镇、中国最美民族风情小镇、中国最美宜居休闲小镇及中国最美小镇5个奖项。百镇依托优良的生态环境、丰富的旅游资源，在众多参选乡镇在脱颖而出，荣获“中国最美旅游生态小镇”称号。

【百江镇“快递人慈善基金”成立】 2015年5月6日，百江镇快递人慈善基金会成立，由在申通、中通、韵达等公司的31名百江快递人合力捐赠设立，首次募集爱心款100万元。该基金以敬老、助学、扶贫、帮困为宗旨，是百江镇民营企业首次以慈善基金的形式回馈社会。是年，发放救助慰问金96万元。

【首届百江樱桃节开幕】 2015年4月25日，第一届百江樱桃节在百江镇双坞村开幕。双坞村种植樱桃历史悠久，2010年10月建立双坞樱桃园，有农户111户，樱桃种植面积58公顷。实行品种改良后，从普通樱桃发展为短柄樱桃，颗大汁甜。2013年，成立桐庐屏峰樱桃专业合作社，在产、供、销上实行一条龙服务。同时以互联网为媒介，招揽八方游客，樱桃已成为当地百姓致富新路。

【大球盖菇试种成功】 2015年，大球盖菇在百江镇百江农发粮油合作社食用菌基地试种成功。2014年，百江农发粮油合作社食用菌基地在杭州农科院和县农技推广中心科技人员指导下，在3.33公顷食用菌基地种植大球盖菇获得成功，亩产3000斤，亩产值万余元。2015年，引进“明大128”大球盖菇品种，种植面积发展到20公顷，亩产值1.5万元，总产量达900吨。稻菇轮作模式有效地解决农作物秸秆循环利用，解决土地的季节性抛荒和经粮争地矛盾，在提高农业经济效益的同时，减少农药、化肥使用量，实现农业绿色化，改善周边生态环境。

2015年百江镇各行政村基本情况

表87

行政村	村党委（总支、支部）书　记	村委会主任	人　口（人）	年人均收入（元）
双坞村	潘志敏	潘志敏	583	14940
联盟村	臧社军	邵华军	3010	19554
金塘坞村	皇甫纯珊	钟玉明	360	14905
百江村	吴法生	王铭成	3188	16738
奇源村	王金土	王金土	862	16784
茳坑村	江春法	梅樟平	745	16020
乐明村	徐　文	张志良	1175	16373
罗山村	杨东明	黄卸平	1144	14775
松村村	曾志祥	胡伟平	1566	14700
钱家村	赖伟民	邓加富	1265	19643
小京村	王艳秋	胡关宝	1288	18399
后河村	陈小军	王传富	1011	16215
东辉村	杨田有	杨荣寿	1660	15012
郭村村	伍东生	储小根	749	15433
翰坂村	徐让军	徐江采	906	18054

（张梦姝）

·合村乡·

【概况】 2015年，合村乡围绕“生态立乡、绿色富民、特色发展”目标，全面建设“全域旅游先行乡、美丽乡村样板乡、转型发展试点乡、社会和谐文明乡”。实现工业销售总产值1.22亿元，与2014年持平；农业总产值1.29亿元，同比下降7.1%；财政收入574万元，同比增长11.2%；农民人均收入14264元，同比增长12.1%；新生婴儿90名，计生率95%。全乡共调处各类矛盾纠纷116起，化解疑难及信访积案6件，接待办理群众来信来访137件，信访和12345交办件办理满意率达97.1%。是年，该乡获浙江省卫生乡、浙江省文明村镇、杭州市综治工作先进单位称号，并在全县乡镇（街道）综合考评位列总分第一、被评为乡镇街道最佳班子。瑶溪村获评全国文明村。

2015年合村乡情况数据库

表88

项目	单位	合计
地域面积	平方公里	122.24
耕地面积	公顷	580.8
粮食播种面积	公顷	748.9
粮食总产量	吨	3893
行政村	个	6
总人口	万人	1.038
工业销售总产值	万元	12236
农业总产值	万元	12932
财政收入	万元	574
农村居民人均纯收入	元	14264

【农业经济】 2015年，合村乡拥有山核桃892公顷、竹类2831.6公顷、桑园165.7公顷、茶园266.7公顷、粮食耕种面积748.9公顷，生猪出栏量1.14万头。新增土地流转面积25.5公顷。完成造林77.14公顷，新建林道17.5公里。编制色彩林业规划，完成对合大线合村段道路及山体的色彩林业设计。集中连片建设后溪菜竹、岭源山核桃、山地蔬菜、高凉亭青笋、番薯等省市级现代农业示范园区和精品园。注册成立桐庐生仙里农产品专业合作社联合社。岭源村成立桐庐岭源土地种植股份制合作社；新增家庭农场4家。桐庐山湾湾农业开发有限公司获得“2015年浙江省农业科技企业”称号。

【工业经济】 2015年，合村乡有工业企业13家，实现工业销售总产值1.2亿元，固定资产投资达1.6亿元，同比增长52.8%；其中三产投资1.1亿元，同比增长17.1%，完成年度目标264%；新引进招商项目5个，实际到位资金2365万元，完成年度目标280%；服务业增加值4091万元，同比增长15%。

【村镇建设】 2015年，合村乡投资1200万元，用于集镇新区提升项目，完成三线入地、亮灯工程。投资600万元的立面改造工程已完成一期集镇区块改造。琅玕至支援景区循环公路建成通车。投资1600万元，对分老线沿线实施绿化美化和节点建设工程，完成景观节点建设8处，新建木质公交车站台7座。完成合大线集镇区块至支援旅游集散中心段道路拓宽提升工程，实现沿线亮灯全覆盖。投资400万元，新建集镇污水支管网8.2公里。垃圾无害化处理率100%。“三改一拆”105处，占地面积12753.7平方米，建筑面积15975.2平方米。投资200万元，改造合村饮用水安全工程。总投资485万元，改善农村居住环境，后溪村瑶棚湾村庄环境提升改造55户，瑶溪村老鸭窠提升改造55户，改造住房面积1.05万平方米。

【民生保障】 2015年，合村乡有五保人员和“三无”人员21人；新增低保户15户20人，残疾人基本生活保障新增29人。困难慈善救助24户，发放医疗、慈善救助金26.63万元。困难学生结对帮扶20对，发放助学金3.8万元。举办第二届“合”爱心基金助学活动。城乡居民基本医疗保险参保率99.8%。完善“三位一体”互助养老体系，投资140万元，新建高凉亭居家养老服务照料中心；投资50万元，改建三源村居家养老服务照料中心；政府购买结对老人112人，助老员46人。农村困难群众住房救助15户。

【联乡结村】 2015年，合村乡与杭州市级联乡结村项目6个，总投资5620万元。市级帮扶集团承诺帮扶资金236万元，实际到位298万元。6个项目相关单位（市旅委、市城乡建委、市交通运输局、市林水局等）安排协调资金697万元。其中，集镇新区改造提升工程三线入地和亮灯工程完成；琅玕至支援景区循环公路全线贯通；高凉亭村AAA村落景区成功创建；分老线沿线整治工程完成沿线绿化景观提升，打造7处标志性景观节点；低收入农户增收项目建成后溪菜竹“一乡一业”基地，帮助低收入农户增收；马鞍水库清淤治水工程竣工。

【五水共治】 2015年，合村乡投资400万元，新建集镇污水支管网8.2公里，实现集镇区域农户纳管全覆盖。投资1500万元的集镇污水处理站和农村生活污水处理站投入运行，并委托第三方运行。辖区内3个垃圾处理房，全年收集可堆肥垃圾109.2吨，有机肥产量16吨，将有机肥还山还田。区域内主要河道水质均Ⅱ类以上。拆除养殖场8家5600余平方米，实付拆除资金130万元；签订停养转产协议4家；15家保留养殖场通过县级验收。

【全域旅游】 2015年，合村乡作为“全域旅游先行乡”，创建杭州市首个全域国家AAA级风景区，围绕“一核两带六中心”（即一个核心区块、两条旅游风情带和以六个行政村为中心），实现由单一景点游向全域乡村游快速转型，打造浙江省“户外运动主题乡”、华东地区“白水漂流第一乡”。投资1100余万元，建成琅玕至支援旅游循环线并通车。完成乡域范围内旅游标识标牌和无线网络全覆盖。启用生仙里风景区乡村游接待中心，建成合村农特产品线下体验馆，研发推出旅游文创产品——“壁鞋”。溪舍拓展基地开张营业，大溪峡漂流实现“峡谷双漂”，丹霞山庄开门迎客，茱萸山庄基本建成；总投资1.4亿元的瑶山健康养生谷项目，完成一期工程高端民宿主体改造及配套木屋主体结构建设。杭州安厨电子商务有限公司探索“公司+基地+农户+电子商务”经营模式，建成安厨线下体验馆。建成琅玕旅游循环线沿路果园、绿庐亲子体验果园、野生弥猴桃果园等13.3公顷，发展精品果园77.3公顷。是年，全乡有民宿38家，床位412张，接待游客35万人次，实现旅游收入1800万元。

生仙里风景区乡村游接待中心

【复旦大学社会治理比较研究中心观测点落户瑶溪】 2015年3月28日，复旦大学社会治理比较研究中心合村观测点揭牌仪式在瑶溪村举行。瑶溪村位于桐庐与淳安、临安两县（市）交界之处，故民间有“鸡鸣三县”之说。村民均是外来迁居至此，以陈、吕、吴、蔡四大姓氏为主，并将语言、习俗、文化共同融入。千百年来，他们在此生活劳作、繁衍生息，从无相隔相械之事。推崇尊师重教、耕读传家之风，崇尚勤俭节约、互帮互助贤德之习，成为民风淳朴、英才辈出的文明村落。先后被命名为全国文明村、省卫生村、市文明村、市卫生示范村。复旦大学社会治理比较研究中心认为瑶溪独特的文化、文明可为村级基层自治、社会管理等借鉴学习并推广。

【农民之家创业服务社成立】 2015年12月，桐庐县以村为单位的首个农民之家创业服务社在后溪村成立。创业服务社下设党员服务站、创业服务中心、资源运营中心和产业发展中心，立足“农有、农治、农享”目标，服务农民创业创富。后溪村依托服务社平台，组织村民“众筹”资金150万元，开发水上乐园项目。至年底，全乡实现农民之家创业服务社全覆盖。岭源村创业服务社以闲置农房使用权出租方式，试行“空心村二次创业”，发展具有“富春民居”特色精品民宿；高凉亭村创业服务社以低丘缓坡建设度假小木屋作为村级物业经济，每年可为村集体增收30万元。

2015年合村乡各行政村基本情况

表89

村　名	村党委（总支）书　记	村委会主任	人　口（人）	年人均收入（元）
合村村	严财华	潘　勇	3736	14293
后溪村	胡建富	周春华	1423	14303
岭源村	陈美英	诸三林	2395	14291
三源村	丁士文	金　文	1549	14131
瑶溪村	许素华	郑毛法	642	14187
高凉亭村	顾永龙	毛斌根	637	14305

（蓝鑫）

【责任编辑　叶雪珍】

文　献

·重要文件目录·

中共桐庐县委文件

表 90

序号	文 号	文 件 标 题
1	县委〔2015〕1 号	中共桐庐县委《关于全面深化法治桐庐建设的若干意见》
2	县委〔2015〕2 号	《关于印发〈桐庐县巡察工作实施办法（试行）〉的通知》
3	县委〔2015〕15 号	中共桐庐县委 桐庐县人民政府《关于进一步深化“重实体、兴实业、办实事”活动实施意见》
4	县委〔2015〕16 号	中共桐庐县委 桐庐人民政府《关于加强安全生产促进安全发展的实施意见》
5	县委〔2015〕17 号	中共桐庐县委《关于进一步加强人大工作充分发挥人大作用的意见》
6	县委〔2015〕18 号	关于印发《关于党风廉政建设党委主体责任和纪委监督责任追究实施办法（试行）的通知》
7	县委〔2015〕25 号	中共桐庐县委 桐庐县人民政府《关于印发〈桐庐县信访件办理质量综合评价和特殊疑难信访事项终结暂行办法〉的通知》
8	县委〔2015〕26 号	中共桐庐县委《关于全面加强基层党建巩固基层政权的决定》
9	县委〔2015〕28 号	中共桐庐县委 桐庐县人民政府《关于进一步加大科技支撑推动创新创业的若干意见》
10	县委〔2015〕32 号	中共桐庐县委 桐庐县人民政府《关于推进红十字事业发展的意见》

桐庐县政府文件

表 91

序号	文 号	文 件 标 题
1	桐政〔2015〕1 号	桐庐县人民政府《关于进一步助推电子商务产业发展的实施意见》
2	桐政发〔2015〕13 号	桐庐县人民政府《关于进一步鼓励和引导社会资本举办医疗机构的实施意见》
3	桐政发〔2015〕14 号	桐庐县人民政府《关于推进企业对接资本市场的实施意见》
4	桐政发〔2015〕44 号	桐庐县人民政府《关于印发〈桐庐县历史建筑保护管理办法〉的通知》
5	桐政发〔2015〕59 号	桐庐县人民政府《关于印发〈桐庐县小作坊监管管理办法（试行）〉草案的通知》

续表 91

序号	文号	文件标题
6	桐政发〔2015〕69 号	桐庐县人民政府《关于小微企业三年成长计划(2015-2017)实施意见》
7	桐政发〔2015〕71 号	桐庐县人民政府《关于实施第二轮行业引领型科技创新项目和科技型小微企业培育计划的若干意见》
8	桐政发〔2015〕94 号	桐庐县人民政府《关于实施创新驱动战略加快农业现代化助推美丽经济发展的若干意见》
9	桐政发〔2015〕97 号	桐庐县人民政府《关于积极推进“富春民居”建设的实施意见》
10	桐政发〔2015〕98 号	桐庐县人民政府《关于公布桐庐县历史建筑名录的通知》

中共桐庐县委办公室文件

表 92

序号	文号	文件标题
1	县委办〔2015〕2 号	县委办公室 县政府办公室《关于印发〈2015 年桐庐县环保专项行动工作方案〉的通知》
2	县委办〔2015〕5 号	县委办公室 县政府办公室《关于转发〈禁止领导干部违反规定插手干预工程建设领域行为的若干规定〉的通知》
3	县委办〔2015〕34 号	中共桐庐县委办公室《关于印发〈中共桐庐县委深化落实党风廉政建设责任整改工作方案〉的通知》
4	县委办〔2015〕37 号	县委办公室 县政府办公室《关于 2015 年招才引智“一号工程”实施意见》
5	县委办〔2015〕39 号	县委办公室 县政府办公室《关于印发〈农村基层侵害群众利益问题专项整治行动实施方案〉的通知》
6	县委办〔2015〕42 号	县委办公室 县政府办公室《关于 2015 年招商引资“一号工程”的实施意见》
7	县委办〔2015〕53 号	县委办公室 县政府办公室《关于印发〈关于深化改革加快推进技能人才队伍建设的若干意见〉的通知》
8	县委办〔2015〕54 号	县委办公室 县政府办公室《关于推进农村“小微权力”规范运行的意见》
9	县委办〔2015〕58 号	县委办公室 县政府办公室《关于印发〈桐庐县农业“两区”土壤污染防治三年行动计划〉的通知》
10	县委办〔2015〕67 号	县委办公室 县政府办公室《关于建立科技工作“五帮一化”服务企业长效机制的实施意见》
11	县委办〔2015〕71 号	县委办公室 县政府办公室《关于加强和改进新形势下档案工作的实施意见》
12	县委办〔2015〕73 号	县委办公室 县政府办公室《关于印发〈桐庐县医疗器械行业规范提升工作方案〉的通知》
13	县委办〔2015〕93 号	县委办公室 县政府办公室《关于印发＜桐庐县县级国有集团型企业考核暂行办法＞的通知》

续表 92

序号	文 号	文 件 标 题
14	县委办〔2015〕94 号	县委办公室 县政府办公室《关于印发〈桐庐县县属国有企业机构设置和人员配置管理办法〉的通知》
15	县委办〔2015〕95 号	县委办公室 县政府办公室《关于印发〈桐庐县防控和处置违法建筑责任追究暂行办法〉的通知》
16	县委办〔2015〕96 号	县委办公室 县政府办公室《关于印发〈关于关心关爱干部的若干意见〉的通知》
17	县委办〔2015〕98 号	县委办公室 县政府办公室《关于加快培育发展社会组织的若干意见》
18	县委办〔2015〕99 号	县委办公室 县政府办公室《关于印发〈桐庐县落实“两个责任”约谈工作实施意见（试行）〉的通知》
19	县委办〔2015〕100 号	县委办公室 县政府办公室《关于建立社会化劳动人事争议调处机制进一步促进劳动关系和谐稳定的意见》
20	县委办〔2015〕101 号	县委办公室 县政府办公室 《关于印发〈推进通过法定途径分类处理信访投诉请求工作的实施意见（试行）〉的通知》
21	县委办〔2015〕102 号	县委办公室 县政府办公室《关于加快推进民宿经济转型升级的实施意见》
22	县委办〔2015〕105 号	县委办公室 县政府办公室《关于印发〈桐庐县深化农村土地承包经营权确权登记颁证工作实施意见〉的通知》

桐庐县政府办公室文件

表 93

序号	文 号	文 件 标 题
1	县政办〔2015〕2 号	桐庐县人民政府办公室《财政专项资金清理整合办法》
3	县政办〔2015〕19 号	桐庐县人民政府办公室《关于推行村级建设项目“阳光工程”的实施意见》
4	县政办〔2015〕23 号	桐庐县人民政府办公室《关于进一步完善城乡居民基本养老保险制度的意见》
5	县政办〔2015〕29 号	桐庐县人民政府办公室《关于进一步强化乡镇主体责任加强国土资源管理基层基础建设的实施意见》
6	县政办〔2015〕31 号	桐庐县人民政府办公室《关于全面推行政府法律顾问制度的实施意见》
7	县政办〔2015〕35 号	桐庐县人民政府办公室《关于加强电梯安全管理工作的实施意见》
8	县政办〔2015〕43 号	桐庐县人民政府办公室 《桐庐县人工影响天气作业实施细则的通知》

续表 93

序号	文　号	文 件 标 题
9	县政办〔2015〕46 号	桐庐县人民政府办公室《关于进一步加强特种设备安全管理工作的实施意见》
10	县政办〔2015〕48 号	桐庐县人民政府办公室《关于推行企业“一照一码”登记制度改革的实施意见》
11	县政办〔2015〕53 号	桐庐县人民政府办公室《关于印发＜桐庐县调整城镇土地使用税政策促进土地集约节约利用工作实施方案（试行）＞的通知》
12	县政办〔2015〕57 号	桐庐县人民政府办公室《桐庐县餐桌安全治理行动三年计划》
13	县政办〔2015〕69 号	桐庐县人民政府办公室《关于印发＜桐庐县医养护一体化智慧服务试点实施方案＞的通知》
14	县政办〔2015〕70 号	桐庐县人民政府办公室《关于印发＜桐庐县税收网格化服务和管理工作实施方案＞的通知》
15	县政办〔2015〕72 号	桐庐县人民政府办公室《关于县城城区道路两侧专项整治工作的实施意见》
16	县政办〔2015〕75 号	桐庐县人民政府办公室《关于深化公路两侧“三化”专项整治工作实施意见》
17	县政办〔2015〕78 号	桐庐县人民政府办公室《关于印发＜桐庐县农村宅基地跨村流转审批办法（试行）＞的通知》
18	县政办〔2015〕82 号	桐庐县人民政府办公室《关于印发＜桐庐县产业引导基金实施意见＞的通知》
19	县政办〔2015〕100 号	桐庐县人民政府办公室《关于印发＜桐庐县退役士兵职业技能教育培训工作实施细则（修订）＞的通知》
20	县政办〔2015〕110 号	桐庐县人民政府办公室《关于推进关爱生命工作的实施意见》
21	县政办〔2015〕113 号	桐庐县人民政府办公室《关于印发＜桐庐县小客车县（市）指标配置管理实施细则＞的通知》
22	县政办〔2015〕122 号	桐庐县人民政府办公室《关于印发＜桐庐县参保适龄妇女子宫颈癌、乳腺癌免费筛查工作实施方案＞的通知》
23	县政办〔2015〕123 号	桐庐县人民政府办公室《关于印发＜桐庐县困难家庭（低保边缘户）救助实施办法（试行＞的通知》
24	县政办〔2015〕127 号	桐庐县人民政府办公室《关于印发＜桐庐县集体所有土地住宅房屋征收货币化安置指导意见＞的通知》

·重要文件辑录·

中共桐庐县委
关于全面深化法治桐庐建设的若干意见

县委〔2015〕1号

各乡镇党委、人民政府，各街道党工委、办事处，县级机关、企事业各单位：

党的十八届四中全会审议通过的《中共中央关于全面推进依法治国若干重大问题的决定》，围绕国家治理体系和治理能力现代化，从指导思想、总体目标、基本原则、重大任务等方面对推进依法治国作出了全面部署，是加快建设社会主义法治国家的纲领性文件。根据《中共浙江省委关于全面深化法治浙江建设的决定》和《中共杭州市委关于全面深化法治杭州建设的若干意见》的总体部署，结合桐庐实际，制定本意见。

一、明确深化法治桐庐建设的总体要求

1. 指导思想。认真贯彻落实党的十八届四中全会精神，深刻领会全面推进依法治国的重大意义，全面落实省市委各项法治建设决策部署。坚持党的领导，坚决维护宪法法律权威，依法维护人民权益，全力维护社会公平正义，加快推进县域治理体系和治理能力的现代化，全面深化法治引领和服务改革发展的作用，为建设“生态美、城乡美、产业美、人文美、生活美”的美丽桐庐提供坚强的法治保障。

2. 基本原则。始终坚持党的领导、人民当家作主和依法治国的有机统一，充分发挥党委总揽全局、协调各方的核心领导作用；坚持法治为民，强化法治便民利民惠民举措，充分发挥群众在法治建设中的主体作用，依法保障群众的合法权益；坚持从实际出发，立足当前、放眼长远，分类指导、统筹推进，切实把改革创新作为加强法治建设的强大动力，不断研究新情况，总结新经验，以持续不断的创新实践推进法治建设不断取得新进展。

3. 主要目标。到2017年，顺利完成全省社会治理创新试点项目，并形成一定经验，取得良好效果；到2020年，基本构建起高效的法治实施体系、严密的法治监督体系、有力的法治保障体系，形成法治理念深入人心、公共权力规范运行、公民权益保障有力的法治环境，努力创成浙江省法治区、县（市）工作示范单位。

二、增强依法执政能力

4. 完善党的领导。完善“一个核心，三个党组”的领导体制，领导和支持人大、政府、政协、审判机关、检察机关、群团组织依法履行职能。政法委是党委领导政法工作的组织形式，要切实加强和改进党对政法工作的领导，进一步健全党委定期听取政法机关工作汇报制度。各级党委（党组）要切实担当起法治建设的领导责任，保证执法、支持司法、带头守法，统筹推进法治建设各领域公正公平。

5. 健全依法决策机制。贯彻执行《县委县政府重大决策程序的规定》，不断完善酝酿、提议、论证、研究、审议的党内依法民主决策机制，推进重大事项决策咨询机制制度化、规范化。建立健全重大行政决策出台前向人大报告制度。健全党内规范性文件制定机制，严格执行发文预审和文件内容前置审核制度。全面推行政府法律顾问制度，探索建立公众意见咨询委员会，实行涉及群众利益的重大事项决策公示、风险评估和听证制度。落实重大行政决策终身责任追究和责任倒查机制。

6. 深化党员干部法治思维。党员干部是全面深化法治桐庐建设的重要组织者、推动者、实践者，必须对宪法法律怀有敬畏之心，牢记法律红线不可逾越、法律底线不可触碰，带头遵守宪法法律、带头依法办事，切实提高运用法治思维和法治方式深化改革、化解矛盾、维护稳定的能力。把宪法法律列入党委（党组）中心组学习内容，健全领导干部任前法律知识考试制度，健全行政机关首长出庭应诉制度。完善领导干部接访、下访律师随同机制。将学法守法、依法办事作为考察干部的重要内容。

三、深化法治政府建设

7. 推进政府职能转变。推进机构、职能、权限、程序、责任法定化，切实做到“法定职责必须为，法无授权不可为”。以建设法治型、服务型、效能型、廉洁型政府为目标，升级政府服务模式，优化结构，提高效能，形成权责统一、分工明确、决策科学、廉洁高效的行政管理体制。深化“四张清单一张网”建设，建立权力清单、责任清单、财政专项资金管理清单动态调整机制，探索推进企业投资负面清单管理方式。建立政府购买服务清单和中介服务清单。不断深化行政审批制度改革，坚持清理审批前置环节与取消非行政许可审批事项并举，完善项目联审联办、模拟审批机制，推进“打包式”审批工作。

8. 健全公共参与机制。建立健全各级民主协商制度，深化每年一次的“桐庐百姓日”、每季一次的“政府开放日”、每月一次的“白访夜谈”等长效机制，完善“网络访谈”“电视问政”“民主恳谈会”等政民互动做法，不断拓宽群众参与政府决策和公共事务的渠道，建立公众意见征求反馈机制。实行重大行政决策公众参与和听证机制，探索县政府常务会议媒体公开方式，推行重大决策新闻发布制度，进一步提升公众参与度和行政决策过程的透明度。完善政务信息网、新闻发布会、官方微博微信等多形式的信息公开和反馈渠道，不断提高群众参政议政的积极性。

9. 完善行政执法机制。创新行政执法体制机制，完善执法协作配合机制，推动跨部门、跨领域综合行政执法，健全公安、环保、市场监管、国土等多部门联合执法机制，加大社会治安、食品药品和环境保护等领域违法犯罪的打击力度。总结推广横村经验，积极探索乡镇(街道）管理资源有效整合，推动综合执法和执法力量下沉。加强分水小城市行政综合执法机构和队伍建设。强化行政执法责任制、执法过错责任追究和执法全过程记录制度。健全行政执法和刑事司法衔接机制，完善信息共享、案情通报、案件移送等制度。

10. 优化政府管理服务方式。加快完善电子政务系统，出台政务数据共享开放、规范使用规则，推进政府服务信息化、精细化，提高政府管理科学化、绩效化水平。推行政府向社会购买服务，逐步将行业管理、社会生活服务管理等职能转移给有资质的社会组织，健全事中事后监管制度和评价体系。进一步规范行政给付、行政奖励等授益性政府行为。

四、提升司法公信力

11. 完善司法执法联动机制。探索建立环保和食品药品法庭、交通法庭等专门性法庭。建立健全打击虚假诉讼、恶意诉讼、无理缠诉的联动机制，积极探索行政执法监督和行政公益诉讼机制。重视运用司法建议书促进执法规范化建设。强化法院与公安、住建、国土等部门网上“点对点”协助执行查控机制，进一步破解“执行难”等问题。

12. 推进司法规范化建设。按照中央和省市司法体制改革部署，严格贯彻落实司法体制改革各项措施。围绕提高办案质量，完善司法机关内部管理机制，明确司法人员工作职责、工作流程、工作标准。严格案件办理期限，推行繁简分流和速裁机制，加强办案流程管理、案件质量评查管理和法官、检察官业绩考评管理，建立健全履行法定职责保护机制、办案质量终身负责制和错案责任倒查问责制度。

13. 健全阳光司法机制。加快政法系统信息化共享平台建设，推动跨部门网上执法办案业务协同，不断深化审判、检务、警务公开，增加司法透明度。完善人民陪审员制度，提高人民陪审员履职意识和能力，探索建立专家陪审机制。深化假日法庭、巡回法庭机制，推进法院“一站式”诉讼服务、检察院综合性受理接待中心等窗口建设。完善当事人权利义务告知、群众旁听、司法听证、网络司法拍卖等制度。建立完善舆论监督制度，支持媒体依法履行舆论监督职能，规范媒体对案件的报道，防止舆论影响司法公正。

14. 强化法治工作队伍建设。加强行政执法队伍、司法队伍建设，强化对律师、公证员、基层法律工作者的监督管理，推进法治队伍正规化、专业化、职业化。严格实行行政执法人员持证上岗和资格管理制度，规范辅助执法人员管理。完善律师执业权利保障机制和违法违规执业惩戒制度，强化律师执业操守和道德建设。加强法治专业力量、法律服务志愿者、人民调解员队伍建设，推动执法、司法力量向基层倾斜，调动法律人才积极性，发挥法律人才在服务经济社会发展中的积极作用。

五、营造法治社会环境

15. 加快信用桐庐建设。加快推进杭州市信用建设试点县工作，完成由“一网两库三系统六功能”组成的桐庐信用信息平台建设，建立“信用负面清单”制度，扩大信用数据归集范围。加大信用信息应用力度，在政务诚信、社会诚信、商务诚信和司法诚信等领域建立信用联动机制，消除“信息孤岛”，加大共享力度。提倡由政府部门带头使用信用信息，在政府采购、市场准入、评优评先、政府资金扶持、公务人员录用等行政管理中优先使用信用记录。完善信用制度建设，为信用信息归集、公开、使用和管理等提供强有力的制度保障，逐步形成让守信者受益、让失信者受限的制度环境，切实提高社会诚信意识和诚信水平。

16. 培育社会法治文化。突出学习宪法法律，加强“国家宪法日”主题宣传，落实宪法宣誓制度，牢固树立宪法至上的法治意识。推动各级党组织和党员干部带头学法守法用法，推进法律进乡村、进社区、进学校、进企业，探索自媒体时代的普法新模式，广泛宣传有关政治、经济、文化、社会发展及与群众生产生活密切相关的法律法规，在全社会树立自由、平等、公正、法治的理念。推动法治文化融合于文创产业，着力打造一批法治文化品牌。探索市民守则、乡土教材等因地制宜的做法，利用农村（宗）祠堂、文化礼堂等阵地，充分发挥族规祖训、家规家训等教化功能，深入举办书香桐庐、“知我桐庐、爱我桐庐”以及“最美桐庐人”评选表彰宣传等特色活动。

17. 加强社会组织建设。加大对社会组织的政策扶持和分类指导力度，建立健全社会组织参与社会事务、维护公共利益、救助困难群众、帮教特殊人群、预防违法犯罪的机制。推进行政机关与其主管的社会组织在机构、人员、财务等方面的分离，逐步向社会组织转移职能，不断拓展社会组织参与社会管理和服务空间。鼓励在社会管理各领域广泛组建志愿者队伍，积极提升“楼下书记”、物管工作站、村级慈善分会、义工联盟、村级商会、村级环保协会等一批品牌特色社会组织，并发挥其在法治建设中的积极作用。

18. 完善基层民主机制。积极探索村（社区）实现依法自治的有效途径，建立村级职能清单，健全以村民代表会议为主要载体的村级民主决策机制，加强以村规民约为依据的民主管理制度建设，推进基层协商民主。完善村（居）务监督委员会制度，健全村务、党务、财务等“三务”公开制度。深化民主法治村（社区）创建工作，完善“基层自己解决问题、矛盾化解在基层”的体制机制。完善以职工代表大会为基本形式的企业事业单位民主管理制度，探索厂务公开、民主管理的新途径、新方法，积极创建和谐劳动关系企业（园区）。

六、强化法治服务改革发展能力

19. 健全产业转型升级推进机制。坚持把“三改一拆”“五水共治”等转型升级组合拳，作为全面深化法治建设的大平台和试金石。健全综合评价分类服务机制，在用地、用电、用能、用水、排污、信贷等资源配置及政策扶持上实行差别化措施，着力培育重点产业、重大平台、重点企业，淘汰落后产能。营造桐庐创新、大众创业的政策制度环境，着力培育信息经济、智慧经济。加速推进省首批服务业改革创新试点县建设。

20. 健全美丽城乡建设机制。坚守山水底色，坚持最美标准，推动土地利用总体规划、城市总体规划、生态保护规划、产业发展规划等多规合一，打造美丽县城建设标准体系，充分发挥规划引领的刚性作用。健全农村土地综合整治推进机制，引导农民因地制宜、多种方式集聚，不断改善其生产生活条件。健全农村闲置资源开发利用机制，引导村集体产权和可交易的闲置房进入交易平台进行有效流转。深化“空心村”二次创业，继续推进“两权一房”工作，盘活农村“沉睡资产”。发展家庭农场，推进农村综合服务社建设，扩大土地入股形式的土地流转规模，做好租金、股金、薪金“三金”合一集体土地流转工作，打通城乡要素流通渠道。

21. 强化生态文明建设保障。着力打造具有桐庐特色的县域生态文明制度体系。健全生态文明考评制度，深化“五个不准”生态资源保护机制。完善生态环境监管制度，进一步健全食品药品环境犯罪侦查大队职能，完善联动执法工作机制。探索区域生态补偿制度，推进环境保护区域协调和跨区域综合治理，探索完善排污权、碳排放交易市场化机制。坚持环境保护评价“一票否决制”，从源头上控制新增污染源。完善落后产能淘汰政策，建立排污指标回购和收储机制，严格实施环境资源和污染总量管理制度。推行《企业环境行为信用等级评价管理办法》，完善“绿色信贷”机制，按定级高低相应享受金融贷款政策。推行环境强制责任保险制度。

22. 创新基层社会治理。坚持系统治理、依法治理、综合治理、源头治理，提高基层社会治理法治化水平。深化平安网格建设，推进法治乡镇（街道）创建工作，加强基层服务型党组织建设，发挥基层党组织在全面深化法治桐庐建设中的战斗堡垒作用和先锋模范作用。健全社会矛盾防范和化解机制，探索建立重大涉稳事项前置干预机制，对农村项目资金使用管理、重大工程建设、企业债务风险、劳资纠纷等重点敏感领域问题做到早发现、早预警、早干预。运用法治思维、法治方式推进信访问题解决，坚持法定途径优先，树立法律在化解矛盾中的权威地位，探索实施县内信访事项终结机制，建立信访积案分类管理、分类考核机制，将信访工作纳入法治化轨道。实行诉访分离，完善涉法涉诉信访事项导入司法程序机制和按程序依法办理制度。完善人民调解、行政调解和司法调解的衔接制度，健全和完善多元化解矛盾纠纷大调解格局。

全面深化法治桐庐建设，必须切实加强党委对法治建设的统一领导、统一部署、统筹协调，健全党委领导，人大、政府、政协分别负责，各部门分工实施的法治建设工作机制，落实党政主要负责人履行法治建设第一责任人职责。落实县委建设法治桐庐工作领导小组定期研究解决重大问题的机制。健全领导小组办公室工作制度，制定落实路线，细化任务分解，明确进度要求，完善协调机制，加强督促检查。落实成员单位工作责任，完善联动机制，增强工作合力。

全县各级各部门要全面准确把握和贯彻中央、省市和本《意见》的精神，结合自身工作，制定实施方案，确保各项部署落到实处。

中共桐庐县委　桐庐县人民政府
关于印发《桐庐县信访件办理质量综合评价和特殊疑难信访事项终结暂行办法》的通知

县委〔2015〕25 号

各乡镇党委、人民政府，各街道党工委、办事处，县级机关、企事业各单位：

为进一步提高信访件的办理质量，及时就地全面解决群众的合理诉求，规范信访行为和信访秩序，贯彻落实中央、省市关于建立法治、公正、透明新型信访工作制度的总体要求，依据国务院《信访条例》《浙江省信访事项听证办法》等规定，根据浙江省信访局在桐庐县实施“信访件办理质量综合评价和特殊疑难信访事项县内终结”试点工作要求，结合我县信访工作实际，制订本办法。

办理质量综合评价

第一条　根据浙江省信访局《信访事项办理群众满意度评价工作实施细则》的相关规定，依托浙江省网上信访信息平台对所有初信初访办理进行群众满意度评价，对评价为群众不满意的信访件依照本办法进行办理质量综合评价。

第二条　信访件办理质量综合评价应当遵循以下原则：

（一）公开公正、合法合规；

（二）查明事实、分清责任；

（三）实事求是、有错必纠。

第三条　县信访工作联席会议办公室（设在县信访局）负责信访件办理质量综合评价工作，其负责人是信访件办理质量综合评价会的主持人。

办理质量评价小组成员在县信访局负责人或职能科室负责人、信访事项所涉单位县级或上级专家、法律工作者、县信访工作联席会议各专项协调小组人员中确定产生。人数一般为五至七人中的单数。

第四条　下列对象可就信访件的办理质量提起综合评价：

（一）信访人申请提起；

（二）信访事项承办单位申请提起；

（三）县信访局依职权提起。

申请应以书面方式向县信访工作联席会议办公室提出，县信访工作联席会议办公室应在五个工作日内作出受理或者不受理的决定，并在五个工作日内将决定送达给申请人。

第五条　县信访工作联席会议办公室应对申请提起或其依职权提起的信访件的办理质量进行初审，有下列情形之一的，应退回承办单位重新办理，并做好跟踪督查。

（一）办理程序严重违规的；

（二）主要事实调查不清或严重失实的；

（三）法律、法规和相关规定适用明显错误的。

第六条　对信访件办理质量的综合评价，由县信访工作联席会议办公室召开评价会，在听取信访人和信访事项承办单位的意见后作出书面评价。

第七条　县信访工作联席会议办公室应当在决定召开信访件办理综合质量评价会前七个工作日内将评价会具体时间、地点、评价会组成人员、当事人权利义务等书面送达信访人和信访事项承办单位。

信访人和信访事项承办单位对评价会组成人员有申请回避权，申请回避的一般应在会前三个工作日内提出。评价会召开期间，信访人和信访事项承办单位有权提出申请回避，申请回避理由是否成立，由主持人确定。

第八条　信访事项承办单位应当在收到受理通知书三个工作日内将该信访事项基本情况、信访人诉求、证据材料、调查处理情况、办结报告等相关资料以书面形式送达给县信访工作联席会议办公室，由办公室送达给每位质量评价小组成员。

信访件办理质量评价应当由信访事项承办单位负责举证。信访事项承办单位对其提供资料及证据材料的真实性负责。

第九条　信访件办理质量主要对事实调查、答复处理、教育疏导、帮扶救助等四个环节进行综合评价，实行百分制考评，总分平均分为其评价得分。具体评价项目和评价标准附后。

第十条　县信访工作联席会议办公室应在评价会后三个工作日内依据评价小组的评价意见出具该信访件办理的综合质量评价报告，并在七个工作日内送达信访人和信访事项承办单位。如办理质量有瑕疵或错误的，评价报告必须予以载明。

（一）总分平均分在85分以下的，属于办理质量问题件。县信访工作联席会议办公室应责令信访事项承办单位重新办理，并交由县考评办、县纪委监察部门跟踪督办。

（二）总分平均分在85～95分之间的，属于办理质量基本满意件。信访事项承办单位应在一个月内对办理过程中的瑕疵进行改正和完善，并将完善处理结果报送给县信访联席会议办公室，该信访事项按相关要求完善处理到位后属办理质量满意件。

（三）总分平均分在95分以上的，属于办理质量满意件。

特殊疑难信访事项终结评议

第十一条　特殊疑难信访事项包括下列两种情形：

（一）经过办理质量综合评价被确认为办理质量满意件或者已经完善处理到位的办理质量基本满意件，但是信访人仍不断缠访闹访、越级上访的信访事项；

（二）信访人与信访事项承办单位签订相关协议承诺息访罢访，在履行或部分履行协议后，信访人又反悔继续信访的事项。

第十二条　特殊疑难信访事项的公开评议应当遵循以下原则：

（一）依法依规，公开公正；

（二）独立参与，公众评议；

（三）合理诉求解决到位，无理诉求思想教育到位，生活困难帮扶救助到位。

第十三条　特殊疑难信访事项的公开评议会由县信访联席会议办公室组织和主持，其负责人或其指定的人为评议会主持人。

第十四条　特殊疑难信访事项的公开评议由评议员负责，评议员分为专业评议员和公众评议员。其中，专业评议员由以下人员组成：

（一）法学专家或者法律工作者；

（二）事权单位上级职能单位业务骨干；

（三）省市信访部门职能处室负责人或业务骨干。

公众评议员由下列人员组成：

（一）各级人大代表、党代表、政协委员；

（二）信访人所在地群众代表。

评议员人数应当为七至九人中的单数，其中专业评议员不得少于三人。评议会前应预先确定多于正式评议员两倍的评议员候选人，由信访人或其代理人及承办单位或其代理人在主持人的主持下抽取，信访人可多抽取一人。

县信访工作联席会议领导小组及其办公室成员不得担任评议员。

第十五条　公开评议会其他参加人员：

（一）信访人及其委托代理人。信访人可以委托1～2人作为代理人参加公开评议会，也可以向县信访工作联席会议办公室申请提供法律帮助。

（二）信访事项承办单位及其委托代理人。

（三）监督员和咨询员。监督员由纪检监察部门负责人、未被抽中的评议员候选人以及新闻媒体记者担任；咨询员由有关专家学者、中介事务所资深人员和律师担任，现场提供咨询服务。

（四）监票人、计票人、记录员。监票人、计票人、记录员由评议机关确定，信访人的近亲属或代理人可以参加监票。

（五）旁听人员。有关单位工作人员、信访人亲属、社会各界群众、新闻媒体记者可在评议会召开前三个工作日向县信访工作联席会议办公室申请参加旁听，经同意后可以参加旁听。

第十六条　特殊疑难信访事项的公开评议一般由信访事项承办单位申请提起，县信访工作联席会议办公室应当自收到评议申请之日起五个工作日内将是否同意进行公开评议的决定书面告知申请人，不同意进行公开评议的应当书面告知理由。

第十七条　县信访工作联席会议办公室应在受理后的十个工作日内将举行公开评议会的时间地点、当事人权利义务、承办单位原处理过程及处理意见、化解方案以及评议会主持人、预选评议员、监督员、咨询员、记录员名单以书面形式送达各评议会参加人员，信访人拒绝签收的，由公证机关对送达过程进行公证。

第十八条　经过两次书面通知后，信访人无正当理由仍拒绝出席公开评议会的，公开评议会可缺席召开。

县信访工作联席会议办公室应当对公开评议会的召开进行公告，并委托公证机关对公开评议会的召开过程和评议结果进行公证。

第十九条　信访当事人申请变更评议会召

开时间或申请评议会主持人、预选评议员、监督员、咨询员、记录员回避的，应当在评议会召开前五个工作日内提出书面申请并说明理由。

是否同意变更评议会时间或评议会主持人回避的申请，由县信访工作联席会议办公室决定。是否同意其他人员回避的申请，由评议会主持人决定。

第二十条　公开评议会按下列程序进行：

（一）由主持人宣布评议会开始，公布评议事由，介绍参加人有关情况，询问信访当事人是否提出回避申请，并宣布评议会纪律；

（二）信访当事人（委托代理人）双方陈述事实、理由进行举证；

（三）信访当事人（委托代理人）双方进行答辩和质证，或就相关问题进行现场咨询，并就有争议的事实、依据、处理意见进行申辩；

（四）评议员提问、现场咨询或发表个人意见；

（五）信访当事人（委托代理人）双方最后陈述。

（六）主持人宣布休会，指定一名评议员作为评议召集人，由其组织评议员对信访人提出事实请求的合法性合理性、信访事项承办单位处理意见、化解方案的合法性、合理性、恰当性进行投票表决并形成评议意见。评议不满意的应说明不满意的原因和理由。主持人和监督员、咨询员没有表决权。如表决意见分歧较大，可以再次组织提问、评议。

（七）主持人宣布评议会继续进行，评议召集人当场公布评议意见。

（八）评议会主持人宣布评议会结束。

县信访工作联席会议办公室对评议会全程进行录音录像。记录员应当场制作评议会笔录，并由评议会参加人员签名或盖章。拒绝签名或盖章的，应载明情况附卷。

第二十一条　县信访工作联席会议办公室应当在评议会结束后五个工作日内形成公开评议报告。

（一）评议会对信访事项处理结果满意率评议低于三分之二的，评议结果为办理不满意件。评议报告应载明承办单位的工作过错或瑕疵，同时县信访工作联席会议办公室应责令承办单位作出说明，并在公开评议会结束一个月内提出新的化解方案，努力化解信访事项。县纪检监察部门应约谈承办单位主要负责人，并视情进行追责。

（二）评议会对信访事项处理结果满意率评议高于三分之二的，评议结果为办理满意件。县信访工作联席会议办公室应作出建议该信访事项在县内终结的评议报告，在五个工作日内报送县长办公会议或县政府常务会议，县长办公会议或县政府常务会议应当在一个月内作出审核决定，审核通过后，该信访事项在桐庐县内终结。信访事项县内终结报告呈报给省、市信访工作联席会议办公室。

第二十二条　信访事项在县内终结后，该信访事项不再进行交办或转办，但相关单位仍要继续做好信访人情绪疏导和教育管理工作，关心关爱其生产生活。

第二十三条　本办法于2015年9月1日起实施。

中共桐庐县委　桐庐县人民政府
关于进一步加大科技支撑推动创新创业的若干意见

县委〔2015〕28号

各乡镇党委、人民政府，各街道党工委、办事处，县级机关、企事业各单位：

为进一步发挥科技创新对经济发展和社会进步的支撑引领作用，深入实施“五帮一化”服务企业行动，积极推动经济转型升级，加快转变发展方式，全力推进“大众创业、万众创新”，主动融入杭州建设国家自主创新示范区，结合国家和省市科技创新导向，特制定如下政策意见：

一、建设创新体系，构筑科技创新创业平台

1．加快科技公共创新创业平台建设。加大对科技创新公共服务平台建设的扶持，进一步完善区域创新服务体系，全力服务“大众创业，万众创新”。对新认定并具有法定资格的国家级、省级行业检测中心，分别给予一次性50万元、20万元的补助。对新认定为国家、省、市、县级科技企业孵化器的，分别给予一次性50万元、35万元、25万元、15万元的补助；对引进科技企业进场孵化的，给予孵化器房租每月每平方米4元补助；设立科技创业种子资金，优先扶持新入驻企业的科技项目，对经考核符合孵化条件的科技企业，一次性给予5万元的启动资金，孵化企业的孵化期一般不超过3年。积极支持培育众创空间，以创新与创业、线上与线下、孵化与投资相结合模式，为小微创新企业成长和个人创业提供开放式综合服务平台，引进培养一批创客，对新认定省、市级众创空间的，分别给予一次性25万元、15万元的补助，专项用于众创空间服务平台建设支出。

2．加大科技型特色园区（基地）建设。继续鼓励创建高新技术产业园区、创新发展园区等科技型特色园区（基地），对新列入国家、省、市级各类科技型特色园区（基地）的，分别给予一次性100万元、50万元、20万元的补助，专项用于园区（基地）科技创新支出。

3．鼓励组建产业技术创新战略联盟。鼓励组建产业技术创新战略联盟，整合产业技术创新资源，提高产业技术创新能力，提升产业核心竞争力。对新认定为国家、省、市级产业技术联盟，且联盟内本县企业不少于10家的，分别给予承担日常管理单位一次性100万元、80万元和50万元的补助，专项用于联盟技术创新、技术交流等支出。

4．培育壮大科技服务业。鼓励各类科技中介服务机构来本县开展服务，在本县注册的并具有独立法人资格的科技中介服务机构，主营业务收入达到500万元以上的（多个关联企业只选主营业务收入最高企业），当年给予一次性2万元的补助；主营业务收入500万元以上部分每增加20%再增加1万元，当年补助资金累计不超过5万元。

5．鼓励网上技术市场交易。引导企业充分利用技术难题、技术合作等网上受理平台，积极鼓励企业实施网上技术市场难题招标。对企业通过网上招标、引进技术、解决难题的科研活动，给予当年实际发生金额10%的补助，最高不超过20万元。

二、提升创新能力，培育企业核心竞争力

6．积极培育科技型企业。大力实施高新技术企业培育工程，支持企业采用高新技术改造提升传统产业，加快推进产业转型升级。对新认定为国家火炬计划重点、国家重点扶持、市级高新技术企业的，分别给予一次性20万元、10万元、5万元的补助；对新认定为国家、省、市、县级创新型示范（试点）企业的，分别给予一次性25万元、15万元、10万元和2万元的补助；对新认定为省、市科技型企业的，分别给予一次性3万元、2万元的补助。

7．加快企业研发机构建设。鼓励和支持科技型企业依托高校院所建立或提升研发中心，着力推进企业创新团队建设，开展自主技术创新。对新认定为国家、省、市、县级企业研发中心的，分别给予一次性20万元、10万元、5万元、2万元的补助。鼓励企业建设省级重点企业研究院，在项目和资金方面给予重点支持。

8．支持企业实施重大科技项目。重点围绕电子信息、生物与新医药、新材料、高新技术服务业、新能源及节能技术、资源与环境技术、高新技术改造传统产业等领域，组织实施重大科技项目。对列入国家、省、市级重大科技创新项目的，分别给予一次性30万元、20万元、10万元的配套；对列入国家科技型中小企业创新基金项目的，单个项目给予一次性25万元的配套；对列入国家火炬计划项目的，给予一次性5万元的补助；对取得省级科技成果登记证书的，给予一次性3万元的补助。深化改革县级科技计划项目管理，切实提高项目绩效，具体细则另行制定。

9．鼓励企业研究开发新产品。引导万众创新，继续支持企业加大新产品研发，全面落实符合条件的科技型企业享受研发费用加计扣除政策。县财政每年安排创新券专项资金，积极推广应用创新券，重点用于鼓励企业利用高校院所和各类创新载体的科技资源开展科技创新活动。对新列入国家重点新产品、省级新产品的分别给予一次性8万元、5万元的补助。

10．深化产学研用合作。以“君山引凤——科技人才周”为平台，鼓励企业与高等院校、科研院所共建产学研联合体，形成优势互补、利益共享和风险共担的合作运行机制，重点支持有自主知识产权、有独创技术和市场规模的科技合作项目。项目报县科技局备案后，按企业实际支付或收入技术合作费用（技术股视同合作经费）的15%给予补助，每个项目最高不超过30万元。鼓励县内企业与国内外知名院校（中国大学排行榜前100名）共建实验室，按当年实际支付合作经费的50%予以资助，最高不超过20万元。鼓励企业与高校院所共建研究生实习基地，经科技局审核备案，给予一次性3万元的补助。

三、加大科技投入，建立多元化科技投融资机制

11．保障财政科技投入稳定增长。按照法定要求逐年增加财政用于科学技术经费的投入，优化财政科技投入结构，确保财政用于科学技术经费占本级财政经常性支出的比例不低于4%，其增长幅度高于本级财政经常性收入的增长幅度的百分点应符合上级考核的相关要求。县财政科技投入重点用于支持科技创新平台建设、科技成果转化和产学研合作、企业技术创新、重大科技项目实施、知识产权保护、科技创新条件和科技进步鼓励等。

12．引导激励企业加大科技投入。深化“规上企业科技活动全覆盖”行动，引导激励企业加大新技术、新产品、新工艺研发投入，促进全县R&D经费稳步增长。对企业上年度科技投入在5000万元（含）以上、4000万元（含）至5000万元、3000万元（含）至4000万元，并经上级审核确认，分别给予一次性10万元、5万元、1万元的激励经费。对企业研发费用达到相关规定要求的，优先推荐申报高新技术企业、创新型企业和科技项目。改进企业研发费用计核方法，合理扩大研发费用加计扣除范围，加大企业研发设备加速折旧等政策的落实力度。

13．深化金融机构与科技创新的结合。充分发挥科技型中小企业贷款风险池基金的引导和放大效应，进一步完善和创新科技金融服务机制。推动各类金融机构与科技项目、创业投资的紧密合作，加大对科技型企业以及实施科技项目的贷款支持，助推企业技术创新。对企业在科技风险池内贷款的担保费、基准利率上浮部分给予补贴，降低科技型企业融资成本。积极探索专利权质押融资工作。

四、实施知识产权战略，增强自主创新动力

14．激励自主创新与专利产业化。设立专利专项资助资金。对取得国内发明、实用新型、外观设计专利授权的，每件分别给予一次性1万元、0.1万元、0.05万元资助；对取得国外专利授权的，每件给予一次性2万元资助；开展“规上企业专利清零”行动，对规上企业首次获得专利授权的，再给予一次性2000元的补助；对通过验收的知识产权管理规范企业，给予一次性3万元的补助。对新认定为国家、省、市、县级专利（知识产权）示范（试点、优势）企业的，分别给予一次性10万元、5万元、3万元、2万元的补助。对实施自主专利权项目，一个年度专利产品销售额达到800万元以上的，按专利产品实际销售额的1%给予补助，最高不超过10万元。

15．凝心聚力服务创新。对在本县新注册的具有独立法人资质的知识产权服务机构或经省知识产权主管部门备案的桐庐办事处，按其当年服务县内企业（个人）取得的授权专利县级专利资助金额的10%予以一次性补助；正常运作2年且服务县内企业（个人）取得授权专利200件以上，其中发明和实用新型专利100件以上的，给予一次性5万元的补助。对承办“市长杯”创意杭州工业设计大赛分赛场的组织单位，给予一次性5万元补助；对“市长杯”创意杭州工业设计大赛获奖企业，按上级奖金额予以1:1配套激励。

五、注重民生科技，推动社会和谐发展

16. 强化科技支撑农业发展。依靠科技创新，加快发展现代农业，重点支持特色优势产业新品种的引进与推广，生态高效种养技术集成应用，农产品加工技术精深开发，科技型现代农业园区（基地）建设，着力培育农业科技创新主体。对列入国家星火计划项目的，给予一次性3万元的补助。对新认定为国家、省、市、县级农业科技示范园区（基地）的，分别给予一次性15万元、10万元、5万元、5万元的补助。对新认定为省、市级农业科技企业的，分别给予一次性10万元、5万元的补助。对取得省级及以上审定（认定）的动植物新品种，一次性给予5万元补助。

17. 全面推进社会事业发展。重点支持公共安全、医疗卫生、五水共治、生态环境、防灾减灾、富民强县、科技惠民等社会发展领域的科技项目研究，不断提高科技创新对民生事业发展的支撑和引领作用，继续加大对社会和民生领域科技创新的支持。

六、健全激励机制，营造科技创新良好氛围

18. 评选桐庐县科技创新特别贡献奖。每两年评选一次，每次评选1～2名（可以空缺），由县政府授予荣誉证书，并给予10万元的激励资金。

19. 评选桐庐县科学技术进步奖。每两年评选一次，对荣获桐庐县科技进步一、二、三等奖的，由县政府授予证书，并分别给予3万元、2万元、1万元的激励资金。对获得国家、省、市科技进步奖的，给予一次性奖金50%的配套激励，最高不超过10万元。

20. 评选桐庐县十佳科技创新人才。每两年开展“桐庐县十佳科技创新人才”评选，由县政府授予荣誉证书，并颁发激励资金1万元。对在科技创新中业绩突出的专业技术人员，县有关部门优先向国家、省、市推荐申报有突出贡献的中青年专家、劳动模范等称号，并优先作为重点人才进行培养。

21. 聚力招引创业创新型高层次人才和团队。深入实施“创业桐庐·人才引领”工程，重点扶持引进具有硕士以上学位或相当于副高以上职称的创业创新型高层次人才，带项目、带技术、带资金来桐自主创办企业，或以知识产权、技术成果入股形式与企业合作创办项目。经县委人才办等相关部门评审通过，可享受创业支持政策和引进人才激励等相关政策。

22. 实行科技目标责任年度考核。乡镇（街道、开发区）原则上由分管工业副职负责科技创新工作，明确落实科技统计人员，实行科技进步目标责任年度考核，考核结果纳入年度综合考评。

七、附则

23. 县其他政策文件与本意见不一致，以本意见为准；与本意见内容一致的，不重复补助或资助；本政策涉及资金为县本级财政。

24. 本意见自2015年10月1日起施行两年，新政策出台前延用此政策，考核期以年度计算。

关于推进农村“小微权力”规范运行的意见

县委办〔2015〕54号

各乡镇党委、人民政府，街道党工委、办事处，县级机关、企事业各单位：

为进一步加强农村“小微权力”运行监督，深化农村基层党风廉政建设和民主法治建设，巩固和发展农村基层基础，我县制定出台了《桐庐县村级权力清单三十条》。现就贯彻落实《桐庐县村级权力清单三十条》，推进农村“小微权力”规范运行，提出如下意见：

一、指导思想

深入贯彻落实党的十八大及十八届三中、四中全会和习近平总书记系列重要讲话精神，按照建设社会主义新农村的要求，以加强农村“小微权力”监督为重点，以提高村民自治水平为核心，以优化服务群众机制为落脚点，构建决策权、执行权、监督权相互制约相互协调的权力运行体系，提升农村基层党风廉政建设水平，为我县农村经济社会发展提供有力保障。

二、主要目标

通过推行村级权力流程，基本建立民主自治、权责明确、相互制约、公开透明、操作规范、简便高效、监督有力的农村“小微权力”运行体制和机制，从而促进村干部法纪意识、综合素质显著提高，村级组织凝聚力、战斗力进一步增强；农村基层民主政治建设有效推进，群众的知情权、参与权、决策权和监督权进一步落实；党群干群关系切实改善，群众反映强烈的突出问题进一步解决。

三、主要任务

（一）规范农村“小微权力”运行体系。按照于法周全、于事简便的要求，全面落实《桐庐县村级权力清单三十条》，进一步明确每项村级权力的名称、具体实施的责任主体、事项办理的步骤、权力运行的操作流程及运行过程的公开公示，建立权力事项明晰、运作流程规范、过程监管有力的权力运行体系。

（二）推进农村“小微权力”透明公开。实行权力清单内容、运行程序、运行过程、运行结果“四公开”，尤其是村级重大事项决策更要做到公开透明。进一步拓展和完善“三务”公开的途径和方式，不断深化村务公开信息平台建设，采用会议、文件、电视、网络、公示栏等各种方式，及时准确公开村级事务情况，真正落实群众在村务工作中的知情权、参与权、监督权，让农村“小微权力”在阳光下运行。

（三）构筑农村“小微权力”三级监督体系。畅通各种渠道，发挥各方面监督力量，建立群众监督、村监会监督、上级监督的三级监督体系。乡镇（街道）和行政村要明确人员负责答复和解释群众提出的质询，做到有问必答、有疑必释。村监会是“小微权力”监督的专门组织，要充分发挥监督作用，对村级事务办理实施有效的全程监督，发现问题，及时提出，并督促整改。乡镇（街道）要建立重大村务工作审核制、村干部重大事项报告制、村务工作督查制、村干部绩效考核制等制度体系，不断提高村务监督工作水平。县委组织部、县农办、县财政局、县民政局、县审计局等部门要根据职责，深化“三务”公开检查、村级财务会计核算监督、审计监督等监督机制，切实加强对“小微权力”运行的监管。

（四）加强对权力运行中违纪违法问题的查处。各乡镇（街道）要严格执行《农村基层干部廉洁履行职责若干规定（试行）》（中办发〔2011〕21号）、《浙江省违反村级财务管理规定行为责任追究办法》（浙农经发〔2009〕2号）、《桐庐县村级组织运行规则（试行）》（县委办（2014）37号）等有关制度规定，着力解决村干部在实施权力过程中存在的突出问题。对独断专行、以权谋私，滥用职权、损公肥私，弄虚作假、逃避监督等违纪违规行为要严肃查处。

四、组织保障

（一）明确职责。村级组织是推进农村“小微权力”规范工作的实施主体，村党组织要充分发挥领导核心作用，负责权力清单运行程序的贯彻落实工作；乡镇（街道）是推进农村“小微权力”规范运行工作的责任主体，党政“一把手”要负总责、抓推动，要把农村“小微权力”运行情况作为村级年度工作考评的重要内容。分管领导要直接抓、全程抓，推进工作全面、有序开展。

（二）强化宣传。要把《桐庐县村级权力清单三十条》作为必学内容，纳入村干部经常性教育培训计划。充分利用报纸、电视、广播等新闻媒体以及“三务”公开信息平台、宣传橱窗等载体，广泛宣传权力清单内容。要突出宣传实效，让“按清单办事、依规范用权”的意识入耳、入脑、入心。各乡镇（街道）要将《桐庐县村级权力清单三十条》编印成册，通过基层走亲等渠道发放到每家每户，使村级权力运行流程家喻户晓。

（三）加强督查。乡镇（街道）纪（工）委要强化对“小微权力”规范运行的监督检查，定期听取村监会工作汇报，及时发现、查处违纪违规问题。组织、农办、招管办等部门要根据工作职责，开展经常性的指导、督查，切实强化村级组织和村干部规范开展村务的意识。县纪委要不定期开展对乡镇(街道)推进农村"小微权力"规范运行工作的监督检查,对工作懈怠、推进不力的进行问责。

（四）注重实效。推进农村"小微权力"规范要在解决农村权力运行实际问题上下功夫，真正压缩村级组织权力暗箱操作空间，建立并形成以规范和制约权力运行为核心的民主决策、民主管理、民主监督机制。各乡镇（街道）在遵照《桐庐县村级权力清单三十条》的基础上，可结合实际需要作进一步的补充，切实提高农村"小微权力"规范运行的系统性、针对性和实效性。

县委办公室 县政府办公室 关于建立科技工作"五帮一化"服务企业长效机制的实施意见

县委办〔2015〕67 号

各乡镇党委、人民政府，各街道党工委、办事处，县级机关、企事业各单位：

根据《关于进一步深化"重实体、兴实业、办实事"活动实施意见》（县委〔2015〕15 号）文件精神，结合全县科技工作现状和需求，现就进一步转变作风，建立科技工作"五帮一化"服务企业长效机制提出以下实施意见。

一、指导思想

2015 年是全面深化改革的推进之年，也是巩固和拓展群众路线教育实践活动成果的关键之年。根据国家、省市部署，围绕县委县政府工作重点，为更好发挥科技在引领经济转型升级中的作用，按照问题导向、精准施策、上下联动、政企协同的原则，通过深入开展"五帮一化"活动，主动转变职能、转变作风、转变工作方法，努力当好科技"店小二"，为全县经济转型发展做出贡献。

二、目标任务

计划利用两年时间，以实施两项行动为载体，即"科技活动规上企业全覆盖行动""新一轮'双十'培育暨创新源挖掘行动"，以全县规模以上企业为重点，建立和完善"五帮一化"长效机制（"五帮"是指：一是帮助企业落实科技新政策；二是帮助企业招商引资、招才引技；三是帮助企业推广新技术、开发新产品等；四是帮助企业创新创业，开拓市场；五是帮助企业开展产学研用合作。"一化"是指：建立经常化服务企业机制），进一步鼓励和帮助企业提升科技创新意识，开展科技创新活动，提升科技创新能力，努力形成全县上下重视科技活动、践行科技创新的良好发展氛围。

三、工作内容

1．帮助企业落实科技新政策。根据经济发展新常态及国家、省市的政策动向，及时调整相关科技扶持政策；通过上门走访、组织培训等方式，广泛开展"送政策"活动，把促进经济转型升级的一系列政策文件送到企业手中。深入宣传与落实党的十八大以来国家、省市县有关创新驱动发展、经济转型发展各项新部署、新政策、新举措，营造良好的政策发展环境。支持企业积极争取和承担国家、省市级科技计划项目，帮助企业用好用足高新企业税收优惠、研发费加计抵扣、首台套等各项扶持政策。加强对新出台政策实施效果的监测和分析。（责任单位：科技局、经信局、发改局、财政（地税）局、国税局）

2．帮助企业招商引资、招才引技。鼓励各类招商主体和企业招大引强选优，指导开展招商引资、引技，实行"盯人、盯企业、盯项目"的招商战术。支持帮助创新创业团队的引进工作，积极推荐申报"国家千人计划""省千人计划"等。支持产业集聚区、重点工业功能区创建高新技术产业园区。继续办好"科技人才周"活动，进一步强化项目信息的对接，进一步提高办会

的实效性。（责任单位：人才办、科技局、商务局、各重点招商平台）

3．帮助企业推广新技术、开发新产品。大力支持新技术推广、机器换人、节能减排，指导企业开展“两化融合”“四换三名”工作，帮助企业解决项目建设、科技研发和成果转化过程中遇到的各种问题。结合“五水共治”，支持企业开展清洁生产，推进智能制造、绿色制造，确保节能减排、安全生产落到实处。引导企业开展新产品、新装备、新服务“三新”开发，加快形成首台套等先进适用新产品在“机器换人”技术改造中的开发推广和应用机制，及时推广新技术和适用技术。（责任单位：经信局、五水办、科技局）

4．帮助企业创新创业，开拓市场。协助企业创新创业、开拓市场，加快建立科技型小微企业的创业服务促进机制。支持科技人员创业、民间资本投资科技领域创业、创业资本与科技成果相结合创业等。充分利用科技金融政策，为初创型、成长型科技企业的发展提供资金支持。支持推动科技企业特别是高新技术企业上市融资，积极做好上市后备企业的培育建设。推进科技大市场建设，帮助企业引进集聚先进科技成果，指导支持落地转化。支持企业开展知识产权开发、运用、保护工作，帮助企业做好知识产权维权工作。（责任单位：科技局、发改局、人民银行及各金融机构）

5．帮助企业开展产学研用合作。做好企业技术需求征集和对接工作，加强企业与国内外高校院所的交流与合作，鼓励高校院所科技人员到企业工作或创业，继续完善研究生实习、青年大学教师挂职锻炼、“百名硕博进桐庐”等有效载体，大力引进集聚创新人才，促进产学研用协同创新。坚持“为我所用”的原则，大力开展柔性引才引智，积极帮助企业牵线搭桥，用好技术交易市场等平台，推动企业与科研院所和专家教授开展项目合作，解决实际技术难题，实现科技成果与企业生产的无缝对接。（责任单位：科技局、人才办）

四、工作要求

1．明确职责，形成强有力推进机制。县科技局作为牵头部门，要切实发挥牵头抓总、综合协调的作用，要制定具体实施方案，明确工作举措，抓好工作落实；各乡镇（街道）、开发区、商务区要提高对科技创新工作的的认识，落实主体责任，明确具体责任部门和工作人员，全力推进“五帮一化”工作。县经信局、发改局、财政（地税）局、国税局、人才办、商务局、五水办、人民银行等责任单位要结合自身职责，全面配合抓好“五帮一化”相关工作，确保形成合力。

2．改进作风，转变职能和工作方式。要把转变职能、精准服务作为重点，把服务企业与深化改革、完善体制机制紧密结合起来，准确处理好创新主体与政府引导的关系，变“管理”为“服务”，变“被动”为“主动”，切实为园区、企业排忧解难，加快创新红利的释放。始终坚持问题导向、需求导向、基层导向，做到“企业需要什么、我们服务什么”，对掌握的企业需求要按照“能办即办”“集中交办”“专题研办”的方法，精准施策、精准服务、精准发力，努力提高服务企业的科学性、针对性和有效性。

3．严肃纪律，树立为民务实清廉形象。要严格执行中央“八项规定”、省委“28条办法”“六项禁令”及县委32条纪律要求，坚决反对官僚主义和形式主义，严禁接受企业的宴请和礼品，不得干扰企业的生产经营活动，不给企业增加负担。同时，注重服务企业与常规管理工作相结合，确保服务活动不走过场、不搞应付，切实推进各项工作的落实。

4．加强宣传，营造服务企业良好氛围。认真做好宣传工作，大力宣传创新发展的典型、转型升级的典型、提质增效的典型，组织一些深度报道，宣传服务企业的先进单位、先进人物、先进事迹，营造转变作风、服务企业的良好氛围。

县委办公室 县政府办公室
关于加快培育发展社会组织的若干意见
县委办〔2015〕98号

各乡镇党委、人民政府，街道党工委、办事处，县级机关、企事业各单位：

为深入贯彻党的十八大和十八届三中、四中、五中全会精神，激发社会组织活力，充分发挥社会组织在社会治理创新中的建设性作用，经县委、县政府同意，现就加快我县社会组织培育发展工作提出如下意见。

一、指导思想和总体要求

（一）指导思想。以邓小平理论、“三个代表”重要思想、科学发展观为指导，深入贯彻习近平总书记系列重要讲话精神，按照建立“党委领导、政府负责、社会协同、公众参与、法治保障”的社会管理体制要求，结合行政体制改革和政府职能转变，加快形成政社分开、权责明确、依法自治的现代社会组织体制，充分发挥社会组织在加强和创新社会治理中的重要作用，为实现“一个目标，五大桐庐”作出积极贡献。

（二）总体要求。坚持培育发展与规范完善并行，以创新体制机制、建立完善培育扶持政策、改进监管方式、发挥作用效能为重点，发展一批公信力高、自律性强、功能完备、运作规范、作用显著的社会组织；构建与我县经济社会发展相适应，门类齐全、布局合理、覆盖广泛、发展有序的社会组织体系；建立服务到位、评价引导、监管有效、保障有力的社会组织管理服务体制；形成党委领导下的政府管理、社会监督和社会组织自律相结合的社会组织管理新格局。

二、主要措施

（一）简化社会组织登记审批程序。开展行业协会商会类、科技类、公益慈善类、城乡社区服务类四类社会组织实行直接向民政部门依法申请登记，取消对社会团体筹备的审批和社会团体分支（代表）机构设立、变更、注销登记的审批。降低登记门槛，重点在行业协会商会类社会组织中引入竞争机制，准予“一业多会”和“一址多社”。适当放宽城乡社区服务类社会组织登记注册资金额和会员数（法律法规对注册资金有规定的除外）。

（二）加强社会组织服务平台建设。按照“政府扶持、社会参与、专业运行、项目合作”的模式，打造集培育扶持、项目孵化、公益创投、信息服务、培训交流、宣传推介等多功能于一体的社会组织公共服务平台。依托县社会组织服务（孵化）中心辐射功能，到2016年底分别在城南街道、桐君街道建立社区社会组织服务工作站，并逐步在分水镇、富春江镇、横村镇等乡镇建立服务工作站，为社区社会组织的发展壮大提供服务。

（三）建立社会组织培育发展扶持资金。建立公共财政对社会组织的扶持机制，县财政每年在县级福利彩票公益金安排100万元，重点用于社会组织培育发展、社会组织公共服务平台建设、公益创投项目、社会组织评估、品牌建设以及社会组织工作先进典型的宣传等。

（四）推动政府购买社会组织服务。充分发挥社会组织在公共服务供给中的独特功能和作用，在购买民生保障、社会治理、行业管理等公共服务项目时，同等条件下优先向社会组织购买。为推进社会组织承接政府转移职能和购买服务，更好地发挥社会组织的作用，按照自愿申报、择优推荐的原则，推荐一批运作比较规范、服务能力较强的社会组织，编制推荐性目录向社会公布。鼓励采取孵化培育、人员培训、项目指导等多种途径和方式，提升社会组织承接政府购买服务的能力。

（五）积极探索公益创投新模式。顺应形势发展需要，积极探索社会组织公益创投新模式，为公益性社会组织提供管理、技术等支持，以促进其提升社会服务能力，进而达到有效解决公共服务需求、实现社会效益最大化的目的。

（六）培育发展社区社会组织。积极培育发展公益志愿、社工服务、文体娱乐和协调管理类的社区社会组织。实行社区社会组织登记或备案的双轨管理，引导社区社会组织积极参与社区服务管理，鼓励社区社会组织以社区居民需求为导向，为居民提供扶老助残、慈善帮困、就业援助、教育培训、科技文体、医疗卫生、社区矫正、法律咨询和矛盾纠纷调解等服务，促进社区服务的全面化、便捷化、实效化。

（七）建立社会组织评估激励机制。鼓励社会组织积极参加诚信评估，引导社会组织建立诚信执业、信息公开、公平竞争、激励惩戒、自律保障等机制。遵循政府指导、社会参与、分类评定、动态管理、客观公正的原则，引入第三方评估机制，科学合理开展评估。重视评估结果和品牌社会组织运用，为激励更多的社会组织参与评估，引导社会组织提高诚信度和社会公信力，对获得AAA以上等级或杭州市品牌社会组织称号的社会组织，优先作为政府向社会组织转移职能、购买服务或公益项目招标的对象，并享有相应的优惠政策。

（八）落实社会组织税收优惠政策。进一步落实财政部、国家税务总局《关于非营利组织免税资格认定管理有关问题的通知》（财税〔2014〕13号），进一步完善社会组织税收优惠政策。落实公益组织捐赠税前扣除资格认定和监管制度，鼓励企业和个人将更多的资金投入到公益事业中来，扶持社会组织发展壮大。

（九）支持社会组织参与社会治理。将社会组织中的优秀代表人士纳入党代会代表、人大代表、政协委员推荐范围，畅通建言献策的渠道，提高社会组织代表人士的政治参与度；政府在编制发展规划、制定公共政策、进行重大决策及立法过程中，应主动征求相关社会组织的意见和建议，组织社会组织代表参加各种咨询会、听证会和论证会，提高社会组织对公共事务的参与度；聘请社会组织代表人士担任选举观察员、行风监督员，参与公共监督和社会治理。

（十）完善社会组织监督管理体系。建立健全社会组织信息公开、信用建设、财务审计、行政约谈、分类管理等制度，形成政府、社会监管和社会组织自律相结合的阳光监管体系。创新社会组织信用评估载体，引入第三方评估机制，对社会组织实施分类评估，将社会组织评估等级作为社会组织参与竞争政府购买服务的资质条件。健全退出机制，引导活动不正常、运作能力弱和社会认可度低的社会组织进行合并或注销，对不符合年检要求的实行有序退出，对违反国家法律造成后果的，依法追究责任并予以撤销。完善纪委、组织、民政、财政、金融、审计、物价、公安、司法等部门信息共享、协同监督、齐抓共管的执纪、执法监察联动工作机制。实现社会组织年检与日常监督、诚信建设、执法查处有机结合，通过规范、监管和扶持、培育两个层面的努力，优化布局结构，促进社会组织可持续发展。

三、工作要求

（一）加强组织领导。全县各部门要充分认识社会组织培育发展工作的重要性和紧迫性，加强领导，形成合力。调整充实县社会组织管理领导小组，协调解决社会组织工作中的困难和问题，促进社会组织健康、有序发展。加强社会组织党建工作，发挥党组织在社会组织中的政治核心和战斗堡垒作用，激发社会组织党建工作新活力，推动社会组织党组织建设。

（二）建立协调机制。县社会组织管理领导小组定期召开成员单位和相关社会组织参加的联席会议，研究解决社会组织改革与发展中出现的重大问题和社会组织发展专项资金的使用问题。各有关部门要按照各自的职责分工，抓紧制定具体方案和政策措施。组织部门要牵头做好社会组织党建和人才队伍建设；民政部门要发挥社会组织管理的牵头作用；发改部门要牵头制订政府部门向社会组织转移职能的指导意见和具体目录；财政部门要牵头制订并公布年度县级政府向社会力量购买服务的目录，落实安排社会组织发展扶持资金；县人力社保部门要牵头制订社会组织权益保障和职称体系等政策；各业务主管（指导）单位要结合各自职能为社会组织提供服务、指导和保障；各相关镇（街道）要落实专职人员负责，充分利用社区便民服务中心或社区配套用房，为社区社会组织发展创造条件。

（三）营造良好氛围。充分利用网络、报刊、电视、电台等新闻媒体，加大对社会组织工作的宣传力度，进一步增强社会各界对社会组织的了解和认识，引导广大干部群众主动支持和参与社会组织建设与管理。坚持典型引路，及时总结、宣传、推广优秀典型和经验做法，引导社会组织加强交流学习，共同营造有利于社会组织发展的良好社会氛围。

县委办公室 县政府办公室
关于加快推进民宿经济转型升级的实施意见

县委办〔2015〕102号

各乡镇党委、人民政府，各街道党工委、办事处，县级机关、企事业各单位：

为进一步转化资源生态优势和美丽乡村建设成果，加快推进我县民宿经济提质转型全面发展，发展壮大美丽经济。根据农业部等11个部委《关于积极开发农业多种功能大力促进休闲农业发展的通知》（农加发〔2015〕5号）、市委市政府《关于加快培育发展农村现代民宿业的实施意见》（市委办发〔2015〕14号）等文件精神，结合本县实际，特制定本实施意见。

一、明确发展总体要求

深入践行“绿水青山就是金山银山”理念，主动把握发展机遇，充分依托自然风光、特色产业和人文底蕴，按照差异化、特色化、集聚化、组织化发展的总要求，大力培育健康、人本、精致的乡村特色民宿，形成高中低兼具、中高端为主、更具竞争力的民宿产业结构，促进民宿经济转型升级，打造富民产业。2015—2017年，力争引导10亿元社会投入，集中培育20个左右民宿示范村、30个左右精品示范点，创建10个左右民宿型农家乐综合体或民宿集聚区，争取全县民宿总床位达到1万张以上，经营产值年均增长15%以上，打响“富春民宿”区域品牌，努力打造杭州市民宿经济示范先行区和浙西最佳民宿旅游目的地。

二、推进五项重点工作

1．编制一项发展规划，推进民宿全域布局。按照“规划互补、产业融合、布局集聚、特色彰显、环境友好、有扶有控、发展有序”要求和“乡乡有民宿经济”定位，科学编制全县乡村特色民宿布局发展专项规划，充分依托旅游景区、美丽乡村、特色产业、山塘资源、避暑胜地、文化遗存等自然资源和人文底蕴，布局发展乡村特色民宿。在村庄规划和美丽乡村建设中处理好农民建房、民宿集聚、产业布局的衔接，在“三改一拆”中把握好拆、改、用的关系和土地整理空间的拓展，在产业发展中统筹好一二三产的融合，在发展速度上掌控好生态保护、环境承载的能力，在项目引进上兼顾好农民致富、集体增收的根本。县乡两级均要在发展空间、发展要素上整体谋划好民宿产业布局，推动精品民宿串点连线成片，大众民宿实现“规模+特色”快速发展。

2．推进一批建设项目，打造民宿乡韵特色。围绕示范村（普通民宿）提升发展、示范点（精品民宿）招引建设，梳理一批重点项目、重点工作，培育一批特色民宿产品。一是注重精品，充分利用乡村天然资源，结合美丽乡村、村落景区、多彩田园、一乡一业、富春民居建设，做好特色创新、文化创意文章，实现村村各具特色，提供独一无二的旅游产品和服务；二是强调隐逸，追求人与自然和谐相处，营造轻松、自在、无干扰的生活意境，突出乡土味、人情味，“宿在民居、乐在乡野”，打造城市居民向往的田园生活和乡韵风情；三是彰显个性，以主题特色分类，在民宿建筑风格设计、房间装饰装修和风味乡村食品、特色体验项目开发上，做好深度策划，打造兼具创意和景观美学概念有故事有内涵的特色民宿、主题民宿产品；四是四季覆盖，将农耕、诗画、红色、亲情等文化元素与民宿经济融会贯通，一年四季都有可走的地方、可看的美景、可做的事情；五是强化联动，强调民宿与民游、民食、民购、民娱等旅游要素的联动，提升民宿品质，实现民宿经济增值。

3. 培育一支人才队伍，提升民宿经营品位。改善民宿经营主体结构，发挥农民主体创业就业积极性，重点从培训入手，提高从业人员专业技能、管理水平、文化品位，提升民宿服务理念和整体形象；依托“空心村二次创业”，加大招引力度，重点引进一批具有国际战略眼光、深谙文化创意的投资者、设计师和开发者参与建设和经营，鼓励青壮年、大学生返乡创业；积极开展民宿产业交流活动，聘请民宿领域专家组成民宿产业导师顾问团；注重引进专业机构，鼓励企业参与民宿的对外营销、客源组织、产品开发等服务，建立健全营销服务体系。

4. 构建一个管理体系，规范民宿行业发展。进一步明确部门、乡镇（街道）职责，形成“齐抓共管”的合力；组建县级民宿行业协会，发挥协会组织行业自律、日常监管、自我服务等功能，进一步理顺和紧密村、户、企共赢互利的合作关系，鼓励村级组建统一经营管理、物业服务、自律自治的行业组织或引进带资金、项目、管理的品牌连锁经营公司或团队。健全行业管理规范、建设标准和服务质量星级评价体系，推进民宿经营证照全覆盖，促进民宿行业规范管理、有机更新。建立和健全突发事件、自然灾害预警机制和应急处置预案，开展应急演练，提升应急处置能力。

5. 谋划一套营销战略，打响民宿市场品牌。在产品包装上，将民宿与乡村旅游、景点旅游、农业观光相结合，引导成立“吃、住、行、游、购、娱”产业合作联盟，形成“住在一处、玩遍区块”，不同经营主体共享资源的全产业链格局，实现抱团发展。在营销方式上，充分利用传统媒体和微博、微信、微电影等网络媒体开展多渠道宣传，积极开展各种促进供需对接、拓展客源市场的营销推广活动，鼓励旅行社发挥其在营销推广中的作用，鼓励将民宿纳入机关和企事业单位的工会疗休养、政府采购范畴。在营销手段上，借助电子商务发展契机，支持经营户（点）利用互联网、APP 移动终端等加大网络营销。

三、加大政策支持力度

2015—2017 年，县财政安排总额为 3000 万元的民宿发展专项资金，并与上级专项补助资金整合，用于扶持乡村特色民宿发展。年度财政资金安排由县农办测算后报县财政部门，按需安排预算。

（一）推进民宿特色村转型提升

1. 鼓励乡村特色民宿规模、集聚发展。对资源、区位、基础适合民宿经济发展，经营户达到 15 户、总床位 150 张以上，符合民宿规范标准，且在民宿配套基础设施和公共服务方面支出达到 200 万元以上的民宿示范村（集聚区、综合体），每年选择 3 ～ 4 个进行重点培育，验收通过后，给予每个村 60 万元～ 80 万元的资金补助。补助资金主要用于标志系统建设、主题元素打造、服务业态配套、经营业者培训、基础设施建设、旅游项目开发等。乡镇（街道）可以根据发展需要，适当安排资金对新发展床位的民宿经营户以及示范村建设进行配套和补助。

2. 推进民宿证照“全覆盖”。通过部门联合验收，取得民宿营业执照等证照的经营户，对其在消防、治安、应急逃生、住客登记系统软件设备等方面的投入给予 4000 元资金补助。

3. 鼓励特色村加强民宿行业自治管理。对床位达到 100 张（含）以上，设立村级旅游公司或行业协会且管理到位、作用明显、经营户普遍认可的民宿特色村，给予一次性补助 5 万元。对经营户 5 户以上、床位 100 张以下，建立村级自律和服务组织且作用明显的村，给予一次性补助 2 万元。

4. 鼓励示范村加强配套设施建设，对经

县农办、旅委等部门以及所在乡镇（街道）规划论证，建设游客接待服务中心的民宿特色村，给予一次性补助5万元，同时建立土特产品展售寄卖中心或街区的，另行给予3万元补助。

5．按照民宿经济发展与资源环境承载相适应的要求，对开展生活污水处理设施提升改造的民宿示范村，按其实际投入的20%给予一次性补助，最高不超过30万元。

6．鼓励经营户（点）申请民宿服务质量等级评定。对被省、市有关部门评为五星级、四星级、三星级的经营户（点），分别给予2万元、1万元、0.5万元的鼓励（县级财政补差）。

（二）加快精品型民宿招引建设

7．利用（租用）农民房屋3幢、12个房间以上，或利用（租用）村集体用房、农林场房等单幢15个房间以上，当年在基础设施、房屋改造等方面投入达到300万元以上，且取得民宿营业执照、通过市县两级验收的主题型特色精品民宿项目，给予80万元～100万元资金补助；6幢（含）以上的，按每增加1幢（并投入100万元以上），追加10万元的标准进行鼓励，追加金额最高不超过50万元；单幢20个客房（含）以上的，按每增加5个客房（并投入100万元以上），追加10万元的标准进行鼓励，追加金额高不超过30万元。

8．对外地来桐投资或从事特色精品民宿项目经营管理且具有大学以上学历、服务满一年以上且签订三年以上劳动合同、按规定缴纳社会保险费的核心管理层人才，经确认后，给予每人每年1万元资金补助，连补三年。对自主创办民宿，取得民宿营业执照，按规定进行住客登记和纳税，年经营额达到50万元以上的本县大中专以上毕业生创业群体，每年推选一批大学生创业（民宿）示范点，并给予3万元资金补助。

9．对主体建筑外墙美观，具有浓郁的乡村风情和地方民俗特色，符合原生态、原文化农家特色，室内装修秉持创意、注重细节、凸显个性，且总投资100万元（含）以上，正常营业6个月以上、年营业额达到80万元（含）以上的单体型精品特色民宿项目，经验收认定后，按其在改造、装修、装饰等方面投入每满100万元补助5万元的标准给予资金补助，最高不超过15万元。

（三）强化多渠道客源招引对接

10．鼓励旅行社组团来桐住特色民宿、游美丽乡村，稳定民宿客源。对每年组织在民宿住宿游客累计1000人次以上的旅行社、中介组织、电商企业，经县级部门联合审核通过，给予客源组织经费补助：县外旅行社年度送客量在1000（含）～3000人、3001～5000人、5001人以上的，按人次分别给予3元、5元、8元的补助；县内旅行社以及给民宿起步村（经县农办每年初认定）引客的县外旅行社，在此基础上，每人次再行补助2元。单家旅行社（中介组织、电商企业）年度最高补助不超过50万元。客源认定以住宿登记系统入住信息，并经当地民宿行业服务组织或村组织确认为准。

11．推进“互联网+民宿”，对本县内注册的民宿电商企业自营业当年起三年内电商平台网上交易产生的服务费等费用进行全额补助，同时享受客源组织补助政策。鼓励民宿开通支付宝、微信扫码等支付渠道。

12．鼓励“景区+民宿”旅游抱团营销模式，由县旅委牵头协调和制定捆绑营销方案，对入住民宿的游客，按旅游淡、旺季分别给予景区门票打折优惠政策。

13．每年安排50万元专项经费，由领导小组办公室统筹，专项用于媒体宣传、手册编印和组织开展旅游促销、农旅对接活动，重点拓展上海、江苏以及杭绍甬等地客源市场。

（四）开展多形式培训指导服务

14．将民宿从业人员的客房管理、烹饪技艺、旅游服务、接待礼仪、安全生产、法律法规、电子商务等方面知识和技能培训，纳入农民素质培训工程和相关职业技能培训。

15．建立民宿产业导师顾问团，提供定期指导和咨询服务，对县外聘请专家教授、行家达人给予交通、通信和食宿等方面的补贴。

（五）优化民宿经济发展软环境

16. 健全用地保障机制。对民宿特色村、精品民宿项目，在统一规划的前提下，经有关部门批准后，可适当布置休闲亭、阳光棚等小型设施，小型设施应尽量利用闲置宅基地和“四荒地”（荒山、荒沟、荒丘、荒滩），不得占用耕地。对总投资1000万元以上特色精品民宿重点项目，各乡镇（街道）应结合土地利用总体规划调整，保障项目配套设施所需规划空间。省里下达的年度新增建设用地计划指标优先安排用于办理项目农转用。逐步推行税收与优先用地挂钩机制。

17. 优化金融服务环境。鼓励金融机构创新和开发金融产品，加大对民宿产业的信贷支持，并在贷款利率上给予优惠。鼓励金融机构在民宿示范村布设ATM机，为符合条件的民宿经营户（点）提供POS消费终端等电子化结算方式。

18. 落实国家税收政策。按规定落实月营业额不超过3万元（含）或季营业额不超过9万元（含）免征增值税、营业税政策；对年应纳税所得额低于30万元（含）的小型微利企业（民宿），其所得税减按50%计入应纳税所得额，按20%的税率缴纳企业所得税。

19. 完善基础设施建设。对规划民宿重点发展区域，相关部门在交通、电力、通讯等方面要实行倾斜政策，优先纳入农村公路建设、农电线路改造和智慧乡村建设。加强资金、项目统筹，村落景区、现代农业、美丽乡村等项目资金要向民宿重点发展区域倾斜。

四、强化组织保障机制

1. 加强组织领导。成立由县委、县政府分管领导担任组长、副组长，相关职能部门为成员单位的民宿经济发展工作领导小组，并设立“一办四组”，明确责任，分工负责，齐抓共管，形成合力。各乡镇（街道）要把发展民宿经济作为建设新农村、谋求新发展的一项重要工作，进一步统一思想、提高认识、创新思路、扎实推进。

2. 完善工作机制。完善督查考核机制，将民宿经济发展纳入县委县政府对乡镇（街道）年度综合考评。建立工作联系机制，对民宿示范村、精品民宿项目建设实行“一对一”团队式服务。建立问题导向机制，县有关部门要加强调研，建立定期沟通、联动机制，破解民宿经济发展中的重点问题、瓶颈问题和共性问题。

3. 充分发动群众。坚持政府导向、农民主体，切实做好启发、引导群众的工作，通过政策引导、典型引路、能人引领等方式，以点带面，变政府推动建设为群众主动发展。

五、其他事项

1. 本意见明确的具体政策有效期限为2015－2017年。同一项目已享受省、市及同级其他部门相同补助（奖励）的，或与本县其他有关文件内容或标准不一致时，按“就高原则”只能享受一次补助，不再重复给予补助。

2. 2016年起，村、点、户享受本实施意见相关的补助政策，以办理民宿营业执照并按规定纳税为前提。

关于进一步助推电子商务产业发展的实施意见

桐政〔2015〕1号

各乡镇人民政府、街道办事处，县政府各部门、各直属单位：

为大力发展信息经济和智慧经济，加快我县电子商务产业扩面扩容和提质增效，带动和扩大就业创业，营造“大众创业、万众创新”的社会氛围，促进县域经济转型升级和创新发展，经县政府研究，特提出如下意见：

一、扶持对象及重点

对在本县注册、登记，财务制度健全规范，依法在本县纳税的应用（服务）电子商务的企业、协会、中介机构等进行扶持奖励。重点支持以服务本地产业、企业为主，在推进全县电子商务扩面、提质、增效方面具有较好成效的行业性（区域性）电子商务公共服务和产业运营平台、中介服务机构，以及电子商务龙头骨干企业等。

二、扶持政策

县财政每年安排1500万元电子商务发展资金，用于电子商务平台（项目、企业）建设、专业人才培训、集聚发展及龙头企业和初创企业培育等电子商务产业发展的扶持奖励。

（一）优化电商平台建设

1. 支持县级公益性电子商务平台建设。

政府委托企业建设并负责运行的县级公益性电子商务公共服务平台，首期给予软硬件实际投入资金20%的补助，最高不超过50万元。政府部门负责的公益性平台建设项目所发生的费用按实列支。阿里巴巴·桐庐产业带、淘宝特色中国·桐庐馆等通过合作方式进行建设的项目以合作协议明确的补助标准进行补助，不再重复享受该条政策。如企业擅自改变平台公益性质，则收回已拨付的财政奖励资金。

2. 支持行业性（区域性）电子商务产业平台建设。

对行业性（区域性）电子商务产业平台（展示分销中心）的软硬件投入补助，参照县级公益性电子商务公共服务平台补助标准执行。

3. 支持企业电子商务平台建设。

企业建设独立电子商务平台的，首期给予软硬件实际投入资金15%的补助，最高不超过30万元。

电子商务专业中介服务企业（不含金融及快递）的建设投入，给予软硬件实际投入资金15%的补助，最高不超过30万元。

国家、省级电子商务示范平台（企业）（不含金融及快递）入驻本县满一年的，分别给予该平台（企业）30万元、20万元一次性奖励；本县电子商务平台（企业）（不含金融及快递）获得国家、省、市级政府示范命名表彰的，分别给予该平台（企业）30万元、20万元和10万元一次性奖励。

4. 支持公共仓储配送平台建设。

鼓励建设电子商务公共仓储配送平台。自建仓储平台面积在5000平方米以上（含）的，首期给予软硬件实际投入资金20%的补助，最高不超过50万元；租赁存量厂房面积在5000平方米以上（含）的，首期给予软硬件实际投入资金10%的补助，最高不超过30万元。

对于新建大型智能化电子商务公共仓储配送平台，总投资在2000万元以上的（不含土地款），给予软硬件设备投入50%的补助，最高不超过200万元。该项补助资金按第一年60%、第二年40%分两期进行拨付。

县级公益性电子商务平台、行业性（区域性）电子商务产业平台、企业独立建设的电子商务平台、公共仓储配送平台，2015年度以前首期已给予补助的，其后续投入补助沿用原政策（桐政〔2014〕2号）。

5. 支持行业（区域）电商协会建设。

进一步发挥县电子商务协会的功能，在运营、监督、自律、服务等方面作用明显的，每年给予10万元工作经费补助，承办专项活动的资金另行安排。

6. 推动村级电商服务站建设。县财政每年安排100万元资金用于村级电商服务站建设。经团县委认定用于每个服务站点活动促销、先进评比、宣传推广等。根据阿里巴巴与承运单位洽谈确定的农村淘宝桐庐服务中心至各村服务站的物流费用，给予不超过1.5元/单补助。

（二）促进电商集聚发展

1. 支持农村电子商务创业孵化园建设。

鼓励农村电子商务创业孵化园建设。通过竞争性分配方式，支持和鼓励乡镇（街道）开展电商孵化园建设。竞争性分配方案由县财政局、县商务局另行制定。

2. 支持海陆世贸电子商务产业园发展。

每年安排500万元资金，专项用于海陆世贸电子商务产业园的规划建设运营和入驻企业补助。本条由迎春商务区管委会负责制定实施细则并具体实施。

（三）推进电商扩面扩容提质

1. 促进电商龙头企业培育

探索设立“电商助力贷”等形式的电子商务产业引导基金，支持和引导电商企业做大做强，培育龙头企业上市发展。支持电商龙头企业进行股改，比照桐政发〔2015〕14号文件对已与证券公司、会计师事务所签订上市协议，并完成股份制改造和工商注册登记的，给予一次性奖励30万，上市培育过程中引进社会资本VC、PE等入驻的，按实际到位资金3‰的比例给予最高不超过30万一次性奖励。

网上年纳税销售额达到1000万元、2000万元、5000万元、1亿元的，分别给予20万元、30万元、50万元、80万元奖励。

为鼓励电商企业销售本县产品，促进本地实体企业发展，对当年销售本县产品网上纳税销售额达到500万元的，再给予5万元奖励，超500万元部分每100万元奖励1万元。销售本县农产品达到200万元，再给予5万元奖励，超200万元部分每100万元奖励2万元。

鼓励企业通过电子商务创建自主品牌。对获得国家、省、市级电子商务相应奖励和表彰（行政或行业表彰）的企业或个人，分别给予50万元、30万元和20万元（个人分别为20万元、10万元和5万元）奖励。

2. 支持跨境贸易电子商务发展。

电商企业开展信息化建设的，对其外文版网络平台一次性给予30%的补助，每家企业最高不超过2万元，如已获得上级补助的，不重复享受该政策。

企业开展跨境贸易电子商务出口额在20万美元及以上的（以海关或市跨境电商综试办认定的年跨境电商出口额为准），每20万美元给予1万元人民币奖励，最高不超过20万元人民币。

3. 加大对电商企业金融支持力度。

鼓励银行业机构加大对电子商务的信贷支持，成立电商助贷基金，对符合条件的电子商务企业在申请贷款和转贷时可优先推荐电商助贷基金予以信用担保支持和转贷基金帮助。对给予电商企业贷款利率优惠的银行和担保公司，按照贷款余额给予一定的风险补偿补助或贴息支持。具体细则由财政局另行制定。

鼓励个人从事电子商务自主创业。个人开设网店、开展电商服务等，依法申报纳税的，可优先推荐金融机构予以贷款支持。

引导高校教师和大学生创业。鼓励高校教师和科研院所专家带技术、带项目创办电子商务企业，对符合相关条件的电子商务项目，经认定后可申请电子商务产业引导基金。鼓励在校大中专学生积极投身电子商务，对大中专学生在校接受孵化的电子商务创业项目，经认定后可申请电子商务产业引导基金。

4. 支持电子商务宣传推广。

行业性（区域性）电子商务产业运营平台在第三方平台设立商城，单个商城年度网上宣传推广费用（不含押金）在50万元以上的，给予单个商城宣传推广费用15%的补助，最高不超过20万元。

独立电子商务应用企业在第三方平台设立商城，年度网上宣传推广费用（不含押金）在50万元以上的，给予宣传推广费用10%的补助，最高不超过10万元。

每年安排60万元资金，由县电子商务推进工作领导小组办公室专项用于电子商务工作推广、宣传和调研。其中补助县信息传媒中心、县广播电视台各10万元。凡本县农村淘宝服务中心及电子商务企业在《今日桐庐》、桐庐电视台、桐庐人民广播电台播出非商业信息的，一律免费；其他商业宣传一律按实际市场价的50%收取。

5. 加大电商人才培养引进力度。

积极落实县委、县政府制定的人才引进政策，将电商人才作为紧缺急需人才，按照我县相关人才政策优先予以支持。

加快电商专业技术人才培养。各主管部门根据职责分别拟定电商人才年度培育需求，由县人社局统筹安排培育计划，县人社局根据培育要求可通过校企合作、委托培训等方式实施。

县财政每年安排100万元用于电子商务人才培训与引进，具体细则由县人社局会同县商务局、团县委、县财政局另行制定。电商引领性人才可参照人才政策“一事一议”。

三、保障措施

（一）组织保障。县电子商务推进工作领

导小组要加强对电子商务工作的统筹协调，强化电商规划引领，积极推进全县电子商务应用及发展工作。

（二）要素保障。各金融机构要大力扶持电子商务平台、企业和网商的发展，根据实际开发有利于电子商务发展的信贷产品和优惠政策。各主管部门要重点引导协调相应担保机构，以最快捷、最优惠的信贷产品开展优质电商企业、网商融资服务。对于电商龙头企业在土地要素保障方面给予倾斜。

（三）政策保障。对引进建设重大电子商务应用项目和中介服务机构，及对本地产业提升有突出贡献的电子商务平台（含政府公共服务平台），在前期服务、政策优惠、项目建设等方面实行一事一议。

四、其他

（一）本意见暂定两年。符合相关扶持政策不同条款的可同时享受，其中商务区政策与本意见相同的扶持内容，原则上按商务区政策进行享受，若本意见优于商务区政策的，给予补差享受。所有扶持政策的兑现须经县电子商务推进工作领导小组办公室初审，报领导小组讨论审核，再报县政府审批后下发。

（二）本意见所指软硬件投入均不含房屋建筑、办公设施、装修费用、房屋租金。凡涉及申请投入、引进补助的项目，须经县电子商务推进工作领导小组办公室审核并备案；涉及培训补助的项目须事先经主管部门审核同意，其中公益类、平台类项目须经县电子商务推进工作领导小组办公室审核并备案，未经备案同意的项目原则上不得申请资金补助。

（三）各单位、企业应严格按规定使用补助（奖励）资金，并按现行财务管理制度进行处理。同一内容符合我县多项奖励扶持政策的，除本意见已明确外，按就高不重复原则进行奖励扶持。对引进建设重大电子商务项目（中介服务机构），确需一事一议的，经项目主体申请，报县政府研究决定，按“一事一议”政策进行补助（奖励），不再重复享受本意见相关扶持政策。本意见的政策兑现资金以年度预算安排为上限，如超出预算安排的补助类项目同比例下降。

（四）县电子商务推进工作领导小组办公室会同财政等部门，对各单位的补助（奖励）资金纳入绩效评价监管范围，认真把好资金使用关，确保资金扶持取得实效。对弄虚作假骗取财政资金等违反财经法规的行为，收缴相应补助（奖励）资金并依照有关法律法规进行查处，同时取消该单位三年内各级专项资金申报资格。

（五）本意见所指公益性平台是指由政府或政府相关部门委托企业负责建设和运营的平台或项目，行业电子商务平台（协会）及网商（网店）均包含一、二、三产类别。

（六）本意见自2015年1月1日起执行，原《关于加快电子商务应用发展的若干意见》（桐政〔2014〕2号）同时废止。县政府其他电子商务相关政策如与本意见不一致的，以本意见为准。本意见所列各项政策，由县电子商务推进工作领导小组办公室会同县财政局负责解释，各牵头部门分别制订相关实施细则并报县电子商务推进工作领导小组办公室备案。

关于印发《桐庐县小微企业三年成长计划（2015—2017）实施意见》的通知

桐政发〔2015〕69号

各乡镇人民政府、街道办事处，县政府各部门、各直属单位：

为进一步优化小型微型企业（不含“规上”企业、“限上”企业及个体工商户，以下简称小微企业）发展环境，大力促进小微企业持续健康发展，更好地推动桐庐经济转型升级，根据国务院《关于扶持小型微型企业健康发展的意见》（国发〔2014〕52号）、《浙江省小微企业三年成长计划（2015—2017年）》（浙政发〔2015〕62号）文件的要求，结合我县实际，制定本实施意见。

一、总体要求

深入贯彻落实“四个全面”战略布局、“八八战略”和“大众创业、万众创新”的决策部署，充分发挥小微企业在深化改革、搞活经济、保障民生、扩大就业等方面的重要作用，把“小微企业三年成长计划”作为经济转型升级“组合拳”的重要一招，牢牢把握扶优汰劣、结构优化的要求，着力推动小微企业由“低、散、弱”向“高、精、优”迈进，力争用3年的时间，构建起有利于小微企业成长、升级的有效工作机制和平台，有效破解制约小微企业发展的瓶颈和难题，显著优化小微企业整体发展环境；全县小微企业的科技创新活力与核心竞争力持续增强，产业结构不断优化升级，品牌意识和品牌创建能力明显提高，发展质量效益全面提升，经济社会贡献不断加大，成为全国最具活力的创业创新县。

二、具体目标

到2017年，力争用3年时间，全面推进小微企业三年成长计划，形成全县小微企业创业、培育、成长、升级的梯次发展格局。具体目标任务是：

——全县新增信息经济、环保、健康、旅游、时尚、金融、高端制造等七大产业小微企业700家以上；新增科技型小微企业70家以上（县市场监管局、县科技局牵头）；

——引导和支持360家个体工商户转型升级为企业，其中新转公司制企业占比不少于90%；培育140家小微企业成长为“规上”“限上”企业。其中“规下”升“规上”70家，“限下”升“限上”70家；推动20家小微企业到场外交易市场挂牌（县市场监管局、县经信局、县发改局、县商务局、县金融办牵头）；

——培育7家小微企业成为细分行业的领军企业；新增小微企业县级以上各类品牌40件，形成全县统一的信用信息网络（县经信局、县市场监管局、县发改局牵头）。

以上目标任务为估算数，待杭州市政府正式下达指标后可再行调整。

三、主要措施

（一）积极构建推动大众创业的体制机制

1. 深化商事制度改革。深入推进“五证合一”“一照一码”“全程电子化登记”“一址多照”“一室多照”、集群注册等商事制度改革举措，放宽新注册企业场所和名称登记条件限制，继续简化企业登记和注销流程，实现“登记零门栏、一次性办结、十分钟领证”。支持新兴行业和新型业态企业登记，对没有登记先例，但符合经济发展规律，有益市场经济发展需要的行业和经营项目，支持先行先试。（责任单位：县市场监管局、县行政服务中心）

2. 规范中介机构经营行为。启动涉审中介服务项目清理工作，对项目内容、服务收费、办事时限进行全面审核，精简、清理一批中介服务项目，明确办事时限，做到“减项目、压时间、提服务”。各有关行业主管部门要加强对本行业相关经营主体服务行为监管。（责任单位：县发改局、县行政服务中心、县市场监管局、各相关主管部门）

3. 全面取消非行政许可审批。全面贯彻国务院取消和调整行政审批事项的决定，继续以“四张清单一张网”为突破口，全面取消非行政许可审批，实施“先照后证”。（责任单位：县编委办、县行政服务中心、县市场监管局）

4. 建立县企业服务中心。在县众创中心设立企业服务中心，为企业提供业务代办、融资、法律服务、对外交流、劳务信息等方面的低收费或免收费的一站式服务。（责任单位：商务区管委会、县经信局、县市场监管局、行政服务中心）

5. 建设初创型企业孵化基地。启动商务区县众创中心（挂小微企业创业中心、大学生创业梦工场牌子）建设，加快创客中心（创客村）建设，鼓励利用闲置厂房和土地建设县小微生产型企业初创基地，分别集中孵化商贸服务型小微企业和生产型小微企业，为初始创业者提供配套创业条件。（责任单位：县经信局、县

国土局、县人社局、县科技局、商务区管委会、开发区管委会、慢生活体验区管委会）

6. 鼓励大学生创业。制定实施新一轮鼓励大学生创业三年行动方案。继续拓展大学生创业园 1+x 模式，打造大学生创业梦工场，鼓励有条件的乡镇（街道）、社会力量新建大学生创业园（集聚区），力争新增县级大学生创业园 1-2 家，新吸引 150 名以上大学生来桐创业，实现大学生创业项目翻一番，新扶持大学生创业项目 90 个左右。组织创业实训、见习训练大中专毕业生 1000 人次以上，依托杭州市大学生创业学院、春江创业学院、杭州商学院等平台，择优培训大学生创业企业负责人 100 人次以上。（责任单位：县人社局、县人才办）

（二）进一步加大小微企业科技创新支持力度

7. 深化科技创新平台建设。鼓励企业创新发展，以提高企业自主创新能力为重点，围绕产业和企业的需求，以重大科技项目实施、高新技术企业培育为抓手，增强企业产学研联合的动力，推进研发平台建设。支持科技型小微企业建立研发中心，发挥科技支撑引领经济发展的作用，进一步提升企业技术创新能力和全社会研究与试验发展经费占 GDP 比重。（责任单位：县科技局）

8. 鼓励民间资本投资科技型创业。有限合伙制创业投资企业对外投资分回的利息、股息、红利，作为投资者个人所得，按“利息、股息、红利所得”项目，适用 20% 税率缴纳个人所得税。（责任单位：县财政（地税）局、县国税局）

9. 重视人才队伍建设。重视小微企业经营管理人才队伍、研发设计队伍和高级技工队伍建设，加大技能人才培训补助，建立职业技能培训基地，组织小微企业专项培训，培育一批“大众创业、万众创新”的优秀代表。（责任单位：县人才办、县人社局）

（三）持续推进小微企业提档升级

10. 整治淘汰落后产能。充分发挥“五水共治”“三改一拆”“四换三名”的引领作用，通过行业主管部门、各乡镇街道领办形式，整治淘汰一批不符合国家和省市产业政策的落后产能以及安全生产、环境保护、节能降耗不达标以及其他违法生产的企业（作坊）。（责任单位：县经信局、县环保局）

11. 深化“个转企”。以“转得来，稳得住，做得大”为目标，建立“个转企”工作常态化、规范化和长效化机制。围绕公司制比率、税务登记率、统计目录率、企业存活率、上规升级率，进一步提升转企质量。（责任单位：县市场监管局）

12. 支持小微企业“升规”“股改”“上市”。建设县小微企业升规、股改、挂牌和上市储备资源库，鼓励和支持小微企业做精做优、做大做强。桐庐县关于促进小微企业成长上规模的各项扶持政策延长一年，延期至 2017 年底。对“股改”“上市”小微企业，按照上市企业的有关政策给予一次性奖励或补助。上市培育过程中引进社会资本 VC、PE 入驻的，按实际到位资金 3‰的比例给予最高不超过 30 万元一次性奖励。（责任单位：县发改局、县经信局、县财政（地税）局）

13. 设立产业引导基金。继续做好中小企业转贷基金、电商助贷基金规范运作，探索设立产业引导基金，支持和引导企业做大做强，5 年内产业引导基金规模达到 3 亿元。（责任单位：县财政（地税）局）

14. 树立创业标杆。组织开展小微企业 50 优评选活动，对获评企业予以表彰奖励，在企业宣传、政府采购招投标、信用贷款等方面予以倾斜支持，树立一批小微企业创业标兵。（责任单位：县市场监管局、县发改局、县经信局、县商务局、县统计局）

15. 打造产业集群。加快实现小微企业由单打独斗向大中型企业衔接配套的转变。重点聚焦医疗器械、先进装备制造、生物医药等优势产业，制笔、针织、箱包等传统产业，健康养生、电子商务等新兴产业，打造多个由大中型企业引领、企业链式集聚、生产要素高效配置、公共服务功能完善、市场竞争优势明显、区域品牌优势突出的产业集群，形成大小企业互为

依托、三次产业小微企业协调配套发展的新格局。（责任单位：县发改局、县经信局、县商务局）

（四）着力破解小微企业发展难题

16. 着力解决小微企业融资难题。完善和实施金融机构小微企业贷款风险补偿制度。支持和鼓励金融机构开发适用小微企业融资需求特点的金融产品，推行小微企业信用贷款，增加小微企业信贷投放。各商业银行要单列信贷计划，保障小微企业贷款增速不低于各项贷款平均增速，增量不低于上年同期。充分发挥桐庐融资信息服务平台作用，促进银企融资信息对接，银企融资对接成功率纳入年末金融支持地方经济发展贡献奖考核。推进县中小企业担保有限公司与民营担保公司并购重组，增强服务中小企业担保实力，鼓励发展民间担保公司。（责任单位：县金融办、县经信局、县人民银行）

17. 着力降低小微企业用工成本。自工商登记注册之日起3年内、在职职工总数20人以下（含20人）的小微企业，免征残疾人就业保障金。小微企业与毕业2年以内的本县户籍全日制大学毕业生签订劳动合同，并自办理录用备案之日起缴纳社会保险费1年以上的，经申报给予用人单位2000元的一次性用工补助和社会保险费补贴。（责任单位：县人社局、县民政局、县残联）

18. 着力减轻小微企业税费负担。从2015年1月1日至2017年12月31日，对年应纳税所得额低于20万元（含20万元）的符合条件的小型微利企业，其所得减按50%计入应纳税所得额，按20%的税率缴纳企业所得税。企业吸纳就业税收优惠的人员范围由失业一年以上调整为失业半年以上，推广职工教育经费税前扣除政策。允许小微企业的民间借贷利息按有关规定在一定利率范围内在企业所得税前扣除。（责任单位：县国税局、县财政（地税）局）

19. 着力改善小微企业竞争环境。加快推进我县小微企业信用体系建设，依托浙江省政务服务网平台、浙江企业信用信息公示系统、公共信用信息平台和信用桐庐网站，形成覆盖小微企业、投资人、负责人的全县统一的信用信息网络。建立联合信用约束惩戒机制，重点建立全县统一的经营异常企业名录库、严重违法企业名单库，在行政许可、政府采购、工程招投标、国有土地出让、评先评优等工作中，对失信企业依法予以限制或准入，实行联合信用约束惩戒。对新注册成立企业同步建立小微企业信用档案并统一配发中征码，完善信息查询制度，实现企业信息共享。组织开展知识产权、无照经营、合同欺诈、房地产市场等专项行动，严厉打击违法行为，营造公平竞争的市场环境。（责任单位：县发改局、县市场监管局、县人民银行）

四、组织保障

（一）加强组织领导。成立小微企业三年成长计划工作领导小组，统一组织、协调和督查全县小微企业政策措施出台和落地工作。领导小组成员单位由县府办、县委组织部、县委宣传部、县编委办、县发改局、县经信局、县商务局、县财政（地税）局、县国税局、县人力资源和社会保障局、县国土局、县住建局、县科技局、县市场监管局、县统计局、县环保局、县民政局、县行政服务中心、县信息传媒中心、县广播电视台、县残联、县人民银行及各乡镇（街道）、管委会组成，办公室设在县市场监管局。领导小组办公室要切实承担牵头职责，各成员单位要各司其职、密切配合。

（二）加强跟踪服务。建立健全企业发展跟踪联络机制、企业成长辅导机制和联合上门回访服务制度，积极组织小微企业专场培训和科技、现代金融“双对接”活动，引导实施“品牌战略”“电商换市”“质量强企”等发展战略，帮助协调解决有关优惠政策落实、财务管理、安全生产、劳动用工、社会保障等方面实际问题。

（三）加强政策兑现和评估督查。全面落实县委、县政府关于支持个体工商户转型升级为企业以及促进小微企业成长上规模等一系列已出台的惠企政策，用足用好各类专项扶持资金。对于因各种原因未及时享受优惠政策的小微企业，要及时采取跟踪服务，实现应享尽享。依托市场监管部门的企业信用信息公示系统，建立小型微型企业名录，集中公开各类扶持政策及企业享受扶持政策的信息。建立促进小微企业健康发展政策问题交办机制。按照政府、中介机构、小微企业三方共同参与的评价机制，开展政策评估督查，提高政策实施效率。

（四）加强经济运行监测。建立和完善小微企业运行监测分析制度，建立三年成长计划企业信息库，综合使用大数据手段，动态对入库企业运行状况进行监测统计，及时掌握企业运行态势，了解企业诉求，帮助企业解决困难。

（五）加强工作考核。建立全县小微企业三年成长计划目标责任考核体系，把三年成长目标任务分解到各乡镇（街道）、管委会及县有关部门，纳入年度工作目标责任制考核体系。对小微企业成长计划完成情况实行定期通报和公示制度，对执行政策不力、落实政策不到位、年度计划未完成的地方和单位进行通报批评。

关于积极推进“富春民居”建设的实施意见

桐政发〔2015〕97号

各乡镇人民政府、街道办事处，县政府各部门、各直属单位：

为积极践行“绿水青山就是金山银山”发展理念，不断深化“中国最美县”建设，根据《国务院办公厅关于改善农村人居环境的指导意见》（国办发〔2014〕25号）、《中共浙江省委关于建设美丽浙江创造美好生活的决定》《杭州市人民政府办公厅关于印发“杭派民居”示范村创建工作实施办法的通知》（杭政办函〔2014〕158号）精神，结合本县实际，特制定本实施意见。

一、总体目标

围绕民居建设“突出美丽、突出民本、突出效益”导向，在村庄集聚、农房更新建设中，延续和发展桐庐地方村落的建筑形制，弘扬富春江畔优秀乡村建筑文化，通过强化试点示范、注重传承保护、严格建筑管控、突出产业带动，经过3～5年的努力，建设一批可看、可学、可推广的“富春民居”单体建筑和15个左右重点示范村、30个左右一般示范村。再通过若干年的努力，培育出一批新建民居与村庄环境协调，建筑风貌代季有机传承、现代与传统和谐，居住与产业配套的精品建筑和精品村落，使之成为农民群众幸福生活的家园和广大市民向往的休闲旅游乐园。

二、基本原则

1. 规划引领。充分发挥规划引领作用，将村庄建设规划与土地利用规划、产业发展规划，以及环保、交通、水利、旅游、文化等相关规划有机衔接。规划要做到空间布局合理、设施配套完善，营造多层次的适应新型产业发展、现代生活需求的功能性空间，体现宜居、宜业、宜文、宜游的要求。

2. 遵循自然。遵循和吸收传统村落选址、建设的精华，依托良好的自然山水风光、地方传统风貌和建筑文化风格，做到房屋建筑依山就势、疏密结合，房屋单体建筑多样化、个性化且建筑风貌与自然环境协调，与产业发展配套。

3. 农民主体。充分尊重村民意愿，发挥村民的主体作用和首创精神，实行民主决策、民主管理，做到民建、民管、农民受益。树立经营农村理念，在改善村民人居环境质量、提高生活品质的同时，盘活闲置房屋资源，发展城里人的第二居所。

4. 试点先行。选择具有代表性的坡地村庄、古建筑村落、自然生态村落、民俗风情村落开展“富春民居”建设试点，统筹兼顾建筑单体、村落格局、风土人情、文化遗产等方面的传承与保护，凸显村落风貌的完整性，呈现村落生命的延续性。

三、建设内容

1. 强化规划编制。要编制“富春民居”建设总体规划，对现有的村庄布局规划、村庄建设规划进行科学梳理，按照不同村庄的基础条件，分类编制“富春民居”建设方案。对适宜开展“富春民居”建设的村庄，特别是地处沿路沿线、村落景区、江河两岸的村庄，要及时修订村落布局规划和村庄建设规划，适时调整土地利用规划，为“富春民居”建设提供用地空间保障。

2. 强化重点设计。要设计、提供与桐庐山水环境风貌协调、符合当地群众审美观念、能与传统建筑和现代建筑有机过渡的单体建筑通用图纸，供建房农户选择。要重点围绕村庄自然肌理、村庄建筑风貌、村庄重要节点、村庄历史文化建筑及村庄公共环境设施五个方面做好保护方案和详细的规划设计。

3. 强化建房管控。列入“富春民居”建设的村庄，新建房屋选址必须符合空间规划，同时要加强房屋的形态、立面、高度等建筑风貌的管控，庭院、绿化要与“富春民居”风格协调，与周边环境协调。在坚持“一户一宅、拆旧建新、面积法定”的基础上，探索将农民自住与经营性用房分离，为民宿、电子商务等新型业态发展打好基础。

4. 强化设施配套。修复和利用村庄原有的山塘、水澳、明渠、暗沟、堰坝等水利设施，里弄小巷、废弃古道等道路设施，祠堂、厅堂等公用设施。加强新老基础设施的沟通衔接，新建供排水系统、消防系统、交通系统、游览系统要尽可能与原有相关系统有机衔接。配套建设污水处理、公共停车、旅游接待、电力通讯、对外交通等基础设施，使村民享受到现代生活服务。

5. 强化产业发展。积极培育发展农家乐、特色民宿、乡村旅游、运动休闲、电子商务、养生养老等新型产业。围绕农村新型产业发展，发挥政府培训主渠道作用，多途径、全方位开展农民素质培训。大力培育发展家庭农场，提高农业生产专业化程度。发挥农民专业合作社作用，提高农民抵御市场风险能力。

四、建设要求和资金补助

县财政每年从统筹城乡发展专项资金中安排一定资金用于“富春民居”示范村建设补助，同时整合农村住房改造等项目资金，用于示范村外的“富春民居”建设补助。示范村补助资金主要用于“富春民居”专项规划编制、建设区块基础设施建设项目和公益性项目建设补助，不得用于农户建房补助；非示范村补助资金可适当用于农户建房补助。

1. 示范村建设。申报示范村建设的，必须经县农办、住建等部门进行现场初审，初审合格的村再编制“富春民居”建设方案，并报县“富春民居”建设专家服务指导小组审定。具体由村申报、乡镇（街道）推荐、县“富春民居”建设专家服务指导小组综合评审后，提出建议名单报县领导小组研究确定。重点示范村每年不超过5个、一般示范村每年不超过10个，其中重点示范村必须达到集中新建农户30户以上或改建农户占改建区域总户数的70%以上且不得少于30户，一般示范村必须达到集中新建农户20户以上或改建农户占改建区域总户数的50%以上且不得少于20户。示范村建设项目需经相关部门立项并及时纳入县投资统计库。

县级示范村补助资金按照各创建村项目数量多少、项目规模大小、项目绩效评估等因素，实行因素法竞争性分配，补助资金原则上分两年拨付，其中重点示范村累计补助不超过300万元，一般示范村累计补助不超过100万元。市、县补助资金按就高原则兑现，不重复补助。

2. 单体建筑建设。列入示范村建设的村庄，新建建筑必须全部按照“富春民居”要求建设；按照《“富春民居”建设总体规划》要求建设的村庄，新建建筑原则上要按照“富春民居”要求建设；其他村庄鼓励农户在新建房屋时按照“富春民居”要求建设。民间资本、工商资本投资建设的民宿集聚体项目，原则上必须按照“富春居民”建设要求实施。

示范村外的农户按照“富春民居”要求建房的，可优先进行宅基地审批并可提高宅基地审批标准一个档次，纳入农村住房改造项目范围予以补助，以乡镇（街道）为单位集中申报，补助资金按照各乡镇（街道）实际建设“富春民居”数量安排，由乡镇（街道）统筹安排使用。各类资本投资建设的“富春民居”不予补助。

3. 推广富春民居通用图集。新建和改造农居点的农户在申请建房审批或竣工验收时，必须提供与乡镇签订的“富春民居”通则使用协议。鼓励分散建房户选用“富春民居”通用图集，如要采用自行设计方案的，设计方案必须符合“富春民居”相关要求，且必须报乡镇（街道）批准同意后方可开工建设。

五、保障措施

1. 加强领导。县委、县政府成立以县长为组长、县委副书记和分管副县长为副组长，各相关部门主要领导为成员的“富春民居”建设领导小组，负责统筹推进“富春民居”建设工作。同时建立县住建局主要负责人为组长的县“富春民居”建设专家服务指导小组，具体负责“富春民居”项目的审核把关，以及项目建设全过程的服务、指导、监督工作。乡镇（街道）也要建立相应的领导小组和工作机构，具体负责“富春民居”建设工作。

2. 明确职责。县农办作为领导小组办公室，负责牵头抓总，具体负责市、县示范村的项目申报、检查验收等综合协调工作；县住建局负责项目规划与建设过程中的业务指导与管理，具体负责“富春民居”通用图纸的提供和推广及示范村外的“富春民居”建设项目的指导、验收；县发改局配合做好项目建设的立项及投资入库等工作；县财政局负责项目建设财政补助资金的筹措与拨付；县国土资源局负责项目建设相关用地保障与服务工作；县旅委负责指导旅游服务配套设施的建设；县文广新局负责指导历史文化挖掘与文化产业培育；乡镇（街道）负责建设项目区的征地、拆迁、农户协调、建设资金管理等工作。

3. 保障用地。县国土部门要加大对“富春民居”试点的用地支持，对符合《浙江省国土资源厅等9部门关于开展“坡地村镇”建设用地试点工作的通知》（浙土资发〔2015〕13号）精神的，要积极向上争取支持。对因地制宜探索“台地村庄”“坡地村镇”等“富春民居”建设试点的，在年度土地利用计划安排上，拿出适当比例的用地指标予以优先保障。对利用林地等非耕地、存量建设用地或“一户多宅”拆后利用土地，统一规划实施“富春民居”建设项目的，可提高宅基地审批标准一个档次。

4. 规范管理。要建立健全项目申报、督查推进、联合验收等制度，严格审定“富春民居”建设试点村，加强项目的督查与指导，确保项目建设的质量和进度，切实提高财政资金使用绩效。乡镇（街道）要制定相关政策，把建设任务分解落实到村、到人，确保建设目标任务全面完成。县委、县政府将“富春民居”建设情况纳入乡镇（街道）“三改一拆”、新农村建设工作考核，确保“富春民居”建设顺利推进。

5. 加强宣传。各级各部门要积极通过各种载体和途径，广泛宣传“富春民居”建设的目的意义，切实提高镇村干部和人民群众推进“富春民居”建设的积极性、主动性，理解、接受和自主实践“富春民居”建设要求，实现政府主导向群众主体的转变。县住建部门要会同县有关单位，适时组织开展“最美民居”评选活动，不断提高“富春民居”的知名度和美誉度。

关于进一步完善城乡居民基本养老保险制度的意见

桐政办〔2015〕23号

各乡镇人民政府、街道办事处，县政府各部门、各直属单位：

为切实做好城乡居民养老保险工作，根据《浙江省人民政府关于进一步完善城乡居民基本养老保险制度的意见》（浙政发〔2014〕28号）和《杭州市人民政府关于贯彻落实省政府进一步完善城乡居民基本养老保险制度意见的通知》（杭政函〔2015〕24号）要求，经县政府同意，现就进一步完善城乡居民基本养老保险制度提出如下意见：

一、统一调整制度名称

将我县“城乡居民社会养老保险”更名为“城乡居民基本养老保险”。

二、调整城乡居民基本养老保险缴费档次和政府补贴标准

从2015年1月起，城乡居民基本养老保险个人缴费标准由原来的六个档次调整为十三个档次，分别为100元、200元、300元、400元、500元、600元、700元、800元、900元、1000元、1200、1500元、2000元。

十三个缴费档次对应的政府补贴标准分别为：缴费档次选择100元、200元的，每人每年补贴50元；选择300元、400元的，每人每年补贴60元；选择500元、600元的，每人每年补贴80元；选择700元、800元的，每人每年补贴90元；选择900元、1000元的，每人每年补贴110元；选择1200元的，每人每年补贴120元；选择1500元的，每人每年补贴130元；选择2000元的，每人每年补贴140元。

三、调整转移衔接办法

城乡居民基本养老保险与职工基本养老保险之间的转移衔接办法作相应调整，统一按浙人社发[2014]93号文规定执行，其中符合职工基本养老保险待遇领取条件人员，2014年底前的城乡居民基本养老保险个人账户本息总额继续按原转移衔接相关规定执行，可折算职工基本养老保险缴费年限。

我县户籍城乡居民，年满60周岁，职工基本养老保险缴费年限不足规定年限继续缴费的，可继续申领城乡居民基本养老保险基础养老金。

四、调整个人账户继承标准

城乡居民基本养老保险参保人员死亡的，其个人账户中个人缴费、集体补助和实际缴费年限的财政缴费补贴余额及利息可依法继承。

五、调整丧葬补助费发放范围

城乡居民基本养老保险参保人员死亡的，我县社保经办机构按参保人员死亡当月当地城乡居保基本养老保险基础养老金20个月的标准，向死亡人员遗属发放一次性丧葬补助费。

六、城乡居民基本养老保险参保人员符合补缴条件并办理补缴的，补缴部分不享受缴费补贴。

七、城乡居民基本养老保险财政补贴部分所需资金，由县财政足额安排并落实。

八、要高度重视城乡居民基本养老保险制度建设与落实，将其列入我县经济社会发展规划和年度目标管理考核体系，切实加强组织领导；进一步加强基础建设管理，完善信息系统，严格基金监督和财务制度落实；要加强基层服务平台建设，扩大宣传和参保覆盖面，不断提高经办管理与服务水平；要积极推进征地农转非（被征地农民）基本生活保障制度、农村社会养老保险（老农保）等养老保险制度的整合，平稳有序推进与职工基本养老保险或城乡居民基本养老保险并轨。

本通知自2014年7月1日起执行，其中缴费档次和财政补贴的调整自2015年1月1日起执行。原有规定与本通知不一致的，按本通知执行；未及事项，仍按《杭州市基本养老保障办法桐庐县实施细则》规定执行。

关于进一步强化乡镇主体责任 加强国土资源管理基层基础建设的实施意见

桐政办〔2015〕29号

各乡镇人民政府、街道办事处，县政府各部门、各直属单位：

为落实国土资源管理责任，着力推进“无违建县”创建工作，进一步服务和保障全县经济社会发展，现就强化乡镇（街道）主体责任、加强国土资源管理基层基础建设提出如下意见：

一、完善国土资源管理体制

（一）乡镇（街道）责任主体。乡镇（街道）是国土资源管理工作的责任主体，乡镇（街道）主要负责人为第一责任人，对本行政区域内的耕地保护、违法用地处置、农民建房管理、土地利用总体规划执行、矿产资源管理和地质灾害防治等工作负总责；分管负责人负直接领导责任；国土资源所负责人负具体工作责任。

（二）国土管理职责。进一步明确乡镇（街道）、国土资源所的工作职责。

1. 乡镇（街道）职责。根据乡镇（街道）社会经济发展，确定国土资源管理工作目标、任务和计划；整合行政执法、国土资源、村镇规划等人员，建立由乡镇（街道）分管领导为责任人的综合执法队伍；做好国土资源信访工作；领导和管理国土资源所；加强对国土资源所党风廉政建设的领导；负责对国土资源所人员的考核管理。

2. 国土资源所职责。国土资源所为县国土资源部门的派出机构，是乡镇（街道）的工作机构。在乡镇（街道）领导和县国土资源局业务指导下，负责完成土地利用总体规划编制（修编）、基本农田划区定界、农用地转用、土地征收（用）前期工作；宅基地管理、具体建设项目报批、日常土地登记、土地权属争议纠纷调处、土地利用现状调查、土地市场管理；土地利用保护、土地整治、国土资源日常巡查、制止情况报告、违法案件查处及开展卫星遥感执法；来信来访处理；主动积极参与乡镇（街道）综合执法；指导村级土地民主管理，开展地质灾害防治“五到位”工作。

（三）创新用人机制。多渠道、多方式选人用人，充实国土资源所队伍。乡镇可选派优秀干部担（兼）任国土资源所所长、助理员。国土资源所所长任免应征求乡镇（街道）意见，由县国土资源局党委研究决定，报县委组织部备案。国土资源所人员因工作需要等可作适时调整，各乡镇（街道）至少配备2名国土资源协管员。

（四）改进人员管理。国土资源所实行双重领导，县国土资源部门负责对国土资源所的监督管理、业务指导和年度考核；乡镇（街道）负责对国土资源所工作人员的日常考勤、考核和管理，年度考核初步意见书面抄告县国土资源局。国土资源所工作人员享受乡镇（街道）干部同等待遇，国土资源所所长确定为乡镇（街道）的中层正职干部，所长纳入乡镇（街道）领导班子选拔使用范围，非领导职务参照乡镇（街道）工作人员评定政策执行。

二、加大国土资源执法力度

（一）建立“两网化”管理。对违法用地、违法开采矿产资源行为实行“两网化”（网格化、网络化）管理，建立乡镇（街道）、村管理网络，落实网格责任人和监管人，提高发现、制止、处置违法用地、违法建筑、违法开采矿产资源等行为的能力。实施动态巡查，联合执法；村级网格要至少聘任1名信息员，负责违法行为的发现、报告，并将联村干部、村两委负责人和信息员作为村级网格的责任人，真正将违法用地行为消灭在萌芽阶段。

（二）提高案件执行实效。积极推进裁执分离新机制，法院裁定准予执行的，应在裁定中明确由违法行为发生地的乡镇（街道）组织实施，乡镇（街道）应在收到司法机关准予执行裁定之日起1个月内制定执行方案，3个月内执行完毕，切实提高执行率。

（三）加大信访化解力度。乡镇（街道）要做好国土资源信访事项的受理、调查、取证和答复等工作，采取有效措施，着力予以化解，避免重复访、越级访、集体访。县国土资源局要建立健全联席会议、督查通报等制度，指导、配合乡镇（街道）处理国土资源信访事项。

三、提升国土资源管理水平

1. 推进土地自治管理。通过村规民约、村集体协商和自治管理等形式，充分调动村民参与耕地保护积极性，强化农村土地管理。选取村级领导班子战斗能力较强、国土资源管理秩序相对较好的村，开展村民自治管理土地机制试点工作，规范村级宅基地审批分配和使用管理，开展“空心村”整治工作，盘活存量集体建设土地，完善村级涉土纠纷调解制度，实现涉土信访化解、违章建房处置不出村。

2. 建立规范化国土所。依法履职尽责，严格依法行政，正确处理好保护与保障的关系。健全管理制度，完善办公设施，强化服务功能，提高办事效率，着力打造“规范统一、廉洁高效、勤政为民”的国土资源所和群众满意基层站所。

3. 加强党风廉政建设。国土资源所工作人员的党组织关系转到乡镇（街道）党组织。所在地党组织要把国土资源所党风廉政建设工作纳入总体计划，通盘考虑，做到统一部署、统一检查、统一考核。县国土局要主动协助和积极配合乡镇（街道）抓好国土资源所的党风廉政建设工作，加强执法质量的监督检查，严防滥用职权、玩忽职守等失职渎职行为的发生。

4. 实现责任追究制度。提高国土资源管理工作在年度目标责任考核中的权重，精选考核内容，严格考核标准，加大考核分值区分度。实行责任追究机制，若发现国土资源所未履行职责，造成重大安全事故、工作差错、延误或影响乡镇（街道）开发建设；乡镇（街道）未履行好主体责任，特别是对土地违法行为未及时制止和处置，致使年度违法占用耕地面积占新增建设用地占用耕地总面积比例达到10%以上的，将视情节轻重，对相关责任人扣发奖金，乡镇（街道）主要负责人、分管负责人、国土所长实行追责；超过15%的实行问责。

关于全面推行政府法律顾问制度的实施意见

桐政办〔2015〕31号

各乡镇人民政府、街道办事处，县政府各部门、各直属单位：

为进一步加强依法行政，加快法治政府建设进程，根据《中共中央关于全面推进依法治国若干重大问题的决定》和《中共浙江省委关于全面深化法治浙江建设的决定》等文件精神，结合我县实际，现就全面推行政府法律顾问制度提出如下意见。

一、工作目标

建立政府法律顾问制度，是规范政府行为，有效推进依法行政的重要手段，是促进政府科学、民主、合法决策的重要保证，是完善政府行政管理方式，健全防范和化解社会矛盾纠纷机制的重要途径。紧紧围绕全省社会治理创新试点项目推进，以成功创成省社会治理创新试点县为目标，充分发挥政府法制部门、司法行政部门工作职能，充分发挥律师和基层法律服务工作者的专业知识优势，把法律服务、法律保障和法制宣传覆盖到县乡两级政府及政府工作部门，力争通过1～2年的努力，普遍建立政府法律顾问制度。

二、实施范围和聘任方式

（一）各乡镇人民政府（街道办事处）和政府重点执法部门应当根据工作职能要求、法律服务需求量，合理确定法律顾问服务模式，自主、择优选择具备相应专长的律师和法律服务工作者担任法律顾问，使服务与需求相适应。

（二）法律服务需求量小的单位，可不单独聘请法律顾问，需要律师法律服务时，可以向县司法局申请指派律师。

三、法律服务购买方式

政府法律顾问制度是律师和法律工作者参与政府事务的机制，以自愿和奉献为原则，双方可根据工作量大小协商确定法律服务费用标准。法律服务费用由各单位自行解决。聘请法律顾问的单位应当与聘请的法律顾问所在的法律服务机构签订书面聘任合同。聘任合同报县法制办和县司法局备案。

接受县司法局统一指派法律服务的顾问律师，由司法局根据法律服务情况实施以量定补。具体以量定补的标准，由县司法局和县财政局共同拟定。

顾问律师代理诉讼的收费不在此列，双方可参照省市有关标准，协商确定。仲裁、复议案件以及其他重大复杂、工作量大的事务，双方亦可根据实际情况协商另行收费。

四、服务内容和权利义务

（一）服务内容和要求。根据聘任单位的需求，政府法律顾问应当提供下列法律服务：

1．对重大行政决策议案提供合法性、可行性及实施决策可能涉及的法律风险、社会问题进行研究、论证、评估并提出审查意见；

2．对规范性文件草案进行合法性审查或法律论证并提供法律意见和建议；

3．为对外交往和重大经济项目谈判中涉及的重要法律问题提供咨询、论证意见；

4．起草或者协助起草合同、协议以及其他法律事务文书；

5．参与合同纠纷、仲裁、复议等案件的法律分析以及其他非诉法律事务；

6．参与信访案件的处理和行政调解工作并提供法律意见、建议；

7．参与指定日信访接待，为接访方或信访人提供法律咨询服务；

8．协助开展法律知识教育培训和法制宣传工作；

9．承办聘任单位交办的其他涉法事务。

（二）权利义务。聘任单位应当支持和配合政府法律顾问工作。

1．政府法律顾问的权利。政府法律顾问在履行职责时，有权独立发表咨询意见，不受任何单位或个人的干涉；有权向聘任单位调阅与履行职责相关的资料、文件；为履行职责的需要，可以向聘任单位提出调研、考察的要求；有权获得规定的服务报酬。

2．政府法律顾问的义务。政府法律顾问不得利用参与政府法律顾问工作所获得的非公开信息，为本人或他人直接或者间接谋取利益；不得以政府法律顾问的身份从事商业活动；不得违反保守国家秘密和商业秘密的规定，未经聘任单位授权，不得擅自对外透露所承担的工作内容。与顾问单位解除聘用合同后，二年内不得担任顾问单位的对方当事人的代理人。

五、工作要求

（一）精心组织实施。县司法局会同县法制办组织实施政府法律顾问工作，建立政府法律顾问专家库，分期分批全面推进政府法律顾问工作；各乡镇（街道）和相关部门要将政府法律顾问工作列入重要议事日程，建立和完善政府法律顾问工作规则和相关配套制度。

（二）注重长效实效。各单位要重视和支持律师开展政府法律顾问工作，确保政府法律顾问制度发挥作用。要建立健全重大决策、重大项目的法律风险评估制度，重视、听取和吸纳法律顾问的意见和建议，形成政府法律顾问工作的长效机制。

（三）强化考核工作。县司法局参照律师进社区（村）工作加强法律服务质量管理，建立顾问律师服务考评和激励机制。结合驻点律师的工作日志、走访抽查和顾问单位反馈情况，强化律师事务所和驻点律师绩效考核评价工作，对成绩突出的予以表彰，对考核不合格的予以更换。并将政府法律顾问工作情况作为律师事务所、律师年度评优、考核的重要依据。

桐庐县人民政府法律顾问工作规则

一、为全面推进依法行政，加快建设法治政府，根据中央、省、市关于建立法律顾问制度的要求，建立以政府法制机构人员为主体、专家和律师参加的县政府法律顾问团（以下简称法律顾问团）。

二、法律顾问团团长由县法制办主任兼任，副团长由县法制办分管副主任兼任。县法制办具体负责法律顾问团的日常联络和组织协调等工作。

三、法律顾问团成员由县法制办在县内、外知名法律专家中推荐，经征求其所在单位或主管部门、行业组织的意见后，报县政府批准并由县政府聘任，每届聘期两年。

四、法律顾问应当符合下列条件：

（一）拥护中国共产党的领导，具有良好的职业操守和道德修养；

（二）从事行政法、民商法、经济法等领域的教学、研究和法律服务工作，具有教授、研究员等高级职称或法律职业资格；

（三）熟悉县情、民情、社情，有较强的分析和处理实际问题的能力；

（四）热心服务于社会公共事务，有时间和精力履行职责。

五、法律顾问履行下列职责：

（一）为县政府的重大行政决策提供法律意见；

（二）参与县政府重要规范性文件起草、论证和合法性审查工作；

（三）参与县政府重大诉讼、行政复议案件以及疑难信访案件的研究讨论；

（四）协助县政府处理重大涉法事件，起草有关法律文书或法律意见书；

（五）受县政府委托，参加重大项目的磋商和谈判，参与政府重大招商引资、特许经营等合同和协议的起草、论证和合法性审查等工作；

（六）对涉及我县的社会公共事件提出法律意见和建议；

（七）办理县政府交办或委托的其他法律事务。

六、法律顾问可以应邀列席或参加县政府有关会议。根据工作需要，经同意，可以查阅有关政府文件和资料。经授权，对特定事项进行调查或取证时，有关部门或单位应当给予协助、配合。有关部门或单位对法律顾问提出的法律意见和建议应当认真研究，及时反馈处理情况。

七、法律顾问应当遵守下列规定：

（一）诚信、正直、恪尽职守，保守在履行职责过程中知悉的国家秘密和县政府工作秘密；

（二）不得同时接受他人委托，办理与县政府有利害冲突的法律事务；

（三）不得在个人名片上印制“桐庐县政府法律顾问”字样，不得以桐庐县政府法律顾问名义招揽或开展相关业务；

（四）不得利用法律顾问工作便利，为本人或他人牟取不正当利益；

（五）不得从事其他任何有损县政府利益或形象的活动；

（六）出具的法律意见应当合法、及时、客观、公正，并由本人署名；

（七）与政府解除聘用合同后，两年内不得担任政府对方当事人的代理人。

八、法律顾问认为自己与所承办的法律事务有利害关系，可能影响公正履行职责的，应当主动提出回避。是否回避，由法律顾问团团长决定。

九、县政府交办或委托的法律事务，原则上由县法制办商请具有相关专业特长的法律顾问办理，并提供相应的文件、资料和工作条件。法律顾问出具的法律意见，由县法制办进行归纳整理后报县政府。

十、县法制办应当定期听取法律顾问的工作意见、建议，为法律顾问履行职责提供服务。法律顾问履行职责所需经费，按照预算编制程序，由县法制办提出预算，报县财政局审核后纳入县法制办部门预算，实行专款专用。县财政、审计部门依法对法律顾问的经费使用情况进行监督和审计。

十一、县法制办要加强对全县政府法律顾问工作的指导、监督和协调，有关部门和单位应当给予协助、配合。

十二、各乡镇人民政府、街道办事处和县政府各部门、各直属单位可参照本规则建立法律顾问制度。

关于进一步加强特种设备安全管理工作的实施意见

桐政办〔2015〕46号

各乡镇人民政府、街道办事处、县政府各部门、各直属单位：

为全面贯彻落实《安全生产法》《特种设备安全法》《特种设备安全监察条例》和《中共浙江省委 浙江省人民政府关于加强安全生产促进安全发展的意见》（浙委发〔2014〕5号）等要求，进一步提高特种设备安全监管工作的针对性和有效性，结合我县实际，提出如下实施意见。

一、指导思想和工作目标

（一）坚持"安全第一、预防为主、综合治理、节能环保"工作方针。特种设备安全是安全生产工作的重要组成部分，必须坚守经济发展决不能以牺牲人的生命为代价的红线，始终将安全生产放在所有工作的第一位。防止事故发生是特种设备安全工作的根本要求，应当充分考虑可能造成事故的设备本质安全性、管理有效性和操作可靠性等因素，采取科学合理的预防措施，确保特种设备安全形势稳定好转。

（二）工作目标。构建特种设备安全"大监管"工作体系，形成由"政府统一领导、部门协同管理、乡镇（街道）日常监管、企业全面负责、社会监督支持"的大监管工作格局，落实各方特种设备安全管理责任，规范特种设备安全管理秩序，保障我县特种设备使用运行安全。推进特种设备使用单位分类分级监管工作，加快动态监管体系、安全责任体系和事故应急体系建设；突出整治重点和薄弱环节，及时查处特种设备生产使用等环节中的违法和违规行为；增强企业安全主体责任意识，有效遏制特种设备事故的发生。

二、明确职责认真落实特种设备安全管理责任

（一）落实特种设备生产安全主体责任。具体包括制造、安装、改造、修理、经营、使用等安全主体责任。特种设备生产、经营、使用单位的主要负责人为安全生产第一责任人，必须严格按照"三落实、二有证、一检验、一预案"（落实管理机构、落实管理制度、落实管理人员，特种设备有使用登记证、作业人员有特种设备作业人员证，特种设备定期检验，制定特种设备事故应急专项预案，以下简称"3211"）的要求使用特种设备，建立健全以岗位责任制为核心的岗位责任、隐患治理、应急救援等安全管理制度，设置安全管理机构或者配备专职（或兼职）安全管理人员，保证在用设备依法登记、依法报检，保证作业人员持证上岗、按章作业，保证重大危险源防范监控和事故隐患及时整改，保证应急预案建立健全并定期开展演练。

（二）落实各乡镇（街道）的属地管理责任。各乡镇（街道）要有效履行对本辖区内特种设备的安全属地管理职责，加大基层监管队伍建设力度，配备特种设备专（兼）职监管人员，完善基层特种设备安全监管体系。对特种设备履行"建立台帐、实施巡查、排查隐患、宣传教育"四项监管职责；建立并实施"网格化"安全监察机制，以"3211"为基本要求，对不同规模、行业和性质的使用单位实施差异化监管。负责具体实施特种设备使用单位分类分级监管动态管理工作，强化人员力量和经费保障，限时完成使用单位的普查和隐患排查任务。

（三）落实行业部门管理责任。各行业主管部门要按照"管行业必须管安全、管业务必须管安全、管生产经营必须管安全"的要求，负责各自职责范围内的特种设备安全工作，对本行业内特种设备安全进行管理，及时掌握特种设备的安全状况和动态变化，加强容易发生重特大事故或重大影响事件的公共安全类特种设备的监管。负责本行业内特种设备法律法规和安全常识的宣传工作。要制定出台具体的特种设备使用单位分类分级标准和监管措施，并

依据各自职责，抓好对乡镇（街道）的工作指导、监督和协调工作。

县市场监管局：负责全县特种设备安全监督检查工作，主要是对特种设备生产、使用等单位开展安全监察和行政执法，查处特种设备安全违法违规行为，组织打击、取缔特种设备的非法生产、使用行为；开展特种设备作业人员和相关管理人员的持证培训及考核工作；对特种设备重大危险源实施监控；监督、指导、协助其他行业主管部门做好本行业（辖区）特种设备的管理；根据权限组织特种设备事故及相关生产安全事故的应急救援和调查处理。

县安监局：督促冶金等工矿企业履行安全生产主体责任，指导企业开展隐患排查治理，配合开展危化品生产企业和矿山企业特种设备监督检查工作。

县公安局：负责特种设备突发事件的应急救援，维护特种设备事故现场的秩序和公共安全；依法查处破坏特种设备及其附属设施等危害公共安全违法犯罪行为。

县住建局：履行检查、指导、督促燃气经营企业、物业企业的特种设备安全管理职责。

县交通运输局：履行检查、指导、督促道路运输企业、水上运输企业、客货运输站（场）、公路建设和养护施工单位等特种设备安全管理职责；抓好车用气瓶的安全运行监督管理，保证运输、施工、检验单位安全。

县环保局：负责相关特种设备事故发生后的环境影响评估；配合相关部门监督锅炉的节能减排、淘汰落后等工作。

县教育局：履行检查、指导、督促各类幼儿园、学校的特种设备安全管理职责。组织开展特种设备安全知识进校园活动，普及特种设备安全知识。

县文广新（体育）局：履行检查、指导、督促娱乐场所、网吧、文化保护单位等场所的特种设备安全工作。负责经常开展特种设备法律法规和特种设备安全知识义务宣传教育，在重要活动、重大节日期间定期刊播特种设备安全公益广告。

县卫生局：履行检查、指导、督促所辖医疗机构的特种设备安全管理职责。

县旅委：履行检查、指导、督促旅游景区、宾馆饭店及其他旅游服务行业特种设备安全管理职责。

县消防大队：履行检查、指导电梯、锅炉等特种设备和液化气充装单位消防安全监督管理职责。

县商务局：履行商贸企业等特种设备安全管理职责。

县财政局：负责保障特种设备安全及节能经费。

县水利水电局：履行水利工程、水利设施等单位或项目涉及的特种设备安全管理职责。

三、实施特种设备使用单位分类分级监管

（一）分类方法。根据特种设备使用单位固有风险（即发生事故的后果）的大小，一般应按风险从大到小将使用单位分为A、B、C三类。使用单位固有风险一般应综合考虑设备种类、安全状况、人员密集程度及经济损失等因素。学校、幼儿园、医院、车站、客运码头、商场、体育场馆、展览馆、公园、旅游景区、游乐场所等公众聚集场所使用单位一般应划为A类。使用单位具体分类办法，由有关部门结合实际制定实施。

（二）分级方法。按照特种设备使用单位动态风险（即事故发生的概率）大小，一般应按风险从小到大将使用单位分为1、2、3、4四级。使用单位动态风险一般应综合考虑安全管理制度、人员配备、隐患排查、维护保养、安全投入、安全教育、应急管理等安全状况。等级评定既可量化评定，也可定性评定。评定工作要与安全生产标准化建设达标、诚信机制建设等情况结合起来。使用单位具体分级规则，由有关部门结合实际制定实施。

（三）综合评定安全等级。综合评定安全等级。按照固有风险与动态风险的组合，综合评定安全等级。按照风险等级从高至低，将使用单位依次分为甲、乙、丙、丁四个等级，并按以下原则确定：固有风险与动态风险组合

A3、A4、B4为甲等，A2、B3、C4为乙等，A1、B2、C3为丙等，B1、C1、C2为丁等。但定期维护保养落实到位的，可提高一个安全等级；发生特种设备事故、存在“三非两超”（非法制造、非法安装改造修理、非法使用、超期未检验、隐患超期未整改）行为的，一律定为甲等。

（四）分类分级监管措施。以风险等级越高、监管越严格为原则，依据《特种设备现场安全监督检查规则》（国家质检总局2015年第5号令）等相关规定，结合各地安全监管资源，针对不同风险等级的使用单位，采取不同的现场检查方式和频度，强化约谈、挂牌督办和定期报告安全状况等分类分级监管措施。现场检查以行业部门和乡镇（街道）组织开展为主。不同风险等级的使用单位要按不同周期向行业部门或乡镇（街道）报告安全状况，内容至少包括特种设备运行及检验检测情况、安全隐患排查治理情况、人员培训教育、持证上岗及主要人员变动情况等以及与安全管理相关的其他情况。

四、加强监督构建特种设备安全监管长效机制

（一）建立协调会议制度。成立桐庐县特种设备安全工作领导小组，王歆副县长任组长，贾安琪、方志荣任副组长，县府办、县市场监管局、县安监局、县住建局、县交运局、县旅委、县商务局、县教育局、县卫生局、县公安局、县消防大队、县环保局、县文广新（体育）局、县财政局、县水利水电局为成员单位，组织实施特种设备安全管理相关的各项决定、预案，定期召开成员会议，建立特种设备安全隐患信息通报制度，及时协调、解决特种设备安全监督管理中的重大问题。领导小组下设办公室（设在县市场监管局），方权根任办公室主任，具体负责全县特种设备安全监督管理工作的组织领导，督促各相关部门依法履行特种设备安全管理工作职责，及时协调、解决特种设备安全管理中的重大问题，预防事故发生。

（二）建立年度考核制度。将特种设备安全管理工作纳入县政府对乡镇（街道、开发区）的年终综合考核内容。对工作业绩突出、特种安全责任制考核优秀的单位和个人，给予通报表彰。

（三）建立信息通报制度。发挥各乡镇（街道）安全监管员作用，扩大特种设备安全巡查面。在隐患排查整治过程中，做到发现一批，整治一批。建立特种设备隐患通报制度，由县市场监管局牵头，通过定期交流，加强职能部门和各乡镇（街道）之间的协作，合力将特种设备隐患降到最低程度。

（四）建立警示告知和挂牌督办制度。按照“安全第一，预防为主，综合治理，节能环保”的方针，扎实开展摸底、调查和梳理工作，对存在特种设备安全隐患较大的单位和企业，落实约见警示、书面告知制度；对隐患整治不力的特种设备使用单位实行县级层面挂牌整治；对挂牌督办后整改措施仍不到位且工作不配合的特种设备使用单位，要予以通报，并在新闻媒体曝光或者网上公示，同时对发现的各种违法违规行为将依法严厉惩处。

关于印发《桐庐县餐桌安全治理行动三年计划（2015—2017年）》的通知

桐政办〔2015〕57号

各乡镇人民政府、街道办事处，县政府各部门、各直属单位：

为切实加强我县餐桌安全治理，保障人民群众“舌尖上的安全”，根据《浙江省人民政府办公厅关于印发浙江省餐桌安全治理行动三年计划（2015—2017年）的通知》（浙政办发〔2015〕36号）、《杭州市餐桌安全治理行动三年计划（2015—2017）》（杭政办函〔2015〕77号），结合我县实际，特制定本计划。

一、目标要求

按照“最严谨的标准、最严格的监管、最严厉的处罚、最严肃的问责”要求，坚持“服务民生、问题导向、标本兼治、社会共治”原则，以实施“六大提升工程”为载体，进一步强化食品安全日常监管、智慧监管，着力解决群众反映强烈、风险隐患突出的食品安全问题，着力落实生产经营者的主体责任和有关部门的监管责任，着力推进食品安全治理体系和治理能力现代化。通过三年左右时间，进一步完善从田头到餐桌的食品安全全程管控体系，有效遏制食品安全违法犯罪行为，有效解决食品安全重点风险隐患和突出问题，食品安全工作体制机制更加完善，食品生产经营企业诚信体系更加健全，公众食品安全意识明显增强，食品安全社会共治格局初步形成，餐桌安全得到有效保障，公众满意度明显提高，食品安全总体水平和治理能力现代化水平走在全市前列。

二、主要任务

（一）实施“阳光餐饮”工程。大力推进五可（后厨操作可视、企业管理可量、食材来源可溯、诚信承诺可查、群众感受可评）“阳光餐饮”工程建设，提升餐饮单位量化等级，进一步规范餐饮业经营行为，落实餐饮食品安全企业主体责任，实现全县餐饮安全监管水平有明显提升，市民满意度有较大提高。［责任单位：县市场监管局、县城管局、县环保局、县公安局、县卫生和计生局、县商务局，各乡镇（街道）、开发区。排序第一位的单位为牵头单位，其余单位为责任单位，下同］

（二）实施农产品（种植业产品和畜禽产品和初级水产品，下同）质量安全提质工程。严格农业投入品管理，规范农药、兽药、肥料、饲料及饲料添加剂、保鲜剂、防腐剂、着色剂等的生产、经营和使用，加强对农产品收购、贮运环节质量的安全监管，严厉打击违法违规行为。加强对生猪屠宰定点企业和家禽定点屠宰厂的规范管理，严禁未经检疫或检验检疫不合格的猪肉、杀白家禽等产品出厂（场、点，下同），严禁私屠滥宰。做好畜禽饲养进出栏管理，确保病死畜禽去向可查。落实属地政府农产品质量安全监管责任及病死畜禽（水产品）收集处理管理责任，进一步规范病死畜禽（水产品）无害化处理工作。推进农业规模化、标准化、品牌化生产，推广健康安全生产模式。加大农产品质量安全监测力度，提升基层监管能力，落实红黑榜制度。建立完善农产品产地环境监测、农产品质量安全信息化管理、质量安全突发事件应急处置等监管机制，规范生产行为，保障农产品质量安全。［责任单位：县农业和林业局、县市场监管局，各乡镇（街道）、开发区］

（三）实施“三小一市场”整治提升工程。根据“疏堵结合、标本兼治、统筹监管”原则，按照“属地化管理、一体化监管、社会化监督”要求和“提升一批、规范一批、淘汰一批”思路，以食品生产加工小作坊、小餐饮、食品小摊贩、农贸市场（含食用农产品批发市场，下同）等“三小一市场”为整治重点，实行分类整治，探索综合监管，加强准入管理，强化执法查处。全面动态掌握“三小一市场”基本情况，严厉打击添加非食用物质、滥用食品添加剂、无证无照生产经营等违法行为，切实解决质量安全突出问题，强化生产经营者主体责任意识，加强社会参与，督促提高生产经营管理水平和质量安全管控能力。［责任单位：县市场监管局、县农业和林业局、县城管局，各乡镇（街道）、开发区］

（四）实施进口食品市场整治规范工程。以乳制品、食用油、肉类、酒类等为重点品种，以冷库、批发市场等进口食品储存、经营场所为重点场所，开展联合执法检查，深挖案源线索，依法严厉打击走私、逃避监管、假冒进口食品等违法犯罪行为。［责任单位：县市场监管局，各乡镇（街道）、开发区］

（五）实施食用林产品质量安全整治提升工程。逐步实施食用林产品质量安全约谈和通报等制度。组织开展食用林产品质量安全专项行动，严厉打击在食用林产品生产、贮运等过程中违法使用禁限用农药等行为，逐步构建食用林产品质量安全治理体系。加大食用林产品和产地环境质量安全监测力度和频次。强化食用林产品品牌建设，积极推进林业标准化示范企业、森林食品基地的培育和认定工作，大力培育和推介林业行业名牌产品。[责任单位：县农业和林业局，各乡镇（街道）、开发区]

（六）实施集中消毒餐饮具和食品相关产品质量安全提升工程。严厉打击未取得卫生监督合格证的餐饮具集中消毒生产经营行为，进一步规范和提升餐饮具集中消毒企业卫生条件和内部管理。强化餐饮服务单位使用的消毒餐饮具检查，依法查处餐饮服务单位使用无卫生监督合格证企业生产的集中消毒餐饮具或不符合标准餐饮具行为。有效落实食品相关产品生产许可证管理制度，强化日常巡查、监督检查，督促企业保持生产许可获证条件。严厉打击食品相关产品生产环节无证无照、使用回收塑料原料、违规使用增塑剂等有毒有害物质的违法行为，逐步清理质量低劣、包装标识不规范等问题产品。进一步健全食品相关产品生产环节监管长效机制，督促企业全面落实质量安全主体责任，提高食品相关产品生产环节的质量安全水平。[责任单位：县卫生和计生局、县市场监管局，各乡镇（街道）、开发区]

《“阳光餐饮”工程实施方案（2015—2017 年）》《农产品（种植业产品、畜禽产品和初级水产品）质量安全提质工程实施方案（2015—2017 年）》《“三小一市场”整治提升工程实施方案（2015—2017 年）》《进口食品市场整治规范工程实施方案（2015—2017 年）》《食用林产品质量安全整治提升工程实施方案（2015—2017 年）》《集中消毒餐饮具和食品相关产品质量安全提升工程实施方案（2015—2017 年）》 等 6 个实施方案，经县政府同意后，以县食品安全委员会办公室名义一并下发。

三、实施步骤

（一）部署动员、制定方案阶段（2015 年 7 月）。各乡镇（街道）、开发区根据本计划和 6 个实施方案，结合本地食品产业状况、食品安全突出风险隐患、老百姓关心的热点难点问题，组织动员部署，并在 2015 年 7 月底前制定出台整体方案。各有关部门要将三年计划列入本部门 2015 年至 2017 年重点工作，细化工作方案，层层分解责任，抓好贯彻落实。

（二）全面整治、整顿提升阶段（2015 年 7 月—2017 年 10 月）。各乡镇（街道）、开发区、各有关部门按照工作方案，大力推进“六大提升工程”，组织开展调查摸底，按照最严格的监管和最严厉的查处的要求，重点破解食品安全重点难点问题，整治消除突出安全隐患，建立健全食品安全长效监管机制，构建地方政府负总责、监管部门各负其责、生产经营者为第一责任人的食品安全责任体系，全面完成各项目标任务，不断提升我县食品安全总体水平。

（三）总结验收、巩固成果阶段（2017 年 11 月—2017 年底）。开展餐桌安全治理行动实施情况验收，总结和提炼各乡镇（街道）、开发区、各有关部门的有益经验和典型做法，巩固深化食品安全长效监管机制，对工作成效突出的地方和单位进行表扬。

四、保障措施

（一）深化认识，加强组织领导。国家、省、市各级都高度重视餐桌污染治理工作，杭州市提出了“4+1”的治理目标。各乡镇（街道）、开发区、各部门要进一步提高认识，以餐桌安全治理行动为总抓手，强化组织领导，明确职责分工，加大工作力度。各乡镇（街道）、开发区要切实履行属地责任，将餐桌安全治理作为重要的民生工程，纳入本地经济和社会发展规划，加强动员部署，加快任务分解落实。各牵头单位要会同配合单位按照本计划和 6 个实施方案的要求，加强联动配合，抓好目标任务的落实。各级食安委、食安办和食品安全监管部门要切实发挥职能作用，加强对行动的统筹谋划和组织协调，强化食品安全属地管理责任，建立健全食品安全基层责任网络，共同抓好食品安全工作。

（二）加大投入，完善保障机制。各乡镇（街道）、开发区要根据食品安全监管工作的实际需求和餐桌安全治理行动的任务要求，加大食品安全监管经费保障力度，将餐桌安全治理行动经费纳入当地年度财政预算，加大检测检验能力建设、智慧监管、基层责任网络建设、监督抽检等方面的投入力度，确保监管部门有足够力量、足够资源履行职责。加快充实监管力量，配齐、配强食品安全监管人员，重点强化基层监管执法力量。重视检验检测专业人才引进和培养，强化食品安全检验检测专业队伍建设。开展市场监管所标准化建设，强化基础设施和执法装备配备，努力打造成食品安全监管的“前沿哨所”。加强食品安全监管人员特别是基层食安办工作人员、专管员、信息员和基层站所监管执法人员的业务培训。健全市场监管专管员、信息员报酬保障机制，到2015年年底，建立相对稳定的“两员”报酬保障机制。县财政部门要依据财权和事权相匹配的原则，按规定做好经费保障工作。

（三）强化考核，加大督查力度。县政府要将餐桌安全治理行动纳入目标责任制考核重要内容，加大考核力度和权重，促进属地责任落实。各有关部门要科学制定目标任务并对工作指标进行逐项分解，加大监督检查力度，采取平时督查、年终考评相结合的方式，引入明查暗访、公众评议等措施，严格实施刚性考核。强化考评结果的运用，把考核结果作为责任追究、改进工作的重要依据，与政府和职能部门领导干部绩效挂钩，对食品安全工作完成好的，给予表扬。各级食安办要加强综合协调，对行动开展情况进行年度评估和终期评估，确保计划实施到位。

（四）注重宣传，加强社会共治。各乡镇（街道）、开发区，各有关部门要加强与媒体的协调沟通，充分利用各类媒体和平台，及时报道相关举措、工作进展和成效，主动向媒体公布违法案件，宣传食品监管部门的主动作为和正面形象，营造良好的整治工作氛围，扩大整治的社会影响力。各有关部门要加大食品安全信息公开力度，健全“黑名单”制度，探索信用奖惩、典型示范等工作机制，曝光典型案例，震慑违法犯罪分子。充分发挥各方力量，创新媒体和公众参与监督的载体，在成立食品安全监督协会的基础上，不断壮大食品安全群众监督组织，激发社会各界参与监督，加强社会共治。

本计划自2015年7月18日起施行，由县市场监管局负责牵头组织实施。

【责任编辑　郑巧丽】

名　录

·2015年县级主要机构及负责人·

·中共桐庐县委·

书　记：毛溪浩
副书记：方　毅
　　　　骆安全
常　委：毛溪浩
　　　　方　毅
　　　　骆安全
　　　　李忠誉
　　　　毛根洪
　　　　王优健
　　　　盛春霞（女）
　　　　王建平
　　　　任玉兵
　　　　黄利文
　　　　潘立铭
　　　　姜英杰（2015.8—）
委　员：（按姓氏笔画为序排列）
　　　　王先勇　王优健　王金才
　　　　王建平　毛旭红　毛根洪
　　　　毛溪浩　方　毅　方劲松
　　　　卢　强　申屠增标　任玉兵
　　　　孙峰民　李忠誉　吴金富
　　　　吴爱群　余荆棘　邵卫华
　　　　周海静　胡建高　钟玉华
　　　　俞　谷　骆安全　徐　雯（女）
　　　　徐文波　徐志勇　黄利文
　　　　黄建军　盛春霞（女）　程春明
　　　　游　宏　潘立铭
候补委员：周政洪　柯汉根
　　　　申屠群雄　郑荣秀（女）
　　　　陆端平

·县委工作部门·

【办公室】

主　任：卢　强
副主任：赵华丰（—2015.12）
　　　　施　伟（2015.12—）
　　　　李春龙（—2015.12）
　　　　毛旭红　钟关贤
　　　　余志明　潘倪敏
　　　　方飞燕（女）　濮樟平
县纪委派驻第一纪检组组长：
　　　　刘建钟（2015.12—）
县纪委派驻第一纪检组副组长：
　　　　夏爱云（女，2015.12—）

【政策研究室】

主　任：方飞燕（女）

【县委台湾工作办公室（县政府台湾事务办公室）】

主　任：卢　强
副主任：李振荣

【组织部】

部　长：李忠誉
常务副部长：余荆棘
副部长：黄建军　周政洪
　　　　王国荣　朱红亮
人才办主任：余荆棘
人才办副主任：徐永华（2015.3—）
县纪委派驻第三纪检组组长：
　　　　裴　昶（2015.12—）
县纪委派驻第三纪检组副组长：
　　　　徐林云（女，2015.12—）

【宣传部】

部　长：王优健
常务副部长：仰忠明
副部长：叶剑铭　濮忠平

文化创意产业办公室主任：叶剑铭
文化创意产业办公室副主任：徐海燕（女）
县纪委派驻第四纪检组组长：
皇甫秋宏（2015.12—）
县纪委派驻第四纪检组副组长：
方　芸（女，2015.12—）

【统战部】

部　长：盛春霞（女）
常务副部长：俞　放
副部长：李玉标　周新强

【县委政法委（县社会管理综合治理委员会办公室）】

书　记：骆安全
副书记：毛根洪　王建平　汪　东
赵华丰（—2015.12）
施　伟（2015.12—）
综治办主任：赵华丰（—2015.12）
施　伟（2015.12—）
综治办副主任：郑　波　柴立新（—2015.12）
维稳办主任：汪　东
维稳办副主任：徐志林

【县委防范和处理邪教问题领导小组办公室（县政府防范和处理邪教问题办公室）】

主　任：赵华丰（—2015.12）
施　伟（2015.12—）

【机构编制委员会办公室】

主　任：黄建军
副主任：陈　超　钱华明

【县委、县政府农业和农村工作办公室】

党组书记、主任：毛旭红
副书记：王华杰（—2015.12）
副主任：王华杰（—2015.12）
毛余正（—2015.10）
吴国龙（2015.10—）
李建平
县纪委驻县农办纪检组长：
方财荣（—2015.10）
县纪委驻县第七纪检组组长：
林清坤（2015.12—）

【县直属机关党工委】

书　记：金继民
副书记：钟荣祥　金毓民（2015.10—）
纪工委书记：江杏英（女，—2015.7）
金毓民（2015.10—）

【县委、县政府信访局（县长公开电话受理中心）】

局　长：钟关贤
副局长：蓝　晶（女）
吴来洪（—2015.3）
宋　璐　杨建丽（女，2015.3—）
县长公开电话受理中心主任：钟关贤
县长公开电话受理中心副主任：蓝　晶（女）

【老干部局】

局　长：王国荣
副局长：彭永炳　柴文英（女）

【县委党校（行政学校）】

校　长：骆安全
常务副校长：方劲松（—2015.12）
王兴春（2015.12—）
副校长：周政洪　蔡海威
李言坤（—2015.12）
王兴春（—2015.12）

【党史研究室】

主　任：余志明（2015.1—）
副主任：郑巧丽（女）

【县广播电视台】

台长、党委书记：赵雄军
党委副书记、副台长：董亦民
副台长：王域明
纪委书记：江月平（2015.12—）

【县信息传媒中心】

党组书记、主任：石樟全
党组副书记、副主任：徐向国

【档案局】

局　长：谢　棣（2015.1—）
副局长：沈林松　黄晓峰

·中共桐庐县纪律检查委员会·

书　记：黄利文
副书记：姚　民　金　伟
常　委：黄利文　姚　民
金　伟　裘　昶（—2015.12）

陈忠民　潘爱琴（女）
郑士英（女）　胡铁群

·桐庐县人民代表大会常务委员会·

党组书记、主任：游　宏
党组副书记、副主任：方志远（—2015.2）
徐海初（2015.2—）
副主任：潘晓萍（女）　华　健
周一明　钟玉华
吴爱群（2015.1—）
委　员：潘胜华　王水良
华权有　许丽娟（女）
孙　毅　严根巨
陈毅君（女，—2015.12）
邵明喜　林国华
周忠平　岑洪伟（2015.1—）
赵建忠　虞星华
潘苍秀（女）　王利平
舒　丹（女）　潘武英（2015.1 —）
朱红亮　向良顺
吴柏存（2015.1—）

·县人大办事机构·

【办公室】
主　任：潘胜华
副主任：吴柏存（—2015.1）　吴紫娟（女）
【法制和内务司法工作委员会】
主　任：严根巨
【财政经济工作委员会】
主　任：华权有
副主任：俞　斌
【教科文卫工作委员会】
主　任：王利平
【代表工作委员会】
主　任：吴柏存（2015.1—）
副主任：单轶卫
【城建环保工作委员会】
主　任：虞星华
副主任：章　俊（2015.3—）
【农业和农村工作委员会】
主　任：陈毅君（女，—2015.12）
李法强（2015.12—）
副主任：林柱友（—2015.12）

·桐庐县人民政府·

党组书记、县长：方　毅
党组副书记：毛根洪
副县长：毛根洪　潘立铭
吴金富　王　歆
周建英（女）　李　鹏
姜英杰（2015.8—）
颜　鹂（女，—2015.7）
王水娟（女，—2015.7）

·县政府工作部门及所属企事业单位·

【办公室（法制办公室）】
党组书记、主任：申屠群雄
副主任：潘武伟　王维洪（—2015.2）
包来顺（2015.2—）
濮樟平　余红坚
张祖庆（—2015.4）　顾时新
王红春（—2015.9）　贾安琪（女）
何　伟（—2015.11）
潘倪敏　汪晓明（2015.10—）
邹建华（2015.4—）
法制办公室主任：申屠群雄
法制办公室副主任：兰世民
县纪委派驻第二纪检组组长：
吴有良（2015.12—）
县纪委派驻第二纪检组副组长：
陈立新（2015.12—）
【发展和改革局】
党委书记、局长：钱潮力
党委副书记：谢　棣（—2015.1）
杜玉玉（女，2015.8—）
副局长：谢　棣（—2015.1）
汪文峰　杜玉玉（女）
纪委书记：章　巡（—2015.12）
县纪委派驻第五纪检组组长：
兰天明（2015.12—）

物价局局长：钱潮力
粮食局局长：钱潮力（—2015.5）

【经济和信息化局】

党委书记、局长：钟一平
党委副书记、副局长：余德泉
副局长：程国明　陈伟琴（女，—2015.12）
纪委书记：陈立新（—2015.12）
县纪委派驻第六纪检组组长：
袁雪满（2015.12—）

【教育局】

党委书记、局长：季建平
党委副书记、副局长：濮樟虎
副局长：李如林　吴忠华
徐志强（2015.8—）
县纪委驻县教育局纪检组组长：
兰天明（—2015.12）
林　群（女，2015.12—）

【科学技术局】

党组书记、局长：赵新华（—2015.2）
周华新（2015.2—）
副局长：金世勇　朱卫英（女）

【民族宗教事务局】

局　长：俞　放
副局长：吴忠军

【公安局】

党委书记、局长：王建平
党委副书记、政委：朱华能（—2015.12）
柯汉根（2015.12—）
党委副书记、常务副局长：
柯汉根（—2015.12）
许国宏（2015.12—）
副局长：洪春潮　李承敏
许国宏（—2015.12）
纪委书记：吴有良（—2015.12）
纪委书记、县纪委派驻纪检组组长：
章　巡（2015.12—）

【监察局】

局　长：姚　民
副局长：裴　昶（—2015.12）　郑士英（女）
胡轶群（2015.12—）　方　中

【民政局】

党委副书记、局长：冯贤良（—2015.12）
党委书记、局长：丁有理（2015.12—）
党委副书记：余关平　倪国平
副局长：倪国平　童雪荣　毛来洪
纪委书记：朱峰群（—2015.12）

【司法局】

局　长：汪丽俊（女，—2015.12）
陈伟琴（女，2015.12—）
党组书记：何关火（—2015.12）
宋健民（2015.12—）
副　局　长：陈伟明（2015.10—）
王潮洪　周森华

【财政（地税）局）】

党委书记、局长：徐志勇
党委副书记：倪金夫
项丽珠（女，—2015.7）
毕文浩（2015.8—）
副局长：项丽珠（女，—2015.7）
毕文浩　徐　华　申屠逸清
县纪委驻县财政局纪检组组长：
倪金夫（—2015.12）
地税局局长：徐志勇
地税局副局长：胡怡生　徐庭柱

【人力资源和社会保障局】

党委书记、局长：周政洪
党委副书记、副局长：何建忠
副局长：朱红卫　孙忠明　吴海林
纪委书记：袁雪满（—2015.12）

【国土资源局】

党委书记、局长：邵卫华
党委副书记：朱伟民
副局长：朱伟民　郑金龙　樊　琳（女）
纪委书记：徐　强

【住房和城乡建设局】

党委书记、局长：陆端平
党委副书记：董永泉
副局长：董永泉　叶向前（—2015.4）
唐秋权　邵旭华
规划局局长：陆端平

县纪委驻县住房和城乡建设局纪检组长：
孟佐林（—2015.12）
县纪委派驻第八纪检组组长：
潘兴华（2015.12—）

【交通运输局】
党委书记、局长：倪天震
党委副书记：吴国强　袁跃明
副局长：袁跃明　张劲辉
杨文鸣（—2015.4）
陈爱萍（女，2015.3—）
县纪委驻县交通运输局纪检组长：
吴国强（—2015.12）

【农林局】 2015年5月29日县委常委会决定：撤销中共桐庐县农业局委员会、纪律检查委员会和中共桐庐县林业局委员会、中共桐庐县纪律检查委员会驻桐庐县林业局纪律检查组，建立中共桐庐县农业和林业局委员会、中共桐庐县纪律检查委员会驻桐庐县农业和林业局纪律检查组。
党委书记、局长：喻昌国（2015.5—）
党委副书记：皇纯建（2015.5—）
董晓华（2015.5—）
副局长：皇纯建（2015.5—）
董晓华（2015.5—）
朱兴荣（2015.5—）
徐社红（2015.5—）
徐红卫（2015.5—）
柳江虹（女，2015.5—）
县纪委派驻纪检组组长：
江来英（女，2015.5—2015.12）

【农业局】 2015年5月29日，县委常委会决定撤销
党委书记、局长：喻昌国（—2015.5）
党委副书记：皇纯建（—2015.5）
副局长：皇纯建（—2015.5）
朱兴荣（—2015.5）
徐红卫（—2015.5）
柳江虹（女，—2015.5）
纪委书记：江来英（女，—2015.5）

【林业局】 2015年5月29日，县委常委会决定撤销
党委副书记、局长：周华新（—2015.2）
党委副书记、副局长：董晓华（—2015.5）
副局长：徐社红　（—2015.5）
县纪委驻县林业局纪检组长：
钟樟兴（—2015.5）

【水利水电局】
党委书记、局长：宋健民（—2015.12）
江小鹏（2015.12—）
党委副书记：姚春英（女，—2015.12）
副局长：徐昌东　陈伟民
吴建生（—2015.12）　周　凌
县纪委驻县水利水电局纪检组长：
姚春英（女，—2015.12）

【商务局】
党委书记、局长：吴红庭
党委副书记：周桂平（女）
副局长：周桂平（女）　方志凯　曹洪平
纪委书记：任　琤（—2015.12）

【旅游委员会】
党委书记、主任：徐利民（—2015.6）
方新东（2015.8—）
党委副书记：赵小玲（女）
副主任：赵小玲（女）　来　力
江　峰（—2015.4）
纪委书记：夏爱云（女，—2015.12）

【文化广电新闻出版局（体育局）】
党委书记、局长：王樟松（—2015.12）
方劲松（2015.12—）
党委副书记：吴旗平　郑　玲（女）
副局长：吴旗平　郑　玲（女）
邬小鹏（—2015.7）
纪委书记：吴斌生（—2015.5）

【卫计局】 2015年5月29日县委常委会决定：撤销中共桐庐县卫生局委员会、中共桐庐县纪律检查委员会驻桐庐县卫生局纪律检查组和中共桐庐县人口和计划生育局党组，建立中共桐庐县卫生和计划生育局委员会、中共桐庐县纪律检查委员会驻桐庐县卫生和计划生育局纪律检查组。

党委书记、局长：吴志忠（2015.5—）
副局长：方鲁通（2015.5—）
唐　赟（2015.5—）
胡立军（2015.5—）
吴国平（2015.5—）
县纪委派驻纪检组组长：
方　娟（女，2015.5—2015.7）
吴媚玉（女，2015.12—）

【卫生局】 2015年5月29日，县委常委会决定撤销
党委书记、局长：吴志忠（—2015.5）
副局长：唐　赟（—2015.5）
邹建华（—2015.4）
县纪委驻县卫生局纪检组长：
方　娟（女，—2015.5）

【人口和计划生育局】 2015年5月29日，县委常委会决定撤销
局　长：申屠妙琴（女，—2015.5）
副局长：方鲁通（—2015.5）
陈志明（—2015.4）

【审计局】
党组书记、局长：潘爱琴（女）
党组副书记、副局长：张富寿
副局长：何庆娟（女）

【统计局】
党组书记、局长：毛振农
副局长：方君萍（女）　盛　梅（女）
桐庐县社会经济调查队队长：毛振农
桐庐县社会经济调查队副队长：蔡　康
何小敏

【环境保护局】
党组书记、局长：张利军
党组副书记：汪文清（女）
方仕民（—2015.1）
副局长：方仕民（—2015.1）
徐建宏　杨振武
纪检组长：傅竹明（—2015.12）

【城市管理局】
党委书记、局长：陈柏其
党委副书记、副局长：孟小云
副局长：徐建平　林志明
郑欣林（2015.3—）
纪委书记：徐长兴（—2015.12）
县纪委派驻第九纪检组组长：
江月平（2015.12—）
桐庐县城市管理综合行政执法局局长：
陈柏其
桐庐县城市管理综合行政执法大队大队长：
陈柏其

【安全生产监督管理局】
党组书记、局长：丁有理（—2015.12）
郑宝成（2015.12—）
党组副书记、副局长：俞　峰（2015.1—）
副局长：方世平　虞忠伟

【市场监督管理局】
党委书记、局长：方志荣
党委副书记：陈　彬（2015.10—）
潘小英（女）
副局长：陈　彬（2015.10—）
王银昌（—2015.10）
叶伟康　方权根　钱　净
纪委书记：高　健（—2015.12）
桐庐县工商行政管理局局长：方志荣
桐庐县质量技术监督局局长：方志荣
桐庐县食品药品监督管理局局长：方志荣

【公共资源招投标管理委员会办公室　行政服务中心】
党组书记、主任：方义成
副主任：郑　农（2015.8—）
吕娟平（女，—2015.7）
叶建新　吴海林
纪检组长：应龙天（—2015.12）

【桐庐经济开发区（科技城、新城建设）管理委员会】
党委书记：华　健
党委副书记：孙峰民　朱小昌（—2015.12）
王先勇　孙叶华
施　伟（—2015.12）
胡亚明（2015.12—）
张苏平（2015.4—）
张丁玎（女，2015.12—）
主　任：孙峰民

副主任：陈锦强　申屠庆良　张苏平
　　　　杨洪平　周跃群　张丁玎（女）
纪委书记：皇甫秋宏（—2015.12）
县纪委派驻开发区纪检组组长：
　　　　王华杰（2015.12—）

【分水江工程管理局】

局　　长：徐昌东
副 局 长：王　强　陈　华
纪委书记：陈　华（—2015.12）

【移民局】

局　　长：余关平
副局长：吴　剑　方培群

【杭州住房公积金管理中心桐庐分中心】

主　任：申屠海荣

【保密局】

局　长：周春儿（女）

【县级机关事务管理局】

党组书记、局长：陈　刚（2015.1—）
副局长：吴田金　华春裕（2015.10—）
县委县政府接待办主任：陈　刚（2015.1—）

【供销合作总社】

党委书记、主任：汪玉成
党委副书记：鲁成水（—2015.6）
副主任：鲁成水（—2015.6）
　　　　陈柏金（2015.8—）　李仁良
纪委书记：林　群（女，—2015.12）

·政协桐庐县委员会·

党组书记、主席：王金才
党组副书记：周媛玉（女）
副主席：周媛玉（女）　王志炎　郑为民
　　　　俞建华　雷国兴　濮樟明
秘书长：俞　谷
副秘书长：叶林茂（—2015.12）
　　　　方培泉（2015.12—）
常　委：（按姓氏笔画为序排列）
　　　　王茂祥　申屠建荣　申屠银光（女）
　　　　田玲秀（女）　朱晓东
　　　　刘仲勋　李玉标　李昌坤
　　　　余卫均（—2015.1）　余可榕
　　　　余良军　汪丽俊（女）
　　　　张银娟（女）　陈伟琴（女）
　　　　林卫红　郑林平
　　　　郑　红（女，—2015.1）
　　　　赵志楠　胡春芽（女）
　　　　柳江虹（女）　郦晓良
　　　　钟志联　皇甫秋强　姚福军
　　　　贾安琪（女）　徐　东
　　　　徐　华　徐群力　徐嘉卫
　　　　董利荣　郭少军（—2015.1）
　　　　赖海松（2015.1—）
　　　　潘爱芳（女，2015.1—）
　　　　喻新军（2015.1—）

·县政协办事机构·

【办公室】

主　任：叶林茂（—2015.12）
　　　　方培泉（2015.12—）
副主任：何　剑（—2015.1）
　　　　袁利华　方灿丽（女）

【提案委员会】

主　任：郑萍萍（女）
副主任：何志英（女）

【委员学习和工作联络委员会】

主　任：姚圣华

【城建和人口资源环境委员会】

主　任：孟祥国（—2015.1）
　　　　赵华新（2015.1—）

【经济科技委员会】

主　任：毛有良
副主任：何　剑（2015.1—）

【社会法制和港澳台侨委员会】

主　任：江明德
副主任：何小华（2015.3—）

【文史和教文卫体委员会】

主　任：方培泉（—2015.12）
　　　　王樟松（2015.12—）

·县人民武装部（部队直管单位）·

党委第一书记：毛溪浩
党委副书记、部长：侯超纪

党委书记、政委：任玉兵
副部长：吴静义

·县人民法院·

党组书记、院长：陆忠明
党组副书记、常务副院长：邵樟庆
副院长：刘　平　王定生　王　华
纪检组长：高克俭（—2015.12）
县纪委派驻纪检组组长：高克俭（2015.12—）

·县人民检察院·

党组书记、检察长：夏　涛（2015.1—）
党组副书记、常务副检察长：方继民
副检察长：林卫红　李国军　方静根
纪检组长：袁建方（—2015.12）
县纪委派驻纪检组组长：袁建方（2015.12—）

·县拆迁工作领导小组办公室·

党组书记、主任：王维洪（—2015.2）
包来顺（2015.2—）
副主任：叶成盛

·群众团体·

【总工会】

党组书记、主席：滕建明
副主席：潘武英（女）　郑林平

【共青团桐庐县委】

书　记：舒　丹（女）
副书记：朱晓东　邵翰云

【妇女联合会】

党组书记、主席：梅晓波（女）
副主席：许丽娟（女）
宋　丽（女，—2015.12）

【文学艺术界联合会】

党组书记、主席：董利荣
副主席：何　璟　赵志楠

【工商业联合会】

党组书记、主席：李玉标
副主席：邹金柱　何惠红（女）
郑玉英（女）　张银娟（女）
孙　毅　赵　丹（女）
喻渭蛟　倪　烈
徐天松　吴土荣
赖梅松　胡晓明
陈晓军　濮跃林
徐明尔　吴岳军
宋哲民　余良军
李新富　李德根
王海升　俞高峰
申屠银光（女）　李潮清

【科学技术协会】

党组书记、主席：刘仲勋
副主席：张乐明（—2015.5）　徐嘉卫
马丽君（女，2015.5—）

【残疾人联合会】

党组书记、理事长：林国华（—2015.12）
叶林茂（2015.12—）
副理事长：陈红玉（女）　俞友根

【红十字会】

会　长：周建英（女）
常务副会长：陈金星
副会长：项小萍（女，—2015.7）

·双重和垂直管理单位·

【国网桐庐县供电公司】

党委副书记、总经理：
孙济平（—2015.6）
汪宇怀（2015.6—）
党委书记：许欣农
副总经理：李逸荣　方明俊　沈　健
纪委书记：王　磊

【桐庐农村合作银行】

书记、董事长：胡红群
行　长：宋哲民（—2015.3）
副行长：潘　丽（女，2015.3—，主持工作）
赵鑫金　董永红
纪委书记、监事长：张远明

【烟草专卖局（烟草公司）】

党组书记、局长、经理：黄　征
副局长、纪检组长：钟　波
副经理：朱航东

【国税局】

党组书记、局长：郦晓良

党组副书记：王耀春

副局长：王耀春　华　卫

　　　　卢　伟（2015.3—）

　　　　夏永胜（2015.1—）

纪检组长：卢　伟（—2015.3）

　　　　　胡新军（2015.3—）

【县气象局】

局　长：徐　明

副局长：詹平华　周　游

【国家统计局桐庐调查队】

党组书记、队长：王樟云

副队长：陆　艳（女）

【人民银行桐庐支行】

党组书记、行长：戴茂青

副行长：周金祥　徐永良

【银监委浙江监管局桐庐办事处】

主　任：臧福东

副主任：李忠林

·乡镇（街道）·

【桐君街道】

党工委书记：周海静

党工委副书记：蔡忠明　方纪锋

纪工委书记：吴国建

人大工委主任：姚鼎文

人大工委副主任：毛土正

办事处主任：蔡忠明

办事处副主任：申屠忠平（—2015.3）

　　　　　　　胡金雷　周森华

　　　　　　　余丽宾（女）　陈学军

　　　　　　　刘思宝

【城南街道】

党工委书记：王先勇

党工委副书记：杨洪平　裘建新　毛铁兵

纪工委书记：汪晓明（—2015.10）

　　　　　　华　俊（2015.10—）

人大工委主任：阙炳军

人大工委副主任：沈全林

办事处主任：杨洪平

办事处副主任：周华英（女）

柯建萍（女，2015.8—）

陈柏金（—2015.8）

郑贤华（—2015.3）

周青淼　程　虎

【凤川街道】

党工委书记：孙叶华

党工委副书记：陈锦强　包来顺（—2015.2）

纪工委书记：徐　军

人大工委主任：邵明喜

人大工委副主任：方苏平（—2015.3）

　　　　　　　　陈　兵（2015.3—）

办事处主任：陈锦强

办事处副主任：吴来洪（2015.3—）

　　　　　　　叶爱军（—2015.12）

　　　　　　　沈　彤　朱力强

　　　　　　　方姬宇（女，—2015.3）

　　　　　　　方　俊

【旧县街道】

党工委书记：李法强（—2015.12）

　　　　　　徐　雯（女，2015.12—）

党工委副书记：徐　雯（女，—2015.12）

　　　　　　　唐根云（2015.12—）

　　　　　　　苏建军（—2015.12）

纪工委书记：李宇强

人大工委主任：李法强（—2015.12）

　　　　　　　苏建军（2015.12—）

人大工委副主任：吴顺福（—2015.12）

办事处主任：徐　雯（女，—2015.12）

　　　　　　唐根云（2015.12—）

办事处副主任：吴权威　张小明

　　　　　　　孙华锋（—2015.3）

　　　　　　　华　鑫

【富春江镇】

党委书记：申屠增标

党委副书记：沈国红（—2015.12）

　　　　　　姚明军　刘曙明（—2015.3）

　　　　　　王利华（2015.3—）

纪委书记：雷启迪（女，—2015.12）

华　宏（2015.12—）
人大主席：陈红卫
人大副主席：王永清（—2015.12）
镇　长：沈国红（—2015.12）
姚明军（2015.12—）
副镇长：郑　农（—2015.8）
叶成盛　戴亚锋（2015.8—）
华良东　王平军（—2015.3）
华雪芬（女，2015.4—）

【江南镇】

党委书记：施　伟（—2015.12）
胡亚明（2015.12—）
党委副书记：申屠庆良　陈　彬（—2015.10）
项芳农　申屠洪平（2015.11—）
纪委书记：胡茶花（女）
人大主席：吴生明
人大副主席：王洪忠
镇　长：申屠庆良
副镇长：申屠洪平（—2015.11）
孙　年　闻光平（—2015.12）
王　科（—2015.7）
章　俊（—2015.3）
周文华（2015.4—）
汪来仁（2015.10—）
政协工委主任：陈　彬（—2015.10）

【新合乡】

党委书记：郑宝成（—2015.12）
徐江宏（2015.12—）
党委副书记：刘建钟（—2015.12）
李昌坤（2015.12—）
杨柯忠（—2015.12）
纪委书记：包丽芳（女）
人大主席：郑宝成（—2015.12）
杨柯忠（2015.12—）
人大副主席：王海荣（2015.4—）
乡　长：刘建钟（—2015.12）
李昌坤（2015.12—）
副乡长：王海容（—2015.4）
王　琳　钟罗洪（—2015.8）
陈　琳（女，2015.10—）

【横村镇】

党委书记：徐文波
党委副书记：邵　政
陈伟明（—2015.10）
申屠福军（2015.11—）
纪委书记：潘兴华（—2015.12）
孟佐林（2015.12—）
人大主席：王小龙
人大副主席：顾海根
镇　长：邵　政
副镇长：袁晓良
申屠福军（—2015.11）
陈利民　邵宝兴
王　青（女）　陈小马
政协工委主任：陈伟明　（—2015.10）

【莪山乡】

党委书记：江小鹏（—2015.12）
雷会鑫（2015.12—）
党委副书记：雷会鑫（—2015.12）
雷启迪（女，2015.12—）
李昌坤（—2015.12）
纪委书记：华　宏
人大主席：江小鹏（—2015.12）
叶爱军（2015.12—）
人大副主席：马　聪
乡　长：雷会鑫（—2015.12）
雷启迪（女，2015.12—）
副乡长：余力银　陈　莹（女）
徐　立（2015.3—）

【钟山乡】

党委书记：胡亚明（—2015.12）
沈国红（2015.12—）
党委副书记：余哲华　李　芸（女）
纪委书记：华　俊（—2015.10）
人大主席：黄有林（—2015.3）
刘曙明（2015.4—）
人大副主席：李永平
乡　长：余哲华
副乡长：郑继红（女）　戴亚锋（—2015.3）
吴　平　盛立华

【瑶琳镇】

党委书记：金焕梁
党委副书记：方新东（—2015.8）
　　　　　　潘其君（2015.8—）
　　　　　　夏　敏
纪委书记：徐林云（女，—2015.12）
人大主席：郑建伟
人大副主席：周道宏
镇　长：方新东（—2015.8）
　　　　潘其君（2015.8—）
副镇长：俞　峰（—2015.1）
　　　　徐俊根（—2015.3）
　　　　胡　飞　孙钰杰
　　　　施伟华　童　屹（2015.3—）

【分水镇】

党委书记：吴爱群（—2015.2）
　　　　　施建华（2015.2—）
党委副书记：施建华（—2015.2）
　　　　　　王维洪（2015.3—）
　　　　　　徐昌东　岑洪伟
纪委书记：吴媚玉（女，—2015.12）
人大主席：岑洪伟
人大副主席：余建民
镇　长：施建华（—2015.2）
　　　　王维洪（2015.3—）
副镇长：姚强军　陆关土
　　　　冯义成　詹水德　倪　丁

【百江镇】

党委书记：邵黎明
党委副书记：皇甫林
　　　　　　王利华（—2015.3）
　　　　　　申屠忠平（2015.3—）
纪委书记：柯建萍（女，—2015.8）
人大主席：吴金法
人大副主席：吴　明
镇　长：皇甫林
副镇长：姚者新（—2015.2）
　　　　俞宁宁（女）　刘建新
　　　　刘　文（2015.10—）

【合村乡】

党委书记：周萍英（女）
党委副书记：徐江宏（—2015.12）
　　　　　　李春龙（2015.12—）
　　　　　　胡　勇（—2015.2）
　　　　　　姚者新（2015.2—）
纪委书记：杨志强
人大主席：毛杏丽（女）
人大副主席：周道法
乡　长：徐江宏（—2015.12）
　　　　李春龙（2015.12—）
副乡长：朱　勃　乔国忠　徐　成
　　　　华　涌（2015.11—）

【责任编辑　吴爱林】

专　刊

·国家属部门颁发的荣誉称号·

获奖单位

表 94

单　位	荣誉称号	颁奖单位	颁奖时间
桐庐县	全国文明城市提名城市（县级）	中央文明办	2015.2
桐庐县	中国县域经济竞争力百强县市	中国社会科学院财经战略研究院	2015.4
桐庐县	首批国家级生态保护与建设示范县（市、区）	国家发展改革委 科技部 国家林业局等 11 部门	2015.5
桐庐县	中国最具幸福感县级城市第一名	中国城市竞争力研究会	2015.6
桐庐县	2015 年中国最美丽县第二名	2015 中国城市分类优势排行榜暨新常态下香港城市竞争力基本评价委员会	2015.6
桐庐县	中国电子商务百佳县	第二届中国电子商务峰会	2015.7
桐庐县	全国十佳生态文明城市	全国生态文明建设高峰论坛	2015.7
桐庐县	寻找最美城镇评选活动最高奖“美丽中国·最美城镇”奖	新华社 美丽中国·最美城镇高端论坛	2015.12
桐庐县	中国品牌节庆示范基地	中国人类学节庆专委会	2015.3
桐庐县	首批国家级土地经营权入股试点县	国土资源部	2015.10
县科技局	2015 年度全国县级防震减灾工作先进单位	中国地震局	2015.12
县妇联	全国妇女宣传舆论阵地建设先进单位	全国妇联	2015.8
横村镇凤联村商会	创新中国特别奖	中华工商时报	2015.12
江南镇环溪村	全国生态文化村	第七届中国生态文化高峰论坛	2015.11
合村乡瑶溪村	全国文明村	中央文明办	2015.2

续表 94

单　位	荣誉称号	颁奖单位	颁奖时间
莪山乡新丰民族村	全国美丽宜居村庄示范	住房和城乡建设部	2015.2
富春江镇石舍村	全国美丽宜居村庄示范	住房和城乡建设部	2015.2
绿源竹笋专业合作社	2014 年全国供销总社农民合作社示范社	中华全国供销总社	2015.2
雪水云绿茶	中国(上海)国际茶博会金奖第一名	国家茶叶质量检验检测中心	2015.5
天尊贡芽茶	中国（上海）国际茶博会金奖	国家茶叶质量检验检测中心	2015.5
汉德邦建材有限公司	全国新墙材节能减排示范企业	国家墙委会	2015.11
钟山蜜梨专业合作社	“翠玉”梨获 2015 年早熟梨产业升级论坛暨第一届中华杯南方早熟梨评比金奖	中国园艺学会梨分会	2015.8

获奖个人

表 95

姓　名	2 作单位	荣誉称号	颁奖单位	颁奖时间
喻渭蛟	圆通速递	第三届世界浙商创业创新奖	第三届世界浙商大会	2015.10
赖梅松	中通快递	第三届世界浙商创业创新奖	第三届世界浙商大会	2015.10
吴　江	桐庐县	全国男子 1000 米双人皮艇项目冠军	2015 全国皮划艇青年锦标赛	2015.6
王丛康	桐庐县	全国男子 1000 米双人皮艇项目冠军	2015 全国皮划艇青年锦标赛	2015.6
徐雅莉	县职业技术学校	2015 年“人教杯”全国中职《职业道德与法律教师教学技能大赛》一等奖	“人教杯”技能大赛组委会	2015.12
朱卫英	县科技局	2015 年度全国县级防震减灾先进个人	中国地震局	2015.12
舒玉春	县非遗中心	第二届“妈祖杯”全国书法篆刻大赛入展作品	中国书法家协会	2015.4
邱铿锷	县文化馆	第四届“缤纷长三角·浦东北蔡杯”曲艺邀请赛中获铜奖	中国艺术研究院曲艺研究所中国说唱文艺学会上海市群众艺术馆	2015.11
况依娜	县文化馆	第十四届北京舞蹈大赛中《群舞--家》获专业青年组表演二等奖	北京市文学艺术界联合会北京舞蹈家协会	2015.7
许子春	县中医院	全国基层名老中医专家	国家中医药管理局	2015.10

·省级及省属部门颁发的荣誉称号·

获奖单位

表 96

单　位	荣誉称号	颁奖单位	颁奖时间
桐庐县	全省基层社会治理机制创新改革试点县	中共浙江省委省人民政府	2015.1
桐庐县	全省“无违建县（市区）创建工作先进集体	浙江省人民政府	2015.6
桐庐县	浙江美丽县城	浙江省推进城市化工作协调指导小组	2015.1
桐庐县	2014 年度第六批中央财政小型农田水利建设资金使用绩效优秀单位	浙江省财政厅　省水利厅	2015.3
桐庐县	“江南时节”浙江省传统节日保护基地	浙江省文化厅	2015.1
桐庐县	全省美丽公路创建示范县	浙江省公路管理局	2015.9
县委宣传部	全省基层宣传思想文化工作“三贴近”优秀案例	中共浙江省委宣传部	2015.12
县委宣传部	浙江省农村文化礼堂建设先进县（市、区）	浙江省委宣传部　省农村文化礼堂建设工作领导小组	2016.1
桐庐县迎春商务区	2015 年浙江十大金融创新集聚区	浙江金融创新高峰论坛	2015.5
桐庐县迎春商务区	浙江省现代服务业集聚示范区	浙江省发改委	2015.12
县住建局	浙江省节水型企业和小区	浙江省住建设厅	2015.2
县住建局	桐庐县美丽县城建设服务标准化试点	浙江省质监局	2015.12
富春江镇茆坪村	国家级美丽宜居示范村	浙江省美丽宜居村镇示范工作领导小组办公室	2015.6
县白蚁防治站	2015 年度浙江省白蚁防治行业先进单位	浙江省白蚁防治协会	2015.12
凤川街道三鑫村	省级美丽宜居示范村	浙江省美丽宜居村镇示范工作领导小组办公室	2015.11
分水镇儒桥村	省级美丽宜居示范村	浙江省美丽宜居村镇示范工作领导小组办公室	2015.11
钟山乡子胥村	省级美丽宜居示范村	浙江省美丽宜居村镇示范工作领导小组办公室	2015.11
百江镇百江村	省级美丽宜居示范村	浙江省美丽宜居村镇示范工作领导小组办公室	2015.11
合村乡合村村	省级美丽宜居示范村	浙江省美丽宜居村镇示范工作领导小组办公室	2015.11
县检察院分水检察室	全省示范基层检察室	浙江省检察院	2015.12

续表 96

单　位	荣誉称号	颁奖单位	颁奖时间
县国税局办税服务厅	2014 年省级青年文明号	浙江省“青年文明号青年岗位能手”活动组委会	2015.1
县气排球一队	2015 年气排球公开赛男子中年组第一名	浙江省体育局	2015.5
横村成人文化学校	浙江省企业职工培训示范基地	浙江省教育厅 省财政厅	2015.2
县信息传媒中心	2014 年度省县市区域报最具媒体影响力奖	浙江省记协县市区域报工委	2015.2
富春江镇茆坪村	浙江省历史文化村落重点村	浙江省农办	2015.5
富春江镇芦茨村	浙江省历史文化村落一般村	浙江省农办	2015.5
分水镇儒桥村	浙江省历史文化村落一般村	浙江省农办	2015.5
百江镇金塘坞村	浙江省历史文化村落一般村	浙江省农办	2015.5
百江镇奇源村	浙江省历史文化村落一般村	浙江省农办	2015.5
江南镇徐畈村	浙江省历史文化村落一般村	浙江省农办	2015.5
桐君堂药业有限公司	浙江省骨干农业龙头企业	浙江省农办 省林业厅等	2015.8
小来大农业开发公司	浙江省骨干农业龙头企业	浙江省农办 省林业厅等	2015.8
碧于天保健品公司	浙江省骨干农业龙头企业	浙江省农办 省林业厅等	2015.8
县科技局	2015 年度全省县（市、区）级防震减灾工作先进单位	浙江省地震局	2015.12
县科技局	2015 年度科技宣传与信息工作县（市、区）先进单位	浙江省科技厅	2016.3
县社会体育发展指导中心	浙江省第二届全民体育节先进单位	浙江省体育局	2015.2
桐庐图书馆	第十一届浙江省未成年人读书节组织奖	浙江省文化厅	2015.11
县广播电视台	2015 年度全省广播电视对农服务工程建设考核电视优秀奖	浙江省广电局	2015.10
县广播电视台	2015 年度全省广播电视对农服务工程建设考核广播优秀奖	浙江省广电局	2015.10
县广播电视台	2015 年度浙江新农村建设带头人评选优秀组织奖	浙江省广播电视集团	2016.1
县公路路政管理大队江南中队	省公路系统 2015 年度“十大最美示范窗口”	浙江省公路管理局	2016.1
县档案局	全省档案系统先进集体	浙江省人社厅　省档案局	2016.1
杭州银行桐庐分水支行营业部	浙江省巾帼文明岗	浙江省巾帼建功双学双比活动协调小组办公室	2016.2

续表 96

单　位	荣誉称号	颁奖单位	颁奖时间
杭州银行桐庐支行营业部	浙江省巾帼文明岗	浙江省巾帼建功双学双比活动协调小组办公室	2016.2
县第一人民医院重症监护室	浙江省巾帼文明岗	浙江省巾帼建功双学双比活动协调小组办公室	2016.2
县第一人民医院输液室	浙江省巾帼文明岗	浙江省巾帼建功双学双比活动协调小组办公室	2016.2
县财税局	浙江省文明单位	浙江省精神文明建设委员会	2015.1
县财税局	2014 年度会计管理工作绩效考核优秀单位	浙江省财政厅	2015.2
县财税局	2014 年度财政支农工作绩效考核优秀单位	浙江省财政厅	2015.2
县财税局	2014 年度全省基层财政管理工作考核先进单位	浙江省财政厅	2015.6
县财税局	2014 年度中央财政小型农田水利重点县绩效考评—第四批重点县优秀单位	浙江省财政厅 浙江省水利厅	2015.4
县财税局	《浙江财政年鉴（2015 卷）》组稿先进单位	浙江省财政厅	2015.11
县财税局	2014 年度《浙江税务》通联宣传工作成绩较突出通联组	浙江省地方税务局	2015.3
浙江艾罗电源有限公司	浙江省小微“创业成长之星”	浙江省经信委	2015.11
浙江恒大数控机床制造有限公司	浙江省小微“创业成长之星”	浙江省经信委	2015.11
浙江茂丰工艺品有限公司	浙江省小微“创业成长之星”	浙江省经信委	2015.11
桐庐特种耐火材料厂	2014 年度诚信民营企业	省精神文明建设委员会 省工商局 省民营企业发展联合会等	2015.11
杭州冠华王食品有限公司	2014 年度诚信民营企业	省精神文明建设委员会 省工商局 省民营企业发展联合会等	2015.11
富春江镇春江商行	2014 年度诚信工商户	省精神文明建设委员会 省工商局 省民营企业发展联合会等	2015.11
杭州毛源昌眼镜桐庐配镜店	2014 年度诚信工商户	省精神文明建设委员会 省工商局 省民营企业发展联合会等	2015.11

续表 96

单　位	荣誉称号	颁奖单位	颁奖时间
江南古村落风景区	中国农耕文化海外留学生实践基地	浙江理大大学传播学院	2015.7
江南古村落风景区	2015 杭州浙西旅游休闲目的地	第十一届杭州・浙西旅游合作峰会	2015.11
江南古村落风景区	2015 年度最受欢迎乡村旅游目的地	2015 浙江旅游总评榜	2016.1
江南镇人民政府	第二批浙江省体育特色乡镇称号	浙江省体育局	2015.1
江南镇鼓楼社区	获省级社区体育健身俱乐部称号	浙江省体育局	2015.10
江南镇前村村	获省级老年人体育活动中心（俱乐部）称号	浙江省体育局	2015.10
江南镇深澳村	体育场地提升工程获杭州市村级称号	浙江省体育局	2015.10
江南镇深澳村	农民体育健身工程获杭州市小康体育村	浙江省体育局	2015.10
江南镇横山埠村	农民体育健身工程获杭州市小康体育村	浙江省体育局	2015.10
江南镇珠山村	农民体育健身工程获杭州市小康体育村	浙江省体育局	2015.10

获奖个人

表 97

姓　名	2 作单位	荣誉称号	颁奖单位	颁奖时间
周　敏	县委宣传部	2015 年暑期“春泥计划”“最美春泥使者”	省文明办 省教育厅 团省委	2015.11
许元元	县职业技术学校	2015 年浙江省技术能手	省中职技校教师技能赛组委会	2015.1
周　玲	县滨江幼儿园	2015 年浙江省中小学教坛新秀	浙江省教育厅	2015.9
于　江	桐庐中学	2015 年浙江省中小学教坛新秀	浙江省教育厅	2015.9
滕雷锋	旧县中心学校	2015 年浙江省中小学教坛新秀	浙江省教育厅	2015.9
徐水根	分水高级中学	浙江省第四届德育先进个人	浙江省教育厅	2015.9
严祥秀	富春江镇上泗村	浙江省最美家庭	浙江省妇联	2015.5
陈　丽	杭州银行桐庐支行	浙江省巾帼建功标兵	浙江省巾帼建功双学双比活动协调小组办公室	2016.2
储云峰	县环保局	最美浙江人・最美环保人	浙江省委宣传部 省环保厅	2015.6
潘富明	县国税局	全省国税系统股息红利非居民税收检查工作三等功	浙江省国税局	2015.3

续表 97

姓　名	2 作单位	荣誉称号	颁奖单位	颁奖时间
赵智良	县国税局	全省国税系统股息红利非居民税收检查工作获嘉奖	浙江省国税局	2015.3
朱卫英	县科技局	2015 年度全省县（市、区）级防震减灾工作先进个人	浙江省地震局	2015.12
舒玉春	县非物质文化遗产保护中心	“陆维钊奖”浙江省第七届青年书法篆刻展银奖作品	浙江省书法家协会	2015.8
沈　伟	社会体育指导中心	2015 年度《体坛报》宣传推广先进个人	浙江省体育总会	2015.7
周仕潮	县图书馆	第十一届浙江省未成年人读书节优秀服务奖	浙江省文化厅	2015.11
汪辉霞	县文化馆	论文《农村文化礼堂建管用一体化规律研到究》在浙江省“农村文化礼堂建设”理论研究征文大赛中获三等奖	浙江省文化厅	2015.12
汪辉霞	县文化馆	《文化馆数字服务平台建设思考》获浙江“数字文化馆建设”征文三等奖	浙江省文化厅	2015.6
汪辉霞	县文化馆	故事《误入歧途》在“美丽家园”省第九届新故事作品征文大赛中获三等奖	浙江省文化厅	2015.6
汪辉霞	县文化馆	《浅谈文化艺术档案的鉴定工作》在第七届浙江省艺术档案征文中获三等奖	浙江省文化厅	2015.10
方　晓	县财税局	浙江省纳税服务之星	浙江省地方税务局	2015.3
肖冠林	县财税局	2014 年度《浙江税务》通联宣传工作成绩较突出通讯员	浙江省地方税务局	2015.3
郑　赟	县财税局	2015 年度省会计学会论文二等奖	浙江省会计学会	2015.12
岑　昱	县财税局	2015 年度全省财政系统调研报告二等奖	浙江省财政厅	2015.12
吴俊华	县财税局	浙江省财政厅调研课题三等奖	浙江省财政厅	2015.12
谢雪宏	县财税局	浙江省财政厅调研课题三等奖	浙江省财政厅	2015.12
濮文鑫	县财税局	浙江省财政厅调研课题三等奖	浙江省财政厅	2015.12
黄敏儿	县财税局	浙江省计财专业人才库	浙江省地方税务局	2015.7
李建斌	县财税局	浙江省财政系统新预算法剧本征集动画剧本类三等奖	浙江省财政厅	2015.10

续表 97

姓　名	2 作单位	荣誉称号	颁奖单位	颁奖时间
皇甫炎标	县财税局	“纪念抗战胜利 70 周年暨第二届浙江省公务员书画展”二等奖	浙江省人民政府参事室 浙江省文史研究馆	2015.8
毛正伟	县财税局	2015 年浙江国际传统武术比赛 24 式太极拳（简化）第 2 名	浙江省体育局 省对外友协	2015.7
毛正伟	县财税局	2015 年浙江国际传统武术比赛 42 式太极剑第 2 名	浙江省体育局 省对外友协	2015.7
毛正伟	县财税局	2015 年浙江国际传统武术比赛杨式传统太极拳第 3 名	浙江省体育局 省对外友协	2015.7
陆文强	中信银行桐庐支行	浙江省银行业金融机构安全评估工作成绩突出个人	省公安厅　省银监局	2015.12
项芳农	江南镇人民政府	年度旅游新锐人物	十一届杭州·浙西旅游合作峰会	2015.11
申屠飞东	江南镇深澳村	彩灯作品《双麒麟》获“中国梦·梁祝情”浙江省民间灯彩比赛银奖	省民间文艺家协会	2015.11

·中共杭州市委 市政府颁发的荣誉称号·

获奖单位

表 98

单　位	荣誉称号	颁奖单位	颁奖时间
桐庐县	2015 年度城乡区域统筹发展（新农村建设）工作优秀单位	中共杭州市委 市人民政府	2016.2
桐庐县	2015 年度杭州市“五水共治”工作先进县	中共杭州市委 市人民政府	2016.2
瑶琳镇	2015 年度综治维稳工作先进集体	中共杭州市委 市人民政府	2016.2
凤川街道	2015 年度综治维稳工作先进集体	中共杭州市委 市人民政府	2016.2
合村乡	2015 年度综治维稳工作先进集体	中共杭州市委 市人民政府	2016.2
莪山乡	2015 年度综治维稳工作先进集体	中共杭州市委 市人民政府	2016.2
县公安局	2015 年度综治维稳工作先进集体	中共杭州市委 市人民政府	2016.2
县委组织部	2015 年度综治维稳工作先进集体	中共杭州市委 市人民政府	2016.2
县安全监管局	2015 年度综治维稳工作先进集体	中共杭州市委 市人民政府	2016.2
县城管局	2015 年度综治维稳工作先进集体	中共杭州市委 市人民政府	2016.2

续表 98

单　位	荣誉称号	颁奖单位	颁奖时间
桐君街道	2015年度平安综治维稳“示范乡镇(街道)”	中共杭州市委 市人民政府	2016.2
富春江镇	2015年度平安综治维稳“示范乡镇(街道)”	中共杭州市委 市人民政府	2016.2
桐君街道	2015年度“无邪教乡镇（街道）”创建工作先进单位	中共杭州市委 市人民政府	2016.2
百江镇	2015年度“无邪教乡镇（街道）”创建工作先进单位	中共杭州市委 市人民政府	2016.2
江南镇	2015年度“无邪教乡镇（街道）”创建工作先进单位	中共杭州市委 市人民政府	2016.2
瑶琳镇	2015年度“无邪教乡镇（街道）”创建工作先进单位	中共杭州市委 市人民政府	2016.2
钟山乡	2015年度“无邪教乡镇（街道）”创建工作先进单位	中共杭州市委 市人民政府	2016.2
科德磁业公司	杭州市模范集体	中共杭州市委　市人民政府	2016.4
县妇保院妇产科	杭州市模范集体	中共杭州市委　市人民政府	2016.4
县公共信息服务中心	杭州市模范集体	中共杭州市委　市人民政府	2016.4
千芝雅公司人力资源部	杭州市模范集体	中共杭州市委　市人民政府	2016.4
县万里公交公司公交11路	杭州市模范集体	中共杭州市委　市人民政府	2016.4
分水镇大路村村委会	杭州市模范集体	中共杭州市委　市人民政府	2016.4
钟山蜜梨专业合作社	杭州市模范集体	中共杭州市委　市人民政府	2016.4

获奖个人

表 99

姓　名	2作单位	荣誉称号	颁奖单位	颁奖时间
汪　东	县委政法委	2015年度综治维稳工作先进个人	中共杭州市委　市人民政府	2016.2
洪春潮	县公安局	2015年度综治维稳工作先进个人	中共杭州市委　市人民政府	2016.2
朱红卫	县开发区管委会	2015年度综治维稳工作先进个人	中共杭州市委　市人民政府	2016.2
董永泉	县住建局	2015年度综治维稳工作先进个人	中共杭州市委　市人民政府	2016.2
杨建丽	县信访局	2015年度综治维稳工作先进个人	中共杭州市委　市人民政府	2016.2
叶建新	县行政服务中心	2015年度综治维稳工作先进个人	中共杭州市委　市人民政府	2016.2
高　森	江南镇政府	2015年度综治维稳工作先进个人	中共杭州市委　市人民政府	2016.2

续表 99

姓　名	2 作单位	荣誉称号	颁奖单位	颁奖时间
王再生	钟山乡政府	2015 年度综治维稳工作先进个人	中共杭州市委　市人民政府	2016. 2
潘武军	新合乡政府	2015 年度综治维稳工作先进个人	中共杭州市委　市人民政府	2016. 2
胡　剑	县开发区管委会	2015 年度综治维稳工作先进个人	中共杭州市委　市人民政府	2016. 2
申屠增标	富春江镇	2015 年度杭州市十佳公务员	中共杭州市委　市人民政府	2016. 4
陈革新	丹可装饰品公司	杭州市劳动模范	中共杭州市委　市人民政府	2016. 4
储云峰	县环保局	杭州市劳动模范	中共杭州市委　市人民政府	2016. 4
刘金军	县公安局	杭州市劳动模范	中共杭州市委　市人民政府	2016. 4
钱根云	县环卫处	杭州市劳动模范	中共杭州市委　市人民政府	2016. 4
俞雪华	富力纺织公司	杭州市劳动模范	中共杭州市委　市人民政府	2016. 4
胡鸿藻	桐江职业技术学校	杭州市劳动模范	中共杭州市委　市人民政府	2016. 4
李新丽	裕泰拉链公司	杭州市劳动模范	中共杭州市委　市人民政府	2016. 4
王昌平	县农林局	杭州市劳动模范	中共杭州市委　市人民政府	2016. 4
袁建民	富春江干堤加固工程指挥部	杭州市劳动模范	中共杭州市委　市人民政府	2016. 4
胡红群	县农商银行	杭州市劳动模范	中共杭州市委　市人民政府	2016. 4
俞龙生	龙生股份	杭州市劳动模范	中共杭州市委　市人民政府	2016. 4
王良忠	旧县街道西武山村	杭州市劳动模范	中共杭州市委　市人民政府	2016. 4
郑春强	天厨蜜源公司	杭州市劳动模范	中共杭州市委　市人民政府	2016. 4
喻韦国	恒信农业开发公司	杭州市劳动模范	中共杭州市委　市人民政府	2016. 4

·2015 年度乡镇（街道）基层党建目标考核·

【优秀等次】

富春江镇党委　　合村乡党委
百江镇党委　　分水镇党委
瑶琳镇党委　　莪山乡党委
桐君街道党工委　　江南镇党委

【良好等次】

凤川街道党工委　　横村镇党委
城南街道党工委　　钟山乡党委
新合乡党委　　旧县街道党工委

·2015 年度乡镇（街道）重大平台和县直单位综合考评·

【最佳乡镇（街道）班子】

桐君街道　　合村乡

【乡镇（街道） 重大平台综合考评优秀等次】

桐君街道　分水镇
城南街道　合村乡
莪山乡　瑶琳镇
横村镇　富春江镇
经济开发区（科技城）

【乡镇（街道）重大平台综合考评良好等次】

江南镇　凤川街道
钟山乡　百江镇
新合乡　旧县街道
迎春商务区　富春山健康城

【县直单位综合考评优秀单位】

县财政（地税）局　县发改局
县交运局　县农办
县人社局　县商务局
县公安局　县国税局
县市场监管局　县委组织部
县委宣传部　县委统战部
县委党校　县法院
县委办　县人大办
县政府办　县政协办
县纪委（监察局）

【县直单位综合考评良好单位】

县环保局　县经信局
县农林局　县国土局
县教育局　县卫计局
县文广新局　县城管局
县统计局　县委政法委
县妇联　县广播电视台
县行政服务中心　县编委办
县检察院　农村合作银行

【县直单位综合考评达标单位】

县住建局　县水利水电局
县科技局　县民政局
县旅委　国网桐庐县供电公司
县残联　县气象局
县审计局　县安监局
县司法局　县供销总社
县机关事务局　县总工会
县信息传媒中心　县老干部局
县住房公积金中心　县信访局
县文联　团县委
县工商联　消防大队
县档案局　县委党史研究室
县科协　县直机关工委
县拆迁办　人民银行桐庐支行
银监办　分水江工程管理局

【最佳服务型机关】

县公安局　县人社局
县财政（地税）局　县农办
县委组织部　县委宣传部

【节约型单位】

县老干部局　县安监局
县统计局　县法院
县纪委（监察局）

【特色创新项目一等奖】

桐君街道：创新基层社会治理 打造“桐君360”群防群治模式
横村镇：强化政府引导 把握经济规律 破解“烂尾”难题
经济开发区（科技城）：实施“一守二查三盘”三步工作法 全面推进园区低产地改造
县市场监管局：打造企业工商注册登记“桐庐速度”
县国土局：结合省“坡地村镇”建设用地试点，推进低丘缓坡林地综合利用
县农办：创新强化农村集体“三资”管理
县信访局：探索实施信访综合评价机制
县文广新局：实施大型文化主题演出《春江花月夜》

【特色创新项目二等奖】

瑶琳镇：“村规＋民约”“积善＋积分”发挥群众主体作用创新基层社会治理
合村乡：“农有、农治、农享”探索建设农民之家创业
富春江镇：依托城乡优势 打造慢生活特色小镇
县环保局：建立“智慧环保”新体系 提升科学监管新优势
县编委办：挖掘编制资源潜力，提高编制

资源效用

县委组织部：着力打造敢于担当干部队伍

县经信局：建立工业企业“零土地”技改项目审批制度改革

县纪委（监察局）：深化开展农村基层侵害群众利益问题专项整治行动

【特色创新项目三等奖】

凤川街道：一把尺子量 征迁不再难

分水镇：以“四位一体”打造美丽乡村升级版

莪山乡：经营农村闲置资源　促进偏远山村加快发展

县住建局：“房票安置暨房票互动中心”创新项目

县人社局：“人机共审、智慧监管”推进医保智能审核系统建设

县发改局：实施省市特色小镇创建计划，构筑产业发展新平台

县行政服务中心：《办证一本通》打造办证版“度娘”方便你我他

县民政局：推进养老机构微型化

·经济责任制专项考核结果·

【乡镇（街道）　重大平台一等奖】

横村镇　分水镇　经济开发区（科技城）

【乡镇（街道）　重大平台二等奖】

城南街道　钟山乡　迎春商务区

【乡镇（街道）　重大平台三等奖】

桐君街道　莪山乡　合村乡

富春山健康城

【县直单位经济责任制主要责任部门一等奖】

县经信局

【县直单位经济责任制主要责任部门二等奖】

县发改局　县商务局

【县直单位经济责任制联动部门一等奖】

县国税局

【县直单位经济责任制联动部门二等奖】

县国土局　县财政（地税）局　县统计局

【县直单位经济责任制保障部门一等奖】

县公安局

【县直单位经济责任制保障部门二等奖】

县城管局　县拆迁办　县行政服务中心

县安监局　人民银行桐庐支行

国网桐庐县供电公司

【“千企评百岗”优化发展环境先进科室（窗口）】

县人社局劳动和社会保障监察大队

县财政（地税）局稽查局

县国税局稽查局

县人社局社会保险委员会办公室

县行政服务中心国税窗口

县财政（地税）局税政管理科

县统计局城乡统计科

县行政服务中心发改窗口

县商务局电子商务服务中心

县市场监管局企业监管科

【“千企评百岗”优化发展环境先进个人】

县人社局监察大队　肖忠毅

县财政（地税）局稽查局　吴旭明

县国税局稽查局　潘照军

县人社局社险办　严　伟

县行政服务中心国税窗口　朱秀美

县财政（地税）局税政管理科　童海鹏

县统计局城乡统计科　万　月

县行政服务中心发改窗口　蔡　翼

县商务局电子商务服务中心　施琼芬

县市场监管局企业监管科　沈文荣

·2013—2015年度桐庐县劳动模范和模范集体·

【桐庐县劳动模范】

朱祖德　桐庐潇洒出租车有限责任公司

傅勇强　桐庐信息传媒中心

张国根　杭州立帆塑料制品有限公司

扶　俊　桐庐县水利水电局江堤管理所

陆群英　桐君街道迎春社区

孟军燕　桐庐开元名都大酒店

马友毅　桐庐县殡仪馆

江小军　浙江施强制药有限公司

叶亚春　桐庐县教育局教研室

虞含琴　密尔沃基（桐庐）阀门公司

濮跃林　桐庐县制笔行业协会
丁高明　桐庐奔腾建材制品有限公司
赵莉莉　杭州霍普曼电梯有限公司
李　锋　中国移动桐庐分公司
戴小明　桐庐县第一人民医院
王小娟　桐庐县农业产业化办公室
肖忠毅　桐庐县劳动和社会保障监察大队
江芬儿　杭州冠华王食品有限公司
胡江平　桐庐县江南镇锦江村
沈柏潮　桐庐县分水镇后岩村

【桐庐县模范集体】

浙江金贝能源科技有限公司
杭州水晶运动机械股份有限公司
浙江桐庐恒丰村镇银行股份有限公司
桐庐县地方税务局城关税务分局
春江阀门省级高新技术企业研究开发中心
桐庐县市场监督管理局行政许可科
桐庐中学物理教研组
国网浙江桐庐县供电公司配网带电作业班
莪山乡新丰民族村村民委员会
桐庐屏峰樱桃专业合作社

【桐庐县优秀共产党员】

程水明　县中医院
皇甫伟　县公安局交警大队

·2015年度桐庐县平安 综治（维稳）信访工作先进单位和先进个人·

【平安乡镇（街道）】

桐君街道　城南街道　旧县街道
凤川街道　富春江镇　江南镇
新合乡　横村镇　莪山乡
钟山乡　瑶琳镇　分水镇
百江镇　合村乡

【创建“平安桐庐”工作先进单位】

县委组织部　县公安局　县安监局
县城管局　县住建局　桐君街道
富春江镇　瑶琳镇　凤川街道
合村乡　莪山乡

【县级信访与“12345”工作先进单位】

桐君街道　凤川街道　富春江镇
瑶琳镇　钟山乡　县公安局
县住建局　县交运局　县国土局
开发区管委会

【县级信访与“12345”工作先进个人】

杨新忠（城南街道）　戴丽芬（旧县街道）
申屠伊里（江南镇）　邵明峰（横村镇）
唐胜兰（分水镇）　陆勇平（百江镇）
潘武军（新合乡）　陈根仁（合村乡）
虞剑平（县人社局）　吴洲红（县信访局）

·2015年度文明村·

【文明村】

桐君街道：麻蓬村　阆苑村　浮桥埠村
城南街道：下轮村　湾里村　金溪村
　　　　　春江村　金牛村
凤川街道：潇源村　翙岗村
分 水 镇：百岁坊村
横 村 镇：孙家村　龙伏村
富春江镇：横山村　芦茨村

·2015年度武装工作先进单位和先进个人·

【党管武装好书记】

周海静　桐君街道党工委书记
申屠增标　富春江镇党委书记
施建华　分水镇党委书记
金焕梁　瑶琳镇党委书记
邵黎明　百江镇党委书记
周萍英　合村乡党委书记

【先进基层武装部】

桐君街道武装部　江南镇武装部
横村镇武装部　百江镇武装部
开发区武装部

【优秀专武干部】

计先平　桐君街道武装部部长
留　锋　富春江镇武装部部长
徐晓峰　莪山乡武装部部长
诸立铭　新合乡武装部部长
杨芳根　江南镇武装部副部长
虞剑峰　富春江镇武装部副部长
毛黎兵　瑶琳镇武装部副部长

【民兵连长标兵】

戴华峰　桐君街道阆苑村民兵连长
黄　辉　城南街道滩头村民兵连长
申屠增儿　江南镇深澳村民兵连长
邵　辉　富春江镇七里泷村民兵连长
吴世军　瑶琳镇东琳村民兵连长

·2015年桐庐县抗雪防冻工作先进集体和个人·

【先进集体】

县气象局
县应急管理办公室
县人武部军事科
县农林局农业和林业技术推广中心
县防汛防旱指挥部办公室
县住建局市政园林建设管理处
县住建局房地产管理处
县公安局交通警察大队
国网桐庐供电公司分水供电所
国网桐庐供电公司横村供电所
国网桐庐供电公司江南供电所
县交运局公路管理段
县交运局道路运输管理处
桐庐飞腾公路工程有限公司
县城市管理局环境卫生管理处
县城市管理局直属一中队
县民政局救助管理站
县广播电视台
县信息传媒中心
县城投集团水务有限公司
县城投集团城市基础建设有限公司
县消防大队
桐君街道阆苑村
城南街道民兵应急分队
旧县街道合岭村
凤川街道办事处
江南镇樟坞村
横村镇白云村
富春江镇石舍村
瑶琳镇人民政府
分水镇人民政府
百江镇人民政府
莪山畲族乡塘联村
莪山畲族乡新丰民族村
新合乡新四村　新合乡松山村
钟山乡人民政府　钟山乡歌舞村
合村乡岭源村　合村乡合村村
县“彩虹公益”极速救援队
县阳光应急救援服务中心
浙江中鹰建筑有限公司

【先进个人（记三等功）】

县气象局：章莹菁　县住建局：柴生标
国网桐庐供电公司：王　鑫　王　阳
县交运局：张军强　傅红锋
县城市管理局：宋文伟　张鹏超
县广播电视台：申屠军华
县信息传媒中心：梁　波
县城投集团：王　新
桐君街道：方纪锋　城南街道：柯建萍
旧县街道：沈雪军　凤川街道：吴来洪
江南镇：汪来仁　横村镇：邵宝兴
富春江镇：虞剑峰　瑶琳镇：胡　飞
分水镇：许　泰　百江镇：程贤明
莪山乡：马　聪　俞杭琴
新合乡：潘武军　许　杰
钟山乡：李　芸　王长春
合村乡：杨志强　徐　成

·2015年度桐庐县工业经济工作先进乡镇（街道）及开发区·

【2015年度园区建设“创先争优”奖一等奖】

开发区管委会

【2015年度园区建设“创先争优”奖二等奖】

江南镇　分水镇

【2015年度园区建设“创先争优”奖三等奖】

富春江镇　凤川街道　瑶琳镇

【2015桐庐县政府质量奖获奖企业】

杭州舒泰卫生用品有限公司
杭州冠华王食品有限公司
杭州祥龙钻探设备科技股份有限公司

【2015年度桐庐县纳税大户】

浙江桐庐农村合作银行

桐庐顺和置业有限公司
杭州杰伦货运有限公司
桐庐安顺快递服务有限公司
国网浙江桐庐县供电公司
国网新源水电有限公司富春江水力发电厂
杭州桦桐家私集团有限公司
杭州市烟草公司桐庐分公司
桐庐南方水泥有限公司
杭州海康威视电子有限公司
桐庐通泽物流有限公司
浙江龙生汽车部件股份有限公司
浙江宏兴建设有限公司
桐庐红狮水泥有限公司
浙江中鹰建筑有限公司
浙江施强制药有限公司
浙江瑞能通信科技股份有限公司
杭州泛亚卫浴股份有限公司
中信证券桐庐迎春南路营业部
杭州康基医疗器械有限公司
浙江富泰建设有限公司
浙富控股集团股份有限公司
杭州三朵花印务有限公司
桐庐美仑置业有限公司
杭州东方文化园桐庐旅业开发有限公司
东芝水电设备（杭州）有限公司
浙江桐庐恒丰村镇银行股份有限公司
桐庐碧桂园房地产开发有限公司
桐庐博光信息技术服务部
杭州煜凯服饰有限公司
杭州同仁豫实业有限公司
桐君堂药业有限公司
杭州力高旅游用品有限公司
中艺花边集团有限公司
杭州市桐庐县富汇小额贷款股份有限公司
桐庐电力开发有限公司
桐庐县万里长运有限公司
杭州市桐庐县浙富小额贷款股份有限公司
杭州绫绣针织有限公司
浙江中豪管桩有限公司
浙江鑫龙房产开发有限公司
杭州游龙针织有限公司
浙江环益资源利用有限公司
桐庐云都房产开发有限公司
桐庐大润发商业有限公司
桐庐奔腾建材制品有限公司
桐庐中顺房地产开发有限公司
杭州立山皮件有限公司
浙江金贝能源科技有限公司
桐庐大奇山郡置业有限公司

·2015年度发展开放型经济先进单位和先进个人·

【开放型经济工作先进单位】

县财政（地税）局　县国家税务局
县外汇管理局　县商务局
横村镇人民政府　城南街道办事处
分水镇人民政府　桐君街道办事处

【优化开放型经济发展环境先进个人】

县财政地税局　黄　凌
县国税局　王亚洪
县外汇管理局　倪　一
县商务局　陈　峰
横村镇　吴　滨
开发区管委会　邓　蓓
商务区管委会　盛晓丹
凤川街道　王　斌
富春江镇　华良东
桐君街道　王　芬
江南镇　钟　勋
旧县街道　蒲　赟

·2015年度招商引资工作先进单位和先进个人·

【乡镇（街道、重大平台）招商引资工作一等奖】

开发区管委会

【乡镇（街道、重大平台）招商引资工作二等奖】

横村镇　桐君街　道分水镇

【乡镇（街道、重大平台）招商引资工作三等奖】

富春江镇　江南镇　城南街道
商务区管委会　瑶琳镇

【完成任务奖】

健康城管委会　凤川街道　合村乡
莪山乡　钟山乡　新合乡
百江镇　旧县街道

【部门招商引资工作先进单位】

县商务局　县国土局　县农办
县发改局　县外管局　县统计局
县财政局　县国税局　县总工会
县市场监管局

【支持浙商创业创新工作先进单位】

县住建局　县工商联　商务区管委会
富春江镇　城南街道　江南镇
瑶琳镇　百江镇　钟山乡

【招商引资先进个人】

横村镇　韩欣宇
开发区管委会　王文霞
江南镇　方　新
富春江镇　钟锋平
合村乡　乔国忠
商务区管委会　周钰明
瑶琳镇　袁恩惠
县统计局　范　欢
县商务局　陈　峰
县财政局　姚国明
县发改局　赵　浩

·2015年度桐庐县突出贡献企业及工业经济创业创新先进单位和先进个人·

【突出贡献企业及工业经济创业创新杰出人物一等奖】

杭州桦桐家私集团有限公司　谢智通

【突出贡献企业及工业经济创业创新杰出人物二等奖】

桐庐富春江织造集团有限公司　胡晓明
桐庐南方水泥有限公司　张松立
桐庐红狮水泥有限公司　江海增

【突出贡献企业及工业经济创业创新杰出人物三等奖】

浙江龙生汽车部件股份有限公司　郑玉英
浙江瑞能通信科技股份有限公司　王荣超
浙江奥鑫控股集团有限公司　张银娟
浙富控股集团股份有限公司　孙　毅
杭州泛亚卫浴股份有限公司　叶如君

【突出贡献企业及工业经济创业创新杰出人物优秀奖】

力高控股有限公司　陈晓军
浙江施强制药有限公司　虞陆平
中艺花边集团有限公司　赵　丹
东芝水电设备(杭州)有限公司　户田一典
杭州三朵花印务有限公司　徐　敏
浙江金贝能源科技有限公司　李新富
桐庐奔腾建材制品有限公司　丁高明
杭州绫绣针织有限公司　丁国忠
杭州煜凯服饰有限公司　朱言玉
桐庐宏基源混凝土有限公司　鲍其成

【工业重点企业】

桐庐南方水泥有限公司
杭州桦桐家私集团有限公司
桐庐红狮水泥有限公司
浙富控股集团股份有限公司
桐庐富春江织造集团有限公司
东芝水电设备（杭州）有限公司
力高控股有限公司
浙江环益资源利用有限公司
浙江龙生汽车部件股份有限公司
浙江奥鑫控股集团有限公司
浙江施强制药有限公司
杭州泛亚卫浴股份有限公司
浙江瑞能通信科技有限公司
中艺花边集团有限公司
浙江金贝能源科技有限公司
杭州三朵花印务有限公司
杭州绫绣针织有限公司
杭州游龙针织有限公司
桐庐奔腾建材制品有限公司
杭州煜凯服饰有限公司
杭州霍普曼电梯有限公司
桐庐宏基源混凝土有限公司
杭州康基医疗器械有限公司
浙江汉德邦建材有限公司

杭州千芝雅卫生用品有限公司
通用电气生物科技（杭州）有限公司
杭州金慧达集团有限公司
桐庐中汽商用汽车零部件有限公司
浙江艾罗电源有限公司
浙江凯胜畜产品加工有限公司
杭州升惠机械有限公司
杭州舒泰卫生用品有限公司
杭州春江阀门有限公司
密尔沃基（桐庐）阀门有限公司
杭州欣源电梯部件有限公司
杭州老桐君制药有限公司
今麦郎饮品（杭州）有限公司
杭州新华纸业有限公司
杭州富士达特种材料股份有限公司
杭州运东建材有限公司
杭州伊贝实业有限公司
杭州水晶运动机械股份有限公司
浙江中泰深冷设备有限公司
杭州立升塑胶制品有限公司
桐庐华博混凝土有限公司
福朗特机电科技有限公司
杭州介通电缆保护管有限公司
杭州蜂之语蜂业股份有限公司
浙江子陵水泥制品有限公司
浙江省桐庐汇丰生物科技有限公司

·亩产贡献十强企业·

【一等奖】

杭州煜凯服饰有限公司

【二等奖】

浙江艾罗电源有限公司
桐庐宏基源混凝土有限公司
桐庐富春江织造集团有限公司

【三等奖】

杭州升惠机械有限公司
杭州久满固建筑材料有限公司
杭州华盛围巾有限公司
杭州力高旅游用品有限公司
杭州游龙针织有限公司
杭州玉兔针纺织有限公司

【空间换地先进企业】

杭州华盛围巾有限公司
桐庐中浩塑料机械有限公司
桐庐县金大笔业有限公司
桐庐联宏包装科技有限公司
桐庐红叶制笔厂
桐庐君英针织有限公司
桐庐明浩制笔厂
桐庐鼎宏机械制造有限公司
杭州宝诺针纺织有限公司
桐庐多乐文具有限公司
杭州桐庐医达器械设备有限公司
杭州三立电炉有限公司
桐庐伟丰压花有限公司
桐庐宏靓制笔有限公司
桐庐云伟制笔厂
桐庐龙腾制笔厂

【信息化示范（试点）企业】

杭州桦桐家私集团有限公司
杭州康基医疗器械有限公司
浙江金贝能源科技有限公司
浙江天松医疗器械股份有限公司
杭州市飞腾针纺有限公司
桐庐优视医疗器械有限公司
浙江申达斯奥医疗器械有限公司
杭州桐庐华盛拉丝机械有限公司
杭州立威化工涂料有限公司
杭州缔高家具制造有限公司

【品牌建设先进企业】

杭州舒泰卫生用品有限公司
浙江申达斯奥医疗器械有限公司
杭州祥龙钻探设备科技股份有限公司
杭州康友医疗设备有限公司
杭州桐庐医达器械设备有限公司
桐庐瑶琳永明电线电缆厂
杭州鑫煌照明科技有限公司
浙江瑞能通信科技股份有限公司

【标准起草先进企业】

杭州富士达特种材料股份有限公司
杭州春江阀门有限公司

东芝水电（杭州）有限公司
浙江富春江水电设备有限公司
浙江汉德邦建材有限公司
杭州天汇精细化工有限公司

·工业循环经济先进企业·

【清洁生产先进企业】

桐庐新合电镀制品有限公司
杭州安仁幕墙工程有限公司
浙江龙生汽车部件股份有限公司
杭州和韵科技有限公司
杭州煜凯服饰有限公司
杭州华大海天科技有限公司
桐庐圆通印务有限公司
杭州长富金属制品有限公司
桐庐格鲁新型建材有限公司
浙江三源织造有限公司
杭州老桐君制药有限公司
桐庐七里泷污水处理有限公司
桐庐金中纸业有限公司
桐庐方氏特种纸业有限公司
杭州欣源电梯部件有限公司
桐庐富春车圈纸业有限公司
桐庐南方水泥有限公司
桐庐千红笔业有限责任公司
桐庐红狮水泥有限公司
浙江汉德邦建材有限公司
桐庐盛运环保电力有限公司
桐庐信雅达热电有限公司
杭州恒达海绵有限公司
杭州金鹤来食品添加剂有限公司
东芝水电设备（杭州）有限公司
浙江富春江水电设备有限公司
杭州立威化工涂料有限公司
浙江佳业达装饰工程有限公司
杭州固博幕墙装饰有限公司
杭州伊贝实业有限公司
浙江永诚石材工程有限公司
杭州荣竣装饰工程有限公司
浙江省桐庐汇丰生物科技有限公司
杭州程泰金属制品有限公司

【节能与工业循环经济项目投资先进企业】

通用电气生物科技（杭州）有限公司
杭州立升塑胶制品有限公司
东芝水电设备（杭州）有限公司
杭州泛亚卫浴股份有限公司
杭州商莱金属科技有限公司
桐庐县窄溪工艺电镀厂
杭州汇家卫浴股份有限公司
桐庐孔惠纺织有限公司

【实施合同能源管理项目先进单位】

杭州鑫煌照明科技有限公司

【先进工信行业协会（先进基层商会）】

桐庐县企业联合会／桐庐县企业家协会
桐庐县制笔行业协会
桐庐县建材工业协会
桐庐县服装纺织工业协会
桐庐县电子商务协会
北京浙江桐庐商会
桐庐县江南镇商会
桐庐县新生代企业家联谊会
桐庐县横村镇凤联村商会
桐庐县分水五金机械协会
桐庐县苗木行业商会
桐庐县横村镇双溪村商会
桐庐县横村镇香山村商会
桐庐县横村镇柳茂村商会
桐庐县横村镇阳山畈村商会
桐庐县横村镇胜峰村商会
桐庐县横村镇后岭村商会
桐庐县桐君街道迎春社区商会
桐庐县江南镇环溪村商会
桐庐县江南镇荻浦村商会
桐庐县钟山乡夏塘村商会
桐庐县莪山民族村商会
桐庐县横村镇上唐村商会
桐庐县横村镇白云村商会
桐庐县横村镇元村村商会
桐庐县桐君街道梅蓉村商会
桐庐县桐君街道洋塘社区商会
桐庐县新合乡新四村商会

桐庐南门商会

·2015年度旅游工作先进单位和先进个人·

【桐庐县优秀旅游景区】

瑶琳仙境景区

垂云通天河景区

大奇山国家森林公园景区

天子地生态风景旅游区

雅鲁（大溪峡）漂流景区

【桐庐县优秀旅游饭店】

桐庐开元名都大酒店

桐庐海博大酒店

桐庐世贸大酒店

桐庐金鑫宾馆

【桐庐县优秀旅行社】

桐庐中国旅行社

桐庐富春江潇洒桐庐旅行社

桐庐风华旅行社

桐庐银洲旅行社

桐庐缤纷假期旅行社

桐庐天天假期旅行社

【杭州市金牌导游员】

吴水英　桐庐中国旅行社

袁久红　桐庐中国旅行社

尹　晨　桐庐富春江潇洒桐庐旅行社

【桐庐县优秀导游员】

郑　勇　桐庐富春江潇洒桐庐旅行社

江　槟　桐庐风华旅行社

奚萍萍　桐庐星晨旅行社

朱丽芳　桐庐中国旅行社

余晶雯　桐庐中国旅行社

潘　莲　桐庐自由人旅行社

杨敏慧　桐庐彩红旅行社

申屠奇珍　桐庐锦华旅行社

姚红丰　桐庐中侨旅行社

汪梅红　桐庐中青旅旅行社

【桐庐县优秀旅游营销员】

雷校鹏　浙江富春江旅游股份有限公司

柴炳昌　浙江富春江旅游股份有限公司

邢升伟　浙江富春江旅游股份有限公司

叶国华　桐庐垂云通天河旅游有限公司

祝伟良　桐庐中国旅行社有限公司

祁鲁根　桐庐虎啸峡旅游开发有限公司

黄少涛　桐庐富春江华怡旅游发展有限公司

皇甫杰　桐庐画城旅游营销有限公司

汪元光　杭州巴比松米勒旅游开发有限公司

汪　东　桐庐红石湾旅游开发有限公司

·2015年度“风景桐庐”建设“五水共治”“三改一拆”“无违建县”创建工作先进单位和先进个人·

【“风景桐庐”建设先进单位】

桐君街道　城南街道

凤川街道　分水镇

横村镇　江南镇

富春江镇　瑶琳镇

百江镇　莪山乡

合村乡　经济开发区（科技城）管委会

县农办　县住建局

县交运局　县农林局

县城投集团

【“风景桐庐”建设先进个人】

桐君街道　方丽琴　城南街道　程　虎

凤川街道　何兴华　旧县街道　苏建军

分水镇　韩　炬　横村镇　俞　路

江南镇　胡建义　富春江镇　张　烈

瑶琳镇　徐　晓　百江镇　吴　斐

钟山乡　董　栋　新合乡　雷树言

莪山乡　皇甫秋燕　合村乡　楼　宇

县农办　施宇昕　县住建局　郑　顶

县公安局　孟祥中　县环保局　陈　辰

县旅委　吴　峥　县交运局　吴新华

县国土局　戴志洪　县农林局　梅迎春

县城管局　王建民　县文广新局　胡应龙

县水利局　应　知　县清洁办　方立新

开发区　黄作之　城投集团　闻荣杰

【“五水共治”建设先进单位】

富春江镇　合村乡

桐君街道　分水镇

莪山乡　百江镇

县委宣传部　　县环保局
县住建局　　县水利水电局
县农林局

【“五水共治”建设先进个人】

桐君街道　　吴　泽
城南街道　　陈　红
旧县街道　　方茂仁
凤川街道　　吴　旻
江南镇　　方仕贤
横村镇　　王　锐
富春江镇　　宋伟华
瑶琳镇　　洪燕红
分水镇　　胡炳贵
百江镇　　张小君
新合乡　　王　琳
莪山乡　　濮俊杰
钟山乡　　马振华
合村乡　　杨国军
县委办　　胡叶明
县政府办　　王勇刚
县纪委　　王樟平
县委组织部　　朱　丽
县委宣传部　　唐志立
县农办　　姚荣平
县广播电视台　　王域明
县信息传媒中心　　邵惠燕
县公安局　　姚　惺
县交运局　　赖晓钟
县环保局　　葛　丹
县环保局　　陈明达
县住建局　　孙铂杭
县住建局　　尹　铮
县水利水电局　　吴　赟
县水利水电局　　吴海峰
县农林局　　梅迎春
县国土局　　孔令亚
县经信局　　余德泉
县气象局　　郑　磊
开发区管委会　　蒋舒军
分水江工程管理局　　吴君刚
县五水办　　林　杰
县五水办　　麻红娟
县五水办　　陆满青

【“三改一拆”“无违建县”创建先进单位】

富春江镇　　百江镇
桐君街道　　分水镇
钟山乡　　莪山乡
县国土局　　县农办
县住建局　　县城管局
县交运局　　县水利水电局
县信访局　　县拆迁办

【“三改一拆”“无违建县”创建先进个人】

桐君街道　　吴浩亮　汪　健　濮志明　余加星
城南街道　　徐　晗　徐海弟　张永平　温新华
旧县街道　　沈雪军　王秀林
凤川街道　　何晓斐　吴　旻　洪国根
江南镇　　周文华　方仕勇　胡江平　方明亮
横村镇　　钱　波　李燕萍　周萍华　吴金虎
富春江镇　　齐增宝　周　晨　严勇樑　方森源
瑶琳镇　　何　杰　倪　程　洪正明　江高平
分水镇　　韩　炬　萧樟富　刘黎明　吴泉生
百江镇　　汪立群　陈海法　杨荣寿　章军民
新合乡　　蓝　清　阮如芬
莪山乡　　徐　立　皇甫秋雁　姚樟水　许国林
钟山乡　　袁军民　傅　祎　陈素芳　季法春
合村乡　　楼　宇　诸三林
县农办　　吴国龙
县国土局　　沈宋杰
县住建局　　雷城锋
县城管局　　钱　琨

县经信局　叶　挺
县交运局　杨　昕
县水利水电局　吴海峰
县消防大队　潘玲红
县民宗局　洪继国
县信访局　蓝　晶
县广播电视台　郑建民
县信息传媒中心　黄明芳
国网桐庐供电公司　孙建平
开发区管委会　吴忠斌
县创建办　廖友良
县创建办　李　可

·2015年度桐庐县人大工作先进单位和先进个人·

【先进县代表小组】

城南街道县代表第一小组
桐君街道县代表小组
凤川街道县代表小组
江南镇县代表小组
分水镇县代表小组
瑶琳镇县代表小组
钟山乡县代表小组
合村乡县代表小组

【优秀县人大代表】

柴为民　吴林君　季红卫　陈慧芬
周　敏　罗竞骅　李国飞　徐阿勇
蓝春莲　吴金芳　朱言玉　吴　昊
章品勋　罗建平　张钧亮　王培良
杜宝琛　赵剑芳　臧社军　郑宝成
姚世庆　胡方兴　陈美英

【人民满意代表】

毛正国　叶荣昌　叶樟虎　孙　丽
阮禾丰　邵伟军　吴　跃　季金荣
周道法　胡江平

【人民满意代表提名人选】

朱勇军　吴生明　张国英　张新宇
陆群英　钟为有　钟刚强　钟春培
钱　勇　濮跃林

【议案建议承办工作先进单位】

县交运局　县农办　县旅游委员会
县农林局　县文广新局　县市场监管局

【议案建议承办工作先进个人】

县政府办　叶慧琴
县督查考评办　胡叶明
县交运局　易　刚
县农办　施宇昕
县旅游委员会　李英丽
县农林局　马立强
县文广新局　胡应龙
县市场监管局　皇甫良峰
县环保局　葛　丹
县卫生局　李　春
县商务局　周桂平

·桐庐县第十五届人大四次会议好议案建议·

【一等奖】

1. 王先勇等12位代表提议的《关于大力发展电子商务推进信息经济发展的议案》（第11号）

2. 姜春龙等10位代表提议的《关于进一步加强“三江两岸”生态景观保护与建设的建议》（第134号）

【二等奖】

1. 阙炳军等11位代表提议的《关于创建全国文明城市的建议》（第19号）

2. 岑洪伟等10位代表提议的《关于加强分水制笔业知识产权保护的建议》（第112号）

【三等奖】

1. 金焕梁等15位代表提议的《关于控制和化解村级债务的建议》（第7号）

2. 姚鼎文等16位代表提议的《关于要求加快报批建设县城北环线的建议》（第22号）

3. 陈义君等11位代表提议的《关于要求进一步完善医疗政策的建议》（第35号）

4. 钟刚强等12位代表提议的《关于规范我县民宿（农家乐）经济产业发展的建议》（第61号）

5. 徐杭君等9位代表提议的《关于要求缓解小区“停车难、乱停车”问题的建议　》（第

72 号）

6. 严根巨等 7 位代表提议的《关于规划和建设县城货运车辆停车场的建议》（第 78 号）

7. 罗铁华等 11 位代表提议的《关于加大农村居家养老照料中心财政支持力度的建议》（第 122 号）

8. 王世标等 11 位代表提议的《关于规范农村生活污水处理运行管理体制的建议》（第 139 号）

·2015 年度桐庐县政协工作先进单位和先进个人·

【政协工作先进集体】

医药卫生组　　社会法制组

财金旅贸组　　文化教育组

政协桐庐县委员会分水镇工作委员会

政协桐庐县委员会桐君街道工作委员会

政协桐庐县委员会钟山乡工作委员会

政协之友联谊会三组

政协摄影书画会书法分会

县政协企业家联谊会

派驻县市场监督管理局民主监督小组

【“双好”政协委员】

徐　鹏　毛亚君　钟明辉　饶德有

俞　祥　宓荣根　项丽珠　周　飞

张爱玉　徐　强　钟元松　何明强

王茂祥　陈　艇　徐加平　施宇昕

周志伟　龚峰庆　郑　玲　滕仙娟

雷晓明　张　霞　何樟明　韦　伟

毛铁兵　夏　敏　王利华　申屠忠平

姚者新　钟建国　周喜平　王建国

【政协工作积极分子】

洪　周　邱军华　李振国　方庭兴

吴艳华　魏　萍　叶亚春　叶　芬

汪惠芳　吴彩萍　谢静峰　戴凌云

皇甫晓丹　许　杰　濮俊杰　王生达

裘关良　罗关梅　毛素霞　黄水晶

王俐健　吴根才　尹祥兵　林易春子

袁长贵　洪芳良　李　昕　方新娟

【2015 年度县政协优秀调研报告】

1.《桐庐县社会治理创新的实践与思考》

社会法制组　民宗台侨组

2.《关于深化瑞金桐庐合作办医，提高医疗服务质量的建议》

医药卫生组

3.《关于我县“四张清单一张网”改革措施落实情况的调研报告》

社会法制组　工业经济组　财金旅贸组

4.《关于我县“农村饮用水安全情况”的视察报告》

农业科技组　城建环资组

5.《关于“风景桐庐”建设情况的视察报告》

财金旅贸组　城建环资组

6.《关于发挥我县职业教育优势，服务地方经济发展的调研报告》

企业家联谊会

7.《关于我县信息经济（智慧经济）发展的若干建议》

县政协机关

8.《关于提升城市人居环境　加快最美县建设的建议》

县政协机关

【2015 年度优秀提案】

1. 提案名称：关于以乡愁为导向，提升美丽乡村建设的建议

提案人：城建环资组

2. 提案名称：关于尽早规划建设“无水港码头”，推进实体经济不断发展的建议

提案人：财金旅贸组

3. 提案名称：关于健全机制依法治水，巩固“五水共治”成果的建议

提案人：农业科技组

4. 提案名称：关于建设智慧农村，打造最美乡村的建议

提案人：民宗台侨组

5. 提案名称：关于加快我县信息经济和智慧经济发展的建议

提案人：工业经济组

6. 提案名称：关于鼓励社会力量参与促进社区养老服务工作的建议

提案人：社会法制组

7. 提案名称：关于进一步完善服务企业工作机制，助推实体经济发展的建议

提案人：刘曙明

8. 提案名称：关于关注全民健身运动，助推健身产业发展的建议

提案人：医药卫生组

9. 提案名称：关于进一步提升我县城市综合管理和服务水平的建议

提案人：吕桐军

10. 提案名称：关于加强餐具集中消毒行业监管的建议

提案人：农工民主党桐庐县基层委员会

11. 提案名称：关于进一步加快桐庐经济开发区晋升国家级开发区的工作建议

提案人：民主促进会桐庐县支部委员会

12. 提案名称：关于发挥职业教育优势服务地方经济发展的建议

提案人：叶　林　王　琼　王永明　阮兆鹏　徐向红

【2015年度优秀社情民意】

1. 反映内容：对富春江两岸山体公园进行管护的建议

反映人：何志英

2. 反映内容：加大对非法流动摊贩治理力度的建议

反映人：徐加平

3. 反映内容：提升发展桐庐海陆世贸电商产业园的建议

反映人：俞高峰

4. 反映内容：提高基层医疗服务水平，让医疗事业更便民的建议

反映人：张　霞

5. 反映内容：加大培育民间义学力度的建议

反映人：童雁琴

【责任编辑　吴爱林】

阅读引申

世界冠军这样诞生

台上心理素质良好，台下拼命钻研技术

顾　春

内向，不善言辞，但双手无比灵巧——20岁出头的小伙子杨金龙，日前创造了中国职业技能界的一个历史：北京时间8月17日凌晨，在巴西圣保罗第四十三届世界技能大赛赛场，他摘下了汽车喷漆项目的金牌，实现了中国队世界技能大赛史上金牌零的突破！

这个荣誉让人欣慰：中国高端制造要崛起，要与德国、日本等强国竞争，最缺的就是高端技工。杨金龙这枚金牌，沉甸甸的。

1994年10月，杨金龙出生于云南省保山市辛街乡一个普通的农民家庭，排行老大。由于家境一般，所以杨金龙打小就想学一门技术早点出去工作。2009年9月，杨金龙成为杭州技师学院学生，他选择了汽车钣金与涂装专业。

学习技术并不易。老师们有印象，这个默默无闻的杨金龙，从不多话，但又很倔，有什么技能掌握不了，就下死劲钻研。杨金龙说，他努力听好每一堂课，珍惜每一次实习机会，每天满脑子琢磨的就是怎样让技能精益求精。

2011年4月，学校举行了学生技能运动会，闷声不响的杨金龙一举夺魁！2012年，他再获浙江省车身涂装（喷漆）项目一等奖，后又代表浙江省参加全国职业院校技能大赛，获得二等奖。

尽管实习期间表现出色，所在企业很想留他，还拿出了高薪“诱惑”，但杨金龙的选择出人意料——回到杭州技师学院当起了老师。“要想提高技能，一定要学习规范技术和依靠先进设备。对汽车维修行业有深入了解后，我深深感觉，这个行业需要更多的技能人才，我想追求技能更高峰，也想尽力培养更多学生。”杨金龙说。

2014年2月28日，第四十三届世界技能大赛汽车喷漆项目中国集训基地落户杭州技师学院，杨金龙二话没说报了名。经过筛选，他获得了参加学院集训的资格。最后，他和队友蒋应成以前两名的身份，获得了代表国家参加巴西圣保罗第四十三届世界技能大赛的资格。

紧张的培训后，杨金龙终于来到了大赛现场。在这里，20个国家20名选手要进行4天比赛，总时长20个小时，包括翼子板三工序湿碰湿喷涂（2小时30分钟）、调色（2小时30分钟）、点修补（2小时30分钟）、图案设计（5小时）、塑料件修复和车身侧围贴护（2小时30分钟）、车门内外双色喷涂（5小时）等6个项目，比赛强度超出想象：不仅拼技术，更拼体能、心理等综合素质！有了良好的心理素质、过硬的技术水平，杨金龙沉住了气：“第一两项比赛，德国、日本的选手得分在我前面。但我没急躁，只是认真做好比赛的每个项目。最后比相加起来的综合分，我赢了。”

杨金龙说得淡然，但这枚金牌的分量，有目共睹。刚回国，就不断有企业打来电话，开出高待遇，邀请他去。杨金龙摇摇头：“现在国内优秀的汽车喷漆技术工人很缺乏。我喜欢当老师，能培养出更多的好技工，更有意义。

现实中，往往实习生缺少实战经验，老师傅缺乏理论和规范操作技术，填补好这种落差，才能有一流的技工人才。”

这正是中国做强制造业的“软肋”所在。因为有自己的经验在，教学生时，杨金龙强调追求踏踏实实、完美主义，有时近乎“苛刻”：“我会告诉学生，每一步都不能说‘差不多’，而要‘很完美’。布置作业，我不在乎时间，而是在乎学生能不能做到最好，哪怕半天的作业变成两天完成也行，必须得有一两个地方做得完美才能交给我。”

“我国技工队伍已经进步很大了，比如维修车辆技术，现在与发达国家差距最大的是行业标准流程，这已经在不断完善中。中国人这么吃苦耐劳，心灵手巧，只要不断奋进，我们一定会有一个最好的技工团队！”杨金龙说。

（原载2015年9月7日《人民日报》）

“生态+”筑梦桐庐“绿富美”经济

邵惠燕　罗娅川　薛晓玮

小雨淅淅沥沥下个不停，满目苍翠的新龙村烟雾缭绕，宛如仙境，清新的空气让人闻之欲醉，三三两两游客撑着雨伞，享受着雨中漫步的闲适和惬意。

在浙江桐庐，像这样的特色乡村数不胜数，通过充分利用山清水秀的自然条件和深入挖掘古村落的历史文化内涵，桐庐真正将绿色青山变成了金山银山，走出一条“绿富美”发展之路。

乡村环境美化，村民创新创业劲头足

近年来，随着美丽乡村建设的深入推进，桐庐县新龙村面貌日新月异，吸引了众多生态旅游项目落户，百合园项目便是其中之一。山东智慧园文化发展有限公司被这里的自然环境所吸引，确定在新龙村打造以百合花为主基调的特色庄园。随着今年5月首批种植的200多亩百合花的盛放，游客接踵而来，火了当地的乡村旅游，也带旺了民宿的生意。

走进龙潭人家民宿，老板叶忠生正在招呼客人，满脸笑意。去年下半年，在镇、村的鼓励下，叶忠生的龙潭人家民宿开张，成了新龙村第一个“吃螃蟹”的人。没几个月，他的民宿就赚了三五万元。眼看着民宿能赚钱，周边农户纷纷跟上，一座座风格各异的农家小院“摇身一变”，成了极富韵味的民宿。

村党委副书记陈拥军介绍，目前，该村已有民宿43家，双休日基本呈“爆满”状态。同时在建的，还有一批利用闲置房屋、知青房等老房子改建的精品民宿。

“软件”跟上了，“硬件”也得上水平。近几年，为强化区域供电能力，桐庐县供电公司加大配电网规划建设和新农村电气化建设力度，提前实施变压器布点增容、配电线路改造工程；结合新型城镇化和美丽乡村建设要求，在农村地区大力开展电网补强消缺工作；围绕中国最美县建设，加大资金投入力度，先后完成了110千伏横村变、百江变等重点工程建设，积极配合道路改造工程，先后完成19.4公里架空线路“上改下”工程；推进农村安全用电管理，完成105个行政村农用线路改造移交，实现智能总保全覆盖，为农村经济，特别是民宿经济发展提供了强大支撑。

民宿经济作为桐庐县探索经营农村、发展美丽经济的创新工作和解决农民创业就业的富民工程，让农民的腰包切切实实鼓了起来，仅今年1到9月份，就接待游客近200万人次，实现经济效益1.16亿元，同比增长21.5%。

好山好水好生态，特色种植遍地开花

“我们这里从5月份开始一直到11月都有新鲜水果供游客采摘，现在城里人特别享受自己动手的乐趣！”依山傍水的青云农庄经过几年的发展，总面积达到520余亩，种植有樱桃、桑葚、枇杷、杨梅、桃子、柿子、枣子、猕猴桃等各色水果，俨然成为城郊一处新的度假胜地。

桐庐县拥有得天独厚的自然环境，境内森林覆盖率达到72.2%，清新的空气，湛蓝的天空，清澈的河水，把这里的鲜花滋养的格外艳丽，瓜果格外香甜。

近几年，桐庐已经形成了特色水果规模种植产业，并依托“山花节”让钟山蜜梨、阳山畈水蜜桃、百江东魁杨梅、凤川桑葚、麻棚草莓、金家枇杷声名远播……

“以前种出来的水果只能自己拿到县城去卖，损耗大销售慢不说，还得起早贪黑，现在不一样了，只要管好果树，果子品质好口感好根本不愁没人上门来。今年我们村搞了个枇杷节，光门票收入都不得了。”富春江镇金家村村民尝到采摘游的甜头。同时，村里还推出果树认养活动，由游客出资认养果树，得到果树的命名权、采摘权和参与管理权，闲暇时带着家人孩子为果树除除草、施施肥、松松土，让城市一族过足“农夫”瘾。

同时，桐庐作为阿里巴巴首个农村淘宝试点，为农产品销售牵手“互联网+”提供了先机，农副产品搭载互联网，为种植户打通致富“高速路”。

新能源建设成筑梦生态经济的“金钥匙”

12月1日，国网浙江桐庐县供电公司工作人员主动上门，了解百江镇苎坑村光伏扶贫项目并网发电情况，并进行技术指导和帮助，这是供电企业与政府携手，为光伏企业开展前瞻性服务一个缩影。

自2014年12月30日，桐庐首家分布式光伏发电项目正式并网以来，桐庐县持续发挥区位优势和政策优势，2014年首年实现竣工光伏并网发电4兆瓦。随后，桐庐县供电公司协同桐庐政府全力推进光伏并网项目建设，成立以副县长任组长的推进光伏发电应用工作小组，高位推进各类光伏发电项目建设。

今年2月，在桐庐县供电公司力促下，桐庐县政府召开专项会议，明确由政府主导着手组织编制《光伏发电项目建设规划》，合理规划全县光伏布局。桐庐县供电公司还根据光伏建设规划，主动调整电网规划项目，做好并网工程项目储备。针对光伏电站建设周期短的实际，主动走访光伏发电企业，了解企业建设计划，针对性的及时调整规划项目，提前做好项目接入准备，实现桐庐地区光伏发电项目建设与电网建设同步。

据了解，桐庐县近几年紧紧围绕光伏发电产业发展导向，积极引导社会资金进入光伏发电领域。先后有桐庐经济开发区50兆瓦分布式光伏发电项目、瑶林镇60兆瓦光伏生态科技农业园（低碳乡村）项目和桐庐县分水镇30兆瓦光伏生态科技农业园(低碳乡村)项目落户该县，其中桐庐经济开发区50兆瓦分布式光伏发电项目被列入全国第一批18个分布式光伏发电应用示范区，浙江省仅3家。

预计到2015年底，桐庐电网光伏发电总装机容量将达到30兆瓦，年发电量约3000万千瓦时；到2020年，桐庐电网光伏发电总容量预计达到120兆瓦，年发电量约1.2亿千瓦时。

（原载2015年12月15日《人民日报》）

浙江桐庐实现乡村PM2.5监测系统全覆盖

郭　扬

哪里空气质量好，哪里有污染，污染源在哪里？现在，你只有登陆桐庐县“智慧环保”的综合管理平台，便可以将全县所有乡镇(街道)及部分重点区域乡村的实时空气质量尽收眼底。

该系统包括15套监测监控仪器和一个集成网络平台，仪器已安装在桐庐13个乡镇（街道）和一个富春山健康城和一个芦茨村监测点，组成监测网络，并可以用高清摄像机进行污染源定位，对大气污染防治提数据支撑。至此，桐庐县成为全国首个实现乡村空气质量监测系统全覆盖的县域地区。“桐庐是中国美丽县城，通过乡村空气质量自动检测系统，我们要让百姓真切感受到自己确实生活在美丽乡村。同时也让老百姓的力量，推动政府的环境治理工作。”桐庐县环保局副局长杨振武向记者介绍。

在监控平台上，每个监测点PM2.5的实时监测数据直接显示在视频画面中，监管人员可以通过画面直观比较不同区域大气的感官与PM2.5浓度的关系，对于污染源，也可以在第一时间发现、处理。网络监控平台可以对各监测点每小时的浓度进行统计排名；此外，监控系统也可以长时间保存视频和监测数据资料，便于以后对出现异常情况进行合适和追查。

下一步，桐庐还将计划对县域主要河流也进行水质自动监测，并将水质和空气数据整合到APP中，让市民可以从手机上直接查看桐庐水环境和大气环境质量。

（原载2015年12月03日《人民网》

中国（杭州）国际快递业大会11月13日浙江桐庐举行

“快递大咖”齐聚桐庐　把脉快递产业发展

张丽玮

今天上午，中国（杭州）国际快递业大会在浙江桐庐举行。本次大会以“便民惠民·通达天下”为主题，来自国内外的60余家快递关联产业代表就未来五年中国快递产业发展思路和走向进行了探讨。

10月26日国务院出台《关于促进快递业发展的若干意见》（简称《意见》），提出2020年快递业业务量、业务收入分别要达到500亿件和8000亿元人民币；快递市场规模稳居世界首位，基本实现乡乡有网点、村村通快递；国内重点城市间实现48小时的寄递等要求，为我国快递产业绘就了一幅宏伟的发展蓝图。

快递产业未来五年如何实现跨越？邮政速递、顺丰、中通、圆通、韵达、国通、快捷等知名快递企业“掌门人”，分别围绕“市场开放与中外快递合作发展”“大众创业万众创新与快递物流产业发展”“互联网+快递”“快递业的质量与安全”等4个议题展开互动交流，共同探讨中国快递产业未年五年如何顺应时代潮流实现跨越发展。

国家邮政局局长马军胜介绍道，邮政体制改革以来，特别是邮政法修正实施以来，快递业确实实现了迅猛的发展。去年全国的快递量超过了140亿件，问鼎世界第一，推动出口近千亿元，推动国内网购的交易额突破了两万亿元。今年一到十月份，全国的快递业务量累计完成了156亿，同比增长46%。快递业已经成为支撑电子商务发展的主渠道，成为了中国经济一匹黑马。

桐庐快递业从无到有、从小到大的变化，是中国快递业发展的一个精彩生动的缩影。据不完全统计，截至目前，全国由桐庐籍民营企业家创办和管理的快递企业已达2500余家，从业人员超过20万，年营业额300多亿元，占据全国快递行业将近60%的市场份额。

马军胜指出，未来5年是全面建成与小康社会相适应、现代邮政业的时间点，也是全面开放的中国快递业与世界经济深度互动的交汇点，比将涌入行业繁荣的新时代。今后，要以发展为主题，着力推动行业转型升级和提质增效，不断形成产业规模、企业实力、服务水平综合效益的全面提升的产业格局。坚持互联网+快递的发展方向，提升运营管理效率。以实施力盾工程为抓手，加快实施实名收寄和安检制度，推进安全生产标准化建设，要强化市场主体和寄件人的责任安全，要加快制订快递条例和相关法律法规，提高快递业法制化、规范化、标准化的水平。

圆通速递的董事长喻渭蛟感慨道，近二十年来我国快递业鸟枪换炮，在互联网+的势头下，从地面飞上了天空，从国内走向了世界，已经超越美国排名快递第一。快递业已成为了中国国民经济的新动力、更成为大众创业、万众创新的重要载体。今后，农村和跨境这两块，将成为快递行业拓展的重要领域。眼下，国内快递行业间价格竞争，仍有发生。如何避免价格恶性竞争，提升服务质量，是当前快递行业需要进行深思的地方。而打开国际市场，不是一家快递公司能做到的事情，需要多加强快递公司之间的合作发展。

德国邮政敦豪集团东北区副总裁陈耀东会上提及，今年1月份，在瑞士日内瓦的全球快递协会曾经做过一个研究报告。报告指出快递业对全球的GDP的贡献估计达到0.19%，并强调了电子商务必须要由快递来引发。在其它的国家，电商并不是完全由快递来促动的，因为在其它国家快递业收费是比较昂贵的。而在中国，尤其“双十一”的结果，都是快递业多年努力成功的结果，这并不是靠一个人的，是靠大家的。希望在跨境电商这块，各个快递公司可以建立合作关系，扩大发展空间。

中邮速递董事长李雄表示，刚刚过去的“双十一”，又创造了中国当日网络零售的新记录，成为全球电子商务瞩目的焦点。再次展示了中国电子商务市场巨大的发展潜力！也促进了中国快递业的服务能力迈上新台阶。国务院不久前出台的《关于促进快递业发展的若干意见》进一步明确了扶持中国快递业发展的政策措施。与世界先进的快递企业相比，我们还缺乏跨国经营的能力、相关的管理与服务的体系还需要进一步的完善。加强交流与互信、谋求合作与共赢，让中国快递企业在走出去的道路上迈出更快的步伐。

（原载2015年11月13日《人民网》）

“黑马”是如何炼成的——探秘快递“桐庐帮”发源地

崔俐莎　赵文君　方益波　郭宇靖　叶锋

新华网北京7月16日电　桐庐，这个地处浙西北山区的小城山清水秀，有着中国最美县城之称。桐庐不仅因为自然美景出名，人们一进入桐庐县界就能看见一块大石碑，写着“中国民营快递之乡”。

我国是世界第一快递大国，2014年快递业务量达140亿件，其中100亿件来自“三通一达”四家快递企业：申通、圆通、中通、韵达。而“三通一达”的老总，都是浙江桐庐人。

为什么桐庐能成为中国民营快递的发源地？这个小城蕴藏着怎样的奥秘？新华社记者和“三通一达”负责人相约来到他们的家乡。

先吃螃蟹的人：“20多年的变化天翻地覆”

记者从桐庐县城出发，向西走驱车一个多小时抵达钟山乡，一路绿色环绕，山路蜿蜒狭窄。“三通一达”几位老总的家乡都聚集在此。

钟山乡夏塘村村民詹云荣告诉记者，由于山地多农田少，守在家里只能勉强混饱肚子，想致富只能走出大山。

“读小学五年级时，我代表乡里参加全县数学应用题比赛，那是第一次走出大山、第一次到县城。”中通快递总裁赖梅松的老家在钟山乡最偏僻的天井岭村。想起当年，45岁的赖梅松感慨万千。

1993年，聂腾飞、聂腾云兄弟离开家乡桐庐县钟山乡夏塘村，到杭州打工。当时，杭州集中了一批外贸企业，隔天就要往上海送外贸报关单，发中国邮政需要3天时间，企业自己跑成本又太高。兄弟俩敏锐地捕捉到了商机，替人出差跑腿送件。刚开始，送一单的价格是100元，除去来回的火车票30元，每单可以赚70元。一年下来，兄弟俩赚了2万元，获得了“第一桶金”。

之后由于业务扩大，聂腾飞的大舅子陈德军也加入进来。几个年轻人骑着自行车穿梭在杭州、上海等地的大街小巷，翻破了无数张地图，吃尽了苦头。

1998年，陈德军接手掌管申通快递。1999年，聂腾云再次创业，创办韵达快递。2000年，喻渭蛟用借来的5万元创办了圆通快递，租的是150平方米的仓库，全部设备就是两辆自行车和两部电话。

2002年，赖梅松从木材生意转行，瞄准了快递业，创办了中通快递。

快递桐庐帮留给外界的印象颇为神秘，有传言说这四家企业的老总彼此互有交集，韵达快递常务副总裁周柏根说："一开始申通、圆通、中通的老板互相并不认识，但先吃螃蟹的人确实产生了影响和带动作用。"

周柏根表示，"三通一达"的老总们有相似之处，一是非常能吃苦，因为那时桐庐的山村太穷了。二是做生意不只看眼前利益。"今天钱进了口袋，还没捂热，明天又投资出去了。"

钟山乡党委副书记李芸说，钟山乡全乡2.2万人、6700多户人家。在桐庐快递人艰苦奋斗精神的传帮带下，有一半人外出从事快递业。

在钟山乡歌舞村，一名在外做了20多年快递的村民感慨："村头巷尾，尽是欧式洋楼，20多年的变化天翻地覆。"

据桐庐县商务局统计，全国由桐庐籍民营企业家创办和管理的快递企业已达2500余家，从业人员超过20万，年营业额300多亿元，占据全国快递行业将近60%的市场份额。2010年，中国快递协会授予桐庐县"中国民营快递之乡"称号。

从"黑快递"到"黑马"："我们的成就感很强"

从"黑快递"到中国经济的一匹"黑马"，从夹缝中求生存上升到国家战略高度，"三通一达"在崛起之前曾经历过风暴的洗礼。

我国旧版邮政法规定邮政业务专营，但对各企业间的商务件没有明确范围。早年的"三通一达"以及顺丰，都以商务件作为主营业务，在夹缝中求生存。

"印象最深刻的是，这个行当是黑快递，到处被打压。"赖梅松回忆，当时没有确立民营快递的合法地位，快递企业和邮政企业之间由于业务竞争，经常发生冲突。

"阁楼上藏着商务信函，自己的车辆被扣，只能坐出租车送件。最怕的是快件被扣，没法跟客户交代。"一位在快递业摸爬滚打十几年的快递企业大区经理告诉记者，那种感觉就像镖局抢镖。

2009年，修订后的邮政法开始实施，民营快递的合法地位确立。"黑快递"企业也成为邮政业的重要组成部分，对于民营快递企业有了开天辟地的意义。

圆通速递副总裁郎鸿飞说："从'地下'干到合法，我们的成就感很强。现在政府对我们很重视，很多地方把快递产业发展纳入了当地规划。"

"三通一达"四家企业的注册地都在上海市青浦区，2014年纳税5亿多元，成为青浦区的纳税大户。

当记者问，创业时最激动的是什么？周柏根说："业务量冲破1万票。因为是从零做起来的。之后从200万不断地冲到300万、1800万。"

加盟模式"分田到户"："打造中国的联邦快递"

"'双11'快递洪峰来临，为什么能顺利通过？"赖梅松认为，这得益于加盟模式，人手不够可以叫亲戚朋友。"三通一达"都是通过加盟模式创业，迅速在全国铺设网点。

起初，"三通一达"的加盟制就是鼓励员工到其他地区拓展业务网络，包干到户，按文件、包裹的不同价格缴纳承包费，加盟商共用一个品牌，各自收取收件费，彼此之间实行派送费互免。

赖梅松又对加盟制进行了改良。兄弟分灶吃饭，独立法人经营主体切割得很清楚，主要的转运体系都归总部统一调配。但又是你中有我，我中有你。快递网络越广，创业主体伙伴越多，蛋糕做好了大家分享。

赖梅松说："'三通一达'快递企业实行的加盟制，就类似分田到户，这也算是快递行业的大众创业、万众创新。”

“快递人最自豪的是什么？走遍全国，一分钱不带都能解决吃住问题，因为到处都有网点，都是自己的同事。”申通快递总裁助理陈贤红说。

“有人说快递业创造了就业岗位。实际上很多人起初正是因为找不到工作才干起快递。”赖梅松说，中通快递去年增加就业岗位6万个，今年创造就业岗位10万个。按照现在的情形推算，到2020年，中通的平台将超过100万人。

“快递公司的网络布局就好比木桶原理，有一块短板都不是好的网络。”郎鸿飞说。然而，加盟模式的缺点也恰恰容易出现短板。由于企业总部对加盟商难以掌控，从而造成服务质量、安全标准难以统一。统计显示，50%以上的客户投诉出自加盟网点。

目前，“三通一达”逐渐将重要的转运中心、省会级城市网点从加盟改为直营。相似度极高的发展模式，产生了不容回避的问题：四家企业之间同质化竞争严重。

“三通一达”普遍对电商件高度依赖，因而形成了高度同质化的市场。当前，中国快递市场洗牌态势加速，“三通一达”彼此之间的关系也有微妙变化，开始从竞争走向竞合。2013年，“三通一达”加上顺丰共5家企业成立了蜂网公司，每家各占20%股份，在企业集中采购、可以共享的资源上展开合作。

“中国民营快递要走向世界，应该抱团取暖，要有志于打造中国的FEDEX（美国联邦快递）。”郎鸿飞说。

（原载2015年7月16日《新华网》）

牛栏猪舍变身记——浙江桐庐美丽乡村建设见闻

何玲玲　黄筱

泥石外墙、低矮屋檐、坑洼泥地……乡村原本破旧不堪的牛栏猪舍，现在摇身一变，成了感受复古情怀的茶室、咖啡厅；猪食槽、黄鳝笼、石磨盘、葫芦瓢……这些只能在农村老房子里看到的器物，转眼变为寄托乡愁的点缀。

在浙江桐庐县江南镇荻浦村，美丽乡村建设把闲置多年的牛栏猪舍“变废为宝”，既保存了游客对农村乡愁的记忆，又注入了现代小资生活的时尚元素，成为独特的风景。

“土得掉渣”与“文艺范儿”的碰撞

牛栏咖啡、猪栏茶吧如今是桐庐乡村旅游的一张名片，但三年前，要在土得掉渣的牛栏里开咖啡馆，乡亲们会把这看作笑话，“牛栏里乱糟糟的，怎么会有人愿意来这里喝咖啡？”

谈起创意来源，江南镇党委副书记项芳农说，就是以一个游客的心态来考虑，城里人来农村旅游，最大的诉求就是感受原生态的风貌气息，“颓废萧条的牛栏猪舍也可以作为旅游资源，咖啡是‘高大上’的洋玩意，两相碰撞，说不定能玩出点新花样。”

认准“混搭”的点子后，镇政府引入一家旅游公司，租下了被村民遗弃多年的五间牛栏综合整治；又从县城请来一家知名连锁咖啡店的老板支招，咖啡师、杯子、碗盘全都从这家店“暂借”，开业“试水”看看市场反应。

2013年“十一”黄金周，牛栏咖啡“一炮打响”，游客爆棚，“土得掉渣”与“文艺范儿”的碰撞得到市场认可。“古为今用、洋为中用，俗与雅的结合满足了城里人对乡村旅游的消费需求。”项芳农说。

点“石”成“金”，点点星火到燎原之势

有了牛栏咖啡的先行探路，荻浦村的猪栏茶吧去年5月正式营业，还颇有“青出于蓝而胜于蓝”的势头。

与单体建筑结构的牛栏咖啡不同，猪栏茶吧坐落在农家院内，六间大小不一的猪栏错落有致地排列，郁郁葱葱的藤蔓植物爬满卵石堆砌的猪圈墙，每个猪栏还有个“萌萌哒”的名字：

快乐猪、好运猪、幸福猪……竹编篮、猪食槽、木桶等就地取材的装饰品，增添了质朴的气息。

茶吧老板申屠芳在杭州打拼多年，看到牛栏咖啡的成功，她决心回乡创业，把租下的14间猪栏改头换面，既保留原有的古朴氛围，又让环境充满小资情调。今年“五一”假期，茶吧游客络绎不绝，每天营业额超过一万元。申屠芳说，虽然开业仅一年时间，她的营业额已近80万元，预计两年可以收回成本。

“牛栏猪舍的成功变身起到示范作用，改变了老百姓的观念，不少村民开始主动挖掘身边的商机。”荻浦村党委书记申屠永惠介绍，现在村里的特色民宿有20多家，正在向杭州的旅游公司推介；农家饭馆30多家，摊铺更是数不胜数。他指着路边一家冻米糖摊铺，“小摊看着不起眼，但它一年的营业额，保守估计也有30万元。”

从美丽乡村到美丽经济，环境红利大放异彩

牛栏咖啡、猪栏茶吧的成功绝非偶然，而是浙江连续十年开展美丽乡村建设系统工程版图下的产物，“最美县城”桐庐一直坚持依靠绿水青山致富，近年来老百姓深刻感受到环境红利带来的幸福感。

2014年荻浦村和周边几个古村落联合申报，成为4A级的江南古村落风景区。在刚过去的“五一”小长假，荻浦迎客近6万人，景区总收入超过300万元。“乡村旅游让我们的钱袋子鼓起来，也提高了我们的环保意识。”申屠芳说。荻浦村的垃圾分类、农业面源污染控制，从美丽乡村延伸到美丽经济，形成良性循环。

项芳农认为，在美丽乡村的改造中，政府引导、市场运作、文创概念三个要素缺一不可。他介绍，荻浦村转型发展旅游，是浙江省美丽乡村建设的长远规划，仅卫生环境整治就花了三年时间，文化内涵挖掘、古村落建筑保护等也同步进行。

政府引导的目的是激发市场的活力，让更多民间资本能够融入，牛栏咖啡在乡镇设计策划成功后，由旅游公司承包经营，猪栏茶吧的开业以及后续在建的其他场所连点成面，把文化资源开发成为产业资源。

此外，市场化的项目运作方式使不同项目间形成差异化的良性竞争。“以牛栏咖啡和猪栏茶吧为例，看似雷同，但各有千秋，都成了明星品牌。把零散的资源整合，组团做成集约化的产业带，达到共赢。”申屠永惠说。

桐庐县委书记毛溪浩表示，城里人返璞归真去农村寻找乡愁，在传承保护传统文化的同时，赋予满足现代人需求的时代符号，文创概念是放大浙江美丽乡村溢出效应的“催化剂”。

（原载2015年05月08日《新华网》）

全域旅游打造诗画县城 浙江桐庐旅游完成蜕变

吴雨辰

“通过这几年全域旅游的建设实施，桐庐实现了从原来的观光游，向现在的观光、度假、商务会议旅游三位一体的转变，全面振兴了桐庐县的旅游业。”8日，“绿水青山·诗画浙江”2015全国网络媒体绿行浙江走进了浙江省杭州市桐庐县。看着如画般的美景，桐庐县副县长王歆把桐庐近年来旅游的迅速发展归功于全域旅游战略的实施。

桐庐，地处钱塘江中游，秀美的富春江斜贯县境，得天独厚的环境，自古也吸引了文人墨客的驻足停留，更留下了无数诗词画卷。元代大画家黄公望的《富春山居图》80%的实景地便在桐庐，范仲淹一生当中仅有的两组五言绝句——《出守桐庐道中十绝》和《潇洒桐庐郡十绝》也均为桐庐而写。

“潇洒桐庐郡，乌龙山霭中。使君无一事，心共白云空。”约千年前，北宋名臣范仲淹在桐庐写下了流传千古的《潇洒桐庐郡十绝》，以诗代画，向世人描绘了桐庐的绝美山水。

时过境迁，桐庐的县城固然已经和北宋的

城楼牌坊发生了天壤之别，但一江秀水，两侧青山的传世画卷仍然让往来游客醉心于桐庐山水之中。

“桐庐在我的印象中就像一个人撑着一把雨伞，独秀并行走在江浙大地。伞柄是支撑桐庐发展的产业，伞面是最美桐庐的城市建设，百姓就是在雨伞下生活的人。”浙江在线新闻网站编委蔡李章就对桐庐的风光赞不绝口，他告诉记者，近年来，桐庐为了保护青山绿水，否定掉了500个投资项目在5000万以上的项目，关停了1000家以上的污染企业，还实现了污水处理100%的全覆盖，真正用行动守住了绿水青山。

同时，依托良好的生态环境，桐庐还利用废弃资源成功开发了牛栏咖啡、猪栏茶吧等乡村休闲新业态，创建了浙江省首个乡村慢生活体验区。不久前，桐庐县更被评为“2015中国最具幸福感县级城市排行榜”第一，“2015中国最美丽县排行榜”第二。这些美丽名片的背后，正是桐庐全域旅游发展成果的缩影。

桐庐县副县长王歆认为，桐庐旅游有如此成果，得益于全域景区战略的提出，即以景区的理念来规划全县，以景点的要求来建设每一个镇、每一个村，全力打造整个县城为景区。

据介绍，上世纪80年代，随着瑶琳仙境景区的开发，桐庐旅游成为了全国县域旅游的标杆。一时间游客如云。但是进入新世纪以后，桐庐旅游一时陷入了景区观光游的瓶颈，发展缓慢。

直到2011年，桐庐提出全域旅游的全新的理念，迅速取得了成效。

“通过这几年全域旅游的建设实施，桐庐实现了从原来的观光游，向现在的观光、度假、商务会议旅游三位一体的转变。同时也实现了从前是旅游过境地，到现在旅游目的地的转变，全面振兴了桐庐县的旅游业。”王歆告诉记者，2014年，桐庐首次实现了“千万人次，百亿收入”的目标。桐庐发展生态产业、美丽经济的成效，已经初显。

王歆还透露，下一步，桐庐依然会把生态环境最为最大的资源和财富，继续全域旅游的战略，把生态资源转化为经济，同时大力推进乡村旅游的发展。

（原载2015年09月08日《中国新闻网》）

生态优势如何变成发展资源，且看桐庐探索——美丽经济如花盛开

徐峻 颜伟杰 刘刚 吴雅茗 唐志立

桐庐，富春江镇，芦茨村。送完几位上海游客，民宿“七天乐”的老板娘胡秀珍迈着轻快步伐，走向屋后的农村淘宝驿站，打算再下单买一批毛巾、牙刷。“点点鼠标，想买的东西就送进了村。你看，我们现在也挺时髦的吧？”她笑呵呵地说。胡秀珍的美丽生活，恰如一滴水，折射出整个桐庐经济社会发展的新样式、新气象。

在这里，因为保护好了绿水青山，一大批以民宿为代表的乡村旅游新业态加速崛起，一大批农民第一次真正意义上成为市场经济的新主体；风生水起的农村电商不仅让生态农产品与市场无缝对接，也让海量丰富的产品与农民零距离接触。

一言以蔽之，生态已经成为桐庐最大的发展优势，成为桐庐现实的蓬勃的发展资源和依托。正如桐庐县委书记毛溪浩所说，桐庐率先提出美丽经济的发展目标，背后的理论准备和信心来源正是“绿水青山就是金山银山”这一科学论断，这些年的坚持已经让桐庐尝到了甜头，今后桐庐将坚定不移照着这条路继续走下去。

绿水青山“搬来”金山银山

今年春节，对桐庐江南镇环溪村的周玉龙

来说，意义有点不一般——他家新开的民宿迎来了第一拨客人。

“去年村里规划的时候，我就动心了。”周玉龙和所有动了心的环溪人一样，将家中曾经堆放杂物的顶楼、闲置不用的空闲房，参照星级宾馆标准，修修整整、装饰美化办起了民宿。

怎样让“绿水青山”源源不断带来“金山银山”？环溪村人有个认识递进的过程。

“一开始我们就很清楚，保护好环境，不是让老百姓守着山水没饭吃，而应该让绿水青山的成果惠及老百姓，源源不断带来金山银山。”谈起这一科学论断，环溪村村委会主任周忠莲已经颇具心得。她告诉我们，被誉为“江南最美村庄”的环溪村，这些年游客一拨接一拨地来，但是苦恼也来了：留不住游客，早上来了下午走，为什么？因为“游客玩不尽兴，没地方住宿。所以必须发展民宿。”周忠莲说。

周忠莲的发现与桐庐启动的“乡乡有民宿”计划不谋而合。有了“民宿第一村”金牛村的先例，桐庐制定民宿产业扶持政策和三年规划，选取20个民宿示范村，发展民宿床位近5000张，这一数字可不简单，它约占杭州地区民宿总数量的四分之一。

桐庐的选择是有底气的。现在，数量庞大的民宿经济已经逐渐在当地农民收入中扮演起重要角色。在农户自主经营的民宿第一村金牛村、美丽乡村荻浦村、慢生活体验区芦茨村等地，村民们像胡秀珍家一样，守着自家住宅，一年下来光靠经营民宿就能收入20多万元。“这可不就是金山银山嘛！”桐庐县旅委一位负责人说。

当然，还有另一种路径。在芦茨村梅树坞，村民梅松鹤选择把自家老屋租给上海音乐学院毕业的上海人周乐维。梅松鹤的父母除了每年有10万元的房租收入，还在周乐维翻新改造后的民宿“悦延居”做起了后勤，年收入比原来翻了一番。

尝到甜头后，今年初，桐庐人还带着2000余处农村闲置房源跑到杭州市区，隆重推荐给杭州市民，希望引进团队投资发展民宿，邀大家一起打造“城里人的第二居所”。

绿水青山催生民宿经济，民宿发展带来市场消费，这又让桐庐当地农产品找到了一条快速进入市场的捷径，而且是一条含金量更高的渠道。

“许多来桐庐自驾游的客人喜欢带些这里的土特产回去，所以我们做了这个平台，把桐庐的农产品卖出去。”桐庐安厨电子商务有限公司负责人王晓桢说，在安厨的平台上，游客们不仅可以买到笋干、板栗、番薯干等土特产，还能吃上白菜、番茄、土猪肉等生鲜农产品。

统计显示，去年桐庐乡村旅游接待游客516万多人次，实现收入2.69亿元，比上年分别增长99%和103%。

好山好水引来农村电商

如果说，民宿是桐庐把山水资源化为发展资源的最佳体现。那么，农村电商在桐庐的迅猛发展，则是互联网时代下“绿水青山就是金山银山”的一个新体现。

发展电商，桐庐有着得天独厚的优势，因为这里是闻名全国的“快递之乡”——“四通一达”全部是“桐庐制造”。

阿里巴巴率先瞄准了桐庐的好山好水。去年10月，阿里巴巴在桐庐农村设立全国首个淘宝服务点。有了淘宝服务点后，所有送到服务点的快递，统一先送到县城的农村淘宝服务中心，再由桐庐邮政配送至各村，一下子把原先处于物流网络边缘地带的农村联通到物流发展第一线，让桐庐农民第一次真正感受到现代物流业的便捷。

“以前送快递来，都把村民买的货物放在山下的横村镇，让我们自己下去取。”说起过去，莪山乡龙峰民族村村支书洪林妹不由得有点“愤愤不平”。

而现在，“货能送到家门口”。“双十一”当天，龙峰民族村的父老乡亲们算是大干了一场，光肥皂，大家就买了1000多块。为什么买这么多？“方便，而且便宜！”洪林妹说，淘宝网上一块肥皂卖1元7角，村里杂货店要卖3元3角。

把市场搬到农民的家门口，“买”只是硬币的一面，最让桐庐人感到鼓舞的还是另一面：因为农村淘宝，桐庐农民看到，好山好水培育出的好产品，竟然有那么多“粉丝”追捧，绿水青山和金山银山之间的等号看上去如此具体可感。

也是因此，一经发芽，农村淘宝就在桐庐这样一个山区城市迅速升温，不过5个月时间，阿里巴巴已经在桐庐建立起93个村级淘宝服务点。更重要的是，一大批原本走出桐庐的优秀年轻人回到家乡，开始自己的“创客”生涯。

“良好的生态环境、优美的山水风光，让桐庐的美丽农村名声在外。而通过电子商务和民宿经济，这些农村的沉睡资产被唤醒，转化成农民致富的资源，越来越多早已外迁的村民也动了搬回山里的心思。”桐庐农办副主任吴国龙说。

杭州慧天电子商务有限公司的80后小伙子吴浙明就是其中之一。毕业后在阿里巴巴工作的经历让小吴见识到电子商务的魅力，而如今阿里巴巴与桐庐的携手更让他看到了回乡创业的希望。“桐庐还有发达的快递物流，对我们销售学生餐具的成本控制非常有利。”

在富春江镇金家村开了5年小卖店的郑礼英，借着农村淘宝的快捷渠道在网上开起网店“春江农家”，卖起农家乌鸡蛋、土蜂蜜、洪武山黄辣椒……东西哪里来？都是从村里搜罗的，拼拼凑凑，大伙都把土东西拿出来，做起桐庐农村淘宝服务点的卖家。

“春节期间，安厨还帮我们村卖掉两万多斤芦柑。”富春江镇渡济村村民告诉我们，在安厨的帮衬下，农户尝到和企业联合的甜头。目前，安厨除自有的果蔬基地500亩，还以“公司+配送中心+合作社”的运营模式，带动103家农产品基地、合作社和2000多农户跨入电子商务时代。

值得一提的是，电商进村还为桐庐民宿发展插上新的翅膀。在富春江镇石舍村，民宿“石舍香樟”就通过微博、网站吸引不少来自上海、北京、杭州的年轻白领。“旺季时每天都客满，回头客特别多，自驾游的占八成。”毕业于北京服装学院的“石舍香樟”主人黄伟舜说。

新农民扮美新农村

生产力进步必然带来生产关系的变革。

在采访中，我们发现：“绿水青山就是金山银山”，桐庐在实践这一科学论断的进程中，发生的可喜变化不仅于生产力层面。伴着绿水青山与金山银山的良性循环，桐庐农村的人和事也在悄然改变中。

投身新农村建设的年轻人多起来了。随着民宿经济和农村电商发展，桐庐农村的产业结构得以有效调整和优化。而与之相适应，不仅农民就业结构开始优化升级，一大批农村富余劳动力开始向非农领域转移，农村的创业空间和魅力也空前拓展。

吴国龙说：“农村的经营需要大量有文化的年轻人，农产品加工、销售、流通也需要他们发挥聪明才智。”

农村发展空间大了，农村生活环境也趋于现代。伴随乡村旅游发展而来的，不仅有一拨拨天南海北的游客，还有全新理念、科技知识、致富信息和时尚风气等现代文明元素，在冲击碰撞中，潜移默化地改变着当地农民的生活习惯及乡风民俗，农民从被动的学习转为主动提高。

走进今天的桐庐农村，在实现农村生活污水处理全覆盖的基础上，城市都难以实现的垃圾分类，在这里已随处可见。可以回收卖钱的废铁、烂铜、纸板箱等，农户基本上自己都会收着，剩余的垃圾就分可堆肥与不可堆肥两类，用不同颜色的垃圾桶分装。所谓可堆肥就是会烂的垃圾，因“烂”和“蓝”同音，因此，桐庐农民大多知道会烂的垃圾要丢进蓝色的桶。

看似小改变，实则大变化。仅仅垃圾变为有机肥，触发的就是一整条绿色产业链。按照桐庐全县农村居民约11万户测算，实施资源化利用项目，不仅能实现将近50%的垃圾减量，一年还可制成有机肥约7200吨。桐庐县正组织力量对有机肥进行科学配比、试验，谋求通过市场化运作，提高其附加值。

环境越来越美，发展越来越顺，回来创业的桐庐本地年轻人深有体会。在环溪村，毕业于浙江理工大学的学生方苗峰回来后，在村里开起了休闲酒吧，还帮着村里把村民的土货莲子酒、九品香莲等特产搬上网，一斤莲子酒卖到200元还供不应求。说起农村变化，他反问道："我们这里多数人家都有车有事业，家家户户不乱丢垃圾，你们觉得这还是原来意义上的农村吗？"

美丽桐庐，如花绽放。

（原载2015年4月7日《浙江日报》）

桐庐万名党员亮身份比奉献——农家来了服务队

袁艳　唐志立

酷暑天，桐庐县江南镇荻浦村迎来了一批批游客，而在古朴的村舍之间，一面印有"老党员大碗茶"字样的旗子特别吸引眼球。游客们可以在荻浦村第三党支部活动室里，喝上一碗由村党员志愿者烧煮的农村土茶，歇歇脚、避避暑。

初来荻蒲村的游客以为这里是个景点，喝大碗茶要付钱，当被告知是免费提供时，游客们连连给"老党员大碗茶"点赞。每天一早，村第三党支部的党员都会准时打开支部活动室的门，烧茶、洗碗，忙得不亦乐乎，一般一天要烧制三四缸土茶。"我们支部24名党员都是党员服务队的成员，谁有空就来这里当志愿者，接待、服务游客。"党支部书记江均章说，通过实实在在的志愿服务，赢得村民、游客的认可，也是对"三严三实"要求的践行。

记者采访时，正巧遇到刚从外地回村的党员江祥升。江祥升每个月有10多天在外地做生意，但每次回村都会来党员活动室帮忙，烧茶端水，接待游客，"以前村里保洁、维护、服务的事要花钱雇人做，现在我们党员都包了。"江祥升说，党员带好头、抢着干，村民看党员的眼神明显不一样了。

走在荻浦村这个千年古村，处处可见党员服务队的身影，村道边，身穿红马甲的老党员自发维持停车秩序；古建筑里，负责保护的党员每天早晚都来查看情况；每棵古树上，都挂着负责养护的党员铭牌；每个池塘，都有负责维护管理的党员……

如今，像这样活跃在乡间地头的党员志愿服务队，桐庐已实现183个村全覆盖，近万名农村党员志愿者有了自己的"红马甲"。"三严三实"专题教育中，桐庐县在农村党员中进一步开展以"干好本职事、做好身边事、管好家庭事、参与公益事、完成组织交办事"为主要内容的"五事争先"活动，引导农村党员在日常工作生活中发挥先锋模范作用，一支支由党员唱主角的志愿服务队应运而生。

忙碌了一上午的合村乡岭源村党员程永祺，像往常一样带着中饭赶到结对老人汪柏花家中。他利用中午休息时间，给老人喂饭、洗脸、剪指甲，打扫完卫生后，他又匆匆赶往工地干活。

女儿远嫁他乡，儿子在外打工，今年81岁的汪柏花平时独居，由于双脚膝盖疼痛，行走困难，只能靠双手扶着两条小凳子艰难挪步。程永祺得知老人的境况后，主动与其结对。其实，程永祺的妻子在杭州上班，他自己要照顾89岁的父亲和86岁生病卧床的岳父，但他依然每天雷打不动地照顾汪柏花，"我家也有老人，知道老人最需要什么，照顾老人我更在行。"

一次，邻居给程永祺带口信，说老人的棉被湿了，他连忙赶过去。原来，老人小便失禁，但他一点也不嫌脏，把棉被洗晒干净后再给老人换上。

"对老人家是真心好。"村民徐必全不由地感慨，"这样的党员在身边，我们觉得踏实。"现在，合村乡以群众需求为导向，紧贴群众生产生活实际，设置了结对助学、扶贫帮困、带头致富、纠纷调解、治安巡查等服务岗，引导各村党员志愿者根据自身专业、特长，认领服务岗位，帮助群众解决最关心、最直接、最现实的问题，已有260余名农村党员志愿者参与其中，认领服务项目300余项。这些党员志愿者来自各行各业，而且各有所长，有的是致富能手，有的是调解行家，有的是种植大户。

“过去，群众反映党员在身边感觉不到，看不出来。现在，有事可以找党员，有困难就找党员，通过日常的党员志愿服务，党员由‘隐身’到亮出身份，从分派任务到主动认领，让群众真正感受到党员的先进性，也实实在在增强了农村党员的责任、先锋意识。”桐庐县委组织部有关负责人介绍。目前，各支党员志愿服务队每月都有固定的志愿服务日，而且针对急难险重的任务，随时拉得出队伍，冲得上一线。正如党员志愿者红马甲标识的含义一样“党在心中、一心为民、和谐发展”，基层党员正用自己的行动融入到当地的建设发展中。

（原载2015年8月18日《浙江日报》）

坚定绿色崛起路 建设中国最美县

桐庐县委宣传部

“绿水青山就是金山银山”的科学论断，彰显了保护生态环境就是保护生产力、改善生态环境就是发展生产力的科学理念。十年来，桐庐县始终咬定生态文明建设这个目标不放松，一张蓝图绘到底，一届接着一届干，以“功成不必在我”的胸襟，用“千磨万击还坚劲，任尔东西南北风”的定力，藉“立说立行、雷厉风行”的作风，谱写了“中国最美县”在绿色崛起、转型发展征程上的新篇章。

践行“两山理论”夯实经济基础。虽然面对的宏观经济形势复杂严峻，但由于贯彻实施转型升级“组合拳”态度坚决、措施得力，全县经济社会保持了持续平稳健康发展的喜人局面。在2014年，全年实现地区生产总值306.47亿元，同比增长8.5%；地方财政收入23.91亿元，同比增长8%；城镇居民人均可支配收入36366元，农村居民人均现金收入20267元，分别增长10.3%和11.3%。

践行“两山理论”优化生态布局。实现“三个率先”目标，即率先实现农村生活污水处理设施行政村全覆盖，率先开展农村垃圾分类收集行政村全覆盖工作，率先实现县域内地表水出境断面水质优于入境断面水质。先后获得“中国最美县城”和 “中国美丽乡村”双称号，荣获我国环境保护领域的最高奖项——中华宝钢环境奖，被评选委员会评价为“山水间的生态文明诗，现代版的富春山居图”。

践行“两山理论”提升百姓幸福。以让人民生活得更好为落脚点，以物质富裕、精神富有为内涵，公共服务和社会保障体系不断完善，让群众共建共享均衡优质的公共服务和品质生活。大力倡导诚信、友善、责任、奉献的价值取向，营造出文明礼仪、邻里和睦、守望相助、理性平和的社会风尚，让爱心之泉处处涌动、让道德之花遍地开放。

践行“两山理论”锤炼干部作风。落实改进工作作风密切联系群众“八项规定”，建立完善了“基层走亲”“四个是否评干部”、乡镇干部住夜值班、干部结穷亲等机制。在全省率先开展了“基层走亲”活动，构建起“横向到边、纵向到底、全县覆盖”的干部直接联系服务群众大网络。建立了“是否进过百姓家、群众是否熟悉你、是否办过惠民事、群众评价是否满意”的基层走亲考评制度，以“十万农户评干部”的形式，在年底对所有乡镇（街道）干部直接联系服务群众情况开展考评，并将“四个是否”考评结果作为重要内容纳入领导干部年终考核。作风建设各项落地落实落细落小的务实举措，让桐庐的干部队伍“争先进位、加快发展的忧患意识，逢山开路、遇水搭桥的奋斗豪情，改革创新、扩大开放的发展理念，勇于担当、苦干实干的干部品格，团结奋进、上下同欲的团队精神”不断得到了增强。

近年来，桐庐在保护好绿水青山中做了一些探索和努力，更在绿水青山中尝到了金山银山的甜头和红利。但我们也清醒地认识到，美丽建设只有起点，没有终点，“最美”建设永远在路上。我们将按照习近平总书记“干在实处永无止境，走在前列要谋新篇”的要求，再绘“中国最美县”建设华彩篇章。

（原载2015年7月31日《浙江日报》）

桐庐打造兼具原生态和现代化的养生基地

健康小镇　落户长寿之乡

陈文文　唐志立

桐庐，大奇山脚，富春江畔。随便用手机一拍，便定格成一幅画。

久未经嚣。在这个县城南隅，有着古老的山，古老的水，古老的日出而作、日落而息。这里是江南少有的“地广人稀”，近40平方公里却只有1.9万原住民，11个古村落浸染在苍山墨岭间，掩映在参天古树中，溪水潺潺绕村而过，群山梯田尽收眼底，这里是隐秘的“世外桃源”。

3年前，桐庐“唤醒”了这片世外桃源。40平方公里的土地被规划成一个“健康城”，主打养老养生产业。“桐庐本就是长寿之乡，有最好的山水，这里的老人，不知道什么是雾霾。”桐庐健康城管委会负责人说，健康，是桐庐最大的“卖点”。

随着“特色小镇”浮出水面，“健康城”将核心区块划为“健康小镇”，一个兼具原生态和现代化的养生基地初现端倪。

古镇新创客

从桐庐走出去的人，都知道自己的家乡什么最值得骄傲。

长寿。作为中药鼻祖桐君老人的故乡，桐庐的人均预期寿命是80.3岁。很少有地方像桐庐一样，不仅有美丽山水，还宜居。这里全境皆可游泳，这里一年340天空气都是优良，交通方便，是都市的大田园。

打着“健康牌”，3年前桐庐广发“英雄帖”招商引资，郎涛，是第一个拿到“英雄帖”回乡投资的人。做了13年公务员的郎涛辞职下海，成了一名“创客”，“做一个新型的养老村，这和家乡的气质契合。”

做养老的初衷简单又纯粹。“见到祖母卧床，痛苦难当，束手无策之后体会到养老之重。”郎涛的“养老之重”在朋友间引起共鸣，人到中年，越发体会到年老的无奈和痛苦。

能不能有一只专业的“手”，来改变养老只能依靠家属的“手”？郎涛说，老龄社会到了，我们却没有准备好，养老产业方兴未艾。

“我希望老了以后能过着健康、快乐的高品质生活”，郎涛这么定位他的江南养生文化村，“一个村子就是一颗石子，投出去问问路。”

这个“村”，其实是个功能建筑群。占地200多亩，按健康咨询、健康护理、失能照顾等服务功能，分区开建。记者来到“村”里，看到正在做内装的健康管理中心，一派中国风，白墙黑瓦红柱，展示中医文化的博大精深。这里将建设成国家级中医药医疗旅游示范项目。“目标群体是高端养生及亚健康康复需求人士，提供具有持续个性化健康管理的养生体系。此外，村里还提供国医大师在江南的修养中心及传承基地。”预计明年上半年，村里的健康管理中心便可对外开放。

和其他养老产业不同的是，郎涛不做养老地产，靠专业的服务来赚钱。为此他在一个县城里，打造出了一个“中医智谷”，养生村将会成为全省乃至全国中医养生会所和中医名家的聚集地，此外，他正组建起一支健康服务产业“技工队伍”，打造培训基地。“靠我们的养生服务和健康管理，让人拥有欢乐的暮年时光，这个事，才有价值。”

村庄换容颜

如今的大奇山脚，是一片热火朝天的开工景象。除了江南养生文化村、瑞金养生综合体、颐居养生园，大奇山村落风景区也正在建设之中。“养生不是狭义的概念，健康小镇是高端的养生综合体，你不能让老人尽关在房间里看电视，得有消遣。相关产业必须配套。”健康城管委会负责人告诉记者。

什么相关产业？保健食品、体育健身、旅游采摘、文化教育……小镇内已经有大奇山国家森林公园、巴比松米勒庄园、杭州潇洒运动休闲公园、大奇山郡、凤川玫瑰园、桐君堂医药博物馆等相关综合体，这些产业，深刻地改变着古村，继而改变村民。

金牛村的命运，因健康小镇的到来，整个被改变了。由于小镇新辟了一条东西走向的生态绿道，刚好将整个金牛村囊括其中。健康小镇的商机能不能分流到金牛村一些？村委会主任王荣明已经用行动在证明。

初见成效的是村里在去年9月推出的“小灯笼养生度假村”，这是一个民宿经济为主的养生点，周末如果没有预约是无法入住的。在这之前，金牛村的民宿几乎是一片空白，“没什么人到这里来玩，虽然紧挨着大奇山森林公园，但大家玩过了就走了。”王荣明说。

“现在有人来健康城转一转，也会来金牛村看一看。村里开农家乐的越来越多，去年村里接待了两万人，今年翻倍没问题。” 王荣明觉得村里可看可玩的地方还是太少，要好好挖掘金牛村的文化。发展的东风来了，但“一下子还跟不上”。

现在金牛村逐渐火了。王荣明寻思着，在绿道周边，用村集体资金建一批旅游点，把小镇的客人“引流”到村里来。“小灯笼养生度假村”的老板应飞是地产商转型，希望借小镇的东风能够带动“小灯笼”的客源。“养老产业投资周期长，见效慢，但我很看好这个产业，未来的重心会陆续从地产抽离，全身心打造这个度假村。”基本上，应飞现在每天有一半的时间都“泡”在村里，一方面是盯建设进度，一方面是绿水青山确实养眼。

主打生态牌

如果说“健康城”有模板，迪拜健康城一定是标杆之一，这里每年为来自世界各地的患者提供顶级的医疗服务。在迪拜健康城中，既有著名综合性医院，也有90多家专科门诊及医学实验室，还有140多家商业医疗护理中心，更有多个大型商场及豪华酒店。

和迪拜在13年前便已规划健康城不同，桐庐晚了10年。“然而两者并不具备太多的可比性，桐庐打的是生态牌，这是更稀缺的资源，也是我们的优势。例如环健康小镇、全长9.41公里生态景观绿道，是一条纯骑行的绿道，为以后承办世界级骑行大赛准备。”小镇管委会有关负责人称，小镇既传统又现代的开发方式，吸引的是全球投资商，既得城市设施之便利，又借森林山水之环境，成为全国首个田园式、生态型健康产业综合体。

“小镇要建设成一个作品，而不是产品。”管委会主任潘武伟在选择客商时，秉持低密度的开发原则，“不要拼凑成一个小镇，而要有留白的勇气与担当。”因此健康小镇还保留着原始朴拙的古生态村落，“古生态就是财富，我们正在打造全套村落休闲度假生态系统与体验田园风光一条龙。”

在留住底色的基础上，小镇未来会有几大特色功能区出现。有企业养生会所、候鸟养生居所、奢野养生酒店、养生保健中心、文化旅游区、景观花海区、休闲运动区等。未来3年，健康小镇将实现固定资产累计投入达55亿元，旅游人数达到75万人次。

“如果说健康小镇能吸引全世界的目光，那一定是它的人性化和特色产业。” 潘武伟很有底气地回答。要让老人有尊严地养老，必须具备这两者特质。包括健康管理、健康保险、医疗服务、医疗旅行，都是小镇发展的方向。在小镇东侧，将规划建设为富春山居医疗养生基地，这里将建成一个敬老院、一个体检中心、一个疗养中心，方便老人安享晚年，并在一步之遥就有配套设施完善的医疗保健机构。在小镇西侧，规划的是一个健康细胞园。小镇中间区域将会成为智慧健康产业孵化园，吸引一批信息经济企业。

去健康小镇养老，方便吗？答案是，它和桐庐县城无缝对接；杭新景高速与320国道穿境而过，从小镇出发去杭州、上海都很方便，而且，杭黄高铁桐庐站也将落户在健康小镇。

（原载2015年9月17日《浙江日报》）

桐庐服务群众三级联动 书写干群鱼水深情

——干部自带铺盖进村来

周咏南　翁浩浩

党的十八届五中全会提出，加强党的各级组织建设，发挥战斗堡垒作用和党员先锋模范作用，激励广大干部开拓进取、攻坚克难，更好带领群众全面建成小康社会。群众路线教育实践活动后，针对作风建设能否持之以恒，干部联系群众解决“走读”化、突击化等问题，桐庐县从严要求、从实着力，深化县、乡镇（街道）、村三级干部基层走亲制度，构建覆盖全县的干部联系服务群众网络，书写浓浓的干群鱼水情。

天空如洗，江水清洌，层林尽染。深秋时节的桐庐，处处透着“一番洗清秋”的诗意。

11月3日晚，钟山乡仕厦村村民柯关银家迎来了一位特殊客人——县委书记毛溪浩。他和村干部、老党员、大学生村官、村民代表、困难户等围坐一起聊家常、话发展，晚上就在他家住宿，第二天一早又走村入户了解民情。

对桐庐百姓来说，县领导轻车简从，一月一次自带铺盖住农家、访村情，早已不是稀罕事。在田间地头，这道特殊景致，如秋色般让当地百姓心动：从县领导到村干部，两千余名干部通过划分责任网格，深化基层走亲制度，持之以恒用双脚丈量民情，付真心回应民生，真正实现“民有所盼，我有所应”。

从走读到住夜——自带铺盖进村来

基层工作千头万绪，难处不少。千难万难，只要领导重视就不难。

在莪山畲族乡新丰民族村的山窝窝里，上月开张的先锋云夕图书馆，成为当地的重要文化地标，也见证着村庄的变迁。

日前，记者从县城驱车半小时来到新丰民族村，只见小桥流水，翠竹环抱，民居错落。这个约900人口的畲村，透着民宿经济的活力。“我们这里最贵的民宿，住一晚要2000元左右。”说这话时，村党总支书记朱成祥一脸自豪。

成不成事，有时只差一个理念。这个村庄的快速发展，正源于县委书记的一次“白访夜谈”。

“起初，乡干部通知说有领导要来，只让我安排一个普通农家的干净房间就行，事后才知道是自带铺盖的县委书记。”至今，朱成祥仍记得当时的场景：2012年1月，隆冬时节，毛溪浩和村干部走进海拔约670米的戴家山自然村。那里有40余户村民，大多外出打工、居住，留下40多幢泥墙房，是名副其实的“空心村”。正当村干部为拆不拆老房子纠结时，县委书记前来走亲，还带来了“发展经”：房屋全部保留，通过市场化运作发展民宿经济。

“空心村”二次创业，唤醒了沉睡的山村，也激发了村干部的创业热情。截至目前，新丰村引入两个高端民宿项目和一家书店，村民人均年收入涨了3000余元，而且村集体年收入从零提升至20余万元。“以前，戴家山是新丰最偏远的自然村，村民只想往外搬。现在民宿经济发展了，就业岗位多了，外出打工的也回来了，村民在家门口就能赚到3000余元月薪。”村民钟土星说。

更让朱成祥和村民动容的是，“白访夜谈”这个新颖的名词，像涟漪一般扩散，温暖着越来越多的普通群众。

最近，富春江镇金家村也是喜事连连：“增先”农业基地上游排涝站修复工程竣工，“森强”枇杷基地和金家村之间的道路拓宽工程年底验收，村茶花基地成为县农技站技术专家重点指导对象……这些民生实事，都得益于“白访夜谈”。今年6月，县政府主要领导在村民郑登峰家开起民生圆桌会，村干部、党员代表、村民代表提出的意见建议，全部交办给相关部门，并迅速得到落实。

干群间的类似温馨场景，每月都在桐庐乡村出现。县领导在坚持不扰民的前提下，驻村入户感受民情，每次进村“白访夜谈”前，都会在村务公开栏张贴通告，帮助村干部和群众解决实际问题：

——在合村乡合村村，瑶山养生谷项目上马，计划投资5000万元，集中药种植基地、中医药养身馆、特色民宿、民俗体验中心等于一体，休闲旅游产业扬帆起航；

——在富春江镇芦茨村，村民出行告别泥泞的乡间小路，村两委试水“美丽经济”，创业创新的步子迈得更大；

——在横村镇白云村，完工的一项变压器增容工程，让村里不再闹“电荒”，精品民宿生意越来越红火……

从最初带着真诚走访，到在群众路线教育实践活动中不断深化，再到“三严三实”专题教育中一以贯之，纵然时光流逝，一种理念却始终清醒：干部不仅要走村不漏户，更要了解民情、增进感情。2012年至今年10月底，34名县领导以“白访夜谈”的形式，共蹲点调研830余次，与8200余名基层干部、群众座谈交流，协调解决或研究答复问题近2500个。

从客人到主人——种好各自责任田

大路小路，只有行动才有出路。

“一把手”带好头，干事才有劲头。在县级领导率先垂范下，乡镇、街道干部纷纷甩开膀子、迈开步子，深入农家“走亲连心”。

走进江南镇环溪村，一派清新婉约的乡村风情印入眼帘：小桥、流水、古树、人家。清澈的天子源溪里，成群的鲤鱼在游弋。“以前，垃圾靠风刮，污水靠蒸发，室外脏乱差。现在，垃圾有人拉，污水有了家，室外开百花。”小学教师出身的村委会主任周忠莲，用一句顺口溜概括了村庄的变化。

洁净的村道边，竖着一块“走亲干部联系网格示意图”。上面写着镇里走亲干部的姓名、手机号码、联系户数及工作职责。“几年前，村里建污水处理池，村民不愿把池建在自家附近，工程长时间搁浅。关键时刻，正是镇干部和我们逐户做村民工作，并发动党员户作表率，最终突破了瓶颈。”周忠莲说。

如今在桐庐，全县183个行政村被划定为922个责任网格，760余名乡镇、街道干部进驻网格，组成一支以乡镇、街道干部为主，县领导、机关部门负责人和村干部共同参与的走亲队伍。这其中，创业致富带头人、种养殖大户、小微企业主、困难户和空巢老人等成为重点对象。

小个子，圆脸蛋，谈吐温和，这是富春江镇女干部雷启迪给村民留下的第一印象。可真正干起事来，她却雷厉风行。农村生活污水提升工程，是富春江镇的中心任务之一，也是一项民生工程。她所联系的上四村有7个自然村，需要建设污水处理池10个，铺设窨井621只。

面对繁琐的工程，作为门外汉的雷启迪一开始真有点头皮发麻。“这项工作事关村民的生活质量，好几百双眼睛都盯着，我必须干好。”她边学工程标准，边抓工程进度。为确保质量，她拿着施工图，叫上监理人员、施工队和村干部，花两天时间检查了621只窨井和10个污水处理池，并在“走亲日记”中记录下相关问题，一周后又查看整改情况。

而今，桐庐各级干部到基层走访、办事蔚然成风。乡镇、街道干部在每周值班住夜的基础上，每月还要入户访民情不少于两次，每次走访群众不少于10户。今年以来，乡镇、街道干部共走访农户10.38万户，解决问题

5000余个。

在毛溪浩看来，基层走亲既是干部倾听民意的“绿色通道”，也是检验工作成效的一面镜子。“在一线走访，我们才能发现工作中存在的问题和不足。”他举例说，以往在制订农村“下山移民”政策时，有关部门往往考虑在县城安置，认为这样对村民更有吸引力。但在走访时，有些村民却表示住在农村更舒心。“制定政策不能有长官意志，更不能搞一刀切，应该因地制宜，分层推进，可以实施就近安置，把好事办好。”

走近群众，感知民心。基层走亲让广大干部学会了换位思考。截至目前，征集到的6400余条意见、建议，许多成为了政府部门和广大干部制定政策、开展工作的风向标。

从突击到常态——干群连心一家亲

千好万好，群众认可才是真好。

在凤川街道外源村，“走亲服务站”已走进当地村民们的心坎。而这里，也成为街道干部何兴华和村民们的“约会地点”。以往，由于农民日常生产生活时间不固定，镇干部下村经常吃“闭门羹”，有时还会使“访民”变“扰民”。

于是，凤川街道“走亲服务站”应运而生——它们大多设在村文化礼堂、老年协会或居家养老中心等村民聚集点，公布干部身份和联系电话，并公告服务村民的具体时间。截至目前，凤川街道已建立“走亲服务站”24处，参与调解各类纠纷198次，帮助村民解决各类困难960个。

说起何兴华，村民项某的家人至今心里还是暖暖的。今年夏天，突发的大水冲断了进出村主入口的唯一桥梁，而项某刚刚去世，遗体必须送到县城火化。一边是湍急的河水，一边是家属急切的心情，村干部感觉很棘手。何兴华得知情况后立即赶到河边，带领村干部和村民组成突击队，用杉木搭起一座浮桥，最终让项某顺利入土为安。

走亲，越走才能越亲。只有建立健全长效化的制度和平台，才能让干群间的感情历久弥“亲”。

在合村乡，一种乡干部“联合移动办公”新模式，同样让群众感受到贴心和舒心。前段时间，后溪村村民希望利用后溪和沿岸优美环境资源，开发水上娱乐项目，并想入股村综合服务社，由村综合服务社设立旅游开发公司经营，以此壮大集体经济、增加村民收入。但这事并无现成经验，也没有学习榜样，村干部心里没底。乡党委、政府得知情况后，邀请县里相关负责人和县农办、旅委、市场监管局等部门进村走访，分析项目可行性和制约因素，破解项目审批、用地规划、政策帮扶等瓶颈，终于让水上娱乐项目顺利开建。截至目前，合村乡共开展“联合移动办公”30余次，解决农房、农业、民政、招商、城建等问题200余个。

“您是否熟悉驻村干部，他是否走访过您家，是否为您办过实事，您对他的工作是否满意？”每年年底，桐庐10.3万农户都会收到这样一份考评表。

满意不满意，群众来评判；干部好不好，群众有话说。桐庐县探索推出基层走亲“四个是否”考评制度，请农户当主考官。根据农户填写的结果，当地折算出驻村干部一年内联系服务群众的“业绩”，并纳入驻村干部年度考评办法，作为干部年终评先评优、考核奖惩的重要依据。说话有分量了，农户们打分时也特别认真，按他们的话说：“驻村干部工作干得好不好，看看我们填的‘打分表’就知道了！”

持之以恒抓作风

对一项工作来说，如果党员干部不具备持之以恒抓落实的作风，就无法做到位、见成效。

党的群众路线教育实践活动结束后，如何持之以恒深化作风建设，是为政之要，更是民心所盼。近年来，桐庐县从严要求、从实着力，不断深化县、乡镇（街道）、村三级干部基层走亲制度，构建覆盖全县的干部联系服务群众网络，成为新时期干部密切联系群众的一道亮丽风景。

作风建设，是党执政兴国的重要法宝，事关民心向背。加强和改进工作作风，核心在于践行群众路线，密切我们党和人民群众的血肉联系。作风建设难抓，难就难在持之以恒，一抓紧就好转，一松懈就反弹，唯有毫不松懈，才能久久为功。当前，一些地方的干部联系群众时热衷于“形象工程”，有的“走读”现象严重，还有的对走访群众简单应付。表面看轰轰烈烈、声势不小，但缺少持久深入的劲头，往往难以为继，甚至事倍功半，一段时间后往往原形毕露。这种“三天打鱼两天晒网”式的工作作风，严重损害党委、政府的公信力，使各项工作失掉群众基础，可谓危害不小。

逆水行舟，一篙不可放缓；滴水穿石，一滴不可弃滞。密切联系群众，必须保持持之以恒的工作作风。广大党员干部要筑牢党性原则、宗旨意识，常怀为民之心，常谋利民之策，通过进村入户、走亲连心等方式听民意、解民忧。同时，必须建立健全机制，严格执行党的政治纪律、组织纪律、群众纪律，拒绝“不作为、乱作为”歪风，使联系群众、服务群众成为常态。

党的十八届五中全会为我们描绘了“十三五”的美好蓝图。面对重大战略机遇和挑战，我们必须加倍努力，甩开膀子，干出样子，不断把作风建设引向深入，以作风建设的新成效推动深化改革，赢得群众认可。

（原载2015年11月12日《浙江日报》）

桐庐探索基层社会治理创新——共建共享的民生实践

周咏南　翁浩浩

寒冷的天气和蒙蒙的细雨，难挡200余名群众代表的火热心情。日前，桐庐县举办的今年第四季度“政府开放日”，再次证明了它的魅力。

对桐庐人来说，在这个日子到县委、县政府大院走走看看，在县委书记、县长办公室坐坐聊聊，就像走亲访友一般轻松愉悦。

社会治理，是一个永恒的课题。党的十八届五中全会指出，推进社会治理精细化，构建全民共建共享的社会治理格局。

作为国家级生态县，桐庐也曾经历社会转型期的阵痛。如今，一种多维互动、多极共建、多方共享的全新社会治理机制，既为当地经济社会发展保驾护航，又透出浓浓的民生情怀。

启动实施桐庐县基层社会治理机制创新等改革试点。在今年初的省人代会上，李强省长在政府工作报告中的这一表述，至今仍令桐庐人激动和自豪。

多维互动，在亲近中信任

大红地毯铺起来，县四套班子领导列队站起来，迎接的不是上级领导，也不是专家学者，而是来自全县各村、社区的群众。

分水镇保安村66岁的村民顾增淼活了大半辈子，头一回经历这样的场面，十分激动地说：“在我们想象中，政府大院门槛很高，像这样县委书记、县长等领导在大门口迎接，还和我们面对面交流，以前连想都不敢想。”

事实上，设立“政府开放日”的初衷，就是要让政府与基层群众零距离，群众可以与县领导面对面交流，增进了解和感情。

“原来县委书记、县长每天的工作流程是这样子的，比我想象中忙多了！”参观完一位位县领导简朴的办公室，又看完《书记、县长的一天》视频，新龙村村民叶火金不由感叹。现场恳谈会上，县领导向群众代表汇报全县经济社会发展情况和未来工作打算，还与他们座谈交流，并要求有关部门对群众的意见、建议件件有着落和回音。

至今，群众代表柳军清楚记得：他提出的意见，迅速敦促一项民生实事落地。原来，全县城乡公交一体化改造后，客流量大幅增加，而农村群众却遭遇乘车难。恳谈会结束后，县领导要求交通运输局领办这条意见，并对部分大客流线路增加了运力。

桐庐县于2012年5月6日设立“百姓日”，每年开展天然大舞台、幸福家乡欢乐游、公益事业大开放、公职人员齐奉献等主题活动，让群众有了自己的节日。

“政府开放日”成为其中的重头戏，每季度举行一次，每次由全县各行政村或社区按照一村一人的方式，选出200余名群众代表，应邀到县委、县政府大院，与县领导“零距离”。至今，已有3000余人次参加开放日活动，现场提出意见、建议68条，除两条因客观条件没有落实外，其余均已落实。

“政府开放日”实现了县领导、职能部门和群众间的多方互动。这种良性互动，让彼此增进了理解，增加了信任。

如果说面对面的交流，让群众消除了心结、敞开了心扉、增进了感情，那么另一种朝夕相伴的互动，则伴随电波扩散，让政府和群众走得更近。

走进桐庐县百姓热线“967000”服务中心，清脆的电话铃声此起彼伏。工作人员耐心回复每个来电，并认真做好记录。虽然素未谋面，但心灵相通。这样的感受，对桐君街道洋塘社区的残疾人老钱而言最为真切。3年前，他幸运成为“967000”开通后的首位来电者。“当时，电视机坏了，送修不方便，就试着打热线，很快有人上门维修。”老钱回忆说，从那以后，他有困难就打热线，申领残疾补贴、询问天气情况，甚至请教如何写信……每次都能得到满意的答复。由此，他与“967000”结下不解之缘，近3年来打了400余次热线。“逢年过节，老钱总会来电问候我们的工作人员。”百姓热线负责人申屠霞萍说。

老钱，只是“967000”众多服务对象中的普通一员。近3年来，“967000”共受理群众各类来电10.2万件，做到事事有回复、件件有落实。

多极畅通，在创新中惠民

解决诉求，可以是冷冰冰的说教，也可以是心贴心的交流。党的十八届五中全会指出，健全利益表达、利益协调、利益保护机制，引导群众依法行使权利、表达诉求、解决纠纷。而今，桐庐群众向政府反映问题，都能感受到一种便捷和温馨。

百江镇百江村日前进行了一场特殊的评议会。主角是小京村女村民周某，近年来，她以承包田被他人占用为由，多次到上级有关部门信访。会议现场，还有农办、信访等县级部门相关负责人、党代表、人大代表、政协委员、律师和群众代表等20余人。他们专程来听取周某的诉求，并对镇政府和有关部门处理方式作评判。

近1小时，周某讲述了事情的来龙去脉。随后，镇政府有关负责人有针对性地出示了相关资料和存档，证明“承包田被他人占用”属于周某误解。现场气氛平和有序，大家你一言、我一语议开了。最后，现场抽签产生的9名评议员无记名投票，认定周某的承包田不存在被他人占用的情况。“我们会尽快为你的承包田确权，不会让你吃亏。”镇政府当场给周某吃下定心丸。眼见这么多人为自己作证，周某表示愿意接受评议结果。

信访，历来是社会治理的难点。桐庐县探索建立信访件办理质量综合评价机制，对信访人不满意的信访件进行复查，并举办评议会让信访人充分表达诉求，同时严查有关部门的失职行为。

从维稳到维权，一字之差，却蕴含治理理念的变换。

在横村镇白云村，村民和村干部间的“疙瘩”近日终于解开了。这些年，民宿经济越来越火，可当村民信心满满发展民宿时，问题接踵而来：村道过窄行车不畅，电压不稳时常断电。村民意见很大，觉得村干部不作为，而村干部有心无力。今年9月，县委副书记骆安全到白云村“白访夜谈”时，了解情况后把这事交办给了县交通运输局和县供电公司。目前，村道改造设计基本完成，变压器实现了增容，村民用电不再提心吊胆，村里气氛更和谐。

在桐庐，越来越多的县领导干部走进田间地头，通过“白访夜谈”的方式开通民意“直通车”。近4年来，34名县领导共蹲点调研830余次，协调解决或研究答复问题近2500个。

让群众充分表达诉求的理念，也插上了互联网的翅膀。桐庐县政府网站上，“网上信访”被放在显要位置。“影城嘉园旁的工程噪音严重扰民”“我应村委会要求拆掉旧房，村里却不给我解决建房地基”……群众的一件件烦心事，都通过网上信访及时得到解决。而一张“网上信访情况表”，详细罗列各单位的收件数、办结数、按时办结率和公众满意率。数字无声，却透着浓浓的民生情怀。

借助互联网，桐庐的社会治理更加精细化和主动化，“毛细血管”更畅通，社会环境更和谐。数据很说明问题：今年1至10月，桐庐县接待信访群众批次、人次同比分别下降10.33%和12.16%，其中集体信访批次和人次分别下降11.7%和25.63%；受理网上信访（县长信箱）数量同比下降27.54%，县长公开电话受理数量同比下降21.15%。

多方共建，在联动中融合

一枝独秀不是春，百花齐放春满园。社会治理创新的最终目的，是让更多群众共享成果，安居乐业。

走进分水镇塘源村的阳光养老服务中心，只见老年食堂、棋牌室、阅览区、小公园等设施完备，温馨感扑面而来。3名护工都是村里人，经过培训持证上岗。“这里环境好，护工耐心，母亲喜欢住。”母亲患有老年痴呆症，林女士由于工作忙无法照顾。今年5月，她把母亲送到阳光养老服务中心，从此解除了后顾之忧。

桐庐有老年人约7.48万人，占全县人口的18.50%，老龄化程度高于全省和全国平均数。日渐突出的养老问题，时常会引发家庭矛盾、治安案件，成为社会和谐稳定的一大隐患。如何破解？

在桐庐，一项政府购买服务、银龄互助和志愿帮扶相结合的“三位一体”居家养老服务体系应运而生。作为居家养老的升级版，农村微型养老机构通过政府购买服务，借助社会力量，让老人在家门口实现老有所养。目前，桐庐县共建成居家养老服务站183家、老年食堂59家，拥有各类专（兼）职助老员2100余人，基本实现农村居家养老服务全覆盖。

晚上8时多，桐君街道迎春社区的街巷逐渐褪去喧嚣。社区党委书记陆群英忙完一天的工作，开始转变角色——她和4名社区志愿者，穿上印有“桐君巡防”字样的巡逻服走街串巷。

今年8月，一场充满草根气息的群防群治探索，在桐君街道迎春社区诞生：由楼道长、社区商会、党员、热心居民等组建义务巡防队，每晚8时至次日零时巡逻。

社会治理，靠的是群策群力。巡防队成立不久，一个传销团伙就栽了跟头。“快救救我！”今年8月的一个晚上，义务巡防队经过交通大厦附近时，突然听到一名年轻女子呼喊。女子是湖北人，经朋友介绍来桐庐找工作，不想落入传销陷阱。巡逻队员立即报告派出所，并协助民警解救出12名受害者。

成立至今，义务巡防队共开展夜间巡逻90余次，有300余人次参与，化解各类矛盾纠纷40余起，解决群众困难100余个。“自从有了巡防队，晚上出行安心多了！”居民钱彩娟说。

与此同时，一张更大的联动网络——桐庐110社会（应急）联动网络，日夜守护百姓平安和社会和谐。应急联动单位已覆盖全县所有乡镇（街道）、机关部门以及相关企事业单位，以及各行各业的民间应急救援组织。

一场化学品运输车辆侧翻事故，检验出了社会（应急）联动机制的成色。去年5月18日凌晨3时许，桐庐县境内305省道富春江镇俞赵村路段，一辆化学品运输车侧翻，四氯乙烷泄漏，有可能渗入富春江。在桐庐110社会（应急）联动指挥中心的统一调动下，公安、消防、环保、林水、安监等部门迅速出动。交警维护秩序，消防紧急抢险，安监负责安全监测，环保、林水监控空气和水质情况，现场紧张有序，忙而不乱。约8小时后，事故现场处置基本结束，附近富春江未检测出四氯乙烷成分，桐庐水厂供水正常。

社会转型期，各种危机和潜在风险增多，群众利益诉求复杂多元，传统的社会治理手段往往“头痛医头、脚痛医脚”。一项110社会（应急）联动机制，将桐庐全县具有应急处置救援职能的部门单位和社会应急力量组成一张网，行动拧成一股绳。以往群众最担心的部门“踢皮球”现象，在联动中逐渐消弭。

如今，大到突发事件，小到家里水管漏水，桐庐群众的各种诉求都可以通过110得到有效解决。据统计，今年1月至10月，桐庐110社会（应急）联动指挥中心共调度联动成员单位处置涉及民生类警情4300余起，群众满意率达到99.65%。

从“散沙”到群治，从政府“一头热”到全民动员，各社会群体、组织参与社会治理的热情得到有效激发，不断推动桐庐社会治理创新之路走得更深远宽广。

（原载2015年11月28日《浙江日报》）

修复改造历史建筑 桐庐古村焕然新生

深澳里 追寻民清记忆

江帆 林雅琪 胡轶敏 唐志立

冬夜清冷，细雨迷蒙。绕过村口的那棵百年古樟树，穿行于青石板铺地的古巷中，我们就这样进入了位于桐庐县江南镇的深澳古村。

古村似乎还是原来的那个模样。雕梁画栋的明清古建筑，光洁圆润的青石板路面，时时提醒人们，这里曾有着数百年的悠久历史。而古村却又不全是以前的模样。轻柔的音乐声与浓郁的咖啡香，新锐的时尚气息与怀旧的文艺范儿，在此交融碰撞，并行不悖。

雨滴顺着屋檐滑落，打在鹅卵石上滴答作响，仿佛奏响一首交响乐。而如今的深澳村，在经历过一番挣扎与蜕变以后，确已华丽变身，奏响着一曲生机勃发的新乐章。

人去楼空，“空心村”要复兴

深澳村的老街长约200米，两侧分布着大大小小的清朝中后期及民国的建筑。这里有诸多文物保护单位，申屠氏宗祠、怀素堂、恭思堂、景松堂等等。千百年来，这些古朴风韵的大街小巷共同维持着深澳古村的魅力，深澳村民们在这片古老的土地上辛勤劳作，耕耘栖息，延续着独特的江南徽派文化。

若是在几年前，用“落寞荒凉”来形容这里并不为过。村里的古宅多历经数百年风霜雨雪，给居住于此的村民带来诸多不便。于是，村民渐渐搬出了这些世世代代居住的老房子，老村片区越来越空，八成以上的古建筑无人居住，深澳也便成了远近闻名的“空心村”。如何复兴古村，亦成为深澳人苦苦思索的问题。

2010年，桐庐县出台《关于开展农村历史建筑保护工作的实施意见》，计划用5至8年时间对全县保存较好，并具有一定历史、文化价值的1000多幢民国以前的历史建筑进行抢救性维修。2012年，深澳村被列入第一批中国传统村落名录。截止到目前，这座国家级历史文化名村，已经先后修缮了50多幢古建筑。

古村落的历史建筑修缮工程有力地推动了本地区旅游业发展，带来了经济效益。去年，江南镇接待游客68.3余万人次，餐饮销售达到2628万元。今年国庆期间，“民国记忆”咖啡吧正式开业，单日最高营业额近万元。

古村蜕变，唤醒“民国记忆”

雨夜，深澳村的卵石小巷中，一曲《夜上海》悠悠地从怀荆堂“民国记忆”咖啡吧中传来，低吟着它在民国时期留下的故事。

建于明末清初的怀荆堂经历了四代传承，到了民国时期，第四代子孙申屠辛办学堂、抗日军，为这座古建筑留下了许多传奇故事，“民国记忆”之名也由此而来。

2014年，江南镇从杭州请来专业设计团队，计划把坐落于深澳老街的怀荆堂改造成一间具有民国风情的咖啡馆，既保存建筑原有的风貌，又发挥出其实用价值。于是，古铜色留声机、褐色真皮沙发、老式电风扇、手提式煤油灯……这些民国时期的标志性物件被搬进了明清堂楼屋的雕栏画栋中。游客们可以一边喝着专业咖啡师调制的咖啡，一边听着旧上海的音乐，抬头便能看到上百年历史文明的风情。

“‘民国记忆’咖啡馆探索的是如何利用好老建筑，焕发出新的生命力。”江南镇党委书记说，“古建筑通常被认为好看不好用。投资商们过去想到的都是一些老概念，比如开个博物馆。在他们的概念中，古建筑与现代是无法融合的。”江南镇党委副书记项芳农说，“民国记忆”咖啡吧就在探索如何打破屏障，让“古”为今用。

新旧之间，融汇历史变迁

“以前是外出招商，千方百计拉别人到我们这里投资，现在反过来了，家门口选商，不符合古村落发展思路的，我们坚决不要。”项芳农谈起未来的发展，满脸骄傲，“我们把古建筑妥善修缮利用，既是对古文化的保护和传承，又在发挥着古村落的美丽经济。”

南京大学建筑与城市规划学院教授张雷，多年来一直在寻找乡土中国梦实践的地方，几经勘察，最终把梦想选在深澳落地。在深澳老街上，一幢清朝古建筑、一幢六七十年代的老房以及猪栏等附房，成为他的“云夕·深澳里”民宿项目的实践场所。

第一次看到“云夕·深澳里”的人都会被它的外观所震撼。通体纯白的建筑临水而立，细看之下就会发现，这白色白得有一些特别。改造之前“云夕·深澳里”的外墙就是白色的，但由于建造时间久，墙体已经斑驳零落。张雷从此得出了启发：“新”与“旧”，这对矛盾共同体，在时间轴上是无法交汇的两个端点，但是在建筑中，它们是否能够融合？

“让新旧、变迁在这里融合，”张雷大笔一挥，在老旧白墙上又刷上白色新漆。同种颜色，一个存于历史，一个发于当下，在同一个界面交错，诉说着来自两个时空的故事，“我想通过这种新旧关系的处理，探索老房子的新生命，新房子的旧时光。”

此外，村里的9幢老房子现已成为中国美院学生的实践基地；村里建于上世纪70年代的青源小学，将被建设成青年联谊会的学术研讨基地；甚至，连废电站都获得了新生。屏源电站最近引入了漫野高端民宿项目，已经进场动工，设计团队是研究中国山乡、野奢酒店的德清裸心谷原班人马。原本能耗高的电站成了零排放的民宿，真正实现了美丽乡村向美丽经济的转型。

（原载2015年12月1日《浙江日报》）

法治信访 阳光信访 精准信访——全省基层信访改革试点经验

桐庐县以提升精准信访能力为目标，创新信访件办理质量综合评价机制，被省政府列入基层社会治理机制创新改革试点。

今年3月，县委、县政府把改进和完善基层信访工作列入了改革重要内容，制定出台“信访件办理质量综合评价办法”等文件。“信访件办理质量综合评价办法”依托浙江省网上信访信息平台对所有初信初访办理进行群众满意度评价，从“事实调查、答复处理、教育疏导、帮扶救助”4个大环节、22个评分细则，对群众评价为不满意的所有信访件全部进行办理质量专业性的综合评价，以此评判事权单位办理过程是否规范、答复处理意见是否合法合理、意见措施是否落实到位、问题是否得到彻底解决、教育疏导是否到位、帮扶救助是否到位，进行百分制考评，准确查找办理过程中错误瑕疵所在，并提出改进意见建议等，从体制创新上保障督查工作常态化开展。

当地着力打造精准督查的利剑，力图精准解决群众评价不满意件“督什么、怎么督”的问题。在“信访件办理质量综合评价办法”的设定过程中，侧重于揪错与纠错，“揪”事权单位的毛病，“纠”事权单位的错情。通过信访件办理质量精细化管理，查清群众评价为不满意件的办理过程中问题环节所在，切实提高信访件办理质量和群众满意度。2015年以来，桐庐县来访办理群众评价不满意件共8件，全部纳入综合评价体系：其中5件经评价后确定为基本满意件，事权单位按相关要求进行了完善，信访人对完善处理结果表示满意。办理质量评价办法有效解决了上访群众有话无处说、有苦无处诉、有理无处摆的问题，使群众能够充分行使自己的知情权、参与权和监督权。

提升精准信访能力，关键要坚持“三严三实”标准，提升信访干部队伍综合治访能力和服务群众水平。当地要求信访干部把为民解难作为检验标准，把依法办事作为工作底线，把预防化解作为重要追求。目前，桐庐县在“三严三实”专题教育中联动开展信访督查“百千万”专项行动，由各县领导带队、各职能单位配合，对县级突出信访问题及重点稳控对象的化解稳控工作进行督查。通过精准督查，找准症结，疑难信访事项逐件化解，今年以来，信访总量明显下降，重复上访明显减少，群众满意度大幅提升。

（原载2015年12月7日《浙江日报》）

美丽公路遍布城乡 美丽经济花开桐庐

黄丽丽 易刚

从杭州主城区出发，沿中河高架向南，从杭新景高速杭州南出城口上高速，开车半小时，60公里路，就到了上海、杭州的后花园——桐庐。这个奇山异水的中国画城，因为交通的便捷，已从昔日的世外桃源，成为都市人的避世之地、第二居所。

作为浙江全省“1小时交通圈”中的重要节点，桐庐的交通建设已经超越了“通畅、安全”的基本要求，上升到“舒适、美丽”的更高层次。按照全省启动美丽公路建设的战略部署，桐庐先行先试、循序渐进，自2013年以来通过“试点、推广、深化”三步走的方式，以路为媒，以美为介，全面启动“美丽公路”建设。截至目前，全县共投入资金近4亿元，创建“美丽公路”200余公里，全县已建成以国省道干线公路为骨架，各乡镇农村干线公路为支撑，覆盖全县的“美丽公路”网。

走进今天的潇洒桐庐郡，阡陌交通，承载着人来人往，沿线的民宿、农家乐宛如粒粒明珠点缀着画城的乡村。因为美丽公路的创建，桐庐全面改善了公路沿线的景观，进一步带动了城乡形象的品位提升，同时推动沿线各地的美丽乡村游、农家乐、民宿经济的发展，实现了农民的增收致富，带来了美丽经济的飞速增长。

“美丽公路已经成为展示‘中国最美县’的景观路、美丽经济的交通走廊和老百姓走向幸福、富裕的康庄大道。”桐庐县主要负责人表示，在促进“生态美、城乡美、产业美、人文美、生活美”的“五美桐庐”建设中，美丽公路担当着排头兵的重要作用，不仅是打造风景桐庐的骨架工程，是城乡一体的枢纽工程，是全域旅游的基础工程，也是全省美丽公路“五个一万”工程在桐庐的生动实践。

公路成风景，城乡美如画

桐庐，昔日的《富春山居图》的实景地、严子陵的隐居垂钓之所，今日的“中国最美县”、国际休闲乡村示范区，天下独绝的富春山水、源远流长的文化底蕴和建设中国最美山水型现代化中等城市的现实需求，赋予了桐庐美丽公路建设更高的标准、更深的期待。

公路不是孤立的存在，它的美要与山水相依，与文化相融，与城市相和。桐庐美丽公路建设以品质为导向，紧密结合山水的生态优势和历史文化底蕴，因地制宜，精致规划，将县内国省道、旅游精品线路经过的县道和主要乡道打造成“亮点鲜明、各具特色”的美丽公路，实现公路通到哪里，风景就延伸到哪里。

320国道是桐庐美丽公路的样板路，2013年下半年乔林至窄溪段完成改造提升，原有的双向四车道改成了双向六车道，路面增加了19米；两侧绿化拓宽为20米，边坡铺上了碧绿的草坪，白玉兰、香樟、杜英、樱花、无患子、黄山栾树等42种植物共同描绘出一幅“四季图”，每隔两三百米点缀一处景观小品，加上沿路别致的农家庭院……昔日过境道路成为桐庐城市发展的主轴，成为可观可赏的景观大道。

“美丽公路既是群众期待也是美丽桐庐的内在需要，既是风景也是产业，桐庐的美丽公路必须要彰显地方特色，突出原始、乡野、自然等元素，发挥‘名画’效应，把美丽公路打造成山水生态画廊。”桐庐县交通运输局相关负责人表示。

为了凸显美丽公路在色彩上丰富、节点上出彩、立面上美化的美丽效应，桐庐按照“高山流水入画桐庐郡，翠树绿草添景潇洒路”的设计主题，在整治路段沿线种植多达23种不同的乔木、灌木和地被，根据不同季节配置了19种不同的花，实现“绿改彩”。隔开道路和花、树的护栏和花池也做了大卵石收边、小卵石铺设、钢木结合、仿木等精美设计，使人们能够静心慢赏自然原味和乡村风情。

如今经20省道从建德驶入桐庐，两地交界的关里隧道已经悄然“换装”。原来普普通通的半圆形隧道口，现在建起了一座马头翘角、黑瓦白墙的高大徽派门楼，并题有黄公望的诗词：“一江春水浮官绿，千里归舟载客星”，隧道旁还有一座茅草为顶、六根柱子为支撑的古式凉亭。自隧道往桐庐去，一路绿树红花，一路惬意前行。

围绕美丽公路创建，桐庐可谓全县总动员：县委、县政府印发了《桐庐县“美丽公路”建设工作方案》、县交运局制定了《桐庐县公路精细化管理养护实施方案》及相应的考核办法，为美丽公路创建了长效机制；各乡镇、街道从解决与群众生活息息相关的公路环境问题入手，通过进一步优化路边景观林带、消除沿线可视范围内有碍观瞻构筑物（堆场）、完善道路基础设施建设；农办、发改、农林、旅委等部门多方联动，将美丽公路与美丽乡村、“四边三化”“三改一拆”“无违建县”创建等工作结合，联合推进……

美丽，正向桐庐城乡更深处漫溯。在完成县内87.5公里国省道美丽公路建设的基础上，从2014年8月开始，按照“一乡一路”的原则，桐庐“美丽公路”建设正向全县农村公路延伸，并完成了首批89.8公里农村“美丽公路”建设。目前，全县主要乡村干线公路达到路基挡墙边沟轮廓线、路面边缘顺直线、安全设施防护线、沿线行道树绿化线四线分明，标志标牌齐全规范醒目鲜亮，处处显露着特有的流线美和线型美，与桐庐的青山绿水实现完美的融合，进一步提升了“中国最美县”的美丽指数。

美丽成经济，产业画蓝图

桐庐是远近闻名的“快递之乡”，11月13日首届中国(杭州)国际快递业大会在桐庐召开，许多第一次来桐庐参会的业内大咖们最大的感受是桐庐距离杭州更近了，沿路的风景也更美了。以乡村旅游、民宿经济、色彩农业为代表，桐庐正构建绿色、低碳、高效的现代产业体系，在带动经济发展的同时，力保一江秀色、乡间古韵。美丽公路正驱动桐庐的美丽经济如花盛开。

在县西北与淳安、临安交界的地方，是有着“鸡鸣三县”之称的合村乡。曾经，因为交通设施的薄弱，这个偏远山区虽然坐拥绝佳的山水资源，却一直籍籍无名。实施美丽公路建设以后，合村乡打造了一条集休闲、绿色、生态为一体的乡村风情大道，不仅融入了全县“1小时交通圈”，更成为展现合村乡“六合”文化的名片与窗口。

“现在合村乡已经成为长三角的知名景区。”合村乡党委书记周萍英告诉我们，每年暑期都会吸引十多万省内外的游客慕名而来，在打响大溪峡漂流等旅游品牌的基础上，合村乡今年又提出了创建3A景区，通过美丽公路的窗口作用深挖地域文化，发展全域乡村旅游，助力桐庐全县景区化建设。

合村乡的美丽蝶变恰如一滴水，折射出整个桐庐经济社会发展的新样式、新气象。一条条美丽公路交相呼应，有如脉络，彼此“接力”，助推“五美桐庐”的美丽蝶变。传统山水、文化旅游资源活力迸发，美丽乡村建设日新月异，每年引来上千万省内外游客，带动全县产业转型升级。今年1~10月，桐庐全县实现旅游业总收入100.1亿元，同比增长16.7%；其中乡村旅游收入3.378亿元，同比增长60.4%。

“桐庐境内沿05、16省道已经形成了以分水镇为核心，包括分水、瑶琳、百江、合村的‘15分钟交通圈’，这些地方拥有丰富的风景名胜资源、历史文化遗产，将建设为高新技术、旅游休闲、教育等生态友好型产业区，进一步完善现有的城镇发展空间。”桐庐交通局相关负责人表示，因为美丽公路建设，桐庐的发展空间得到进一步拓展，投资环境得到进一步优化，外部美誉度和影响力得到进一步扩大，对桐庐招商引资、承接产业转移、发展旅游经济等起到了重要的促进作用。

自美丽公路建设以来，桐庐加快大田种植结构调整等，大力发展道路沿线色彩农业、色彩林业。现如今，粉色的桃花、白色的梨花、红色的杜鹃花、金黄色的油菜花、橘色的百日草、红色的波斯菊等，动辄成百上千亩绽放，共同绘出桐庐四季的多彩。紧挨着美丽的05省道，曾经乏人问津的新龙村成了“香饽饽”，吸引投资额从数百万飙升至2.7亿元，走在全县前列；利用民居改造的5家农家乐、34家民宿几乎天天爆满。

不仅如此，放眼桐庐，分水镇的彩色水稻、瑶琳镇的千亩金花、江南镇的荻浦花海、环溪村的荷花等色彩农业建设项目竞相落地；另外，13个乡镇街道年内将完成3356.5亩色彩林业建设，共襄美丽盛举。据统计，1~10月份，桐庐实现农林牧渔业总产值25.21亿元，同比增长4.9%。

“绿水青山就是金山银山”正在桐庐得到了生动实践。富春江科技城、富春山健康城、迎春商务区、慢生活体验区四大主平台建设有序推进，健康小镇列入首批省级特色小镇，电子商务、快递物流、乡村旅游、现代金融、总部经济等新兴产业方兴未艾……一场“美丽经济”风暴正随着美丽公路的建设从桐庐公路上刮起，桐庐不仅跻身全国县域经济竞争力百强县，而且连续两年在杭州市综合考评中位列前茅。

家园成乐土，生活更美好

“美丽公路不仅是创造发展优势、增强竞争实力的环境工程，还是完善城镇功能、塑造品牌形象的管理工程，更是改善人居环境、提高生活质量的惠民工程。”桐庐县交通运输局相关负责人表示，目前桐庐已经基本建立以县城为中心的“1小时交通圈”，连通了183个行政村，使城乡一体融入全省“1小时交通圈”。

“以前没有公路时，到镇上要过36道水湾，现在不仅路通了，还开通了每日往返上海的旅游班线，每到周末、节假日，很多上海游客前来游玩。”富春江镇白云源村村民王世红感叹道。路好了，农家乐、民宿逐渐发展起来了，白云源村成为乡村旅游的胜地，老百姓的腰包鼓起来了，美丽公路成为名副其实的致富路。

在全面深化农村美丽公路创建的同时，从2014年起桐庐还全面开展了全县城乡公交一体化改造，制定实施《桐庐县城乡公交一体化改造运价调整方案》《桐庐县城乡公交一体化改造老年人免费乘车方案》，鼓励老百姓公交出行。2015年完成了全县1300余个农村公交停靠站新建或提升改造，并计划分两年对城区300余个公交停靠站进行提升改造，改善城乡公交候车环境，使美丽公路不仅体现美丽，而且更加实用，大大方便老百姓的出行。

美丽公路所及之处，就有农村创业的活力迸发。自去年10月首个“农村淘宝”落户桐庐以来，麻蓬村民几乎每月要通过“农村淘宝”购买总价五六万元的商品，远在新疆的红枣、近在杭州的衣服，甚至美国的深海鱼油都通过桐庐四通八达的公路网运到村里。据不完全统计，目前桐庐共有从事网商创业的青年企业家1100余人，有意向参与网商创业青年人数达到了6000余人，桐庐成为全国首个“农村淘宝”全覆盖县。

“良好的生态环境、优美的山水风光，让画城桐庐名声在外，而通过美丽公路建设，沉睡的农村资源被唤醒，电子商务、乡村旅游风生水起，成为增收致富的渠道，老百姓的获得感提升了，再也不想外迁了，反而是都市里的人想要过来。”桐庐县交通运输局相关负责人如是说。

美丽公路一头担着过去，一头连着未来。通过美丽公路的驱动，桐庐走出了一条具有特色的绿色崛起、转型发展之路，正向以“生态美、城乡美、产业美、人文美、生活美”为内涵的中国最美县建设全面推进。昔日的富春山居地，正成为美丽经济腾飞的新起点。

（原载2015年12月17日《浙江日报》）

桐庐大奇山脚崛起“健康小镇”

彤宣　陶元

通过规划建设，“健康小镇”将成为桐庐健康产业集聚发展核心区、引领示范区和“三融”（产业融合发展、产城融合发展和城乡融合发展）创新试点区，为桐庐创新发展、特色发展提供平台支撑。

到2017年，“健康小镇”有望实现累计总产出40亿元，累计总税收6亿元，旅游人数累计75万人次。

春晓，催醒了堤岸的垂柳；春风，染绿了远山的憧憬。

富春江畔，大奇山脚，一座“健康小镇”正大跨步向前奔跑。

昨日，记者来到这里实地探访。沿着桐庐迎春路，这条城市发展主轴，一直往南，不消几分钟，眼前豁然开朗，一片绿色的海洋映入眼帘，顿觉心旷神怡。

另一边的项目区块上，工程车穿梭往来，轰鸣的马达声和喇叭声响彻这个春天。

得天独厚与水到渠成

“得天独厚的自然资源，水到渠成地成就了‘健康小镇’。”富春山健康城管委会负责人的话语中，底气很足。

“以桐为姓以庐名，世世代代是隐君。夺得一江风月处，至今不许别人分。”药祖故里的桐庐，吸收了上千年的天地灵气。早在黄帝时期，桐君老人就结庐桐下，采撷百草，探究药性，悬壶济世。近年来，桐庐先后被命名为“中国养生保健基地”“华夏养生福地”“中国长寿之乡”。

总规划面积6.06平方公里的“健康小镇”，因其三面环水一面临江，地形宛如一把太师椅，山木繁盛，绿意葱茏，成为得天独厚的风景佳地。空气常年清新，空气中负氧离子浓度每立方厘米5130个以上，是普通城市的50倍，噪音范围仅为20-30分贝，还有远离水质污染的直饮水库。

桐庐于2013年开发了这条东西向延伸的发展带，也体现出桐庐跨江发展时代的城市主体空间带状发展模式。另一方面，由于县城高速互通、杭黄城际铁路站等对外交通枢纽的布局建设，交通区位优势尽显，正合乎“超然于城市之上，归隐于田林之间”的慢生活体验。

按照“先保护后利用、先景后城、先田园后城市”的理念，小镇正在有序推进保护开发工作。在这过程，尊重人本需求是主色调。颐高集团董事长翁南道有时也会与富春山腹的村民一起喝酒，他坦言，颐居养生园来到桐庐，是与当地村民做“邻居”的！颐居养生园是由颐高集团主力打造的养生项目，总规划面积约5000亩，总投资达16亿元，引入现代先进的健康配套和高端完善的酒店式服务，倾力打造全国首个酒店式养生度假小镇。

健康小镇各区块蓬勃发展

据悉，目前健康小镇的区块内已有大奇山国家森林公园、巴比松米勒庄园、杭州潇洒运动休闲公园、大奇山郡、凤川玫瑰园、桐君堂医药博物馆等旅游健康休闲综合体建成投入使用，颐居养生园、大奇山村落风景区等优质项目也正在建设之中。其中江南国际养生中心进度最快，已初具雏形。

小镇西侧的健康细胞园区块，建设用地100亩，未来会成为一个细胞“银行”——将目前健康状况良好、活跃的人体干细胞、脐带血等进行低温保存，以备不时之需。

富春山健康城管委会负责人介绍，通过规划建设，“健康小镇”将成为桐庐健康产业集聚发展核心区、引领示范区和“三融”（产业融合发展、产城融合发展和城乡融合发展）创新试点区，为桐庐创新发展、特色发展提供平台支撑。

通过3年努力，到2017年，健康小镇有望实现固定资产累计投入达到55亿元，累计总产出40亿元，累计总税收6亿元，旅游人数累计75万人次。

这座以健康养生（养老）服务为主导，以医疗服务和健康管理为支撑，以中医药医疗保健服务、健康旅游和文化、健康食品为特色的国际化健康小镇如今正越来越清晰地展现在世人面前。

（原载2015年3月21日《杭州日报》）

发展县域电商的桐庐模式

——写在第二届中国县域电子商务峰会之际

一座县城，在三年不到的时间，电子商务发展从无到有，从一枝独秀到百花齐放，从星星之火到燎原之势。

桐庐目前有3个县级核心电商产业园，入驻专业电商公司47家；建成6个乡镇孵化园，培育电商企业165家；建成8个本地电商支撑平台，县内应用企业（商家）达4600余家；建成9个电商仓储物流平台，日均发货量突破40000单；设立6个电商人才公共培训基地，2014年组织各个层面的电商培训5800余人次；还有183个农村淘宝村级服务站投入运营，今年6月底，桐庐成为全国第一个实现农村淘宝村级服务站行政村全覆盖的县。

如今，电子商务已经融入桐庐一二三产各个领域，截至2014年底，全县仅在天猫和淘宝平台上的活跃卖家就有5100多个；年销售超过500万元的电商骨干企业达52家，网上销售14.54亿元，增长142%；有7家电商企业正在进行上市培育；电子商务产业链不断延伸，各类主流电商模式全面应用，各种创新电商模式层出不穷。

三年不到的时间，得到业界首肯，获得众多荣誉。位列“中国电子商务发展百佳县”排行榜第41位，被评为“2014感动浙江十大电商团队”；成功创建“浙江省电子商务示范县”；迎春商务区成功创建国家电子商务示范城市拓展区；“桐庐产业带”获阿里巴巴“最具活力奖”。

说起桐庐分水的制笔、横村的针织服装以及皮件箱包、医疗器械等等，大都耳熟能详。2012年前后，受人民币升值、国际市场萎缩和代工市场向东南亚转移等各种因素影响，企业的市场空间、利润空间受到前所未有的挤压，生存很被动。

桐庐追寻原因，要破解这些难题，既要有大量的资金投入，更要有很长的培育周期。

就在苦苦寻求破解之道之时，电子商务犹如黑暗中的一道“闪电”，闯进人们的视野。它凭借其“开放性、平等性、知识性、虚拟性、快速性”的特征，完全区别于传统商业营销模式，能够帮助企业以更低廉的成本、更快捷的速度获取国内外市场信息、宣传推广自有品牌，实现与全国甚至全球消费者的无缝对接，从而迅速打开销售市场。

自此，桐庐开始驶上电子商务“一切皆有可能”的道路。

电商发展三步走

启动阶段：2012年8月至2013年底，桐庐实施了“启蒙计划”，主要是给理念、给氛围、给信心。

起初，干部和企业普遍不懂电子商务，干部心中没底气，企业“不见兔子不撒鹰”，这样的僵持一度使发展电子商务陷入僵局。桐庐一方面通过考察，开设培训班，引导干部企业去深入了解，一方面营造发展电商的氛围，让大家了解到电子商务不仅是一个无比庞大的既有市场，也是一个无法阻挡的趋势市场，更是一个无限广阔的机会市场，如此半年下来大家形成了共识，也有了“时不我待”的紧迫感。

光靠自己摸索跑不快，必须“靠大树”，“借大脑”。2013年8月，桐庐县委副书记、县长方毅多次带队与阿里巴巴对接，终于成功建立战略合作关系，达成十方面合作意向，并共同举办了首届桐庐县电子商务发展大会和阿里巴巴“中国产业带”巡回论坛。县政府还聘请了包括阿里巴巴集团资深副总裁在内的6位电商领军人物作为电子商务发展顾问，高起点、高标准谋划电子商务发展。与阿里巴巴结亲后，不仅使桐庐在发展电子商务上走上快捷道，更重要的是极大地提升了桐庐对做好电子商务的信心和决心。

有了信心和决心，政府发挥主导作用异常重要。桐庐出台了《关于加快电子商务应用发展的若干意见》，从培养电商人才、整合平台建设、加快示范培育等八个方面全方位、系统化推进电子商务普及应用。整合了政策资源，设立专项资金，2013年兑现507万元，2014年兑现1500万元。

初步发展阶段：2014年，桐庐实施“1234计划”，主要是给支撑、给配套、给服务。

杭州屹尚电子商务有限公司、桐庐汉纳家居用品有限公司……随着15家耳熟能详的企业相继入驻，凤川街道电子商务孵化园发展已初具规模。凤川街道电子商务孵化园占地面积2400平方米，配套仓储10000余平方米，可容纳20余家企业创业。

杭州水晶运动机械有限公司在卢水晶的带领下一直做传统外贸，这几年传统外贸基本保持在7000万元左右，没有增长，而且利润越来越低，从15%降到约5%。但他儿子卢毅通过网络拓展内销市场，2012年做了900万元，2013年做了2700万元，去年做了将近7000万元，而且利润也比传统外贸高得多，大约有30%，目前他们在澳大利亚建了海外仓，正准备做跨境电商。

随着电商的起步，各类发展需求摆在政府面前，比如人才、平台、政策等等。桐庐在谋划2014年工作时，决定把重点放在构建长远发展的支撑体系上，包括规划体系、政策体系、人才培育体系、公共服务体系等等。为此，拟定并较好地实施了“1234计划”。

编制一套规划。通过规划编制，明确桐庐电商发展的方向、模式和近远期目标，同时研究确定实现目标的路径选择、时序安排、节点设计、支撑项目和实现手段等。

推进“两大中心”建设。一个是电商公共服务中心，一个是电子商务仓储物流中心。

加快三大园区建设。

突出“四大平台”建设。分别是“阿里巴巴·桐庐产业带”，淘宝网“特色中国·桐庐馆”，“一马平川”公共文具电子商务运营平台，安厨鲜活农产品电商平台。

提升发展阶段：2015年，桐庐拟定了“燎原计划”，主要是抓扩面、抓提质、抓突破。

有良好的开端，但要行进得更远。为此桐庐不断到先进地区去考察学习，去寻找差距，去探索经验。

电商发展的基础面还不够广、扎得还不够深。有了这番思考之后，桐庐决定今年实施“燎原计划”。“燎原计划”的核心是“扩面提质”。

桐庐明确今年农业生产组织、旅游企业和规模工业企业电商应用面要达到75%以上；电商发展要融入每一个行政村；电商服务要覆盖50%以上的农村家庭；产业园区、电商平台、仓储物流、人才培训、网络品牌、协会组织等支撑体系要全面优化提升；同时，还要打造8类电商龙头示范70个、推进6家电商企业上市培育。

要实现“两个突破”，主要是指向下突破发展农村电商和向外突破发展跨境电商。桐庐正在建设跨境电商孵化中心和海淘买手街等支撑平台，已引入2家专业的第三方服务商，实施600家企业负责人的培训计划，跨境电商应用企业要突破500家。

农村淘宝在桐庐

“农村也有创业平台，回家乡既能照顾父母，又能做自己的事业，农村淘宝还能给村里人带来便利……”说起为什么从大城市回到小乡村，桐庐瑶琳镇何宋村农村淘宝服务站负责人严俊瑜感触地说。

何宋服务站于今年1月27日正式开业，作为一个“80后”的创业者，严俊瑜原本就是一个初级电商，拥有一家淘宝店，正因为了解电商、看中电商发展势头，果断加入了农村淘宝事业。

现在他全职做淘宝，每天骑电瓶车当“快递员”，把寄到他店里的包裹一一送到村民家中。

桐庐是阿里巴巴全国首个农村发展战略试点县，“农村淘宝”项目的第一个县级运营中心和“农村淘宝”第一单就产生在桐庐。

2014年10月29日启动运营农村淘宝，它的基本运营模式比较简单，在县城建立运营中心，在每个行政村选择一个点作为服务站，明确代购员为村民通过网上农村淘宝平台购物，由于目前物流不能通达农村，所以农民所购物品先在县运营中心集中，再由农村淘宝解决送达村点的物流问题。

阿里巴巴作为项目主体，发挥资金、人才、平台、运营、培训等方面的专业优势，主要负责县运营中心的建设运营人员培训以及各种技术支撑等。桐庐县政府作为项目配合单位，发挥组织资源和信用优势，主要负责免费提供县运营中心的场地以及整体的组织推动工作等。

桐庐与阿里巴巴于2014年10月15日签订试点协议，10月29日县运营中心和4个村站点启动运营，前后仅半个月时间，被誉为“桐庐的互联网速度”。到今年6月底，桐庐实现全县183个行政村农村淘宝的全覆盖。

随着试点的深入推进，桐庐针对新情况、新问题，创新实行合伙人制，把“农村淘宝桐庐模式”从以选址为核心的1.0版本向以选人为核心的2.0版本升级，5月6日在桐庐举行了2.0版本的全国首发仪式。目前，桐庐正在向“农村淘宝桐庐模式”的3.0版本摸索迈进。

截至6月底，桐庐已建成“农村淘宝”县级服务中心1个、仓储物流中心1个、村级服务站点183个，吸引了241位农村青年返乡创业，累计为村民网上代购商品118400单、1647万元，其中6月份成交25247单528万元，各项指标均排名全国第一。

县域模式看桐庐

各地发展状况不同，特点也不一样。有的地方电商发展首先是草根创新、群众效仿，形成一定的规模，政府及时把握机遇，介入推动。这种被专家称作“顺水推舟”模式，而桐庐县政府推动县域电商发展，相对于“顺水推舟”模式，可以算作是“无中生有”模式。

在2012年以前，桐庐与当前的大部分县域一样，民间自发形成的电商发展基础十分薄弱，氛围几乎没有。面对这种状况，桐庐确立了“政府主导，企业主体，立足生态，从无到有，全面谋划，系统推进”的原则，在建立机制、转变理念、营造氛围、编制规划、出台政策、寻找资源、设计载体、搭建平台等方面采取了一系列举措，一步一步推动电商发展。

追寻桐庐快速发展电子商务的步伐，我们发现它有着“四大法宝”。

法宝一：“政府主导”。政府先于企业思考一步，主动作为，在建立机制、转变理念、营造氛围、编制规划、出台政策、寻找资源、设计载体、搭建平台等方面采取一系列举措，一步一步推动电商发展。

法宝二：“生态理念”。桐庐发展农村电商，不局限于打造几个“淘宝村”或“电子商务示范村”，而是紧紧抓住制约农村发展电商的“物流”和“人才”这两个主要“瓶颈”去考虑顶层设计问题，着眼于整体改变农村的消费方式、生产方式和销售方式去推进农村电商发展，全力打造农村电商生态体系，实现大众创业、万众创新。

法宝三：“两线并举”。桐庐发展农村电子商务的总体思路是“两条主线融合并举”：一条主线是大力推进阿里巴巴“农村淘宝”项目试点，利用这个项目打通上下行物流的通道，播撒农村电商的种子。另一条主线是以桐庐农产品电商产业园为核心，以一批专业电商平台为龙头，运用组织化的方式，整合提升农村产品资源，解决“无标”“无认证”等关键问题，拓展网上销售市场。

法宝四：“合力推进”。桐庐与阿里巴巴集团紧密合作，共同探索，合力推进“农村淘宝”项目试点。目前，“农村淘宝”项目的运营质量稳步向好，发展农村电商的“物流”“人才”和“资金”三大瓶颈得到了有效突破。

星星之火，可以燎原。桐庐拼力在“互联网+”的风口中飞得更高、更远！

（原载2015年7月8日《杭州日报》）

富春江畔的绿色革命

——桐庐大力推广农村垃圾分类，资源化利用垃圾，把清净留给富春江

郑　磊

今年3月5日，在2014年度杭州区（县、市）特色创新目标绩效评估会上，专家组给桐庐的农村垃圾分类项目亮出全场最高分，评价是“桐庐农村垃圾分类，让城里人脸红！”

桐庐农村垃圾分类工作何以让城里人脸红？且看记者的调查。

蓝黄两只桶：一年“吃进”2.4吨垃圾

杜预村是桐庐县一个普通的小村子。这里的440家农户都有独立的庭院，一家挨着一家。穿梭村道间，想要找出零碎纸屑或者杂物垃圾，居然是一件困难的事。但在每家每户门口，找到蓝色和黄色两只垃圾桶却很容易。桶上标有数字号码，垃圾桶属于哪家，一目了然。

78岁的周水仙老人手里提着装着菜叶的畚箕。她打开标示“可堆肥垃圾”的蓝色垃圾桶，将菜叶倒入桶中。周水仙老人念叨着：“剩菜剩饭、菜叶果皮、狗狗的粪便就往蓝桶倒，塑料袋、玻璃瓶就往黄桶里倒。”

因为垃圾分类做得好，村委会几天前奖给她一袋洗衣粉，这让老人很开心。

村干部姚水军说，让村民养成垃圾分类的习惯，经历了一个过程。刚开始很多人不习惯。慢慢地，经过上门指导和讲解，老人小孩都知道怎么分类了。“农村垃圾分可堆肥与不可堆肥两类。可堆肥就是会烂的垃圾，而烂和蓝同音，会烂的就扔蓝色的桶，这样宣传，简洁明了，老百姓很快就接受了。”

村保洁员朱辉达负责可堆肥垃圾的收集和分拣，同时还要对每户人家的垃圾分类情况进行打分。分数每月在村里张榜公布，然后每季度进行评奖，村里会给高分者发洗衣粉、肥皂等生活小礼品。“如果分数低，名次排在后面，村民会觉得没面子。”周水仙说。

朱辉达的工作也因为村民分类越来越好而轻松了不少。“刚开始实施的两个月，我从凌晨4点一直要忙到中午11点半。而现在忙到上午10点半就差不多可以结束了。”

杜预村的环境改变了，是桐庐所有村庄的缩影。如今，桐庐183个行政村已全部启动垃圾分类工作。并按照不同地域、人口和环境，因地制宜地建造了146个垃圾资源化处理站。目前，这146个站点都投入正常运行状态。按

照全县农村居民约11万户共32.3万人测算，每年产生的生活垃圾量约4.8万吨。实施农村生产生活垃圾分类收集及资源化利用后，全县减少了50%的垃圾。

一道减法：一年“吐出”有机肥7200吨

有人会疑问：前道分类垃圾后，后道处置会不会“混装”处理？

这一点，桐庐县的回答是：乡村的垃圾不仅分类处置，还变废为宝，除了减少垃圾的产量，还产出有机肥。

分类后的垃圾，由各村保洁员统一收集处置。可堆肥垃圾统一采用生物制肥方式处置，不可堆肥垃圾则按原模式作无害化焚烧处理。可堆肥垃圾变废为宝，是垃圾分类收集后另一重要环节。基于实际情况，桐庐县各村各自行选择微生物发酵资源化处置模式或太阳能普通堆肥处置模式。

“芦茨村采用的是微生物发酵处理法。”保洁员方木林指着手边的微生物有机废弃物处理机说，“只要把垃圾投进去，3到7天就能出料。再经过15天左右的二次堆肥，垃圾就成了抢手的有机肥料。”

这台神奇的机器，名为“资源化垃圾处理设备”。记者看了看，这套设备的专利的持有者是中国科学院生态环境研究中心和桐庐县环保检测站，并由桐庐欧鹏生态环境科技公司进行生产。

操作这台设备并不复杂，保洁员都知道怎么使用。方木林说，一般10斤垃圾进，能吐出3斤左右的有机肥。如此算，一年下来，有机垃圾可制成有机肥约7200吨。

可堆肥的垃圾就地处理变成肥料后，垃圾总量减半，其他不可以堆肥的垃圾，就运送到垃圾中转站，再运至县城垃圾无害化处置站进行高温焚烧。这样一来，大大降低了运输成本和垃圾处理压力。

“桐庐农村生产生活分类收集和资源化处置是培养农民环保意识的重要举措。同时，也希望以此为解决垃圾问题提供经验。”桐庐县委书记毛溪浩说。

垃圾分出了产业 把清净留给了富春江

经过“资源化垃圾处理设备”处理后的有机肥是大家争抢的“香饽饽”。横村镇阳山畈村把有机肥送给村蜜桃合作社使用，然后由合作社出资购买日用品，奖励给垃圾分类分得好的村民。一山之隔的双溪村，几乎每家每户都种植樱桃，村民就用垃圾分类的积分，直接来兑换有机肥。

桐庐甚至还希望把这些有机肥推向市场，产生更高的经济收益。

在阳山畈村的垃圾资源化利用站里，我们看到一袋袋包装精美的肥料，名为“世外桃源”。“来这里游玩的游客常买这些肥料回去种花。”村干部包洪弟笑着说，卖10元一袋，试试市场。

桐庐县环保局想得更深入。“我们打算引入第三方机构，统一收购有机肥，对其氮磷钾含量进行更科学的配比，让它成为更有价值的商品。”相关人士表示，目前已在进行实验，一旦成熟，就会推向市场。

除了把垃圾卖出去，“资源化垃圾处理设备”也很抢手。“全国各地很多环保部门来桐庐考察垃圾分类及资源化利用项目后，对这台垃圾处理设备都相当感兴趣。”据介绍，目前这台设备最远已卖到珠海，而且销售范围还在不断扩大。

据悉，桐庐县要在今年底实现全县范围内农村生活垃圾无害化处理全覆盖，并倾力打造农村人居环境水平的社会生态自主治理的新模式。再加上“五水共治”的举措，眼下桐庐境内的83条流域、96个断面，已全部达到Ⅲ类以上水体，20个断面达到了Ⅰ类水体，40个断面实现了Ⅱ类水体。

凭借好山、好水、好空气，以原汁、源味、原生态为卖点，桐庐美丽的田园风光和洁净的村庄正吸引着越来越多的城里人。

（原载2015年第8期《今日浙江》）

桐庐表彰双十佳“担当有为好干部”

彤宣　陶元

她在桐庐的经济主战场上攻坚作战，带领招商服务局主攻“大好高”项目落户，如英飞特、海康威视、桐庐国际箱包智慧中心等，突破了桐庐经济开发区建区以来未有10亿元项目落户的历史，她叫张丁玎；他是桐庐农村生活垃圾分类的开拓者，每天下基层，在桐庐境内的每一个村庄都留下了足迹，他叫储云峰……

日前，桐庐县举行双十佳“担当有为好干部”表彰大会，来自乡镇（街道）、机关部门的各10名“担当有为好干部”接受表彰。

这些干部中，有的退居二线后放弃城里安逸的生活，重赴基层，奔走在建设一线；有的24小时全天候为群众服务，在群众和政府之间架起沟通的桥梁；有的为了实施农村生活污水处理工程，走遍全县183个行政村和2000多个现场施工点……接下来，桐庐将组建先进事迹报告团，赴各乡镇、街道和机关开展巡回宣讲，以形成全县学赶先进、见贤思齐的社会氛围。

桐庐县委书记毛溪浩表示，这次评选双十佳干部，就是要求全县上下要以“担当有为好干部”为榜样，进一步唱响“我来干、跟我干”的干事创业好声音，以干部的辛苦指数换取百姓的幸福指数，为建设以“生态美、城乡美、产业美、人文美、生活美”为内涵的中国最美县作出贡献。

（原载2015年10月4日《杭州日报》）

桐庐分水：制笔之乡的文创实践

创意笔——使仅有书写功能的传统笔集聚玩具功能、观赏功能、应用功能为一体。于是，“格言笔”、会变形会移动的“汽车笔”、可以梳头的圆珠笔、“愤怒的小鸟”系列圆珠笔……纷纷面世。企业与文化创意产业相结合，走出一条新路。

通讯员 唐志立 驻桐庐记者 陶元

在刚刚落幕的第二届中国笔业博览会中，来自20多个国家和地区的1.56万展商、采购商、观众云集中国（分水）笔业国际博览中心，博览会签订1.83亿元的交易订单，其中现场签订订单9800万元。

一支笔，不能只赚几分钱

在以往的印象中，一支笔只能赚上几分钱的蝇头小利。如今，分水镇的部分制笔企业在设计、生产中，注入了创意文化元素，情况已经变得不同。

位于分水镇东溪工业区的华钏笔业就是这样一家企业。早在2007年，公司总经理宋华就针对业内市场的无序竞争，引进专业设计人员，尝试着把动漫融入到制笔设计中，他们与杭州宏梦卡通合力研发的“虹猫蓝兔”系列创意笔，大受市场的欢迎。

如今，在分水制笔行业，文创概念已经深入企业家的心里。“单纯地做传统笔，市场只会越来越小，一定要赋予它多样性、市场性、功能性，制笔产业的前景才能更加光明。”宋华说，去年公司首批集书写和玩具等功能于一体的近十款动漫笔就特别受欢迎，产品的附加值也比传统笔要高得多。而且，由于动漫笔设计复杂，模具制造难度较高，同行很难模仿生产。

在尝到了文创带来的甜头后，宋华有了更大的信心，“下一步，我们还将开发更多新的附加值比较高的新产品。”

从“人均一支笔”到“人均一支好笔”

第一阶段

起步阶段，上世纪70年代末到90年代中期。以家庭作坊为主，规模小、技术含量低、产品质量普遍不高，产品大都销往义乌市场。

第二阶段

发展阶段，1998年到2002年。地方政府开始有意识把制笔业作为主导产业来扶持，规模、质量、产品不断大为提升。

第三阶段

提升转型阶段。2002年底“中国制笔之乡”命名至今。企业主动进行技术改造、机器换人，产品由单一的圆珠笔向中性笔、动漫笔、办公用笔转变。

在政府的引导之下，企业与文化创意产业相结合，助推制笔业走出一条新路子。

分水镇党委书记施建华表示，制笔产业作为分水镇的支柱产业，县文创办和镇里都大力支持企业在文创方面的努力，每年都会制定相关扶持政策。

为实现从“世界人均一支笔”向“世界人均一支好笔”这一目标的跨越，分水镇已连续4年联合浙江工业大学、杭州电子科技大学、中国计量学院、浙江科技学院、浙江理工大学等多所高校承办了4届“创意杭州”工业设计——制笔创意设计大赛，不断拓宽新产品的设计源头。

此外，分水镇还不断深化产学研合作，成立了浙江大学—桐庐分水制笔技术研究开发中心、杭州电子科技大学—桐庐分水笔类产品创意设计中心等高校合作基地，围绕新材料应用、外观设计等关键性技术开展科技攻关，使整个制笔产业新产品设计开发能力和技术水平得到大幅提升。

随着文化创意在产品设计中发挥的作用越来越大，华钏、诗曼、远成等制笔企业已经开始着手研发富有新意的创意笔，使仅有书写功能的传统笔集聚玩具功能、观赏功能、应用功能为一体，于是，“格言笔”、会变形的“汽车笔”可以在地上移动，梳子形状的圆珠笔可以用来梳头，“愤怒的小鸟”系列圆珠笔可以当玩具……在政府的引导之下，企业与文化创意产业相结合，助推制笔业走出了一条新路子。

目前分水正在积极申报制笔特色小镇，先期委托中国美术学院进行规划设计，目前笔业博览中心、东溪制笔老园区转型升级等4个项目已开工建设，文具创研中心等4个项目已落实投资主体。

这支“笔”一年 卖了近60亿

目前，分水镇共有制笔及配套企业739家，吸纳从业人员2.1万余人。按照设备规模，目前已具有年产180亿支笔的产能。

2014年，分水生产的圆珠笔、中性笔等两大系列共3000多个品种，全行业实现销售收入59.8亿元。

2014年，分水开展电子商务的制笔企业达到346家，电子商务营业额达到5.2亿元。

（原载2015年11月3日《杭州日报》）

桐庐绿水青山的美丽嬗变

“美丽乡村”培育出农村经济新业态

白　石

凭借好山、好水、好空气，以原汁、原味、原生态为卖点，桐庐美丽的田园风光和洁净的村庄环境正吸引着越来越多的城里人。

据浙江省桐庐旅游部门统计，刚刚过去的羊年春节黄金周，桐庐共接待游客18.72万人次，旅游总收入1.84亿元，与去年同期相比增长7.1%，其中旅游景区（点）门票总收入548万元，较去年同期增长10.9%。

桐庐县旅游委员会负责人说，春节期间，尽管由于连续的阴雨天气，但桐庐的旅游总收入不降反增，旅游效益突显。

据统计，2014年，桐庐接待游客1010万人次，旅游总收入超过100亿元。

游客的纷至沓来，是桐庐发展乡村旅游的

一个缩影。桐庐县委领导说，绿水青山不仅要成为展示今日桐庐的“金名片”，也要成为桐庐可持续发展的“摇钱树”“聚宝盆”，让美丽经济最终化为农民的美好生活，成为桐庐经济的不竭财富。

别样乡野最风情

走进秀美的桐庐乡村，仿佛走进一幅天然的山水画卷：山花烂漫、硕果飘香的“世外桃源”阳山畈；背山临水、“家家都在画屏中”的芦茨；百江紫燕山的高山氧吧；深澳古村落的青石黛瓦，一个个风情各异的特色村落像散落的珍珠镶嵌在桐庐的画屏中。

从杭新景高速富春江出口下，沿江而上，富春江如绿色的飘带，四周山峰陡立，树木葱茏，这里是浙江省首个乡村慢生活体验区创建试点——富春江（芦茨）乡村慢生活体验区。

体验区规划面积62平方公里，以富春江镇的芦茨、茆坪、石舍三个村及国家级风景名胜严子陵钓台、白云源两个著名景区为基础，以农家最原始的生活、生产方式为体验内容，依托区域内独特的山水景观和深厚的人文底蕴，突出打造“至慢”乡野生活。

走进芦茨老街，黛瓦白墙的古民居，游人在这里可以品尝芦茨红茶，体验胡记馒头和妈妈灰汤粽制作，看一看老师傅巧手现刻的木雕。而村前的芦茨溪，溪水潺潺，野鱼畅游。站在看不见垃圾的村道、窗明几净的农家小院，望绵延绿色，闻鸟语花香。

“向晚钟声夕阳远，莲香风里皆是禅。”漫步环溪村，“莲坊迎宾”“水口晚钟”“双溪流芳”“五杏开泰”“爱莲朝宗”……一步一景，步移景换，处处让人置身画中。

踏步江南镇荻浦村，黛瓦白墙的徽式村落、曲折宁静的街巷、遮天蔽日的古树……，则时时流露着江南独有的水乡风情。

近年来，围绕全域景区，桐庐从农村的传统历史、人文积淀、资源禀赋、地形地貌以及群众基础等实际出发，以特色村为节点、中心村为核心、景观带为轴线，结合整乡整镇美丽乡村建设，以点聚片、以片集群、串点成线，将灵动的富春山水和各个风情村镇巧妙结合，打造出“诗画山水带、古风民俗带、产业风情带、运动休闲带、生态养生带”等5条乡村风情带，推出中国休闲乡村旅游季等系列节庆活动，培育了25个风情特色村（点），让桐庐乡村“处处是景、时时见景”。

“春赏花、夏亲水、秋养生、冬美食。”桐庐县旅游委员会负责人介绍，看江南古村落，赏明清建筑的精美；住畲乡农家乐，饮玛瑙般的红曲酒；品美味农家土菜，尝时令春江鱼鲜；参加独具乡土风味的农事体验……，还有华夏中医药养生旅游节、杭州桐庐山花节、莪山“三月三”畲族文化节、富春江亲水节、慢生活体验节、乡村音乐节、江南时节等等。“现在，桐庐乡村一年四季皆可游。”他说。

事实上，桐庐乡村原生态的风景、古朴的民风，吸引住南来北往的游客目光，也让游客从走马观光到驻足品味。

把“风景”变成“产业”、把“美丽”转化成“生产力”。目前，桐庐通过绿道和水路游线把分散在各处的乡村美景进行串联，努力整合打造成一个开放式的“富春山居图实景地”。重点打造的集生态休闲、观光度假、餐饮娱乐、农事体验、运动养生等于一体的乡村旅游精品，形成桐庐生态环境优美、设施服务配套、文化传承深厚、产业特色鲜明的乡村旅游新格局。

83条主要河流全部可下河游泳

“钱塘江尽到桐庐，水碧山青画不如。”地处浙江西部的桐庐，位于“西湖－千岛湖－黄山”国家级黄金旅游线的中心地段，镶嵌于青山绿水间，得天独厚的自然环境，独树一帜的山水风光，吸引了历代无数的文人墨客。

在桐庐县委领导看来，桐庐最大的优势在生态，最响的品牌也是生态。也因此，在各个不同的场合，桐庐县委领导都反复强调：宁可速度慢一点，也要保护好山水。

为此，桐庐强化了“环境立县”理念，先后发布实施了《桐庐生态县建设规划》《桐庐县生态文明建设规划》《关于加快推进生态文明和“美丽桐庐”建设的实施意见》以及《桐庐县乡村旅游发展规划》《桐庐县美丽乡村建设规划》《桐庐县美丽乡村村庄景观整治规划方案》等，围绕“中国最美县”定位和“美丽中国、桐庐先行”目标，坚决摒弃先污染后治理的发展模式。

“规划先行，就有了美丽乡村建设的长效制度化保障。”桐庐县委领导说，现在桐庐生态文明的举措可以说做到了“全域监管”，县领导联系重点生态建设项目，纪检、组织、督查考评等部门创新执纪模式、健全评比方式、完善考评机制，以问责、评比、考核管理体系为生态文明建设工作保驾护航。

据悉，去年，因环境治理问题，桐庐县纪委书记就直接约谈了4个乡镇的一二把手及8个部门的相关领导。

桐庐还开放了公众投诉电话、微博微信举报、媒体曝光等多种监督渠道，严格落实项目审批的环保“一票否决”制度，还将生态文明建设、乡镇交界断面水质考核、农村生活污水处理工程运行维护管理考核等工作纳入乡镇、部门的年终综合考评。

值得一提的是，在生态文明、美丽乡村建设中，桐庐把全县183个行政村作为一个景区来规划，把每个示范村作为一个景点来建设，实施农村生态经济推进行动、农村生态人居建设行动、农村生态文化培育行动、农村生态环境提升行动，推进了农村生态人居体系、农村生态环境体系、农村生态经济体系和农村生态文化体系等四大体系的建设。

去年，在实现了全县农村生活污水处理设施行政村全覆盖后，又实现了农村垃圾分类收集和资源综合化利用的全覆盖。并在浙江率先建立了村级专（兼）职规划员队伍，率先推行跨乡镇交接断面水质监测通报，率先实行河长制，组建公安环境犯罪侦查大队等。

据统计，为开展“五水共治”，打造最美县域，2014年以来，桐庐关停拆除的畜禽养殖场就有268家（户），关停拆除水产（温室）养殖场21家（户），电镀企业、造纸企业、印染厂与石材企业更全面的实施整治提升。

潇洒桐庐郡，江山景物妍。“全景化打造、全地域覆盖、全资源整合、全领域互动、全社会参与”，打造出桐庐“乡村村村有景点、田园处处是风光”的乡村休闲旅游景观，造就了桐庐群山拥翠、绿树浮岚、碧水微荡的全县域如画山水、诗意家园。

据监测数据显示，至今，富春江桐庐段出境断面水质连续七年优于入境断面水质，83条主要河溪全部达到“能游泳”的三类水质标准。

青山绿水培育出农村经济新业态

一江富春水，一席桐庐梦。桐庐以“美丽经济”生态美、生产美、生活美的同频共振，自然之美与人文之美的相互交织，生态之美与生产之美相互融洽，铺就一条“既要金山银山，又要绿水青山”的可持续发展之路，实现了从美丽乡村向美丽经济的华美转身，生态经济成为了桐庐经济经济增长的新亮点。

“一村一品”“一村一景”“一村一韵”。近年来，桐庐在强化农村基础设施建设的同时，加强了旅游功能的配套和设施建设，让美丽乡村建设与乡村旅游发展结合起来；注重历史文化的传承与保护，凸显桐庐特色生态文化资源优势；把美丽乡村建设与产业发展相结合，进行产业结构调整，延伸特色产业链，推动“建设村落”走向“经营村落”，培育出桐庐农村经济的新业态。

民宿产业是桐庐美丽乡村建设和美丽经济发展的创新之举。2013年，桐庐启动“乡乡有民宿”计划，一年多时间，已经形成20个民宿示范村，有14个乡镇做到了“乡乡有民宿”。初步统计，到目前，桐庐全县民宿床位总量超过6000张，占到全杭州地区民宿数量的四分之一。

民宿成为城市游客体验乡村农家生活的好去处。据介绍，今年春节，白云源的“悦延居”、旧县街道的高山湖“裸心园”、莪山的“秘境”、环溪村的“忠莲雅居”，这些特色民宿全部在年前就被预订，春节七天入住率都在98%以上。

2014年，桐庐全县农家乐接待游客220.3万人次，实现经营收入1.42亿元，并带动了近亿元农产品销售。美丽经济最终化为了农民的美好生活，休闲观光农业与乡村旅游也成为桐庐农村经济发展的新亮点。

“一折青山一扇屏，一湾碧水一条琴；无声诗与有声画，须在桐庐江上寻。” 桐庐县委领导说，“美丽乡村”不仅要成为桐庐新农村建设的响亮品牌，也成为农村现代化建设的一个新样本。

2月28日，在全国精神文明建设工作表彰大会上，桐庐成为全国首批县级文明城市的提名城市。之前，桐庐荣获了全国县（市、区）唯一的中华环境奖，并先后被环保部和省市政府分别确定为全国生态文明建设试点示范区、全域旅游专项改革试点县和城乡统筹示范试验区，成为“中国最美丽县”“中国最具幸福感县级城市”“浙江省美丽乡村创建先进县”“中国魅力新农村十佳县市”。

（原载2015年3月13日《中国青年报》）

打造美丽杭州的桐庐样本

——专访桐庐县委书记毛溪浩

形轩 陶元

“《与朱元思书》中写道：自富阳至桐庐一百许里，奇山异水，天下独绝。”桐庐县委书记毛溪浩以南朝梁代文学家吴均的文章开头，娓娓道出桐庐悠久的历史文化与发展。在G20峰会即将到来之际，桐庐将如何结合自身优势，强化机遇意识，为大杭州增光添彩，打造美丽杭州的桐庐样本？

建设美丽杭州的桐庐样本

记者：桐庐如何根据自身县情，呈现“历史和现实交汇的独特韵味”？

毛溪浩：桐庐历史悠久，是文人的精神家园。桐庐也是诗词文化的盛发地——苏轼、李白、白居易等2000多位历代文人墨客留下了3000多首赞美桐庐的诗词华章。桐庐更是一座历史古城，有着1790余年的历史，作为《富春山居图》的实景地，这里就像是一幅流动的画卷。一直以来，桐庐都非常注重历史文化的保护与挖掘，结合历史街区的改造与古村落保护开发利用，使桐庐的历史文化内涵得以进一步挖掘、丰富和传承。

产业美是核心。只有把环境优势转为发展优势，将生态优势转为产业优势，才会有源源不断的活力。我们借助富春江科技城、富春山健康城、迎春商务区以及富春江乡村慢生活体验区等平台，大力发展美丽经济，尤其要打响中国快递之乡品牌，不断发展乡村旅游、电子商务、金融服务等新业态。

桐庐正在推进三校三基地建设。三校分别是杭州商学院、中国计量学院以及杭州技师学院二期。三基地是永久落户桐庐的九三学社科技学术基地、阿里巴巴全国农村电商培训基地和正在筹建的中国杭州美丽城乡教育基地。

中国国际快递产业大会每两年举办一次，会址永久落户桐庐。阿里巴巴首个农村淘宝就落户在桐庐，这里也是全国第一个“农村淘宝”全覆盖县，“互联网+”在桐庐深深融入经济、社会各个领域，成为“大众创业、万众创新”的主要手段，这里乡乡有民宿经济、有村落景区、有特色产业、有农村电商，使桐庐实现从美丽乡村到美丽经济转变。

打造全域旅游融入大杭州

记者：桐庐将如何抓住机遇，提升国际化水平？

毛溪浩：桐庐是杭州美丽城乡的窗口，更要在规划、建设、管理上提升美丽城乡新水平，进一步走在生态文明建设前列。

桐庐提出打造“生态美、城乡美、产业美、人文美、生活美”为内涵的中国最美县建设，我们在全国开展了三个率先：即率先完成了183个行政村农村生活污水处理设施的全覆盖，率先开展了所有的行政村农村生活垃圾的分类处理，率先实现了83条主要河流，随时能游泳，随处能游泳。在治土方面，扎实推进土质检测和重点污染土壤的治理，争创全国食品安全示范县，为杭州市提供绿色安全的农副产品；治气方面大力推行城乡公交一体化、创建无燃煤锅炉县城。

打造城乡美，桐庐要在规划上下功夫，以景区的理念规划桐庐，以景点的要求建设每个镇村，全力打造“山水如画、人间仙境”的县域大景区，积极推进美丽公路的建设工程，生态河道工程和全域旅游工程的“三大工程”建设。同时作为全国首批县级文明城市提名城市，桐庐更是要结合创建全面推动“人文桐庐”建设，增强城市的软实力。

上下同心服务G20峰会

记者：桐庐如何以最大的工作热情推动峰会筹备工作顺利开展？

毛溪浩：首先全县上下要形成共识，G20峰会是大杭州的共同喜事和难得机遇，桐庐每一名干部群众都要以主人翁的态度，全力服务好G20峰会，当好东道主。

积极从环境整治，美丽城乡建设等方面上下功夫，为峰会的召开做好各项准备，为杭州增光添彩。大局意识强不强，干部能力强不强，就看G20。桐庐刚刚细分出120余项工作任务，正在分解到各乡镇部门，桐庐县委组织部与考评办将跟踪考察，作为考量每位干部的重要平台，同时桐庐也将以G20峰会举办为契机，使各项目标任务既为大局服务，又促进桐庐发展。

桐庐将以最高标准、最快速度、最实作风、最好效果，以实际行动服务峰会、奉献峰会，为G20成功举办作出应有努力。

（原载2015年12月30日《杭州日报》）

浙江桐庐试水“空心村闲置房流转”

董碧水

3月的一场冷雨，把浙江省桐庐县合村乡岭源村洗得清新透彻。站在自家房前的小院里，朱镇华深深吸了一口空气。

今年76岁的朱镇华，是城里来客、地道的杭州人，从杭州电大退休后一直居住在杭州城里。但现在，他和老伴都成了岭源村的“村民”。

城里人1万元买下村民闲置房使用权

2008年，一直向往农村生活的朱镇华和老伴花1万元在岭源村“买”下一幢闲置农房的使用权，两层楼、6间房，花十多万元装修后，2009年年初他们搬到了这里。

“这一住就是6年，我们几乎没回过杭州。”朱镇华说，这里环境好、空气好、水好，杭州城区根本没法比，“住着住着就不想回城了。”

岭源村地处桐庐、淳安、临安三县交界处，离桐庐县城有60公里，驾车需要1小时，这里群山环抱，林木葱郁。老两口在房前屋后的空地上种种菜、养养鸡鸭。朱镇华说，屋后山上就是大片的树林，出门几步就有山泉。“这种生活在城里哪儿能找到？”

“生活也很方便，出门十几分钟就有超市，开车不到20分钟就有医院，到桐庐县城也就1小时。”朱镇华说。

经过老两口的改造装修，破旧的农民房，变成了温馨的小洋房，增加了卫生设施，院里还种上了花花草草。

在岭源村，如今有十多户与朱镇华一样有着乡村梦想的城里人，加入到这一行列。

莪山乡新丰村戴家山，是一个有着40多户人家的自然村。放眼望去，这个隐藏在大山之中的小山村浓翠淡绿。因地处偏远，不少村民或移居下山、或进城打工，许多依山而建的房子被闲置，甚至废弃。秀美的小山村，成了名副其实的“空心村”。

村民的房子大多用鹅卵石垒砌、土坯搭建。新丰村党支部书记朱成祥告诉中国青年报记者，如果任由风雨侵蚀，房子最终要么被推倒，要么就在无人料理中倒塌。

去年，通过统一收购、租赁，新丰村把这些农户的闲置老屋，打包租给了几家外来投资者。这些老屋经过“修旧如旧”的重新包装、改建，一幢幢老屋成为城里人追捧的高端民宿。

转眼间，曾经看似“留之无用，弃之可惜”的“空心村”，犹如老树新枝，焕发了生机。

在朱成祥看来，这些高端民宿的入驻，无疑让这批老旧房屋重新发挥了最大价值，不仅古屋得以保护，也盘活了“空心村”的闲置房产，“村民有了长期收益，村集体经济还可借此发展壮大”。

事实上，民宿的入驻，也为村民提供很好的就业机会。昔日里闲谈闲聊的老人，如今个个忙得脚不沾地，“不少村里老人在民宿打工，整理房间、打扫卫生，活不重，一个月也有2000多元的收入。”正在房前整理柴禾的村民章昌根说。

为开发商完善酒店配套服务，村里还成立了杭州山哈旅游开发有限公司和杭州畲山农业开发有限公司，为到村游览的城里人提供服务，收购、加工销售村民种植的农产品，公司成了村民增收的新平台。

1743处农村闲置房等待新主人

美丽乡村建设，闲置住宅、废弃老屋是一个绕不开的话题。之前，与许多地方一样，他们大多被一拆了之。

据桐庐相关部门调查，全县97474户农户中，有闲置住宅、废弃住宅就有10532户，占到总户数的10.8%。在部分偏远小山村，随着村民的陆续“下山”，常住村民日渐减少，有的村甚至找不到一个村民。

“人走了，但房子还留在原地。”事实上，闲置房的去留一直让有关部门头疼。桐庐县农办副主任王华杰说，保持原状，不仅有碍新农村整体形象，还存在着安全隐患。统一拆除，浪费不说，阻力也不小。

农民洗脚进城，居民返乡乐居。城里人对农村好山好水好空气和恬静生活的向往，让桐庐看到了改变农村闲置房命运和“空心村”复苏的希望。

之后，他们对村民闲置用房不再一拆了之，而是由村集体统一回购，将其产权转为集体所有，然后再通过村里交易平台统一租给城里人。去年，桐庐县委县政府还提出了打造“城里人第二居所”、实现“空心村二次创业”口号。

在桐庐县委书记毛溪浩看来，农村闲置房屋的流转，实质是一次城乡要素流动的改革，是盘活农村闲置资源，推进美丽乡村建设和增强农村集体经济、增加农民收入的一次探索。

他认为，利用农村的好山好水好风光吸引城里人，从近期看，盘活了闲置资产，保证了承租者的合法权益，让城市文明辐射到农村，符合社会发展趋势；从远期看，有希望打破城乡二元结构，实现真正意义的农居房入市流转，增加农民收入。

去年12月，在进行两次大规模的农村闲置房普查后，桐庐相关部门对分布在全县14个乡镇（街道）124个行政村的322个自然村可开发利用的1743处闲置房向城里人公开招租，并通过县农村集体产权交易中心、桐庐透明售房网、旅游政务网、县旅委公共微信等网络及移动终端等平台对外公开发布。这其中，包括可整体出租的有1371处、部分出租意向户154处，集体所有闲置房218处。

据了解，根据不同村庄闲置房屋的类型和不同条件，桐庐目前推出了出租、出让、合作、居农共建等多种闲置房的处置利用模式。完成闲置房租赁则要经历3个步骤：村集体经济合作社统一收购（收回）闲置房；农户在获得一次性补偿后，自愿永久放弃宅基地使用权（包括住宅、附属用房和庭院用地）；承租人和村集体协商租赁价格、租期（一般是20年），并签订房屋租赁合同。

据介绍，作为探索，目前桐庐这些项目只面向出生在本村，因参军、就学、招工等在外工作的；曾在本村插队落户的城市知识青年；机关离（退）休干部；有医院、大专院校、金融机构等国有企事业单位副高以上职称者；以及央企或上市公司中层以上人员；国家公务员；社会知名人士7类人群。

王华杰解释，这是为更合理地保护农村、带动农村发展。他同时认为，宅基地的所有权不变，村集体收回的是宅基地使用权，“符合现有土地政策法规。”

“空心村”二次创业的致富新源

在桐庐县领导看来，农村闲置房的流转是一种依附在美丽乡村之上的休闲养生养老产业和农家乐旅游业，实现了美丽乡村建设效益的兑现。

他们认为，这是在城市化、工业化、老龄化以及生态文明发展进程中，逐渐形成的一种适合农村发展的新型业态，既是对“绿水青山就是金山银山”发展理念的实践探索，有效推进了城乡要素的流动，激活了农村沉睡的资源，也是农民致富的新源泉。

据了解，合村乡结合“无违建乡”创建，村集体从农户手中收购闲置房屋10幢，已通过对外招商出租给城里人居住的有12户，居农共建的有3户，带动发展民宿产业农户6户，实现经营收入达230万元，带动农产品销售收益达300余万元。

而在凤川街道大源村，通过引进投资人，租赁了5幢老房子，用于创办高档民宿。在投资人的带动下，有8户村民对自己的老房子进行装修，用于发展民宿，形成了一个民宿小群体，全村一期接待能力达到床位200张左右。

桐庐县旅游委员会主任徐利民认为，利用农村闲置房兴办农家客栈招引城市客人，或是把农村闲置房屋流转出租给城里人，成为他们的第二居所，盘活农村闲置房屋资源，既缓解了农民“本土”创业的资金压力，又带动和发展了民宿客栈、乡村旅游、现代农业等富民产业，促进地区转型发展和绿色崛起。

另一方面，在美丽乡村建设和土地综合整治中，采取整村搬迁的模式，不但人为加大了改造的代价，也使得大量具有乡土特色的古村落永久消失，造成农村村落文化的断层。

徐利民告诉记者，对乡土特色鲜明、房屋质量较好的闲置房屋，在桐庐早就不再是大拆大建，而是续旧促新，在强调单体建筑保护的同时，更注重对特色村落环境的整体保护，“土味、农味和野味，要让城里人在桐庐‘记住乡愁’”。

据悉，闲置房招租公开发布后，截至目前，已接到咨询电话200余个，接待考察团队50余批次。

（原载2015年3月11日《中国青年报》）

桐庐多项举措力邀全国创新创业人才落户

董碧水

2015“君山引凤”科技人才周今天开幕，浙江省桐庐县多项举措力邀全国创新创业人才落户。

这些措施包括可享受最高500万元创业资助、500万贷款全额贴息、研发建设项目按实际需求给予年度最高200万元3年期资助、1500平方米免费办公场地等多项优惠政策和人才公寓等配套服务。此外，还对各类创业创新型高层次人才发放人才精英卡，提供包括配偶推荐就业、子女教育服务、医疗卫生服务和休闲旅游服务等13项全方位一站式服务。

科技人才周由桐庐县政府主办，邀请了清华大学、浙江大学、同济大学、华中科技大学、浙江清华长三角研究院以及浙江工商大学、中国计量学院、浙江科技学院以及中国青年报、科技日报、国家“千人计划”专家联谊会、KAB全国推广办公室等单位参与支持。

人才周将举办海外高层次人才创业创新项目洽谈会、中国健康产业发展交流研讨会、“科技成果推介－技术需求合作”对接、人才集聚区考察暨创新创业推介等23项系列活动。“以此落实招才引智‘一号工程’，提升科技、人才在桐庐经济转型升级和社会事业发展中的支持引领作用。”桐庐县委书记毛溪浩说。

今天的开幕式上，还进行了“创业桐庐·智汇画城”的成果发布。由KAB全国推广办公室、浙江省桐庐县人民政府共同主办的“创业桐庐·智汇画城”全国大学生创业项目推选自今年2月启动后，面向1000余所高校进行了征集。最终评选出“KAB创业桐庐速度10强、最佳商业模式10强、最具成长性企业10强、最具投资价值企业10强、最佳电商企业10强”共50个创业项目。

“中国小微企业俱乐部”今天同时成立。俱乐部由桐庐县人民政府与中国青年报社合作，依托KAB创业教育（中国）项目共同成立。上述获奖的大学生创业企业成为俱乐部首批成员，除获得奖杯证书外，还与桐庐县人力资源和社会保障局签署《落户意向书》并在当地落地，即可获得3万元创业资助和创业园区3年免费使用权。

“助力大众创新、万众创业。”桐庐县人力资源和社会保障局局长周政洪希望通过为青年创业者打造多方互动、资源共享的创业平台，吸引优秀创业项目，把桐庐打造成为大学生创业的聚集地。

（原载2015年09月18日《中国青年报》）

桐庐县探索“基层环保自治”新模式

任丹萍　唐志立　徐祖贤

来自上海的大学老师沈先生是一位自驾游爱好者，其足迹已遍及全国20多个省市区。今年国庆期间，他又自驾带着家人前往位于杭州西邻的桐庐旅游。这是他第五次游览桐庐。

他告诉记者，他之所以对桐庐“百游不厌”，实在是这里的风景和环境，让人不忍离去，去了又想来。

近年来，桐庐先后获得了“国家级生态县”“中国最美县城”“中国最美乡村”等诸多美誉。前年在桐庐召开的全国改善农村人居环境工作现场会上，与会专家一致认为，桐庐的生态建设和环境保护已经走在了浙江省乃至全国县域的前列。

桐庐之所以在生态建设和保护环境方面卓有成效，是因为桐庐老百姓有了高度的生态和环保意识外，县委、县政府带领全县人民全面推进环境保护工作。其中“基层环保自治”模式是近年来桐庐在环境保护方面的积极探索和创新，并且已经取得了明显的成效。

基层自治体系“全域覆盖”

“我们村里没有保洁员，但我们人人都是保洁员。”桐庐县合村乡瑶溪村书记许素华自豪地说。这份自豪的背后是瑶溪村民的文明自治，是对生态资源的坚守。作为桐庐县创建“无保洁员村”的试点村，瑶溪村积极探索创新工作方法，将全村的保洁区域划分为5个网格，分片成组管理，依托村环保协会、村老年协会成立了环卫志愿者队伍，以此替换传统的保洁员队伍。队员每天的任务除了保洁公共区域的卫生外，还承担着监督村内农户垃圾分类情况的任务。每月对农户工作进行检查计分，并在网格公示栏内对区块内所有农户的得分情况进行公示，

以此督促引导农户自觉参与到行动中来。

据了解，桐庐县境内的其它村也都全部成立了村级环保协会，共计194个，会员总数已经达到了3000余人，已经实现了村级环保协会全覆盖。同时，全县所有乡镇街道全部建立“环保专管员、企业环保员、区域观察员”制度。

为全面监督河道整治与长效保洁工作，桐庐县更是有大批社会力量自愿申请担任“民间河长”。“我能当选为民间河长，是村民对我的一种认可和期望，除了荣誉感，更是一种担当和责任。”这是城南街道潘政权在今年“百姓日”启动仪式上新当选为民间河长，作为代表发言的开场白。据统计，有420余人自愿申

请担任“民间河长”，为了让这一批治水新生力量更加稳定有序，鼓励群众寻访和监督治水过程，桐庐县“河长办”从中选择了92名相对固定的“民间河长”，特意为他们颁发了聘书并发放了河长巡查日志，让他们下载河道监管APP，河道监管APP设置了投诉按钮，“民间河长”可以对身边河道治理提意见或建议，也可以将河道具体情况反映给党政河长，甚至是投诉。

可以这么说，如今的桐庐，民间环保自治体系已实现全域覆盖，环保治理网络得到进一步延展，治水网格进一步细化，一张由村民编制而成的生态监督环保自治大网正逐步完善，让社会中每个个体的身体力行成了生态文化的传承者，成了生态桐庐的终极生命力。

民间环保组织“全面开花”

民间环保团体作为一种非政府组织，在推动环保事业方面一直发挥着积极的作用。民众的环保意识不断增强，各类民间环保组织在桐庐如雨后春笋般出现。目前，全县已有各类民间志愿者队伍37支，人数达到了5000余人。

这些民间组织也通过自己的行动来倡导全社会共同参与低碳环保生活，桐庐民间环保组织“彩虹公益”与义工联盟等民间环保组织先后组织了“种一棵小树，绿一方净土”植树活动、义工清理河床生活垃圾活动、自行车环县城骑行绿色出行活动、“衣加衣”旧衣回收二次循环利用活动、“青春助力·团团治水”活动、“提高你的呼声，向污染宣战”活动等。

据统计，近3年来，各类民间环保团体共组织了120余次环保志愿者活动，参与人数达到26000余人，其中一系列活动都成为志愿者活动品牌。另外，民间环保组织还利用自身优势随时关注环保动态，设置“垃圾河、污染源”曝光台，引导百姓关注身边的环境问题，并通过报纸、网络、举报热线等方式不断曝光、投诉、反映环境问题，近三年通过民间环保组织引导反映各类环境问题40余起，并持续跟踪相关部门对事件的处置情况，致力于解决民众的诉求和难题，在环境整治中起到了极大的推动作用。

社会共管意识“全线深入”

去年，桐庐首创“五水共治”生态公益金，按照“社会参与、自愿认筹、留本返还、收益捐赠”的思路，多渠道筹措生态公益金，收益全部用于治水项目建设。“我们村干部都积极参与了，对自己村里有益的事为什么不做？”分水镇新龙村党委副书记陈拥军说，“这笔钱就像存银行一样，只不过我们把利息全部捐了出去。”

一年间，桐庐全县共有300多家企业、近13000人参与“五水共治”生态公益金认筹，总认筹额达1.2亿元。据桐庐县环保局工作人员介绍，“五水共治”生态公益金三年一期，三年后认筹者可继续认筹存放，也可凭票据及认筹证将本金取回。通过这种独有的创新模式，灵活机动，保证了项目资金的可持续操作，另一方面由“政府出资”变“全民投资”，“政府治水”变“全民治水”，调动了大家的积极性，增强老百姓社会共管意识，让他们以主人翁姿态主动担起环保责任。目前，首期收益已用于保供水项目，惠及11个乡镇（街道）、21个行政村，受益人口达115310人。

去年年底，桐庐县更是在全国范围内率先实现了农村生活垃圾分类及资源化利用工作全覆盖。为了全面发挥百姓主导作用，强化镇村责任主体意识，桐庐县还建立“联村领导—驻村干部—村干部—村级收集员、管理员、巡查员和统管员”网格化四级管理责任人体系。

同时，桐庐县还由群众自发建立垃圾分类登记、积分、奖惩和公示制度，充分发挥农村“熟人社会”独特优势，以户为单元，每日检查登记源头分类情况，现场打分，定期张榜公示检查结果，张贴“红黑板”，让农户“红红脸、出出汗”，并制定“积分换物”“积分换钱”“村规民约”等奖惩制度，及采取邻里带动、村级带动、镇级带动等“1＋X”示范引领模式，形成比学赶超、竞相争先的良好氛围。

桐庐县这样的基础环保自治模式，通过“自我管理、自我教育、自我服务、自我监督”，让百姓直接参与基层环境保护和公益事业的管理，使得环境保护工作更加具有直接性和有效性，让环境保护工作在政府主导之外，增加了一套成本低廉、管理有效、反应迅速的基层环保自治体系，从而进一步加强环保工作的社会监督力度，保障了公众对环境保护的知情权、参与权和监督权。

（原载2015年10月29日《中国经济时报》）

桐庐深山村落变身“五星”民宿

白 石

外表毫不起眼，内里别有洞天。“秘境山乡”藏匿在桐庐的大山深处，这里原是我山乡新丰村戴家山自然村,因为交通不便,大部分村民搬到了山外,村里人越来越少，大多村民的房子被闲置。

2014 年，小村吸引了外来的投资，原本闲置的空房被按照五星级标准修建改成民宿。这些被改建的民房，外表看只是普通两层砖瓦房子的小楼，但走进装修好的房内，让人大感意外，地暖、各类家用电器一应俱全。据称，这样一幢屋子装修的平均造价就达 200 万元。

隐藏的壁炉、劈好的木柴、复古的花纹地砖、原木家具、皮质沙发、昏黄的灯光加上温暖的炉火，便营造出一个温馨舒适的氛围。在寒冷的夜晚一边烤火取暖，一边听听音乐、读一本好书，别有一番独特的韵味。

据称，这样一幢 4 个房间的民宿，一个晚上要价就要 5000 多元。房价虽高，但前来预订的客人却趋之若鹜。“要不是提前一个月预订，根本订不到房间。”

水碧山青，群山怀抱。好山、好水、好空气，静谧的环境着实吸引想要“偷得浮生半日闲”的城里人：静坐室外，举目远眺，四周浓翠淡绿，手捧一杯香茗，就足够发呆半天，让你静享悠闲、恬静时光。

据介绍，类似这样深山村落变身的“五星”民宿在桐庐还有许多处。在新丰村，除了“秘境山乡”，还有“亦舍民宿”“先锋书店”。

“芦茨土屋”，在桐庐有“七星级农家乐”之誉的高端民宿，依山而建的三层楼土屋，把原木的房子与山连成一体,只有8间套房,但每套风格各异，个性鲜明，自开业以来，入住和参观游客络绎不绝，纷纷享受“土屋”独特的艺术文化。

与富阳交界的白云村，总投资 2 亿元的“银杏石屋国际民宿村”，一期从 2014 年 9 月开始建设，涉及村民 65 户，改造包括辅房在内的民房达 80 多幢。还有外婆家“俺的生活”、严陵坞慢村等一批外来资本投资的高端民宿还正在加紧建设之中。

外来的投资者利用雄厚的资金和先进的经营理念，变秀美姿色为资本的同时，桐庐旅游部门也深度开发山水、人文资源，拓展旅游产业门类，推出景观特色型、古村落文化体验型、乡野田园型、农业特色型等不同风格的民宿， 将简易的农家乐打造成设施齐全的“桃花源”。

“悦延居”在芦茨村梅树坞自然村的，原是“山里人家”农家乐，一位上海来的客人被当地优美的山水风光吸引，成为了“山里人家”的投资者，实施改造后，“山里人家”从简陋的农家乐变型为上档次的民宿，游泳池、温泉、茶吧、中西餐厅，喝茶、嬉水、烧烤、书画，设施不亚于城里的高档宾馆，而年营业额从原来的 20 万元跃升到 200 万元。

为推动普通农家乐向中高端民宿转化，去年，桐庐还出台《关于加快发展美丽乡村民宿经济的实施意见》，制定了民宿产业发展三年规划，按照“乡乡有民宿”要求，每年安排专项资金扶持民宿经济发展，对新增床位、发展民宿电子商务、旅行社游客输送等方面进行补助和奖励。

据介绍，按照规划，从 2013 年至 2015 年，桐庐还将培育 20 个民宿经济特色示范村，实现每个乡镇（街道）至少有 1 个示范村。而未来三年，仅高端民宿桐庐将达 20 个。

桐庐县旅游委员会负责人说，喝一碗自酿的米酒，尝一盘新剪的春韭，住一晚农家小屋，浓郁的农家风情是桐庐民宿的最大特色，发展民宿就是要让桐庐百姓借助旅游得更多实惠。

（原载 2015 年 3 月 13 日《中国青年报》）

【责任编辑 叶雪珍】

索　引

说　明

一、本索引收录正文中所有条目（不包括彩图、特载、大事记、组织机构、人物、文献、名录、专刊、阅读延伸等）。部分条目因语言环境需要，在名称中酌加修饰词。

二、本索引按条目首字母汉语拼音（同音字按声调）排序；首字相同的，按第二字拼音，以下依次类推。

三、各条目后的数字为该条目在文中所在页码。

阿拉伯数字·字母

A

B

C

D

E

F

G

H

J

K

L

M

N

P

Q

R

S

T

W

X

Y

Z